Hampe, Theodor

Nürnberger Ratsverlässe über Kunst und Kunstler im Zeitalter der Spätgotik und Renaissance

1. Band

Hampe, Theodor

Nürnberger Ratsverlässe über Kunst und Kunstler im Zeitalter der Spätgotik und Renaissance

1. Band

Inktank publishing, 2018

www.inktank-publishing.com

ISBN/EAN: 9783747758953

which is marked with an invisible watermark.

NÜRNBERGER
RATSVERLÄSSE

ÜBER

KUNST UND KÜNSTLER

IM

ZEITALTER DER SPÄTGOTIK UND RENAISSANCE
(1449) 1474—1618 (1633)

VON

DR. TH. HAMPE.

I. BAND: (1449) 1474—1570.

WIEN 1904 LEIPZIG
KARL GRAESER & KIE. B. G. TEUBNER.

Vorwort.

Indem ich hiemit die Nebenarbeit vieler Jahre der Öffentlichkeit übergebe, ist es mir wohl gestattet, ein Wort über ihre Entstehung vorauszuschicken, zumal sich auf diesem Wege am ungezwungensten wird dartun lassen, in welchen Grenzen sich die vorliegende Publikation der auf Kunst bezüglichen Nürnberger Ratsverlässe, d. h. Rats-Erlässe, Ratsbeschlüsse — aus historisch-antiquarischen Gründen habe ich der alten lokalen Bezeichnung den Vorrang lassen zu sollen geglaubt — bewegt, auf welchen Gebieten man also von dem Buche Auskünfte erwarten darf.

Der gewaltige Reichtum unserer Quelle an Nachrichten über Kunst und Künstler mußte sich mir sogleich bei meiner frühesten Beschäftigung mit den Ratsverlässen im November und Dezember 1892 mit Notwendigkeit aufdrängen. Bereits damals wurden denn auch, obgleich noch das Hauptinteresse literaturgeschichtlichen Studien zugewendet war, einzelne Auszüge gemacht, die der vorliegenden Arbeit zugute gekommen sind. Sie betrafen vornehmlich die großen Meister der Nürnberger Spätgotik und Renaissance. Freilich waren gerade zu diesem Zwecke, zur Erforschung des Lebens und der Werke eines Veit Stoß, Adam Kraft, Albrecht Dürer, sowie Peter Vischers und seiner Söhne die Ratsverlässe schon vielfach durchgesehen worden und der Wert unserer Quellenpublikation dürfte daher auch nur zum geringeren Teil in dem zu suchen sein, was an bisher unbekannten Nachrichten über jene Meister geboten werden konnte. Indessen versagen die Ratsverlässe doch nur für Adam Kraft völlig; in den Kreis des Veit Stoß, Dürers und der Familie Vischer fällt dagegen manch neuer Lichtstrahl. Auch die unverkürzte Wiedergabe solcher Nachrichten, die bisher nur unvollständig oder in abweichender Fassung bekannt waren, wird hier, wie ich hoffe, willkommen geheißen werden. Endlich sind der Bedeutung des Gegenstandes entsprechend mit wenigen Ausnahmen auch die bereits dem Wortlaute nach bekannten Ratsverlässe, soweit sie sich auf die genannten Künstler beziehen, ergänzungsweise in die vorliegende Ausgabe aufgenommen worden, während im übrigen — schon der Raumersparnis wegen — die schon irgendwo in extenso gedruckten Verlässe in der Regel fortgelassen sind. Ich habe mich in diesen Fällen zumeist mit Hinweisen in den Anmerkungen oder in der Einleitung begnügt.

Um über die großen Meister überhaupt Neues beizubringen, bedurfte es, wie bald einzusehen war, einer gründlichen Emanzipation von den mehr oder weniger ungenauen und unvollständigen Registern, deren eines oder zeitweilig auch zwei von 1504 an jedem Monatsbändchen beigefügt sind. Nun erst war ein tieferes Eindringen in Wesen und Inhalt der Ratsverlässe und zugleich ein richtigeres Erkennen ihres eigentlichen Wertes möglich. Die ganze so unvergleichlich reiche Kunstwelt des damaligen Nürnberg läßt eine eingehende Lektüre dieser, man darf fast sagen, einzigartigen Quelle vor uns erstehen und zwar in einer Frische und Unverfälschtheit, wie sie in gleicher Weise kaum des alten Schreibmeisters Johann Neudörfers Nachrichten von Nürnberger Künstlern und Werkleuten aus dem Jahre 1547 auszeichnen. Die Stellung des Künstlers innerhalb der Gesellschaft, die Lebensführung und das geistige Niveau der einzelnen Meister, die nahen Berührungen zwischen Kunst, Handwerk und Ingenieurwesen, die sich erst langsam voneinander scheiden, das Verhalten der Obrigkeit gegenüber künstlerischen Leistungen, wobei aus der Privilegienerteilung bereits früh eine Art Patentwesen erwächst — vgl. etwa die Nachrichten über Claudi vom Creuz und seine Erfindungen —, die Einwirkungen von außen und nach außen, wie sie die Nürnberger Kunst und das Kunsthandwerk erfahren und ihrerseits ausüben, der Kunsthandel in seinen verschiedenen Formen, diese und zahlreiche andere Beziehungen, in denen zum guten Teil die Bedingungen für den Aufschwung, die Blüte und den Verfall der Kunst liegen, werden uns erst an der Hand der Ratsverlässe so recht klar, und, mit Aufmerksamkeit durch viele Jahrzehnte hindurch verfolgt, in ihrer Entwicklung und ihren Wechselwirkungen verständlich. Eben in diesen mehr kulturgeschichtlichen als im engeren Sinne kunstgeschichtlichen Momenten beruht ohne Zweifel der Hauptwert unserer Quelle, und wenn die in diesem Buche enthaltenen Auszüge, die ich nach den verschiedensten Seiten hin absolut vollständig zu gestalten bestrebt gewesen bin, in annähernd ähnlicher Weise wie das Original zum tieferen Verständnis der Zeit und der Stellung der Kunst in ihrer Zeit beizutragen geeignet sein sollten, so wäre damit der eigentliche Zweck der Veröffentlichung erreicht.

Vom Leben und Wirken der großen Meister führte der nächste Schritt in die weiteren Kreise der Kunst. Die Notizen über Maler und Malerei im weitesten Sinne, d. h. mit Einschluß der auf die graphischen Künste, sowie auf Illuministen, Briefmaler, Kartenmaler, Glasmaler, Wismutmaler u. s. f. bezüglichen Nachrichten sind möglichst vollzählig, wenn auch in unwichtigeren Fällen nur auszugs- oder andeutungsweise aufgenommen worden und ebenso alle Ratsverlässe, die das Gebiet der Plastik einschließlich der Medailleurkunst, der Siegel-, Münzeisen- und Stempelschneidekunst betreffen. Hinsichtlich der Notizen über Architektur dagegen mußte bei der gewaltigen Fülle des Materials notwendig eine Auswahl des wichtigeren getroffen werden.

Im Kunstgewerbe lag der Hauptnachdruck auf der Goldschmiedekunst, bezüglich deren die einschlägigen sehr zahlreichen Ratsverlässe wiederum in möglichster Vollzähligkeit Aufnahme gefunden haben. Ebenso wurde den Lebensäußerungen der Kunstweberei mit besonderer Sorgfalt nachgegangen und in den Auszügen über die von den Niederlanden nach Nürnberg verpflanzte Arras- und Atlasweberei, über Seidenhandel, Deckweber u. a. m. gelegentlich sogar der Boden des eigentlichen Handwerks, im Gegensatz zum Kunsthandwerk, betreten. Endlich ist auch für die Blütezeit der Nürnberger Plattnerei, d. h. bis zur Mitte des 16. Jahrhunderts, in den Nachrichten über Plattner sowie anschließend daran auch über „Salwürke“, d. h. Panzerschmiede oder Kettenpanzermacher, Geschützgießer, Büchsenschmiede und Büchsenfasser möglichste Vollständigkeit angestrebt worden, während bezüglich der übrigen Handwerke, wie auch hinsichtlich der Plattner etc. nach 1550 wiederum nur eine Auswahl der einschlägigen Ratsverlässe Platz greifen konnte, wobei der Nachdruck zum guten Teil auf die kunstgewerbliche Seite, teilweise aber auch lediglich auf die kulturgeschichtliche, insbesondere die gewerbegeschichtliche Seite gelegt wurde. Auch unter dieser Beschränkung nehmen freilich noch die Notizen namentlich über Rotschmiede, Messinggießer, Messing- oder Beckschlager, Kupferschmiede, Schlosser, Scheidenmacher, Klingenschmiede, Messerer, Töpfer („Hafner“), Zinngießer („Kandelgießer“), Windenmacher

u. a. m. einen sehr ansehnlichen Raum in den hier veröffentlichten Auszügen aus den Nürnberger Ratsverlässen ein. Zugleich zeigt bereits diese Aufzählung, daß hin und wieder auch die Grenze zwischen Kunst und Handwerk einerseits, dem Ingenieurwesen andererseits überschritten, auch letzteres in den Kreis des Interesses gezogen und so der Auffassung der Zeit Rechnung getragen worden ist, wonach unter „künstler" oder „künstner" vornehmlich ein Maschinenbauer, ein ingenieuser Schlosser, Schrauben- oder Windenmacher u. dgl. verstanden wird. Zur Kenntnis der Bedeutungsentwicklung des Wortes wie zur Geschichte des erwachenden Künstlerbewußtseins möchten die Auszüge auch von dieser Seite her Material beischaffen.

Die Auswahl des Aufzunehmenden, das kräftigere Hervorheben gewisser Gruppen künstlerischer oder kunstgewerblicher Erscheinungen und Beziehungen, das schwächere Betonen anderer war teilweise durch subjektive Gründe bestimmt, wie sie die Entstehung der Arbeit fast von selbst mit sich brachte. Infolge der Anordnung der Benutzungsstunden im königlichen Kreisarchiv, dem heutigen Aufbewahrungsort der Nürnberger Ratsverlässe, und erheblicher beruflicher Inanspruchnahme konnten der vorliegenden Exzerpierungsarbeit jahraus jahrein nur etwa 4 bis 5 Stunden in der Woche gewidmet werden. Da haben nun, wie das wohl nur natürlich ist, die wissenschaftlichen Hauptarbeiten, mochten sie ex officio oder privatim geleistet werden, die Arbeit an den Ratsverlässen zeitweilig nicht unwesentlich beeinflußt. Neu gewonnene Interessen haben verschiedentlich zu erneuter Durchsicht des Materials geführt. Dadurch erklärt sich z. B. das Hereinziehen der textilgeschichtlichen Notizen, der Ratsverlässe über Plattnerei und Waffenwesen, die außergewöhnliche Berücksichtigung der Goldschmiedekunst u. s. f. Weil es sich in allen diesen Fällen jedoch um ein Plus handelte, das zu den bisherigen Auszügen hinzutrat, so wird man die dadurch vielleicht entstandenen Ungleichheiten gewiß entschuldbar finden, ja dem Herausgeber dieser Sammlung von Quellenschriften, Herrn Dr. Camillo List, sogar dankbar sein dürfen, daß er, weit entfernt, mir irgendwelche Beschränkungen aufzuerlegen, gelegentlich selbst eine solche Erweiterung des ursprünglichen Planes mitveranlaßt hat.

Von der Beschäftigung mit der Goldschmiedekunst im allgemeinen und mit den Goldschmiedearbeiten im Germanischen

Museum habe ich mich in den letzten Jahren immer mehr dem speziellen Studium Wenzel Jamnitzers und seiner weitverzweigten Familie zugewandt. Als eine der Vorarbeiten für eine, wie ich denke, im Laufe der nächsten Jahre zu beendende größere darstellende Arbeit über die Jamnitzer und ihre Zeit fasse ich für mich — um noch einen Augenblick bei diesen mehr persönlichen Erörterungen zu verweilen — die vorliegende Ausgabe der auf Kunst bezüglichen Nürnberger Ratsverlässe auf, und das Todesjahr Christoph Jamnitzers (1618) bildet daher auch die Grenze, bis zu der die Exzerpte reichen. Da nun zufällig dieser Zeitpunkt mit dem Anfang des dreißigjährigen Krieges zusammenfällt, den man, will man überhaupt so bestimmte Einschnitte machen, für Deutschland wohl als die Grenzscheide zwischen der Renaissance und dem Barock betrachten darf, so schien auch für den selbständigen Wert und den allgemeinen Zweck der Auszüge eine weitere Abrundung, eine andere Begrenzung kaum nötig. Über das Jahr 1618 hinaus sind nur noch an der Hand der Register die weiteren Lebensdaten einiger hervorragenderer Zeitgenossen der Jamnitzer auf dem Gebiete der Kunst — vgl. Bd. II Seite 529 Anm. 1 —, namentlich des Goldschmieds Hans Petzolt bis zum Tode dieses Meisters im Jahre 1633 in den Ratsverlässen verfolgt und am Schluß unserer Ausgabe wiedergegeben worden.

Und endlich hat auch die folgende Einleitung die Einwirkung vielfältiger anderweitiger Inanspruchnahme des Verfassers erfahren müssen, doch kann in diesem Falle leider nicht wie oben hinsichtlich der Exzerpte von einer Erweiterung, es muß vielmehr von einer sehr bedeutenden Einschränkung des ursprünglichen Planes gesprochen werden. Ursprünglich nämlich bestand bei mir die Absicht, den hier veröffentlichten Ratsverlässen eine eingehende Untersuchung über die hauptsächlichsten archivalischen Quellen zur Nürnberger Kunstgeschichte vorauszuschicken, jedesmal festzustellen, in welchem Grade sie bisher für die Forschung nutzbar gemacht sind und womöglich das wichtigste des bisher nicht veröffentlichten einschlägigen Materials als eine Ergänzung der Ratsverlässe der Ausgabe derselben hinzuzufügen. Dieser Plan mußte indessen aus Mangel an Zeit, der mich z. B. bisher nicht zu einer genaueren Durchsicht der für kunstgeschichtliche Fragen gewiß nicht zu unterschätzenden Nürnberger Familienarchive hat gelangen lassen, wieder aufgegeben werden. Ich habe mich damit begnügen müssen, die Ratsverlässe und ihre Stellung im Kreise verwandter archivalischer Bestände etwas näher zu charakterisieren, dabei zugleich die bisherigen Quellenpublikationen, soweit sie die Nürnberger Kunstgeschichte betreffen, Revue passieren zu lassen und schließlich die bei der gegenwärtigen Veröffentlichung befolgten Grundsätze in Kürze darzulegen. Von der sehr beträchtlichen Zahl aus anderen archivalischen Beständen gesammelter kunstgeschichtlicher Nachrichten hat nur ein ganz geringer Bruchteil, namentlich Notizen aus den „Verlässen der Herren Älteren“, den Bürger-, Straf- und Haderbüchern des königlichen Kreisarchives oder aus dem Meisterbuch der Goldschmiede, jetzt in der Bibliothek des Kunstgewerbemuseums in Berlin, aus Chroniken und Akten, die das Germanische Museum bewahrt, u. s. f. Aufnahme finden können. Und zwar ist damit nicht die Einleitung beschwert, sondern diese Nachrichten sind entweder mit Einschaltenummern in die chronologische Reihe der Ratsverlässe selbst eingeschoben oder in die Anmerkungen verwiesen worden, die im übrigen lediglich der speziellen Künstlergeschichte dienen wollen.

In der geschilderten Weise ist nun das Buch zu einem Umfange gediehen, der seine Benutzbarkeit ohne Zweifel ganz erheblich beeinträchtigen würde, wenn nicht durch exakt gearbeitete und absolut vollständige Register dieser Schwierigkeit zu begegnen und sie nach Möglichkeit zu beheben versucht worden wäre. Auf die sorgfältige Anfertigung der Namen-, Sach- und Ortsregister, die der Ausgabe in einem besonderen Bändchen beigegeben sind, ist daher in der Tat das allergrößte Gewicht gelegt worden. Auf die Hinzufügung eines besonderen Glossars dagegen glaubte ich angesichts der geringen Abweichungen der Sprache der Ratsverlässe von unserem heutigen Sprachgebrauche verzichten zu dürfen; schwerer verständliche Ausdrücke haben jedoch im Sachregister eine kurze Erklärung gefunden.

Allen, die mich durch Hinweise oder Auskünfte bei meiner Arbeit unterstützt haben, sei auch an dieser Stelle aufrichtigster Dank gesagt, ganz besonders aber den königlich bayerischen Archivbehörden, die mir ein mehrmaliges Durchsieben des ganzen gewaltigen Materials in liebenswürdigster und zuvorkommendster Weise gestatteten.

Nürnberg, im November 1903.

Th. Hampe.

Einleitung.

Man findet die Nürnberger Ratsverlässe in der Literatur gelegentlich wohl auch als Ratsprotokolle bezeichnet, doch trifft dieser letztere Ausdruck nicht ganz das richtige, insofern es sich hier nicht um eine Wiedergabe der eigentlichen Ratsverhandlungen, sondern lediglich der Resultate dieser Verhandlungen, der Ratsbeschlüsse, dessen, „was verlassen wird," wie der alte Terminus lautet, handelt. Allerdings wird dabei der Sache, um die sich die Verhandlungen drehten, in der Regel in knapper, doch genügender Weise gedacht und ebenso der Inhalt der etwa eingeforderten Berichte, Gegenberichte, Bedenken u. s. w. kurz angegeben, sodaß gleichwohl ein deutliches und lebendiges Bild von der betreffenden Angelegenheit vor uns entsteht. Immerhin war indessen offenbar — und das gilt namentlich für die frühere Zeit — die größere oder geringere Ausführlichkeit in das Belieben der Ratsschreiber gestellt und kommt es auch vor, daß eine Notiz, die sich auf früher Verhandeltes zu beziehen scheint oder spätere Einträge über den gleichen Gegenstand vermuten läßt, ohne diese erwartete Ergänzung bleibt und man alsdann in der betreffenden Sache nicht völlig klar zu sehen vermag. In einigen solcher Fälle mag die Schuld lediglich der Nachlässigkeit des Ratsschreibers, dessen Person übrigens, wie aus dem Handschriftenvergleich hervorgeht, von gelegentlichen Aushülfen abgesehen, in den 16 Jahrzehnten, die wir in der vorliegenden Ausgabe überblicken, nur verhältnismäßig selten, vielleicht 8- bis 10- male gewechselt hat, zuzumessen sein, in anderen wiederum hat man Grund zu der Annahme, daß die betreffende Angelegenheit lediglich mündlich und mehr privatim zu Ende geführt wurde oder auch wohl der Ratsschreiber „einen heimlichen Wink bekommen hatte, eine Sache, die dem Rate nicht gerade zur Ehre gereichte, in die Ratsbücher nicht einzutragen" [1]).

[1]) Vgl. G. W. K. Lochner in seiner Ausgabe von Johann Neudörfers Nachrichten von Künstlern und Werkleuten (Quellenschriften X) Wien, 1875, Seite 75.

Unter diesen Einschränkungen also bieten die Ratsverlässe alle im Plenum des Rats gefaßten Beschlüsse mit jedesmaliger Nennung des oder der „deputierten Herren“, d. h. derjenigen Personen, denen in jedem Falle die Ausführung des Beschlusses zugewiesen, „verlassen“ wurde [1]). Es sind uns diese wichtigen Akten leider erst für das Jahr 1449, dann in ganz geringen Bruchstücken, von denen nicht einmal überall ausgemacht ist, ob sie in der Tat zu den eigentlichen Ratsverlässen gehören, aus den fünfziger Jahren des 15. Jahrhunderts, hierauf für das Jahr 1471 und endlich von 1474 an fortlaufend bis zur Einverleibung der Reichsstadt Nürnberg in das Königreich Bayern (15. September 1806) und noch für einige Monate über diesen Zeitpunkt hinaus erhalten. Für die Jahre, aus denen uns die Ratsverlässe fehlen, bilden die sog. „Ratsbücher“ einen freilich nicht genügenden, aber immerhin willkommenen Ersatz. In ihnen finden sich nur die in den Augen des Rats wichtigeren Beschlüsse oft gegenüber den Ratsverlässen in abweichender, zum Teil ausführlicherer Fassung zusammengestellt. Sie beginnen mit dem Jahre 1400 [2]) und weisen im 15. Jahrhundert nur hinsichtlich der Zeit von 1415—1441 eine Lücke auf. Die Einträge geschahen hier in starken Foliobänden und zwar zumeist in sorgfältiger, gut lesbarer Schrift, während die Ratsverlässe aus Schmalfolioheften, deren jedes etwa einen Monat umfaßt, bestehen und großenteils in einer Schrift geschrieben sind, die durch ihre Flüchtigkeit und zahlreiche Abkürzungen darauf schließen läßt, daß diese Aufzeichnungen in der Regel während der Sitzungen selbst entstanden sind. Wie der geringere Umfang und die bessere Lesbarkeit der Ratsbücher ohne Zweifel wesentlich dazu beigetragen haben, daß sie schon frühzeitig zu den verschiedensten wissenschaftlichen und so auch zu kunstgeschichtlichen Zwecken angezogen und ausgebeutet worden sind — fertigte doch der frühere Stadtarchivar G. W. K. Lochner sogar eine bis zum Jahre 1532 reichende Abschrift der Ratsbücher, die heute in

[1]) In unseren Auszügen sind diese Namen — von einigen Ausnahmen, in denen etwa der Satzbau des Verlasses die Hinzufügung erforderte, abgesehen — durchweg fortgelassen.

[2]) Richtiger 1408, denn das die Jahre 1400—1407 umfassende Merkbuch muß als ein Vorläufer der Ratsverlässe und Ratsbücher betrachtet werden. Vgl. auch Paul Sander, Die reichsstädtische Haushaltung Nürnbergs. Dargestellt auf Grund ihres Zustandes von 1431 bis 1440. Leipzig, B. G. Teubner, 1902, S. 82.

16 starken Quartbänden das Nürnberger Stadtarchiv bewahrt —, so ist aller Wahrscheinlichkeit nach in der Massenhaftigkeit des Materials und der teilweise abscheulichen Schrift der Ratsverlässe der Hauptgrund zu suchen, weswegen diese unendlich viel reicher fließende Quelle bisher so wenig und insbesondere von der kunstgeschichtlichen Seite, wenn wir von der Forschung über die großen Meister der Renaissance absehen, noch kaum erschlossen worden ist. Da nun überdies die meisten der uns hier interessierenden Vorkommnisse, bezw. Nachrichten zu ihrer Zeit, wie man sich denken kann, nicht als besonders bedeutsam erachtet worden sind, die Ratsbücher daher keinen so hervorragenden Schatz an kunstgeschichtlichen Notizen bergen, so habe ich in dieser Publikation über die Zeitgrenze, wie sie durch den ersten Jahrgang (1449) der eigentlichen Ratsverlässe gegeben war, nicht noch zurückgehen zu sollen geglaubt und nur für die Jahre und Jahrzehnte, für die uns nach 1449 die Ratsverlässe fehlen, die spärlichen und zum Teil auch bereits ihrem Inhalte nach bekannten Nachrichten der Ratsbücher als Ergänzung herangezogen.

Werfen wir einen kurzen Blick auf die bisherige Ausbeutung dieser Gruppe von Archivalien zu kunstgeschichtlichen Zwecken, so ist zunächst zu sagen, daß sich die älteren Schriftsteller nur selten oder überhaupt nicht auf urkundliche Forschung eingelassen haben, ihnen auch, selbst wenn ihr Begehren dahin gestanden hätte, die offiziellen Ratsaufzeichnungen gewiß unzugänglich geblieben sein würden. Sowohl Johann Neudörfer in seinen Nachrichten von Künstlern und Werkleuten (1547)[1]) und sein Fortsetzer

[1]) Teilweise ediert von Josef Heller in den von ihm und Jäck herausgegebenen Beiträgen zur Kunst- und Literatur-Geschichte (Nürnberg, Riegel und Wiesner, 1822). Die beigefügten inhaltsreichen Anmerkungen — auch das in den Mitteilungen des Vereins für Gesch. der Stadt Nürnberg XV (1902), S. 189 ff. publizierte Gedicht über den Rosenkranz oder Englischen Gruß des Veit Stoß in der Lorenzkirche findet sich hier (S. 63 ff.) bereits gedruckt — wurden verschiedentlich später von Lochner in seine Edition herübergenommen. Eine vollständige Ausgabe samt der Fortsetzung Guldens bot zuerst Friedrich Campe (Nürnberg, Campe, 1828), dann G. W. K. Lochner in diesen Quellenschriften für Kunstgeschichte Bd. X (Wien, Wilhelm Braumüller, 1875). Campe gab lediglich den Abdruck eines Manuskripts, das sich in seinem Besitz befand und das er für Neudörfers eigenhändige Niederschrift hielt. In der Tat handelte es sich indessen dabei um eine späte und vielfach fehlerhafte Abschrift, die vor einigen

Andreas Gulden († 1683), als auch Sandrart in seiner Teutschen Akademie (I. Hauptteil: Nürnberg 1675) und noch J. G. Doppelmayr in seiner „Historischen Nachricht von den nürnbergischen Mathematicis und Künstlern“ (Nürnberg, 1730) beschränken sich entweder so gut wie ausschließlich auf das, was sie selbst gehört, gesehen, miterlebt oder in mündlicher Überlieferung von anderen erfahren haben oder stützen sich im wesentlichen auf vereinzelte Nachrichten in der gleichzeitigen oder früheren Literatur, zu der als eine der frühesten solcher Druckschriften das „Compendium“ des Johannes Cochlaeus zu seiner Ausgabe der Kosmographie des Pomponius Mela (1512) — vgl. insbesondere das vierte Kapitel der Beschreibung Deutschlands: „De Nornberga Germanie centro“ — gehört. Für die späteren unter diesen Schriftstellern kommen daneben noch vor allem Handschriften der Nachrichten Neudörfers sowie handschriftliche Nürnberger Chroniken, namentlich Müllners Annalen, und ähnliche abgeleitete Quellen, wie sie auch die Privatarchive und -bibliotheken in reicher Fülle bargen, in Betracht. Allerdings finden wir in solchen Privatsammlungen, wie z. B. in dem jetzt im Germanischen Museum deponierten Paul Wolfgang Merkelschen Familienstift, gelegentlich auch umfangreiche Auszüge aus den Ratsverlässen. Aber natürlich betreffen solche Aus-

Jahren im Handel wieder auftauchte, mir von Herrn Prof. Marc Rosenberg in Karlsruhe zur Begutachtung zugeschickt und dann von ihm für seine Sammlung erworben wurde. Ein Vergleich mit der Beschreibung, die uns Campe von seiner Handschrift macht, und Notizen von seiner Hand ließen an der Identität mit jener einst in Campes Besitz befindlichen und von ihm benutzten Handschrift keinen Zweifel. Besser als die Campesche und durch die vom Herausgeber hinzugefügten reichen urkundlichen Nachrichten von bleibendem Werte ist die Ausgabe von Lochner. Doch auch er bot keineswegs das, was der Philologe unter einer kritischen Ausgabe versteht. Ohne sich auf eine Prüfung der zahlreich vorhandenen Neudörfer-Handschriften einzulassen und vor allem deren Abhängigkeitsverhältnis und sehr verschiedenen Wert festzustellen, legte er seiner Ausgabe nur zwei Handschriften, die ihm zunächst zur Hand waren, zugrunde, gleichzeitig die Campesche Ausgabe zu ergänzendem oder besserndem Vergleich heranziehend. So finden sich auch in der Edition Lochner noch offenbar verderbte Stellen, Rätsel und Unklarheiten in Fülle. Und doch wäre die Herstellung eines gereinigten, kritischen Textes des kleinen Werkes eine keineswegs besonders schwierige und dabei doch verdienstliche Arbeit, die mit einer Umfrage nach Neudörfer-Handschriften beginnen müßte. Vielleicht daß hiebei doch noch irgendwo die eigentliche Urschrift, Neudörfers eigene Niederschrift der „Nachrichten“, zutage käme.

züge in der Regel alles andere eher als kunstgeschichtliche Gegenstände und müssen daher für diese Forschung unfruchtbar bleiben.

Nicht viel anders verhält es sich mit den Schriftstellern des späteren 18. und beginnenden 19. Jahrhunderts, unter denen übrigens außer Murr und Heller kaum einer speziell der Kunstgeschichte zu dienen ernstlich bestrebt gewesen ist. Mögen auch namentlich die Murrschen Schriften, dann die großen Münzwerke Georg Andreas Wills und Christoph Andreas Imhoffs, die Geschichte des nürnbergischen Handels von Joh. Ferd. Roth (Leipzig, A. F. Böhme, 1800—1802) und manches andere Buch bis zu den Arbeiten Josef Hellers eine ansehnliche Zahl sehr schätzenswerter Nachrichten zur Nürnberger Kunstgeschichte enthalten, mag sich selbst der Kreis des benutzten archivalischen Materials bei ihnen langsam erweitern, Murr z. B. von den ältesten Bürgerverzeichnissen, die ihm „durch gütige Mitteilung hoher Gönner und Freunde zur Durchsicht“ überlassen wurden [1]), vielfach Nutzen ziehen, zu einem systematischen Durchackern umfangreicher archivalischer Bestände zu kunstgeschichtlichen Zwecken, zu einem Heranziehen namentlich der nicht eben bequem zu benützenden großen Reihenwerke, an deren Spitze die oben besprochene Gruppe von Archivalien, die Ratsverlässe und die Ratsbücher, stehen, kam es bis in die zweite Hälfte des 19. Jahrhunderts noch nicht. Obgleich bereits Murr an verschiedenen Stellen seines Journals [2]) auf die Notwendigkeit umfassenderer archivalischer Forschungen hingewiesen hatte, begnügte sich doch auch Rettberg [3]) im wesentlichen noch mit dem Studium abgeleiteter Quellen, namentlich Müllners, so daß jenen weiteren Schritt zu tun erst der Forschung der letzten Jahrzehnte vorbehalten geblieben ist.

Und wenn wir hier nun, den chronologischen Gang unserer bisherigen Betrachtung verlassend, zunächst fragen, wie weit insbesondere Ratsverlässe und Ratsbücher in neuester Zeit für die kunstgeschichtliche Forschung nutzbar gemacht worden sind, so

---

[1]) Vgl. Christoph Gottlieb von Murr, Journal zur Kunstgeschichte und zur allgemeinen Literatur Bd. II (1776) S. 33.

[2]) Vgl. z. B. Bd. II (1776), S. 37; V (1777), S. 45 u. ö.

[3]) R. von Rettberg, Nürnberger Briefe (zur Geschichte der Kunst), Hannover, Helwing, 1846. — Derselbe, Nürnbergs Kunstleben in seinen Denkmalen dargestellt. Stuttgart, Ebner und Seubert, 1854.

müssen wir an der Spitze der folgenden Ausführungen ein Werk nennen, das zum erstenmale im Umkreise der Nürnberger Lokalforschung für einen bestimmten Gegenstand überhaupt alle erreichbaren Archivalien mobil macht, sie im einzelnen auf das genaueste bezeichnet und dadurch wie durch die an den Quellen geübte Kritik neben der Ausgabe der älteren Nürnberger Chroniken [1]) einen Markstein in der Geschichtsforschung der Stadt bedeutet, nämlich E. Mummenhoffs Werk über das Nürnberger Rathaus [2]). Der tiefen Gründlichkeit dieses Werkes entsprechend finden wir in ihm denn auch die Ratsverlässe ausgiebigst benutzt, und wenn auch der Inhalt des Buches nicht in erster Linie kunstgeschichtlicher Natur ist, so weist doch die Baugeschichte samt den damit verflochtenen Nachrichten über die beiden Architekten Jakob Wolf den Vater und den Sohn, weisen die überall aus den Quellen geschöpften Mitteilungen über die plastische und malerische Ausschmückung des Nürnberger Rathauses und seiner Räume, das Eingehen auf den alten Ratssilberschatz unter gleichzeitigem Abdruck des sog. Ratssilberzettels von 1613 u. s. f. eine solche Menge kunstgeschichtlicher Momente auf, daß Mummenhoffs Rathauswerk gleichwohl zu den in unseren Anmerkungen am häufigsten zitierten Büchern zählt. Zugleich bildet es, soweit in ihm bereits Ratsverlässe über Kunst und Künstler ihre Veröffentlichung gefunden haben, eine der notwendigen Ergänzungen der vorliegenden Ausgabe.

In ähnlicher Weise bieten noch eine größere Zahl weiterer Arbeiten mehr oder weniger vereinzelte Ergänzungen zu den in unserer Edition vereinigten Ratsverlässen, Ergänzungen, die teils allgemeinere Verhältnisse, teils einzelne Künstler betreffen. Unter ersteren erwähne ich vor allem die Auszüge aus den Beständen des königlichen Kreisarchives, die Hans Petz im X. Bande des Jahrbuchs der Kunstsammlungen des Allerhöchsten Kaiserhauses (Wien, 1889) Seite XX ff., veröffentlicht hat. Sie beziehen sich im wesentlichen, der Idee des Wiener Hofjahrbuches entsprechend,

[1]) Die Chroniken der deutschen Städte vom 14. bis ins 16. Jahrhundert. Herausgegeben durch die Historische Kommission bei der k. b. Akademie der Wissenschaften. Bd. I—III, X und XI („Nürnberg" Bd. I—V). Leipzig, S. Hirzel 1862—1874.

[2]) Das Rathaus in Nürnberg. Von Ernst Mummenhoff. Im Auftrag und mit Unterstützung der Stadt Nürnberg herausgegeben vom Verein für Geschichte der Stadt Nürnberg. Nürnberg, J. L. Schrag 1891.

auf die Kunstbestrebungen der habsburgischen Fürsten und gehen wo es sich um Ratsbeschlüsse handelt, in der Regel auf die Ratsbücher zurück, berücksichtigen aber nicht selten auch die Ratsverlässe. Mehr im Vordergrunde stehen diese in Geberts Geschichte der Münzstätte der Reichsstadt Nürnberg (Nürnberg, 1890), in der jedoch den Nachrichten über die Tätigkeit der Goldschmiede, Siegelgraber, Eisenschneider, Medailleure und anderer Kleinkünstler, die zum Münzwesen in Beziehung stehen, naturgemäß nur ein kleiner Raum zugeteilt ist. Ebenso sei gleich hier einer Anzahl kleinerer eigener Arbeiten gedacht, die sich zum guten Teil auf die Ratsverlässe stützen und deren bereits eine ziemliche Anzahl zur Veröffentlichung gebracht haben. Da diese Arbeiten, die sich in Anmerkung [1]) näher bezeichnet finden, zumeist in überall leicht zugänglichen Zeitschriften erschienen sind und zudem jede überflüssige Belastung der vorliegenden Bände vermieden werden mußte, habe ich von dem Wiederabdruck auch dieser Ratsverlässe absehen zu sollen geglaubt.

Die von mir veröffentlichten Nachrichten über den Medailleur Joachim Deschler, den „kunstreichen Ätzmaler“ Georg Wechter, über Johann Neudörfer d. ä. und andere leiten uns zugleich zu,

[1]) Theodor Hampe, Deutsche Kunst und deutsche Literatur um die Wende des 15. Jahrhunderts. Nürnberg, S. Soldan, 1893. (In den Anmerkungen — S. 28 ff. — Auszüge aus den Ratsverlässen von 1482—1495, größtenteils die Handwerke der Briefmaler, Kartenmaler und Goldschmiede und einige Meister der Goldschmiede wie Hans Bair, Wolfgang Straß, Konrad Eber betreffend.) Derselbe, Über einen Holzschuherschen Grabteppich vom Jahre 1495 (in den Mitteilungen aus dem germanischen Nationalmuseum 1895, S. 99 ff.). Derselbe, Oswald und Kaspar Krell (ebenda, 1896, S. 23 ff.). Derselbe, Nürnberger Ratsverlässe Joachim Deschler betreffend (ebenda 1897, S. 39 f.). Derselbe, Ein neues österreichisches Medaillenwerk. (Nebst einigen neuen urkundlichen Nachrichten über Hans Schwarz, Joachim Deschler, Melchior Bayr, Leonhard Danner u. a.) (in der Bayrischen Gewerbezeitung Bd. X, 1897, S. 1 ff. u. 30 ff.). Derselbe, Johann Neudörfer d. ä. (1497—1563). Ein Bild seines Lebens und Wirkens (ebenda Bd. XI, 1898, S. 2 ff., 25 ff., 54 ff., 81 ff., 101 ff.). Derselbe, Das Lebensende Georg Wechters des älteren († 1586) und seines Sohnes Hans Wechter (in den Mitteilungen aus dem germanischen Nationalmuseum 1900, S. 109 ff.). Derselbe, Kunstfreunde im alten Nürnberg und ihre Sammlungen (in den Mitteilungen des Vereins für Geschichte der Stadt Nürnberg, Heft 16, 1904, S. 57 ff.). Die Herausgabe dieses letzteren Aufsatzes hat den Druck des vorliegenden Buches überholt. Es waren daher ein paar Wiederholungen — z. B. hinsichtlich des Bd. II S. 26 Anm. 3 über ein Werk von Jan de Zar Mitgeteilten — nicht gut zu vermeiden.

der oben bezeichneten zweiten Gruppe kunsthistorischer Schriften hinüber, den Werken über einzelne Meister. Die Literatur über die großen Renaissancekünstler können wir dabei füglich übergehen, da es uns hier so gut wie ausschließlich darum zu tun ist, festzustellen, welche auch die Ratsverlässe nutzende Arbeiten als notwendige Ergänzung unserer Ausgabe gelten müssen, die Verlässe über jene Großmeister aber, wie bereits im Vorwort ausgeführt wurde, auch dann Aufnahme in das vorliegende Buch gefunden haben, wenn sie bereits bekannt und veröffentlicht waren. Aber auch die meisten anderen bedeutenden Künstler des alten Nürnberg haben im Laufe der letzten Jahrzehnte monographische Behandlung erfahren, die sich zum guten Teil nicht darauf beschränkt hat, lediglich stilkritisch den Werken der Meister nachzugehen, sondern vielfach auch bestrebt gewesen ist, das archivalische Material über ihr Leben und Schaffen möglichst vollständig zusammenzubringen, und die so gelegentlich auch aus den Ratsverlässen geschöpft hat. Daher hat denn über Hans Leonhard Schäufelein, Hans Süß von Kulmbach, Peter Flötner, Jost Amman, Kaspar Enderlein u. a. kaum eine neue Notiz, durch die sich die von ihren letzten Biographen[1]) gebotenen Nachrichten ergänzen ließen, beigebracht werden können und fehlt z. B. der Name Peter Flötners — des älteren, wie wir hinzusetzen müssen, — in den nachfolgenden Veröffentlichungen völlig. Ebenso ist neuerdings von Max Frankenburger reichhaltiges archivalisches Material zur Geschichte Wenzel Jamnitzers und seiner Familie publiziert[2]) und dabei auch aufgenommen worden, was bereits E. Mummenhoff im 24. Bande des Anzeigers für Kunde der deutschen Vorzeit (1877) Spalte 232 ff. und 249 ff. an urkundlichen Nachrichten zur Kenntnis Jamnitzers mitgeteilt hatte.

[1]) Für Schäufelein vgl. die Bd. I, S. 211, Anm. 2 erwähnten Werke; für Hans Süß von Kulmbach insbesondere Karl Koelitz, H. S. v. K. und seine Werke (Beiträge zur Kunstgeschichte, Neue Folge, XII), Leipzig, Seemann, 1891; für Peter Flötner namentlich Konrad Lange, P. F. ein Bahnbrecher der deutschen Renaissance. Berlin, G. Grote, 1897; für Jost Amman die Anmerkung zu Nr. 4277 des ersten Bandes (insbesondere die Quellenstudien von Meyer-Zeller); für Kaspar Enderlein vor allem Hans Demiani, François Briot, Kaspar Enderlein und das Edelzinn. Leipzig, Karl W. Hiersemann, 1897.

[2]) Beiträge zur Geschichte Wenzel Jamnitzers und seiner Familie. Auf Grund archivalischer Quellen herausgegeben von Max Frankenburger (Studien zur deutschen Kunstgeschichte, Heft 30). Straßburg, Heitz, 1901.

Leider ist indessen die Wiedergabe der urkundlichen Nachrichten bei Frankenburger, wo er sich nicht auf Mummenhoff stützt, so mangelhaft, die Textgestaltung so sorglos und lax, sind namentlich die zuerst entstandenen Teile des Buches so voller Lese-, das Ganze zudem so voller Druckfehler, daß ich mir ernstlich die Frage vorlegen mußte, ob in diesem Falle nicht ein erneuter, doch genauerer Abdruck der betreffenden Ratsverlässe angezeigt erschiene. Angesichts des ohnehin beträchtlichen Umfanges dieser Edition jedoch und da ja die wichtigsten der einschlägigen Nachrichten uns in Mummenhoffs einwandfreier Wiedergabe vorliegen, habe ich schließlich davon Abstand genommen, will es aber gleichwohl nicht unterlassen, wenigstens in Anmerkung[1]) einige der störendsten und sinnentstellendsten Lese- oder Druckfehler Frankenburgers richtig zu stellen.

Ähnliche Erwägungen, wenn auch aus anderen Gründen, waren hinsichtlich einiger anderer Werke anzustellen, die sich

---

[1]) *Nr. 10* bei Frankenburger, Zeile 2: statt „erwilt“ lies „ertailt“. — *Nr. 18*, Zeile 2: statt „idem“ lies „item“. — *Nr. 23*, Zeile 3: statt „gangen“ lies „ergangner“. — *Nr. 24*, Zeile 2: statt „zwe“ lies „zwo“. — Ebenda, Zeile 4 f.: statt „sollen die gemelten“ lies „soll d(octor) Gemel“. — Ebenda, Zeile 5: statt „werkleut“ lies „werkleuten“. — Ebenda, Zeile 6: statt „in“ lies „die“. — *Nr. 25*, Zeile 12: statt „und“ lies „undten“. — *Nr. 29*, Zeile 4 f.: statt „auswärtigen ort zu wandern“ lies „auswenndigen orten zu wonen“. — *Nr. 62* fehlt die Blattbezeichnung 31 b. — *Nr. 63* muß es statt „1562“ vielmehr „1564“ heißen, statt „S. 33“ sollte besser stehen „Bl. 33 b“. — *Nr. 82:* statt 16. lies 17. August. — Ebenda, Zeile 3 ist hinter „seiner“ „gnaden“ einzuschieben. — *Nr. 82 a):* statt „Heft 8, S. 1“ sollte es genauer heißen „Heft 8, 2. Abteilung, Bl. 1 b“. — *Nr. 99*, Zeile 3: statt „anzurechnen und“ lies „an zu rechnen, umb“. — *Nr. 108*, Zeile 3: statt „erwilt“ lies „ertailt“. — *Nr. 116*, Zeile 7: statt des zweiten „solchen“ lies „sachen“. — Ebenda, Zeile 12: statt „erstatten“ lies „verstatten“. — *Nr. 146*, Zeile 4: statt „der irigen“ lies „den irigen“. — *Nr. 148*, Zeile 2: statt „im“ lies „ein“. — *Nr. 49*, Zeile 6: statt „zu ine stelle“ lies „in ine stellen“. — *Nr. 150* sollte es statt „Heft 5, S. 1 b“ richtiger „Heft 5, 2. Abteilung, Bl. 1 a“ heißen. — Ebenda, Zeile 2: statt „Hans Pfaben“ lies „Thomaßen Pfaben“. — Ebenda, Zeile 5: statt „wolgedachten raths“ lies „wolgedachtem rathe“. — *Nr. 151*, Zeile 3: statt „schuldt“ lies „schulden“. — *Nr. 153*, Zeile 1: statt „des“ lies „das“. — Ebenda, Zeile 7: statt „ime“ lies „ihne“. — *Nr. 154*, Zeile 1: statt „Wichmans“ lies „Widmans“. — *Nr. 191*, Zeile 7: statt „2024 fl.“ lies „4024 fl.“ — *Nr. 207*, Zeile 3: statt „neuangekommenen“ lies „neuangenommenen“. — Ebenda, Zeile 3 f.: statt „davon“ lies „daran“. — *Nr. 229*, Zeile 5: statt „laut“ lies „leut“. — Auch hätte zum mindesten ein Hinweis auf die von Anton Müller im Historischen Jahrbuch (der Görresgesellschaft) XVIII (1897), S. 857 ff. veröffentlichten Briefe Wenzel Jamnitzers in Frankenburgers Buche nicht fehlen dürfen.

gewissermaßen als eine dritte Gruppe den vorerwähnten Arbeiten anschließen und, wenn wir innerhalb dieses Abschnitts unserer Einleitung die chronologische Folge hätten innehalten wollen, vielleicht an erster Stelle zu nennen gewesen wären, denn sowohl F. L. von Sodens „Kriegs- und Sittengeschichte der Reichsstadt Nürnberg" von 1590—1631 (Erlangen, Th. Bläsing, 1860 f.) als auch Josef Baaders „Beiträge zur Kunstgeschichte Nürnbergs"[1]) — um diese Schriften handelt es sich hier vornehmlich — erschienen bereits in den sechziger Jahren des 19. Jahrhunderts. Sodens Werk beruht auf einem fleißigen, freilich kritiklosen Studium umfangreichen archivalischen Materials, namentlich auch der Ratsverlässe, von denen sich eine ansehnliche Zahl teilweise in genauem Wortlaute in seine Darstellung eingefügt findet. Auch an kunstgeschichtlichen Nachrichten fehlt es dabei nicht. Da indessen die „Kriegs- und Sittengeschichte" leider keine Register besitzt und sich auch in der Anordnung des Stoffes keineswegs durch besondere Übersichtlichkeit auszeichnet, so muß bei der Dickleibigkeit des Buches manche der darin enthaltenen wertvollen urkundlichen Notizen für die Forschung nahezu als verloren gelten oder doch unfruchtbar bleiben. Aus diesem Grunde sind die meisten eben jener auf Kunst oder Kunsthandel bezüglichen Ratsverlässe, obgleich sie bereits Soden bietet, dennoch in die gegenwärtige Ausgabe mitaufgenommen worden. — Im Gegensatz zu den Veröffentlichungen Sodens sind Baaders „Beiträge" ausschließlich der Kunst im weitesten Sinne zugewandt. Auch hier fehlen Register, aber das Material ist übersichtlicher gegliedert. Dagegen fallen bei Baader ein paar andere Mängel schwer ins Gewicht. Einmal nennt er in den seltensten Fällen die Quelle, der die einzelnen Beiträge entstammen, sodaß ein Nachprüfen sehr erschwert und der Wert der Nachrichten nicht leicht genauer festzustellen ist, und dann gibt er nur ausnahmsweise den Wortlaut des Originals wieder, begnügt sich vielmehr in der Regel mit einer kurzen Zusammenfassung dessen, was er aus der archivalischen Quelle herausgelesen hat. Eine solche Art von Quellenpublikationen ist

[1]) Beiträge zur Kunstgeschichte Nürnbergs. Von J. Baader. Nördlingen, C. H. Beck, 1860. Desgleichen, zweite Reihe. Ebenda, 1862. Dazu: Josef Baader, Beiträge zur Kunstgeschichte Nürnbergs in A. von Zahns Jahrbüchern für Kunstwissenschaft I (1868), S. 221 ff. und Derselbe, Urkunden zur Kunstgeschichte Nürnbergs, ebenda II (1869), S. 234 ff.

unter allen Umständen vom Übel. Denn mag auch ein Mann von den paläographischen und antiquarischen Kenntnissen, wie sie Baader ohne Zweifel besaß, mit seiner Interpretation und Auffassung zumeist das richtige treffen, hie und da versagt er eben doch, und Erzählungen wie die von der „Medea des Bildhauer Mathes“ (Beiträge I, 39), die erst vor kurzem A. Bauch richtig gestellt hat, indem er an der Hand der Quellen nachwies, daß darunter eine der Porträt m e d a i l l e n des Mathes Gebel zu verstehen sei[1]), tragen in der Tat nicht dazu bei, das Vertrauen in die Authentizität der Beiträge Baaders auch in allen Einzelheiten zu stärken und die diplomatisch getreue Wiedergabe des Wortlauts entbehrlich erscheinen zu lassen. Daher war auch hier gelegentlich eine Ausnahme von der Regel wohl am Platze und finden sich deswegen in unserer Ausgabe eine Anzahl Ratsverlässe im Wortlaute publiziert, die schon von Baader, doch nur ihrem Inhalte nach, bekannt gegeben waren. In zahlreichen anderen Fällen freilich, wie beispielsweise bezüglich der Ratsverlässe über die Briefmaler und ihr Geschäft aus den siebziger und achtziger Jahren des 16. Jahrhunderts, die Baader in Zahns Jahrbüchern I, 228 ff. buchstabengetreu wiedergegeben hat, schien ein erneuter Abdruck überflüssig, und in solchen Teilen kommen also auch Baaders „Beiträge“ vielfach als notwendige Ergänzung der vorliegenden Edition in Betracht. — Überhaupt wird die Gesamtzahl der schon früher sei es genau oder ungenau veröffentlichten und hier aufs neue dargebotenen Verlässe kaum mehr als etwa 5% der in unserem Buche vereinigten archivalischen Nachrichten betragen.

Wie oben bereits bemerkt, sind die eigentlichen Ratsverlässe unter den Beständen der Nürnberger Archive zwar die am reichsten fließende, doch gleichwohl bisher am wenigsten zu kunstgeschichtlichen Zwecken nutzbar gemachte Quelle. Auch die bisher angeführten neueren Veröffentlichungen berücksichtigen sie wohl, schöpfen aber zum überwiegenden Teil weit lieber aus den so viel bequemer zu benutzenden Ratsbüchern und mancherlei anderem archivalischen Material. Unter diesem haben wir zunächst eine Gruppe näher ins Auge zu fassen, die mit den Ratsverlässen und Ratsbüchern insofern nahe verwandt ist, als wir es hier ebenfalls mit Beschlüssen städtischer Kollegien zu tun haben.

[1]) Vgl. Historisches Jahrbuch (der Görresgesellschaft) XIX (1898), S. 472.

Es sind die Verlässe und die Geheimen Verlässe der Herren Älteren, sowie die Hader-, Acht- und Strafbücher, die sich alle gleichfalls im königlichen Kreisarchive befinden und, wie schon im Vorwort näher ausgeführt, hin und wieder zur Ergänzung der Nachrichten, die uns die Ratsverlässe bieten, herangezogen worden sind. Auf eine systematische Ausbeutung dieser Bestände konnte es dabei allerdings nicht abgesehen sein.

Das Kollegium der „Älteren Herren", bestehend aus Mitgliedern des Rates und ursprünglich als eine Art geheimer Finanzausschuß gedacht, hatte schon im 15. Jahrhundert die Vorberatung und teilweise sogar die Entscheidung in manchen wichtigeren, namentlich die Finanzen und die Politik betreffenden Angelegenheiten [1]). Die Älteren Herren waren befugt, auch andere Ratsmitglieder zu ihren Beratungen hinzuzuziehen. In dieser doppelten Gestaltung scheint auch die Zweiteilung der über ihre Sitzungen geführten Protokolle in „Verlässe der Herren Älteren „und" Geheime Verlässe der Herren Älteren" ihren Grund zu haben. Die Verlässe beginnen mit dem Jahre 1543; der erste Band umfaßt die Zeit von 1543—1552. Was dann als zweiter Band bezeichnet ist, dürfte wohl eher den Geheimen Verlässen angehören, die im übrigen 15 Bände umfassen und von 1688 bis 1804 reichen. Jener fragliche Band enthält Beschlüsse aus den Jahren 1549 bis 1599. Band III der eigentlichen Verlässe, danach wohl richtiger als Band II zu bezeichnen, reicht von 1552 bis 1556, und so geht es fort bis Band 75, der die Verlässe von 1804 bis 1807 enthält.

Von den „Haderbüchern", d. h. den Protokollen des Fünfer- oder Hadergerichts [2]), haben sich nur das 24. und 25., die Jahre 1549—1550 und 1551—1554 umfassend, erhalten. Ein gleichfalls als „H·derbüchlein" bezeichnetes Manuskript aus den Jahren 1431 bis 1445 stellt sich als ein Protokollbuch über Hadersachen, d. h. Streitigkeiten, die nicht vor den Fünfen, sondern im Rate selbst verhandelt worden sind, dar [3]). Als Ergänzung der Haderbücher wären dann noch die Acht- und Strafbücher zu nennen, von denen sich indessen, wie mir scheint, keins im Original erhalten hat.

[1]) Ausführlich unterrichtet über das Kollegium, seine Obliegenheiten und Befugnisse vor allem Paul Sander, a. a. O., S. 93 ff.

[2]) Vgl. hierüber Sander, a. a. O., S. 206 ff.

[3]) Sander, a. a. O., S. 208.

Zwar enthält ein im königlichen Kreisarchiv verwahrter Schmalfolioband das I. bis V. „achtbuch" (1448—1525), ein anderer starker Folioband das I. bis VI. „straffbuch" (1469—1531), doch handelt es sich hier wohl nur um ziemlich gleichzeitige, sorgfältig geschriebene und in ihrer Ausführlichkeit gewiß fast einer Abschrift gleichkommende, dazu auch mit Registern versehene Auszüge aus den jetzt nicht mehr vorhandenen Originalen. Inhaltlich haben diese Bücher übrigens lediglich Strafangelegenheiten des Landgebietes zum Gegenstande, stehen also vermutlich in nahen Beziehungen zum Bauerngericht.

Unter den sonstigen Verlässen oder Beschlüssen und Entscheidungen mag hier etwa noch auf die „Verlässe der Deputation zum Bauamt" (15 Bände, 1586—1722), die ich leider nicht mehr für das vorliegende Buch nutzbar machen konnte, und die „Verlässe der Herren Losunger", die jedoch erst 1641 beginnen (7 Bände, 1641—1799), hingewiesen sein. Manche archivalische Bestände dieser Art sind dem unhistorischen Sinne früherer Zeiten zum Opfer gefallen, wobei speziell im kunstgeschichtlichen, wie auch im literarhistorischen Interesse ganz besonders der Verlust der Protokolle oder Verlässe der Kriegsstube oder des Kriegsamts, dem etwa seit der 2. Hälfte des 16. Jahrhunderts auch die Aufsicht über die Fremden zustand, zu beklagen ist. Nur ein ganz geringer Bruchteil dieser wertvollen Archivalien, die Jahre 1631 bis 1633 umfassend, hat sich und zwar im Nürnberger Stadtarchiv erhalten [1]).

Von hervorragender Bedeutung für alle auf Nürnberg gerichtete historische Forschung und so auch für die Kunstgeschichte sind endlich unter den großen Serienwerken des Kreisarchivs noch drei, die hier zu einer weiteren Gruppe zusammengestellt seien, obgleich sie nicht wie die bisher behandelten Bestände durch Gleichartigkeit und innere Beziehungen miteinander verknüpft sind, nämlich die sogenannten „Jahresregister", d. h. Stadtrechnungsbücher, die Bürger- und Meisterbücher und die Briefbücher. Die Jahresregister beruhen auf den eigentlichen Stadtrechnungen, die uns gleichfalls und zwar schon von 1377 an er-

[1]) Die Signatur ist: Amb[erger] 278. 2°, die alte Bezeichnung: „Prothocoll der Kriegstuben de annis 1631. 32. 33." Übrigens scheint eben dieser Band — nach den Registern zu schließen — nur wenig oder nichts kunstgeschichtlich Bemerkenswertes zu enthalten: inter arma silent Musae.

halten sind. Sie verzeichnen die Einnahmen und Ausgaben der Stadt für die Jahre 1381 bis 1551, doch fehlt leider Band II, die Zeit von 1398 bis 1419 umfassend. Von den Bürger- und Meisterbüchern umfaßt das älteste, das sich erhalten hat, die Jahre 1302–1315 (M. S. 314 $\frac{2}{=}$, früher 228), das folgende reicht von 1314 bis 1331 (M. S. 229), das dritte von 1370—1429 (M. S. 233) und von da an sind dann diese Bücher lückenlos erhalten (M. S. 234 ff.). Es sind in ihnen nicht nur die Bürgeraufnahmen mit Name und Stand der Aufgenommenen und einer Angabe über das gezahlte Bürgergeld oder über die Befreiung von dieser Steuer eingetragen, sondern auch die Wegzüge nach Aufsagung des Bürgerrechts vermerkt. Die Briefbücher enthalten die Kopien aller von Rats wegen ausgefertigten Briefe. Die sechs ersten Bände sind leider nicht auf uns gekommen. Die Reihe beginnt gleich mit der alten Nr. VII (neue Nr. 1) und zwar mit dem Jahre 1404 und läuft fort bis zum Jahre 1717, im ganzen heute noch 345 Bände umfassend.

Gerade diese Bestände, die schwer zu bewältigenden Briefbücher noch verhältnismäßig am wenigsten, sind schon vielfach und zu den verschiedensten Zwecken auch von der kunstgeschichtlichen Forschung konsultiert und ausgebeutet worden. Auf dem, was sie und die Ratsbücher bieten, beruhen zum größten Teil die Nachrichten, die sich in den Publikationen von Baader, Petz und anderen der bereits oben erwähnten Autoren mitgeteilt finden. Die eigentlichen Ratsverlässe stehen bei ihnen mehr zurück; und das gleiche gilt auch noch hinsichtlich mehrerer bisher nicht angeführter archivalisch-kunstgeschichtlicher Arbeiten, unter denen besonders die Forschungen A. Bauchs [1]) und A. Gümbels [2]) hervor-

[1]) Alfred Bauch, Wann ist Meister Adam Kraft gestorben? (Repertorium für Kunstwissenschaft XIX, 1896, S. 28 f.). Derselbe, Ein vergessener Schüler Albrecht Dürers [gemeint ist Jörg Schlenk] (Mitteilungen aus dem germanischen Nationalmuseum, 1896, S. 3 ff.). Derselbe, Die letzten Tage des Malers Georg Penz [vorzugsweise nach den Ratsverlässen!] (Ebenda 1896, S. 43 ff.). Derselbe, Der Aufenthalt des Malers Sebald Beham während der Jahre 1525—1535 (Repertorium für Kunstw. XX, 1897, S. 194 ff.). Derselbe, Paukraz Schwenter, der Freund Peter Vischers des jüngeren (Mitteilungen des Vereins für Geschichte der Stadt Nürnberg XIII, 1899, S. 276 ff.). Derselbe, Besprechung des Buches von Georg Seeger über Peter Vischer den jüngeren (Ebenda, S. 290 ff.). Derselbe, Über die ältesten Totengeläutbücher von St. Sebald und St. Lorenz (Archivalische Zeitschrift N. F. VIII, 1899, S. 119 ff.).

[2]) Albert Gümbel, Einige neue Notizen über das Adam Kraftsche Schreyergrab (Repertorium für Kunstwissenschaft XXV, 1902, S. 360 ff.. Derselbe, Die

gehoben zu werden verdienen. In den Aufsätzen beider, in denen es sich teilweise um Epochen handelt, aus welchen uns Ratsverlässe nicht erhalten sind, werden überdies noch manche weitere Archivalien herangezogen, Urkunden und Handwerksordnungen, die Losungs- oder Steuerlisten (erhalten für die Jahre 1392—1440) Gedenkbücher und die sogenannten „Schenkbücher", d. h. ein Verzeichnis der Geschenke, die namentlich fürstlichen Gästen von der Stadt dargeboten worden sind, u. s. f., auf die hier im einzelnen nicht näher eingegangen werden kann. Nur der auf Sebald Schreyers Veranlassung entstandenen inhaltsreichen Manuskriptbände, die sich neuerdings durch A. Gümbels Forschung als eine bedeutsame Quelle insbesondere für die Nürnberger Kunstgeschichte erwiesen haben, sei hier wenigstens in Kürze gedacht. Sie werden zum größeren Teil (3 Bände) ebenfalls im Nürnberger Kreisarchiv bewahrt, doch besitzt auch das im Germanischen Museum deponierte Paul Wolfgang Merkelsche Familienstift und die ebenda befindliche sogenannte Kleine Scheurl-Bibliothek einzelne Bände, die uns so also gleichzeitig zu den Beständen der übrigen Nürnberger Archive und Sammlungen an urkundlichem Material insbesondere zur Kunstgeschichte hinüberleiten.

In dieser Hinsicht nimmt ohne Zweifel nächst dem Kreisarchiv das Stadtarchiv die erste Stelle ein und seine reichen Schätze haben denn auch schon in mancher der bisher genannten Veröffentlichungen, minder freilich als die Bestände des Kreisarchives, Berücksichtigung gefunden. Sehen wir auch hier von den eigentlichen Urkunden und den zahlreichen Einzelakten, die zu einem bestimmten Zwecke an der Hand von Repertorien zumeist leicht benutzbar sind, ab und beschränken wir unsere Betrachtung in der Hauptsache auf eine kurze Charakteristik der auch für die Kunstgeschichte wichtigsten und, wenn auch bereits häufig und auf das fleißigste benutzten, doch noch immer sehr ausbeutbaren großen Serienwerke, so treten uns als die vornehmsten derselben die als „Libri Litterarum" und als „Conservatorium" bezeichneten Gerichtsbücher entgegen. Die „Libri Litterarum" haben lediglich Besitzübertragungen, namentlich auf Hauskauf bezügliche Rechtssachen zum Inhalte. Sie umfassen heute

Verträge über die Illustrierung und den Druck der Schedelschen Weltchronik (Ebenda XXV, 1902, S. 430 ff.). Derselbe, Meister Berthold von Nürnberg, ein Glied der Familie Landauer (Ebenda XXVI, 1903, S. 318 ff.).

noch 194 Foliobände und laufen von 1481—1770. Eine Reihe von Bänden ist bereits hinsichtlich aller vorkommenden Namen auf das sorgfältigste ausgezogen und so ein besonderes Repertorium entstanden, dessen schon jetzt bedeutender Umfang infolge der von der Archivverwaltung eifrig betriebenen Arbeit stetig wächst. Nach seiner Vollendung wird dieses Register ohne Zweifel eines der allerwichtigsten Hilfsmittel auch für die weitere Erforschung der Nürnberger Künstlergeschichte bilden. Das „Conservatorium" enthält Verträge verschiedener Art. Es zählt noch 246 Foliobände und umfaßt, wie es sich uns erhalten hat, die Zeit von 1484 bis 1762. Nicht minder inhaltsreich und wertvoll als die „Libri Litterarum" wird es nach vollendeter Repertorisierung dieser letzteren wohl in gleicher Weise leichter Benutzung erschlossen werden. Freilich braucht man nur einen aller dieser gewaltigen Bände zu erblicken und durchzublättern, um einzusehen, daß bis zu völliger Vollendung der unternommenen Arbeit notwendig noch viele Jahre verstreichen werden.

Außer den genannten beiden Gerichtsbücher-Reihen verwahrt das Nürnberger Stadtarchiv nun noch eine größere Anzahl einzelner Jahrgänge von anderen Gerichtsbüchern, wie von den Verhandlungen und Entscheidungen des Stadtgerichts („Manuale des Stadtgerichts"), den „Gerichtshändelbüchern" (20 Bände, 1529 ff.), den „Bauerngerichtshändeln" (1530—1533) u. s. f., die indessen — insbesondere mit Rücksicht auf kunstgeschichtliche Zwecke — jenen vorerwähnten großen Reihenwerken an Bedeutung erheblich nachstehen. Wichtiger als sie sind in dieser Beziehung vielleicht die sechs Bände Inventariorum, die sich erhalten haben [1]. Auch der zwei Bände mit Testamenten aus der zweiten Hälfte des 16. und dem Anfang des 17. Jahrhunderts, der Amtsbücher und Heiratsbücher, sowie der für die Geschichte des Kunstgewerbes keineswegs wertlosen, zum Teil bis in das 16. Jahrhundert zurückreichenden Archivalien aus den Handwerksladen der nach Einführung der Gewerbefreiheit aufgelösten Nürnberger Innungen sei hier noch in Kürze gedacht.

Die weitschichtigen Bestände des Stadtarchivs sind jedoch, wie bereits angedeutet, in den letzten Jahrzehnten gerade kunstgeschicht-

[1] Es sind dies nach der alten Numerierung die Bände IV (1529—31), IX (1536—40), XIV (1543—48), XV (1541—51), XVI (1548—86) und XVII (1551—84).

lichen Zwecken in weit höherem Maße dienstbar gemacht worden, als es bei den hiefür noch bedeutsameren Beständen des Kreisarchives bisher geschehen ist. Und zwar ward die Hauptarbeit, die erste systematische Durchackerung hier durch einen Mann geleistet, dessen Name uns bei unserem Streifzuge durch die für die Nürnberger kunstgeschichtliche Forschung vor allem in Betracht kommenden archivalischen Bestände und ihre bisherige Ausbeutung schon verschiedentlich begegnet ist, nämlich durch den vormaligen Stadtarchivar G. W. K. Lochner. Ganz vornehmlich, ja beinahe ausschließlich mit den seiner Obhut anvertrauten inhaltsreichen Archivalien hat sich Lochner beschäftigt, wesentlich auf sie stützen sich seine Publikationen. Dabei hat er — wir haben seines fast einzig dastehenden Abschreibe- und Exzerpierungseifers oben bereits einmal zu gedenken Gelegenheit gehabt — für die „Libri Litterarum“, das „Conservatorium“ und die Inventarbücher, also für die am schwersten zu benutzenden Bestände, neun Foliobände mit eng geschriebenen Auszügen, die teilweise in vollständige seitenlange Abschriften — man möchte, wenn es die Verehrung für den hochverdienten Forscher und die Achtung vor seinen bahnbrechenden Leistungen litte, fast sagen: ausarten, hinterlassen, die sogenannten Lochnerschen Selekten („Selecta Archivalia Norimbergensia“). Und da nun sowohl in diesen vielbenutzten Exzerpten wie in den zahlreichen Veröffentlichungen Lochners, unter denen hier vor allem seine Neudörfer-Ausgabe mit ihren in den Anmerkungen niedergelegten reichen Forschungsergebnissen nochmals genannt sein muß[1]), neben dem lokalgeschichtlich-topographischen und kulturgeschichtlichen auch das speziell kunstgeschichtliche Interesse in erster Linie steht, so fanden in der Tat die späteren Forscher ein gutes Stück Arbeit hier bereits getan, und es begreift sich, daß sie nun, um weiteren Grund und Boden zu gewinnen, mehr und mehr begannen, sich den bis dahin weniger beachteten, freilich bis zu dem Archiverlaß vom 28. Februar 1899 auch weniger leicht zugänglichen Schätzen des königlichen Kreisarchives und ihrer Durchforschung zuzuwenden. In-

[1]) Für die Kunstgeschichte kommen im übrigen — außer einigen Aufsätzen im Anzeiger für Kunde der deutschen Vorzeit — noch etwa in Betracht: Die noch vorhandenen Abzeichen Nürnberger Häuser. Nürnberg, v. Ebner, 1855, und Die Personennamen in Albrecht Dürers Briefen aus Venedig. Nürnberg, Frdr. Korn, 1870.

dessen wird auch in den Schachten des städtischen Archives ein eifrig fortgesetztes Schürfen noch manches Edelmetall zutage fördern, zumal erst in den letzten Jahren, d. h. also lange nach Lochners Tode († 1882), neue abbaufähige Lagerstätten aufgefunden worden sind, — wenn ich, um im Bilde zu bleiben, die langen Reihen von Folianten so bezeichnen darf, die unter den alten Holzbänken des Rathauses neu entdeckt wurden und die besprochenen Reihenwerke auf das willkommenste ergänzen. Von Forschern, die es nach Lochner unternommen haben, speziell die Archivalien des Stadtarchivs den Zwecken der Kunstgeschichte dienstbar zu machen, mag hier insbesondere noch E. Wernicke genannt sein, dessen Beitrag „Zur Nürnberger Künstlergeschichte" in den Mitteilungen des Vereins für Geschichte der Stadt Nürnberg, X. Heft (1893), S. 52 ff., auch in den Anmerkungen des vorliegenden Buches mehrfach angezogen werden mußte.

Daß außer den Archiven häufig auch die Bibliotheken und so neben dem Nürnberger Stadtarchiv auch die Bestände der städtischen Bibliothek für unsere Forschung manches wertvolle Material bieten, braucht wohl kaum besonders hervorgehoben zu werden. Ich denke dabei weniger an die zahlreichen Chronikhandschriften, die fast jede Nürnberger Bibliothek aufweist, als an Memoirenbücher, Selbstbiographien, Reisebeschreibungen und dergleichen mehr. Denn jene können vorderhand nur, soweit sie den älteren Zeiten angehören und uns daher in den kritischen, trefflich kommentierten Ausgaben der historischen Kommission, einer wichtigen Quelle auch für die Kunstgeschichte, vorliegen, als wirklich und in höherem Sinne brauchbare Dokumente der Vorzeit gelten. Mögen auch einzelne der späteren Chroniken — von den in der Stadtbibliothek aufbewahrten nenne ich hier vor allem die neunbändige Starksche Chronik und die Originalniederschrift von Johannes Müllners großem Annalenwerk — sich weit über die große Masse der übrigen erheben und auch kunstgeschichtlich manche wertvolle Nachricht enthalten, solange sie nicht besser als bisher auf ihre Quellen und ihre Glaubwürdigkeit untersucht worden sind oder solange wir nicht klarere Einsicht in die Entstehung und Qualität der Handschriften, d. h. darin, ob wir es mit Originalaufzeichnungen oder lediglich mit vielleicht verderbten Abschriften zu tun haben, besitzen, solange wird auch die Benutzung von Chroniken des 16. und 17. Jahrhunderts immer eine etwas mißliche Sache bleiben, werden die Nachrichten, die sie uns bieten, stets mit Vorbehalt aufzunehmen und erst dann eigentlich verwendbar sein, wenn sie uns im wesentlichen auch durch andere zuverlässigere Quellen bestätigt werden.[1]) — Bei den weit selteneren und natürlich auch nur ausnahmsweise in Abschriften verbreiteten Memoirenwerken, Tagebüchern u. s. w. herrscht nicht das gleiche Wirrsal, sondern liegt die Sache zumeist erheblich einfacher; und so wohnt denn unter den Handschriftenschätzen der Nürnberger Stadtbibliothek beispielsweise den drei Bänden der Ambergerschen Sammlung, die reichhaltige Aufzeichnungen von des großen Kunstfreundes und Sammlers Willibald Imhoffs Hand enthalten, wie nicht minder auch dem Geheimbuch des Hans Hieronymus Imhoff ohne Zweifel ein ungemein hoher kunstgeschichtlicher Wert inne, dem ich letzthin mehr, als es bisher geschehen, durch eine kleine, allerdings den Gegenstand noch in keiner Weise erschöpfende Publikation gerecht zu werden versucht habe[2]).

Ein paar kalligraphisch geschriebene Inventare der ehemals so berühmten Kunstsammlung Willibald Imhoffs befinden sich im Archiv des Germanischen Museums, das auch sonst noch manches wertvolle Dokument zur Kunst- und Künstlergeschichte des alten Nürnberg in sich birgt. Mehrere kleinere Veröffentlichungen im Anzeiger für Kunde der deutschen Vorzeit und den Mitteilungen aus dem Germanischen Nationalmuseum, dann aber vor allem die von Hans Boesch im Regestenteil des VII. Bandes des Jahrbuchs der Kunstsammlungen des Allerhöchsten Kaiserhauses (1888), S. LXXXV ff. teils im Auszuge, teils in extenso wiedergegebenen Urkunden und Aktenstücke sind dafür ein beredtes Zeugnis. Ansehnliche Bestände des Archives indessen, das sich zum guten Teil aus einer Anzahl kleiner Archive zusammensetzt, sind zu kunstgeschichtlichen Zwecken noch kaum durchforscht und dürften gewiß noch zahlreiche bisher unbekannte Nachrichten bieten, wie ich denn selbst einige solcher Notizen durch die freundliche Beihilfe meines Kollegen, des Herrn Dr. Heinrich Heerwagen, bereits den Anmerkungen dieses Buches einverleiben

[1]) Ein Beispiel dieser Art vgl. in meinem oben zitierten Aufsatz über das Lebensende Georg Wechters des älteren.

[2]) Mitteilungen des Vereins für Geschichte der Stadt Nürnberg. XVI, S. 67 ff. und 114 ff.

konnte. Am ergiebigsten werden sich dabei in Zukunft wahrscheinlich noch zwei größere Gruppen von Archivalien erweisen, nämlich einmal die umfangreichen Briefwechsel ehemals in Beheimschem Besitz (16. u. 17. Jhdt.), und sodann das vor kurzem neu geordnete und repertorisierte Freiherrl. von Scheurlsche Familienarchiv, das im germanischen Museum unter Eigentumsvorbehalt deponiert ist. Namentlich manche an Dr. Christoph (II.) Scheurl vom Bischof Jakob von Breslau, Bischof Weigand von Bamberg und anderen gerichtete Briefe, sowie Dr. Christoph Scheurls eigene Aufzeichnungen, insbesondere seine Rechnungsbücher — er war offenbar nicht selten die Mittelsperson im Verkehr zwischen fremden Fürsten und Nürnberger Künstlern — kommen dafür in Betracht[1]. Daneben enthalten natürlich auch die ca. 10.000 Pergamenturkunden, die Papierurkunden und Akten des Museums noch manche schätzenswerte Nachricht, z. B. über Goldschmiede, worüber im einzelnen Falle die Personen-, Sachen- und Ortsrepertorien stets schnellstens Auskunft gewähren. Dagegen dürften, soweit ich dies bisher beurteilen kann, die Bestände der gleichfalls im Germanischen Museum deponierten Archive der Freiherrl. von Holzschuherschen, Freiherrl. von Löffelholzschen und eines ausgestorbenen Zweiges der Freiherrl. von Kreßschen Familie in kunstgeschichtlicher Beziehung nicht eben viel Neues mehr bieten.

Ergänzend tritt auch hier die Bibliothek des Germanischen Museums neben das Archiv, und die Briefbücher und sonstigen Manuskriptenbände der alten Christoph Scheurlschen Bibliothek und ein paar Handschriften der Kleinen Scheurl-Bibliothek und der Merkelschen Sammlung dürften hier als Quellen auch in kunstgeschichtlicher Beziehung Beachtung verdienen. Größer freilich ist der Wert mancher Scheurlscher und Merkelscher Manuskripte für die Literaturgeschichte und die Geschichte des Humanismus. Endlich mag auch hier wieder auf den reichen Bestand an Nürnberger Chroniken, unter denen einige von individuellerer Färbung und selbständigerer Haltung gute gleichzeitige Nachrichten bieten[2], sowie auf das in der Lokalgeschichte häufig genannte Sebalder Totengeläutbuch von 1518 ff. (Hs. 6277. 2°)

[1]) Mehrere Urkunden eben aus dem Scheurlschen Archive sind bereits von H. Boesch a. a. O. (Jahrbuch VII) publiziert.

[2]) Z. B. Hs. 4125, 2° (vgl. Mitteilungen des Vereins für Geschichte der

hingewiesen sein, das allerdings, soweit Kunst und Kunstgewerbe in Betracht kommen, bereits von H. Boesch auf das eingehendste exzerpiert worden ist. Eben die Veröffentlichung dieser Auszüge in den Mitteilungen aus dem germanischen Nationalmuseum [1]) ist zumeist gemeint, wo in unseren Anmerkungen kurz die „Mitteilungen" zitiert werden.

Noch häufiger fast wird man daselbst das „Goldschmiede-Verzeichnis" angeführt finden. Es ist darunter eine Handschrift in der Bibliothek des bayerischen Gewerbemuseums zu verstehen, die, allerdings erst von 1652 an gleichzeitig, alle Nürnberger Gold- und Silberschmiede sowie Pariser Draht-, d. h. Filigranarbeiter verzeichnet, die von 1285 bis 1868 Meister geworden sind. Die Handschrift bietet für den Zeitraum, auf den sich unsere Ausgabe der Ratsverlässe bezieht, im allgemeinen durchaus zuverlässige Nachrichten, ist aber leider von J. Stockbauer als Beilage zum sechsten Bande der Bayerischen Gewerbezeitung (1893) nur äußerst mangelhaft ediert worden. Die Namen erscheinen hier nicht selten in den wunderlichsten und verderbtesten Formen, ohne daß der Herausgeber sich etwa anmerkungsweise ihre Richtigstellung hätte angelegen sein lassen. Offenbar sind auch manche Lese- und Druckfehler dabei mit untergelaufen.

Eine ganz vortreffliche Ergänzung findet eben diese Handschrift in den Manuskripten des alten Nürnberger Goldschmiedehandwerks, die sich jetzt in der Bibliothek des Kunstgewerbemuseums in Berlin befinden [2]). Für uns kommt unter diesen

---

Stadt Nürnberg XIII, 283), Hs. 18025, 2⁰ (vgl. Mitteilungen aus dem germanischen Nationalmuseum 1900, S. 112) u. a. m.

[1]) Das Todesjahr des Malers Hans Süss von Kulmbach (Mitteilungen I. Bd. 1886, S. 264). Nürnberger Kartenmaler des 16. Jahrhunderts (ebenda S. 279 f.). Zu Michael Wohlgemut (Mitteilungen II. Band 1887—1889, S. 24). Nürnberger Maler des 16. Jahrhunderts (ebenda S. 70—72). Nürnberger Buchdrucker des 16. Jahrhunderts (ebenda S. 96). Nürnberger Goldschmiede des 16. Jahrhunderts (ebenda S. 161—165). Nürnberger Plattner des 16. Jahrhunderts (ebenda S. 254—256). Nürnberger Steinschneider und Bildschnitzer des 16. Jahrhunderts (ebenda S. 277—279). Nürnberger Büchsenmeister, Büchsenschmiede und Feuerschloßmacher des 16. Jahrhunderts (Mitteilungen 1890, S. 70—72).

[2]) Die Bücher tragen in der Bibliothek des Kunstgewerbemuseums die Nr. 79.225. Es sind folgende: 1. Meisterbuch von 1531 bis in das 19. Jahrhundert. Lederband. 4⁰, 111 Blätter. 2. „Umgang-Buch" (welche Meister herumgegangen sind oder, wie es auch heißt „Umgang und Schau gehalten" und was sie sträfliches dabei gefunden haben. Auch die Zahl der Gold-, der Silber- und

Manuskripten namentlich das mit dem Jahre 1531 beginnende Meisterbuch in Betracht, das man verschiedentlich in den Anmerkungen des erst nach dem zweiten gedruckten ersten Bandes dieses Werkes benutzt finden wird. Von dem Meisterbuch besitzt das Berliner Kunstgewerbemuseum auch eine sorgfältige Abschrift von G. K. Frommanns Hand, samt sprachlichen Erläuterungen. Durch den Druck aber sind diese inhaltsreichen Manuskripte weiteren Kreisen von Forschern bisher weder im ganzen noch im einzelnen zugänglich gemacht worden. Nur hin und wieder finden wir sie in der Literatur genannt und benutzt, so namentlich in den Arbeiten von Marc Rosenberg.

Die oben erwähnten im Germanischen Museum deponierten Nürnberger Patrizierarchive sowie das gleichfalls als dort befindlich genannte Sebalder Totengeläutbuch legen schließlich noch die Frage nach weiteren Familienarchiven sowie nach Nürnberger Kirchenarchiven nahe. Was nun zunächst die zum größten Teil neueren Bestände der letzteren betrifft, so dürften für die Forschung über die Kunst der Renaissance bis 1618 wohl nur die Kirchenbücher bei St. Sebald und St. Lorenz in Betracht kommen, die etwa um die Zeit der Reformation beginnen[1]. Für einzelne einschlägige Fragen wird man sich aus ihnen, allerdings wegen der unpraktischen Anordnung der alten Bücher nicht immer leicht, Aufklärung verschaffen können. Die sonstigen Nürnberger Familienarchive dagegen sind nur erst zum Teil wohlgeordnet und zum noch kleineren Teil bisher gründlich auf kunstgeschichtliche Nachrichten hin durchforscht. Zu diesen letzteren gehören, teilweise wohl infolge der großen Liberalität der Besitzer gegenüber wissenschaftlicher Forschung, das Freiherrl. von Imhoffsche Familienarchiv zu St. Rochus (Nürnberg) und das Freiherrl. von Kreßsche in Kraftshof bei Nürnberg. Nach einer oberflächlichen Durchsicht scheint für kunstgeschichtliche Zwecke nur wenig zu bieten

der Drahtarbeiter, die sich „befunden“ haben, wird jedesmal dabei angegeben. Die Umgänge fanden fast jeden Monat statt). Erst von 1673 an. Pergamentband, 4°, 233 Blätter. 3. Lehrlingsrolle von 1595 (nicht 1596; 2 Bll. sind falsch eingeklebt) bis 1639. 4°, 186 Blätter, ohne Register. 4. Lehrjungenbuch 1630—1828, schmal-2° (mit vollständigem Namenregister).

[1]) Genauer: bei St. Sebald befinden sich Taufbücher (von 1533 an), Ehebücher (von 1524 an) und Totenbücher (von 1547 an); bei St. Lorenz gleichfalls Taufbücher (von 1533 an), Ehebücher (von 1524 an) und Totenbücher (von 1557 an).

das Freiherrl. von Geudersche Archiv in Heroldsberg. Mehr Ausbeute würde man sich vermutlich von dem Freiherrl. von Stromerschen Archiv zu Grünsberg, dem Freiherrl. von Welserschen in Neunhof, dem Freiherrl. von Hallerschen und dem Freiherrl. von Tucherschen in Nürnberg selbst versprechen dürfen. Wenigstens genannt seien endlich noch das Freiherrl. von Ebnersche Archiv in Eschenbach, das Freiherrl. von Beheimsche in Nürnberg, das von Grundherrsche in Glockenhof (Nürnberg), das Freiherrl. von Harsdorffsche in Fischbach, das von Fürersche in Heimendorf und das von Ölhafensche in Germersheim (Pfalz).

Selbstverständlich bieten häufig genug auch die Bestände außernürnbergischer Archive und Sammlungen und dementsprechend auch viele Publikationen, die sich nicht ausschließlich mit Nürnberger Verhältnissen befassen, reiche Beiträge zur Nürnberger Kunstgeschichte. In ersterer Beziehung wurde der für die Geschichte der Goldschmiedekunst so wichtigen Handschriften des Berliner Kunstgewerbemuseums bereits oben gedacht und sei hier insbesondere nur noch daran erinnert, daß ja nach dem Prinzip der Zentralisation der älteren Urkundenschätze, wie es die Verwaltung der bayerischen Staatsarchive befolgt, speziell die einschlägigen vor 1400 datierten Urkunden und ebenso manche Akten gleicher Art nicht im kgl. Kreisarchiv zu Nürnberg, sondern im k. b. Reichsarchiv in München zu suchen sind. Im übrigen kann auf solche Bestände hier ebensowenig eingegangen werden, wie auf die entsprechenden Veröffentlichungen. Nur zwei dieser letzteren, die in den Anmerkungen des vorliegenden Buches zu den meistzitierten gehören, seien auch hier genannt. Es ist das einmal jenes gewaltige Monumentalwerk, als das sich die an kunsthistorischem Stoff so überreichen Regestenteile in den Bänden des Jahrbuchs der Kunstsammlungen des Allerhöchsten Kaiserhauses in ihrer Gesamtheit darstellen, und ferner Cornelius Gurlitts „Archivalische Forschungen“, die aus sächsischen Archiven zahlreiche wertvolle Nachrichten auch zur Kunstgeschichte Nürnbergs beibringen[1]). In allerjüngster Zeit hat diese Publikation

[1]) Cornelius Gurlitt, Deutsche Turniere, Rüstungen und Plattner des XVI. Jahrhunderts. Archivalische Forschungen. Dresden, Gilbers, 1889. Derselbe, Die Kunst unter Kurfürst Friedrich dem Weisen. Archivalische Forschungen Heft II. Dresden, Gilbers, 1897. (Im Folgenden als Gurlitt, Archivalische Forschungen I, bezw. II zitiert.)

schätzenswerte Nachfolge gefunden in den Arbeiten von Robert Bruck über Friedrich den Weisen als Förderer der Kunst (Straßburg, Heitz, 1903) und den Illuministen Jakob Elsner im Jahrbuch der königl. preuß. Kunstsammlungen XXIV. Bd. (1903), S. 302 ff. Leider hat indessen auf die Resultate dieser Forschungen, beispielsweise über die Tätigkeit des bedeutenden Nürnberger Goldschmieds Paulus Müllner -- diese Namensform scheint nach den Ratsverlässen vor der Schreibung „Möller", wie sie Gurlitt und Bruck bieten, den Vorzug zu verdienen —, in den betreffenden Anmerkungen dieses Buches nicht mehr Bezug genommen werden können.

Doch Urkunden und andere geschriebene Dokumente sind keineswegs die einzigen und kaum die wichtigsten Quellen, aus denen wir unsere Kenntnis der Vorgänge in der Kunstgeschichte schöpfen, wenn auch freilich eine Vernachlässigung eben der archivalischen Forschung sich stets schwer rächen wird und für weite Gebiete gerade der deutschen Kunstgeschichte ohne Zweifel als einer der Hauptgründe für die hier noch herrschende Unsicherheit — ich erinnere nur an das fortgesetzte Umtaufen der Gemälde in unseren Galerien — gelten darf. Zum mindesten ebenbürtig neben die eigentlichen urkundlichen Nachrichten stellen sich die epigraphischen Quellen, z. B. die Inschriften der Grabsteine, die Künstlerlegenden, Monogramme, Jahreszahlen auf Gemälden oder Werken der graphischen Künste, Werken der Plastik, der Kleinkunst und des Kunstgewerbes, wohin auch die verschiedenen Stempelungen auf Goldschmiedearbeiten, die Künstlerbezeichnungen auf Medaillen u. a. m. zu rechnen sind. Auch gleichzeitige Bildnisse mit Unterschriften können oft willkommene Beiträge zur Künstlergeschichte liefern, wie nicht zum geringsten Teil endlich die weite Welt des gedruckten Wortes. Soweit nun im Umkreise der Nürnberg und seine Kunst berücksichtigenden Literatur ältere oder neuere Veröffentlichungen den Hauptnachdruck auf das Epigraphische legen oder sonst in dem angedeuteten Sinne als Quellenwerke aufzufassen sind, durfte ein Hinweis auf sie in den Anmerkungen gleichfalls nicht fehlen. Denn der Zweck dieser letzteren ist in erster Linie der, in Kürze anzudeuten, wieweit die Künstler und Kunsthandwerker, die wir im Laufe der Jahre durch die Ratsverlässe schreiten sehen, uns bisher urkundlich bekannt sind, und in dieser Beziehung also die

Nachrichten der hier veröffentlichten Quelle zu ergänzen. So sind denn insbesondere die beiden Hauptschriften, die von den Nürnberger Friedhöfen und ihren Grabmälern handeln, „Norischer Christen Freydhöfe Gedächtnis" (von Gugel), Nürnberg, 1682, das besonders in seinem den Rochusfriedhof betreffenden Teile in Betracht kommt, und Joh. Martin Trechsels „Verneuertes Gedächtnis des nürnbergischen Johannis Kirch-Hofs", Frankfurt und Leipzig, 1735, in den Anmerkungen vielfach angezogen und ebenso — um nur noch einige der meistbenutzten Werke hier zu nennen — G. W. Panzers „Verzeichnis von nürnbergischen Portraiten aus allen Ständen" (Nürnberg, 1790), Marc Rosenbergs Buch „Der Goldschmiede Merkzeichen" (Frankfurt a. M., Heinrich Keller, 1890), Adolf Ermans „Deutsche Medailleure im 16. und 17. Jahrhundert" (Berlin, Weidmann, 1884) u. a. m.

Auf die eigentliche Literatur über die Künstler und ihre Werke erstrecken sich dagegen die in den Anmerkungen gebotenen Nachweise in der Regel nicht. Eine Ausdehnung auf dies Gebiet würde das Buch allzusehr belastet und dessen Zwecke kaum entsprochen haben. Nur wo etwa die bisherige Forschung zusammenfassende oder nach irgendeiner Richtung vorderhand abschließende Arbeiten vorlagen, durften solche nicht unerwähnt bleiben. Und andererseits ist wohl, wenn es sich um einen von der Forschung bisher unbilligerweise vernachlässigten Meister handelte, eine Ausnahme von der Regel gemacht worden und haben sich die betreffenden Anmerkungen zu kleinen Bibliographien ausgewachsen, die das weitere Forschen über den Künstler und seine Werke erleichtern möchten.

So sind denn auch diese Werke selbst fast überall außerhalb der Erörterung geblieben. Sie eben sind gewissermaßen die eigentlichsten Ereignisse der Kunstgeschichte. Die Werke der Meister immer besser ihrer Entstehung nach wie in ihrem Zusammenhang, in ihren Beziehungen zueinander und zu ihrer Zeit, zu verstehen, muß die kunsthistorische Wissenschaft bestrebt sein mit allen Mitteln nicht nur einer ausgebreiteten Denkmälerkenntnis und daraus resultierender eingehender Stilkritik, eines feingebildeten ästhetischen Empfindens und eines reichen Wissens in technischen Dingen, sondern zugleich auch mit allen Mitteln eines tiefen Verständnisses für die Kultur der verschiedenen Epochen, einer gründlichen Kenntnis der Literatur und der urkundlichen Quellen. Nur aus dem Zusammenwirken aller dieser Faktoren kann wahre hohe Wissenschaft entspringen. Wesentlich als ein Beitrag zu der hinter ihren Mitfaktoren so sehr zurückgebliebenen Kenntnis der Quellen zur deutschen Kunstgeschichte will das vorliegende Buch aufgefaßt sein.

Es erübrigt noch, mit wenigen Worten auf die Grundsätze einzugehen, die insbesondere für die Textgestaltung maßgebend gewesen sind. Aus germanistischen Gründen, d. h. um nicht durch allzu rücksichtslose Nivellierung den Text unserer Quelle für sprachliche und syntaktische Studien unbrauchbar zu machen, habe ich denselben nach Möglichkeit unangetastet gelassen und mir nur der besseren Lesbarkeit wegen hinsichtlich der Orthographie folgende ziemlich belanglose Umgestaltungen erlaubt, von denen indessen die Namen nicht berührt worden sind:

Das vokalische v ist in u, das konsonantische u in v, cz in z, das lange j in i, die Diphthonge aw, ew und äw sind in au, eu und äu verwandelt, alle Wörter mit Ausnahme der Eigennamen, der Benennung „Meine Herren", womit vom Ratsschreiber der versammelte Rat gemeint ist, sowie einiger anderer Ämterbezeichnungen (z. B. „die Fünf" = das Fünfer- oder Hadergericht) mit kleinem Anfangsbuchstaben geschrieben, alle Abkürzungen aufgelöst, eine unserer heutigen entsprechende Trennung der Wörter und anstatt der alten die moderne Interpunktion durchgeführt, augenfällige Schreibfehler zumeist ohne weiteres verbessert worden.

Besondere Schwierigkeiten bot nur die Behandlung der Umlaute, zumal des ü im Gegensatz zum u. Ein solcher Gegensatz tritt im 15. Jahrhundert in der Schrift unserer Quelle nur erst ganz selten deutlich hervor. In der Regel schrieben die Ratsschreiber damals noch für u wie für ü entweder das einfache u ohne jede weitere Bezeichnung oder sie setzten durchweg (für u wie für ü) ein oder aber auch durchweg zwei Tüpfelchen über das u. Erst langsam im Laufe der folgenden Jahrzehnte beginnen dann die beiden Laute sich voneinander zu scheiden oder richtiger: auch in der Schrift klarer unterschieden zu werden. Diesen Verhältnissen auch im Druck gerecht zu werden, ohne die Einheitlichkeit der Textgestaltung zu beeinträchtigen und zugleich der Druckerei zuzumuten, für den Schnitt mehrerer neuer Typen zu sorgen, was aus Anlaß einer Quellenschrift zur Kunstgeschichte doch allzu viel verlangt gewesen wäre, war nicht möglich. Nach mehrfachen Versuchen und den entsprechenden, sich über beträchtliche Teile des Buches erstreckenden Um- und Abänderungen blieb mir schließlich nichts anderes übrig, als auch hier eine Art Modernisierung eintreten zu lassen, indem für diejenigen Laute, die heute zu ü oder i geworden sind, ü, für die übrigen u gesetzt wurde. Die Scheidung von o und ö entspricht dagegen überall den Gepflogenheiten, wie sie sich im Original jeweils geltend machen.

Im übrigen weicht die Art der Veröffentlichung nicht wesentlich von der für Textpublikationen im allgemeinen üblichen ab: der Text selbst ist in Antiqua, Zusätze des Herausgebers *kursiv* gedruckt, überflüssige, z. B. versehentlich doppelt geschriebene Worte des Textes sind in runde Klammern gesetzt, fehlende in eckigen Klammern hinzugefügt. In eckigen Klammern ist auch vor den einzelnen Ratsverlässen durch Anführung des Jahrgangs, Heftes und Blattes die Stelle bezeichnet, wo sie im Original stehen. Das a bedeutet dabei die erste, das b die zweite Seite des betreffenden Blattes. Bis zum Jahre 1499 einschließlich entsprechen die einzelnen Jahrgänge dem Kalenderjahre; der Jahrgang 1500 — richtiger 1500/1501 — reicht dann von Januar 1500 bis Ostern 1501, und von nun an wird das städtische Verwaltungsjahr auch für die Abteilung der Jahrgänge der Ratsverlässe maßgebend, sie laufen also seitdem stets von Ostern des einen bis Ostern des andern Jahres.

Die Namen der Künstler, Kunsthandwerker, Händler u. s. w., sowie auch der Fürsten, ferner die Ortsnamen und die Bezeichnung der wichtigsten Sache oder Sachen, um die es sich in den einzelnen Verlässen handelt, sind durch gesperrten Druck hervorgehoben, die oben besprochenen bibliographischen Hinweise regelmäßig beim ersten Vorkommen des betreffenden Künstlers in einer Anmerkung beigefügt worden.

Zum Schluß seien hier diejenigen Werke in alphabetischer Reihenfolge zusammengestellt, die sich in den Anmerkungen besonders häufig und daher nur mit kurzen Schlagworten erwähnt finden:

Baader, Beiträge bedeutet: Beiträge zur Kunstgeschichte Nürnbergs. Von J. Baader. 2 Bändchen. Nördlingen, 1860 u. 1862.

Doppelmayr bedeutet: Historische Nachricht von den nürnbergischen Mathematicis und Künstlern. Von Johann Gabriel Doppelmayr. Nürnberg, 1730.

Erman bedeutet: Deutsche Medailleure des 16. und 17. Jahrhunderts. Von Adolf Erman. Berlin, 1884.

Frankenburger bedeutet: Beiträge zur Geschichte Wenzel Jamnitzers und seiner Familie. Herausgegeben von Max Frankenburger. Straßburg, 1901.

Gebert bedeutet: Geschichte der Münzstätte der Reichsstadt Nürnberg von C. F. Gebert. Nürnberg, 1890.

Goldschmiede-Verzeichnis: Vgl. die oben S. XXVII besprochene Publikation von J. Stockbauer.

Lochners Neudörfer-Ausgabe, s. Neudörfer.

Mitteilungen bedeutet: Mitteilungen aus dem germanischen Nationalmuseum.

Mummenhoff, Rathaus bedeutet: Das Rathaus in Nürnberg. Von Ernst Mummenhoff. Nürnberg, 1891.

Neudörfer, ed. Lochner | Neudörfer-Gulden } bedeuten: Des Johann Neudörfer, Schreib- und Rechenmeisters zu Nürnberg, Nachrichten von Künstlern und Werkleuten daselbst aus dem Jahre 1547, nebst der Fortsetzung des Andreas Gulden. Herausgegeben von Dr. G. W. K. Lochner (Quellenschriften, alte Folge X. Band). Wien, 1875.

Panzer bedeutet: Verzeichnis von nürnbergischen Portraiten, gefertigt von G. W. Panzer. Nürnberg, 1790.

Rosenberg bedeutet: Der Goldschmiede Merkzeichen. 2000 Stempel auf älteren Goldschmiedearbeiten in Faksimile herausgegeben und erklärt von Dr. Marc Rosenberg. Frankfurt a./M. 1890.

Trechsel bedeutet: D. Joh. Martin Trechsels, Großkopff genannt, Verneuertes Gedächtnis des nürnbergischen Johanniskirchhofs... Mit Georg Jacob Schwindels Vorbericht von denen scriptoribus epitaphiorum vermehrt. Frankfurt und Leipzig, 1735.

Zahns Jahrbücher bedeutet: Jahrbücher für Kunstwissenschaft. Herausgegeben von Dr. A. von Zahn. Leipzig. (Über die in den beiden ersten Bänden dieser Zeitschrift 1868 und 1869 veröffentlichten weiteren Beiträge Baaders vgl. oben S. XVI, Anm. 1).

1. [1449, I, 5 b] Feria III^a post Erhardi [*14. Januar*] 1449:
Item den gesworn und andern meistern zu sagen, kein zeug hinauß zu geben dann mit willen und wissen eins rats.

2. [1449, II, 2 b] Sabbato vigilia Purificationis Marie [*1. Februar*] 1449:
Hannß Vischer, püchsenmeister, *kommt vor.*

3. [1449, II, 7 b] Feria III^a [post] Scolastice [*11. Februar*] 1449:
Item Gnotzhemrer ein ernstlich strefent rede zu thun von des zeugs wegen, den er dem margraven zu kauffen gibt, über solliche wort, die im vormals durch B. Holzschuher mitgeteilt sein.

4. [1449, II, 12 a] Feria III^a post Valentini [*18. Februar*] 1449:
Item dem pildmacher vom neuen hof nach tisch horen, auf ein urfet ledig lassen und ein notdürftig straffrede sagen.

5. [1449, III, 2 b] Feria III^a [post] Kunnegundis [*4. März*] 1449:
Item den platner umb burkrecht an B. Nützel weißen.

6. [3 a] Item den kretzwascher auch hören und swern lassen von des goltsmidsgsellen wegen im loch. — Und findt man den goltsmidgsellen da auch onschuldig [*es handelt sich, wie aus früherem hervorgeht, um einen Diebstahl*], in denn ledig lassen auf urfee [*so!*]. Und den Görgen, goltsmid zum plauen aren, vier tag auf ein turn straffen und aczung für disen geben.

7. [1449, IV, 12 b] Feria VI ante Walpurgis [*25. April*] 1449:
Item der goltsmid eyd zu bessern, als die zettl gelesen ist.

8. [1449, XI, 3 b] Feria quarta post Omnium Sanctorum [*5. November*] 1449:
Item den Pfunnern, goltsmid, beseiden [*so! lies:* besenden] und zu rede setzen.

9. [Ratsbuch 1 b, Bl. 214 a] Feria sexta post Jacobi [*31. Juli*] 1450[1]):

[1]) Für die Jahre, aus denen uns die ausführlicheren Ratsverlässe nicht erhalten sind, bilden die »Ratsbücher« einen freilich unvollkommenen Ersatz. Die folgenden Verlässe sind aus ihnen entnommen.

Item ein zerprochen kelch, der etwolang im behalter gelegen ist, hat man in Spital gegeben; der hat an gewicht zwu mark mynder zweyr lot.

10. [Ratsbuch 1 b, Bl. 226 b] Feria III p. Jacobi [*27. Juli*] 1451:

Sant Laurentzen den steinpruch zu seinem paue volgen lassen, als das dann erteilt ist.

11. [Ratsbuch 1 b, Bl. 228 a] Sabbato Dyonisii [*9. Oktober*] 1451:

Ulman Hegnerin in der Jungen [?] ist vergundt, eysen, gewand und anders zu verkauffen, doch das gelt irem mann nit zu zereyden, sunder losung davon zu bezalen und den hammer ungeverlich davon zu pauen und zu prauchen, doch das das eysen herwider einkume und des guts und gelts nit mynder werde, dann uf den tag, alls sie gesworn hat, ungeverlich gewesen sey.

12. [228 b] Feria III. post Dyonisii [*12. Oktober*] 1451:

Item kein gesworn meister under den messingslahern machen, sunder beleiben lassen alls von allter herkomen ist.

13. [1452, *Bruchstück aus den Ratsverlässen*, 2 a] IIII post dominicam Cantate [*10. Mai*] 1452:

Item die rotsmid und stückwerker vor den Fünffen gein einander hören.

14. [Ratsbuch 1 b, Bl. 255 b] Feria V post Michaelis [*4. Oktober*] 1453:

Petern Kraft[1]), goldsmid, ist vergundt, das geleite von margraf Joh. zu haben uf eins rats widerruffen.

15. [Ratsbuch 1 b, Bl. 257 b] Sabbato post Lucie [*15. Dezember*] 1453:

Contzen Decker[2]) steinmetzen, ist vergundt, III jar anderswo zu sein und daselbst sein hanntwerk ze treyben mit beheltnus, das er in aller gehorsam sei als ein ander bürger.

16. [Ratsbuch 1 b, Bl. 297 b] Feria IIIIta post Margarethe virginis [*14. Juli*] 1456:

[1]) Nach dem »Bürger- und Meisterbuch« von 1429 bis 1462 Bl. 61 a wurde P. K. 1429 Meister. Vgl. ferner Mitteilungen des V. für Gesch. der Stadt Nürnberg X, 57 (ein P. K., Goldschmied aus Nürnberg, wird 1451 in Breslau erwähnt). R. Vischer, Studien zur Kunstgeschichte S. 402 (1475). Anzeiger für Kunde der deutschen Vorzeit X (1863 Sp. 48).

[2]) Baader, Beiträge I, 4 (1446).

Heinrich Meissenner, Hanns Gartner, Sebolt Gralant[1]), goltsmidt, Jacob Hoffman, Hansen von Plauen und Jorgen Nessellin ist gesagt, fürter der frembden müntze mit hauffen nit her inn zu bringen, noch silber in ander müntze zu fürn; wo sie aber das fürbaß tetten, so wolt man dem gesetze gen in nachgen.

17. [Ratsbuch 1 b, Bl. 314 a] Sabbato ante dominicam Judica [*2. April*] 1457:

Item als ein rate mit meister Jacob Grymmen[2]) sich vereint hat, ein brücken bey dem sichaus über die Begnicz zu machen nach innhalt eins versiegelten brieffs, darüber gegeben, ist dabey beredt, das ein rate gen den müllern dorob sein woll, das die müller ein mitleiden haben biß die pfeiller auß dem wasser brocht werden: wenn aber dieß pfeiller auß dem wasser bracht sein, so sol meister Jacob doran sein, das dieß pfeiller die mülen nicht hindern nach den schaden fügen.

Item ob das wer, das der genant meister Jacob von tods wegen abgyng ee dann er die obgemelt brücken mit iren beuen volbrocht hett, so wöll ein rat sich den bürgen ungeverlichen halten; deßgleichen ob er krang würde[3]).

18. [323 a] Feria quinta post Exaltationis sancte crucis [*15. September*] 1457:

Meister Jacob Grymmen ist gesagt, das er die brücken mache und volbringe in massen das muster davon angeben ist und als er sich des verschrieben hat. Conradt Baumgartner relator.

19. [Ratsbuch 1 b, Bl. 332 a] Quinta post Purificationis beate Marie virginis [*9. Februar*] 1458:

Item als clage zum merern male über den Grünwalt[4]),

[1]) Vgl. Murrs Journal II (1776) S. 59 (1447; Sebalderseite). Gebert S. 41 Jahrbuch der Kunstsammlungen des A. K. H. Bd. X Nr. 5694 (1442).

[2]) Neudörfer, ed. Lochner S. 32. Baader, Beiträge I, 66 f. II, 15. Mummenhoff, Rathaus 165, 339. Mitteilungen des Vereins für Geschichte der Stadt Nürnberg X, 66 (1487). Vgl. auch Heinrich Deichslers Nürnberger Chronik zum 5. Dez. 1489 (Städtechroniken, Nürnberg V S. 556).

[3]) Inhaltlich teilweise bereits bei Baader, Beiträge II, 15, Anm. und Lochner in seiner Neudörfer-Ausgabe S. 32.

[4]) Fraglich, ob hier Hans Grünewalt oder sein Vater Hermann G. gemeint ist. Zu ersterem, der nach dem »Bürger- und Meisterbuch« von 1429 bis 1462 Bl. 68 b 1462 Meister wurde und 1503 starb, vgl. namentlich Neudörfer, ed. Lochner

1*

platner, gescheen sein, wie das er von graven und etlichen auß der ritterschafft gelt neme und in zusage, platharnische, stechezeuge und reutzeuge zu machen und doch in nicht halte, dorumb ein rate manicherley rede leyden und unwilles wartende sein, ist im von rats wegen gesagt, das er sich solcher sachen entslage und nit anneme, er wol dann den leuten halten, das er in verspreche, und der stat keynn unwille fürter dorauß entsten oder zugezogen werde; wo des nit geschee, so wolt ein rate das alles zu im wartende sein. Und als er einem beheym auch zugesagt het und nicht gehalten, müst er einen eygen boten demselben schicken und sein gelt, das er von im genommen het, bei demselben wieder schicken; erstünde aber einem rate einche unwille dorauß, des wolt ein rate alles zu seinem leibe und gute wartende sein.

20. [1459: *Bruchstück aus den Ratsverlässen*, 7 b] Feria sexta post Jacobi apostoli [*27. Juli*] 1459:

Item des Fürsten tochter und die malerin, [*möglicherweise auch Eigenname*: Malerin] die hintter gegen Michl, pecken, [*oder:* Pecken?] über sitzt, zu horn von der malerin wegen vor den Fünfen.

21. [8 b] Feria secunda ante Petri ad vincula [*30. Juli*] 1459:

Item die messingslaher und stückwerker uf morgen fur rate besennden, und das iglicher teyle etlich sein freunde dartzu bescheiden sull, ir notdurft furtzupringen.

22. [10 a] Feria V post Vincula [*2. August*] 1459:

Item von der gürtel und gesmeyd wegen die gesworn meister der gürtler, auch den Gralant besennden und die arbeit sehen lassen.

23. [10 b] Feria VI [*3. August*] 1459:

Item Mertin Tilman vergundt, das hantwerk des gesmeyde ein jar hie zu arbeiten, doch uf eins rats widerrufen.

Der gleiche Verlaß im Ratsbuch 1 b zweimal auf derselben Seite Bl. 364 a.

54 ff. C. List in der Zeitschrift für historische Waffenkunde I, 203 f. C. Gurlitt, Archivalische Forschungen II, 89 f. Jahrbuch der Kunstsammlungen des A. K. H. Bd. X Nr. 5722 f. (1489). W. Boeheim, ebenda Bd. XVI S. 364 ff. Derselbe, Meister der Waffenschmiede-Kunst S. 83 f. Ein jüngerer »Hanns Grunwald, platner« wurde Sabbato Afire [7. August] 1501 als Bürger aufgenommen und zahlte dabei »4 f. statwerung«. Vgl. das Bürgerbuch von 1496—1533 im Kgl. Kreisarchiv Nürnberg Bl. 36 a.

24. [14 a] Feria quarta [post] Affre [*8. August*] 1459:

Item das gesetz (suchen) der clingensmid suchen, das horen und wider furlegen.

25. [Ratsbuch 1 b, Bl. 364 b] Feria IV ante Egidii [*29. August*] 1459:

Rodsmiden gesagt, kein slüssel ze giessen, als die das auch selbs einem rat zugesagt haben.

26. [*Undatiertes Bruchstück aus den Ratsverlässen* Bl. 6 a] *nach den Ratsbüchern*: Feria quarta post Purificationis Marie [*6. Februar*] 1460:

Item das silberin rachfaß zu den parfüsen mit wissen eins rats zu verkauffen und ander cleynot in acht haben, verzeichet nemen.

Das Ratsbuch 1 b, Bl. 375 a hat:

Item das silberin rauchfaß zu den parfüssen sol mit wissen eins rats verkaufft werden; dabei sol auch die bebstliche pulle, die clainnet des closters antreffende, in acht gehalten werden von der besserung wegen.

27. [*Bl. 7 b des undatierten Bruchstücks vom 6. Februar 1460*]: Item die eysnyn panzer, der statt zusteen[de] zu verkauffen nach irem wert.

28. [9 b] Item in der goltsmid sachen ruen lassen untz auf erfarung in andern landen des silbers halben, und herrn Erhartt Schürstabs rat darin haben.

29. [Ratsbuch 1 b, Bl. 376 b] Feria VI[ta] post Cinerum [*29. Februar*] 1460:

Item Eckarius[1]), zymerman, ist vergont, zwen monder ungeverlichen außwendig zu arbeiten zu Hyrßheyde.

30. [Ratsbuch 1 b, Bl. 383 a] Feria tercia ante Walpurgis [*29. April*] 1460:

Item von der neun cappellen wegen, als etlich vor dem Lauffertor vermeint haben zu machen, hat ein rate lassen abslaen durch Hanns Coler.

31. [Ratsbuch 1 b, Bl. 384 b] Sabbato ante dominicam Cantate [*10. Mai*] 1460:

[1]) Über der Stadt Zimmermann Meister Eucharius Gaßner vgl. Baader, Beiträge I, 55. Mummenhoff, Rathaus 187. Mitteilungen des Vereins für Gesch. der Stadt Nürnberg X, 66 (1485).

Item Franz Beheym, platner, ist in einem rate gesagt, ein rate wol in zu diesem male lassen abgee, das er sich hinfür weißlicher halte, dann die wort sein an einem rate gelangt, er sol gesprochen haben: »keme einer her gen Nürmberg, der das ungelt abtrybe, er würde auch eingelassen«; also wolt ein rate den dingen baß nachfragen.

32. [Ratsbuch 1 b, Bl. 388 b] Feria tercia Kyliani [*8. Juli*] 1460:

Item Mertein Tilman, einem bürger, ist vergönnt von czinwerck loffel und dergleich zu arbeiten noch ein jare, in massen als vor.

33. [Ratsbuch 1 b, Bl. 393 b] Feria quarta [post?] XI M. virginum [*22. Oktober?*] 1460:

Eine zwitracht zwschen alten und jungen meistern der kandelgiesser *betreffend.*

34. [Ratsbuch 1 c, Bl. 1 a] Feria VIta ante Quasimodogeniti dominicam [*10. April*] 1461:

Item N. Hölper[1], dem silberweger, ist vergönnt, müncz zu keuffen, die man rot heißt biß auf eins rats wieder absagen.

35. [Ratsbuch 1 c, Bl. 12 a] Feria quinta post Symonis et Jude apostolorum [*29. Oktober*] 1461:

Item dem münzmeister von Bamberg ist gesagt, das er vor Weihennachten schierst bürger werde oder sich hinaus tun, denn einem rate nit fügsame sei, in in solchem wesen hie zu dulden.

. . . .

36. Feria tercia post Othmari [*17. November*] 1461:

Item gesworn meister der goltsmiede Hanns Snyczer[2], Jorg Diether[3], Jacob Sachs, Jeronimus Hölper.

[1]) Über Hieronymus Holper, den Schwiegervater des älteren Albrecht Dürer vgl. namentlich Baader, Beiträge I, 32 (1455). Jahrbuch der Kunstsammlungen des A. K. H. Bd. X Nr. 5702 und 3 (1454 und 1457). Thausing I, 39 f. und die dortselbst angeführte Litteratur.

[2]) Vgl. Jahrbuch der Kunstsammlungen des A. K. H. Bd. X Nr. 5700 und 5701 (1453), 5707 und 5708 (1466).

[3]) Goldschmiede-Verzeichnis Nr. 99 (1459); kommt noch in einer Perg.-Urk. vom 16. Oktober 1489 (im Archiv des Germanischen Museums) vor (frdl. Mitteilung des Herrn Dr. Heerwagen). Mit dem etwas später auftretenden Münzmeister gleichen Namens (J. D. d. ä., im Gegensatz zu J. D. d. j., der gleichfalls Münzmeister war) ist unser Goldschmied wohl kaum zu identifizieren.

37. [Ratsbuch 1 c, Bl. 18 b] Feria tercia post Reminiscere [*16. März*] 1462:

Item den malern abgeleint, an den feyertagen feyll zu haben.

38. [Ratsbuch 1 c, Bl. 21 b] Feria tercia post Jubilate [*11. Mai*] 1462:

Item das silber zu zeichen und das ein iglicher uf sein prant sein selbs zeichen slaen soll, deßgleichen den gesten zu tun auch gesagt.

39. Feria quinta post Jubilate [*13. Mai*] 1462:

Item als vier gesworn meister uf dem goltsmidthantwerck von einem rat gegeben sein, also hat ein rat dabey verlassen, wo dieselben vier meister in eyner schaue sich teillen würden, so söll der Hölper ein obman dorinnen sey.

40. [Ratsbuch 1 c, Bl. 24 a] Feria tercia post dominicam Exaudi [*1. Juni*] 1462:

Item Holper, goltsmiedt, sol das zeichengelt mit seinen [*oder* seinem?] gesellen halb teyllen alßlange das pagament wert, dornach mage er sein sachen und meynung wieder an ein rat bringen.

41. [Ratsbuch 1 c, Bl. 26 b] Feria sexta post Corporis Christi [*18. Juni*] 1462:

Item den im dorff zu Sachßen bey Lichtenau ist gesagt, das sie den baue an dem turn nit anders tun noch machen sollen, dann wie der von alter herkomen und damit gehalten ist worden.

. . . .

42. Sabato post Corporis Christi [*19. Juni*] 1462:

Item herrn Nicolas Muffel ein vertigen hinauß gen Sachßen, in zu[s]sagen, an irm kirchturn nit anders zu bauen dann wie von alter herkomen ist, auch allen der stat leuten doselbst bey iren eyden zu gebieten (dorzu), ob darüber zu bauen furgenomen würde, das dieselben dartzu nicht helffen, raten, steuren, furdern noch eincherlei zuschub dortzu tun sollen, das anders, dann wie obgemelt ist, gebaut werde, und das zu halten.

43. [Ratsbuch 1 c, Bl. 40 a] Feria quinta post Oculi [*17. März*] 1463:

Item es ist erteilt, das der baue des neun kornhaus zu diser zyt sol pleiben anstem [*lies*: ansten?].

44. [Ratsbuch 1 c, Bl. 43 a] Feria sexta post Penthecoste [*3. Juni*] 1463:

Item die baueleut zu Sanct Laurenczen sein wieder zu dem baue gebeten worden und sollen das holz zu hauen zu dem baue des kors lenger ansteen lassen.

45. [Ratsbuch 1 c, Bl. 44 b] Feria VIta ante Visitacionis Marie [*1. Juli*] 1463:

Item dem Zeringer [*am Rande:* Endres Czeringer] vergönnt, ein creucz uf der steynnen brücken in einem steinen gebeuß zu setzen.

46. [Ratsbuch 1 c, Bl. 51 a] Secunda post Omnium Sanctorum [*7. November*] 1463:

Sigmunt Wynner, cartenmaler, *kommt vor.*

47. [Ratsbuch 1 c, Bl. 66 b] Feria quarta ante Viti [*13. Juni*] 1464:

Item Hansen Lindenast[1] sollen seine pfant wiedergegeben werden und ist im vergönnt, das kupfferwerck zu versilbern oder zu verguldeu, doch das [er] an einem iglichen derselben stück seiner obenteur ein spiegel lasse eins pfennyngs breit und das derselbe wol sichtig sey.

48. [Ratsbuch 1 c, Bl. 68 b] Feria quinta ante Kyliani [*5. Juli*] 1464:

Item Hansen Lyndenast, als im vormals vergönnt ist, kupfferwerck zu versilbern oder zu verguldeu etc. ut supra, also ist im das in einem rat uf anruffen der goltsmiedt, wieder der hantwerck das ist, wieder abgeleint und gesagt, nit mer zu machen.

49. [Ratsbuch 1 c, Bl. 73 a] Feria quinta in vigilia Mathei apostoli [*20. September*] 1464:

Item meister Ludwig, orgelmeister von Preßlau vergönnt ein orgel den von Nordlingen hie czu machen, auch eine zu Unser Lieben Frauen dabey zu machen und mit im zu reden herr Nicolas Muffel, Jeronimus Kres, ob er hie bürger werden wolt: und ist uff den kirchenmeister gesetzt von der alten orgell wegen, die abzubrechen, ob er wil.

---

[1]) Lochner in seiner Neudörfer-Ausgabe S. 38, woselbst auch dieser und der folgende Ratsverlaß bereits ihrem Inhalte nach wiedergegeben sind. Zahns Jahrbücher I, 254 (1490).

50. [Ratsbuch 1 c, Bl. 79 a] Feria quarta post Epyphanias domini [*8. Januar*] 1465:

Cuncz Scharpff, platner, *kommt, in einen Rechtshandel* gegen des bischofs zu Bamberg lüten *verwickelt, vor.*

51. [79 b] Feria tercia ante Anthonii [*15. Januar*] 1465:

Item Claus Müller ist vergönnt, wage zu machen on einrede der rotsmiedt.

52. Item den rotsmieden ist vergönnt, mit lerjungen und ander stück ein ordenung ze machen, wie den spenglern vormals uf irem hantwerck vergont ist.

53. [Ratsbuch 1 c, Bl. 84 a] Feria tercia post Palmarum [*9. April*] 1465:

Item Heinrich Meischner ist vergönnt, ein cappellen zu Rötenbach ze machen, doch das sie gesetzet werde an die ende, do die fraiß herein in die stat gehort.

54. [Ratsbuch 1 c, Bl. 86 a] Sabbato ante Jubilate [*4. Mai*] 1465:

Item den von Wendelstein, sunder den clingensmyeden ist gesagt von rats wegen, das sie den oesterreichischen slag uf ir clingen und messer nit mer hinfür slaen sollen.

55. [Ratsbuch 1 c, Bl. 89 b] Ipso die Corporis Christi [*13. Juni*] 1465:

Item denn platneren am Platenmarckt ein meyen vergönnt bey irem bronnen zu stecken.

56. [Ratsbuch 1 c, Bl. 93 b] Sabbato ante Egidii abbatis [*31. August*] 1465:

Item den malern und glasern ir zettel einer ordenung, von in selbs furgenomen, ist in abgeleint und sol zwüschen in besteen als vor alter herkomen ist.

57. [Ratsbuch 1 c, Bl. 104 b] Feria tercia post Trinitatis [*3. Juni*] 1466:

Item einem frembden moler von bete wegen Marx Landauers und uf herr Nicolas Muffels anbrengen das bürgerrecht geschenckt.

58. [Ratsbuch 1 c, Bl. 111 a] Feria secunda post Laurencii [*11. August*] 1466:

Item Hanns Lyndennast hat seiner arbeit ein becher in den rat geben, das in ein rat sehen solt und im die arbeit vergonnen: ist im gesagt durch Endres Geuder, Ulrich Grunther, wie im vormals geantwort und die dingk im in einem rat abgeleint sein, dabey laß es ein rat pleiben.

Vgl. Lochner in seiner Neudörfer-Ausgabe S. 38.

59. [Ratsbuch 1 c, Bl. 128 a] Sabbato ante Quasimodogeniti [*4. April*] 1467:

Item des Holpers ayden, Albrecht[1]) genant, sol mit demselben seinem sweyer sweren von des silber zeiches und goltstreiches ampt getreulich zu warten und sol bürger werden[2]).

60. [Ratsbuch 1 c, Bl. 168 b] Feria secunda post Invocavit [*20. Februar*] 1469:

Item die cleinot, die die brüder zu den parfüsern Sanct Franciscen ordes übergeben wollen zu entphaen und in die losungstuben zu antworten bevollen Gabriel Nüczel und Hanns Im Hofe.

61. [Ratsbuch 1 c, Bl. 185 a] Tercia post Circumcisionis domini [*2. Januar*] 1470:

Item den Augustynneren vergönnt XX paume nach walds ordenung.

62. [Ratsbuch 1 c, Bl. 190 a] Samptßtag vor dem sontage Misericordia domini [*5. Mai*] 1470:

Item Hansen Rauschen, ein illuministen, zu bürger aufgenomen und das bürgerrecht im geschenckt.

63. [Ratsbuch 1 c, Bl. 191 a] Quarta ante Urbani episcopi [*23. Mai*] 1470:

Item, so der Holper [*am Rande*: Holper, goltsmied] zu jare abkompt, in acht zu haben den crome, der einem silberprenner von einem rat zugeschaft ist und von ime einen andern verlyen worden umb ein zinß, das derselbe crome wieder zu eins

1) Über Albrecht Dürer d. ä. wird man alle bisher bekannt gewordenen urkundlichen Nachrichten in der seinen großen Sohn betreffenden Litteratur finden, an deren Eingang die eigenen Aufzeichnungen Albrecht Dürers des jüngeren über seine Familie und deren Herkunft stehen (Lange-Fuhse, Dürers Schriftlicher Nachlaß S. 2 ff.). Über A. D. d. ä. insbesondere ist zu vergleichen Goldschmiede-Verzeichnis Nr. 105 (1467). Neudörfer, ed. Lochner 132 (geb. 1427, † 1502). Baader, Beiträge II, 33 f. Zahns Jahrbücher I. 221. Doppelmayr 177. Mummenhoff, Rathaus 29, 317, 318. Gebert 46 f. Mitteilungen des Vereins für Gesch. der Stadt Nürnberg X, 58 (1487). Jahrbuch der Kunstsammlungen des A. K. H. VII Nr. 4719 (1492). Als die Forschung (bis 1884) zusammenfassend sei hier natürlich vor allem auf Thausings Dürer I, 38 ff. hingewiesen.

2) Vgl. Thausing, Dürer 1, 40.

rats handen und zu dem ampt eins silberprenners kome und gebraucht werde.

64. [Ratsbuch 1 c, Bl. 196 b] Sabbato post Exaltationis sancte crucis [*15. September*] 1470:

Item Herman[1], ratsmied, mit dem part zwen knecht vergont züschen Weihennachten.

65. [1471, I, 3 a] Feria secunda post Epyphanias [*7. Januar*] 1471:

Item meister Herman, ratsmied, eins knechts vergonnt zwischen Ostern.

66. [1471, V, 21 a] Feria quarta post Cantate [*15. Mai*] 1471:

Item Hanns Beyern[2]) vergönnt, zu arbeiten als einem andern goltsmieden und sein pflicht zu nemen.

67. [21 b] Item Peter Goldtsmiedt hat uf heut appellirt.

68. [1471, VI, 2 b] Feria secunda post Vocem jocunditatis [*20. Mai*] 1471:

Item ein rat hat verwilliget den platnern sleuffreder aufzurichten, zu palliren.

69. Item von einer smelczhütten wegen die elteren herren uf freitag reden.

70. [3 a] Feria quarta ante Ascensionis domini [*22. Mai*] 1471:

Item zeugmeister und baumeister des Hofers werck zu besehen und etliche geczeuge im zu leyen.

71. [1471, VI, 5 b] Feria secunda post Exaudi [*27. Mai*] 1471:

Item dem Hofer etliche geczeuge zu leyen uf eins rats costen.

72. [1471, VI, 8 a] Sabbato ante Penthecost [*1. Juni*] 1471:

Item Peter Goltsmied hat uf heut appellirt in des Keßlers sachen . . .

73. [1471, VI, 9 a] Feria quinta post Penthecost [*6. Juni*] 1471:

Item so die goldsmid zu maistern angesagt werden, sollen si mit dem eyde beswärt werden, das si die meinsterstück selbs

---

[1]) Gemeint ist Hermann Vischer d. ä., der Vater des älteren Peter V. Vgl. über ihn namentlich Moritz Maximilian Mayer, Des alten Nürnbergs Sitten und Gebräuche II, 1 S. 33 ff. Lochner in seiner Neudörferausgabe S. 22. A. Bauch in den Mitteilungen des Vereins f. Gesch. der Stadt Nürnberg XIII, 295 († Anfang 1488). Im übrigen ist für H. V. d. ä. auf die Vischer-Litteratur überhaupt zu verweisen.

[2]) Th. Hampe, Deutsche Kunst und deutsche Litteratur etc. S. 30 (1487).

allain gemacht haben, und sind dann dieselben maisterstück gerecht, so sol er zu maister angesagt werden.

74. [1471, VII 3 b] Feria quarta post Viti [*19. Juni*] 1471:

Item Peter goltsmieds appellation, dem Keßler geton, in acht haben, wie er gesworen hat, und dorinnen erfaren.

75. [1471, VII, 7 a] Feria quinta post Johannis baptiste [*27. Juni*] 1471:

Item dem piltmacher die linten zu geben, als anbrocht ist.

76. [1471, VII, 9 a] Feria quinta post Visitacionis Marie virginis [*4. Juli*] 1471:

Item Hanns Goltsmied, Heincz kaufman und Hansen Pollen on rate und wissen eins rats keinn geleit zu geben von gebots wegen des richters zu Rotweil.

77. [1471, X, 12 a] Sabbato ante Michahelis [*28. September*] 1471:

Item ein gesetz machen Mertein Pehaim, Gotlieb Volkmer ein gesetze zu machen, das die clingensmied meister dieser stat Nürmberg außwendigen keyn clingen uf derselben außwendigen slag nit machen sollen, und ein penn dorauf zu setzen. Und sol dieser handel bey den Fünffen wieder furgelegt und geübet werden. Ist ein gesetz dorüber, so sollen die herren nach innhalt des gesetz stroffen; ist aber iczunt keyn gesetz vorhanden, so sollen die herren das stroffen nach irer entkentnus [*lies:* erkentnus].

78. [1471, XI, 14 a] Feria quarta ante Omnium Sanctorum [*30. Oktober*] 1471:

Item Lehener, cartenmaller, mitsampt einer bübin, doran er hanget, bede in das loch zu legen.

79. [Ratsbuch 1 c, Bl. 220 a] Sabbato ante Anthonii [*16. Januar*] 1473:

Item Hanns Schürer ist vergönnt, wappenhentschue zu machen. Hanns Im Hofe relator.

80. [Ratsbuch 1 c, Bl. 222 a] Feria quarta post Invencionis crucis [*5. Mai*] 1473:

Item das silberprennerampt ist verlassen und sol dorinnen ein umbsehen geschee uncz zu jare.

81. [Ratsbuch 1 c, Bl. 223 b] Feria tercia post Vincula Petri [*3. August*] 1473:

Item in der sach des sarchs sanct Deocari zu Sanct Larenczen der Volkmer und der Im Hoffe halben ist erteilt, die dinck, die vormals in herr Nicolas Großen und Paulus Volkmers frage uf eritag Sanct Urbanus tag, bleiben zu lassen, das also gelaut hat: wo sich die Im Hofe und die Volkmer irer sarch halben zu S. Larenczen uf dem mitteln altar miteinander vertragen, das gebeue uf gemeine costen ze machen, so wol man in ir wappen doran machen zu lassen vergonnen; welcher teil aber das allein tun wolt, demselben sollen sein wappen auch doran gemacht werden; und würden die parteyen irrig also das yeder teil das gebeue machen wolt, sollen sie das lose darumb werffen: wo das aber mit einander nit tun oder keyn teil für sich selbs tun wolt, so wil ein rat den, als der itzunt stet, ungefasset sten lassen.

82. [224 b] Quarta (post) Egidii [*1. September?*][1]) 1473:

Item den Appothecker, goltsmiedt under der vesten, zu einem heuptman in Jost Hallers viertel.

83. [1474, I, 6 b] Feria tercia post Erhardi [*11. Januar*] 1474:

Item Peter Goltsmiedt das geleit abgeleint. Dann als er hinauß het gesworn gynge er darüber und hilt sich dorinnen wieder eins erbern rats willen ungehorsam.

84. [1474, III, 6 b] Feria tercia post Reminiscere [*8. März*] 1474:

Item der handel von sant Deocarus altar zu heren herrn Rupprecht Haller, Larencz Haller, Endres Tucher: sein verbot gewest von des Nürmbergers und Hansen im Hofe desselben handels und uff heut doch nicht verhort worden.

85. [1474, V, 1 a] Quarta Pasche [*13. April*] 1474:

Item Ulrich Gruntherr mit den plateneren zu reden, sich zu schicken dem wirdigen heiligtum zu lobe und dieser stat zu eren mit irem harnisch zu gen erlichen als sie vor geton haben.

86. [1 b] Quinta Pasche [*14. April*] 1474:

Item von der insiegel wegen, die abgetruckt werden, bevolhen Mertein Peheym, Hanns im Hofe, haben ein muster.

87. [1474, V, 4 b] Feria tercia post Quasimodogeniti [*19. April*] 1474:

Item von des falschen silbers wegen, den Meyer antreffent, Mertein Peheym, Hanns im Hofe mer fleiß zu tun, wer das gemacht habe.

[1]) Egidii fällt selbst auf einen Mittwoch; es ist also vermutlich das »post« zu tilgen und der 1. September gemeint.

88. [5 a] Item dem von des silbers wegen nachzustellen, das gebrechlich ist. Mertein Peheym, Hanns im Hofe.

89. [1474, V, 9 b] Feria quinta post Misericordia domini [*28. April*] 1474:

Item ein silberin becher ist einem goltsmied zugetragen worden, den hat er in den Spital geantwort mit wissen eins rats ob imant kömpt und beweist, das er sein ist, so sol man im den wiedergeben.

90. [1474, VIII, 12 a] Feria quarta post Vincula Petri [*3. August*] 1474:

Item meister Werner und den alten Grünwalt uff freitag schirst fur die Fünff geweist sich zu stellen.

91. [12 b] Item meister Wernher von seins bürgerrechten wegen geantwort, so die sachen züschen im und dem alten Grünwalt hingelegt werde, so wol man im doreczu antworten.

92. [1474, IX, 4 b] Sabbato ante Assumpcionis Marie [*13. August*] 1474:

Item der goltslacrin keiserliche freiheit, das ein neukeit ist und gemeiner stat schedlichen, in acht haben, bey dem keiser zufurkomen, nach der gelerten rat Gabriel Nützel, Hans im Hofe zu suchen, was dawieder sein zu gebrauchen.

93. [1474, IX, 6 a] Feria quarta post Assumpcionis Marie [*17. August*] 1474:

Item den malerknecht wieder zu red halten und nit wee tun.

94. [1474, X, 6 a] Feria secunda ante Exaltacionis crucis [*12. September*] 1474:

Item dem goltsmied von Ulm rechts zu verhelffen, so die gericht angen, und gütlicket [*Gütlichkeit*] zu suchen doreczu. Ulrich Grunther, Paulus Volkmer dor czu geben.

95. [1474, XII, 10 b] Feria quarta post Elizabeth [*16. November*] 1474:

Item Hansen Lyncken, harnischmacher, der zu Poparten mit tode vergangen ist, und dieselben hergeschrieben haben, sein rechten erben hinabe zu schicken etc., Nicolas Grolant derselben brief geantwort, sich dorinnen zu erfaren der erben halben.

96. [1474, XIII, 1 a] Quarta ante Katherine [*23. November*] 1474:

Item den von Popparten zu antworten von Hansen Lincken, harnischmachern, der bey inn mit tode vergangen ist, von seiner rechten erben wegen, in die hinabe zu schicken, Nicolas Grolant sich dorinnen zu erfaren, zu antworten.

97. [1475, 26 a][1]) Feria quarta post Letare [*8. März*] 1475:

Item den gegossen gulden zusneiden lassen und den Eberlein Fleischman wieder zu geben Steffan Coler bevollen.

98. [1475, 51 b] Quarta post Quasimodogeniti [*5. April*] 1475:

Item des Puchners, kartenmalers, im loch ligend, sein menlich gelid zeigend wesens halb, ob er vernünftig sei oder nicht, zu erfaren Paulo Volckmair, Niclao Grolant.

99. [54 b] Sabbato ante Misericordia dni. [*8. April*] 1475:

Item den Buchner im loch mit gerten hauen und auff ein urfehde ledig lassen und im droen, wo er hinfür die ding nit vermeide, werde man in hertter straffen; und er sol die atzung bezalen.

100. [1475, 59 a] Quarta ante Georii [*19. April*] 1475:

Adam, platnern, fur rat zu besenden und zu rede halten von seiner rüg wegen, das er einem einen knecht vorhelt.

101. [60 a] Quinta ante Geörii [*20. April*] 1475:

Ein weiterer Ratsverlass über diesen Gegenstand.

102. [1475, 115 a] Feria II post Kiliani [*10. Juli*] 1475:

Item das gesetz der messrer mit dem zaichen aufslagen ze bessern und einzeschreiben.

103. [1475, 116 a] Tercia feria post Kiliani [*11. Juli*] 1475:

Item den Puchner, kartenmaler, in das loch ze legen und der benötung halb einer frauen zu rede halten.

104. [1475, 119 a] Feria IV ante Magdalene [*19. Juli*] 1475:

Erh. Buchner, kartenmaler, ist wundt worden 3 post Margarete [*18. Juli*].

. . . .

Item den Buchner, im loch ligend, der benötigung halb, so er einer frauen sol gethan haben, zu rede halten.

105. [127 b] Feria quinta ante Marie Magdalene [*20. Juli*] 1475:

Ein weiterer Ratsverlaß über diesen Gegenstand.

106. [1475, 149 a] Tercia ante Egidii [*29. August*] 1475:

— —

[1]) Der Jahrgang 1475 der Ratsverlässe ist ausnahmsweise nicht in Hefte eingeteilt, sondern durchpaginiert.

Item dem pildsnitzer zu Halle uff sein schreiben dez Jordan Hasen halb zu antworten.

107. [1475, 149 b] Quarta ante Egidii [*30. August*] 1475:

Item die kandelgiesserknechte, die einen andern gesellen uff zünftisch weise umb gelt oder wein gestraft haben, vor den Fünfen ze hören.

108. [1475, 150 b] Quinta ante Egidii [*31. August*] 1475:

Item Hannsen Ebner, ratsmid, vergönt, stückwerck in seinem hauß zu arbeiten auff eins rats widerruffen, ursach halb, das er gebrechenlich an seinem leib und auch von den geswornen meistern zu geben verwilligt und gebeten ist.

109. [1475, 153 b] Feria tercia post Egidii [*5. September*] 1475:

Item unter dem rathauß hinden gegen dem Rumel einen weiten swinpogen ze machen, damit die unsaubrikeit, die doselbst gemacht wirdet, furkomen werde.

110. [1475, 157 a] Feria quarta ante Crucis exaltacionis [*13. September*] 1475:

Item Wernlein Walthern, dem meßrer, das meisterrecht zu arbeiten vergonnt.

111. [1475, 170 a] Feria II post Michahelis [*2. Oktober*] 1475:

Item die underrichtung der geswornen meister der goldsmid uff der von Preßlau briefe von ine zu entpfahen und den von Preßlau zu schicken.

112. [1475, 195 b] Sabbato post Omnium Sanctorum [*4. November*] 1475:

Item Wilhelm, dem illuministen, ist vergonnt, ein sein freundin, ein bürgerin zu Regenspurg, die des sterbens halb hergeflohen ist, bei im ze halten biß auff Weihennachten.

113. [1476, VI, 5 a] Feria III. Rogacionum [*21. Mai*] 1476:

Item die geswornen meister der goldsmid mitsambt dem Feuchter[1]) und Holper zu vernemen, welchermaß der handel dez golds halben, dem Jorg Ketzel[2]) zugehorig, gestalt sey.

---

[1]) Gemeint ist Ulrich Feuchter, der nach dem »Bürger- und Meisterbuch« von 1462 bis 1495 im kgl. Kreisarchiv Nürnberg, Bl. 55 a bereits »Tertia post Luce ewangeliste« [20. Oktober] 1467 Meister wurde. Vgl. Goldschmiede-Verzeichnis Nr. 117 (zwischen 1478 und 1511). Mummenhoff, Rathaus S. 29, 68, 317, 318. Gebert S. 18.

[2]) Ein J. K. ohne nähere Bezeichnung liegt auf dem Johannisfriedhofe begraben. Vgl. Trechsel S. 822 Sp. 2 (1583).

114. [5 b] Item Jörgen Ketzel zu beschicken und uff morgen dez gegossen stücklein golds halben, wie er es damit gehandelt hab, zu red halten.

115. [1476, VI, 7 a] Vigilia Ascensionis [*22. Mai*] 1476:

Item den Feuchter zu vernemen, wie Jorg Ketzel des golds halben, im zubracht, mit im gehandelt hab, und auff sambstag [*25. Mai*] wider furlegen.

116. [1476, VI, 9 a] Feria tercia post Urbani [*28. Mai*] 1476:

Item Jorgen Ketzel seins gemachten golds halb, ob er das verkaufft hab, baß zu vernemen.

117. [1476, VI, 12 a] Vigilia Pentecoste [*1. Juni*] 1476:

Item es ist erteilt durch ein merers, Jörgen Ketzel zu beschicken und anzenemen und in das loch ze legen des gemachten golds halben, so er dem Feuchter zu streichen zubracht hat.

118. [12 b] Item Jorgen Ketzel im loch der betrieglichkeit halben, so er mit goldmachung sol geübt haben, zu rede halten.

119. [1476, VII, 7 b] Quarta post Visitationis Marie [*3. Juli*] 1476:

Item Paulus Mayr[1]), goldsmid, umb den frävel, an zwayen karner begangen, XIIII tag in ein versperrt k[amer] gestrafft mit dem leibe zu verpringen, und sol der fängkniss durch den waltschützen in eins rath handt bescheen uf ein [8 a] urvehd ledig getheilt werden und darzu den schützen iren lone zwen tag ußrichten.

120. [1476, VIII, 5 a] Quarta post Margarete [*17. Juli*] *und* [6 b] Quinta ante Magdalene [*18. Juli*] 1476:

Der kandelgiesser an der Neuen gassen, genant Melchior, *kommt vor.*

121. [1477, I, 4 b] Quinta post Circumcisionis [*2. Januar*] 1477:

Item Paulus Müller[2]) sind zu seiner hohzeit uff mitwoch nach Sebastiani [*22. Januar*] vergonnt der stat hofierer.

122. [1477, I, 13 a] Quarta Vincencii [*22. Januar*] 1477:

Item etliche hantwerck als goldsmid, rotsmid, slosser, pogner, nadler, peckslaher, peckstempfer,

[1]) Goldschmiede-Verzeichnis Nr. 129 (zwischen 1473 und 1514). Nach dem »Bürger- und Meisterbuch« von 1462 bis 1495 Bl. 55 b wurde er Quarta post Jacobi [29. Juli] 1478 Meister.

[2]) Fraglich, ob der Goldschmied gemeint ist.

rinckelmacher, satler, salwürten, spengler, scharsachsmid und perlmacher, so die maister irs meisterrechten halb vor den Fünfen sagen und sie melden, daz sie seine meisterstück nit haben sehen arbeiten, so sol derselb, der zu meister werden wil, daz er soliche seine meisterstück, den meistern fürbracht, mit sein selbs hand, on anderer leut hilff gemacht habe, mit seinen rechten beteuren vor den Fünfen: und solichs soll in daz haderbuch oder wanckelpuch geschriben werden und ein haderschreiber in acht haben, die herren daran ze manen, so solicher hantwerck meister gemacht sollen werden.

123. [1477, II, 6 a] Tercia post Purificationis [*4. Februar*] 1477:

Item so hinfür hohzeit auff dem rathauß gehalten werden, sollen die schenck auch auff dem rathauß gehalten werden.

Item die trinckfaß, die man darzu gebraucht, sollen von gemeiner statt [6 b] gemacht und dargelihen werden, desgleichen tischtücher und hantzwehel.

Auch tisch und penck; und über der stat trinckfaß sol von nymant keyn silbergeschirr herauff zu der schenck getragen noch gebraucht werden, dann zwen vergult köpfe.

124. [1477, II, 10 a] Tercia post Scolastice [*11. Februar*] 1477:

Item die goldsmid zu beschicken und ine ze sagen, wo ine einich geverliche oder verdechtliche guldein zukomen, daz sie die aufhalten, daz sie auch solcher guldin keynen verben: und in acht haben, solichs in der goldsmid ordnung ze setzen.

125. [1477, III, 8 a] Quarta post Reminiscere [*5. März*] 1477:

Item den herzogen von Sachsen antworten und ine willefaren Contzen Grünwalds[1]) halb.

126. [1477, III, 10 b] Sabbato ante Dominicam Oculi [*8. März*] 1477:

Item herzog Ludwigen schreiben Jeronymus Schnitzer, goltschmid, ein gelaidt halben.

127. Hupfaufin, goldsmidin, *kommt vor.*

128. [12 a] Quinta post Oculi [*13. März*] 1477:

Item Jeronimo Snitzer, so er in acht tagen kombt, sol er 11 tag geleit haben.

129. [12 b] Item die klingen des Prichentrits, die dez schilts halben pußwirdig erfunden sind, ze straffen nach laut des

[1]) Ein Platner Contz Grünwald wurde nach dem Bürger- und Meisterbuch von 1462 bis 1495 Bl. 63 a 1470 Meister.

gesetzs, nemlich die einsneidigen klingen zu erslagen und die puß. darauff gesatzt, ze geben, und auff den drysneidigen klingen den schilt zu vertempfen und in die wider ze geben.

Item von dem Prichentrit die puß von haltung seins vaters. der nit bürger ist, ze nemen auff groß gnad.

130. [1477, V, 13 a] Tercia ante Walpurgis [*29. April*] 1477:

Item Petern von Amberg, goldsmid, ist sein beger, im geleit ze geben, abgeleyntt.

131. [1477, VII, 9 b] Secunda vigilia Johannis baptiste [*23. Juni*] 1477:

Item Peter Ratsmids handel halb weiters rats pflegen P. Volckamer, P. Rieter, wie sich hinfür darinnen ze halten sei.

132. [1477, VIII, 16 b] Quinta vigilia Jacobi [*24. Juli*] 1477:

Item den gesworonen meistern der goldsmid ist bevolhen und gewalt geben, den pecher, den sie zersniten haben, durch Linharten von Rein verkaufft, ze straffen nach laut des gesetzs und irer ordnung.

133. [1477, VIII, 20 b] Quarta ante Petri ad vincula [*30. Juli*] 1477:

Item mit Jorgen Cristan, goldsmid, weiter reden des kauften pechers halb und desgleichen mit dem Hachenberger.

134. [1477, IX, 2 b] Tercia post Egidii [*2. September*] 1477:

. . . Item Jeronimus Snitzer IIII tag geleit.

135. [4 b] Quinta post Egidii [*4. September*] 1477:

Item Jeronimo Snitzer ist sein geleit acht tag erstreckt.

136. [1477, IX, 10 a] Quinta post Crucis exaltationis [*18. September*] 1477:

Item den brief- und kartenmalern ist ir anbringen, ine ein ordnung ze geben, abgeleynt, und sol deßhalb bey altem herkomen bleiben.

137. [1477, X, 12 b] Tercia ante Galli [*14. Oktober*] 1477:

Item des Ulrich Rotsmids tochter mit einem gast, genant Praun, zu irer furgeenden hohzeit sind vergonnt der stat pfeiffer auf eritag nach Luce [*21. Oktober*].

138. [1477, XI, 15 b] Feria 2 post Galli [*20. Oktober*] 1477:

Item der Prichentrydt, messerer, ist gestrofft worden fir tag auff ein durn halbe auff genad.

139. [1477, XII, 8 a] Quinta Leonhardi [*6. November*] 1477:

2*

Item Petern Goldsmid uff des Jeronimus Keßlers anbringen in das loch ze legen.

140. [1477, XII, 11 a] Montag vor Martini [*10. November*] 1477:

Item dem pildschnitzern peim Spittall ist vergondt worden, einß knechtz mer czu halten dan die ordnung inheldtt czwischen hin und Liechtmeß.

141. [1477, XIII, 8 a] Tercia ante Silvestri [*30. Dezember*] 1477:

Item Heintzen Vechteisen, platnergesell, sind vergonnt der stat hofierer auff sein hohzeit uff pfintztag nach Obersten [*8. Januar 1478*].

142. [1478, I, 9 a] Sabbato ante Purificacionis [*31. Januar*] 1478:

Item die platner, die meisterrechtz begern, sollen zugelassen werden uff ansagen der meister, unangesehen das die ordnung noch nit furgenomen ist.

143. [9 b] Item mit Lienharten Beheim ze handeln uff sein anbringend tafel halben, die durch Niclao Toplern uff [10 a] Sant Peters altar zu S. Sebolt an der Beheim tafel stat gesetzt ist, uff meynung, wo er nit mag beteuren, daz er von machung solicher tafel vorher nit wissens gehabt hab, so sol soliche gesatzte tafel steend beleiben; zu versuchen, sie gütlich zu vertragen.

144. [1478, I, 12 b] Quinta ante Invocavit [*5. Februar*] 1478:

Item bei N. Topler seiner aufgesatzten tafel halb mer fleiß ze haben, daz er sein schilt davon thue, und herwider bringen.

145. [16 a] Tercia post Invocavit [*10. Februar*] 1478:

Item die irrung zwischen N. Topler und den Beheimen der aufgerichteten tafeln halb in einem besambten rate wider furlegen.

146. [1478, II, 10 b] Sabbato ante dominicam Oculi [*21. Februar*] 1478:

Item Albrechten Prant, goldsmid, ist vergonnt daz bürgerrecht in der forme alz gewonlich ist.

147. [1478, IV, 10 b] Feria 2 post Ambrosii [*6. April*] 1478:

Item den Grünwalt mitsampt dem Perchinger, zymmerman, und meister Eukarius fur rat zu beschicken und sie des paues halb hinter der mauren, wider der stat gesetz aufgerichtet, zu rede halten.

148. [1478, IV, 12 b] Quinta post Ambrosii [*9. April*] 1478:

Item die geprechen zwischen den messingslahern und ratsmiden ze wegen und ratslagen.

149. [1478, IV, 16 b] Tercia post Jubilate [*14. April*] 1478:
Item Perchinger, zimerman, der des Grünboltz paue gemacht hott pey dem Tirgartner thor, ist die statt versagt 1 jar und III meill von der statt.

150. [1478, V, 7 a] Sabbato post Walpurgis [*2. Mai*] 1478:
Item Frantzen Herdegen, dem goldsmid, ist vergonnt, der stat Nordling eisen zu machen zu irer guldein müntze.

151. [1478, V, 11 a] Quinta ante Penthecoste [*7. Mai*] 1478:
Item dem Wunderer[1]), goldsmid, ist sein beger, ine unbeweibt zu den meisterrechten komen ze lassen, abgeleynt.

152. [1478, V, 12 a] Vigilia Penthecoste [*9. Mai*] 1478:
Item Ulrichen pildsnitzer ist vergonnt, einen der stat turn zu einem muster, wasser in die höhe ze bringen, zu gebrauchen.

153. [1478, V, 14 b] Tercia Penthecoste [*12. Mai*] 1478:
Item des Toplers aufgesatzten tafel halb mit dem Lienh. Beheim und Merten Beheimin ze reden und sie des herkomens der Beheimtafel zu underrichten.

154. [1478, VI, 11 b] Sabbato post Bonifacii [*16. Mai*] 1478:
Item dez Prenners, kandelslahers, anbringen den kandelgiessern, auch dem pfenter furzehalten und sich darinnen erkundigen, und herwider bringen.

155. [1478, VI, 12 b] Tercia post Bonifacii [*19. Mai*], [14 a] Sabbato ante Viti [*13. Juni*] *und* [15 b] Tercia post Viti [*16. Juni*] 1478:
Drei Ratsverlässe, die von den Diebstählen des Erhart Pildsnitzer (*einmal auch:* pildsnitzer *geschrieben*) *handeln, dem schließlich ein* ernstlicher rechttag auf Sant Johannis abent [*23. Juni*] *gesetzt wird.*

156. [1478, VII, 5 b] Quinta post Johannis baptiste [*25. Juni*] 1478:

Item dem hantwerck der meßrer ist zugegeben, das sie ire klingen sleiffen mogen außerhalb der stat oder in der stat, wo sie wöllen, wie von alter herkomen ist, unangesehen der sleiffer verclagen uff meynung, daz es nit sein solte.

---

[1]) Im Goldschmiede-Verzeichnis zwei Meister des Namens Sebald Wunderer: Nr. 119 und Nr. 232 (beide zwischen 1473 und 1514). Hier handelt es sich wohl um den älteren der beiden.

157. [1478, VII, 7 a] Sabbato VII dormiencium [*27. Juni*] 1478:
Item Jorg Stehelin, priefmaler, und Anna Freibergerin, sein swester, haben den aide dez appellierens gethan ut in forma wider Micheln von Essling.

158. [1478, VII, 12 a] Quinta post Kiliani [*9. Juli*] 1478:
Item Contzen Schacken[1]), goldsmid, der des Wecklers töchter eyne hat, ist vergönnt, hie zu sitzen zwischen Laurencii schirst in der gestalt und uff sein zusage, das er darzwischen sich von den von Nördlingen ledigen und hie bürger werden wolle.

159. [1478, VII, 14 a] Sabbato post Kiliani [*11. Juli*] 1478:
Item Erharten Straubinger baß zu rede halten umb mer rauberei und umb mer gesellschaft und, wo er gütlich nit sagen wil, im wee thun.

Item dem Nagel, furman, den derselb Straubinger als kuntschafter besagt hat, nachzestellen.

160. [1478, VII, 16 a] Tercia post Margarete [*14. Juli*], [VIII, 1 b] Feria quinta post Margarete [*16. Juli*] *und* [VIII, 2 b] Sabbato post Margarete [*18. Juli*] 1478:

Drei weitere Ratsverlässe über diesen Gegenstand, deren letzter lautet:

Item Erharten Straubinger auff eritag schirst [*21. Juli*] einen ernstlichen rechttag umb sein verhandlungen ze setzen, pürgschaft einzenemen und im das leben abzesagen[2]).

161. [1478, VII, 15 a] Sabbato post Kiliani [*11. Juli*] 1478:
Item Paulus Mair ist vergonnt, acht tag sein hantwerck zu üben mit offem laden, und in mitteler zeit sollen Jorgen Cristan und Contzen Eber[3]) vor rat zu red gehalten werden

[1]) Im Goldschmiede-Verzeichnis nur ein Kunz Starckh (Nr. 191, zwischen 1473 und 1511). Mitteilungen des Vereins für Gesch. der Stadt Nürnberg X, 57 (»Kunz Schackan« 1484).

[2]) Vermutlich ist der Erhart Straubinger dieser Verlässe mit dem früher vorkommenden Erhart Pildsnitzer identisch; doch ergiebt sich leider auch alsdann noch nicht mit Sicherheit, ob dieser Erhart wirklich Bildschnitzer war und Straubinger hieß oder aber nur Pildsnitzer hieß und etwa aus Straubing stammte.

[3]) Goldschmiede-Verzeichnis Nr. 106 (1468 und 1514). Murrs Journal II (1776) S. 60 (1468, zu St. Sebald gehörig). Nach dem »Bürger- und Meisterbuch« von 1462—1495 (im Kreisarchiv Nürnberg) Bl. 55 a wurde er »Quarta post [vermutlich ist »ante« zu lesen] Ascensionis domini« [10. Mai?] 1469 Meister. Gebert 49 f. Th. Hampe, Deutsche Kunst und deutsche Litteratur etc. S. 31 (1492). Mitteilungen II, 162 († 1518).

der wort halben, die sie sollen zu den geswornen meistern dez Mairs lerjar halben geredt haben, uff meynung, ob es ein wunder sei, daz sie ine von eren wegen ein lügen zugesagt haben, und fürter sol der handel dez maisterrechts halben außgericht werden.

162. [1478, VII, 17 a] Tercia post Margarete [*14. Juli*] 1478:

Item dem Wenczlaw Prenner ist vergonnt, schüsseln und ander stück von lauterm zyn, daz mit der stat zaichen getzaichent ist, ze slahen uf den niderlendischen slag und sitten, unangesehen daz er keyn kandelgiesser ist und sein lerjar daruff nit gelernt hat.

163. Item Paulus Mair, den goldsmid, mit den maisterrechten zuzelassen.

164. [1478, VIII, 9 b] Quinta post Jacobi [*30. Juli*] 1478:

Item die zerprochen horglocken von dem Weissen thurn herab ze thun, und die kleynen glocken, die vor zu S. Lorenzen gewest ist, hinauf ze thun. Und mit Niclasen Glockengiesser ze reden, ein andere tugliche glocken ze giessen, nachdem er die, alz er solt, nit gewert hat. Item auch die glocken allenthalb uff den turnen besichtigen, wie die nach notdurft versorgt werden.

165. [1478, VIII, 11 b] Secunda post Petri vincula [*3. August*] 1478:

Item den goldsmiden, die erstlich meister werden wollen, ist zu machung irer maisterstück zugegeben ein halb jar frist.

166. [1478, IX, 3 a] Tercia post Assumptionis [*18. August*] 1478:

Item Seholten Wunderer, goldsmid, mit des Jordans tochter sind vergonnt der stat pfeiffer auff ir hohzeit auff eritag nach Bartholomei [*25. August*].

167. [1478, IX, 7 a] Sabbato ante Bartholomei [*22. August*] 1478:

Item Matheis Sidels, des goldsmids, laden, so er von der stat verzinst, aussen anzehencken auff sein ersuchen, und wo er daz auff sein costen nit machen wil, sol dan auff der stat costen geschehen; zinsmeister bestellen.

168. [1478, IX, 11 a] Quinta post Bartholomei [*27. August*] 1478:

Item dem Wetzsteyn[1]), goldsmid, und der Clara Rat-

[1]) Hans Wetzstein im Goldschmiede-Verzeichnis Nr. 163 (zwischen 1473 und 1511) als Silberarbeiter.

gebin alias Heldin ist ir frist, in ir aufgelegt straff ze geen, erstreckt biß auff Ostern schirst.

169. [1478, XI, 1 b] Feria quinta ante Dionisii [*8. Oktober*] 1478:

Item Ortolf Stromeir bei dem Grünwalt fleiß ze thun, hern Fridrich von Mulnheym, ritter zu Straßburg, seinen turneyzeug furderlich zu vertigen.

170. [1478, XI, 2 b] Sabbato post Dionisii [*10. Oktober*] 1478:

Item Paulus Mülner ist vergont, einen von Saltzpurg, für den er pürg gewest ist, auff recht zu verhafften auff eins rats widerruffen, und daruff fleiß thun, sie gütlich zu vertragen.

171. [1478, XI, 6 b] Quinta ante Galli [*15. Oktober*] 1478:

Item den moler, der den todsleger des molergesellens sol hinweg geschoben haben, zu red halten und sich dez erkunden und, wo sich das findet, ine in daz loch ze legen.

Desgleichen des todslegers poten zu besprachen und an im zu erkundigen, wo der täter sei.[1])

172. [1478, XII, 21 a] Feria tercia vigilia Katharine [*24. November*] 1478:

Item dem Singer, ratsmid, ist vergönnt, ein knecht seins hantwercks in seinem crame zu halten.

173. [1478, XII, 26 a] Feria 3 post Andree apost. [*1. Dezember*] 1478:

Item dem Crammer, platner, vergönnt, zwen knecht biß zu dem neuen jare, und in darnach beschicken und zu rede halten, das er sich mer dann er ußrichten mag underwunden habe der arbaitt herrn Hainrich von Prandenstain.

174. [27 a] Item den platnern, die harnisch zum turner machen, ist vergunt, das die me knecht mugen haben, dan das gesetz außweist, doch nit lenger, dan zwischen hie und dem neuen jar, und ir einer über zwen knecht nit me haben soll.

175. Item der Grünwalt, der ein pürger hie gewest ist, ist vergunt, für ein knecht hie zu arbeiten zwischen hie und dem neuen jar.

---

[1]) Hinzugefügt sei an dieser Stelle:

[Strafbücher Bl. 38 b] Sambstag nach XI M virginum [24. Oktober] 1478:

»Heintz Rauhe, plattner zu Beringsdorff, ist zum Gostenhofe verdechtlicher dieberey halbenn etlicher hauben, zum Sig. Fürer gestolenn, zu fenngknus genommen und doch als unbekannt für ein anndern angenommen und seiner unschuld ledig gelassen wordenn, juravit urpfedt ut in forma.«

176. [1479, I, 7 a] Quinta post Epiphanie [*7. Januar*] 1479:
Item den salwürten ist uff ir anregen vergonnt, eysereine schaidgoller ze machen biß auff eins rats widerruffen.

177. [1479, I, 8 a] Sabbato post Erhardi [*9. Januar*] 1479:
Item Michel Meihsenauer und der pildsnitzer von Werd sind erteilt an das pütelambt anstat Hansen Diettegen und Hansen dez turners, und sollen mit pflichten darzu gevertigt werden.

178. [1479, II, 9 b] Tercia Apollonie [*9. Februar*] 1479:
Der Störrin, platnerin, *Magd soll wegen Verdacht des Diebstahls ins Loch gelegt werden.*

179. [1479, III, 5 b] Tercia post Invocavit [*2. März*] 1479:
Item dem Lorenz Amman, ratsmid, ist vergonnt, seins knechtz weib, die bürgerskind ist, bei im ze halten biß uff Walpurgis, doch ob derselb knecht vor Walpurgis bürger würde, daz ime daz an der losung nit furtragen sol.

180. [1479, III, 18 b] Quinta post dominicam Oculi [*18. März*] 1479:
Item dem goldsmid, der wider dez hantwercks ordnung sol arbeiten, daz anbringen der goldsmid fur- [19 a] zchalten und sein antwort zu vernemen.

181. [1479, III, 19 b] Sabbato ante Letare [*20. März*] 1479:
Item die meister der kandellgisser peschicken und ir peschwerd horn des geslagen zinß halben und auch der neuen schau, und das alß herwider pringen.

. . . .

182. Item dem neuen goltsmid, der da smeltzt paternosterkorner, dem das pürgerrecht geschenckt ist, zu pesenden und in vernemen, das er arbeit nach laut [20 a] des gesetz alß ander goltsmid, und wie vill arbeit der gesmeltzten im angedingt ist, das er sein meisterstück machen mug nach laut der ornung, darinen die geschworn meister ein peschwerd haben: und das herwider pringen.

183. [1479, V, 5 a] Quarta post Quasimodogeniti [*21. April*] 1479:
Item die slahglocken, die meister Endres Glockengiesser[1]) gossen hat, bei XVIII zentner haltende, ze kauffen und auff dem Weissen turn aufzerichten.

[1]) Doppelmayr 281. Das Porträt eines Endres Glockengisser bei Panzer S. 77.

184. [1479, V, 8 a] Quinta ante Georii [*22. April*] 1479:
Item den vätern zu den Augustinern ist zu irer kirchen pau vergonnt, in dem steynpruch steyn ze prechen, doch nemlich im Ochsenhorn, und dermassen, daz sie den auff iren costen abraumen sollen.

185. [1479, V, 10 a] Feria 2 post Marci [*26. April*] 1479:
Item die geswornen meister der platner yeden in sunderheit zu vernemen dez gesellen halb der dez meisterrechts begert, und daz herwider bringen.

186. [10 b] Item die geswornen meister der platner baß zu vernemen, in was stücken der, der meister werden wil, gebrechlich ist.

187. [1479, V, 18 a] Sabbato post Johannis ante portam latinam [*8. Mai*] 1479:
Item den pildsnitzer, pütel, zu einem zollner unter das Frauentor ze nemen, und den zollner, der ytzunt unter demselben Frauentor gewest ist, wider unter daz Lauffer tor, do er vor gewest ist, aufzenemen.

188. [1479, V, 20 b] Tercia post Johannis ante portam [*11. Mai*] 1479:
Item einem meister zu Werd, der von den geswornen meistern der ratsmid gerügt und beclagt ist uff meynung, wie er ine mit giessung messener rinckel, die er überzint, in ir hantwerck greiffen soll, und nit meister sei, ist vergonnt, solich werck ze machen.

189. [1479, VI, 1 b] Feria quinta post Cantate [*13. Mai*] 1479:
Hennslein Bair, salwürt, *wird wegen Ungehorsams mit zweitägiger Turmhaft bestraft.*

. . . .

190. Item Hannsen Dürer[1]) ist sein geleit acht tag erstreckt.

191. [1479, VI, 5 a] Sabbato ante Urbani [*22. Mai*] 1479:
Item wo Hanns Dürer sich mit einem pferd bestellen lassen wil umb den gemeinen sold und ein erung biß in X gulden (bestellen lassen wil), soll er an der stat dienst aufgenomen werden.

192. [5 b] Item den herren zu den Augustinern ist in iren willen gesetzt, den steynmetzen von Nordlingen, der

[1]) Handelt es sich hier und im folgenden Ratsverlaß um einen Verwandten des großen Albrecht D.?

den pau zu Hailsprunn gepaut hat, zu irem gepau zu geprauchen irer kirchen, doch wo sie den aufnemen, daz er die zeit seins hiewesens losung gebe.

193. [1479, VI, 6 a] Feria secunda ante Urbani [*24. Mai*] 1479:

Item der geswornen und anderer platner zettel zu ratslagen und herwider bringen.

194. [6 b] Item ratslagen dez aussneidens und verkauffens halb seidenis gewands, untzgolds und dergleichen, was dagegen furzenemen sei.

195. [1479, VI, 7 a] Feria tercia ipsa [*so*] die Urbani [*25. Mai*] 1479:

Item den herren zu den Augustinern zu irem furgenomen pau irer kirchen holz auß dem wald Laurenti ze geben nach waldsordnung; das dem amptman zu beschehen bevelhen.

. . . .

196. Item den Pegnitzer[1]) zu bestellen fleiß ze haben Gruntherr, Ant. Ebner, umb ein sold biß in XX fl. novi.

197. Item den amptman dez walds zu vernemen des laymengrabens halb der ziegler uff dem wald.

198. [1479, VI, 9 a] Sabbato vigilia Penthecost alias post Urbani [*29. Mai*] 1479:

Item Hannsen Dürer, genannt Herboltzheymer, auff drei jar mit einem pferd zu bestellen.

199. [1479, VII, 5 a] Tercia ante Johannis baptiste [*22. Juni*] 1479:

Item dem gotzhauß zu Erbach vergonnt, an ein neue tafel daz almusen ze biten uff S. Johannis tag vor dem Neuen tor.

200. [1479, VII, 8 a] Quinta vigilia Visitacionis Marie [*1. Juli*] 1479:

[1]) Ob es sich hier um Endres Pegnitzer d. ä., der 1516 Genannter wurde, 1543 sein Bürgerrecht aufgab und 1544 starb, oder um dessen Vater Hans P. handelt, der 1466 auf 10 Jahre als Büchsenmeister in den Dienst der Stadt trat und 1509 starb, steht nicht völlig fest. Wahrscheinlicher ist ohne Zweifel das letztere. Vgl. über Hans P. Lochner in seiner Neudörfer-Ausgabe S. 50. Auch die Nachricht über einen Diebstahl beim Pegnitzer in Heinrich Deichslers Chronik zum Jahre 1488 (vgl. Chroniken der deutschen Städte, Nürnberg V. Bd. S. 546) wird vermutlich auf Hans P. zu beziehen sein, vielleicht aber ebenfalls bereits auf seinen Sohn Endres P. d. ä. Über diesen vgl. namentlich Neudörfer, ed. Lochner S. 49 f. Doppelmayr 286. Baader, Beiträge II, 48—50. Zahns Jahrbücher I, 255.

Item den Pegnitzer als ein püchsenmeister zu bestellen etliche [*dies Wort ist wieder ausgestrichen*] jar uff daz nechst biß in XL fl. novi.

201. [1479, VIII, 1 a] Feria quinta Kiliani [*8. Juli*] 1479:

Item den kandelgiessern ze sagen, daz sie dem Wentzla, dem daz zine ze slahen zugeben und vergonnt ist, hinfür giessen, wie sie vor gethan haben. Und was die kandelgiesser giessen [1 b] und machen, daz unter einem halben pfund ist und an der schau nit rechtvertig funden wirdet, sol keyn ander pene haben, dann daz ez zerslagen werde; waz aber über ein halb pfund hat und an der schau unrechtvertig oder pußwirdig erfunden wirdet, sol zerslagen und darzu die pene in laut der ordnung davon gegeben werden. Und die kandelgiesser mogen hinfür durch sich selbs oder ire eehalten die kandeln nach rechter stat eich nageln, doch weliche an dem nageln ungerecht erfunden würde, darvon sol der selb kandelgiesser, in dez werckstat die genagelt ist, von einer yeden solichen kanden zu pen geben und verfallen sein ein pfund novi.

202. [1479, IX, 6 b] Tercia post Assumpcionis Marie [*17. August*] 1479:

Item Hanns Müller, pildsnitzer, hat den aide des appellirens gethan ut in forma wider die Agneß Diemin.

203. [1479, IX, 11 b] Feria tercia ante Egidii [*31. August*] 1479:

Item dem Münich, orgelmacher, vergonnt, ettliche lindene pretter von dem paumeister umb daz gelt ze nemen.

204. [12 a] Item Hannsen Stauden[1]) ist vergonnt, den von Amberg ein püchsen ze giessen in dem hauß unter dem Weißen turn, darinnen der Höfer gesessen gewest ist, doch daz er es mit solichem giessen halt einem rat und der stat on schaden.

205. [1479, XI, 10 a] Quarta post Luce [*20. Oktober*] 1479:

Item dem Sporer[2]), briefmaler, der sein weib so hart geslagen, daz sie des sol tod sein, nachzestellen.

---

[1]) Zahns Jahrbücher I, 255 (1499). Ein Feuerwerker Stand in Nürnberg, der wohl mit unserem Büchsengießer identisch ist, kommt im Jahrbuch der Kunstsammlungen des A. K. H. Bd. X, Regest Nr. 5715 (zum Jahre 1476) vor.

[2]) Über den Briefmaler Hans Sporer, genannt Kübelhans, vgl. Baader, Beiträge II, 59 (1479—1494). Zahns Jahrbücher I, 227 (hier auch über den an seiner Frau begangenen Frevel).

206. [1479, XI, 11 a] Quinta post Luce evangeliste [*21. Oktober*] 1479:

Item Hannsen Neuschel[1], ratsmiddrechsel, ist vergont durch einen rat, das meisterrecht alleyn auff dem ratsmiddrechselhantwerck ze arbeiten auß ursach, daz er in seinem haubt durch verwunden vast geprechlich, auch arm ist und vil kinder hat.

207. [1479, XII, 12 a] Tercia Othmari [*16. November*] 1479:

Item Michel Tosten, ratsmid, der der losung halb außgeruffet ist, so er sein versessen losung bezalen wil, sol im der handel uff fürbete dez thumbrobsts zu Wirtzburg begeben und wider in die stat gelassen werden.

208. [1479, XII, 16 b] Sabbato post Elizabeth [*20. November*] 1479:

Item dem H. Sporer, briefmaler, sein beger geleits halben, im ze geben, abgeleynt, und im ausserhalb dez deutschen hause nachzestellen, nachdem er sein weib sol zu tod geslagen haben.

Auch eigentlich erkunden lassen, wie der handel durch in gehandelt sei, und das einschreiben lassen.

209. [1479, XIII, 8 a] Sabbato Barbare [*4. Dezember*] 1479:

Item Hannsen Sporers, des kartenmalers, halb, der sein weib zu tod geslagen haben [sol], zu erkunden, ob er einen anhangk hab, und an andern personen, dann die vor gehort seind, zu erkunden, auß waz ursachen er sie geslagen und ob man icht slahmal an ir erfunden hab.

210. [1480, III, 1 b] Feria quinta post dominicam Letare [*16. März*] 1480:

[1] Neudörfer, ed. Lochner S. 168 ff. (den älteren Trompeten- oder Posaunenmacher dieses Namens, mit dem doch wohl unser Rotschmieddrechsel identisch ist, kann Lochner von 1486 an nachweisen). Doppelmayr 284. Baader, Beiträge II, 56 f. (über den älteren und den jüngeren H. N.). Zahns Jahrbücher I, 258 (desgleichen). Jahrbuch der Kunstsammlungen des A. K. H. Bd. X an mehreren Orten (1502—1517 erscheinend). Nach Neudörfer starb H. N. d. ä. 1533. Nach Lochner (a. a. O. S. 170) hatte er zwei Söhne, die beide gleichfalls Hans N. hießen. Welcher von diesen drei H. N. im Jahrbuch der Kunstsammlungen des A. K. H. Bd. XV Nr. 11824 (1551) als »Vetter« des Trompeten- und Posaunenmachers Georg Neuschel vorkommt, ist nicht ohne weiteres zu entscheiden. Da schon Kaiser Maximilian I. jenem Hans Neuschel ein Privileg verliehen haben soll, um das nun Georg N. einkommt, wird es sich doch wohl um den ältesten Hans N. handeln. Ist vielleicht anstatt »Vetter« »Vater« zu lesen?

Item den Augustinern ist zu irem pau vergonnt XV fuder forheins holtzs und sind deshalb an den amptman geweist.

211. [1480, III, 5 b] Quinta post dominicam Judica [*23. März*] 1480:

Item ein neue tür ze prechen auß dem chor zu S. Sebolt neben Sant Pangratzen cappell unter der Beheim venster; her Karl Holtschuher, H. Im Hof das bestellen, zu beschehen.

. . . .

212. Item zu besichtigen das furnemen der Augustiner irer kirchen halb zu erweitern, ob daz der gemeyn icht hinderung bring.

213. [1480, III, 7 a] Secunda post Palmarum [*27. März*] 1480:

Item den Augustinern ist abgeleynt, mit irer kirchen herauß auf die gemeyn verrer ze rücken.

214. [1480, IV, 3 b] Sexta Pasche [*8. April*] 1480:

Item dez Pegnitzers aide in das ambtpuch ze setzen dez zinß halben.

215. [1480, IV, 14 a] Quinta post Misericordia domini [*20. April*] 1480:

Item der Augustiner werckman irs paues ze sagen, wolle er hie in der stat arbeiten, daz er dann der stat ordnung wie andere werkleut halte.

216. [1480, V, 7 a] Tercia post Exaudi [*16. Mai*] 1480:

Item den prior zu den Augustinern zu ersuchen der beleuchtung halb Sant Jacobs altar zu S. Sebolt, die ime nach laut eins geschefts gebürt, den volg ze thun.

217. [1480, VI, 2 b] Secunda Bonifacii [*5. Juni*] 1480:

Item den herren zu den Augustinern zu irem pau ze geben drei pretten, ein seulholz und acht pruckholzer nach walds ordnung.

218. [1480, VI, 4 b] Sabbato ante Viti [*10. Juni*] 1480:

Item der zweyer ring halb, die falsch sein sollen, daz gesetz und der goldsmid ordnung anzesehen und, wo sie falsch gefunden werden, der ordnung damit nachzegeen.

219. [1480, VI, 9 a] Secunda post Viti [*19. Juni*] 1480:

Item allerley obenteurer von edeln gestein und gold und silber, als betrüglich gevar[*gefärbt*], ein gesetz d[r]auff zu machen.

220. [1480, VII, 6 b] Quinta post Udalrici [*6. Juli*] 1480:

Item einem orgelmeister, der die orgel zu Sant Sebolt pessern sol, ist vergonnt, daz er von den bürgern hie mag gehalten werden, alle die weil er an solicher arbeit ist.

221. [1480, VII, 10 b] Tercia post Kiliani [*11. Juli*] 1480:

Item den meßrern ist zugeben, das sie hinfür taschenmesser machen mogen, wie wol in daz vor verboten gewest ist, und das auß dez pfenters buch ze thun und ine auch zugeben, daz sie zu geringen messern, der ein tutzet XVIII ₰ oder darunter gildt, scheffein schaiden machen mogen, wo es anders von den [11 a] geswornen meistern nit widerstandt hat, und daz auch in daz ambtpuch und pfenters buch ze schreiben.

222. [1480, VII, 12 b] Sabbato Divisionis apostolorum [*15. Juli*] 1480:

Item den Vogel, geswornen meister der meßrer, vor rate zu red halten umb sein ungehorsam der schau, als die herren bey dem pfenter wissen.

223. Item den meßrern ist abgeleynt, scheffeyn schaiden ze machen.

224. [1480, VII, 14 b] Tercia ante Magdalene [*18. Juli*] 1480:

Item den Vogel, messerer, geswornen meister, feiren ze lassen, darumb daz er sich derselben seiner pflicht halb im schauen ungehorsamlich gehalten hat.

225. [1480, IX, 6 b] Sabbato post Egidii [*2. September*] 1480:

Item den meßrern zu Wendelstein ist vergonnt, den vertrag, so sie der hürnen schalen und kloen halb mit ordnung und straff ze halten, wie auff dem hantwerck hie gehalten wirt und inen selbe verwilligt haben, anzenemen und dermaß ze halten, doch daz ein yede herrschaft die wandel und puß von den iren nemen und inen gefallen sol.

226. [1480, IX, 7 b] Tercia post Egidii [*5. September*] 1480:

Item den platnern ist ir begern des lons halben, von paliern ze setzen, abgeleynt und sol bei alter ordnung bleiben. Desgleich ist den polierern abgeleynt, sunder ordnung ze geben, sunder sol bei altem herkomen bleiben.

227. [1480, IX, 10 a] Quinta post Egidii [*7. September*] 1480:

Item den pütel pildsnitzer, der einen auff den tod verwundt hat, wo man den ankomen mag, in das loch ze legen.

228. [1480, IX, 11 b] Tercia post Nativitatis Marie [*12. September*] 1480:

Ein weiterer Ratsverlaß über diesen Gegenstand.

229. [1480, IX, 13 a] Quinta Crucis exaltacionis [*14. September*] 1480:

Item Conzen Herbecken, goldsmid, ist vergonnt, drei legerherren bei im in der cost ze halten, Ja. Grolant, [*der deputierte Herr*], als lang es eins rats fug ist.

230. [1480, X, 4 b] Quinta ante Michahelis [*28. September*] 1480:

Item Albrecht Türer hat uff heut zwey stücklein von einem geprochen kelch, im zubracht, dem bürgermeister überantwort, als arckwenig, daz daz verstolen sei etc.; daz der bürgermaister in den kalter gelegt hat.

231. [1480, X, 10 a] Tercia post Dionisii [*10. Oktober*] 1480:

Item den vätern zu den Augustinern zu irer kirchen dachung und pau holz ze geben mit wissen und nach anzaigung des ambtmans und fleiß ze thun, damit dez walds, so best es sein mag, verschont werde.

232. [1480, XI, 3 b] Secunda post XI milium virginum [*23. Oktober*] 1480:

Item den Storren, platner, seiner und seiner mitverwanten unzucht halben von Neuenmarckt, uff der strasse geübt, zu red halten und zu vernemen.

233. [1480, XI, 8 a] Quinta ipsa [*so*] die Animarum [*2. November*] 1480:

Item es ist erteilt, den herren zu den Augustinern zu dem pau irer kirchen holz auß dem wald nach waldsordnung ze geben, doch dem ambtman zu bevelhen, daz er sie weise an ende, da es dem wald am mynsten schedlich sei.

234. [1481, I, 3 a] Tercia ante Anthonii [*16. Januar*] 1481:

Item der universitet zu Leiptzk brief H. Neukam[1]), platner, furzehalten und sein antwort zu vernemen.

. . . .

235. Item Hannsen Krausen, schüßler, und Hansen Aiden, meßrer, ist vergonnt, zu dem fechten mit den spießschaften schul ze halten und die leute daz ze lernen, doch nymanten, er sei dann bürger.

236. [1481, II, 10 b] Feria quinta post Mathie [*1. März*] 1481:

[1]) Ein Newkhumm liegt auf dem Johanniskirchhofe begraben. Vgl. Trechsel S. 650 Sp. 1 (1533).

Item meister Eukarius, der stat werckmeister, ist vergonnt, bei des Spitals arbeit zu und abzegeen und mit fleiß darzu ze raten und ze furdern, doch unverhindert der stat arbeit.

237. [1481, III, 7 a] Quinta post Reminiscere [*22. März*] 1481:

Item so Marx Meihsner, degenmacher, in XIIII tagen herkomen wil, sol er II tag geleit haben uff fürbet Hannsen von Sickingen.

238. [1481, III, 9 a] Tercia post Oculi [*27. März*] 1481:

Item mit dem orgelmacher der neu gemachten orgel zu S. Sebolt ze handeln und zu überkomen.

239. [1481, IV, 1 b] Sabbato ante dominicam Judica [*7. April*] 1481:

Item es ist erteilt umb gemeyns nutzs willen, daz hinfür ein yeder messingslaher nit mer prennofen haben noch geprauchen sol zu seinem hantwerck, dann eynen synweln ofen oder II vierecket öfen, doch daz er in dem synweln ofen nit mer dann acht hefen und in der vierecketten ofen einem nit über IIII heefen [2 a] zu einem mal einsetzen oder prennen sol. Und die messingslaher mogen den messing machen ungezaichent, wie etlich zeit her beschehen ist, doch einem rate darinn vorbehalten, das zu ändern und zu widerruffen, wenn sie wollen.

Und wo Lorenz Beheim[1]) dem hantwerck des ratsmidwercks wil absteen, sol er bei dem messingslaherhantwerck bleiben, doch nach maß und ordnung wie ein ander desselben hantwercks, auß ursachen, daz er in der unordnung dez hantwercks einkomen ist und auch das wol kan. P. Harsdorffer, Caspar Schopper, Ulrich Gruntherr. Und sust sol die alt ordnung auff dem messingslaherhantwerck der lerjungen, auch des meisterrechten und anderer stück halben gehalten werden, wie die von alter eingeschriben und gehalten ist.

240. [1481, IV, 3 b] Tercia post Judica [*10. April*] 1481:

Item Wenzla Prenner und sein weib haben den aid des appellirens gethan ut in forma wider ire stieffkinder.

---

[1]) Fraglich, ob es sich hier um den von Lochner in seiner Neudörfer-Ausgabe S. 5 erwähnten, nach ihm 1497 [? vgl. unten: Ratsverlaß vom 19. April 1494] nebst seiner Frau Elsbeth gestorbenen Bruder Hans Beheims des ält. handelt. Mit dem in den Ratsverläßen zum 10. September 1523 (s. dort) erscheinenden »Büchsengießer in der Mark« Lorenz Beheim kann unser Rotschmied wohl kaum mehr identisch sein.

241. [1481, V, 2 a] Feria sexta Pasce [*27. April*] 1481:

Item meister Fridrich, orgelmaister, ist erteilt, die grösern orgel zu Sant Sebolt zu pessern und mit im überkumen auff das nechst.

242. [1481, V, 3 b] Secunda ante Walpurgis [*30. April*] 1481:

Item meister Fridrich, orgelmacher von Schalckhausen, ist vergonnt, mitsambt seinem weib ein jar hie ze sitzen, auß ursach daz er die orgeln zu S. Sebolt renoviern sol.

243. [1481, V, 6 b] Tercia post Johannis ante portam latinam [*8. Mai*] 1481:

Item dem Herman Hilprant, kartenmoler, ist vergonnt, vor seinem gartten, an der Pegnitz vor der Hallerswisen über neben Jeremias Holtschuhers garten gelegen, ein meurlein an der Pegnitz, so verre das sein rürt, ze machen, doch nit hoher, dann der stat meurlein, daran stossend, yetzo ist.

244. [1481, V, 11 b] Quinta post Jubilate [*17. Mai*] 1481:

Item mit dem Ruprecht Kolberger umb sein müe, kunst, arbeit und costen der neu furgenommen snellwag, so er der stat gemacht hat, zu überkomen so nechst man mag, und den herren, darzu geordent, nemlich Ulrich Grunthern und Hannsen Tucher, ist gewalt gegeben biß in XXXVI gulden.

245. [1481, IX, 10 b] Secunda post Egidii [*3. September*] 1481:

Item einem swertfeger von Werd ist seiner armut halb vergonnt uff sontag schirst vor unserer frauen capellen daz almusen ze biten.

246. [1481, IX, 12 b] Quinta ante Nativitatis Marie [*6. September*] 1481:

Item sich der diepstal halb von S. Sebolt sarch zu erkunden und, wo es sich finde, daz es der steynmetz, der ytz zu Eistet sein sol, gethan hab, einen gein Eistet zu vertigen und umb ernstlich recht über ine anzeruffen.

247. [1481, X, 6 b] Tercia post Mauricii [*25. September*] 1481:

Item der von Ingelstat brief dem Schrämel[1]), moler, und auch den Kifhabern furzehalten.

248. [1481, X, 10 b] Tercia Dionisii [*9. Oktober*] 1481:

Item Wolfgang Haugen ze sagen, das er des gesmeids, so er von puckelein, leublein und anderm vergult und unvergult

[1]) Über Erhard Schrämmel vgl. Mitteilungen des Vereins f. Gesch. der Stadt Nürnberg X, 62 (1484).

von Maylant herbringt, hinfür [11 a] nit mer herbringe noch hie verkauffe, dann wo er des nit lassen würde ein rat mit rug und straffe darumb zu im gedencken.

Auch die keufflin, die ettlichen bürgern und goldsmiden soliche geverliche und unrechtvertige gesmeid solle verkauffen, zu rede halten und an ir zu erkunden, wer dieselben bürger sind und daz im rat sprechen.

Auch den Vogker, der ettlich besnitten guldein sol außgeben haben, darumb zu rede halten, wer im die geben hab.

249. [1481, XII, 3 a] Sabbato ante Martini [*10. November*] 1481:

Item den kandelgiesser, der etlich verstoln und gezaichent zin, dem Stocker zusteende, gekauft hat, zu rede halten, desgleichen die Stockern.

250. [1481, XII, 12 b] Quinta vigilia Andree [*29. November*] 1481:

Item der dreyer falschen panzer halb, die durch einen salwirten zu Erffurtt, genant Schrott, söllen gemacht und einer frauen, bei Heinrich Wolff dienende, zu verkauffen hergesant sein, bei derselben frauen und sonst zu erkunden und fürter retig zu werden, waz dagegen furzenemen sei.

251. [1481, XIII, 1 a] Feria 2 post Concepcionis Marie [*10. Dezember*] 1481:

Item den steynmetzen oder barlierer, der zu dem pau S. Sebolts turn gebraucht werden sol, zu bürger aufzenemen und im das bürgerrecht ze schencken.

Und zu notdurft solichs paues sol holz gegeben und vergonnt werden nach walds ordnung.

252. [1481, XIII, 1 b] Item des Schrots, salwirts von Erffurt, schreiben den salwürten furzehalten und daruff zu vernemen.

253. [1481, XIII, 6 a] Feria quinta vigilia Thome [*20. Dezember*] 1481:

Item die geswornen der salwürten sollen dem Krausen, salwürten zu Erffurt, der dreyer gefelschten panzer halb antworten, ein rate hab soliche panzer auß ursachen zu iren handen genomen; den moge er darumb, wo er die haben wolle, ersuchen.

3*

254. [1482, I, 5 b] Quinta post Erhardi [*10. Januar*] 1482:
Conz Waidenlich, der meßrer zu Sweinau, *kommt vor.*

255. [1482, I, 12 a] Secunda Agnetis [*21. Januar*] 1482:
Item des frömbden silbergeschirrs und gesmeids halben, die hie nit gemacht seind, wie es künftiglich in verkauffen und kauffen damit sol gehalten werden, ratslagen und herwider bringen.

256. [12 b] Tercia Vincencii [*22. Januar*] 1482:
Item es ist erteilt, das von den pussen, die von dem silber und gesmeid, so bei den keufflinnen geringer, dann die schau und ordnung hie innhelt, erfunden wirdt, gevellet, hinfür den goldsmiden, die solich rügen oder furbringen thun, der vierd pfennig gevallen sol.

257. [1482, II, 4 b] Sabbato Appolonie [*9. Februar*] 1482:
Item dem alten Krausen[1]), dem goldsmid, vor den Fünfen 1 straff ze sagen IIII tag und nacht in ein v. k. [*d. h.* versperrt kammer] halb [5 a] auff gnad, umb das er in nachfrag ettlicher verstolener und im zubrachter vergulter gesperr derselben verlaugent und die warheit geverlich verhalten hat.

258. [1482, II, 11 a] Quarta Cinerum [*20. Februar*] 1482:
Item es ist erteilt, den briefmalern und kartenmalern keynerlei ordnung ze geben, sonder es sol bei altem herkomen beleiben.

259. [1482, III, 3 a] Sabbato ante Reminiscere [*2. März*] 1482:

Item dem gast von Salzburg, der Bartln Egen ein glas in schein und furhaltung eins smaragds umb V gulden verkauft hat, ze sagen, das er dem Egen sein gelt wider gebe und hinfür dergleichen keuffe hie vermeide; dez versehe sich ein rat zu im.

260. [1482, III, 14 a] Tercia post Letare [*19. März*] 1482:
Item es ist erteilt, drei leder mit streichnadeln zu probierung des golds uff eins rats cost machen ze lassen und die den geswornen meistern der goldsmid ze leihen und bei

[1]) Einen Goldschmied Hans Krauß erwähnt Murr in seinem Journal II. 60 (1467, Sebalder Seite); dies ist wohl unser Meister, dagegen der im Goldschmiede-Verzeichnis unter Nr. 190 (1514) vorkommende Heinrich Krauß mit dem in obigem Ratsverlaß bereits als »der alte Krauß« [oder Krause] bezeichneten Goldschmied schwerlich zu identifizieren.

Albrechten Türer einzelegen, doch daz soliche nadel bei der schau bleiben.

Vgl. Thausing 1, 43.

261. [1482, III, 16 a] Quinta post Letare ipsa [*so*] die beati Benedicti [*21. März*] 1482:

Item von einer besserung der goldsmid ordnung ze ratslagen H. Tucher. Ort. Stromer.

262. [1482, IV, 3 a] Sabbato ante Palmarum [*30. März*] 1482:

Item ettlich meister der meßrer von Wendelstein herein ze vordern und versuchen, die meister und gesellen durch zimlich ordnung zu vertragen.

263. [3 b] Item bei dem hantwerck der plattner zu erkunden, ob dez merernteils wille sei, das inen über ir gebürlich anzal knechte dez turners halb ytzo etliche zeit einem eins knechts mer vergonnt werde.

264. [1482, V, 1 b] Quinta Pasche [*11. April*] 1482:

Item dem Grünwalt, platner, ernstlich ze sagen, das er gedenck, das er marggraf Fridrichen mit seinem harnasch, so er im ze machen zugesagt hat, furderlich und ungeseumt verfertig: das sey eins rats ernstliche meynung. Wo er aber dez nit thun würde, wolte ine ein rate darumb ungestraft nit lassen; wo er aber mit seiner anzal knechte das zu volbringen nit vermochte, mag er andern meistern uff dem hantwerck dieselben arbeit bevelhen.

[*Hinzufügung am unteren Rande der Seite:*]

Auß ursachen, einem rat furbracht, ist erteilt, ob der Grünwalt zwischen hie und dez turners einen übrigen knecht halten und darumb gerügt würde, mit der rüge hinumb ze sehen. Actum 6. Pasche [*12. April 1482*][1]).

265. [2 a] Item des Kolbergers gemachte snellwag zu probiern, und so verne die gerecht erfunden wirt, sol die gemeiner stat gekauft werden.

266. [1482, V, 4 a] Sabbato ante Quasimodogeniti [*13. April*] 1482:

Item Albrecht Türer, goldsmid, zu einem haubtman erteilt an stat H. Schampachs.

Vgl. Thausing 1, 43.

1) Vgl. Neudörfer-Lochner S. 56. Zeitschrift für histor. Waffenkunde I, 201 (nach den Ratsbüchern).

267. [1482, V, 19 b] Sabbato post Crucis invencionis [*4. Mai*] 1482:

Item es ist erteilt, das dißs jar vier visierer sein sollen, wie etlich zeit her beschehen ist.

Und Ulrich Hübsch, der moler, Niclas Gaulenhofer und Erhard Veyhelhauer sind erteilt, her in die stat zu visieren.

268. [1482, VI, 2 b] Feria quinta post Johannis ante portam latinam [*9. Mai*] 1482:

Item den meßrern und andern hantwerckern zum Gostenhof ist erteilt, abzeleynen, lerjungen aufzenemen, außgenomen die bürgere sind.

269. [1482, VI, 6 b] Feria tercia Rogacionum [*14. Mai*] 1482:

Item Hannsen Paumgart, ratsmid, ist vergonnt, dez Hittembecken habe zu verpieten auff eins rats widerruffen.

270. [1482, VII, 5 b] Secunda post Viti [*17. Juni*] 1482:

Item den gesworenen meistern der goldsmid ist vergonnt, das sie die meister umb ir verwürckt pußgeltt, darumb die frist vergangen sind, durch einen pütel pfenden mögen.

271. [1482, VII, 10 b] Secunda post Petri et Pauli [*1. Juli*] 1482:

Hanns Hager, ratsmid, *kommt in einer gleichgültigen Angelegenheit vor.*

272. [1482, VIII, 3 b] Secunda Kiliani [*8. Juli*] 1482:

Item den eibenmachern [*d. h. Eibenbogenmachern*] ist zugeben und vergonnt, das sie eiben decken, ädern, verpaynen, sloß daran richten und machen mogen, wie sie wöllen, doch sollen sie keyn hurneyn armprost nicht pessern, raisen, noch sust mit nichte den pognern der hurneyn armprost halben in ir hantwerck greiffen bei der pene darauff gesatzt.

273. [1482, VIII, 8 a] Quinta post Allexii [*18. Juli*] 1482:

Item bei den meßrern zu Kornburg zu erkunden der zaichen halb, die sie nach clag der von Swabach unbillicher weise aufslahen sollen, und alsdan m.[arggraf] Albrecht derhalb ze antworten.

274. [1482, IX, 2 b] Sabbato post vincula Petri [*3. August*] 1482:

Item dem hantwerck der messerer, meistern und gesellen, der von Münichen antwort furzehalten und ine ernstlichen ze sagen, das eins rats meynung sei, das sie sich an der von Münichen furnemen und vermeynte ordnung gar nichtz keren; und ob darüber eynicher bürger, bürgerssune oder andere ires hantwercks von ymant außwertigen gemiden oder gestrafft würden, daz sie (das) einem rate bei iren aiden, so eynicher derselben gesellen herkomme, dieselben eröffnen wöllen, die wölle ein rate darumb straffen.

275. [1482, IX, 7 a] Quinta post Sixti [*8. August*] 1482:

Item den platnern der polirer supplicacion furzehalten und ir antwort furzenemen.

276. [1482, IX, 7 b] Feria secunda post Laurencii [*12. August*] 1482:

Item dem Bartt von Münichen sind vergonnt II zenttner tahens auß der gepiet ze füren mit wissen des amptmans.

277. [1482, IX, 15 a] Secunda post Bartholomei [*26. August*] 1482:

Item den polierern ist ir anbringen der platner ordnung halb abgeleynt und sol bei solicher ordnung beleiben.

278. [1482, X, 5 a] Tercia post Egidii [*3. September*] 1482:

Item der goldsmid ordnung anzesehen und, wo der Schack[1]) dawider gehandelt hāt, ine vor rate darumb zu red halten, im auch ze sagen, das er dieselben stück furderlich wider zu seinen handen bringe.

279. [1482, X, 6 b] Sabbato vigilia Nativitatis Marie [*7. September*] 1482:

Item etlichen flinderlein, die nicht rechtvertig sein sollen, den gesworнen meistern der goldsmid furzehalten und derhalb zu vernemen.

280. Item den Augustinern zu irem pau ein zimlich notdurfft latten in der meil ze geben, doch daz mit den waltherren bestelt werde, daz sie nach dez walds mynstem schaden gehauen werden.

281. [1482, XII, 1 b] Sabbato ante Simonis et Jude [*26. Oktober*] 1482:

[1]) Ein Hans Schack im Goldschmiede-Verzeichnis Nr. 195 (zwischen 1473 und 1514) als Silberarbeiter. 1513 finden wir ihn in Leipzig. Im Bürgerbuch 1496—1533 Bl. 207 b heißt es darüber: »Hanns Schack, goldschmid zu Leybzig, soll zwischen hie und Martini sein pürgerrecht aufgeben oder sich wider heer ziehen . . . Sabbato post Viti [18. Juni] 1513.« Darauf bezieht sich auch der spätere Ratsverlaß vom 23. Januar 1514.

Item den steynmetzen, die an Sant Sebolts pau arbeiten und nit bürger sind, ist vergonnt, daz sie bei offenen wirten oder andern bürgern hie sein und ir wesen haben mogen, alle die weil sie an solicher Sant Sebolts pau arbeyten.

282. [1482, XIII, 7 a] Secunda post Andree [*2. Dezember*] 1482:

Item der swertfeger anbringen dez zünftischen wesens halb irer knechte ratslagen nach rat der meister.

283. [1483, I, 2 a] Feria quinta ante Anthonii [*16. Januar*] 1483:

Item es ist erteilt, den arbeitern, die an S. Sebolts turn arbeiten und auch in der stat preuhauß, und bürger sind, das prot, so von gemeyner stat außgeben wirdet, umb daz gelt ze geben.

284. [4 a] Secunda Sebastiani [*20. Januar*] 1483:

Item Sant Sebolt zu notdurft seiner türne XX paumen auß dem wald ze geben mit wissen des amptmans nach walds ordnung, doch bei den wercklenten fleiß ze thun, ob man solicher anzal mynder machen mug, und daz soliche holzer durch den geswornen walthauer, in schein als ob die gemeyner stat zugehören, gehauen werden.

285. [1483, III, 7 b] Quinta post Judica [*20. März*] 1483:

Item es ist erteilt, den herren zu den Augustinern XII aichen von der stat holz auß der Peunt umb das gelt zu notdurft ires paues ze geben.

286. [1483, III, 10 b] Tercia post Palmarum [*25. März*] 1483:

Item den klingensmiden ir beger uff meynung, ine zu vergönnen, der stat schilt auß der stat ze geben, abzeleynen, und sol bei dem gesetz und ordnung bleiben.

287. [1483, V, 5 a] Secunda post Quasimodogeniti [*7. April*] 1483:

Item den goldsmiden daz gesetz des edeln gesteyns halb zu eröffenen.

288. [1483, V, 7 b] Quinta post Quasimodogeniti [*10. April*] 1483:

Item dem goldsmid, herzog Jorgen zusteende, der verpotene oder unrechtvertige vergulte gesperr vail hat, ze sagen, daz er soliche gesperr hie nit vail hat und seiner [*ist durch-*

strichen; übergeschrieben: unser] gnaden herren herzog Jorgen zu eren wolle man ine der straff diser zeit vertragen.

289. [1483, VII, 4 a] Tercia post Petri et Pauli [*1. Juli*] 1483:

Item dem Grünwalt . . . *etc. Vgl. Zeitschrift für historische Waffenkunde I, 204 (nach den Ratsbüchern, die hier genau den gleichen Wortlaut, wie die Ratsverlässe aufweisen); doch ist statt „2. Juli" vielmehr „1. Juli" zu lesen.*

290. [1483, VII, 5 a] Sabbato post Udalrici [*5. Juli*] 1483:

Item einem gast, der snellwage hie machen wil, ist vergonnt, XIIII tag hie ze sein und dieselben sein künst ze üben.

291. [1483, VII, 5 b] Secunda Wilibaldi [*7. Juli*] 1483:

Item des Baumgartners, ratschmids, zwen knecht, so im ufgestanden sein, in das loch zu legen.

292. [1483, IX, 6 b] Quinta post Egidii [*4. September*] 1483:

Item der falschen Sneebergerlein, so durch den goldsmid, unter herrn Anthoni Ebner gesessen, einem rat überantwort sind, zwey zu behalten und die andern zu ersneiden und im die trümer wider ze geben.

293. [1483, X, 4 b] Quinta post Mathei [*25. September*] 1483:

Item Hannsen Guldein, dem rotsmid, ist vergonnt, ein jar stückwerck ze arbeiten seins leibs geprechen halb, nemlich das er des prunnen nit gehalten mag, und solichs den geswornen meistern zu eröffenen.

294. [1484, I, 6 b] Tercia Sebastiani [*20. Januar*] 1484:

Item den zingiessern ist ir beger abgeleynt, und die gürtler mogen giessen und ander ding arbeiten, wie von alter herkomen ist.

295. [1484, III, 2 b] Tercia post Invocavit [*9. März*] 1484:

Item des Lintner, platners, sag seinem widerteil furzehalten und daruff verrer anzaigung von ir ze fragen.

296. [1484, III, 5 a] Tercia post Reminiscere [*16. März*] 1484:

Item dem abbt zu Hailsprunn uff sein schriftlich bete zu vergonnen, meistern Eukarius zu andingung und furgebung eines paues eins kastenhauß zu gebrauchen, doch daz er solichen pau selbs nit volbringe, nachdem gemeyne stat sein zu iren peuen nit empern mögen. Auch im zu vergonnen, ettliche kornmaß hie zu eichen und mit der stat zaichen zu bezaichnen.

297. [1484, III, 8 b] Sabbato ante dominicam Oculi [*20. März*] 1484:

Kontz Prentel, harnischpallyer, *kommt in einer gleichgültigen Angelegenheit vor.*

298. [1484, V, 2 b] Sabbato post Georii [*24. April*] 1484:

Item dem Grünwalt, platner, ist vergonnt, [das er] über sein gebürlich anzal noch einen andern knecht einen monat halten mag [*am Rande steht* »vacat«; *es ist also wohl fraglich ob dieser Ratsverlaß auch in der That dem Grünewald publiziert worden ist.*]

299. [1484, VII, 5 b] Sabbato post Johannis baptiste [*26. Juni*] 1484:

Item Hannsen Hartman, gesmeidmacher, im loch baß zu red halten, daz er den hader angefangen hab.

300. [6 a] Secunda vig. Petri et Pauli [*28. Juni*] 1484:

Ein weiterer Ratsverlaß, diesen Raufhandel betreffend.

301. [1484, XI, 4 a] Tercia post Dionisii [*12. Oktober*] 1484:

Item dem Storren, platner, des Nachtigals anbringen furzehalten und zu versuchen, sie gütlich zu vertragen.

302. [1484, XIII, 4 b] Tercia post Nicolai [*7. Dezember*] 1484:

Item den kartenmaler im loch des todten maidleins halb, das er sol dermaß geslagen haben, und des vertrags halb mit des maidleins muter zu red zc halten und ine bedroen.

303. [6 a] Sabbato post Conceptionis Marie [*11. Dezember*] 1484:

Item den kartenmaler im loch weitter zu red halten und ine bedroen.

304. [1484, XIII, 8 a] Tercia post Lucie [*14. Dezember*] 1484:

Item der stückwercker der platner supplication den meistern desselben hantwercks furzehalten, und daruff ratslagen und herwider bringen.

305. [1484, XIII, 14 b] Secunda ipsa [*so*] die Johannis apostoli [*27. Dezember*] 1484:

Item es ist erteilt, meister Jacob Grymmen zu einem statmeister an der stat pau ze nemen an stat des Hubners[1], solang biß die zwu brücken bei dem Spital volbracht werden, und denselben Hubner zu disem mal feirn lassen, und im, wo er des begert, an sein alt ambt auff dem Weinmarckt ze helffen.

[1]) Wohl Conz H., Steinmetz, der bei Baader, Beiträge I, 4 (1462) und dann II, 15 als Stadtmeister erscheint. Ein Steinmetz Heintz H. kommt bei Baader, Beiträge I, 4 zum J. 1489 vor.

306. [1485, II, 4 a] Feria 3. ante Purificationis Marie [*1. Februar*] 1485:

Wernlein, kandelgiesser, *kommt vor.*

307. [1485, II, 5 a] Feria V. ipsa [*so*] die Blasii [*3. Februar*] 1485:

Item dem Wetzsteyn, goldsmid, ist vergonnt, einen priester, der sein freundt sein sol, bei im, doch in seiner cost, ze halten biß uff Ostern schirst.

308. [1485, II, 13 b] Quarta vigilia Mathie alias post Invocavit [*23. Februar*] 1485:

Item dem pildsnitzer, etwan pütel, ist zu seinem aufgelegten straffgelt frist geben biß uff Ostern schirst, doch wo er daz in der zeit nit entricht, alsdan drei meil von diser stat ze sein, biß er das bezalt; dem widerteil sein gerechtikeit vorbehalten.

309. [1485, III, 3 b] Feria 2 post Reminiscere [*28. Februar*] 1485:

Item den stückwerckern uff dem platnerhantwerck ist ir anbringen und supplication von änderung wegen des gesetzs abgeleynt und sol bei der ordnung des hantwercks der platner, ine gegeben, bleiben. — Und von einer pesserung der riemen halb, so die platner zum harnasch gebrauchen, ratslagen.

310. [1485, V, 4 a] Secunda post Quasimodogeniti [*11. April*] 1485:

Item es ist erteilt, dem closter zu S. Egidien acht maurenlatten zu erhohung irs turns ze geben nach waldsordnung.

311. [1485, VII, 2 a] Secunda post Bonifacii [*6. Juni*] 1485:

Item den Swaben, platner, fur rat zu beschicken und umb daz, daz er pöser harnasch über eins rats verbot verkauft hat, zu red ze halten.

312. [1485, X, 5 b] Sabbato post Egidii [*3. September*] 1485:

Item meister Eukario, der stat werckman, ze sagen, daz er hinfür von der stat nit ziehe on sonder vergunst und willen eins raths.

313. [1485, X, 7 a] Tercia post Egidii [*6. September*] 1485:

Item Wentzla, zyngiessers, supplication N. Grossen dem jüngern bevolhen.

314. [1485, XII, 10 b] Feria tercia post Dyonisii [*11. Oktober*] 1485:

Item den Augustinern ist vergonnt, daz sie ir zymer irs gerüsts in irer kirchen, daz sie ytzo abbrechen werden, in einem der stat zwinger, do es am mynsten irrung bringt, legen und behalten mögen.

315. [1485, XIII, 3 b] Sabbato post XI^m virginum [*22. Oktober*] 1485:

Item Jacob Goltsmid von Prüx, so der in XIIII tagen her kombt, sol er III tag geleit haben.

316. [1485, XIV, 4 b] Feria 3. vig. Thome apostoli [*20. Dezember*] 1485:

Item dem Gutpier[1], ratsmid, ist vergonnt, umb sein schuld ettliche armprost, die Lucas Ketzels sein söllen, auff recht zu verpieten auff eins rats widerruffen.

317. Item dem Feuchter ze sagen und zu bevelhen, dhein gold, das unter IIII lot halt, ze streichen.

318. Item mit dem wechsler ze reden, ob er icht ungrisch gulden möcht zu im bringen, damit die goldsmid die bei im westen ze suchen.

319. [1486, I, 7 a] Sabbato Agnetis [*21. Januar*] 1486:

Item den meistern der kandelgiesser ein streffliche rede ze sagen, ursach halb daz sie einen brief, an das gemeyn hantwerck steende, von Münichen hergelangt, hinter einem rate und unerlaubt aufgebrochen und deshalb das hantwerck zusamen gevordert haben.

320. [1486, II, 11 b] Feria tercia post dom. Oculi [*28. Februar*] 1486:

Item der von Straßburg brief dem Schatzer, kandelgiesser, furzehalten.

321. [1486, IV, 9 b] Feria tercia post dominicam Misericordia domini [*11. April*] 1486:

Item maister Eukarius, der stat zymmermeister, wider von neuem auff X jar zu bestellen.

322. [1486, IV, 13 b] Sabbato post Tiburtii et Valeriani alias ante dom. Jubilate [*15. April*] 1486:

Item des Grünwalts antwort ze pessern und dem von Schonnperg daruff ze antworten.

323. [1486, VI, 2 b] Feria 3 post Urbani alias post Corporis Christi [*30. Mai*] 1486:

---

[1]) Wohl Hans Gutpier. Vgl. Neudörfer, ed. Lochner S. 22 ff. Als Teilnehmer an einem Fastnachtspiel, einem »morischkotanz«, bei Th. Hampe, Die Entwicklung des Theaterwesens in Nürnberg S. 11 f. und Teil II Nr. 6.

Item Hannsen Grünwalt . . . *etc. Vgl. Lochner in seiner Neudörfer-Ausgabe S. 56, jedoch ist das Datum (31. Mai) der obigen Angabe entsprechend zu ändern.*

324. [1486, VI, 8 a] Tercia ante Viti [*15. Juni*] 1486:

Item es ist dem salwirt in der stat krom unter S. Sebolts kor vergonnt, denselben krom uff seinen costen zu undermachen zu zweyen gemächen umb den vordern zinß.

325. [1486, VII, 10 b] Feria 2 post Margarethe [*17. Juli*] 1486:

Item es ist erteilt, das bei dem hantwerck der meßrer von eins rats wegen durch bete fleiß gethan werden sol, das sie Hannsen Lucas, dem scharsachsmid, vergönnen wöllen, daz er durch sich und sein eelich weib messerklingen smiden und dieselben klingen, was der durch ine und sein weib und sust weder durch lerjung, eehalten oder ymant andern gesmidet werden, durch sich, sein weib oder andere des hantwercks der messrer beschalen und verkauffen möge, doch daz er die wochen nit über 1 c [= 100] klingen smide. Doch das hantwerck verwillig solichs oder nit, nichtzdestmynder sol im solichs in eegemelter maß vergonnt und erlaubt sein, doch auff eins rats widerruffen. Solichs sol gehandet werden durch die herren bei dem pfentter.

326. [1486, VIII, 1 a] Feria V. ante Magdalene [*20. Juli*] 1486:

Item Hannsen Prant, karthenmaler, ist vergonnt, auß seinem hauß III gulden gattergelts zu verkauffen, doch also, daz er die in dreyen jaren wider ablösen sol.

327. [1486, VIII, 5 b] Sabbato post Jacobi [*29. Juli*] 1486:

Item den messerern, klingensmiden und sleiffern zu Wendelsteyn, die ein neue bruderschaft doselbst furgenomen und des ein bestetigung von dem bischof zu Eystet erlangt haben etc., ze sagen, an einen rat hab gelangt, daz sie solicher bruderschaft halb versamungen, auch verbot und gepot und pene furnemen, auch die krancken leut zu bewegen understeen, gelt und gut [6 a] an ir bruderschaft ze schaffen etc.; des alles hab ein rat missefallen und sei eins rats ernstliche meynung, das sie hinfür keynerlei versambungen furnemen, auch dheynerlei gebot, verpot, straff oder pene gein nyemants, und sie sollen den leuchter, der kirchen zusteende, den sie eingesperrt haben, wider in die kirchen geben und aufhencken; aber sust ir bruderschaft mit dem gotsdienst ze halten, das lasse ein rat geschehen.

328. [1486, VIII, 11 b] Feria 2. vigilia Assumpcionis Marie [*14. August*] 1486:

Item Erharten Schrämel, dem moler, von rats wegen ze sagen, sein hausfrauen irer schulde 1 c gulden, so er ir auff verschinen zeit ze geben zugesagt und gelobt und nit gehalten hat, furderlich zu bezalen oder solang in den schultturn ze geen und ze sein, [12 a] biß er si vergnügt, doch bei der frauen fleiß thun, ob man die sachen gütlich hinlegen moge mit irem willen.

329. [1486, IX, 12 a] Sabbato post Egidii [*2. September*] 1486:

Item Paulsen Tröster, dem ratsmid, ist vergonnt, einen jungen, der einer armen witiben son ist, zu einem lerjungen aufzenemen, ungeachtet das er eins virtel oder eins halben jars elter ist, dann die ordnung des hantwercks innhelt, nachdem ein rat das für ungeverlich heldet.

330. [1486, X, 7 a] Feria 2 post Michahelis [*2. Oktober*] 1486:

Item dem Swab, platner, furderung ze geben an die von Augspurg und sein supplicacion einzesliessen.

331. [1486, XI, 4 b] Quinta post Luce [*19. Oktober*] 1486:

Item den meßrern ist abgeleynt, scheffein schaiden ze machen, sonder es sol bei dem gesetz bleiben.

332. [1486, XI, 9 b] Feria 3. vig. Omnium Sanctorum [*31. Oktober*] 1486:

Item die goldsmid und auch die jüdischeit der verlust, so Hirs, juden von Swebischen Werd, beschehen ist, zu underrichten und ine zu bevelhen, ob derselben verstolenen stücke eynichs an sie langt, die aufzehalten und einem rat zu eroffenen.

333. [1486, XII u. XIII, 4 b] Feria V ante Elizabeth [*16. November*] 1486:

Item der guldein halb, bei dem Schremmel, maler, erfunden, zu erkunden bei den von nidern und obern Laymbach, ob sie im die geben haben oder nit, die schopfen einen soldner ze schicken und den gefangen daruff die zeit ruen lassen.

334. [6 b] Feria 2 post Elizabeth [*20. November*] 1486:

Item Erharten Schremmel, den maler, der falschen guldein halb weitter zu red halten und, wo er gütlich nit sagen wil, im wee ze thun.

335. [7 b] Feria V ipsa [*so*] die Clementis [*23. November*] 1486:

Item Erharten Schremmel, den moler, weitter zu red halten und, wo er gütlich nit sagen wil, im wee ze thun.

336. [8 b] Feria 2 post Katherine [*27. November*] 1486:

Item Erharten Schremmel, moler, weitter des golds halb und seiner stroff halb zu Ingolstat zu red halten und ine bedroen.

Auch den von Ingolstat seiner aufgelegten straff halb ze schreiben.

337. [9 a] Tercia post Katherine [*28. November*] 1486:

Item Erhart Schremmels, des malers, bekantnuß der falschen gulden halb zu erfaren bei den, do er die sol ausgeben haben. und ine daruff weitter zu red halten und im wee ze thun.

338. [1486, XIV, 1 a] Feria V. post Nicolai [*7. Dezember*] 1486:

Item Erharten Schremmel, moler, ist sein frist, in sein aufgelegt straff ze geen, erstreckt acht tag.

339. [1486, XIV, 2 b] Sabbato post Concepcionis Marie [*9. Dezember*] 1486:

Item uff fürbete der zwayer frauen von Schwartzemberg ist Erharten Schremmel, dem moler, sein aufgelegte straff, von hynn ze sein, begeben. also, das er hinfür sein wesen hie haben mag, doch das er sich seins anhangs abthue und eins zimlichen wesens halte; oder wo er dez nit tete, würde man ine von hynnen weisen; und soliche begebung der straff beden obgenanten frauen von Swarzberg zuzeschreiben.

340. [1487, I, 3 a] Feria tercia post Erhardi [*9. Januar*] 1487:

Item Jörgen Temler, püchsenmeister, ist vergonnt, zwey jar die nechsten seiner gescheffft halb aussen ze sein, doch daz er in seiner bürgerspflicht bleib und sein losung gebe wie andere bürger.

341. [1487, I, 9 b] Sabbato ipso die Fabiani [*20. Januar*] 1487:

Item es ist erteilt, meister Jacob Grymmen seinen sold, darumb er bestellt ist, nemlich alle wochen VI ℔ alt nit zu erhöhern, sonder im ein erung ze thun nemlich zu einer yeden quottemper mit dreyen guldin.

342. [1487, II, 8 a] Sabbato post Valentini [*17. Februar*] 1487:

Item Fritzen Walthern, dem ratsmid, ist auff sein anbringen von rats wegen vergonnt. das er die vier silbreyn pecher, so im sein weib zupracht und nachvolgend hinter im versetzt und er wider gelost hat, verkauffen und damit die schuld, so sein weib hinter im gemacht hat, bezalen muge.

343. [10 a] Feria 3. vigilia Mathie [*21. oder 23. Februar*] 1487[1]:
Ein weiterer Ratsverlaß über diesen Gegenstand.

344. [1487, III, 9 a] Quinta post Reminiscere alias post Gregorii [*15. März*] 1487:

Item den von Swabach zu irem pau Sant Johannskirchen bei inen zimlich notdurft, so mynst das sein mag, holtzs auß dem wald ze geben nach walds ordnung.

345. [1487, IV, 5 b] Feria 3 post dom. Judica [*3. April*] 1487:

Item dem hantwerck der kandelgiesser ist vergonnt den gesellen des hantwercks, so die herkomen, ze schencken, doch uff keynen andern tag dann uff den sontag.

346. [1487, IV, 7 a] Quinta ante Palmarum [*5. April*] 1487:

Item Hannsen Wisenhofer, ratsmid, der sich erlich verheirat und doch noch nit eelichen eingeleyt ist, uff sein zusag, daz er kürtzlichen nach Ostern dieselben sein verlobte gemahel zu kirchen füren wolle, ist vergonnt, seine maisterstück ze machen und fur die geswornen meister ze bringen.

347. [1487, IV, 10 a] Tercia Pasche [*17. April*] 1487:

Item es ist erteilt, ettlichen der stat platharnasch in die vierteil den vierteilmeistern ze bevelhen, daz sie die fürter iren haubtleuten, die des notdürftig sind, leihen.

Und von den kurtzen der stat pantzern ze ratslagen, ob und wie die ze machen sein.

348. [1487, V, 8 a] Feria 2. vig. Philipi et Jacobi [*30. April*] 1487:

Item den platnern, auch den spiessern und den püchsenschützen, die nechst zum heiligthumb gedient haben, solichs irs diensts danck ze sagen.

Desgleich den Swaben und den jungen gesellen, die geriten sein, ze dancken.

Und so unser allergnedigister her der keiser nechst lehen leihen wirdet, die platner darzu ze biten, in irem harnasch, wie sie nechst gedient haben, ze dienen.

Desgleichen die ratsmid und die g.[, genannten?] schützen darzu zu gepranchen.

---

[1] Vigilia Mathie fiel 1487 auf einen Freitag (feria sexta). Obiger Tag liegt zwischen Tercia ante Cathedra Petri (20. Februar) und Feria 2 post Mathie alias post dominicam Esto michi (26. Febr.).

349. [1487, VI, 10 b] Feria V post dom. Exaudi [*31. Mai*] 1487:

Item maister Eukarium, der stat zymmerman, zu beschicken und im statlich ze sagen, mer und pesser aufsehen auff der stat paumeister ze haben und, was er im von ambts wegen bevelh, das er das furderlich außricht und volbringe, und daz er sich der frömbden gepeue masse und abthue, damit der stat gepeu dest furderlich volbracht werden.

350. [1487, VI, 17 a] Feria 3 post Trinitatis [*12. Juni*] 1487:

Item den von Nordling umb iren werckman steynmetzen ze schreiben und zu ersuchen; und die losungherren sollen den sagrer zu Unser Frauen besichtigen, oder [*lies*: ob] der zu erweittern sei.

351. [1487, VII, 3 a] Feria 3 post Viti [*19. Juni*] 1487:

Item maister Jacob Grymmen aiden zu einem aufdinger ze nemen.

. . . .

352. Item dez Paumgartners, ratsmids, anbringen dez jungen Pömers halb seinen vormunden furzehalten, und zu vernemen.

353. [1487, VII, 7 b] Quinta vigilia Petri et Pauli [*28. Juni*] 1487:

Item den sigelgrabern, gesten und auch bürgern, ist vergonnt, sigel ze graben mit offenen schregen, doch daz sie damit an beqweme ende, nemlich an S. Sebolts kirchof, do sie nit irren, ziehen und arbeiten, und nit am marckt.

354. [9 b] Feria 3. post Visitacionis Marie [*3. Juli*] 1487:

Item den goldsmid, der ein verstolene silberein rören erkauft hat, zu beschicken und ine sweren lassen, ein warheit ze sagen, von wem er die kauft hab.

355. [1487, VII, 12 a] Sabbato ante Kiliani [*7. Juli*] 1487:

Item den Klaubenpusch, irher, zu beschicken der verlust halb etlichs gelts und insigels (halb), einem keiserischen zusteend, und wo er uff die anzaigung der umbsteed [*so*], das gefunden ze haben, nit bekennen wil, ine in das loch ze legen.

356. [1487, VIII, 2 b] Sabbato post Margarete [*14. Juli*] 1487:

Item auff fürbete herzog Albrechten von Sachsen ist Endres Engelharten, dem messrer, sein aufgelegte straff verpots halb der stat begeben, doch das er frid ze halten gein menigklich swere und das aufgelegt pußgelt gebe.

357. [3 b] Item Paulus Mair, goldsmid, ist gestrafft IIII tag und nacht in ein v.[erspert] k.[ammer] halb uff gnad freveler scheltwort halb Erchingen von Saunsheym hofmeistern zugemessner; termin [*Zeichen für:* bis] Jacobi.

358. [1487, VIII, 10 b] Sabbato post Jacobi [*28. Juli*] 1487:

Item meister Jacob Grymmen und meister Eukario ist erlaubt, gein dem Gnadenberg ze faren und iren pau zu besichtigen.

359. [1487, VIII, 12 a] Feria 3 ante Vincula Petri [*31. Juli*] 1487:

Item Casparn von Glaubitz 1 gulden zu erung ze geben.

Desgleichen 1 gulden Luden von Göttersfeld, maler von Au, dez von Bamberg spilman.

360. [1487, IX, 14 a] Feria sexta ante Egidii [*31. August*] 1487:

Item den Volckhart, klingensmid, zu einem haubtman in Jeronimus Schürstabs virtel ze nemen an stat eins andern, der sein hauß verkauft hat.

361. [1487, X, 2 a] Feria V ante Nativitatis Marie [*6. September*] 1487:

Item Hannß Wisenhofer, ratsmid, ist durch einen rat zu dem maisterrechten gelassen, wie wol er sein gebürlich anzal jare nach innhalt des hantwercks ordnung volligklich nit gedient hat. Ist auß ursachen beschehen, daz er seine meisterstücke wol und tugelich gemacht hat.

362. [1487, X, 11 b] Feria V ante Michahelis [*27. September*] 1487:

Item des Grünwalts häuslin, bei einem selhauß gelegen, zu besichtigen, ob daz on schaden möge an das selhauß gerückt und im vergonnt werden desgleich ein hauß oder pau auf dem Neuen pau. P. Nützel mit sambt dem paumeister. Und das alles herwider bringen.

363. [1488, II, 1 a] Feria V. Thimothei [*24. Januar*] 1488:

Item maister Herman Vischers, des ratsmids seligen, son[1]) ist vergonnt zu beraitung seiner meisterstück ein viertel jars das hantwerck ze arbeiten.

---

[1]) Gemeint ist Peter Vischer d. Ä. Vgl. über ihn Neudörfer, ed. Lochner S. 21 ff. Baader, Beiträge I, 25 ff. († 6. Januar 1529). II, 43 ff. Zahns Jahrbücher I, 212 ff. II, 80, 236 f. Jahrbuch der Kunstsammlungen des A. K. H.

Vgl. M. M. Mayer, Des alten Nürnberg Sitten und Gebräuche II, 1 S. 35.

364. [1488, II, 5 a] Feria 3. ipso die Agathe virginis [*5. Februar*] 1488:

Item den von Augspurg ze schreiben des Swab, platners, halb.

Bd. X Nr. 5793—96 (1513), XIII Nr. 8541 (1504). J. Bauder, Schreiben des Kaisers Maximilian I. an Bürgermeister und Rat zu Nürnberg wegen Herstellung etlicher Erzbilder zu seinem Grabmal durch P. V. dd. 9. Juni 1513, im Anzeiger für Kunde der dt. V. XVI (1869) Sp. 353 ff. Lochner, Arnold Mag und seine Töchter, Peter Vischers Schwiegertöchter, im Anzeiger für Kunde der deutschen Vorzeit XX (1873) Sp. 127 ff., 165 ff., 187 ff. Mummenhoff, Rathaus, an vielen Orten. Gurlitt, Archivalische Forschungen II, 63 ff. Porträts bei Panzer S. 65, 249.

Waldau, Vermischte Beiträge I (1786), 30 ff. Gedächtnisfeier P. V.'s in Nürnberg am 6. Januar 1829 im Kunstblatt X (20. April 1829). P. V.'s Grab in Nürnberg. Ebenda XI (11. November 1830). Die Nürnbergischen Künstler geschildert nach ihrem Leben und ihren Werken, IV. Heft: Peter Vischer, Erzgiesser (Nürnberg 1831). Moritz Maximilian Mayer, Der Rotschmid P. V. d. ä. und seine Söhne. Ihr Leben und ihre Werke in Des alten Nürnbergs Sitten und Gebräuche II, 1 (1835) S. 29 ff. Kugler im Kunstblatt 1844 Nr. 23. Döbner, ebenda, 1846 Nr. 11. Nagler, ebenda, 1847 Nr. 36. Th. G. Rudhard, Peter Vischer, in Hormayrs Taschenbuch für die vaterländ. Geschichte Jahrgang 1854/55 S. 73 ff. Gartenlaube 1867 S. 502 f. R. Bergau, Albrecht Dürer und P. V., im Korrespondenten von und für Deutschland Jahrgang 1871 Nr. 283. C. Pietsch P. V. von Nürnberg, in Fr. Dunckers Sonntagsblatt 1872 Nr. 9, O. von Schorn, Peter Vischer in Kunst und Gewerbe X (1876) 1 ff. R. Bergau, Zur Würdigung Peter Vischers in der Kunstchronik XIII (1877/78) Sp. 653 ff. Derselbe, P. V. und seine Söhne, in Dohmes Kunst und Künstler des Mittelalters und der Neuzeit I, 2 (1878) Nr. XXXVII. Allgemeine deutsche Biographie XL, 16 ff. (von P. J. Rée) Heinrich Weizsäcker, P. V. Vater und Sohn, im Repertorium für Kunstwissenschaft XXIII (1900) S. 299 ff. Ludwig Justi, Vischerstudien. Ebenda XXIV (1901) S. 36—54. Cecil Headlam, Peter Vischer. London 1901.

Bezüglich der Litteratur über die Werke Peter Vischers oder die aus seiner Gießhütte hervorgegangenen Arbeiten ist billig an den Anfang zu stellen Wilhelm Lübke, Peter Vischers Werke. Nürnberg (Soldan, jetzt Steinsche Buchhandlung) o. J. Vgl. ferner Kunstblatt III (1822) 143. Anzeiger für Kunde der dt. Vorz. 1865 Sp. 313. R. Bergau, ebenda 1869 Sp. 353 ff. A. W. Döbner, ebenda 1870 Sp. 118 ff. Bergau, ebenda 219 f. und Jahrgang 1871 Sp. 280. Derselbe in der Zeitschrift für bildende Kunst XI (1876) S. 383. Zeitschrift für Museologie II (1879) S. 78 f. Th. Frimmel, Die historische Bronzeausstellung im Österreich. Museum, in der Zeitschrift für bildende Kunst XIX (1884) S. 191 und 221 ff. K. von Stegmann, Bronzestudien, in der Bayerischen Gewerbe-Zeitung 1884 S. 5 ff. A. W. Döbner, Peter Vischer-Studien (hrsgn. von H. Weizsäcker) in den Mitteilungen des Vereins für Geschichte der Stadt Nürnberg IX (1892) S. 165 ff.

365. [1488, III, 10 a] Feria 2 post dom. Oculi [*10. März*] 1488: Item Hannsen Grünwalt müntlich furdrung ze thunde an dez jungen von Wirtenberg cantzelschr[eiber] seiner unzalten schuld halb.

366. [1488, III, 12 a] Feria V post dom. Oculi [*13. März*] 1488: Item der stat zingiesser ist vergonnt, XIIII tag zu Swabach ze arbeiten.

Über das Sebaldusgrab: A. W. Döbner im Christl. Kunstblatt 1866 Nr. 12 ff. A. v. Eye im Anzeiger für Kunde der dt. Vorz. XV (1868) Sp. 185 ff. R. Bergau in den Grenzboten 1873 S. 53 f. Derselbe in der Kunstchronik X (1874/75) Sp. 188 f. H. Weizsäcker im Jahrbuch der kgl. preuß. Kunstsammlungen XII (1892) S. 50 ff. G. Authenrieth, Das Sebaldusgrab etc. 2. Aufl. besorgt von Georg Seeger, Nürnberg 1899. P. I. Rée, Nürnberg S. 102 ff. Vgl. ferner Rob. Vischer, Über Peter Vischer d. ä. im Jahrbuch der kgl. preuß. Kunstsammlungen X (1889) S. 166 ff. (namentlich über das Grabmal des Markgrafen Friedrichs II. im Chor der kath. Stiftskirche zu Baden im Schwarzwald, der 1517 †). Christl. Kunstblatt II, 368 (eine Arbeit P. V.'s in Berlin betr.), Bg. (wohl Büsching), Ein Denkmal P. V.'s in Breslau (Denkmal des Bischofs Joh. Roth, † 1506, in der Pegarellenkapelle des Doms, mit Inschrift von P. V. aus dem Jahre 1496) im Kunstblatt VII, 288 (vom 7. Sept. 1826). Vgl. auch Leipziger Illustrirte Zeitung Nr. 1495 (im Jahrgang 1872). Denkmal Kaiser Maximilians zu Innsbruck in der Beilage Nr. 107 und 127 der Allgemeinen Zeitung, Jahrgang 1863. Döbner, Über P. V.'s Teilnahme an den Gußarbeiten des Maximilian-Denkmals zu Innsbruck, im Anzeiger für Kunde der dt. Vz. XI. (1864) Sp. 91 ff., 123 ff. P., P. Fischer (Vischer) und die Standbilder bei dem Grabmal Kaiser Maximilians I. zu Innsbruck, in den Mitteilungen der k. k. Central-Kommission etc. IX (1864) S. XVIII. Vgl. ferner Anzeiger für Kunde der dt. Vz. 1869 Sp. 365 und dann ganz besonders die diesen Gegenstand erschöpfenden Untersuchungen von David Ritter von Schönherr: Geschichte des Grabmals Kaiser Maximilians I. etc. im Jahrbuch der Kunstsammlungen des A. K. H. Bd. XI (1890) S. 140 ff. Sodann: Kunstblatt XXVII (1846), 133 (über die Arbeiten P. V.'s für den Kurfürsten Albrecht von Mainz). Donadini und Aarland, Die Grabdenkmale der Erlauchten Wettiner Fürsten in Meißen (Text von Loose) 1898. R. Bergau, Eine Bronze-Statuette des heil. Moritz, in der Wartburg VI (1879) S. 122 f. Über die gleiche Statuette (im Hofe des Krafftschen Hauses in der Theresienstraße zu Nürnberg) in Kunst und Gewerbe XVIII (1884) 104 ff. G. von Bezold, Der Meister der Nürnberger Madonna, in den Mitteilungen aus dem german. Nationalmuseum 1896 S. 29 ff. Die Bronze-Grabplatte des Bischofs Marcus Kuen im Dom zu Olmütz (1515) gut abgebildet in den Mitteilungen der k. k. Central-Kommission N. F. XXIV (1898) S. 98. R. Bergau in der Zeitschrift der hist. Ges. für die Provinz Posen II (1886), 177 ff. Kothe im Vortragsbericht in derselben Zeitschrift 1892 S. 485 ff. K. Lind, Der St. Wenzels-Leuchter im Prager Dome, Mitt. d. k. k. Centr.-Komm. N. F. IX (1885) S. 59 ff. B. Daun, Was stellt das Vischersche Tucher-Epitaph [im Dom zu Regensburg, Wiederholung aus Schloß Neuburg im Bayerischen National-

367. [1488, IV, 8 a] Feria 3. ante Georii [*22. April*] 1488:

Item Jorgen Diether, goldsmid, zu geswornen meister ze nemen an stat Albrechten Türers.

368. [1488, IV, 14 a] Feria 3. post dom. Cantate [*6. Mai*] 1488:

Item es ist erteilt, die türne zu S. Sebolt, nachdem die schadbar sind, decken ze lassen mit zyn Cristoffen Lilgenweissen nach rat des kirchenpflegers, auch des kirchenmeisters und H. Tuchers [1]).

369. [1488, VI, 11 a] Feria V. post Urbani alias Penthecoste [*29. Mai*] 1488:

Item den Freyen [2]), ratsmid, in das loch ze legen der

museum in München] dar? im Repertorium XXI (1898) S. 198 ff. Döbner, Die ehernen Denkmale Hennebergischer Grafen. München 1840. Kugler, Über die Bronzen von Römhild und ihre Beziehung zu P. V., im Deutschen Kunstblatt 1851 S. 328 ff. Döbner, ebenda 1852 S. 155 f. Schuchardt, ebenda 1855 S. 26 ff. Döbner, Über die Bronzedenkmäler zu Römhild und Hechingen, im Anzeiger für Kunde der dt. Vz. X (1863) Sp. 41 ff., 81 ff., 216. Derselbe, Die Stiftskirche zu Römhild etc., ebenda XVII (1870) Sp. 161 ff., 199 ff., 229 ff., 268 ff. Vgl. dazu Leipziger Illustrirte Zeitung Nr. 1397 (im Jahrgang 1870) und Christl. Kunstblatt II, 328 f., III, 155 G. C. F. Lisch, P. V.'s Epitaphium auf die Herzogin Helena von Meklenburg im Dom zu Schwerin (1524). Schwerin 1862. — O. von Schorn, Der sich kratzende Hund von P. V., in Kunst und Gewerbe VIII (1874) S. 51. Hirths Formenschatz 1899 Nr. 99 (Knieender Mann als Träger im Bayerischen Nationalmuseum zu München).

Vgl. außerdem die Litteraturangaben zu Hermann V. d. ä., Hans V., Hermann V. d. j. und Peter V. d. j.

Über die berühmte Gießerfamilie und insbesondere über das Haupt dieser Familie, Peter V. den ält., existiert noch keine nach irgend einer Seite hin abschließende Arbeit, weswegen ich an dieser Stelle etwas reichere Litteraturangaben beifügen zu sollen geglaubt habe und ausnahmsweise auch auf die Litteratur über die Werke des Meisters eingegangen bin. Natürlich findet die kleine Bibliographie ihre notwendige Ergänzung in manchen Aufsätzen, die man wiederum in den angeführten Litteraturwerken zitiert finden wird, wie nicht minder in den bedeutenderen Kunstgeschichten (Bodes Geschichte der Plastik u. s. w.), den Veröffentlichungen der Museen u. s. f. Möchte uns bald eine die bisherige Forschung zusammenfassende, vorderhand abschließende Arbeit über Peter Vischer und seine Söhne beschert werden.

[1]) Zur Sache vgl. Baader, Beiträge I, 59, doch reimen sich die Angaben daselbst mit dem Inhalt unseres Ratsverlasses nur schlecht zusammen.

[2]) Über den Rotschmied Hans Frey, Albrecht Dürers Schwiegervater, vgl. Neudörfer, ed. Lochner S. 118 f. und namentlich das daselbst zitierte Buch Lochners: Personen-Namen etc. Nürnberg, 1870, S. 12 ff. Doppelmayr S. 282 f. († 1523). Mitteilungen des Vereins für Gesch. der Stadt Nürnberg X, 66 f. (1486). Thausings Dürer I, 133 ff.

gestolen habe halben, durch Wernlein Weißprot gestolen und im zubracht.

370. [11 b] Sabbato vig. Trinitatis [*31. Mai*] 1488:

Item Hannsen Freyen, den ratsmid, gütlich zu red halten.

371. [13 a] Feria 3. ipso die Erasmi [*3. Juni*] 1488:

Ratsverlaß des gleichen Inhalts.

372. [VII, 1 a] Sabbato post Erasmi [*7. Juni*] 1488:

Desgleichen mit dem Zusatz: und ine bedroen.

373. [VII, 2 b] Feria 3. ante Viti [*10. Juni*] 1488:

Desgleichen mit dem Zusatz: und, wo er gütlich nit sagen wil, im wee ze thun.

374. [1488, VII, 6 b] Feria quinta post Viti [*19. Juni*] 1488:

Item es ist erteilt, Hannsen Raynhart[1]), den goldsmid, zu den maisterrechten komen ze lassen, so verne er anders seiner meisterstück gnugsam erfunden und angesagt wirdet, unverhindert Paulsen Mairs verlupfung halb, nachdem der Raynhart die nach notdurft verantwort hat.

375. [1488, VII, 9 a] Feria 2. vig. Johannis baptiste [*23. Juni*] 1488:

Item Hannsen Freyen, dem ratsmid, ist zu eingang seiner straff sein frist acht tag erstreckt.

376. [12 b] Feria 3 post Petri et Pauli [*1. Juli*] 1488:

Derselbe erhält weitere acht Tage Frist.

377. [1488, VIII, 9 a] Quinta post Margarete [*17. Juli*] 1488:

Item dem Swaben, platner, ze sagen, das er den doctor zu Augspurg seiner schuld, so er im ze thunde ist, furderlich entricht und unclaghaft mache, nachdem er das ze thunde auff zeit und zil, numals verschinen, zugesagt und nit gehalten hat.

378. [1488, IX, 1 a] Feria V. post Jacobi [*31. Juli*] 1488:

Item den steynmetzen, der an der stat arbeit ein schaden an seinen geliden empfangen hat, zu bürger aufzenemen und im daz bürgerrecht schencken; im auch ein zaichen ze geben, daz er petteln muge.

379. [1488, IX, 3 b] Feria V ipso die Affre [*7. August*] 1488:

Item Hannsen Swaben, den platner, vor den Fünfen

[1]) Im Goldschmiedeverzeichnis Nr. 160 (zwischen 1473 und 1514: Hs. Rainer, was wohl die richtigere Schreibung ist) als Silberarbeiter.

zu red halten des frömbden untuglichen harnaschs halb, den er für nürenbergischen harnasch verkauft hat, und die geswornen meister darinnen vernemen.

380. [1488, XI, 10 b] Feria 3 post Luce alias ipso die XIm virginum [*21. Oktober*] 1488:

Item dem Neukum, platner, ist auß barmherzikeit zugevallener seiner augen plodikeit halben vergonnt, das meisterrecht ze arbeiten, nachdem er auch seine lerjare ausgedient hat, doch wo im [11 a] gesuntheit seiner augen verlihen würde, daz er alsdann seine gepürliche meisterstücke mache wie andere.

381. [1488, XIII, 6 a] Sabbato vig. Andree [*29. November*] 1488:

Item es ist erteilt, meister Seitzen, den steynmetzen, ze straffen acht tag und nacht in ein v.[erspert] k.[ammer] und seine knechte yeden II tag und nacht in ein v. k., umb das sie den Stetberger, verber, einen [6 b] pau eins haußs anders und weitter dann der stat ordnung erlaubt gepaut und gemacht haben, amuli Se. Rösner, H. Rauh, Herman Staud zum Gostenhof: t[ermin] bis Wehennacht.

382. [1488, XIII, 9 a] Feria 3 post Concepcionis Marie [*9. Dezember*] 1488:

Item Paulsen Mair, den goldsmid, in das loch ze legen und umb sein ungehorsam, gegen den geswornen meistern geübt, auch seins betriglichen wercks halben zu red halten.

383. [9 b] Feria V post Concepcionis Marie [*11. Dezember*] 1488:

Item Paulus Mairs sage den geswornen meistern der goldsmid furzehalten und sich der händel an inen zu erkunden.

384. [1488, XIV, 5 a] Feria 2 ipso die Thome Cantuariensis [*29. Dezember*] 1488:

Item den Schatzer, kandelgiesser, zu vernemen des zolls halb zu Straßburg.

385. [1489, I, 4 a] Feria V ipso die Vincencii [*22. Januar*] 1489:

Item Hannsen Grünwalds hauß, hinter der mauren bei Tirgartner thor gelegen, zu besichtigen und ze ratslagen, ob im sein vorhabender pau zuzegeben sei.

386. [1489, I, 6 b] Feria V ante Purificacionis Marie [*29. Januar*] 1489:

Item Merten Fisch, harnaschpolirer, ist erteilt zu einem kolmesser an stat eins abgegangen.

387. [1489, I, 10 b] Sabbato post Dorothee [*7. Februar*] 1489:

Item des verlornen gulden paternosters halb, hertzog F. von Sachßen zusteende, bei dem goldsmid, dem handel verwant, zu erkunden, von wem der an ine komen sei.

388. [11 a] Item hertzog Fridrich von Sachsen ze schreiben des verlornen paternosters halb, doch einen tag oder II mit dem boten zu verziehen.

389. [1489, I, 11 b] Feria 3. ipso die Scolastice [*10. Februar*] 1489:

Item der platner zwu supplication ze ratslagen die herren bei dem pfentter mitsambt Ul. Stromeyr.

390. [1489, II, 8 b] Sabbato ante Petri kathed. [*21. Februar*] 1489:

Item der messerer von Wendelsteyn supplication einer schau halben der klingen inen zu vergonnen, baß ratslagen.

391. [1489, III, 11 b] Feria 3. vig. Annunciacionis Marie [*24. März*] 1489:

Item bei dem Krug[1]) und Albrechten Türer fleiß ze thun, daz sie der k. Mt seine angedingte trinckgefeß furderlich verfertigen.

Vgl. Petz im Jahrbuch der Kunstsammlungen des A. K. H. X Nr. 5720.

392. [1489, III, 19 a] Feria 2 post dom. Judica [*6. April*] 1489:

Item ze ratslagen, ob man meister Eukarius zu der stat gepeuen lenger gebrauchen oder einen andern und welchen man nemen wolle.

Und meister Jacoben Grymmen ze sagen, sich des Spitals pau zu enteussern, auff das er der stat gepeuen dest baß und statlicher außgewarten möge.

393. [1489, V, 1 b] Quinta Pasche, ipso die Georii martiris [*23. April*] 1489:

---

[1]) Zu Hans Krug d. ä. vgl. Goldschmiede-Verzeichnis Nr. 139 (zwischen 1473 und 1514). Nach dem »Bürger- und Meisterbuch« von 1462 bis 1495 Blatt 55 b wurde er 1484 Meister. Neudörfer, ed. Lochner 118—120. Doppelmayr 180. Baader, Beiträge I, 37 f. II, 20 ff. Zahns Jahrbücher I, 248. Gebert 47 ff. Mitteilungen II, 163 († 1519). Vgl. auch Erman, Deutsche Medailleure S. 19. R. Vischer, Studien zur Kunstgeschichte S. 337. Bergau in der Wartburg VIII (1881) 76 f. und in der Allgemeinen deutschen Biographie XVII, 214.

Item es ist erteilt, ettlich kupfrein kuffen zu rettung des feurs machen ze lassen und die ze ordnen an die stete, do man der notdürftig ist.

394. [1489, V, 10 b] Feria 3 post Crucis invencionis alias post dom. Misericordia dni. [*5. Mai*] 1489:

Item meistern Eukarius, dem zymmerman, uff sein bete und ersuchen seins ambts ze urlauben und nach einem andern werckman der stat zu gedencken an seiner stat.

395. [1489, VI, 2 a] Sabbato ante dom. Vocem jocunditatis [*23. Mai*] 1489:

Item es ist erteilt, welcher platner auff einem oder mer der vier meisterstück meister ist, der mag ausserhalb der andern meisterstück, auff den er nit meister ist, ander stücke als straifftartschen, perte, geliger und anders, das nit in die meisterstück treffen, machen, doch so sollen ächselein zu dem armzeug und halbe rück zu dem hinderteil gerechet und geacht werden. Die herren bei dem pfenter.

396. [1489, VII, 2 a] Feria 2 post Corporis Christi ipso die Decem milium martirum [*22. Juni*] 1489:

Item Hannsen Sneider, ratsmid, sein anbringen umb sicherheit abzeleynen.

397. [1489, VIII, 6 a] Feria V post Marie Magdalene [*23. Juli*] 1489:

Item vom harnasch ze zaichen das hantwerck baß zu vernemen, warzu sie genaigt sein, und herwider bringen.

398. [1489, XI, 11 b] Feria V. post Simonis et Jude [*29. Oktober*] 1489:

Item es ist in einem wolbesambten rate uff heut erteilt, den neuen pau bei dem Irhertürlein, durch meister Jacob Grymmen gemacht, wider abzetragen und wider ze pauen, wie durch meister Hannsen[1], der von Rotenburg werckman, geratslagt und verzaichent worden ist.

Und zu solichem pau sol der gemelt meister Hanns von Rotenburg gebraucht, darzu bestellt und den von Rotenburg darumb geschriben werden.

Und ze ratslagen, was straffe meister Jacoben umb sein verwarlosung aufzelegen sei.

[1] Über Hans Müllner, den Werkmann von Rotenburg, vgl. Repertorium für Kunstwissenschaft XXV (1902) S. 363.

Und dem gemelten meister Hannsen von Rotenburg und auch meister Heinrich[1]) von Nordling erber erung umb ir räte ze geben und mit danckbriefen.

Item des Spitals pau halb rats pflegen der gemelten frömbden werckleut und, wie der furzenemen bei inen in rat erfunden wirdet, dermaß sol der furgenomen werden.

399. [12 b] Sabbato vig. Omnium sanctorum [*31. Oktober*] 1489:

Item meister Jacoben Grymmen fur rat ze vordern und im sein verwarlosung der stat paues, auff dem neuen pau bei dem schloßgattern geübt, damit er einen erbern rate und gemeyne stat in mercklichen costen, schäden, schimpf und spot bracht hat, zu erzelen und ine daruff von der stat arbeit urlauben und feirn ze lassen, im auch ze sagen, daz im ein rat sein vorderung umb den costen und schaden, darein er gemeyne stat unbillich bracht hat, vorbehalten haben wolle.

400. [1489, XIII, 1 a] Feria V. post Andree [*3. Dezember*] 1489:

Item dem Vogel, meßrer, einen diener ze leihen gein Bamberg seins sons halben.

401. [1490, I, 4 b] Feria 3 post Circumcisionis domini [*5. Januar*] 1490:

Item meister Hannsen von Rotemburg, dem steynmetzen, ist vergonnt, sein wesen und aigen rauch hie ze haben, solang er an der stat arbeit ist, doch das er ungelt gebe, wie die bürgere.

402. [5 a] Feria V. post Epiphanias dni. [*7. Januar*] 1490:

Item Niclasen Raffler, klingensmid, ist vergonnt, sein aufgelegte straff in einem stüblein auf dem pußthurn zu volbringen.

403. [1490, I, 7 b] Feria 3 post Erhardi [*12. Januar*] 1490:

Item zu besichtigung des swinpogens, den meister Hans, steynmetz, gerissen hat, sind beschiden die obersten haubtleut mitsambt H. Tucher und paumeister.

404. [1490, III, 11 a] Feria 3 post dom. Oculi [*16. März*] 1490:

Item [*Lücke*] ist vergonnt, puchgesmeid ze machen, doch daz er ausserhalb derselben nichtz mache, daz in das hantwerck der gürtler treffe.

[1]) Zu Heinrich Kugler, den Werkmeister von Nördlingen, vgl. Baader, Beiträge I, 55 ff.

405. [1490, IV, 9 a] Vigilia sanct. Pasche [*10. April*] 1490:

Item Erhart Schremmel, maler, hat den aid des appellirens halb gethan ut in forma wider Margreten Hagenauerin.

406. [1490, V, 6 b] Feria 3 post Quasimodogeniti [*20. April*] 1490:

Item Ulrichen Grafen[1], dem steynmetzen zum Gostenhof, ist vergonnt, 1 gulden gattergelts auß seinem erb doselbst zu verkauffen, doch daz er den in III jaren wider abkauffe.

407. [1490, V, 10 a] Feria 2 post Marci evangeliste [*26. April*] 1490:

Item dem kirchenmeister zu S. Sebolt zu notdurft des kirchturns 1 segpaum auß dem wald ze geben, nemlich einen ganzen erdstammen.

408. [1490, V, 11 b] Feria tercia post Marci [*27. April*] 1490:

Item zu versuchen, die irrung zwischen den klingensmiden und meßrern gütlich hinzelegen.

409. [1490, V, 14 b] Feria 3 post Crucis invencionis alias post dom. Jubilate [*4. Mai*] 1490:

Item so der platner, dem Procop von Pirck etlichen harnasch genomen hat, so der anheyms kombt, demsselben Procop furzehalten und an im zu erkunden, wie es umb solichen harnasch gestalt sei etc., und daruff im antwort ze geben.

410. [1490, V, 19 b] Feria 3 post dom. Cantate [*11. Mai*] 1490:

Item dem Schürstab[2], kartenmaler, zu verbieten, das er hinfür nit mer die alten hadern, zu papir dienstlich, durch sich selbs noch sein knechte, so er der hie nit verarbeit, kauffen oder verschicken sol.

411. [1490, VI, 4 a] Feria 2 Rogacionum [*17. Mai*] 1490:

Item der goldsmid supplicacion den juden, die das selb hantwerck ze treiben understeen, furzehalten und ir antwort zu vernemen.

[5 a] Item den juden allen ist abgelaynt und sol ine verpoten sein, das sie hinfür nit mer gold, silber oder kürnt schaiden sollen.

[1] Ein U. G. (ohne nähere Bezeichnung) liegt auf dem Johanniskirchhofe begraben. Vgl. Trechsel S. 364 Sp. 2.

[2] Mit Vornamen hieß er wohl Leonhard. Vgl. Zahns Jahrbücher II. 71 (1489). I, 224 (1513, 1516, 1519). Baader, Beiträge I, 109 (1509).

Und welche juden sich des wucherns abthun und den meiden wollen, den sol erlaubt sein, hantwerck ze lernen und ze üben.

Und Mosse von Schafhausen sönen, die ettlich zeitt auff dem goldsmidwerck gelernt haben, ist vergonnt, noch ein virtel jars darauf ze lernen, doch also, das sie das, so sie in mittler zeit machen, hie nit verkauffen sollen.

412. [1490, VI, 7 a] Sabbato post Ascensionis domini [*22. Mai*] 1490:

Item N. Muntscheller, salwirt, ist vergonnt, 1 jar ausserhalb diser stat sein hantwerck ze arbeiten, das er mit losung und anderm in der bürgerspflicht bleib wie andere bürger.

413. [1490, VII, 5 a] Feria 3 Decem milium martirum [*22. Juni*] 1490:

Item der schau und zaichen des harnaschs ein ordnung zu begreiffen und herwider ze bringen.

414. [1490, VII, 6 b] Sabbato post Johannis baptiste [*26. Juni*] 1490:

Item es ist erteilt, den Vorcheymer, ratsmid, umb sein ungeratenheit und auch sein ungehorsam auff einen turn ze legen.

415. [1490, VIII, 10 b] Sabbato ante Vincula Petri [*31. Juli*] 1490:

Item der platner ordnung der schau halb baß wegen.

Item der platner beswärde des eisens und stahels halb, die eisenkeuffel berürende, ratslagen.

416. [1490, IX, 3 b] Feria V. post Laurencii [*12. August*] 1490:

Item den Wolgemut[1]), moler, der verneuung halb des

[1]) Über Michel Wolgemut bieten die Ratsverlässe wenig neues. Aus obigem und dem folgenden Verlaß ist zu ersehen, daß die Renovierungsarbeiten am Schönen Brunnen 1490 in der That Wolgemut übertragen wurden, was bisher nur aus Müllners Annalen bekannt war und als fraglich galt (vgl. Bericht über den Entwurf zur Wiederherstellung des »Schönen Brunnens« von H. Wallraff. Nürnberg 1898. S. 8). Im übrigen verweise ich für Wolgemut nur auf Neudörfer, ed. Lochner 128—30. Zahns Jahrbücher II, 73. Doppelmayr 181. Rob. Vischer, Studien zur Kunstgeschichte 294 ff. P. J. Rée, Die Eltern M. W.'s, in der Kunstchronik XXI (1886) Sp. 218 f. Gurlitt, Archivalische Forschungen II, 19 f. Mitteilungen II, 72 († 1519). — Meusels Museum für Künstler und Kunstliebhaber 1788 S. 92 ff. Köppel in Meusels Neuen Miscellaneen 1797 S. 475 ff. E. H. Costa, Über ein Altarbild von Michael Wolgemut, im Anzeiger für Kunde der deutschen Vorzeit VI (1859) Sp. 133 f. Anton Springer, Meister W., in der Zeitschrift für bildende Kunst XII (1877) 1 ff. Hach in der Kunstchronik XIII

Schönprunnen baß zu vernemen und ratslagen, wie der zu verneuen und mit was costen.

417. [5 a] Sabbato vig. Assumpcionis Marie [*14. August*] 1490:

Item es ist erteilt, den Schönen prunnen am marckt ganz zu verneuen lassen und sich deshalb mit dem Wolgemut den zu machen, zu füglicher zeit zu vertragen.

418. [1490, X, 5 a] Sabbato post festum Nativitatis Marie [*11. September*] 1490:

Item einem frömbden kandelgiesser, genant Wentzel Kraus, ist vergonnt, ein virtel jars sein hantwerck hie ze arbeiten nachdem das hantwerck daran nit beswerde haben.

419. [1490, X, 12 a] Feria 3. ante Michahelis [*28. September*] 1490:

Item dem Mostel, juden, ist vergonnt, seinen handel, in das goldsmidwerck treffend, wie er den bisher geübt hat, lenger ze treiben nemlich biß uff Walpurgis schirst.

420. [1490, XI, 9 a] Feria V. ipso die Calixti [*14. Oktober*] 1490:

Item Hannsen Francken, dem meßrer, ist hie maisterrecht ze arbeiten abgeleynt, nachdem er nach außgang seiner lerjar sein anzal zeit knechtsweise nach laut dez gesetzs nit gearbeit hat.

421. [1490, XII, 9 a] Feria 3 ante Martini [*9. November*] 1490:

Item H. Swaben, den platner, zu vernemen, und wo sein not wirdet, daruf der gelerten rats ze pflegen.

422. [1490, XII, 15 b] Feria 3 ipso die Clementis [*23. November*] 1490:

Item es ist erteilt, das hinfür das hantwerck der vingerhuter in der ordnung der ratsmid sein sollen mit anzal

---

(1878) Sp. 809 ff. J. Dernjac im Repertorium für Kunstwissenschaft II (1879) S. 301 ff. Jahrbuch der kgl. preuß. Kunstsammlungen II, 217 f. (von Lippmann) III, 177. V, 13 (von Lippmann). VII, 98 ff. (von Sidney Colvin). IX, 93 f. und XVI, 224 ff. (von V. von Loga). H. Stegmann in den Mitteilungen aus dem german. Nationalmuseum 1895 S. 115 ff. W. von Seidlitz in der Zeitschrift für bildende Kunst XVIII (1883) S. 169 ff. Thausing, Dürer, 2. Aufl. (1881) S. 62 ff. und die daselbst verzeichnete Litteratur. E. Wernicke, Neuestes zur Wolgemutforschung, im Christl. Kunstblatt XXXIII, 63. R. Stiassny in der Kunstchronik N. F. II, Sp. 202 f. H. Stegmann, Über das Leben Michel Wolgemuts, im Repertorium für Kunstwissenschaft XIII (1890) S. 60 ff. H. Thode, Die Malerschule von Nürnberg (1891), an vielen Stellen, namentlich 122 ff.

der knechte, lerjungen und anderm; und daz auch ein yeder, der hinfür auff demselben hantwerck der vingerhuter meister werden wil, dreyerlei meisterstück, nemlich ein dutzet seidensticker vingerhüt, ein ducet Preßlawer vingerhüt und ein dutzet welsch vingerhüt und darzu den werckzeug, darzu gehörig, machen und damit besteen sol.

423. [1490, XIII, 4 b] Sabbato Barbare virginis [*4. Dezember*] 1490:

Item dem Plümlein und Spanrinck, den scharsachsmiden, so sie in acht tagen herkomen, sollen sie drei tag geleit haben, und das H. von Aufses zuzeschreiben; und, so sie herkomen, sie gegen Jacob Fleischern ze hören.

Und demselben meister Jacoben ist abgeleynt, der stat zeichen uff sein arbeit ze slahen.

424. [5 a] Item der platner anbringen der plech halb dem Plancken furzehalten und sein antwort ze hören und herwider bringen.

425. [1491, I, 5 b] Feria 2. ante Purificacionis Marie [*31. Januar*] 1491:

Item des Herdegen[1], goldsmids, vorhabenden pau ze besichtigen.

426. [1491, I, 7 a] Feria 3. vigilia Purificationis Marie [*1. Februar*] 1491:

Item Wilhelmen Herdegen, goldsmid, ist vergonnt, auff seinem gang, auß seinem hauß auff die Parfüssner prücken geende, ein kremlein oder ledenlein zu pauen, doch auff eins rats widerruffen.

427. [1491, I, 15 a] Feria IIII Cinerum alias post Valentini [*16. Februar*] 1491:

Item die schadbarn zwu rören an dem Schönnprunnen wider ze rechtvertigen und zu notdurft der wessererin [*Wäscherinnen*] zwu kuffen auß der Peunt zu dem Schönnprunnen ze setzen.

428. [1491, IV, 7 a] Feria 2. post dom. Misericordia domini [*18. April*] 1491:

[1] Über den Goldschmied Wilhelm Herdegen vgl. Goldschmiede-Verzeichnis Nr. 149 (zwischen 1473 und 1514); nach dem »Bürger- und Meisterbuch« von 1462 bis 1495 Bl. 55 b wurde er 1479 Meister. Mitteilungen II, 163 (Barbara Wilhelm Herdegin † 1518).

Item zu versuchen, die irrung zwischen Hannsen Smid [1]), dem goldsmid von Wirtzburg und H. Lochhauser gütlich zu vertragen, Jacob Grolant, M. Mendel; und wo sich eynicherley geverde erfindet, im rat sprechen.

429. [1491, IV, 10 b] Feria 2. ipso die Marci evangeliste [*25. April*] 1491:

Item Paulus Mairn zu red halten etlicher freveler wort halb, so er graf Hansen von Wertheim sol zugemessen haben, und sein antwort zu vernemen.

430. [11 b] Feria 3 post Georii [*26. April*] 1491:

Item an Paulsen Mair zu erkunden, was er verlorn hab und, wo er dez begert, sein maid zu fragen und zu red halten.

431. [13 b] Feria V ante Walpurgis [*28. April*] 1491:

Item Paulsen Mairs alte maid umb allerlei dieberei zu red halten und ir wee ze thun mit dem hulzein steyn.

432. [14 a] Item die geprechen, so der maisterstück halb auff dem plattnerhantwerck vor augen sind, von den gesworneu meistern und auch den andern zu vernemen und ratslagen.

433. [1491, IV, 15 b] Sabbato ante Walpurgis alias ante dominicam Cantate [*30. April*] 1491:

Item Margreten von Ochsenfurt weiter zu red halten und ir wee ze thun.

434. [16 b] Item Paulus Mair ist auf heut uff einen thurn gestrafft und gefürt worden freveler wort halber, wider graf Joh. von Wertheym geübt.

435. [1491, IV, 17 a] Feria 2 post Walpurgis ipso die beati Sigismundi [*2. Mai*] 1491:

Item der Margreten von Ochsenfurt sage Paulsen Mair furzehalten, ine und auch des Fügels maid der guldin und ledleins halb eigentlich zu fragen und zu erkunden und herwiderbringen.

436. Item nachdem Paulus Mair, goldsmid, umb frevele smehwort, so er Graf Johannsen von Wertheym etlicher seiner verlust halben nachgeredt hat, uff einen turn gestrafft, daruff er nu drei tag gelegen ist, ist weitter erteilt, denselben Mair des handels halb ytzo von dem turn ze lassen und verrer ze straffen zwen monat uff einen versperten turn halb auff gnad t[ermin] bis Michael, doch nachvolgend die straff abbiten ze lassen.

[1]) Goldschmiede-Verzeichnis Nr. 182 (zwischen 1473 und 1514). Mitteilungen II, 164 († 1532).

437. [1491, V, 5 a] Feria 2. Rogacionum [*9. Mai*] 1491:

Item Paulsen Mair der Margr. von Ochsenfurt sage furzehalten und, wo er weitters grunds wider sie nit furbringt, alsdann in einem besamten rat ir sage furlegen und ir abhelffen.

438. [1491, VI, 6 b] Feria V. post Viti [*16. Juni*] 1491:

Item Hannsen Trauten[1], dem goldsmid, ist zu beraitung seiner maisterstück und bezalung des meistergelts frist geben zwen monat.

439. [1491, VI, 12 b] Sabbato post Johannis Baptiste [*25. Juni*] 1491:

Item Steffan Haiden, dem goldsmid, zu bezalung seinen aufgelegten pußgelts frist geben biß uff Martini schirst und in mittler zeit sich erkunden, ob er den geswornen meistern die arbeit, derhalb er gestraft ist, gemacht hab.

440. [1491, VIII, 13 b] Sabbato post Sebaldi alias ante Bartholomei [*20. August*] 1491:

Item Jorg Storr, platner, hat den aide des appellierens halb gethan ut in forma wider meyster Hannsen, den pader bei der Fleischprücken.

441. [1491, IX, 10 a] Feria 2 post Nativitatis Marie [*12. September*] 1491:

Item es ist erteilt, maister Hanns Beheim[2], den steynmetzen, zu einem steyneicher zu nemen an stat dez Huters, der dem ambt mit willen absteet, doch unversaumt der stat arbeyt.

442. [1491, X, 13 b] Feria 2 post Galli [*17. Oktober*] 1491:

Item Wolffgangen goldsmid von Swabach uff ersuchen des Guldinmündels gefengklich anzenemen und in das loch ze legen, ursach halb, das er ine bei nechtlicher weil geverlich und [14 a] verporgen in seinem hauß betreten hat, doch das er den handel gegen den gefangen halt nach eins erbern rats rat, als er ze thun zugesagt hat.

---

1) Im Goldschmiede-Verzeichnis Nr. 165 (zwischen 1473 und 1514) als Silberarbeiter.

2) Über den bekannten Werkmeister Hans Beheim d. ä., vgl. Neudörfer, ed. Lochner 3 ff. († 1538, nachdem er 48 Jahre im Dienste der Stadt gewesen). Baader, Beiträge I, 73 und Beilage IV; II, 14 ff. Zahns Jahrbücher I, 260. Mummenhoff, Rathaus: an vielen Orten. Mitteilungen des Vereius für Gesch. der Stadt Nürnberg X, 67 (1517). — Allgemeine deutsche Biographie II, 274 ff. (von Lochner). Meyers Allgemeines Künstlerlexikon II, 310. Ein Porträt von ihm (mit unrichtigem Todesdatum) bei Panzer S. 16.

443. [14 b] Feria 3. ipso die Luce evangeliste [*18. Oktober*] 1491:

Item Guldeinmündels begern bei gelerten ratslagen.

444. [15 b] Item Bartholmes Schultheissen[1]), dem goldsmid, seins handels halb mit Wolfgang goldsmid von Swabach, den Jeronimus Guldinmündel bei nacht in seinem hauß arckwenig und verporgenlich betreten hat etc., ze sagen, er hab in solichem handel nit wol gehandelt, aber er mug diser zeit abgeen und muge Wolfen goldsmid sein pferd auff sein erfordern volgen lassen. Und dem Guldenmündel ze sagen, wo er den Wolfgangen goldsmiden, vor und ee seinthalben von seiner herrschaft ichtz an ein rat lange, hie betreten möge, wolle ein rat den uff sein ersuchen annemen lassen und in vancknuß legen, wo aber seinthalben, ee dann er betreten, ichtz an ein rat langen würde, wil im ein rat darinn die hand ze handeln frei behalten.

445. [1491, XI, 1 b] Feria V post Luce evangeliste [*20. Oktober*] 1491:

Item Wolfgang Goldsmid von Swabach seiner verhandlung halb, mit Jeronimus Guldenmündel geübt, geleit abzelaynen und daz dem Guldenmündel zu eröffnen.

446. [1491, XI, 10 a] Sabbato post Omnium sanctorum [*5. November*] 1491:

Item Heintzen Mörsen, dem platner, ist vergonnt, II jar sein wesen ausserhalb der stat ze haben, doch daz er in bürgers pflichten bleib und in mittler zeit sein losung und steur gebe wie ein ander bürger.

447. [1491, XII, 2 b] Sabbato ipso die S. Elisabeth [*19. November*] 1491:

Item Jacoben Mair[2]), dem goldsmid von Straßburg, ze sagen, seiner handlung nach, so er in Jacob Guldenmündels hauß geübt hat, sei er eins rats fug nit, hie ze sein oder auß und ein ze ziehen, sunder er solle dise stat meiden, aber ausserhalb der stat sei im des handels halb gegen einem rate fare oder sorg nit not.

448. [1491, XII, 5 a] Feria V. post Clementis [*24. November*] 1491:

[1]) Goldschmiede-Verzeichnis Nr. 124 (zwischen 1473 und 1514).

[2]) Goldschmiede-Verzeichnis Nr. 148 (zwischen 1473 und 1514). Mitteilungen II, 163 (Anna Jakob Mayrin, im Judenhof † 1542).

Item das falsch knöllein silbers, uff heut durch einen goldsmid einem rat überantwort, in des rats behalter ze legen, ob ymant darnach fragen würde, das an dem ende wissen ze finden. Der goldsmid sitzt am milichmarckt.

449. [1491, XII, 7 b] Feria 3. vigilia Andree [*29. November*] 1491:

Item Paulsen Mair und den Bairreutter zu red halten vor den Fünfen ettlicher smehwort halben, den von Eger nachgesagt.

450. [8 a] Feria V post festum Andree [*1. Dezember*] 1491:

Item von dem goldsmid oder visierer von Amberg, der hie bürger werden wil, II gulden werung für das bürgerrecht ze nemen.

451. [1491, XIII, 4 a] Feria VI post Thome apostoli [*23. Dezember*] 1491:

Item Jacob Mairs brief dem Guldenmündel furzehalten und fleiß ze versuchen, sie mit einander zu vertragen.

452. [1492, I, 2 a] Sabbato Felicis in pincis [*14. Januar*] 1492:

Item dem Eber, goldsmid, und auch Hannsen Lochhauser[1]) zu bevelhen, daz sie in XIIII tagen den nechsten mit irer arbeit des prennens, smelzens und schaidens feiren; und sich in mittler zeit irer arbeit zu erkunden.

453. [2 b] Feria 2. ipso die Anthonii [*17. Januar*] 1492:

Item Conraten Eber ist vergonnt, [das er] das silber, so er under handen und in schaidwasser hat, aufarbeiten mag und, so er das aufgearbeit, sol er alsdann feirn biß uff verrer gescheft eins rats.

454. [3 b] Feria V post Anthonii [*19. Januar*] 1492:

Item Hannsen Lochhausern ist zugeben, II tag ze schaiden und ze arbeiten, wie er bißher gethan hat und fürter nit mer one erlaubnuß eins rats; und so er in der arbeit ist, dieselben sein arbeit zu besichtigen, was die sei.

455. Item es ist verlassen und dem paumeister bevolhen, den krom oder laden bei dem neuen fleischhauß, den Melchior

---

1) Im Goldschmiede-Verzeichnis Nr. 144 (zwischen 1473 und 1514) als Silberarbeiter. Über Arbeiten von ihm vgl. Anton Tuchers Haushaltungsbuch, ed. W. Loose (Bibliotkek des Litterar. Vereins in Stuttgart Bd. 134) S. 54 (1507) und 61 (1508).

Koch[1]), kandelgiesser, innhat, mit gemachen zimlicher weise zu erhöhen und dem genanten Melchior Koch umb järlichen zins zu verleihen.

456. [1492, I, 6 b] Sabbato post Conversionis [*28. Januar*] 1492:

Stürmer, kandelgiesser, *kommt vor.*

457. [1492, I, 9 b] Feria 2 ante Purificacionis Marie virginis [*30. Januar*] 1492:

Item Hannsen Rüger, dem platner, ist vergonnt und zugeben, daz er hinfür pärte machen mag, wie er vormals gethan hat.

458. [1492, II, 3 a] Feria 3 ipso die Valentini [*14. Februar*] 1492:

Item wo die gesworncn meister der ratsmid nit beswerd haben, so ist Lorentzen Beheim uff fürbete unsers gnedigen herren des pfalzgrafen vergont und zugeben, daz er seiner gnaden püchsenmeisters son zu einem lerjungen aufnemen und halten mag, doch also, so des lerjungen, den er vor hat, zeit außgeet, daz er dann über disen dez püchsenmaisters son die zeit seiner lerjar keynen andern lerjungen aufnemen sol.

459. [1492, II, 5 b] Sabbato post Valentini [*18. Februar*] 1492:

Item den platner, der des meisterrechts begert und von den g[esworncn] meistern verslagen wirdet, an die herren bei dem pfenter ze weisen.

460. [9 a] Feria V post Kathedra Petri [*23. Februar*] 1492:

Item den platner, den die geswornen meister zu meister sambtlich nit ansagen haben wollen, zu dem meisterrecht komen ze lassen und den meistern erbere wort geben.

461. [1492, II, 10 b] Feria 2 post Mathei apostoli [*27. Februar*] 1492:

Item Hannsen Lengenfelder[2]), den goldsmid, anderweit zu red halten und dez Mairs halb zu bestetten.

---

[1]) Doppelmayr 290. Sein Grab auf dem Johannisfriedhofe. Vgl. Trechsel S. 468 Sp. 1 (1553), doch handelt es sich hier möglicherweise auch um einen jüngeren Kandelgießer dieses Namens.

[2]) Im Goldschmiede-Verzeichnis Nr. 135 (zwischen 1473 und 1514) als Silberarbeiter. Nach dem »Bürger- und Meisterbuch« von 1462 bis 1495 Bl. 55 b wurde er Quarta ante [vielmehr post?] Margarethe [14. Juli?] 1490 Meister. Vgl. ferner Bayer. Gewerbeztg. X (1897) S. 30 Anm. 9 (1491). Über den gegen ihn und Heinz Schürstab eingeleiteten Prozeß, auf den sich auch obiger Ratsverlaß und weiterhin noch eine ganze Anzahl von Verlässen bezieht, und über Hans Lengenfelders Hinrichtung vgl. Heinr. Deichslers Chronik in den Chroniken der deutschen Städte, Nürnberg V. Bd. S. 572 und dazu Anm. 3.

462. Feria 3 post Mathei apostoli [*28. Februar*] 1492:

Item des Lengenfelders, goldsmids, arbeit auch des Silbers und Bairs halb zu erkunden, und herwider bringen.

463. [1492, III, 2 b] Sabbato ante dom. Invocavit [*10. März*] 1492:

Item Conraten Eber, dem goldsmid, zu verbieten, daz er hinfür in seinem hauß nit mer smeltz, schaid abtreib noch feur one sonder vergunst eins rats bei pene hundert gulden, so oft er das verpricht.

Vgl. Hampe, Deutsche Kunst und Deutsche Litteratur etc. S. 31.

464. [3 a] Feria 2 post Invocavit ipso die Gregorii [*12. März*] 1492:

Item Contzen Eber ist zugeben, daz er in seinem hauß noch X tag und nit lenger schaiden mag; doch nachdem er sich in eins rats verbotten in disen dingen ungehorsam gehalten und deshalb ein straff verdient hat, wil ein rat dieselben zu disem mal bei im behalten.

465. [7 b] Feria 3 post dom. Reminiscere [*20. März*] 1492:

Item Contzen Eber ist vergonnt, heut den tag auß silber ze schaiden und nit lenger bei der pene, vormals darauf gesatzt.

466. [1492, III, 10 a] Sabbato post Benedicti alias vig. Annunciacionis Marie [*24. März*] 1492:

Item Hannsen Lochhausern ist vergonnt, heut den tag die arbeit, so er under handen hat, aufzearbeiten und nit lenger.

467. [10 b] Item Conraten Eber und Hannsen Lochhauser mit irer arbeit dez silberschaidens ze weisen auff die plaich also, daz inen doselbst zu solicher arbeyt stete, heuser und gepeue doselbst aufzerichten, wie sie der notdürftig sind, doch umb zimlichen järlichen zinse, und inen sust in diser stat solicher arbeit an keynem andern ende zu gestatten, clag halb der nachpaurn.

468. [1492, IV, 1 a] Feria V post dom. Letare [*5. April*] 1492:

Item der salwürt anbringen des rinckharnasch halben ratslagen. Die herren bei dem pfenter.

469. [1492, IV, 2 b] Sabbato ante dom. Judica [*7. April*] 1492:

Item Otten Perger zu red halten des bestechens halb der pecher und auch der ziffer halb und wie vil er gemacht und verkauft hab.

Item Jacoben Parillenmacher und Marxen, seinen knecht, auch zu red halten, von wem sie die pecher kauft haben, und besonder, waz in des Marx truhen sei, zu erfaren.

Und Anna Swarzferberin auch zu red halten.

470. [4 a] Feria 2 post dom. Judica [*9. April*] 1492:

Item Otten Perger weitter zu red halten und besonder, wer im bevolhen hab, die ziffer uff die pecher ze machen.

Und an den juden zu vernemen, wer inen die gezaichenten pecher versetzt hab.

Und wo sich bei den juden findt, daz Marx die pecher gesetzt hab, alsdan denselben Marx darumb zu red halten und wee thun und dabei, was er in seiner truhen hab, und das aufschreiben.

Wo sich aber nit findt, daz Marx die pecher gesetzt hab, alsdan den Jacob Pariller auch darumb zu red halten des zaichens halb, uff die pecher geslagen.

Und die maid auch zu red halten, daz sie von der untuglicheit der pecher gewißt und darüber die versetzt hab.

Und den Paurn[1], briefmaler, zu beschicken und an im erkunden, wie vil er dergleichen pecher gekauft, wie vil er der noch hab oder wo er die hin gethan hab und wo sich ichtz geverlichs an im findet, denselben Paur auch in das loch legen.

471. [4 b] Feria 3 post dom. Judica [*10. April*] 1492:

Item Jacoben Parillenmacher weitter zu red halten, zu voran auß was ursachen er begert hab, die pecher zu verguldeu mit sambt einem creutz, und daz er die betrieglich über den werdt versetzt hat, und ine pinden und bedroen.

472. [1492, IV, 6 a] Feria quinta post dom. Judica [*12. April*] 1492:

Item Hannsen Lochhausern ein stat auff der plaich, die darzu angesehen ist, außzemessen und umb erbzins zu vererben, wie man sich des mit im vertregt, doch ob künftigklich eins rats fug nit sein wollte, dasselb gepeu do zu gedulden, daz

[1]) Einen Hans Pauer, Kartenmaler, erwähnt Baader in seinen Beiträgen I, 5, allerdings bereits zum Jahre 1445. Unser Meister ist daher wohl eher mit jenem »Junghanns Priffmaler« zu identifizieren, der 1472 das xylographische Buch vom Antichrist herausgab. Vgl. Th. Hampe, Gedichte vom Hausrat aus dem XV. und XVI. Jahrh. (Straßburg 1899) S. 9. Ich habe daselbst auch einen mit »hanns paur« bezeichneten altkolorierten Einblattdruck von ca. 1475—80 aus dem Münchener Kupferstichkabinett besprochen und in Autotypie abgebildet.

er dann dem abstünde umb ein anzal des costen seins gepeues, wie daz ie zu zeiten geschatzt würde, auff welchem hauß er silber schaiden mochte.

473. [1492, IV, 6 b] Item Jacob parillenmacher weitter zu red halten und ine bedroen.

474. [1492, IV, 9 b] Feria 2 post Palmarum [*16. April*] 1492:

Item Dietrich Sigel, messerer, ist vergonnt, alleyn schaiden ze machen und nicht messer, nachdem er hie bürger und sein hantwerck ausserhalb der stat als ein staudenmeister gearbeit hat wider der stat gesetz.

475. [1492, IV, 11 a] Sabbato vigilia Pasche [*21. April*] 1492:

Item ein gesetz zu begreiffen der pecher und gefeß halb, die auff silbrein gestalt von abenteur gemacht und damit die leut betrogen werden, zu verbieten, und solichs in etlich stete, do dergleichen gemacht werden, zu verkünden.

476. [1492, V, 14 a] Feria 3 post dom. Jubilate ipso die Sophie [*15. Mai*] 1492:

Item dem Matheis Hembler umb daz er den Schonnprunnen mit fleiß wartet, im auß der losungstuben darumb ein erung ze thun, damit er einen groen rock zeugen muge.

477. Feria V post Jubilate [*17. Mai*] 1492:

Item es ist erteilt, von Contzen Schachen, dem goldsmid, die puß ze nemen nach laut der stat gesetz, in der goldsmid ordnung begriffen, darumb daz er wider dasselb gesetz kupfer vergult und dem keynen spiegel gelassen hat.

Und das selb gesetz ze pessern.

478. [1492, VII, 11 a] Feria V ante Margarethe [*12. Juli*] 1492:

Item meister Veiten Hirßfogel[1]), dem glaser, ist auff die erfarung seins hauß und feurrechts des peckenwercks an der Lauffer gassen, des Sigmund Fürer aigenherr ist, und auff die verwilligung desselben meister Veiten und seins aigenherren uff meynung, das in demselben hauß hinfür keyn swein solle gehalten werden, dasselb feurrecht vergonnt und zugegeben, also das

[1]) Über den älteren Glasmaler dieses Namens vgl. namentlich Neudörfer, ed. Lochner S. 147 ff. (1461—1515). Doppelmayr 182. Zahns Jahrbücher II, 76 (das Todesjahr 1526 ist unrichtig). Allgemeine deutsche Biographie XII, 476 (von Bergau) und die daselbst verzeichnete Litteratur. Sein Grab auf dem Johannisfriedhofe. Vgl. Trechsel 318 Sp. 2 (danach starb er am H. Christabend 1525, 64 Jahre alt).

darinn me fürbas ausserhalb sweinhalten das peckenwerck mag geärbeit und gepflegen werden.

479. [11 b] Item Mertein Kraft[1]), dem goldsmid, ist vergonnt, seinen krom und vail ze haben unter der dratzieherin hauß biß uff Jacobi schirst; und nachvolgend sol es bei der ordnung bleiben.

480. [1492, VIII, 2 b] Feria 2 post Marie Magdalene [*23. Juli*] 1492:

Item dem kartenmacher ist sein geleit abgeleint, pürgermaister, nachdem er selbst hinauß ist.

481. [1492, VIII, 9 a] Sabbato post Petri ad vincula [*4. August*] 1492:

Item Hanns Storch, moler, hat den aide des appelierens halb gethan ut in forma wider Marx, dez Onspachs, verbers, son (gethan).

482. [1492, IX, 7 b] Feria 3 ipso die Augustini [*28. August*] 1492:

Item einer frömbden frauen, die vil schöner künstlicher irdeyner mödel hie verkauft hat, ist vergonnt, solich ir kunst hie ze machen vier wochen die nechsten, doch uff eins rats widerruffen.

483. [1492, IX, 9 a] Feria V. ante Egidii [*30. August*] 1492:

Item ein stat, do einer zinober ausserhalb der statt vermeynt ze prennen, zu besichtigen.

484. [10 a] Feria VI vig. Egidii [*31. August*] 1492:

Item dem Peter Eckel, dem glaser, ist vergonnt, in des Tauchers stadel bei dem rabensteyn zynober ze prennen, doch auff verschreibung, daz do nit sei ein gerechtigeit eins feurrechtens und auff eins rats widerruffen.

485. [1492, X, 9 b] Feria 3 post Mauricii [*25. September*] 1492:

Item die neuen püchsen und auch die alten püchsen, genant Eischerin, ytzo bei einander beschiessen ze lassen durch meister Heinrichen und auch den Begnitzer.

---

[1]) Es gab nacheinander drei Goldschmiede dieses Namens: Goldschmiede-Verzeichnis Nr. 115, 201 (beide zwischen 1473 und 1514) und 305 (1536). Hier handelt es sich wohl um den ältesten der drei, der nach dem »Bürger- und Meisterbuch« von 1462 bis 1495 »Quarta ante Geory« [19. April] 1475 Meister wurde.

486. [1492, XII, 8 b] Sabbato ante Elizabeth vidue [*17. November*] 1492:

Item es ist erteilt, das hinfür die scheffeynen messerschaiden, wo die gemacht und funden werden, durch die g e s w o r n e n m e y s t e r d e r m e s s e r e r sollen zersniten werden und den s c h a i d e n m a c h e r n ze sagen, sie mögen ir aufsehen bei den messerern haben, dermaß, wo sie bei inen funden soliche verbotene und tadelhaftige scheiden, daz sie dann das den herren bei dem pfenter an die rug bringen mogen.

487. Item dem S i d e l m a n[1]), g o l d s m i d, zu seinem vorhabenden pau zwen erdstamen ze geben nach walds ordnung.

488. [1492, XII, 9 a] Feria Secunda ipso die Elisabeth [*19. November*] 1492:

H a n n s S c h ö c k l e r, p l a t n e r zu W e r d, *kommt vor.*

489. [1492, XII, 15 a] Feria V. vigilia Andree [*29. November*] 1492:

W i n c k l e r, g e s m e i d m a c h e r, *kommt vor.*

490. Item H e i n t z e n S c h ü r s t a b, auch den L e n g e n f e l d e r, g o l d s m i d und den K o c h, g ü r t l e r, weitter zu red halten und inen allen wee ze thun und sie ze fragen, von was zeug oder metall und wie vil der guldein gemacht sein.

Auch die maid zu red halten, wo und wie vil sie solicher gulden verwechselt, und ob sie umb die betriegerei gewißt hab und, wo sie von dem Schürstab oder andern angezaigt wirdet, daz sie ein wissen von der betrieglicheit hab, ir alsdan auch wee ze thun mit dem daumenstock und, wo das nit verfeht, nachvolgends mit dem hultzein steyn.

Item in H. Schürstabs, auch Lengenfelders und des Kochs gemachen ze suchen und, was man arckwenigs findet von stempfeln, metall und anderm, zu dem handel dienstlich, zu eins rats handen zu nemen.

491. [15 b] Sabbato post Andree [*1. Dezember*] 1492:

---

[1]) Über den Goldschmied Matheus Sidelmann, um den es sich hier zweifelsohne handelt, vgl. Goldschmiede-Verzeichnis Nr. 187 (zwischen 1478 und 1514). Nach dem »Bürger- und Meisterbuch« von 1462 bis 1495 Bl. 55 a wurde er Sexta ante Urbani [22. Mai] 1478 Meister. Mummenhoff, Rathaus S. 29 und 317 f. Er kommt in den Ratsverlässen noch zum 17. Juni 1550 vor, doch ist nicht ausgemacht, ob es sich hier nicht vielleicht um einen jüngeren Meister dieses Namens handelt. Im Goldschm.-Verz. erscheint der Name freilich nur jenes eine mal.

Item Heintzen Schürstab weitter zu red halten der stempfel, auch der anzal der gulden, der diettrich und gaißfüssel halb und was in der truhen und wo die slüssel darzu sind, auch des Hamers halb, und im statlich wee ze thun und, wo er den Hamer besagt, den schopfen gewalt geben, ine anzenemen.

Desgleichen H. Lengenfelder verrer zu red halten und im auch wee thun.

Dergleichen die Feurerin auch zu red halten und ir wee thun mit dem hultzein stayn.

Und den Koch dißmals ruen lassen.

Und die schöpfen sollen die truhen öffen lassen.

492. [16 b] Feria 3 post Andree ipso die Barbare virginis [4. *Dezember*] 1492:

Item Heintzen Schürstab furzehalten, er hab so vil bekant, daz er sein leben verwirckt hab, darumb sol er nichtz uff seiner sele hinfüren, und verrer zu red halten dez Praunen briefs halb, auch der maid halb, ob sie umb den falsch der gulden wissen hab.

Item den H. Lengenfelder auff den brief, so zwischen im und dem Schürstab außgangen ist, auch verrer zu red halten und ein lautere sage von im bringen und uff die schopffen gesatzt, wee ze thun.

Auch die Feurerin uff anzaigung Heintzen Schürstabs sag verrer zu red halten und uff die schopfen gesatzt, wee ze thun.

493. [1492, XIII, 1 a] Feria VI post Nicolai [7. *Dezember*] 1492:

Item es ist erteilt, Heintzen Schürstab und auch Hannsen Lengenfelder umb ir bekant übeltat einen ernstlichen rechtag ze setzen auff erihtag schirst und sie bede ze richten mit dem swert, wie doctor Johann Letscher geraten hat, und auff heut die pürgschafft einzenemen und inen das leben auch uff heut abzesagen.

494. [2 a] Feria 3 ante Lucie [11. *Dezember*] 1492:

Item es ist erteilt, Heintzen Schürstab anzesprechen im rechten für einen felschershelffer mit keynem andern zusatz.

Und H. Lengenfelder für einen felscher.

495. [2 b] Feria V. ipso die Lucie virginis [13. *Dezember*] 1492:

Item ze ratslagen, ob die alchamei und auch stempfel- und sigel graben zu verpieten sei, und auch das büchlein bei Se. Stromeir zu übersehen, ob man das drucken wolle.

496. [1492, XIII, 7 a] Sabbato post Thome apostoli [*22. Dezember*] 1492:

Item Hannsen Lochhauser bei peene X gulden alle tag zu verpieten, daz er hinfür in seinem hauß nit mer smelze oder prenne, sonder er möge solichen seinen handel üben an enden, do es nit schaden oder sorgveltikeyt den nachpaurn bringen mag.

497. [1493, I, 12 b] 3a post Conversionis Pauli [*29. Januar*] 1493:

Item den, bei dem durch die geswornen meister der goldsmid ein messeiner vergulter ring funden ist, vor den Fünfen zu red halten und nach gestalt der sach darein sehen.

498. [1493, II, 5 a] Sabbato ipso die Appolonie [*9. Februar*] 1493:

Item den Pöler[1]), platner, darzu ze halten, frid ze sweren gegen Lorentzen Kraft.

499. [1493, III, 4 a] Feria 2 post dom. Reminiscere [*4. März*] 1493:

Item Jacoben Tremppen, dem platner, ist vergonnt, auß seiner hütten, an der obern smidgassen gelegen, das (biß) bisher ein messinggiessens hütte gewesen ist, ein peckenhauß ze machen und dasselb hantwerck des peckenwercks darinn ze treiben, doch daz er das mit zweyen meuren und einem steynen slot fur feurs not verware, nachdem die nachpaurn das verwilligt haben.

500. [1493, III, 9 a] Feria V. post dom. Oculi alias post Gregorii [*14. März*] 1493:

Item ettlichen goldsmiden ist vergonnt ettlich messein rosen und sterne, an ein stubenpüne dienstlich, einem von Pünau außwendig vergulden ze lassen[2]).

501. [1493, V, 3 b] Feria 2 post dom. Quasimodogeniti [*15. April*] 1493:

Item dem püchsenmeyster von Reutling ist vergonnt, seiner kunst halben zettel aufzeslahen, doch daz er nit arbeit one eins rats wissen und vergünstigen.

[1]) Über den tüchtigen Plattner Konrad Poler, der nach dem »Bürger- und Meisterbuch« von 1462 bis 1495 Bl. 63 a 1478 Meister wurde, vgl. namentlich W. Boeheim im Jahrbuch der Kunstsammlungen des A. K. H. Bd. XVI (1895) S. 365 f.

[2]) Vgl. Lochner in seiner Neudörfer-Ausgabe S. 39 (in der etwas abweichenden Fassung der Ratsbücher).

502. [1493, V, 4 a] Feria V post dom. Quasimodogeniti [*18. April*] 1493:

Item den von Pretfelt ist vergonnt, an ein neue tafeln, in ir kirchen gehörig, uff einen tag vor einer kirchen das almusen ze biten.

503. [1493, V, 8 b] Sabbato post Marci alias ante dominicam Jubilate [*27. April*] 1493:

Item dem Lochausser, goltschmid, ein rechtt ertaylt, mug er beschweren, das er, sider im von racz wegen verpotten, nit geschmelczt noch gescheiden in seim hauß hab, kun ers nytt thun, soll man dem gesecz nachgin, auch soll er hinfür kein bayn im seim haus prennen; auch zu rattschlahen des haus halben auff der Schütt, ist derzu beschieden Jacob Grollat, Jorge Holzschuer.

504. [1493, VII, 3 b] Feria 2 Rogacionum [*13. Mai*] 1493:

Item H. Prunners, schalnschröters, der heynt gehling verschiden ist, hab und gut auß kraft der oberkeit zu inventiern und zu beschreiben.

505. [1493, VIII, 1 a] Feria V post Visitationis Marie [*4. Juli*] 1493:

Item den vier goldsmiden, die auch uff daz schiessen gein Landshut ziehen und schiessen wöllen, kleydung ze geben wie andern gegeben ist.

506. [1 b] Item ze ratslagen, wie die sloßsteyn in S. Sebolts kirchen zu verneuen sein.

507. [1493, VIII, 7 a] Feria V post Divisionis apostolorum [*18. Juli*] 1493:

Item es ist erteilt, die seulen in S. Sebolts chor ze pecken und nit ze ferben; daz dem kirchenmeyster zu bevelhen.

508. [1493, VIII, 11 b] Sabbato post Jacobi [*27. Juli*] 1493:

Item mit dem Wolgemut, maler, als vormund weilent Dominicus, apoteckers seligen, suns gescheft von obrikeit wegen ze schaffen, das er dem bruder, so zu derselben habe vordrung hat, des geschefts und inventari abschrift gebe uff seinen costen.

Und den gemelten Wolgemut an stat der außgetreten oder abwesenden seiner mitvormund andere gehilffen und vormund von obrikeit wegen ze geben.

509. [1493, VIII, 13 b] Feria secunda post Jacobi [*29. Juli*] 1493:

Item Otten Bergers handel halb seind beschiden Michel Beheim. C. Im Hof.

510. Item Herzog Albrechten von Bairn ze schreiben der cleynot halb herzog Cristoffen.

511. [1493, XII, 8 b] Sabbato ante Martini [*9. November*] 1493:

Item Erhart Pfanner, kandelgiesser, hat den aide des appellierens halb gethan ut in forma wider Erasmum, den alchimisten.

512. [1493, XII, 10 b] Feria V post Martini [*14. November*] 1493:

Item zu erkunden, wie die tafeln, so die Volckmeyrin zu S. Sebolt aufzerichten vermeynt, gestalt sei, auch den Schreyer darinnen zu vernemen mitsambt dem gesetz.

513. [1494, I, 5 a] Quinta post Pauli conversionis [*30. Januar*] 1494:

Item ein gut hell slahglögklein zu Sant Sebolt in turn von gutem zeug zu bestellen.

514. [1494, II, 8 a] Feria V post Reminiscere [*27. Februar*] 1494:

Item den vormunden Öselbergers kinden ze sagen, daz sie meister Hannsen [8 b] Pildsnitzers von Beheim haußfrauen überantworten und behendigen, so vil ir an irs vaters seligen verlassener habe und gütern nach innhalt des inventarii gebürt, . . . *etc.*

515. [1494, II, 13 b] Feria V. post dom. Oculi [*6. März*] 1494:

Item es ist erteilt, den Krug, goldsmid, an stat Ulrich Feuchters, zu der stat probierer aufzenemen und von besserung des aids ze ratslagen.

516. [1494, III, 2 a] Feria quinta p. Gregorii [*13. März*] 1494:

Jobsten Üppig ist vergönnt, ein ölperg under die vesten ze machen.

517. [1494, IV, 6 b] Feria 2. post Misericordias domini [*14. April*] 1494:

Item der Hübschin, malerin, furdrung ze geben an die von Sulzbach und ir supplication einzesliessen.

518. [1494, IV, 11 a] Sabbato ante dom. Jubilate [*19. April*] 1494:

Item Sebolten[1]), Lorentzen Beheims seligen son,

[1]) Über diesen Rotschmied und Büchsengießer Sebald Beheim, den man wohl zum Unterschiede von einem zum 29. Juli 1533 (s. d.) in den Ratsverlässen

ist vergonnt, zu seinem hantwerck des ratsmidwercks auch meisterrecht des peckslaherhantwercks ze arbeiten in der pflicht und maß, wie sein vater selig gethan hat, doch das er umb das meisterrecht des peckslahens thue, wie ein anderer neuer meister und auch also, daz er in einem jar sich eelich verheirat[1]).

519. [1494, V, 3 a] Sabbato post Ascensionis domini [*10. Mai*] 1494:

Meister Wolfgang, der spießmacher, *kommt vor.*

520. [1494, VI, 10 b] Feria quinta post Viti [*19. Juni*] 1494:

Item ettlichen platnern, den der Pöler schuldig ist, furdrung ze geben an den rom. konig.

521. [1494, VII, 1 a] Feria V. post Johannis baptiste [*26. Juni*] 1494:

Item mit Hannsen Beheim[2]) ze handeln uff des rom. konigs schreiben. Die zeugmeister.

522. [1494, XI, 1 a] Sabbato ipso die Luce ewangeliste [*18. Oktober*] 1494:

Item Albrechten Türer und sust noch eynen goldsmid von rats wegen ze piten, daz sie an stat der gesworнen meister und in irem abwesen schauen, biß die geswornen meyster anheyms komen; und, was wercks sie dem Krug für rechtfertig anzaigen, soll von dem Krug gezaichent werden, als ob die von den gesworнen meistern angesagt weren[3]).

523. [1495, III, 4 b] Feria quinta post dom. Invocavit [*12. März*] 1495:

Item Paulus Mair, goldsmid, hat den aid des appellierens halb gethan ut in forma wider Heintzen Schürstabs vormund.

524. [1495, IV, 4 a] Feria 3 post dom. Judica [*7. April*] 1495:

Item der Ehenfelderin, goldsmidin, uff der haubtleute zu Prag furdrung, an eynen rat gelangt, furdrung ze geben an

erscheinenden Büchsengießer »Sebald Beheim dem jüngern« als den älteren bezeichnen muß, siehe Neudörfer, ed. Lochner S. 48 f. († 23. März 1534). Doppelmayr 284. Baader, Beiträge II, 46 f. Ein Porträt von ihm bei Panzer S. 22.

[1]) Der Inhalt dieses R.-V. ist im wesentlichen schon von Lochner in seiner Neudörfer-Ausgabe S. 5 veröffentlicht.

[2]) Es ist nicht recht ersichtlich, um wen es sich hier handelt; wie es scheint, um jenen »Hans Beheym, büchsenngießer von Nürnberg«, der bei Gurlitt, Archivalische Forschungen 2. Heft S. 57 f. von 1492/93 bis 1507 vorkommt.

[3]) Vgl. Baader, Beiträge I, 34, doch ist hier vom 13. Dezember 1491 die Rede.

die von Weissenburg irer versessenen unbezalten leibgedinggült halben.

525. [1495, V, 12 a] Sabbato ante dom. Jubilate [*9. Mai*] 1495:

Item dem Rauhen[1]), kartenmaler, ist vergonnt, uff ein tag vor der wechsel das almusen ze biten.

526. [1495, V, 13 a] Feria 2 post dom. Jubilate [*11. Mai*] 1495:

Item auff den bevelh dez rom. konigs bei den platnern zu erkunden, wie vil krebs sie haben und in was wert die sein.

527. [14 a] Feria 3 post dom. Jubilate ipso die S. Pangracii [*12. Mai*] 1495:

Item dem rom. konig ze antworten der 1 M [= 1000] krebs halb.

. . . .

528. Item die geswornen meyster der goldsmid zu vernemen, ob sie willigen wöllen, das dem goldsmidgesellen, der die kostlichen heftlein machen kan, vergonnt werde, hie ze arbeiten und heirat. Jacob Grolant und L. Gruntherr. Und wo sie des beswerde haben und nit willigen wöllen, im das abzelaynen.

529. [1495, VI, 14 a] Sabbato vigilia Trinitatis [*13. Juni*] 1495:

Item dem Kraftzhofer[2]), goldsmid, ist uff verwilligung seiner gelaubiger geleit geben X tag gein Werd oder zum Gostenhof.

530. [1495, VII, 1 a] Sabbato post Corporis Christi [*20. Juni*] 1495:

Item Hannsen Kraftzhofer, dem goldsmid, acht tag geleit geben.

531. [1495, VII, 8 a] Secunda post Visitacionis Marie [*6. Juli*] 1495:

Item unserm allergnedigisten herren dem rom. konig etliche hantpüchsen nach seiner beger furderlich zu bestellen und die mitsambt den vor bestellten krebsen gein Kur ze schicken.

532. [1495, VIII, 7 b] Tercia post Vincula Petri [*4. August*] 1495:

Item Wenzl Prener geappalirt [*so*] wider Endres Langen und geschworen.

533. [1495, X, 7 a] Eritag nach Mathey [*22. September*] 1495:

[1]) Über den Kartenmaler Jörg Rauh (oder Rauch) vgl. Baader, Beiträge II, 59. Zahns Jahrbücher I, 233 (1490).

[2]) Zu Hans K. vgl. Goldschmiede-Verzeichnis Nr. 111 (zwischen 1473 u. 1514).

Es ist auch erteylt, Sant Seboltz turn bey der neuen schlahglocken zu besichtigen, die fare und schaden zuvorkomen.

534. [1495, XI, 10 a] Tercia post Luce evangeliste [*20. Oktober*] 1495:

Weißbrot, kandelgiesser, *kommt vor.*

535. [1496, I, 6 a] Quinta post Epiphanias [*7. Januar*] 1496:

Zum hanndel des messererhantwergk wider die eysenleut des bösen geprechenlichen stahels halb sein beschieden her Jacob Grolandt unnd sein gesel an der Rug zu rattschlahen und widerpringen.

536. [1496, II, 8 a] Sabbato Dorothee [*6. Februar*] 1496:

Der goltschmid zettel zu ratschlahen.

537. [1496, IV, 1 a] Quinta post dom. Judica [*24. März*] 1496:

Es ist in eynem rat verlassen, die leychschilt, die man in der kirchen aufhenckt, nach dem form der schwarzen tafel, die in eynem rat gezaygt ist, zu(zu)machen und nit grosser, wol mag ymant sein leichschilt wol kleyner machen. Es sol auch nymant keynerlei erhabenß noch geschnittens an keinem schillt lassen machen, sunder allein die wappen daran zu malen in laut des gesetz. deßhalben ufgericht.

538. [1 b] Es ist erteylt der köstlikayt halb, die mit den tafeln in den kirchen gehallten wirdt, zu ratschlahen. Die beschwerden, so bey eym rat verlaut haben, den gelerten furzebringen.

539. [1496, VI, 9 a] Tercia post Sophie [*17. Mai*] 1496:

Dem hantwergk der klingensmid sollen zwen geschworne meyster geben werden. Dieselben zwen sollen hinfür mit den geschwornen meyster der messerer klingen schauen. Sie sollen auch hinfür uff demselben hantwergk der klingensmid den andern geschwornen meystern der messerer helffen meyster ansagen. Die herren beym pfenter söllen ratschlahen des adlerß halb.

540. [1496, VIII, 2 a] Quinta post Petri et Pauli apostolorum [*30. Juni*] 1496:

Die meyster des hantwercks der sallwirt zu vernemen, ob sich leyden wollt, die stempffel zu machen auß den meysterstücken abzuthun; wo sich das lide, den armen sallwirten ir begeren meysterrechtens zuzegeben; wollt es sich aber nit leiden, ine ir begern abzuleynen.

541. [1496, XI, 10 a] Sabbato post Francisci [*8. Oktober*] 1496:

Des Paursmids[1]), plattnerß, sachen zu ratschlahen und herwiderpringen.

Dieser [*Fritz*] Paursmid *kam schon in früheren Jahrgängen der Ratsverlässe mehrfach in gleichgültigen Angelegenheiten ohne nähere Bezeichnung seines Berufes, die hier zum erstenmal erscheint, vor. Es folgen noch weitere Ratsverlässe über ihn.*

542. [1497, II, 9 b] Tercia post dom. Reminiscere [*21. Februar*] 1497:

Weyter mit dem hantwergk der plattner zu hanndeln des zeychens halb und, wie es beym hantwergk funden, es sey uff halbteyl, zwey dritteyl oder gantz stehlein ze machen, demselben nachzugeen.

543. [1497, III, 10 b] 3 post dom. Palmarum [*21. März*] 1497:

Es ist erteylt, den plattnern ein ordnung und zeychen zu geben uff irem harnasch.

544. [1497, IV, 7 a] Quinta post Quasi [*6. April*] 1497:

Den plattnern, als vil ir geen, helmparten und goller zu leyhen, doch in acht zu nemen, das sie wider werden.

545. [1497, IV, 23 b] Tercia Marci [*25. April*] 1497:

Den messerern zu verpieten und zu sagen, ein rat wolle ganz nit gedulden, das sie klingen herfüren und die wider verkauffen und dem gesetz, das die hantwercker nit wergkzeug sollen verkauffen, dann so vil sie selber wider verarbeiten, gegen ine nachzugeen, unnd den [24 a] messerern, die den hamer zu Snygling oder Thos haben, zu sagen, ein rat wölle den messerern, als vor stet, verpieten, klingen zu furkauff die drey jar irs bestandts nit herzufüren, doch uff einß rats widerruffen.

546. [1497, XIII, 15 b] Sabbato ante Silvestri [*30. Dezember*] 1497:

Den sechs meystern der messerer ist ir begeren gegen Hannsen Prunsterer[2]) abgeleindt, doch uff weytern rattschlag, und den eynen geschwornen meyster, Erhart genandt, mit rüge

---

[1]) Der Plattner »Fritz Baurensmidt« wurde nach dem »Bürger- und Meisterbuch« von 1462 bis 1495 Bl. 63 b 1478 Meister. Nach Mitteilungen II, 256 starb eine »Anna Friß (= Fritz) Paurschmidin, an der Kramergaß« 1526.

[2]) Ein H. P. liegt auf dem Johannisfriedhofe begraben. Vgl. Trechsel S. 304 Sp. 2 (1524).

furzenemen, und, findt sich, das er mit dem Prunsterer darlegt, das gellt on gnad laut des gesetz von im zu nemen.

547. Zu ratschlahen, ob dem hantwergk der plattner ein hamer am weyer Tutschendey zu verlassen were.

548. [1498, I, 4 a] Quarta post Erhardi [*10. Januar*] 1498:

Dem kramer, der die kupfferein vergulten ring im neuen jar hie feyl hat, zu sagen, das er hinfür solichs nit mer herpring noch veyl hab, nachdem es widerß gesetz sey[1].

549. [1498, I, 7 b] 2a ante Anthonii [*15. Januar*] 1498:

Item rat zu slagen der plattner halben zwischen in und dem hammer zu verlassen, sie darinnen zu vernemen, und als herwider zu pringen.

550. [9 b] 4ta Anthonii [*17. Januar*] 1498:

Item den einen hamer, ist ertailt worden, den plattnern verlassen ye ein jar umb 50 fl. r[heinisch] und den zinß zu den kottembern zu zallen; und man sol in den versprechen III jar. Man sol in auch 1c zenttner stabels porgen ein ½ jar auf pürgschaft. Der hamer soll haben an der swer III centner, doch kan man mit in reden, das er leichter furgenumen werd. sollen die hern fleiß thun; und den pau sollen Mein Herren ytzund verfertigen und fürtter die drey unter [10 a] (unter) dem wasser; und waß in aber in den dreyen jarn not wirt thun, ob dem wasser zu pauen, sollen sie selber pessern und machen auf iren kosten, auch sullen die herren sust auch mer ratslagen des hantwercks halben. Herr Ulman Stromair, Marquart Mendel und Jorg Holzschucher. Und ydem hamer soll zugeaigent werden die fellder und wissen zu halben taill, doch außgenumen der vogelhert.

Item so sollen alle meister des platnerhantwercks dem gesetz, wie das uf die gegeben suplication der platner geratschlagt wirt, underworffen sein und uf das zaichen arbaiten außgenomen die vir hantschuhmacher, doch sol das vor auch geratschlagt werden.

551. [1498, II, 11 a] Sexta post Petri ad kathedra [*23. Februar*] 1498:

Item dem Hanß Peheim, ratsmyd, ist vergunt worden ein segpaumen.

552. [1498, V, 5 a] Tercia post Georgii [*24. April*] 1498:

[1] Vergl. Neudörfer-Lochner S. 39.

Es ist verlassen, den plattnern an dem bestandtshamer hamer und ampos zu machen und keinen anndern wergkzeug, und ine ein furdrung an herzog Albrechten.

553. [1498, V, 26 b] Tercia post dom. Cantate [*15. Mai*] 1498:

Den goldsmid zu sagen, wo sy das falsch silber ankumen, sollen sy solchs prechen.

554. [1498, VI, 23 a] Sabato post Bonifacii [*9. Juni*] 1498:

Dem Garcysen, leben, ist vergonndt, ein tafelein einß gemelds unter dem Frauenthor verneuen zu lassen.

555. [1498, VI, 24 b] Secunda post Bonifacii [*11. Juni*] 1498:

Dem plattnerhantwergk ist begondt ein meyen aus dem wald, als vor altter herkomen ist.

556. [1498, VII, 13 a] Quinta vigilia Petri et Pauli [*28. Juni*] 1498:

So Albrechten Glymen[1]) hausfrau caucion thut laut der freyheyt sol sie mit ir appellation zugelassen werden.

557. [13 b] Albrecht Glymm, goltsmid, hat an stat Margret, seins weybs, den eyd der appellation wider den Marckhauser und darzu caucion nach laut der freyheyt mit verpfandung seins haus in der Pintergaßen gethan und den haußbrif darumb herauf geantwurdt.

558. [1498, VII, 21 a] Sexta post Udalrici [*6. Juli*] 1498:

Den goltsmiden furdrung zu thund gen Ofen schrifftlich oder mündtlich.

559. [1498, VIII, 22 a] Quarta Ciriaci [*8. August*] 1498:

Es ist erteylt der bild halb in den kirchen, an die schildt gemacht werden, eygentlich zu erkunden und dasselb alles, auch des Schreyerß schildt und wappen halb, allenthalben in unnd an der kirchen auffgericht, in eynem gesametten rat wider furzelegen.

560. [1498, IX, 9 a] Sexta post Assumpcionis Marie [*17. August*] 1498:

Den steinmetzen mit der margrafin grab uff eritag herwider zu bescheiden.

[1]) Neudörfer, ed. Lochner 120 (fälschlich schreibt Neudörfer: Hans Glim) 141 (1515). Im Goldschmiede-Verzeichnis Nr. 159 (zwischen 1473 und 1514), wie es scheint, als »Albrecht Klein«. Nach dem »Bürger- und Meisterbuch« von 1462 bis 1495 Bl. 55 b wurde »Albrecht Glymm« Sexta post Crucis exaltationis [17. September] 1490 Meister. Bei Doppelmayr 194 als »Hanns Klimm« († um 1550). Mitteilungen II. 162 (»Elspet Albrecht Glimin« † 1518).

561. [1498, X, 4 a] Sexta vigilia Nativitatis Marie [*7. September*] 1498:

Die meyster der plattner zu horen und, findt sich bey inen nit beschwerden, alßdann den gantz stehlein harnasch zu bezeychnen.

562. [1498, XIII, 15 b] Tercia post Lucie [*18. Dezember*] 1498:

Es ist bey einem erbern rat wolberadtlich erteylt, den plattnern die ordnung zu geben, annders nit dann halb stehlein zeug zu arbeyten und zu hallten, wie die gesetz, darüber begriffen, das anzaigen, ine auch ordnung, wie sie die zinß alle quottember zalen sollen, M. Mendel, Jorg Holtschuher, und dem zinßmeyster ansagen. Ine auch ein halben adler zum zeychen geben.

Von wegen der hantschuh die meyster bas zu vernemen, und ist nachfolgend uff die herren gesatzt; unnd den harnasch rauh und unpalirdt zu zeychnen.

Den plattner ein püchssen zu machen und das schau- oder zeychengelt darein zu legen, darzu einer des rats auch ein schlüssel haben solle.

563. [1499, IV, 27 b] 3 post dom. Cantate [*30. April*] 1499:

Den goltsmiden ist abgeleindt, abschrifft irer gesetz zu geben (abgeleint).

564. [1499, V, 3 b] Secunda Rogacionum [*6. Mai*] 1499:

Den plattnern ernstlich zu sagen, der kon. Mt. harnasch furderlich zu verfertigen.

565. [4 a] Tercia Rogacionum [*7. Mai*] 1499:

Es ist erteylt, die ordnung der plattner uff rüge und nit uff den eyd zu stellen und die uff Pfingsten lassen angeen und vier geschworen meyster unter ine zu ordnen und die peen mit einer yden unterscheyd [*es stand erst* ursachen *da*] nach rate der herren zu setzen.

566. [1499, VI, 8 a] Quinta ante Viti [*13. Juni*] 1499:

Dem hantwerck der platner ist czugeben noch ein hamer, nemlich der hamer zu Lauff, doch das derselb hamer verpflicht sey als der hammer zu dem Dutzadey mit dem zaichen; auch soll man paß ratslagen der pflicht halben, auch des zaichen halben aufzuslagen, oder ob man ein umbinsehen woll thun. Herr Ulman Stromair, Jacob Gralant, Marquart Mendel, Jorg Holzschucher, Erassem Haller.

567. [10 a] Sexta vigilia Viti [*14. Juni*] 1499:

Den plattnern allen zu sagen eins ratz meinung sey, das sie alle in die ordenung sullen kumen und dorinnen seyn: welcher sich aber des wolt widersetzen, der solt das maisterrecht verwirckt haben, doch behelt im ein rat befor, solch ordenung zu verendern, verkern macht haben, wen sie wollen. Die vorigen herren.

568. [10 b] Die herren sullen auch paß ratslagen der plechheublein halben, ob mans auch in das platnerhantwerck woll lassen kumen oder nit.

569. [12 a] 4ta post Viti [*19. Juni*] 1499:

Den platnern ist ir begern abgelaint, desgleichen dem Paursmyd, sunder ein rat laß beleiben pey furgenummen ordenung.

570. [1499, VI, 16 b] 4ta post Johannis baptiste [*26. Juni*] 1499:

Item ertailt, das hinfüran kein püschenmaister kein püschen soll giessen, er hab dan sein zeichen darauff geslagen pey einer penn III fl., einen rat zu geben.

Her Jacob Gralant und herr Marquart Mendel sullen ratslagen, das [man?] hinfür gutz kupffer soll nemen zu den püschen, und herwider pringen.

Ertailt und befolhen den zeugmaistern, fuderlich lassen machen und bestellen hundert hackenpüschen von gutem zeug.

571. [1499, VII, 6 b] Quinta post Visitacionis [*5. Juli*] 1499:

Heintz Wolgemut, der salwirt, ist zugelassen, uf seinem hantwerck meisterrecht ze treiben.

572. [1499, VII, 19 a] 3a post Maria Magdalene [*23. Juli*] 1499:

Den 8 plattern, die am sampstag vor den herren dem pfennter sein gewest, ernstlich zu sagen und pey 10 fl. penn zu pieten, das sie still sten mit irer arbeyt und morgen ir begern in einer suplicacion zu begreiffen und fur ein rat pringen.

573. [1499, VIII, 2 b] Sabato post Jacobi [*27. Juli*] 1499:

Item den acht plattern, die ein suplicacion haben herein geben, ist ir begern abgelaint worden und man soll in gepietten pey zehen guldein reinisch das sie hinfür in der ordenung sullen sein mit den andern maistern der platner.

574. [3 a] Den zwayen maistern, die zu Werd die speirer machen, den soll man die lossung schencken.

575. [5 a] 4ta vigilia Petri vincula [*31. Juli*] 1499:

Item der meisteren des hanttwerck der plattner suplicacion der haublein halb den zeimeren furzuhallten und ir antwortt darin vernemen, auch sich darin erfaren, wies mit allter der halb herkomen ist. Das alls herwieder pringen.

576. [1499, IX, 3 b] Sexta vigilia Bartholomei [*23. August*] 1499:

Item ein platner zu Fürt dem ist abgelaint worden, das man in nit ein woll lassen kumen.

577. [1499, IX, 6 a] 3a post Bartholomei [*27. August*] 1499:

Ertailt, das man dem Erhart Pairn[1], platner, soll nemen zwein guldein, und das ander sein begern ist im als abgelaint worden der sechs tag halben, noch zu arbeyten sein altz dinglich.

578. [1499, IX, 12 b] Sabato vigilia Nativitatis Marie [*7. September*] 1499:

Jacob Gralant soll den plattern sagen, eins ratz mainung sey, das sie den platnergesellen die maisterstück sollen lassen machen, ob er schon noch nit pürger sey, sunder darnach werd pürger, so er bestantten ist an den maisterstücken.

579. [1499, IX, 19 b] Tercia Lamperti [*17. September*] 1499:

Dem platner von Fürt ist abgeleint, in der hyigen platner ordnung nit lassen zu komen.

580. [1499, XII, 2 a] Quinta post Martini [*14. November*] 1499:

Item den platnern ze sagen, eins rats meynung sey, das sie furderlich harnasch machen: so wölle in ein rat begönnen, so vil ein yeder knecht haben mög, ze halten; deßgleichen sol man, ob es die notturfft erfordert, an andern enden auch harnasch bestellen und furderlich.

581. [1499, XII, 23 b] Tercia post Concepcionis Marie [*10. Dezember*] 1499:

Denjhenen, die armzeug machen uff dem platnerhantwergk, ist zugeben, das sie zwischen itz und Liechtmeß krebs machen mugen; und welcher under ine sich des hinfür geprauchen wil, der sol auch in mitler zeyt sein meisterstück darauff machen.

582. [1499, XIII, 4 a] Secunda post Lucie [*16. Dezember*] 1499:

Mit dem meyster zu Koblentz zu handeln, der die eysen

[1] Mitteilungen II, 256 (Kunigund Erhard Pairin † 1531).

püchsen und klösß geusst, ob der herzupringen were und ein schilling oder tutzet der eysen hackenpüchssen mitpringen.

583. [1499, XIII, 5 b] Quarta post Lucie [*18. Dezember*] 1499:

Eins rats harnaschpalirer XVI pfundt novi zu vereren.

584. [1500, II, 10 b] Tercia post Valentini [*18. Februar*] 1500:

Meister Adams[1], steinmetzen, pruder, der ein schreiner ist, soll man in das loch legen von des Gruntherrn maidt wegen und, so er in das loch kumpt, soll man in zu red halten.

585. [1500, III, 1 a] Quarta Cinerum [*4. März*] 1500:

Mit dem hantwergk der goltsmid zu handeln, den Gunther güttlich zum meysterrecht komen zu lassen, daran thun sie eym rat gefallen.

586. [1500, VI, 5 a] Secunda post Exaudi [*1. Juni*] 1500:

Es ist erlaubt, das gemel under dem Weyssen thurn zu verneuen, doch das man dheynen schilt daran mal.

587. [1500, IX, 10 b] Quinta Ruffi [*27. August*] 1500:

Den goltsmid von des Pucken gestolner schalen bas bestetten und, bestet er darauff, den Weinschreyer inns loch legen.

588. [1500, X, 2 b] Sexta post Kunegundis [*11. September*] 1500:

Die platnerin und den malergesellen zu vernemen und herwider zu pringen.

589. [1500, X, 6 a] Tercia post Crucis exaltacionis [*15. September*] 1500:

Meyster Hannsen, den steinmetz, den stattmeyster, wider uff X jar zu bestellen.

Ein andern an des Beheyms stat, dieweyl er nit hie ist, zum steineychen zu nemen.

590. [1500, XI, 9 b] Secunda post Luce [*19. Oktober*] 1500:

Es ist erteylt, den goltsmiden ir begern, die ordnung zu enndern, glatt abzuleynen auß vil redlichen ursachen, die beym rat haben gelaut herr Jacob Gralant, L. Grundther.

[1] Es handelt sich hier wohl nicht um den berühmten Adam Kraft, über den unsere Ratsverlässe leider nichts bieten, — die bisherige Forschung über ihn findet sich zusammengefaßt bei B. Daun, A. K. und die Künstler seiner Zeit (Berlin 1897) — sondern, wie aus dem Ratsverlaß vom 3. Dezember 1504 (s. d.) hervorgeht, um den Steinhauer Adam Mertz. Vgl. über diesen Bauder, Beiträge I. S. 73 und 100. Der betreffende Bruder, der Schreiner war, hieß demnach — vgl. den zitierten Ratsverlaß — Cuntz Mertz.

591. [1500, XII, 7 b] Sabato post Martini [*14. November*] 1500:

Dem plattner, der einß rats harnasch vor ist, itz umb die arbeyt, die er bißher gehabt, mit XII ℔ haller zu vereren und, würdt er fürbas weyter mehr haben, mag im abermalen umb getan werden.

592. [1500, XIII, 11 a] 3 post Lucie [*15. Dezember*] 1500:

Dem Röder, klingensmid, zu sagen, das er den Osterreycher schilt uff eyniche einschneydige klingen nit mer schlag, oder ein rat wolle im das hantwerg gar entlich verpieten lassen; und was derselben klingen bey im erfunden werden, zerschlahen und die pusß laut des gesetz von im nemen.

593. [1500, XV, 16 b] Quinta post Valentini [*18. Februar*] 1501:

Zu der goltsmid zettel ist beschieden W. Pomer, sich zu erfaren.

594. [1500, XVI, 6 a] Quinta post Kunegundis [*4. März*] 1501:

Den Labenwolff[1]) zu rede hallten in der capellen und, tut not, in pindten und betreten [*so statt:* bedrohen].

595. [1500, XVII, 10 a] Sabato Pasce [*10. April*] 1501:

Meyster Hansen, steynmetzen, freund ist vergont, auff sontag nach Ostern seyn erste meß zu singen.

596. [1501, I, 7 b] Quinta post Quasimodogeniti alias post festum S. Georgii [*22. April*] 1501:

Albrecht Thürerß bruder sune ein urkund zu geben.

597. [1501, II, 4 a] Quarta Rogacionis [*19. Mai*] 1501:

Dem plattner, der einß rats harnasch wart, 20 gulden solds geben mit vertrostung, so man den harnasch praucht, also das es einer sundern und merern mühe praucht, so wolle ein rat darein sehen mit einer erung.

598. [1501, II, 16 b] Quarta post festum Corporis Christi [*16. Juni*] 1501:

Dem Schotten[2]), goldtsmid, furdrung zu thund an sein schweher uff sein supplication.

[1]) Erstes Vorkommen dieses Namens in den Ratsverlässen.

[2]) Ein Georg Schott im Goldschmiede-Verzeichnis unter Nr. 279 (zwischen 1514 und 1530); derselbe heiratet nach dem Tode Peter Vischers des j. dessen Wittwe Barbara (vgl. Neudörfer, ed. Lochner S. 34) und †, wie es scheint, erst 1566 (Vgl. Mitteilungen II, 164: »Jorg Schot, der Elter, beim Rosenbade« zum Unterschiede von einem »jungen Gesellen« Jorg Schott bei dem Rosenbade, der

599. [1501, V, 17 b] Tercia post festum S. Egidy [*7. September*] 1501:

Den mit den arrassen ein ram im zwinger zu machen vergonnen umb zinß wie die andern.

600. [1501, VI, 6 a] Sexta post Kunegundis [*10. September*] 1501:

Dem goltsmit Jorgen Moßpach zu sagen, (das er) ein ordenliche supplication zu machen, die dem konig zu senden.

601. [1501, VI, 12 b] Secunda vig. Mathei [*20. September*] 1501:

Den Paurschmid und den stückwercker, der den bosen zeug geschmidt hat, gegen einander horen, und widerpringen.

602. [1501, VIII, 10 a] Tercia Ottmari [*16. November*] 1501:

Hannsen Markart, eynem rotsmid, ist begondt, dreu jar zu Würtzpurg zu sein, doch das er losung gebe und, was er erfare gemeiner stat zu gut, dasselb uf eins rats costen herschreybe.

603. [1501, IX, 1 b] Sabato post Katherine [*27. November*] 1501:

Dem steinmetzen Hannß von Ochssenfurt ein entschuldigung der gestolen rößlein an Sant Seboltz sarg durch ein missif.

604. [1501, IX, 2 a] Secunda vig. Andree [*29. November*] 1501:

Dem Herel, ratschmid, ist IIII wochen ein glait geben.

605. [1501, XI, 2 b] Sexta post Sebastiani [*21. Januar*] 1502:

Den Eckart, platner, deßgleichen den hamerschmid zu dem Tuczscheday soll man beschicken und sie deß wergzeugs halben vernemen.

606. [1501, XI, 4 a] Secunda post [*vielmehr* ante?] Conversionis Pauli [*24. Januar?*] 1502:

Den Hartlieb[1], platner, soll man fur einen rat beschicken und zu red halten, das er im selbs krebß zaichnet hatt, die im von den andern geschwornen verschlagen sind worden.

607. [1501, XI, 5 a] Quarta post Pauli [*26. Januar*] 1502:

Ein messerer von Wendelstain, haist der Pessler,

1571 †). Der oben genannte Meister war vermutlich ein älterer Verwandter des 1566 verstorbenen G. Sch.

[1]) »Contz Hartlieb, plattner« wurde nach dem »Bürger- und Meisterbuch« von 1462 bis 1495 Bl. 63 a 1473 Meister.

soll man herein beschicken und zu red halten, wie er Schwabacher messer herein verkaufft und, so er es vernaynen wollt, soll man im ein recht aufflegen und herwider kumen lassen.

608. [5 b] Quinta post Conversionis Pauli [*27. Januar*] 1502:

Der messerer von Wendelstain, der haist Pessler, ist gestraft VIII tag in das loch, darumb das er Schwabacher messer herein gefürt hat, frist bies auff Mitfasten.

609. [1501, XI, 8 a] Secunda ultima Januarii [*31. Januar*] 1502:

Die drey geschworen maister der platner soll man beschicken und zu red halten des gulden halben, so sie von dem Blessius Wollff haben nemen wollen, darumb das er im selbs II krebs gezaichnet hat.

610. [1501, XI, 9 a] Tercia vigilia Purificacionis [*1. Februar*] 1502:

Cunrad Hardtlieb, ein geschworner maister auff der plattner hanckwerck, ist gestrafft, darumb er ettlich sein selbs krebs gezaichnet hatt, inen von dem amptt zu sezen und in auch XIIII tag auff ein turn straffen, doch halb auff gnad.

Haincz Karg ist zu einem geschwornen maister ertailt.

611. [1501, XI, 10 b] Sexta post Purificacionis Marie [*4. Februar*] 1502:

Ertayllt, das man Plessius Wolff, den platner, vom dem geschworen ampt setzen soll und darzu straffen XIIII tag auff ein versperten thurn halp auff gnad: darzu hat er frist bies Osternen.

612. [1501, XII, 14 a] Sabato Gregory [*12. März*] 1502:

Cunczen Harttlieb, plattner, ist sein straff auff fürbett der von Bünau halbe begeben.

613. [1502, I, 19 a] Tercia post Jubilate [*19. April*] 1502:

Maister Hanssen Behaym hat nit gehorssem thun in acht zu haben inen zu beschicken [*So. Satzbau und Sinn nicht recht klar*].

614. [1502, I, 21 b] Secunda Marcii [*25. April*] 1502:

Maister Hans, stainmetz und stattmaister, ist vergundt, dem bischoff von Bamberg gen Forchaim zu ziehen.

615. [1502, II, 3 b] Quarta post Vocem jocunditatis [*4. Mai*] 1502:

N. Schober, püttl zu Werd, und der Neuschel, ein rottschmid, desgleychen Kuncz Heckner von Aurach, ein ferberknecht, sind zu stattknechten auffgenomen.

616. [1502, II, 12 b] Tercia ante Urbani [*24. Mai*] 1502:

Sich des Paursmids halb seins zeychens harnasch straf und aller ding bey den geschworen meystern und sunst erkunden, und widerpringen.

617. [1502. III, 3 a] Quarta Nicodemi [*1. Juni*] 1502:

Fritzen Paursmid sagen (sagen), er hab unpillichs und wider sein eyd und pflicht gehandelt, darumb er wol verschuldt hett, ine zu straffen als eynem solichen zugehordt. Aber ein rat woll im uf ditzmal gnad thun und in [3 b] vier wochen uff ein versperten thurn straffen, dobey lasß man im sagen und geloben lassen, die und auch die voraufgelegten straf, nemlich XIIII tag halb mit dem leyb [zu] verpringen. zu verpringen, darzu geb man im frist biß uff Sant Johannß tag Sunwenden; das er auch dem zeychen abstee und das nit mer geprauch, dann es sey der statt zeychen zu nahendt.

618. [1502, III, 12 a] Sabato post Viti [*18. Juni*] 1502:

Dem Grunbalt ist sain harnisch, die zwey fas, wider zu nemen erlaubt.

619. [1502, IV, 9 a] Quarta post festum S. Willibaldi [*13. Juli*] 1502:

Meyster Hannsen Behem, stattmeyster, ist begondt dem bischof zu Bamberg, und acht tag bey seinen gepeuen zu pleyben; und im ein schrifft mitgeben.

620. [1502, IV, 20 a] 3ª post Allexii [*19. Juli*] 1502:

Dem Pauerschmid, plattner, sagen, ein ratt wol haben, der [*lies:* das] er dy straff volbring, hatt frist auff Laurenti, und sol auch dy ordnung halten, und im ist bey X gulden verpotten, das er sein zaychen nit prauch.

621. [1502, VIII, 7 a] Sexta post XIM virg. [*28. Oktober*] 1502[1]:

... Und dem gantzen hantwerg der plattner bey iren pflichten verpieten, das sie solichen bosen zeug der sturtz, die nit gemeß der ordnung sein, nit mer kauffen, unangesehen wo die gemacht sein.

Auch den zeychenmeyster bey iren pflichten gepieten, was in harnasch furpracht, die so von argem zeug gemacht, das sie

[1]) Der Tag der elftausend Jungfrauen fiel selbst auf einen Freitag; es ist also vielleicht das »post« zu streichen.

des zeychens nit werdt sein, denselben harnach sollen sie nit zeychnen.

622. [1502, IX, 1 b] Quinta post [ante?] festum Martini [*10. November?*] 1502:

Dem goldschmid[1]), der herzog Fridrichen von Sachssen ein creutz gemacht hat, ist sein rüg auß guten ur-

---

[1]) Gemeint ist hier, wie sich aus einem Vergleich der Nachrichten unseres Ratsverlasses mit C. Gurlitt, Archivalische Forschungen II, 75 zur Evidenz ergiebt, der Goldschmied Paulus Müllner (Müller, Möller, Moller), der von nun an für den Kurfürsten von Sachsen eine große Zahl hervorragender Goldschmiedearbeiten gefertigt hat und wohl als einer der bedeutendsten Vertreter seines Kunstzweiges aus der Wende des 15. und 16. Jahrhunderts bezeichnet werden darf, wie ich ihn denn z. B. auch als den mutmaßlichen Verfertiger der bekannten silbernen Bartholomäusstatue in der Kirche zu Wöhrd (Nürnberg) betrachten möchte. Allerdings bliebe der Nachweis an der Hand der über P. M. einerseits und das Bartholomäusbild andererseits bekannten Daten und auf Grund des Wittenberger Heiligtumsbuches, aus dem wir freilich Werke Paulus Müllners nur durch das Medium von Lucas Cranachs Holzschnittkunst hindurch kennen lernen, erst noch zu führen. — In der Litteratur über Nürnbergs Kunst ist er bisher wenig oder überhaupt nicht beachtet worden. Im Goldschmiede-Verzeichnis erscheint er unter Nr. 127 (zwischen 1473 und 1511). Bürgerbuch 1496—1533 Bl. 30a: »Sabbato decollationis Johannis [29. August] 1500: Pauls Müllner, goldschmid«; er zahlte bei seiner Bürgeraufnahme »V f. werung«, einen Gulden mehr, als das Gewöhnliche. Vgl. ferner Baader, Beiträge II, 22 Anm. (1510). Das beste und bedeutsamste hat dann Cornelius Gurlitt a. a. O. S. 73—80 für die Kenntnis unseres Meisters beigebracht. Die von ihm dargebotenen archivalischen Nachrichten umfassen die Zeit von 1498 bis 1516, woran sich dann noch die Notiz in Ant. Tuchers Haushaltungsbuch, ed. Loose (Bibliothek des Litterarischen Vereins zu Stuttgart Bd. CXXXIV) S. 151 aus dem Jahre 1517 schließt. Nach der Anm. 4 bei Loose, die sich auf das Bürger- und Meisterbuch Nr. 144 und die Stadtrechnung von 1502 stützt, wurde P. M. 1502 Meister und zahlte für erlaubte Meisterrechte 10 fl. Wo uns der Name P. M. viel vor 1500 begegnet, wird daher an der Identität mit unserem Goldschmied gezweifelt werden müssen; selbst die Identität mit dem Hausbesitzer von 1498 (vgl. Gurlitt, a. a. O. S. 73) scheint mir nicht völlig sicher. In den Ratsverlässen, in denen ich den Spuren des Meisters mit besonderer Sorgfalt nachgegangen bin, finden wir den Namen des Goldschmieds Paulus Müllner noch zum 27. Mai 1546, doch tritt dem Meister in der späteren Zeit offenbar ein jüngerer Goldschmied seines Namens — vgl. die Anmerkung zu dem Ratsverlaß vom 11. Februar 1530 — zur Seite, und es ist daher fernerhin nicht mehr leicht zu entscheiden, ob sich insbesondere die häufigen Fechtschulbewilligungen der dreißiger und vierziger Jahre noch auf den alten Meister oder etwa jenen jüngeren Goldschmied beziehen. Überhaupt muß die genauere Erklärung und Auslegung dessen, was die Ratsverlässe über Paulus Müllners Leben und Schaffen bieten, der weiteren Spezialforschung über den Künstler vorbehalten bleiben.

sachen h. Fridrichen zu eren nachgelassen; das sol man den goldschmiden sagen. und das sie nit unrecht gehandelt haben; auch dem goldschmid, der das creutz hat gemacht, das er hinfüro on erlaubnus eins rats dergleichen nit mer annem.

623. [1502, IX, 3 b] Secunda post Martini [*14. November*] 1502:

Die geschworen meyster der plattner und den Paurschmid gegen einander horen von wegen des harnasch und darinn handeln.

624. [1502, IX, 7 b] Sexta post festum S. Elisabete [*25. November*] 1502:

Mit den geschworenen meystern zu handeln, das sie nochmalen dem Paursmid den zeug schauen, ettlich stattknecht darzu ordnen und, wolle er sich abermalen widern, soll man ine inns loch füren; ine auch lassen schweren für sich und sein gewalt, das sie nichtz dovon verrückt und, ob verrückt were, dasselb wider hinzu ze thund und, wollt er sich des auch widern, ine abermalen annemen und inns loch füren.

625. [1502, XI, 14 a] Sabato post Pauli conversionis [*28. Januar*] 1503:

Den klingenschmiden ist begondt und nachgeben, das hinfür die lerjungen uff irem hantwergk nor zwey jar lernen sollen, das vor drey jar ist gewesen.

626. [1502, XII, 2 b] Sabato post Plasii [*4. Februar*] 1503:

Hannssen Schmuttermair[1]), goltschmidt, ist vergundt, ein jar lang zu Schwabach bardein zu sein; doch soll er hie verpflichtt und pürger sein und sein losung und steuer geben, wie annder pürger.

627. [1502, XII, 5 a] Quarta post Dorothee [*8. Februar*] 1503:

Hanns Mader[2]), rotschmid, fur die Fünff zu stellen. yn sweren lassen. weer die sain, die gezügt haben und pöse wort geben haben.

---

[1]) Über den Goldschmied H. S., der nach dem »Bürger- und Meisterbuch« von 1462 bis 1495 Bl. 55b Sabbato ante Viti [14. Juni] 1488 Meister wurde, vgl. Gebert im Anzeiger für Kunde der deutschen Vorzeit 1882 Sp. 43 f. Ein H. S. wird auch erwähnt in den Mitteilungen des Vereins für Geschichte der Stadt Nürnberg X, 58 (1487). Gebert hält unseren H. S. für identisch mit dem gleichnamigen Verfasser des Fialenbüchleins, über das im Anzeiger für Kunde der deutsch. V. 1881 Sp. 65 ff. ausführlich gehandelt ist.

[2]) Ein H. M. liegt auf dem Johanniskirchhofe begraben. Vgl. Trechsel S. 346 Sp. 1 (1550).

Deßgleychen den obgemelten und die statknecht gegen einander horen.

628. [1502, XII, 7 b] Sabato post Apolonie [*11. Februar*] 1503:

Dem goltschmid in der Pinttergassen sein genomene wer yzund widergeben, aber in ist nit vergundt, wer zu tragen.

629. Den bürgermaistern ist lufftung gethan, wo den goldtschmiden ire wer genomen, das sy dy nach gestaltt der sachen wider schaffen mogen.

630. [1502, XII, 9 a] Quarta post Valentini [*15. Februar*] 1503:

Den haffnern ist ir begern, das man ein geschworen hanckwerck machen sol, abgeleindtt, unnd man sol in ire ordnung beleyben lassen, wie vor.

631. [1502, XII, 17 b] Gayln Montag [*27. Februar*] 1503:

Jorg pildsnitzer gütlich zu reed halten auff unterrichtung deß stattknechts.

632. [1502, XIII, 14 b] Tercia post Oculi [*21. März*] 1503:

Kuntzen Francken, ratschmid, XXXII pfunt novi von Steffen Mangolt für ain leem ertailtt.

633. Wolff Aur, goldschmid, auff Pfeffingers fürpitt mit streflicher red sein rüg der rephüer [*so! anstatt* rephüēr = rephüner, *Rephühner*?] begeben.

634. [1503, I, 15 a] Tercia post Philipi und Jacobi [*2. Mai*] 1503:

Das gesetz mit dem vergulten messing lassen pleiben und, damit die leut gewarnet werden, dasselbig gesetz wider lassen außruffen auff den nechsten sontag[1]).

635. Dem jungen Schulthaiß, goldschmid, sagen, das er die zehen f. pillich geb; wo er aber seinem vatter die werckstat wöll halllten, so dörfft er der nit geben.

636. [16 a] Die geswornen goldschmid sollen diejhenen mit dem vergulten messing warnen und, wo sys darüber werden feyl haben, inen dasselbig nemen.

637. [1503, I, 19 a] Sabato post Invencionis crucis [*6. Mai*] 1503:

Die beruffung des vergulten messings halb, im rat gelesen, mit der pesserung, das man setz rubein oder messing.

[1]) Dieser und einige der folgenden Ratsverlässe gleichen Betreffs dem Inhalte nach schon bei Lochner in seiner Neudörfer-Ausgabe S. 39.

ist also ertailt, und das man das gesetz im puch gemeß der verruffung ennder und mach.

638. [1503, II, 1 b] Quinta post Sophie [*18. Mai*] 1503:

W a l t h e r, r o t s c h m i d an der neuen gassen, *kommt vor.*

639. [1503, II, 6 a] Tercia Rogacionum [*23. Mai*] 1503:

Es ist erteylt, der k a n d e l g i e s s e r gesetz mit dem zyn auß der wage von den vier zendtnern abzunemen und uff zwen zendtner zu setzen.

640. [1503, II, 7 b] Quarta Rogacionum [*24. Mai*] 1503:

Den p l a t t n e r n sagen, ir beger von wegen der geschworen und zeychenmeyssster sey itzo zu spat. Aber so die jarzeyt herwiderkomme, mogen sie das lassen anlangen; wolle ein rat ettlich enndern.

641. [1503, III, 1 a] Sabato post Viti [*17. Juni*] 1503:

Versuchen zwen meyster, ein g l o c k e n g i s s e r und p ü c h s s e n m e y s t e r, gen der W e y d e n, und inns zuschreyben.

642. [1503, IV, 3 b] Tercia post Alexij [*18. Juni*] 1503:

Den S c h i r m e r [1]), g e s c h w o r e n m e y s t e r e i n e r d e r p l a t t n e r, seins ampts uff sein begern zu erlassen.

643. [1503, V, 13 b] Tercia post Bartholomei [*29. August*] 1503:

Dem K e s e r, b l a t n e r, und des G r u n t t w a l d s ayden, ist vergundt worden, auff ein hohhzeytt gen O n o l z s p a c h zu ziehen.

644. [14 a] V e y t t e n S t o ß [2]) zu seiner straf frist geben biß uff Michahelis.

[1]) Der Plattner Hans Schirmer † 1531. Vgl. Mitteilungen II, 256.

[2]) Heinrich Deichslers Nürnberger Chronik, zum 4. Dezember 1503 und 28. März 1506 in den Chroniken der deutschen Städte, Nürnberg V. Bd. S. 667 u. 700 (danach: Zeitschrift für bildende Kunst X, 1875, S. 127). Anton Tuchers Haushaltungsbuch, ed. W. Loose (Bibliothek des Litterar. Vereins in Stuttgart Bd. 134) S. 3, 143, 145 (und Anm. 1 auf S. 145). Neudörfer, ed. Lochner S. 84 ff. Baader, Beiträge I, 14 ff. II, 44 ff. Zahns Jahrbücher I, 239 ff. II, 78 f. Doppelmayr 191. Jahrbuch der Kunstsammlungen des A. K. H. Bd. X Nr. 5765—67, 5770 f., 5776, 5799—5803 (1506 f.). A. von Scheurl, Des Meister Veit Stoß Urkundenfälschung, in den Mitteilungen des Vereins für Geschichte der Stadt Nürnberg Bd. IX, 218—20. Ebenda Band X S. 63 (1515). Mitteilungen aus dem Germanischen Museum II, 278 († 1533; die Nachricht über seinen Tod aus dem Sebalder Totengeläutbuch, das sich damals noch in der Ebnerschen Bibliothek befand, auch schon bei Murr in Kiefhabers Nachrichten I, 1803, S. 154). Porträts bei Panzer 235 und 1. Fortsetzung S. 46. — J. Baader, V. St.

645. [1503, VI, 5 b] Sexta (post) Nativitatis Marie [*15. September?*] 1503 [1]:

S y d l l m o n, g o l d s c h m i d, und die frauen, so in beclagt, sol man vleys thon, sie gütlich zu vereynigen.

646. [1503, VI, 15 a] Quarta post Mathei [*27. September*] 1503:

P a u l u s R a h a ü r, g o l t s c h m i d, dem ist sain begern ytzundt abgelaint, er kun dan der ordnung volg thun.

647. [1503, VIII, 8 b] 6ta Samstag post Othmari [*18. November*] 1503:

V e i t S t o s s e n zu red halten von der schuldzettel wegen Jacob Banerß; und ist zu dem Hanß Römel Hanß Stromer gepetten.

. . . .

648. V e i t S t ö ß pinden und betroen, auff denn stain auff lassen steen, yn fragen in allen stücken, wie herr Anthoni Tetzel ertailtt hatt.

649. [9 b] Secunda post Elizabeth [*20. November*] 1503:

V e i t S t o s s e n nochmalß güttlich zu red halten, wie die herren ertailt haben.

---

kein Pole, sondern ein geborner Nürnberger, im Anzeiger für Kunde der deutschen Vorzeit VII (1860) 396 f. Holland in Deutsche Charakterbilder. München 1864, S. 115 ff. (über die Zeit des Aufenthalts des V. St. in Krakau). Die Sage vom V. St. im Korrespondenten von und für Deutschland 1870 Nr. 321, 323. M. Bersohn, o Wicie Stwoszu i o jego rzeźbie: »Pozdrowienie anielskie« Warschau 1870. Priem, V. St., der Bildschnitzer von Nürnberg, im Album des literar. Vereins, Nürnberg 1871 S. 93. R. Bergau, Veit Stoß in Dohmes Kunst und Künstler I, 2 (1878) Nr. XXXVI und Derselbe, Veit Stoß als Erzgießer, in der Zeitschrift für bildende Kunst 1878 S. 192. [v. Kre]ss, das Wohnhaus des V. St. in Nürnberg, in den Mitteilungen des Vereins f. Gesch. der Stadt Nürnberg I (1879) S. 91 ff. E. Wernicke, Zur Familiengeschichte des V. St. im Anzeiger für Kunde d. dt. V. XXVII (1880) Sp. 307 f., 330 f. P. J. Rée, V. St. in der Bayerischen Gewerbezeitung VII (1894) S. 337 ff. und Derselbe in der Allgemeinen deutschen Biographie XXXVI, 166 ff. H. Weizsäcker, Veit Stoß als Maler im Jahrbuch der kgl. preuß. Kunstsammlungen XVIII (1897) S. 61 ff. Neue polnische Studien über V. St. in den Mitteilungen des Kaiser Franz Josefs-Museums in Troppau II (1899/1900) S. 94 (nach Sokolowski). Eine nach irgend einer Richtung hin erschöpfende Arbeit über V. St. fehlt bisher noch, indessen steht die Veröffentlichung einer neuen Biographie des Künstlers, in der vermutlich die bisherigen Forschungsergebnisse zusammengefaßt sein werden, durch B. Daun nahe bevor. — Auf die umfangreiche Litteratur über die Werke des Meisters kann hier nicht eingegangen werden.

[1]) Nativitatis Mariae war selbst ein Freitag.

650. [10 a] Quarta post Putacionis [?] Marie [*22. November*] 1503:

Vaitt Stöß nochmalß zu red halten, wie herr Anthoni Tucher ertailt.

651. [11 a] Quinta Clementis [*23. November*] 1503:

Vaeit Stössen ruen lassen, biß das weiter gehandeltt wirt.

652. Item aber weytter ertailt, den Veit Stossen morgen begraffen yn aim rätt.

653. [12 b] Tercia post Katherine [*28. November*] 1503:

Dem pischoff von Wirtzburg und dem edelman von Veit Stossen wegen über acht tag antwurt geben.

654. [1503, IX, 1 b] Sabato post Andree [*2. Dezember*] 1503:

Es ist erteylt, Veytten Stoß gnad unnd barmhertzikeit zu beweysen und den richter herein zu setzen uff montag.

655. [1503, IX, 5 b] Tercia post [*lies:* ante] festum S. Lucie [*12. Dezember*] 1503:

Cristof Scheurll zu sagen . . . *etc. Vgl. Mitteilungen des Vereins für Geschichte der Stadt Nürnberg* V, *35, doch ist hier das Datum entsprechend zu ändern*[1].

656. [1503, IX, 7 a] Quarta Lucie [*13. Dezember*] 1503:

Glymens haus, darinn der Lotter, hafner, sitzt, zu besichtigen und, ob er feurrecht hat, das er es dennocht bewar; im die weyl verpieten, nit zu pieten, das er nit mer prenn, biß es im rat werde außgetragen.

657. [1503, IX, 8 a] Quinta post Lucie [*14. Dezember*] 1503:

Dem Lotter, dem hafner, sagen, das er sein hafen- und kachelprennen an dem ordt abgee und das gantz feuerrecht abstelle; in das geloben lassen, auch sollichs dem Glymen sagen.

658. [10 b] Secunda post Lucie [*18. Dezember*] 1503:

Cristoffen Scheurll widerumb zu rede hallten umb die krumen hant und [daz er?] bekenn, unrecht gethan, und sich bewillig, die straff verprenng, und in sunderheyt, was er mit herrn P. Volkamer lanng vor der sach des Stoß halb gehandelt.

659. [1503, IX, 13 a] Sexta post Thome [*22. Dezember*] 1503:

Eins baders und sunst noch von einß wegen, für den

[1]) Da die Verhandlungen gegen den älteren Christoph Scheurl zu den gleichzeitigen gegen Veit Stoß in naher Beziehung stehen, so habe ich hier diejenigen einschlägigen Ratsverlässe, die sich a. a. O. noch nicht gedruckt finden, ergänzungsweise gleichfalls aufgenommen.

eyster Hanns, der steinmetz, gepetten hat, zu bürger
ıffzenemen, sich erfaren weyter C. Nutzell.

660. [1503, X, 1 a] Sexta Thome Cantuariensis [*29. Dezem-r*] 1503:

C. Im Hoff und W. Derrer sind beschiden, die person zu :rnemen, zu dem Kristoff Scheurlein geredt und anschleg :machtt, den Veytt Stossen betreffendtt.

661. [1 b] C. Im Hoff und W. Derrer sollen bey doctor ettschern rattschlagen Kristoffs Scheuerleins sag und was :rner mit im zu handeln sey, und morgen wider bringen.

662. [4 b] Quarta post Circumcisionis domini [*3. Januar*] 1504:

Cristoff Scheurllß sage sich benügen lassen und ein ag umb in thun, wie man im sein woll abhelffen, und ist darauff teylt, doctor Letscherß rat haben, wie man in straffen muge.

663. [1503, XI, 3 a] Secunda post Pauli conversionis [*29. Ja-uar*] 1504:

Veit Stössen sagen lassen, daß er selbß ain supplication eel [*lies*: stell] und herain geb.

664. [1503, XI, 4 a] Tercia post Pauli conversionis [*30. Januar*] 504:

Kandgisser von Norlingen, Wenzl Krauß, ertailt ıff deß hantwerckß furbringen, daß er mug erbait machen mit uttem zeug, waß über ain h. nit say.

665. [1503, XI, 10 b] 5ta post Dorothee [*8. Februar*] 1504:

Hanns Kurtz, rotschmid, *kommt vor.*

666. [1503, XI, 13 b] Sabatho Scolastice [*10. Februar*] 1504:

Des Grünwalds hauß bey dem Thirgarttner thor sol mon em Beheim sagen, mon well kain peckenhauß do lassen auf-ommen.

667. [1503, XII, 5 a] Sabato post Mathie [*2. März*] 1504:

Peham, Grünbaldß ayden, sain peckenwerck abgelaint.

668. [6 b] 2a post Reminiscere [*4. März*] 1504:

Sebold Pehaim ist aber eins mals sein begern des pecken-aus in des Grünwalds haus abgelendt und im ein ernstliche treffliche rede sagen und sagen, das ein rat ob seiner suppli-ation ein mercklich misfallen [hab].

669. [1503, XII, 8 a] Quarta post Kunegundis [*6. März*] 1504:

Den schaidenmachern ist ir begern, in ir supplication 'erleibtt, enntlich abgeleindt und in ein streffliche rede sagen, das sy ein ratt pillich unbelestigt lassen hetten; auch den messer[er]n sagen, wo sy 10 oder 12 schayden untter einem hauffen finden, das für ungeverlich halten; wo aber der fünfft oder sextal [= *der 5. oder 6. Teil*] schaiden untter eim hauffen werden, dy schaiden all zuschneyden [*zerschneiden*] und sunst bey der alten ordnung beleyben lassen.

670. [1503, XII, 13 a] Tercia Gregorii [*12. März*] 1504:

Es ist erteylt, dem Scheurll kein frist mer zu geben, sunder bey der straff pleyben zu lassen.

671. [16 a] Sabato post Oculi [*16. März*] 1504:

Cristoffen Scheurll so er zusagt, das er sich woll hallten als ein gehorsamer, [*der Schluß des Ratsverlasses fehlt*].

672. [1503, XIII, 2 a] Sabato post Letare [*23. März*] 1504:

Es ist erteylt, des Krug, müntzmeysterß, müntz, zu probiren, silbrin und gulden.

673. [1504, I, 4 a] Tercia post Quasimodogeniti [*16. April*] 1504:

Den klingensmiden sol gelufft werden, ir andtwordt an das hantwergk zu Olmüntz zu pessern.

. . . .

674. Hannsen Meyers[1], platterß, antwort einzuschliessen und dem hertzogen zu Pomern zu senden.

675. [1504, I, 7 b] Secunda post [*lies:* ante] festum S. Georgii [*22. April*] 1504:

Den hantschumachern ufm plattnerhantwergk ist itzo vergonndt, herzog Albrechten ettlichen harnasch zu machen.

676. [1504, I, 9 b] Quinta Marci [*25. April*] 1504:

Dem plattnerhantwergk erlauben, das sie all krebs machen und yder knecht setz, wie vil er wolle, und noch tausent krebs lassen machen.

677. [1504, II, 14 b] Sexta Pentecoste [*31. Mai*] 1504:

Der koniglichen Maiestat zuschreiben der krebs halben, das der nit vorhannden sind, unnd [Lienhard] Grunther soll bei den plattnern forschung haben und der koniglichen Maiestat anwalt zu in füren, dardurch der sehe, das der nit vorhannden sei.

678. [1504, III, 12 b] Sabato XI [*lies:* X]M Martirum [*22. Juni*] 1504:

---

[1]) Mitteilungen des Vereins für Gesch. der Stadt Nürnberg X, 59 (1551, wohl als verstorben).

Die armen plattner vernemen, waß sie nemen wollen und Euch[1]) harnisch machen; herwider pringen.

679. [1504, III, 13 a] 3ª post Johannis baptiste [*25. Juni*] 1504:

Harnischmachern den zeug ain centner geben umb vir gulden und den harnisch umb sex ₰ nemen von in, und nit gelt, auch kainem anderen geben lassen hinauß.

680. [1504, VI, 8 a] Quinta post Egidy [*5. September*] 1504:

Von wegen Michel Hebeisens mit den geschwornen meistern des messererhanndtwercks handlen, soverr sy nicht sonnder beschwerung haben, ine zu maister anzesagen, so es doch an sein maisterstücken ain klain fel hab.

681. [1504, VI, 19 a] Tercia post Crucis exaltacionis [*17. September*] 1504:

Auff Peter Henlins[2]), schlossers, supplication die zwen maister, darinnen angezaigt, verhörn und herwiderpringen[3]).

682. [1504, VII, 2 b] Sexta post Mauricii [*27. September*] 1504:

Den schilt bei Hannsen von Speir[4]), dem maler, lassen besichtigen und schatzen und alßdann Ernnsten von Vestenberg solhs zuschreiben.

683. Veyt Stossen brief bei ainem gesammeten rat wider furlegen.

684. [1504, VII, 28 b] Tercia post XIM virginum [*22. Oktober*] 1504:

[1]) = Meinen Herren. Es schreibt ein Aushülfsschreiber.

[2]) Neudörfer, ed. Lochner S. 71 ff. Doppelmayr 286 († 1542; Cochlaeus nennt ihn in der Vorrede zum Pomponius Mela 1512 »admodum juvenis«). Rettberg, Kunstleben 100 (erster Nachweis der Identität des Andreas Heinleins Neudörfers mit unserm P. H.). Allgemeine deutsche Biographie X, 762 (von Bergau). G. Speckhart, Peter Henlein, der Erfinder der Taschenuhr. Nürnberg, 1890.

[3]) Zur Sache, den am 8. September 1504 an Clemens Glaser verübten Todschlag, vergl. für diesen und die weiteren Peter Henlein betreffenden Verlässe Lochner in seiner Neudörfer-Ausgabe S. 74.

[4]) Es handelt sich offenbar um den bekannten Maler Hans Traut von Speier, den Zeitgenossen Wolgemuts. Vgl. über ihn namentlich Neudörfer, ed. Lochner S. 136 f. Baader, Beiträge I, 2 (1477). Thausing, Dürer I, 91. R. Vischer, Studien zur Kunstgeschichte S. 335 f., 359 Anm., 408. Thode, Die Malerschule von Nürnberg, an mehreren Stellen, insbesondere S. 102 f. R. Stiassny in der Kunstchronik N. F. II, Sp. 202 f. Ein Porträt von ihm bei Panzer 243. Wenn Murr, Journal XV, 42 (und nach ihm Panzer u. a.) angibt, daß unser Maler schon 1488 erblindet sei, so beruht diese Nachricht wohl auf einem Irrtum.

Krigsherren haben in acht deß Veit Stossen aiden handlung, damit gegen yn gehandelt werd.

685. [1504, VIII, 12 a] Secunda post Omnium sanctorum [*4. November*] 1504:

Item Veyten Stossen glayt ablainen[1]).

686. [1504, VIII, 25 b] Sabato Othmari [*16. November*] 1504:

Peter Henlin XIIII tag glait geben zu verhör ains todschlags halben[2]).

687. [1504, VIII, 28 b] Quarta post Elizabethe [*20. November*] 1504:

Lantgraff von Hessen antwurten: kain püxengisser, damit sain gnad versorgt, ausserhalb deß Seboltz Peham, der mit geschefften beladen etc. Jungen Pegnitzer[3]) auff sain kostung vergunt.

688. [1504, IX, 11 b] Tercia post Andree [*3. Dezember*] 1504:

Adam, dem stainhauer, sagen, das Peter Krieger des todschlags halben, zu Lauff an Cuntzen, schreiner, seinen, maister Adams, bruder, gethan, auff sein gefürte kundtschafft gesichter [*? so*] und auß fare glassen, doch sei des abgeleibten freuntschafft freuntlich recht gein im vorbehalten.

689. [1504, X, 8 b] Tercia ante Circumcisionis [*31. Dezember*] 1504:

Einem frembden, der astrolabia macht, ist abgelaint, ain jar hie zu sitzen, nachdem er nicht bürger ist.

690. [1504, X, 20 a] Tercia post [*vielmehr* ante?] Erhardi [*7. Januar?*] 1505:

1) Vgl. Baader, Beiträge I, 17.

2) Vgl. Lochner a. a. O. Die weiteren Geleitserstreckungen sind im Folgenden übergangen.

3) Da die Ratsverlässe, wo es sich um einen Pegnitzer handelt, so häufig den Vornamen verschweigen und es um unsere Kenntnis der Chronologie dieser Familie noch nicht zum besten bestellt ist, so ist es hier fraglich, ob der ältere Endres P., der etwa zum Unterschied von seinem Vater Hans P. († 1509) der »junge P.« genannt wird, oder sein gleichnamiger Sohn E. P. d. j. gemeint ist. Über E. P. d. ä. († 1544) s. die Anm. zum 25. Mai 1479; über E. P. d. j., der 1533 Genannter war und am 20. August 1549 starb, vgl. namentlich Neudörfer, ed. Lochner S. 49 f. Doppelmayr 288. Zahns Jahrbücher I, 255. Das Porträt eines Stückgießers Andreas Pegnitzer bei Panzer S. 178. Zum 26. September 1569 (s. d.) erscheint in den Ratsverlässen offenbar ein dritter E. P.

Hanns Eckhart[1], plattner, *kommt vor.*

691. [1504, XI, 18 a] Sexta post Dorothee [*7. Februar*] 1505:

Jorgen Beheim[2], den rotschmid, fur die Fünff herren beschicken und in umb den eepruch straffen . . .

692. [1505, I, 11 b] Sabato post festum Laucee [*5. April*] 1505:

Hanns Doner, dem malergesellen im Teutschen hof, gleit ze geben zu verhör.

693. [1505, I, 13 a] Secunda post Ambrosii [*7. April*] 1505:

Dem hafner, der den leymen an die Etsch füert, ze sagen, das er nit mer widerkom: man hab der kon. Mt. bewilligt uf fünfftzig zentner, so hab er aber 1c zentner genomen; des hab ein rat beswerden etc., mit einer sträflichen red[3].

Und solhs dem pfarrer zu Sant Sebald zuschreiben.

694. [1505, I, 30 a] Tercia post Cantate [*22. April*] 1505:

Bernharten Reiser, maler, seiner losung halben drey tag uf ein thurn ze straffen und, so er sein losung bezalt hat, so mag er widerumb herein geen.

695. [1505, II, 5 b] Tercia post Vocem jucunditatis [*29. April*] 1505:

Veit Stossen ze antworten, wie herr Anthoni Tucher erteilt hat.

696. [7 b] Quarta post Vocem jucunditatis [*30. April*] 1505:

Die schrifft an Veit Stossen und des Paners antwort, wie es im rat gehört ist, außgeen ze lassen uf bewilligen Jacob Paners.

Paner hat sein antwort widerumb genommen und nit willigen wöllen, die einzeschliessen.

697. [1505, II, 9 b] Secunda post Exaudi [*5. Mai*] 1505:

Wo ein übermaß krebß vorhanden ist, so sol man kon. Mt. mit ettlich hundert krebßen umb gelt, das sich L. Gundelfinger außzegeben erpeut, zu willn faren umb ein summa gelts, wie die platner ander krebß machen wöllen.

698. [10 b] Der kon. Mt. ein krebß umb VI fl ze lassen[4].

[1] Mitteilungen II, 255 († 1537). Sein Grab (mit der Jahreszahl 1523, die sich vielleicht auf den Tod seiner Frau bezieht) auf dem Johannisfriedhofe. Vgl. Trechsel S. 366 Sp. 2.

[2] Baader, Beiträge II, 47. Zahns Jahrbücher I, 255 (1519 als Büchsengießer).

[3] Vgl. Petz im Jahrbuch der Kunstsammlungen des A. K. H. X, Nr. 5752 nach Ratsbuch VIII fol. 121.

[4] Vgl. Petz im Jahrbuch der Kunstsammlungen des A. K. H. X Nr. 5754 nach Ratsbuch VIII, fol. 129.

Und ze ratschlagen, wie man es hinfüro mit dem platnerzeug halten sol.

699. [1505, II, 12 a] Tercia post Exaudi [*6. Mai*] 1505:

Jorg Wagner, der platner, *kommt in einer gleichgültigen Angelegenheit — ein Findelkind betreffend — vor.*

700. [1505, II, 16 b] Sabato vigilia Pentecoste [*10. Mai*] 1505:

Mit Veit Stossen lennger aufsehen ze haben, was hernach kompt, und noch zur zeit gegen seinen gütern nichtzit furzenemen.

701. [1505, II, 23 a] 3ª post Sophie [*20. Mai*] 1505:

Mülbeck [*er hieß mit Vornamen:* Hans] sol mit Veit Stossen haußfrauen unvermerckt handeln für sich selbs uf meynung, wo sie ein erbern rat anruffet und bethe, irem mann möchte villeicht gleit zu verhör gegeben werden, und so sie dann biten würd, sol ime ettlich tag, wie man rättig wirt, glait gegeben werden[1].

702. [24 a] Fritzen Fleuhenzorn ze verpieten, die dägenclingen ze schmiden, die rugsherren; doch sollen sie vorhin mit den messerern und clingenschmiden handeln, ob sie es gütlich wolten nachgeben.

703. [1505, III, 4 a] 2ª post Urbani [*26. Mai*] 1505:

Mit Peter, Hannsen und Lorentzen von Ala ze handeln, ob sie oder ir einer wolten der platner verleger sein [*folgen die Namen der deputierten Herren*], und widerpringen.

704. [1505, III, 7 a] 3ª post Urbani [*27. Mai*] 1505:

Mülbeck soll für sich selbs nach des Veyt Stossen weib schicken und mit ir handeln, wie er vormals bevelh hat empfangen.

705. [9 b] Sexta post Urbani [*30. Mai*] 1505:

Sover es wider Jacob Paner nit ist, so sol Veiten Stossen uf fürpit seiner haußfrauen, wo er in vier wochen den nächsten herkomen wil, sechs tag glait zugeschriben werden.

Paner hat darein gewilligt.

706. [26 b] Sabato ante Viti [*14. Juni*] 1505:

Soverr sich Veit Stoß in ein bürgerliche straf begeben und in voriger seiner straf pleiben, so will ine ein erber rat widerumb einkomen lassen.

707. [27 b] Den hertzogen zu Sachssen, herren Friderichen und herren Johansen, widerumb zu schreiben, es sey

---

[1] Vgl. Baader, Beiträge 1, 17.

nit mer dann ein püchssengiesser hie; und hertzog Geörgen zu Sachssen Lochhausers supplication einschliessen.

708. [28 a] Nachdem Veit Stoß vorgeendes furhalten zu danck angenomen und sich in dieselben straff begeben, doch daneben begert hat, ime zu abstellung seins handels, den er bey ettlichen herren und edeln des Paners halben het angehangen, und zu einpringung seiner schulden ein jar frist ze geben, außzeziehen, das sol man dem Paner furhalten und, soverr er daran nit beswerd hat, Veit Stossen ze sagen, es sey on not, ime ein jar frist ze geben; so er aber obvermelter ursachen halben ye zu zeiten außziehen, wolle im ein rat drey oder vier wochen erlauben.

709. [28 b] Veit Stossen seins außziehens halben ze sagen, wie oben ertailt ist, und das er glob, gegen dem Paner weder mit worten noch mit wercken ausserhalben freuntlichs rechtens nit furzenemen, noch ze handeln, und ine ungeschmeht lasse. Deßgleichen sol er von neuen zu Got und den heiligen sweren, sein erst aufgelegten straff, sein leben lang one eins rats bewilligung auß diser stat nit ze komen, ze halten.

Und ist ime von neuem umb sein verprechen seins vorigen eyds ein straff aufgelegt vier wochen uf einen versperten thurn halb mit dem leib ze verpringen, frist auff Jacobi[1]).

710. [29 b] Secunda post Viti [*16. Juni*] 1505:

Veit Stoß hat gelobt und beteurt, wie ime am samßtag hievor ist ufgelegt[2]).

711. [30 a] Quarta post Viti [*18. Juni*] 1505:

Veit Stossen ist begönt, zu abstellung seiner sachen wider Jacob Baner sechs wochen aussen ze sein.

712. [1505, IV, 10 b] Secunda post Petri et Pauli [*30. Juni*] 1505:

Dem konig von Hungern zwen püchsenmeister ze schicken.

713. [1505, V, 7 b] Quinta vigilia Jacobi [*24. Juli*] 1505:

Veit Stossen ist sein begern abgelaint, ime zu seiner straf frist ze geben.

[1]) Das Tatsächliche aus diesem und den beiden anderen Ratsverlässen vom 11. Juni über Veit Stoß schon bei Baader, Beiträge I, 18.

[2]) Vgl. ebenda.

714. [1505, V, 9 b] Sabbato Anne [*26. Juli*] 1505:

Der jung Pittrolt ist an seins vaters stat zu einem hauptman erteilt im virtail am Weinmarckt.

Und maister Peter Fischer an statt Adam Behalters im viertel bei den Parfüssen[1]).

715. [1505, V, 12 a] Secunda post Jacobi [*28. Juli*] 1505:

Wer tahen oder leymen, darein man pfligt messing ze giessen, betrieglich hinauß füert, der sol darumb aufgehalten werden, und dasselbig bey einem erbern rat wider furpringen.

716. [1505, VI, 10 a] Sabato post Bartholomei [*30. August*] 1505:

Paullus Müllner, golltschmid, soll man das ampt mit dem gewicht zu eychen verleyhen; wollt er aber das nit annemen, soll mit dem Krugen verschafft werden, das er das annem.

717. [1505, X, 8 a] Quarta post Lucie [*17. Dezember*] 1505:

Soverr Jörg Diether[2]) das wardein- und probirampt nicht will annemen, soll man den Kaschauer[3]), goldschmid, darzu verordnen und pflicht thun lassen.

718. [1505, XI, 13 a] Secunda post Erhardi [*12. Januar*] 1506:

Hannsen Krug und Lochauser irer handlung und vordrung halben an das recht weisen und, wo sich die geferlikait mit zuschickung der rechenpfenning bey Lochauser erfünd, ine fur rate zu beschicken und darumb ze bereden.

719. [14 a] Paulsen Tröster zu sagen, wo der, so in seinem haus schachtel mach, nit bürger werde, so werde man ime nit gestatten, lenger dieselben kunst ze treiben; doch ime begonnen, sein unverarbait schachtelholz ganz auffzumachen.

720. [1505, XI, 23 a] Sabato post Agnetis [*24. Januar*] 1506:

Wo Veiten Stossen arbait an außwenndigen orten zusteet, mag er das an ainen rate gelangen lassen, ime nach gestallt der sachen und zeit zu begönnen oder nit, auß der statt zu webern[4]).

[1]) Vgl. Lochner in seiner Neudörfer-Ausgabe S. 27.

[2]) Über den älteren Münzmeister dieses Namens vgl. Gebert S. 49 ff.

[3]) Über Endres Kaschauer, der nach dem »Bürger- und Meisterbuch« von 1462 bis 1495 Bl. 55b Secunda post Exaudi [19. Mai] 1488 Meister wurde, vgl. im übrigen Baader, Beiträge II, 21. Gebert 50 (1509 Wardein).

[4]) Vgl. Baader, Beiträge I, 18.

721. [1505, XII, 7 a] Quarta post Scolastice [*11. Februar*] 1506:

Maister Michel Müllner, zimerman, kunstner, soll auff zwei jar aufgenomen werden, ye ein jar umb 32 fl. und, so er arbeit, das taglon 32 ₰ ein tag.

Und ytzo zu ainer ergetzung seiner gethanen zerung 2 par gulden [geben].

722. [1505, XIII, 3 b] Sabato post Mathie [*28. Februar*] 1506:

Dem Hanns Krug in der schau ist gesatzt, ob ymand gulden im zu schauen zuprecht und das fürter anndern personen ze geben verschüff, soll im um dieselb sein mühe über das vorgesetzt schaugelt ye vom hundert zwen ₰ gegeben werden.

723. [1505, XIII, 6 a] Sexta post Invocavit [*6. März*] 1506:

Item die 200 krebs, [die] der kon. Mt. hie gemacht worden sind, sollen furderlich gen Regenspurg gesant werden[1]).

724. [1505, XIII, 6 b] Sabato Thome de Aquino [*7. März*] 1506:

Veitt Stoßen, pildschnitzer, dem ist vergöndt worden, diß vastenmeß gen Franckfurt zu ziehen[2]).

725. [1505, XIII, 15 a] Sexta post Oculi [*20. März*] 1506:

Veit Stossen soll man sein begern ablainen und ime sagen, ain erber rate lasse es bey der anntwurt, so ime vor geben ist, bleiben[3]).

726. [1505, XIV, 1 a] Quinta post Annunciacionis [*26. März*] 1506:

Kon. Mt. zu anntworten, das man die 200 krebs gein Regenspurg gefertigt hab; aber das geilt darfür sey noch unbezalt, und bitten, gnedigklich zu verschaffen, das solch geilt bezalt werd.

727. [3 a] Alls Veit Stoß bey ainem erbern rate hat anbringen lassen und daß begern gethan: Erstlich, nachdem ain rate mit ime ain contract und vertrag gemacht, dermassen, wo er das groß werck der prücken, deß er sich zu machen angemasst hab, verfertig, wöllen sie ime sein lebenlang järlich annderhalb hundert gullden geben, welchs werck er vor acht jaren gemacht, ain erber rate hab ime aber noch zur zeit nichts entricht; darumb beger

1) Vgl. dazu Petz im Jahrbuch der Kunstsammlungen des A. K. H. X, Nr. 5758 u. 5759.

2) Vgl. Baader, Beiträge I, 18.

3) Zur Sache vgl. Baader, Beiträge I, 19.

er die acht jar jerlich annderhalb hundert gullden und hinfüro sein lebenlang auch in laut ainer verschreibung.

Zum andern für ain klein prückenwerck, so er Meinen Herren, ainem rate, auch gemacht hab, daran sy gut gefallen und ime davor XXXIIII gullden darfür versprochen, begere er dieselben.

Zum dritten hab er vergangner jar ainem erbern rate uff bevelch herr Paulus Volckmeirs und herr Ulrich Gruntherrs ainen pfeyler zum Stain außgepusst [*d. h. ausgebessert*] und vor schaden bewart, darfür ime zimlich belonung sey versprochen: begere deßhalben 50 f.

Und zum vierden hab er ainen gutten polnischen wagen hieher gepracht, den Seytz Pfintzing, baumaister, zu seinen hannden genomen hab; darfür begere er zehen gullden.

Doch das ain erber rate die 1200 gullden, so sie ime für das groß werck versprochen haben, neben das werck legen. Erfind sich, das das werck gerecht sey, ime das gellt volgen zu lassen, wo nit, das sie das gellt behallten.

Deßgleichen für das klain wercklin ime, wo es ainem rate nit gefellig sei, XXXIIII f. zu entrichten, so man ime [3 b] versprochen hab, oder dasselb wercklin zu überanntworten und vergönnen, an anndern orten zu vertreiben.

Wo aber ain rate das nit thun wöll, so erpiet er sich, zu r[ech]t fur die statt Strassburg, Ulm, Cöln und Augspurg furkommens daselbst zu sein, deß er doch lieber vertragen were:

Soll ime geanntwurt werden, ain erber rate trag diß seins anbringens nit klain mißfallen, dann wiewol vergangner jar ains grossen wercks halben die herren die Elltern ain abrede mit ime gethan, der auch noch ain verschreibung vorhannden, sey er doch seiner zusagen oder derselben verschreibung gar nit nachkommen, dann er das auch nit hab gekönndt, darumb ime ain rate deßhalb nichtzit schuldig sey.

Deß anndern clainen wercks halben gestee man ime nit, das ime so vil für das clain wercklin versprochen sey. Aber wo sich erfinndt, das ime XXXIIII f. versprochen sein, soll man ime an den hunndert gullden schuld dieselben nachlassen. Wo sich aber nit so vil erfinndt, soll man ime allain XXV lassen an der schuld abgeen, dhweil ime nit mer ist versprochen.

Deß pfeilers halb, wo sich sein furgeben erfündt, soll man sich mit ime deßhalben bis in zehen gullden vertragen.

Deßgleichen soll man sich bey Seitzen Pfinzing erkunnden deß wagen halb und sich mit ime darumb vertragen.

Wo er aber vermaint, deß nit gesettigt zu sein und darüber ainem erbern rate vordrung nit zu erlassen, soll man sich gegen ime zu recht erpieten uff die zwu stett Winndßhaim und Weissenburg, auff der aine, welchen ime geliebt, darauff ain erber rate gefreit ist.

S. Volckmeir
C. Nützel[1].

728. [4 b] Sexta post Anunctiacionis Marie [*27. März*] 1506:

Auff heut hat Veit Stoß bey ainem erbern rate abermals anbringen lassen: Das groß werck hab er auff seinen costen gemacht, mer dann dreissig gullden eysenwercks darauff gelegt und alles taglon bezalt und ain erber rate allain das holzwerck dargelegt; für solchs hab ime ain erber rate fünffundzwannzig gullden versprochen. Aber für sein mühe und kunst begere er der obgemellten summa der 1200 f. und alle jar annderhalb hunndert gullden in laut der verschreibung oder, wo nit, das ein erber rate sölch werck niemanden laß besichtigen, auch nit mer geprauch, sonnder zu stunden erlege und zu nichten mach.

Zum anndern, so sey ime für das klain werck vierunddreissig gullden versprochen uff ains rats costen und schaden; das begere er auch für dasselb werck und darzu solchs auch abzuthun und zu vernichten, nit mer zu geprauchen, auch niemandt besichten zu lassen oder [5 a] ime das zu überanntworten und zu begonnen, bey kon. Mt., dem pfaltzgraven oder an anndern orten zu vertreiben, da er das wol wiß nach wirden anzuwerden [*= loszuwerden, anzubringen*].

Zum dritten von wegen deß pfeylers ziehe er sich an ainen erbern rate, das alle ir werckleut und menigklich daran verzagt seien, aber er hab ainen rate vor grossem costen und wol bey 700 f. behallten und mit seiner kunst, so ime Got verlihen hat, den pfeyler gemacht, das der ewigklich nit schadpar werde. Nun neme er zu ainem exempel ainen maister, so bey den von Augspurg in dienst sey, der hab nit mer dann den von Ulm zu ainem gepeu ain rat geben, darumb sie ime jerlich 50 f. leibgedings

[1]) Das Tatsächliche aus diesem und den folgenden einschlägigen Ratsverlässen zumeist schon bei Baader, Beiträge I, 19 ff.

versprochen. und mög geleiden, das ain maister zu Ulm oder Augspurg das besichtig, dann hie sey kain maister, der das verstee; und begere darumb 50 f., die er und vil ain merers verdient hab.

Und zum vierden deß wagen halb stelle er uff Seytz Pfintzing, dem das wol wissend sey —:

Ist ertailt, ime zu sagen, man gebe ime deß grossen wercks halben die anntwurt, das man ime die XXV f. wöll darfür entrichten. Aber dhweil er das, so er zugesagt in laut der verschreibung, nit gehallten hab, sey ime ain rat das nit schuldig, so ime dagegen sey versprochen; aber ain rate wöll ime willfarn und das werck zerlegen und zu nichten machen in seinem beywesen.

Deß anndern stücks halben sey man ime ainichs verspruchs der XXXIIII f. halb gar nit gestenndig und dhweil er deß [5 b] halben kain anzaigung gebe, wiß ime ain rate nichts zu geben, ime auch nit schuldig, wolle aber das werck auch abthun.

Und dann deß pfeylers halb, wiewol ime ain rate derhalb nichtzit schuldig, ime auch kain verspruch beschehen sey, yedoch wöll ime ain rate zehen gullden für sein mühe geben; deßgleichen wöll man sich deß wagen halben erkunndigen und gepürlich anntwurt geben.

In hoffnung, das er sich diß alles billich werd settigen lassen, wo aber nit, so sey ain rate wie vor uff der zwaier stet aine, Weissenburg oder Windßhaim, zu recht urpüttig, dabey er sie billich alls ain bürger bleiben lassen und seiner bedrölichen manung abstee in bedacht seiner bürgerlichen pflicht. S. Volckmeir

Jorg Haller senior.

729. Und nachdem derselb Veit Stoß wie vor uff seiner manung ist bestannden und gesagt, er wölle ainen rate an der zwaier ort kainem furnemen, sonnder sy bey kon. Mt. beclagen und daselbst rat suchen, auch sich gegen herrn Ulman Stromeir und anndern davor hat hören lassen, er wölle die sach allso nit ligen lassen, wiß wol, wie er sie soll beclagen und furnemen, ist ertailt bey ainem erbern rate, sich sein zu mechtigen und zu gefengknus deß lochs zu bringen. S. Volckmeir

C. Nützel.

730. [6 b] Sabato post Anunctiacionis [28. *März*] 1506:

Veit Stossen soll man auff sein bedroelich reden zu red

hallten, was er gegen ainem erbern rate zu hanndeln in furnemen gewest sey. Schöpfen.

Und soll auch in seinen studten [*verschrieben für*: stuben?] suchen, ob brief zu finnden wern, ainem rate dienstlich

herr Volckmeir

W. Bomer, richter.

731. [1505, XIV, 9 b] Secunda post Judica [*30. März*] 1506:

Hanns Korn, scharsachmesserer-schmid, söll man zu bürger auffnemen, ungeachtet das er nicht 100 f. vermag.

732. [1505, XIV, 11 a] Tercia post Judica [*31. März*] 1506:

Veiten Stossen soll man auff sein erpieten in seiner supplication erbere wort mittailn und sagen, wann man sein derff, wölle man im geprauchen.

733. [1506, I, 1 b] Quinta post Pasce [*16. April*] 1506:

Dem Gaistberger ist gewillfart, maister Cristoffen Glaser ettlich erden zum glaßwerck volgen zu lassen.

734. [1506, I, 5 b] Tercia post Quasimodogeniti [*21. April*] 1506:

Paulus Bair ist sein glait erstreckt bis uff Pfingsten nachst.

735. [1506, I, 23 a] Quarta Johannis ante portam latinam [*6. Mai*] 1506:

Marxen goldschmid soll man mit seiner sach wider die Ortolffin an das gericht weisen, da die vor anhengig ist.

736. [1506, II, 2 b] Sexta Sophie [*15. Mai*] 1506:

Dem Krug, müntzmaister, ist nachgeben, die goldplech, zu müntzen gefertigt, so vil er der unnder handen hat, auffzuarbaiten uff zwen pfenning abgangs an ainem gullden, doch das die marck die 73 f. erraich, und über ettlich tag derhalben wider furzulegen [1]).

737. [1506, II, 16 a] Sabato post Urbani [*30. Mai*] 1506:

Veiten Stossen ist ain lynndten erlaubt auß dem wald nach waldsordnung zu zwaien pilden unndter das creutz zu Unnser Frauen [2]).

738. [19 b] Quinta post Erasmi [*4. Juni*] 1506:

Veiten Stossen ist begönnt, ytzo in Nordlinger meß mit seiner ware zu ziehen.

[1]) In anderer offenbar fehlerhafter Fassung bei Gebert S. 49. Dieser Ratsverlaß liegt wohl der Nachricht, die Baader in seinen Beiträgen II, 20 bietet, zu Grunde.

[2]) Vgl. Baader, Beiträge I, 22.

739. [1506, III, 13 a] Tercia vig. Johannis baptiste [*23. Juni*] 1506:

Der kon. Mt. soll man fünffhundert krebs von ains rats krebsen bey ainer fur zuschicken.

Und sollen die kriegsherren in acht haben, annder krebs an die statt zu bestellen.

740. [1506, IV, 4 b] Sabato post Kiliani [*11. Juli*] 1506:

Ainem goldschmidgesellen, deß Schulthaissen widertail, ain urkund zu geben, wie Schulthais gestrafft ist.

741. [1506, IV, 7 b] Quinta post Divisionis apostolorum [*16. Juli*] 1506:

Den von Hall soll man willfaren und pulver und kugl zu beschiessung deß wercks, so sie hie haben giessen lassen, schencken, auch vier eisnen klötz zu quartanen.

742. [1506, VI, 7 b] Sabato post Kunegundis [*12. September*] 1506:

Den goldschmid, so Lochauser anzaigt, soll man befragen, wo die drey genommen ketten hinkommen sein, und wo man ain anzaigung findt, rätig werden, ob Lochhauser zu beaidigen sey.

743. [1506, VI, 9 a] Tercia post Crucis exaltacionis [*15. September*] 1506:

Veiten Stossen soll man besprachen, auß was ursachen und durch welchs hilff er das kon. mandat oder absolution seiner auffgelegten straff erlangt hab, und das herwiderbringen.

Vgl. Petz im Jahrbuch der Kunstsammlungen des A. K. H. X, *Nr. 5765.*

744. [11 b] Quinta post Crucis [*17. September*] 1506:

Veiten Stossen soll man zu anntwurt geben, wo er sich seins erlangten mandats auß ursachen, wie er selbs hab zu ermessen, nit geprauch, so bederff er sich gegen ainem erbern rate kainer ungunst versehen.

Vgl. Petz im Jahrbuch der Kunstsammlungen des A. K. H. X, *Nr. 5766 nach Ratsbuch* VIII *fol. 289.*

745. [1506, VI, 15 b] Sexta post Mauritii [*25. September*] 1506:

Mit dem Krug zu hanndeln, das er die zwen punnzen, damit man die kramgewicht bezaichent, Paulsen Müllner überanntwort; erfündt sich dann, das er dieselben ime selbs hab gemacht, soll man ime die von gemainer statt bezalen.

746. [1506, VII, 2 a] Quinta post Ottonis episcopi [*1. Oktober*] 1506:

Veiten Stossen soll man begonnen, uff gehabten gelerten ratschlag sich der kon. begnadung oder restitution zu seiner nottdurfft zu geprauchen, doch nit auffzuschlagen [*soll wohl heißen*: anzuschlagen]. Wirde er dann fragen, wes er sich soll versehen, so er außziehen, ob man ime vergonnen wöll, soll ime geantwurt werden, wann er woll außziehen, soll er das mit erlaubnus thun.

Vgl. Petz im Jahrbuch der Kunstsammlungen des A. K. H. X, Nr. 5767, doch ist anstatt „8. Oktober" ohne Zweifel „1. Oktober" zu setzen, da in der Diöcese Bamberg der 30. September (1506 ein Mittwoch, Quarta) als Ottotag gefeiert wurde. Baader I, 23. Lochner S. 90.

747. [1506, VII, 12 a] Secunda post Dionisii [*12. Oktober*] 1506:

Jeronimus von Eßling, der steinmetz, *kommt vor.*

748. [1506, VII, 22 a] Sabato post XIM virginum [*24. Oktober*] 1506:

Hanns Rotthaur, goltsmid, sain begeren abgelaint mit dem bürgerechten vir jar lang erlauben, sunder mug sain bürgerrechten auffsagen.

749. [1506, VIII, 8 b] Sabato post Leonardi [*7. November*] 1506:

Den Kettner, plattner, soll man deß hanndtwercks beschuldigung seins verachtlichen wesens furhallten und, wo er das bekenndt oder sich solchs durch anzaigung deß hanndtwercks erfinndt, soll man ime entdecken, wo er sich in ain straff darumb geben, wöll ine ain rate in die neuen plattner hanndtwercksordnung auch einkomen lassen; will er sich aber nit in straff begeben, soll man ine hie uff die neuen ordnung nit arbaiten lassen.

750. [1506, VIII, 17 a] Sexta post Elizabethe [*20. November*] 1506:

Auff supplication und clag der maister des plattnerhandtwercks, wie sich die zamacher unnderstünden, geschüpte heublin von plechwerck ze machen, darauß irm handtwerck unnd der neuen auffgerichten ordnung nachtail und inen an irer narung abgang entstünd etc., mit pith, das solhs bei denselben zammachern abgesteelt und nicht mer ze machen gestatt werd, dagegen ist der zammacher antwurt in schrifften gehört, darinnen sie vil ursachen haben angezaigt zu ablaynung der plattner begerns und insonder, das in vor jarn solh plechhaublin ze machen von aim rat sei zugeben, innhalt der beder zeteln, in diser bürger frag schachtel registrirt, und demnach den plattnern ir beger gelaint in ansehen, das solch arbayt in ir handtwerck nicht rür und mit seiner underschid von irer arbayt wol erkandtlich sey, dar[umb] eim rat nicht fuglich, inen das zu weren.

751. [1506, IX, 17 a] Tercia post Thome [*22. Dezember*] 1506:

Herman Henlein[1]), dem messerer, soll man lauter verpieten, das er nichts von silberen platten, hefften, scheyden, auch darein zu stechen und anderm, das seinem handwerck nit zustee, arbait. Deßgleichen soll man den goldschmieden verpieten, die silbrin platten und annders über kuppfer, messing oder ander metall nit zu ziehen, sie lassen dann demselben ainen außwenndigen offenen und kunndtlichen spiegel nach ordnung irs hanndtwercks.

752. [1506, X, 3 a] Quarta post Innocentum [*30. Dezember*] 1506:

Arnolt Wencken[2]) soll man ain urkund geben, so er beteurt, das die clainot zu Lübeck sein seien.

753. [1506, XI, 7 a] Sabato post Pauli [*30. Januar*] 1507:

Michel Beyer, der rotschmid, *kommt vor.*

754. [1506, XI, 9 b] Secunda post [*lies* ante] festum Purificacionis Marie [*1. Februar*] 1507:

Herman Henlin ist nachgeben, wo er die arbeit mit dem silberwerck wöll auffmachen, so er noch unnder hannden

—

1) Vgl. über ihn insbesondere Lochner in seiner Neudörfer-Ausgabe S. 72 ff.

2) Ohne Zweifel ein tüchtiger und vielbeschäftigter Goldschmied, dessen Thätigkeit aber noch genauer nachzugehen wäre. Vgl. über ihn Goldschmiede-Verzeichnis Nr. 187 (zwischen 1473 und 1514). Bürgerbuch von 1496—1533 Bl. 32a: »Sabbato ante Anthoni [16. Januar] 1501: Arnold Wenck, goldschmid;« zahlte bei seiner Bürgeraufnahme 4 Gulden. — Schwenke und Lange, Die Silberbibliothek Herzog Albrechts von Preussen (Leipzig, 1894) S. 7 und Anm. 18. Hermann Ehrenberg, Die Kunst am Hofe der Herzöge von Preussen (1899) S. 132, 148 f. (1529), 151 (1531), 154 (1534), 167 (1544 als †). Auch im Kleinodienverzeichnis des Frhrrl. von Scheurlschen Archives (im Germanischen Museum) kommt A. W. zweimal vor (freundl. Mitteilung des Herrn Dr. Heerwagen). Mitteilungen II, 165 (»A. W. am Obstmarkt« † 1539; Ursula Arnold Wenckin † 1527). Sein Grab auf dem Johanniskirchhofe. Vgl. Trechsel S. 224 Sp. 1 (1527, Todesjahr seiner — ersten oder zweiten? — Frau).

hat, das er das thun mög, doch das er demselben ainen sichtigen spiegel laß. Deßgleichen soll man ime zu seinem uffgelegten pußgelt bis uff das Heilthumb frist geben.

. . . .

755. Und den Sattler, so ettlich linden soll zu seinen hannden gepracht haben, deßgleichen Veit Stossen soll man beschicken und inen anhallten, welcher gestallt die lynndten und durch wes erlaubnus an sie kommen seyen.

756. [1506, XI, 16 b] Quarta Scolastice [*10. Februar*] 1507:

Veiten Stossen ist begönnt, sich zu konigklicher Mt. zu fügen.

Vgl. Petz im Jahrbuch der Kunstsammlungen des A. K. H. X, *Nr. 5770. Baader* I, *23. Lochner S. 90.*

757. [1506, XIII, 1 b] Quinta post Letare [*18. März*] 1507:

Veiten Stossen ist begönnt, uff ain meyl wegs umb gemeine statt zu hanndeln, dhweil er seins anzaigens auß nottdurfft kon. Mt. das muß thun; doch über nacht on wissen und willen [eins rats] nicht aussen ze sein, on geverden.

Vgl. Petz im Jahrbuch der Kunstsammlungen des A. K. H. X *Nr. 5771 nach Ratsbuch* VIII, *fol. 340. Baader* I, *23. Lochner S. 90 f.*

758. [1507, I, 2 b] Quinta post Pasce [*8. April*] 1507:

Ferner Cunrat Roten[1]), dem goldschmid, ist vergönnt, in seinem garten, an Sannt Johannis veldern stossend, under einer abseidten ein küchelin mit einem herdlein und schlotlein, das nicht übers tach herauß geet, darinnen er etliche jar her sein gemachte arbayt von silber außberait und vergult, deßgleichen abgetriben, gesaigert und andere arbayt mit dem feur gethan und sunst zu kainen andern feurrechten gepraucht hat etc., lennger also zu behalten und das er solche arbayt von übel gestancks und schedlichs rauchs wegen an demselben ort mög verrichten, doch auß kainer gerechtigkait und bis auff widerruffen eins erbarn rats; und das er die abseidten sunst mit der leng und prayt

[1]) Im Goldschmiede-Verzeichnis Nr. 152 (zwischen 1473 und 1514) als Silberarbeiter. Nach dem »Bürger- und Meisterbuch« von 1462 bis 1495 Bl. 55 b wurde er Sabbato ante Viti [14. Juni] 1488 Meister. Anton Tuchers Haushaltungsbuch, ed. Loose (Bibl. des Litt. Vereins in Stuttgart Bd. 134) S. 147 (1517 »Kuncz Ratt, goltschmid am Oßmarckt«) und dazu Anm. 2 (seit 1488 Meister — laut Bürger- und Meisterbuch Nr. 113).

fertig und mach nach laut des gesetz, wie er in ainer supplicationzettel solhs alles gepetten und ze halten erpotten hat.

759. [1507, I, 20 a] Tercia post Crucis inventionis [*4. Mai*] 1507:

Es ist ertailt, das hinfüro kain bürgermeister oder annder deß rats ymand sollen vergonnen, das erdtrich oder laymen, [20 b] zum formen der rotschmid oder glaßwerck gehörig, zu vergonnen oder zu erlauben, er bring dann von seiner herschafft urkund oder fürschrifften, das derselb bemellt erdtrich zu nichten annders dann dem glaßwerck wöll geprauchen.

760. [1507, II, 1 a] Quinta post Cantate [*6. Mai*] 1507:

Das gepeu deß velsen ob dem Betsenstain und ir fur lehen soll man ratschlagen bey maister Hannsen Behaim und herwider bringen.

761. [1507, II, 15 a] Sexta post Exaudi [*21. Mai*] 1507:

Petern Henlein ist sein glait abermalen[1]) ain viertail jars erstreckt und ertailt, bey den partheien und iren procuratorn in desselben Henleins und seins widertails irrungen am gericht zu bevelhen, ir angefegte [= *angefangene*] rechtvertigung furderlich zu ende zu furdern[2]).

762. [1507, II, 15 b] Sabato vig. Penthecostes [*22. Mai*] 1507:

. . . Item von wegen ainer glogken soll man mit Hannsen Glogkengiesser[3]) handeln, ine zu erpitten, das er den vom Betzenstain die glogken uff fristen gebe, und das ain rate wolle sie jerlich darzu hallten, solche fristen zu bezalen.

Aber befestigung deß felsens oder annder ort beym Betzenstain furzunemen, soll man diser zeit in rue stellen.

763. [16 a] Hanns glogkengiesser hat sich darauff bewilligt, den vom Betzenstain die glogken, die ungeverlich [*Lücke*] zenntner hellt, ye ain [*Lücke*].

764. [1507, II, 18 a] Quinta post Urbani [*27. Mai*] 1507:

Hanns Ebin ist zugeben, das er zu seiner freien kunst deß [18 b] schreibzeug- und geschmeidmachens den messing, so er darzu nottdürfftig ist, mög schaben, zurichten,

[1]) Nachdem es ihm seit dem 16. November 1501 im ganzen bisher 22 mal erstreckt worden war.

[2]) Vgl. Lochner S. 75. Es folgen noch 5 weitere Erstreckungen.

[3]) Neudörfer, ed. Lochner S. 51 ff. (»sein Tod wird in 1559 gesetzt.«) Doppelmayr 289.

abreyben und verarbaiten unverhindert des handtwercks der messingschaber und spengler einred; doch mit der verpflicht, das er kainem anndern solchen geschabten messing sonnst raiche oder anndern schab, sonder allain zu seiner konst oder arbait verprauch.

765. [1507, II, 19 b] Sabato post Urbani [*29. Mai*] 1507:

Peter Henleins anntwurt soll man Claus Glaser furhallten.

766. [1507, II, 22 b] Quarta post Trinitatis [*2. Juni*] 1507:

Dem von Strassburg, so ettlichen hirnzeug bey den plattnern hie vermaint zu kauffen, soll man sein begern mit erbern worten benemen.

767. [1507, IV, 12 b] Quinta post Margarethe [*15. Juli*] 1507:

Das hanndtwerck der plattner soll man deß gewellten und gezaichenten zeugs halben vernemen und ir mainung herwider kommen lassen.

768. [13 a] Sexta post Divisionis apostolorum [*16. Juli*] 1507:

Alls bißhere ain erber rate dem hanndtwerck der plattner ain ordnung gemacht haben, das kain plattner ainichen gewellten und gezaichenten zeug zum plattnerwerck ausserhalb der statt nyemand verkauffen oder geben soll und aber bishere ettlich unnser g. herr die fürsten von wegen irer underthan und plattner solch verpott oder ordnung auffzuthun begert haben, ist bey ainem gesammenten rate ertailt, das es bey solchem gesetz pleiben söll und den raten von Bamberg solchs mit anzaigenden ursachen gelaint werden, doch mit dem anhang, daz ungezaichenter zeug nicht verpoten, sonder zu kauffen erlaubt sey.

769. [1507, IV, 14 a] Sabatho post Divisionis appostolorum [*17. Juli*] 1507:

Paulus Müllners[1]) und seiner muter vormund supplication ist bevolhen zu ratschlagen.

770. [17 a] Tercia post Alexii [*20. Juli*] 1507:

Mit Petern Schmid und Cristoffen Pecken alls vormunden Hannsen Herolts haußfrauen (vormunden) verschaffen, Paulsen Müllner[2]) seiner muter habe volgen ze lassen gegen dem erpieten seiner caution. Wo sie deß aber sonnder beswerd haben, soll man sie bederseit an ain recht weisen.

[1]) Fraglich, ob der Goldschmied gemeint ist.

[2]) Desgleichen.

771. [1507, IV, 22 b] Quarta post Jacobi [*28. Juli*] 1507:

Den plattnern ist zugeben, das ir yeder zu den vorigen zwaien [23 a] knechten und ainem leerjungen noch zwen knecht hallten mög; aber in dem andern stück von wegen der maisterstück söll es bey der allten ordnung, das ir yeder fünff maisterstück machen, bleiben.

Und soll sich Lenhart Gruntherr in gehaim erkunden, von welchem plattner der gewelbt zeug hinauß verkaufft werd.

Deßgleichen geschworen maister zc machen, damit die schau wider furgenomen werd.

772. [1507, V, 9 a] Secunda vig. Laurenti [*9. August*] 1507:

Dem künster, so sich anpeut, war zu sagen und das feuer zu weren, soll man sagen, das er sein angepoten kunst behallt, so wöll ain rate ir geldt, das er begere, auch behallten.

773. [1507, VI, 13 a] Tercia [post] Crucis [*14. September*] 1507:

Der plattner anbringen und begern, inen zwen leerjungen zu begönnen, soll man dem gannzen handtwerck der plattner furhallten und herwider komen lassen.

774. [1507, VI, 15 b] Quinta post Crucis [*16. September*] 1507:

Ein erber rate hat auß gutten ursachen und nottdurfft deß plattnerhanndtwercks zugeben, das ain yeder maister desselben handtwercks zwen leerjungen haben mög, und soll inen sagen, das sy yemandt zu geschwornen zaichenmaistern den herren beym pfendter anzaigen, damit hinfüro auff das zaichen werd gearbait; dem söll auch stattlich nachgegangen werden.

775. [5 b] Quarta post Clementis [*24. November*] 1507:

Die plattnerknecht soll man beschicken und ain yeden in sonnders hörn, was sy deß handtwercks halben für conspiracion gemacht haben und herwider kommen lassen.

776. [1507, XI, 9 a] Sabato post Sebastiani [*22. Januar*] 1508:

Item dem Neuschel, trummeter, ist vergönnt, die vaßnacht bey hertzog Fridr. von Sachssen ze sein.

777. [1507, XII, 1 b] Quinta Scolastice [*10. Februar*] 1508:

H. Harßdorffer und Wilbald Birckhaimer sind beschiden, das sie söllen ratschlagen, wie den neuen mißpreuchen uff dem goldschmidhanndwerck mit dem gullden und uffstreichen deß rötels zu begegnen sey.

778. [1507, XII, 3 a] Sexta post Scolastice [*11. Februar*] 1508:

1. Der plattner begern, ettlichen irs handtwercks zu be-

gönnen, das sie nit uff das zaichen arbaiten, soll man inen enndtlich ablainen mit anzaigung der beswerlichen ursachen, so darauß ervolgen mögen.

2. Item so die geschwornen maister umbgeen, den andern plattnern irn gemachten und beraiten harnisch zu besichtigen und zu zaichnen, soll inen ir püchsen von ainem rechten zeug, der gezaichent wirdt, ain pfennig und von dem, der nit gerecht ist, auch nit gezaichent wirdt, zwen pfenning gegeben werden, wie vor die ordnung gewest ist.

3. Item wo sich das handtwerck will begeben in zwifache schare, nemlich die ersten, die weyl der zeug noch rauch, und die ander, so es pallirt und gannz zum ende zuberait ist, die soll man allso mit zwifachem gellt, wo es wirdet bewilligt, furnemen, wo nit, soll die schau nach dem pallirn furge- [3 b] nomen werden.

4. Item es soll auch die ordnung mit vier knechten und ainem knaben, wie vor furgenomen ist, besteen und nit geendert werden.

779. [1507, XII, 6 b] Tercia post Valentini [*15. Februar*] 1508: Connz Keß, der stainmetz, *kommt vor.*

780. [1507, XII, 9 b] Sabato post Valentini [*19. Februar*] 1508: Mit Hannsen Krug, münnzmaister, soll man verfügen, das er Jacoben Boner ain zimlich urkund und recognition geb, deß das ander stück silber und den gewicht [*so anstatt* umb? *am Rande:* umb 25 marck] desselben überrechent und außschriben sey.

Und deßgleichen ime sagen, das er sich der andern irrung halben alls von wegen abtrags auch deß interesse solches silbers halb erlitten, wie Boner furgebe, zu entschid fur ainen erbern rate mit Jacoben Boner begeb.

781. [1507, XII, 17 a] Quarta post Mathie [*1. März*] 1508: Mit dem maister deß plattnerhandtwerck, der sich understeet, ettlichen zeug, so durch die geswornen hamermaister nit geschmidt ist, uff das handtwerck zu kauffen, soll man ernstlich verschaffen, demselben abzusteen oder ain rate werde geursacht, gegen ime mit ernstlicher straff zu handeln.

782. [1507, XIV, 2 b] Quinta post Letare [*6. April*] 1508: Hanns Messerer, rotschmid, *kommt vor.*

783. [1508, II, 5 b] Quarta post Vocem jocunditatis [*31. Mai*] 1508:

Paulsen Müllners[1]) sone soll man uff sein gepracht compulsorial acta verschaffen ze geben der henndel, durch sein vormund im statgericht geübt.

784. [1508, II, 12 b] Quarta post Exaudi [*7. Juni*] 1508:

Hannsen Paurnfeind, clingenschmid, und Hanns Ramung [*Lücke*] soll man umb die 4 f. w[erung] zu bürger auffnemen.

785. [1508, IV, 10 b] Quinta post Petri ad vincula [*3. August*] 1508:

Hanns Albrecht[2]), maler, soll man von wegen seiner geprechlikait widerumb zu verwarung annemen und hallten uff dem thurn oder im narrenheuslin uff seinen costen.

786. [1508, V, 18 b] Secunda post Nativitatis [*11. September*] 1508:

Michel Schad, rotschmid, *kommt vor.*

787. [19 b] Tercia post Nativitatis [*12. September*] 1508: *Desgleichen.*

788. [1508, VI, 5 a] Tercia post Crucis [*19. September*] 1508:

Alls die geschwornen maister deß goldschmidhanndwercks angezaigt haben, das ettwo vil hie sitzen in haimlichen winckel, die messing und kupfer gulden und doch ainstails nit bürger oder maister, das dem handtwerck mercklich [5 b] abbrüchlich sey, ist ertailt, das man Hannsen Franckengruner und Jacoben Feuchter[3]) beschicken und beaidigen söll, anzuzaigen, welche allso dieselben arbaiter seyen. Und alsdann soll man alle diejhenen, so von messing gearbait haben, derweilen das inmittel verbotten ist, mit rüg furnemen und gegen inen laut deß gesetz handeln.

Und dann von wegen der kupferarbait, das ist laut voriger gesetz mit maß ains offen spiegels zugeben, doch das alle die, so das gullden deß kuppfers vermainen zu arbaiten, bürger und maister nach der ordnung gemacht und solche arbait zu offenen laden feil haben sollen.

[1]) Fraglich, ob der Goldschmied gemeint ist.

[2]) Bürgerbuch 1496—1533 Bl. 24 b: »Sabbato post Petri ad vincula [3. August] 1499: Hanns Albrecht, maler, [zahlte bei seiner Bürgeraufnahme] 4 f. werung.« Bader Beiträge II. 59 (1511). Neudörfer, ed. Lochner 135 (Anna, Hanns Albrechts Wittib, kommt 1526 vor).

[3]) Im Goldschmiede-Verzeichnis (Nr. 214 u. 237) nur zwei »Jacob Feuchtner« (mit n), beide zum Jahre 1511.

So ist Hanns Kisling[1]), der Contz Roten bey nächtlicher weyln alls ainen geschwornen maister deß goldschmidhandwercks mit pfeiffen, greinen und andern strefflichen worten geschmecht hat, darumb das er ine davor auß ettlicher verpottener arbeit uffgetriben hat, gestrafft 2 tag uff ein thurn, soverr er nicht beteurn mag, daz er solch pfeyffen [nicht] dem Roten zewider gethan.

789. Herrn Wilhelmen, landtgraven zu Hessen, soll man antwurt geben, das die ordnung zu handhabung deß handtwercks der plattner dermaßen furgenommen sey, aber urpüttig, sovil seinen f. g. für seinen leib gepürt, gewelbten zeug lassen volgen.

790. [1508, VI, 14 a] Secunda post Ottonis [*2. Oktober*] 1508:

[*Lücke*] Renner, goldschmid, soll man uff beschehne erfarung zulassen, seine maisterstück zu machen.

791. [1508, VI, 18 b] Sexta post Francisci [*6. Oktober*] 1508:

Es ist ertailt, das Hansen Franckengrünern und andern das rübeinn oder vergullter messing soll verpotten werden, das hie nit zu machen.

792. [1508, VI, 22 a] Quarta post Dionisii [*11. Oktober*] 1508:

Von wegen des wechsßels soll Marckhausern bevolhen werden, auff Hannsen Krug ain rüg gestellt werden, das er von Sant Egidientag bis auff Sannt Michels müntz umb geld verwechsselt hab, das verpoten.

Daneben soll demselben Krug von ratswegen gesagt werden, solchs wechssels abzesten, derweil er selbs nicht silber müntz[2]).

793. [1508, VII, 6 b] Sexta post Galli [*20. Oktober*] 1508:

Veyten Stossen soll man ablaynen, im die maister und gesellen des pildschnitzens durch ain statknecht zesamen ze vordern, sonnder mög denen für sich selbs sein konigclich brief und begnadung eröffnen und hören lassen; ob sy im dann dar-,

---

[1]) Im Goldschmiede-Verzeichnis Nr. 200 (zwischen 1473 und 1514) als Silberschmied. Nach dem »Bürger- und Meisterbuch« von 1462 bis 1495 Bl. 55 a wurde er »Sexta ante Urbani« [22. Mai] 1478 Meister. Erwähnung bei Lochner in seiner Neudörfer-Ausgabe S. 142 (1534): ein »Kyßling, Goldschmied«, wohl unser Meister, wird in den Jahren 1531—1535 in den Aufzeichnungen des Christoph Kreß genannt. Vgl. Mitteilungen des Vereins für Gesch. der Stadt Nürnberg X 57 Anm. 1. Mitteilungen aus dem germ. Nat.-Mus. II, 163 († 1556 oder 1557).

[2]) In etwas anderer Fassung bei Lochner S. 120. Vgl. auch Baader, Beiträge II, 20.

über arbayten oder nicht, lasß ein rat geschechen, dann aim rat nicht wöll fügen, ymand daran ze nöten. Wird im aber von ainichen der maister oder gesellen unpillichs begegnet oder von inen geschmecht, darin hab er rat und gericht hie, solchs ze clagen, werd im wie eim anndern hilff mitgetaylt, wie sich gepürt.

Vgl. Petz im Jahrbuch der Kunstsammlungen des A. K. H. X, Nr. 5776. Baader I, *23. Lochner S. 91.*

. . . .

794. Der Krug in der schau, der deß wercks halben gerügt ist, dem sol man ein strefliche red sagen und auß gnaden 4 gulden von im nemen.

795. [1508, VII, 9 b] Secunda post Ursule [*23. Oktober*] 1508:

Arnolten Wencken soll man der vormundschafft Katherina Holderin kynnder erlassen.

796. [1508, VII, 14 b] Tercia vigilia Omnium sanctorum [*31. Oktober*] 1508:

Paulus Mülner[1]) die 413 fl. in der losungstuben an volkumenen quitantzen umb all sachen nit hinaußgeben.

797. [1508, VIII, 5 b] Sabato post Othmari [*18. November*] 1508:

Jobst Aysler[2]), goltsmid, alß verr er sain antwort der rüg mit dem hemdt beteurt war sain, im die nachlassen.

798. [1508, XI, 5 a] Quarta post Dorothee [*7. Februar*] 1509:

Jeronimus Ruger, kandelgiesser, soll man ablainen, ine ungledigt seins bürgerrechtens an andern ortten sitzen zu lassen.

799. [1508, XI, 13 b] Secunda post Juliane [*19. Februar*] 1509:

Hannsen Mayr, dem plattner, ist abgelaint, ainem frembden gewelten zeug hinauß ze geben.

800. [1508, XI, 15 b] Secunda post Invocavit [*26. Februar*] 1509:

Vleiß zu thun, ainen andern montzmaister zu bekommen und Hannsen Krug zu sagen, das er sich zwischen hie und Omnium sanctorum mit ainem andern herren mög versehen.

801. [1508, XII, 3 a] Sexta post Invocavit, 2. Martii 1509:

---

[1]) Fraglich, ob der Goldschmied gemeint ist.

[2]) Von den drei Nürnberger Goldschmieden dieses Namens — Goldschmiede-Verzeichnis Nr. 188 (1514), 292 (1538) und 418 (1561) — handelt es sich hier um den ältesten. Vgl. über ihn noch Mitteilungen II, 162 (= J. Eisler d. ä. am Obstmarkte † 1543 oder 1544).

Hannsen Krug ist zugeben und begönnt, das er zwischen hie und Allerheiligentag mit zwaien knechten monntzen mög pfenning oder gröschlein, doch bis in 3000 f.[1]).

802. [1508, XIII, 4 b] Sabato post Judica [*31. März*] 1509:

Conradt Eber ist zu ains erbren rats müntzmaister uff zway jar uffgenomen und soll ime uff gnugsam pürgschafft 2000 f. furlehens beschehen und darzu nachgeben sein, neben der gullden münntz alle jar bis in 3000 f. silber zu müntzen und selber zu vertreiben, doch das er mit dem ampt in der schau ganntz nichzit zu thun hab[2]).

803. [1509, I, 5 a] Sabato post Pasce, 14. abrill 1509:

Auf dy eingeben suplicacion der moler sol man ratschlahen, wo nit gesetz vor augen weren, darnach gedencken und machen.

804. [1509, I, 7 a] Secunda post Quasimodogeniti [*16. April*] 1509:

Mit dem Veit Stossen gütlich handlen, ob er bewilligen wolt, das er aufs furderlichst mit dem Jorg Trumer sein sachen am gericht auffündig machen; wo er gütlich nit wil bewilligen, sol man in halten mit furpot, wy ander pürgen.

Dem Trumer sol 14 tag sein glait erstreckt werden, get an auf montag über 14 tag.

Man sol dy sachen des Veit Stossen in acht haben, seiner zeit rat haben.

805. [1509, I, 8 a] Quarta post Quasimodogeniti [*18. April*] 1509:

Hainz Erg[3]) ist zu ainem goldpreither in der stat schau an Hanns Krugs statt erteilt.

806. [1509, I, 9 a] Quinta post Quasimodogeniti [*19. April*] 1509:

Herrn Hainrichen, herzogen zu Braunsweig, zu schreiben, der stainschneider zaig an, das er den geschniten wappenstain dem cannzler Sigmund Pfintzingen, [*es folgt ein kleines unleserliches Wort, dessen erster Buchstabe offenbar — vielleicht infolge von Verschreibung — ein f ist, sonst würde man etwa* so *oder auch* sen. *lesen*] mitgsellschafter, überantwort

[1]) Vgl. Baader, Beiträge II. 21.

[2]) Nach den Ratsbüchern bei Gebert S. 19.

[3]) Mitteilungen II. 162 († 1519).

hab, deß versehens, er sey nunmer seiner g. zukommen; wo nit, wöll man aber weitter vleiß thun, sein g. zu settigen.

807. [1509, I, 23 a] Secunda post Johannis ante portam latinam [*7. Mai*] 1509:

Jorgen Praunen soll man auch uff deß goldschmids von Amberg angeben zu red hallten güttlich.

Gegen Jorg Praun *und* Jorg Prenntel *war eine Reihe von Strafsachen anhängig: wegen Beraubung des Regensburger Boten, Beschneidung der Gulden,* uffprechens der Preussin kram [22 a] *etc.*

808. [24 a] Tercia post Jubilate [*lies*: Cantate] [*8. Mai*] 1509:

Dem goltschmid von Amberck ein zimlich unterricht geben auß der sag Jorgen Braunen.

809. [1509, II, 1 b] Quinta post Cantate [*10. Mai*] 1509:

Dem goldschmid von Regenspurg soll man seine stain und perlin, so vil der bei Jorg Praun gefunden sein, volgen lassen.

Es folgt noch eine Anzahl weiterer Ratsverlässe in der Angelegenheit des Jörg Praun und Jörg Prentel.

810. [1509, II, 3 b] Sexta post Cantate [*11. Mai*] 1509:

Sich bey den torsperrern und torbertl beym Spitlertor zu erkunden und, wo dy sach erfunden wirt, wy Hans Vischer, geschmeidmacher, in seiner suplicacion anzaigt, sol im glait geben werden, wo anderst, herwider pringen.

811. [1509, II, 4 a] Sabato post Cantate [*12. Mai*] 1509:

Zwischen Albrecht Glymmen und Medea Jerckg Marckhauserin soll man handeln, sie bederseits zufriden ze stellen; wo es nit sein will, widerbringen, den Glymmen einzesetzen.

812. [4 b] Das verpott, so ain erber rate verschiner zeit uff das haus am Vischpach, durch Medea, Jorgen Marckhausers annder hausfrauen, verlassen, und andere habe darinnen gethan hat, soll nun uff bewilligung Albrecht Glymmen geöffent sein.

. . . .

813. Hanns Vischer, geschmeidmacher, ist gestrafft 14 tag uff ain thurn, halb auff gnad mit dem leyb zu verpringen, von zusperrung wegen der stat thor.

814. [1509, III, 9 a] Sabato post [*lies*: ante] Viti [*9. Juni*] 1509:

Die gießhüten, die Sebastian Geschmeidmacher

zu nachtail söll gestellt sein, besichtigen und, wo es geferlich ist, verpieten, nit zu feiern.

815. [14 a] Sabato post Viti [*16. Juni*] 1509:

Die geratschlackten ordnung mit den malern und den pildschnitzern sol beim pfenter angesagt und furgenomen werden und bey peen all tag bey 3 ℔ verpoten werden.

816. [1509, III, 15 a] Secunda post Johannis baptiste [*25. Juni*] 1509:

Den malern ablainen, so ainer hie arbaiten und nidersitzen wol, das er 10 f. in die losungstuben gebe, auß ursachen, das es ain freye kunst sey.

817. [1509, IV, 7 b] Quinta post Kiliani [*12. Juli*] 1509:

Wernlein, zinngießer, *kommt vor.*

818. [1509, IV, 10 b] Quarta post Alexii [*18. Juli*] 1509:

Hans Maier, plattner, *kommt in einer Schuldsache vor.*

819. [1509, V, 1 b] Quinta post Petri ad vincula [*2. August*] 1509:

Zwischen Helene Marckhauserin und Albrecht Glymmen gütlich zu handeln, das er sich deß vorsteenden peenfals gegen den Marckhauser begebe und sonsten dem vertrag volg thu.

820. [1509, V, 3 b] Tercia post Sixti [*7. August*] 1509:

Von des herzogen von Pommern maler Jörgen Hirsfogel soll man für seins verstorbens swechers Jobsten Hofmans losung und die nachsteuer bis in 10 f. nemen.

821. [1509, V, 7 a] Tercia vig. Assumptionis [*14. August*] 1509:

Den armen zerrüdten [= *zerrütteten*] ratschmid,
der an seinem haimlichen glid
kürzlich ain schaden hat empfangen
und ytzo im thurn ligt gefangen,
soll man lenger darinn enthallten,
dann es sonnst unrats möcht wallten[1]).

822. [1509, VI, 3 b] Secunda post Egidii [*3. September*] 1509:

Hanns Rotenburger, rotschmid, *kommt vor.*

823. [1509, VI, 8 b] Quarta post Nativitatis Marie [*12. September*] 1509:

Das gesetz mit den balirern und plattnern, das den,

---

[1]) Wurde nur der Kuriosität wegen aufgenommen.

so außwenndig nit bürger sein, nichtzit soll gegeben werden, abzustellen und das dem bischoff von Bamberg zuschreiben.

Und doch den plattern in gehaimbd sagen, das sie die hieigen balierer vor den außwenndigen furdern; deßgleichen den balierern das auch anzesagen.

824. [1509, VII, 12 b] Quarta post Francisci vel Dionisii [*10. Oktober*] 1509:

Deß Sebald Schreiers pau der kirchen zu Sannt Sebastian zu besichtigen sind beschiden

die 3 obersten hauptleut.

825. [16 a] Tercia Galli [*16. Oktober*] 1509:

Alls an ainen erbern rate stattlich gelangt, das Sebald Schreier alls ain verwallter deß paus zu Sannt Sebastian vorhab, ain starcke weitte kirchen über die, so vor gesetzt ist, zu pauen, die er auch mit starcken gründen in mercklicher höhe auffgebracht, hat ain erber rate die drey öbersten hauptleut darzu verordent, die solchen pau personlich besichtigt, deß ir relation bey ainem erbern rate widerumb angepracht, hat ain erber rate mercklich beswerden, die auß solchem pau, wo der zum ennde gebracht, gemainer statt konfftigklich darauß ervolgen mag, erfunden und bewegen; [16 b] und sonderlich, das sölch gepeu zu enndtlicher seiner volfürung zu ainer befestigung wider gemaine statt dienen und ains rats veind und widerwertigen, wo die, das got verhüten wöll, gegen Nürnberg belegerung furnemen, sich darinnen behelffen und der statt mercklichen schaden mit geschoß und anderm darauß fügen möchten; zudem, das das ains überschwencklichen costens wallten und alls zuversichtlich noch in langer weyle nit uffgericht werden möcht. Ist demnach bey ainem wolgesammenten rate ertailt, dem Schreier zu gepieten, noch zur zeit mit angezaigtem gepeu weitter nit furzufarn, und soll solcher pau in beysein der verstenndigen maister hie abermaln besichtiget, auch erkundigt werden, was Schreiern hievor auß ainem rate zugesagt und bewilliget sey, und alles herwiderkommen [lassen].

826. [23 b] Tercia post Ursule [*23. Oktober*] 1509:

Mit Sebalden Schreier soll man gütlich hanndeln, damit er die kirchen Sant Sebastians in der hohe pau und auffricht, alls das ytzo steet, und nit hoher; das er auch auß dem lasareto nit ains, sonder zway heuser mach, und, wo es not thut, herwiderbringen.

827. [1509, VIII, 3 a] Sexta post XI M. virginum [*26. Oktober*] 1509:

Des Eber, müntzmaisters, eingegebenen zettel soll man dem Krug, Diether und Kaschauer furhalten, dargegen ir gutbedüncken auch schrifftlich anzezaigen.

828. Am gericht sich zu erkundigen, ob Jorg Marckhauser wider ainem rate mit worten oder wercken gehandelt hab, und, wo sich nit ferlichs find, in zu verglaiten; wo nit, herwider bringen.

829. [1509, VIII, 7 b] Sabato post Omnium animarum [*3. November*] 1509:

Den geschmeidemachern ist ir begern auß irem hanndtwerck ain geschworn handwerck zu machen, das vor ain frey kunst sey, abgelaint.

830. Secunda post Omnium animarum [*5. November*] 1509:

Veiten Stossen gegen Sebalden Schreier zu verhören irer irrung halb sind beschiden

St. Volckmer. Gabr. Nützel.

831. [8 a] Sebalden Schreier ze sagen, ains rats mainung sey, das er das haus zu Sannt Sebastian sampt der kirchen pau nach rate der werckleut und nit nach seinem vorhaben und gefallen auß ursachen, ime hievor angezaigt; und söll nach söllchem bey meinem g. h. von Bamberg umb indult gearbait und der gelerten ratschlag deßhalb nachgeen.

832. [1509, VIII, 15 a] Tercia post Martini [*13. November*] 1509:

Hannsen Franckenpruner soll man sagen, das sein begeren nit statt haben werd, sey wider ains rats gesetz; darumb soll er sich denselben gemeß hallten.

833. [1509, IX, 5 a] Tercia post Katherine [*27. November*] 1509:

Hantburgk [*so!*] der plattners [*so!*] halben zu antburt geben dem hantburg [*so!*], Mein Herren wollen sie in kein gepeu ze geben [?], aber wol das hantburg den hamer pauen, so wollen in ein erber rat II f. leyhen auff ein zimliche frist, auch so sol mon inen furhalten, ob sye den hamer pey dem Duczethey wollen; so sol man fleiß an keren, das er in wer [1]).

[1]) Die von der sonst üblichen gänzlich abweichende Orthographie dieses Ratsverlasses zeigt schon, daß man es hier mit einem Aushülfsschreiber zu thun hat.

834. [1509, IX, 16 a] Sexta post Lucie [*14. Dezember*] 1509:

Sebalden Schreier, verwallter Sannt Sebastians pau, ist zugeben, das er die angefangen S. Sebastians kirchen noch siben quader hoher ufffürn mög, dann das ytzo steet; doch das er darauff ain nider gedrückt tach leg, sovil sich ymmer mög erleiden. Das er auch die zway lasareteheuser nach rat und mit wissen ains erbern rats furneme, der maynung, wie hievor bey ainem rate auch verlassen ist.

835. [1509, XI, 6 a] Quarta post Vincenti [*23. Januar*] 1510:

Veiten Stossen soll man zu beweisung seiner eingegeben und zugelassen gerichtlichen artickel den gesigelten lanndtfriden an das gericht anntworten [*am Rande:* wider abertailt].

836. [7 a] Quinta post Vincenti [*24. Januar*] 1510:

Veiten Stossen uff sein begern anntwurt ze geben, ainem rate sey nit gemaint, ime zeugschafft seins ansynnens ze geben, sy werden dann von ir erberkaiten darzu compellirt.

837. [1509, XII, 10 b] Secunda post Reminiscere [*25. Februar*] 1510:

Der guldin müntz halb ist uff disen tag gein Augspurg verordent zu ainer pottschafft H. Stromer.

838. Und soll vleiß beschehen, Hannsen Krug oder Jorgen Dietherrn zu bewegen, mit Hannsen Str[omer] zu reiten. Und sollen vleiß thun, uff wege und mittel zu handeln, wie die verzaichnus der mackel, im rate verlesen, zu erkennen gibt und den brobst Sebaldi desselben auch zu underrichten.

839. [1509, XII, 14 b] Sexta post Reminiscere [*1. März*] 1510:

Dem jungen Krug[1]) ze sagen, Hannsen Ebers erpieten sey, dem herzogen die müntz ze machen, so sein g. dem alten Krug angedingt hab, mit dem anhang, das er nachmaln erkandtnus [? *so!*] bei herrn Anthoni Tucher der belonung halb bleiben [15 a] wölle, doch das ime auch die monntzstempfel eingeanntwort werden, die er ime nach volbrachtem werck widerumb überanntworten wolle. Dises erpieten soll er dem allten Krug, seinem

[1]) Über den jüngeren Hans Krug, der in den Ratsverlässen hier zuerst vorkommt, vgl. Goldschmiede-Verzeichnis Nr. 215 (zw. 1478 u. 1514). Neudörfer, ed. Lochner S. 121 ff. Doppelmayr 180. Zahns Jahrbücher I, 248 († 1555). Gebert S. 51. Ferner Bergau in der Wartburg VIII (1881). 77 und in der Allgemeinen deutschen Biographie XVII, 214 f. R. Vischer, Studien zur Kunstgeschichte S. 337.

vatter, gein Augspurg schreiben, deßgleichen herzog Fridrichen, ob es not ist[1].

Und den mönntzknecht von Swabach soll man nit anhallten, dem Krug hie zu arbaiten, es sey dann sein guter will.

. . . .

840. [15 a] Veiten Stossen soll man kundtschafft geben inn sachen, seinen ayden berürend, Jergen Trummer, nach rat der gelerten.

841. [1509, XII, 18 a] Tercia post Mathie[2]) [*5. März*] 1510:

Maister Jorgen[3]) und maister Hannsen soll man beschaiden, das abgehauen zymmer zum lasareto zu besichtigen, und welchs zu der kirchen zu Sannt Sebastians tuglich und güttlich ist, soll man Sebalden Schreier lassen bleiben; welchs aber darzu nit schicklich, soll man Jacoben Welser furderlich widerfarn lassen.

842. [1509, XIII, 1 b] Quinta post Gregory [*14. März*] 1510:

Die schlaghor uff Sannt Sebalds thurn, so geprechlich ist, soll man furderlich pessern und den thürrnern ain bibal verhaissen, das sy im schlagen mittler zeit dester vleissiger sein.

843. [1509, XIII, 2 b] Sexta post Gregorii [*15. März*] 1510:

Martin Pinter zu schreiben, Hans Krug sey nit hie; so er aber hieher komm, wo er dann ine vermain zu beclagen, soll ime rechts gestatt werden . . . *etc.*

844. [4 a] Die supplication der maler soll man ratschlagen und herwider bringen.

845. [1510, I, 6 b] Quinta post Quasimodogeniti [*11. April*] 1510:

Maister Petern, kanndtengiesser von Worms, soll man alles gefallen geldt deß cammergerichts uff schreiben deß cammerrichters einzuschlagen überlibern.

Und solchs dem cammerrichter, herrn Adolffen, grafen zu Nassau, zuschreiben[4]).

---

[1]) Zur Sache vgl. Baader, Beiträge II, 20.

[2]) Das lateinische Datum ist falsch. Es kann sich jedoch nur um den 5. März handeln.

[3]) Gemeint ist Jörg Stadelmann. Vgl. über ihn Neudörfer, ed. Lochner S. 79. Baader, Beiträge I, 73 und Beilage IV. II, 17. Mummenhoff, Rathaus S. 79.

[4]) Aus den »Achtbüchern« Bl. 37 b: »Tercia post [nicht vielmehr ante?] Philippi et Jacobi« [7. Mai; nicht vielmehr 30. April?] und »Sambstag nach dem heiligen auffartstag« [11. Mai] 1510 füge ich an dieser Stelle hinzu:

846. [1510, III, 2 a] Sexta post Corporis Christi [*31. Mai*] 1510:

Den deckwebern soll man ir begern in ir supplication abschlagen und ratschlagen, uff irem handtwerck ain schau und ordnung furzunemen.

847. [1510, III, 10 a] Quinta post Barnabe [*13. Juni*] 1510:

Deß abbts von Einsideln geschickten ist zugeben, das er ettlich zinpleygleser und annders zum gotshaus daselbst on zol kauffen und von dann fürn mag.

848. [1510, III, 11 b] Sexta ante Viti [*14. Juni*] 1510:

Erfaren, ob Hannsen Dürers[1]) sach so übel stee, auch welcher der thetter sey, so ine gewundet hab, und alßdann den thätter annemen und in das loch legen.

849. [1510, III, 12 b] Secunda post Viti [*17. Juni*] 1510:

Zwischen dem Albrecht Dürer[2]) und Enndres Wolffauers knecht, auch Cristoff Kressen ain frid bestellen, und das sie der ergangen sachen mit einander zu verhör kommen.

850. [13 a] Tercia post Viti [*18. Juni*] 1510:

Albrechten Dürer und seine brüder soll man gegen

»Anna, des Maler peters [so!] tochter von Hagenhausenn,« kommt vor. Verdacht des Kindsmordes. Bekenntnis. Rechtstag angesetzt. Todesurteil. Fürbitte vieler ehrbarer Frauen und Jungfrauen. Begnadigung. Soll bis auf weiteres im Gefängnis gelassen werden. Dann, auf erneute Fürbitte, Freilassung »auff ein urpfehd« und mit Bezahlung der »atzung«.

[1]) Über Albrecht Dürers Bruder Hans (geb. 1490, lebte noch 1524) vergleiche Neudörfer, ed. Lochner 134 und namentlich Thausing, Dürer I, 49 ff., woselbst S. 51 auch über den Raufhandel, um den es sich hier und im Folgenden handelt, bereits berichtet ist.

[2]) Was Nürnbergs größten Sohn betrifft, so beschränke ich mich hier darauf, außer auf Neudörfer, ed. Lochner S. 132 ff., Baader, Beiträge I, 6 ff.; II, 35—42, Zahns Jahrbücher I, 222 f. II, 234 ff., Doppelmayr 133 f., 182, Mummenhoff, Rathaus (an vielen Stellen), Jahrbuch der Kunstsammlungen des A. K. H. Bd. I, IV, V, VII, X, XIII, XVI, XVII, XX (an vielen Stellen), Gurlitt, Archivalische Forschungen II, 35 ff., sowie auf die von K. Lange und F. Fuhse besorgte Ausgabe seines schriftlichen Nachlasses (Halle 1893, nur auf die Dürerbiographien von Joseph Heller (Bamberg 1827), A. v. Eye (Nördlingen 1860, 2. Aufl. 1869; eine mehr populär gehaltene Dürerbiographie erschien von Eye noch 1892, Wandsbek), Moriz Thausing (2. Auflage Leipzig 1884), Anton Springer (Berlin, 1892) und Marcus Zucker (Halle 1900), die sich in gewissem Sinne gegenseitig ergänzen, hinzuweisen. Im übrigen findet man die Litteratur über Dürer jetzt beisammen bei Hans Wolfgang Singer, Versuch einer Dürer-Bibliographie (Straßburg, Heitz 1903).

Cristoffen Kressen ainen frid lassen globen und desselben Kressen knecht halben die sachen lassen beruen.

851. [1510, IV, 16 b] Quarta Alexii [*17. Juli*] 1510:

Auff das annder unnsers herrn von Bambergs schreiben von wegen Ludwig Krugs[1]), Hannsen Grunröder betreffend, nachdem nicht anntwurt begert wirdet, diser zeit in rue stellen, es würd dann verrner darumb angesucht; doch soll Caspar [17 a] Nützel sein schwager Lenhart Held underrichten, dem Krug ze schreiben, das ein rat seiner anntwurt auff Grunröders clag wol gesettigt sey, und wöll er denselben umb die angezogen schaiden beclagen, wöll man im den fur die Fünf stellen.

852. [1510, V, 18 a] Sexta post Assumptionis [*23. August*] 1510:

Den kanndelgiesser von Vayhingen, der alhie ain nürmbergisch zaichen oder eysen, zum zin gehörig, hat graben lassen, soll man zu fangknus annemen und zu red hallten.

853. [19 a] Sabato post Assumptionis [*24. August*] 1510:

Den kanndelgiesser von Vayhingen weytter zu red hallten, anzuzaigen, warzu er das eysen hab geprauchen wöllen, pynnden und bedroen.

854. [1510, VI, 5 b] Quarta Augustini [*28. August*] 1510:

Fritz Zenck, plattner, alls ain mitteter ettlicher, so in der kirchen zu S. Sebald verschiner jar haben rumort, ist ge-

[1]) Ludwig Krug, des älteren Hans Krug zweiter Sohn (vgl. Lochner in seiner Neudörfer-Ausgabe S. 121), gehört zu denjenigen hervorragenden Renaissancekünstlern Nürnbergs, die schon längst ein eingehendes Studium, eine besondere Monographie verdient hätten. Vgl. über ihn Goldschmiede-Verzeichnis Nr. 260 (zwischen 1514 und 1530). Neudörfer, ed. Lochner S. 121 f., 124 f. Doppelmayr 190. Mitteilungen des Vereins für Geschichte der Stadt Nürnberg X, 58. Th. Kolde in den Beiträgen zur bayerischen Kirchengeschichte VIII (1902) 64 ff. Erman, Deutsche Medailleure S. 27 f. und S. 30. Mitteilungen II, 163 († 1532). Bergau in der Wartburg VIII (1881) S. 77 und in der Allgemeinen deutschen Biographie XVII, 219 f. Ein Porträt von ihm bei Panzer S. 139. Von Litteratur über Arbeiten Ludwig Krugs (Kupferstiche, Holzschnitte, Medaillen, Plaketten) sei hier noch — mit Beiseitelassung der allbekannten Handbücher von Bartsch, Passavant, Andresen etc. — kurz zitiert: A. Ilg, Adam und Eva, Bronze-Relief von L. K. im Brünner Museum (1515), in den Mitteilungen der k. k. Central-Commission N. F. XII (1886) S. 65 ff. (mit einer Tafel). A. Schnütgen in der Zeitschrift für christl. Kunst IV (1891) Sp. 343. Campbell Dogson, Zwei Holzschnitte von L. K. im Repertorium für Kunstwissenschaft XX (1897) S. 303.

strafft ain monat in das loch, halb mit dem leib zu volbringen und den andern halbtail, ob er will, mit gellt abzukauffen.

855. [1510, VI, 22 a] 3. post Crucis exaltacionis [*17. September*] 1510:

Sebalden Schreier soll man zu seiner kirchen S. Sebastians pau annderhalbhundert latten auß dem walld geben.

856. [1510, VII, 3 a] Sexta vig. Mathei [*20. September*] 1510:

Zwischen den malern und pildschnitzern ains- und den ledigen maler- und schnitzerknechten anderstails soll man nochmaln uff ain bequem mittel arbaiten, sie zu vertragen; wo nit, so soll den malern und pildschnitzern willfart werden laut irer supplication und begerns, nemlich den anfangk des gesetz abzethun.

857. [1510, VIII, 15 a] Secunda post Omnium animarum [*4. November*] 1510:

An Eukarius Grymmen statt ist zu ainem kirchner zu Sannt Sebald ertailt Sebald Baumhauer[1]), maler.

858. [1510, VIII, 20 b] Tercia post Martini [*12. November*] 1510:

»Sebastian diemandtschneider« *kommt vor.*

859. [1510, IX, 2 a] Quinta post Martini [*14. November*] 1510:

»Sigmund goltschmidt« *kommt vor.*

860. [2 b] Sexta post Martini [*15. November*] 1510 *wird derselbe* Sigmund Stechaimer[2]) *genannt. Er war also Goldschmied.*

861. [1510, IX, 21 b] Tercia post Concepcionis Marie [*10. Dezember*] 1510:

---

[1]) Neudörfer, ed. Lochner 180. Ant. Tuchers Haushaltungsbuch 1507—1517, ed. W. Loose (Bibliothek des Litterarischen Vereins in Stuttgart Bd. 134) S. 141. Mitteilungen II, 70 († 1533). Meyers Allgemeines Künstler-Lexikon III, 152. Robert Vischer, Studien zur Kunstgeschichte 109. Kolde in den Göttingischen gelehrten Anzeigen Jahrgang 1887, I. Band S. 13 f. Daß Kolde mit seiner Vermutung, bei dem in dem Prozeß gegen die drei »gottlosen Maler« (Hans Sebald und Barthel Beheim und Georg Penz) erscheinenden Sebald Baumhauer handle es sich um ein jüngeres Mitglied dieser Familie, etwa um den Sohn des alten Malers und Kirchners, Recht hat, scheint auch daraus hervorzugehen, daß in den Ratsverlässen noch nach dem Tode des alten Meisters (1533) in der That ein Sebald Baumhauer vorkommt.

[2]) Im Goldschmiede-Verzeichnis zwei Meister dieses Namens: Nr. 138 und 221 (beide zwischen 1473 und 1514).

Nochmalen erkundigung zu thun, wie es von wegen Lorennz Derren mül gestallt, auch mit der vordrung Paulus Millners allenthalben gelegen sey am gericht und anndern ennden: und das herwiderbringen.

862. [1510, X, 5 a] Secunda post Lucie [*16. Dezember*] 1510:

Hanns Waltherr, plattner, *kommt in einer gleichgültigen Angelegenheit vor.*

863. [1510, XI, 5 b] Tercia post Erhardi [*14. Januar*] 1511:

Marx Schwaben[1]), goldschmid, zu beschicken und ime die eroffnung deß richtergsperrs, auch verennderung der pfand furhalten und herwider bringen.

864. [1510, XI, 8 b] Sexta Anthony [*17. Januar*] 1511:

Marx Swaben, goldschmids, halb soll man sich mer grunds erkundigen, ob er des gerichts gesperr, wie er verdacht wirdet, hab geöffent oder nicht; und wie sich das findt, alßdann herwider pringen.

865. [1510, XI, 16 a] Tercia post Pauli conversionis [*28. Januar*] 1511:

Marxen Swaben uff sein supplication zu anntwurt geben, dhweil die sachen zwischen ime und Jeronimus Betzen gerichtlich gehanndelt sey, wiß ein rate darüber nichtzit zu schaffen.

866. [1510, XII, 3 a] Sabato post Dorothee [*8. Februar*] 1511:

Die siben maister goldschmidhandtwercks, so ungemacht irer maisterstück, auch unbezalt deß gewonlichen gellts alhie zu offem laden arbaiten, zu beschicken, deßgleichen die geschwornen maister, und den siben ain zeit zwischen hie und dem sonntag Esto michi zu setzen, ire maisterstück zu machen und gellt zu bezaln; wo es nit beschehe, so wöll man inen zuschliessen.

867. [1510, XII, 8 b] Sexta Valentini [*14. Februar*] 1511:

Die herrn beim pfennter sollen die geschwornen maister deß goldschmidwercks, auch ander ausserhalb der geschwornen beschicken, sie der unordnung halb, so uff solchem handtwerck in vil stücken gepraucht wirdt, verhörn, und herwider bringen.

Wo sy aber vergullte messingarbait finden, dagegen [sollen] sy von stundan nach ains rats ordnung handeln.

[1]) Im Goldschmiede-Verzeichnis Nr. 169 (zwischen 1478 und 1514) als Silberarbeiter. Nach dem »Bürger- und Meisterbuch« von 1462 bis 1495 Bl. 56 a wurde er 1491 Meister.

868. [1510, XIII, 3 a] Sexta post Kunegundis [7. *März*] 1511:

Mit den geschwornen maistern deß plattnerhanndtwercks zu hanndeln, das sy das mendlin, so beym Ubelman gewest, zu maister zulassen on die maisterstück; wo nit, soll man gegen ime in den maisterstücken ain zimlich umbsehen thun, und ime das ansagen.

869. [8 a] Sexta post Gregory [14. *März*] 1511:

Den geschwornen maistern deß plattnerhandtwercks ze sagen, das sy die platenschleiffer und ander beschicken und ine bevelhen, die platner, so nit bürger und außwendig sesshafft sein, nit [ze] furdern oder man werd mit rüg gegen inen handeln.

Und daneben dem amptman zu Fürt schreiben, Utzen Lochner als ain geledigten bürger nicht ze halten.

870. [1510, XIII, 14 b] Secunda post Oculi [24. *März*] 1511:

Wo des jungen Krugs weyb bey irn pflichten mag erhallten, das ir anntwurt deß gerügten schlairs halben die warhait sey, so soll man ir das rüggellt nachlassen.

871. [1511, I, 3 b] Sabato post Georii [26. *April*] 1511:

Umb die geprechen Hanns Krugs, E. Kaschauers und annder, so der schau abpruch thun.

H[ans] Stromer. H[ans] Volkmer.

872. [1511, I, 7 a] Secunda post Misericordia Domini [5. *Mai*] 1511:

Die goldschmidknecht, die sich ytzo unnderstannden haben, wider ains erbern rats gesetz ettlichen messin zu vergulden, soll man beschicken und zu glübd nemen, ir leib und gut on ains rats bevelch nit zu verrücken.

Deßgleichen Gilgen Menger in glübd zu nemen, das er das gemacht messinvergullt geschirr gar oder zum tayle nit verkauff, sonnder alles ainem rate überanntwurt, weitters beschaids zu gewarten.

873. [1511, I, 8 b] Tercia post Crucis [6. *Mai*] 1511:

Bey den geschwornen maistern deß goldschmidhanndwercks nochmalen zu erkundigen, ob die gürtelsenckel Gilgen Mengers messin oder kupfferin seyen, und herwiderbringen.

Auch zu ratschlagen, wie das gesetz deß vergullten kuppfers halb zu handthaben und zu pessern sey.

Item auch zu erkundigen, welcher ennde mer albie messing oder kupfer vergullt wirdet.

874. [1511, I, 10 a] Quarta post Invencionis crucis [*7. Mai*] 1511:

Gilgen Menger und annder, die das vergullt kupfer fayl haben, vertreiben oder machen, fur die rugherren zu vordern und daselbst laut eins erbern rats gesetz zu straffen.

Und dem Menger soll man sein geschmeid und porten wider volgen lassen, doch dabey sagen, das er die nit verkauff, sy haben dann ainen sichtigen spiegel laut ains erbern rats gesetz, oder man werd gegen ime mit der peen abermals hanndeln.

875. [1511, I, 14 b] Secunda Pangracii [*12. Mai*] 1511:

Auß eingefallen nottdürfften soll man das wasser deß Schönen prunnens abschlagen und ratschlagen, wie man die rören zum wasser machen mög.

876. [1511, I, 17 b] Quinta Sophie [*15. Mai*] 1511:

Alle geprechen der goldschmid furderlich von ine vernemen, uffzaichnen und uff montag [*19. Mai*] herwider bringen.

877. [1511, I. 20 a] Tercia post Cantate [*20. Mai*] 1511:

Item herzog Fridrichen von Sachssen soll man fünff zentner gewelts zeugs bei dem hanndtwerck der platner volgen lassen.

878. [1511, I, 20 b] Quarta post Cantate [*21. Mai*] 1511:

Die geprechen deß Schönen prunnen zu besichtigen, sind geordent die hernach benannten zwen herren, sampt maister Petern Vischer, dem Thürer und andern der sachen verstendig.

H. Volckmeir. Niclas Haller.

879. [1511, II, 2 a] Quinta post Cantate [*22. Mai*] 1511:

Herzog Friderich, kurfürsten, mit erberen schriften sein begeren mit dem gwelten zeug ablainen und anzaigen dy beschwerd auch, daß deß derzeit nit übrig verhanten sey.

880. [1511, II, 10 b] Tercia Erasmi [*3. Juni*] 1511:

Zu rechtfertigung der geprechen uff dem goldschmidhanndtwerck und nemlich das handtwerck in gehaimbd aller geprechen halben zu verhören und mit dem unnzgolld sind beschiden

W. Birckhaimer. Jer. Holzschuher.

881. [1511, II, 13 b] Sabato vigilia Penthecostes [*7. Juni*] 1511:

Hanns Maier, den plattner, soll man auß beweglichen ursachen erlassen, kain geschworner maister zu sein.

882. [1511, II, 16 b] Quinta post Penthecostes [*12. Juni*] 1511:

Dem Schacken ist vergondt ein verpot auf des Storn von Ertfurt harnisch etc., so er pey dem vom Ploben hat, auf eins ratz widerruffenn . . .

883. [1511, II, 20 a] Tercia post Trinitatis [*17. Juni*] 1511:

Paulsen Fleuhenzorn, dem messerer, ist abgelaint, sich ausser diser statt zu thun und unauffgesagt seins bürgerrechten an anndern enden zu wonen.

884. [1511, III, 2 b] Sabato post Corporis Christi [*21. Juni*] 1511:

Fritz Stromeir, der rotschmid, *kommt vor.*

885. Ain erber rate hat sichtparlich vermerckt, das durch das hanndtwerck der goldschmid manigfaltige verprechung ires hanndtwercks gesetz und ordnung wirdet geprauсht, daraus grosser betrug des gemainen manns ervolgt und ain zerrütung und abfal vermelts handtwercks entstannden ist. Solchen mißpreuchen zu begegnen, hat ain erber rat das hanndtwerck lassen besennden und dieselben sampt den geschwornen maistern verhört und allerley beswerlicher betrieglikait befunnden und darauff ertailt, [3 a] die maister deß handtwercks auff ainen und uff dem anndern tayle die geschwornen maister zu besennden und ine stattlich und ernstlich anzusagen: ains erbern rats bevelch und maynung sey, das sy den gesetzen und ordnungen die ein erber rate irem hanndtwerck zu gut vor lang haben machen und uffrichten lassen, stracks geleben und nachgeen.

Und sonnderlich, das hinfüro kainer zu maister werd zuglassen und angesagt, er hab dann sein 10 f. für das maisterrecht geben, und die maisterstück, die ainem yeden in seinem haus zu machen ytzo begonnstigt sind, gemacht. Es soll auch kainer zu offem laden sitzen oder dermassen durch die geschwornen gelitten werden, er sey dann uff entrichtung obgemellter gepürnis und verfertigter maisterstück zu maister angesetzt.

[*Am Rande steht bei diesem Absatz:*] »Item ein yeder, der also seine maisterstück ausserhalb der geschwornen heusern macht, soll schweren, das er mit sein selbes hannd on annder leut hilff oder zuthun hab gemacht, und davor nicht mit offem laden sitzen.«

Und welche ytzo on das maisterrecht mit unnderschid wie oblaut zu offem kram sitzen, den soll gepotten werden, in 4 wochen maister zu werden oder sich zu enthallten, sein laden offen zhallten, pey peen deß pfendens.

Deßgleichen, das sy auch das wercksilber laut deß gesetz undter 14 lott nit arbaiten und damit betrug und geferlikait deßhalb verhüt werde, sollen die geschwornen maister dasselb wercksilber nit allein an dem poden, sonndern auch am corpus zimlicher weise bestechen.

Item das sy auch das gullden der trinckgeschirr und ander gefeß, deßgleichen der ganntz gullden clainot, alls ketten und [3 b] annders, uff sovil karat, wie die gesetz deßhalb weisen, arbaiten und nit die ferlikait deß röttelferbens einmengen.

Auch kainen messing und das kupfer on ainen sichtigen spiegel nit gullden und doch kein kupferin geschmeid.

Und zuvor so soll inen auch mit ernst eingepunden und in ir ordnung gebessert werden, das sy die gullden clainot, alls kreutz, ring und dergleichen, und zuvor die kassten der ring nit so seer hol machen und das mit wachs außfüllen, damit die leut sich vor solchem betrug wissen zu bewarn; auch die hefftlen mit so übermessigem geschmeltz nit behencken und überziehen, uff das der gemain man im gewicht das geschmeltz für gold zu kauffen nit übersetzt werde.

Und den geschwornen maistern stattlich einzupynnden, das sy sich befleissen, stattlicher dann bißhero beschehen über ains rats gesetz zu hallten und gegen den verprechern onverschont rügklichen zu hanndeln mit darauff gesatzter puß, und solchs zu ainem yeden mal dem bürgermaister anzusagen, uff das dieselben ains erbern rats wolermessne gesetze bey iren krefften besteen und das handtwerck sovil dester vleissiger gehandthabt werde.

Es söll auch der artickel, nemlich das ain yeder uff 100 f. werdts über seinem werckzeug schwern soll, der maister werden will, in der ordnung durchstrichen werden.

[4 a] Und Sebastian Lynndennast[1]) zu sagen, ain

[1]) Über Sebastian Lindenast vgl. Neudörfer, ed. Lochner S. 37 ff. († 1526). Doppelmayr 282. Baader, Beiträge Bd. I, 73 und Beilage IV. Bd. II, 55. Th. v. Kern im Anzeiger für Kunde der deutschen Vorzeit XX (1873) Sp. 304. Siebenkees, Materialien III, 321 ff. (Urkunde von 1509). Loose, S. L.'s Inventar, im Anzeiger für Kunde d. dt. V. XXIX (1882) S. 225 ff. Jahrbuch der Kunstsammlungen des A. K. H. Bd. V Nr. 4199 (1513: Privileg Kaiser Maximilians I., gegeben zu Brüssel), 1524 (1542 als † erwähnt in der Fürbitte des Bürgermeisters von

erber rate werd bericht, das er sich unndersteen soll, nit allain grosse stück von kupfer zu arbaiten und zu vergulten, sonder auch klaine geschmaid, alls gesperr, senckel-beschleg und dergleichen, das nit allein zu schmelerung deß handtwercks der goldschmid dienstlich, sonnder auch ainem erbern rate und gemainer statt schimpflich, darzu auch ainem betrug derjhenen, so das außwendig onwissend pflegen zu kauffen, gleich sey; deßhalb ime ain erber rate laß ernstlich bevelhen und gepieten, sich hinfüro zu enthallten, diß klain gerettlich zu arbaiten und zu vergullden auß angezaigten ursachen.

W. Birckhaimer.
St. Volckmeir[1]).

886. [1511, III, 6 b] Sexta post Johannis baptiste [*27. Juni*] 1511:

Bey dem hanndtwerck der plattner zu hanndeln, das sy dem herzogen Fridrichen 5 zenntner gewellts zeugs machen und seinem platner volgen lassen.

887. [1511, III, 8 a] Sabato post Johannis baptiste [*28. Juni*] 1511:

Den Fleuhenzorn soll man mit rüg furnemen, darumb das er ain messerer zu Vorchaim wider di ordnung verlegt.

Und daz zaichen auff den clingen, so derselb maister zu beschalen hat hergeschickt, soll man abthun und im seine clingen widerschicken, daneben durch underricht der messerer in ainer supplication den von Vorchaim auff ir schreiben antwurt geben.

Es folgen noch ein paar weitere Ratsverlässe über diesen Gegenstand, von denen nur die wichtigsten Aufnahme finden konnten.

888. [1511, III, 10 a] Tercia post Petri et Pauli [*1. Juli*] 1511:

Auff verhöre der goldschmid zettel ist ertailt, das gesetz und artickel der goldschmid zu endern der gestallt, das kainer hinfüro zu offem laden sitzen und alls ain maister werckstatt hallten und arbaiten soll, er sey dann zuvor zu maistern uff

Nördlingen für den Nördlinger Bürger Jakob Lindenast, der auch das Privilegium seines Vaters haben möchte, wie sein Bruder [der jüngere Sebastian L.] in Nürnberg).

[1]) Der letzte Abschnitt dieses Verlasses (über Sebastian Lindenast) schon bei Lochner in seiner Neudörferausgabe S. 42; einige der voraufgehenden Bestimmungen ihrem Inhalte nach bei Baader in seinen Beiträgen II, 24.

seine gemachte maisterstück zugelassen, und das er auch das geldt, davon gepürende, in die losungstuben geanntwortet hab.

Deßgleichen zu solchen der goldschmid ordnungen dise pesserung zu thun: wo hinfüro ainicher goldschmid ettwas vergullt, das über anderhalbe marck an gewicht hellt, so soll er das nit verkauffen oder auß seiner gewallt kommen lassen, es sey dann nach solchem vergullden durch die geschwornen goldschmid anderwait besichtigt und für gut und gerecht zugelassen.

Auch sollen die goldschmid schuldig sein, alle ring, ketten und hefftlein von gold, welcher stück an über zehen f. an werd treffen wirdt, den geschwornen maistern zu besichtigen zuzebringen.

[10 b] Item das auch kain goldschmid die ring, so er macht ausserhalb der pettschafftring und kästen gannz klainer ringlin mit wachs, von pleygl oder annderm zugericht, noch auch mit schlechtem wachs außfüllen, sonder dieselben ring sollen durch sie mit pappir außgefüllt werden.

Und den Lydemast [*so!*] uff der goldschmid klagzettel in seiner anntwurt hören und herwiderbringen.

W. Birckhaimer. St. Volckmeir.

889. [1511, III, 14 b] Tercia Kiliani [*8. Juli*] 1511:

... Und Paulsen Fleuhenzorn in glübd zu nemen und mit aydspflichten, ehe dann das bürgerrecht von ime auffgenommen wirdet, das er kain ander zaichen dann das sein uff sein klingen schlagen wöll.

890. [1511, III, 15 b] Quarta post Kiliani [*9. Juli*] 1511:

Hanns Puchner, der glogkengiesser, *kommt vor.*

891. [1511, III, 20 b] Quarta post Divisionis [*16. Juli*] 1511:

Alls sich das hanndtwerck der goldschmid bey ainem erbern rate mermalen beclagt haben über Sebastian Lynndennast, ... *etc. Vgl. Lochner in seiner Neudörfer-Ausgabe S. 42 f.*

892. [1511, IV, 7 a] Sabato post Jacobi [*26. Juli*] 1511:

Hannsen Krausen, kandelgiesser, soll man des Endres Rechen anntwurt hören lassen ... *etc.*

893. [1511, V, 13 a] Samstag nach Augustini [*30. August*] 1511:

Dem hanndtwerck der messerer zu begonnen, das sy alle Paulus Fleuhenzorns arbait, so vil sie der hie betretten mögen, in laut deß gesetz verhafften, auch in seinem haus suchen und alle arbait darin uffheben, so mit frembder hieiger maister zaichen sind bezaichent, und den knechten im haus, wo sy die betretten, zu sagen, irer arbait müssig zu steen, oder man woll sy uff dem handtwerck meiden.

894. [1511, V, 16 a] Quinta post Egidy [*4. September*] 1511:

Dy schrift Herman und [*Lücke; es ist zu ergänzen*: Theodorus] der Rietesel sol man ratschlahen . . .

Item den artikl mit den Veit Stossen auszaichnen, ime sagen, daß er in einer suplicacion etliche recht pot für etlich fürsten furschlag, eim rat woel diser zeit nit gezimen, in der sach richter zu sein.

895. [1511, VI, 2 a] Quinta Prothi et Jacincti [*11. September*] 1511:

Den platnern ein fuderung an den landtkometer [= *Komtur*] zu geben.

896. Dy suplicacion Marx Schwoben bey doctor Ulrichen ratschlahen und auf morgen herwider bringen.

897. [1511, VI, 3 b] Sabato post Nativitatis Marie [*13. September*] 1511:

Ein schrift an di Ridesl stellen und bis montag [*15. September*] beim rat wider horen lassen.

Des Veit Stossen suplicacion herauß lassen und nit einschlissen.

898. [1511, VI, 19 b] Quarta post Michaelis p^o^ [*d. h.* primo = 1.] octobris 1511:

Contzen Rot, goltschmid, sagen, so der herkumpt, der in den vergulten kopf zupracht und im verkaft hat, sol er daß dem pürgermaster anzaigen; sol der mit der gwarsam aufs rathauß gepracht werden, und ine in beysein deß Roten zu red halten unter rat zeiten.

899. [1511, VII, 7 b] Quarta post Calixti [*15. Oktober*] 1511:

Mit Endressen Begnitzer zu hanndeln, ob er sich on ain wartgellt mit dem wollt settigen lassen, das ime ain rate [8 a] bis in 400 fl. von gemainer statt wegen ain zeitlang darlihe, und herwiderbringen.

900. [1511, VII, 12 b] Tercia XI^M^ virginum [*22. Oktober*] 1511:

Endressen Begnitzer soll man fünff hundert gullden reinisch von gemainer statt leyhen, in fünff jarn widerumb zu bezalen, [doch das er] sein behausung darumb zu underpfand einsetz und ainem rate acht jar alls ain bestellter büchsenmaister gewertig sei: darumb soll sich auch sein haußfrau neben ime verschreiben [1]).

901. [1511, IX, 14 a] Sabato vig. Thome [*20. Dezember*] 1511:

Es ist ertailt, ain gesetz zu begreiffen, das kain bürger oder gast, der nit zu offen kram sitzt, ainiche seydne war oder gwand, als sammat, damask, attlas, taffat, zendel unnd dergleichen, ausserhalb schamlot under fünff eln nit außschneiden oder verkauffen, deßgleichen gannze schamlot und undter ainem ꝉꝉ gelds nit zu kauffen, bey ainer peen 10 f. und die meß zum Heilthumb soll on mittel frey sein laut voriger ains rats gesetz. Aber mit guldin und silbrin stücken soll ein yeder frey sein, dieselben stück- oder ellenweyß zu verkauffen. — Solch obgest. gesetz und ordnung solen beschriben mit eim tefela in der wag aufgeschlagen werden.

902. [1511, IX, 19 a] Tercia post Thome Cantuariensis [*30. Dezember*] 1511:

N. Grussten, g. e. von Zolern anwalt, dy antwort maister Peter Vischerß, rotschmids, in beysein Wilhelmen Hallers sagen und ine damit gütlich abweysen.

903. [1511, IX, 20 b] Quarta Silvestri [*31. Dezember*] 1511:

Thoman Maier[2]), plattner, in das loch zu legen und im unzimlicher schlachtung halben, an seinem weib geübt, in der capellen zu red hallten, pynden und bedroen.

904. [1511, X, 1 b] Sexta post Circumcisionis [*2. Januar*] 1512:

Herman Henleins supplication dem handtwerck der goldschmid furhalten und sy ersuchen, das sy desselben Henleins beger zulassen.

905. [1511, X, 2 b] Sabato post Circumcisionis [*3. Januar*] 1512:

Dem frembden, so under dem rathaus kunstbrief fayl hat und unnder denselben etlich, so Albrecht Dürers hanndzaichen haben, so im betrüglich nachgemacht sind, soll man in pflicht nemen, dieselben zaichen alle abzethun und der kaine hie fail ze haben, oder, wo er sich des widere, soll man im dieselben brief alle als ain falsch auffheben und zu ains rats hannden nemen. [*Im Register:* Albrecht Dürrers kunst abgestollen.][3])

---

[1]) Vgl. auch Baader, Beiträge II, 48.

[2]) Mitteilungen II, 256 († 1528).

[3]) Vgl. Campe, Reliquien 183, Baader, Beiträge I, 10 Anm. Mummenhoff, Rathaus S. 29 (nach den Ratsbüchern).

906. Jeronimo Höltzel[1]) bevölhen, das die verpotten müntz mit großen umbschrifften annderst gemacht werden.

907. [1511, XII, 2 b] Quinta post Mathie [*26. Februar*] 1512:

Dem Ebern, müntzmeister, sol man furdernüs gen Salzburg geben.

Des müntzmeisters halben sol man pey eim gesampten rat wider furlegen.

908. [1511, XII, 3 b] Sexta post Mathie [*27. Februar*] 1512:

Mon sol dem Eber, montzmeister, ansagen, das er sich weiter versech, demnach und er schwach sey etc.

909. [1512, II, 11 a] Quarta post Urbani [*26. Mai*] 1512:

Maister Niclausen, pilldhauers, sone von Ulme ist uff eritag schirist [*1. Juni*] ain fechtschul vergönnt . . .

910. [1512, II, 19 a] Sexta post Erasmi [*4. Juni*] 1512:

Wo kain sigel in der losungstuben funden werd, soll man ains in pley oder zyn graben lassen, die erstreckung des punds zu Swaben damit zu besigeln.

911. [1512, II, 20 a] Sabato post Erasmi [*5. Juni*] 1512:

Arnolten Wencken, goltschmid, sagen ein e. rat woel sich in die sachen deß Herdegen und seinß weibs nit schlahen. Er mug ein anwalt hinüber schicken in seim nomen; woel ein rath die kosten zalen und baß handeln inhalt deß rotsch[lags?].

912. [1512, II, 22 b] Tercia post Bonifatii [*8. Juni*] 1512:

Albrechten Scheurl ist vergönnt, hundert irrdener hefen oder tigel, zu der silberprob gehörig, zum Heroltsberg zu nemen und hinzufüren.

913. [1512, IV, 7 a] Quinta post Margarethe [*15. Juli*] 1512:

Dem hanndtwerck der plattner ist abgelaint, das sy ungezaichenten zeug zu deß konig von Engellands angedingten harnisch mögen verarbaiten, sonnder söll bey den gesetzen beleiben.

914. [1512, IV, 9 b] Sabato post Divisionis apostolorum [*17. Juli*] 1512:

Mit Marxen Rosenbergern[2]) ze hanndeln umb an-

---

[1]) Der bekannte Nürnberger Buchdrucker. Vgl. über ihn Zahns Jahrbücher I, 285. Roth, Gesch. des nürnberg. Handels III, 59 f. Th. Kolde in den Beiträgen zur bayer. Kirchengesch. VIII (1902) 17 ff.

[2]) Über Marquard oder Marx Rosenberger vgl. Gebert S. 48 ff. Roth, Gesch. des nürnberg. Handels I, 358 (1533). Ein Porträt von ihm bei Panzer S. 202. Sein Grab auf dem Johanniskirchhofe. Vgl. Trechsel S. 117, Sp. 2.

nemung des müntzmaisterampts; wo er deß waigerung thut, alßdann mit Hannsen Krug zu hanndeln, dasselb anzunemen.

915. [1512, IV, 10 a] Secunda post Alexii [*19. Juli*] 1512:
Den plattnern soll man willfarn und auß gemainer statt zeughaus 40 zenntner zeugs zum harnisch [geben] und mit der zeit andern kauffen.

916. [1512, IV, 12 a] Tercia post Alexii [*20. Juli*] 1512:
Wolf Stoer, wintenmacher, *kommt vor.*

917. [1512, V, 3 b] Sabato post Sixti [*7. August*] 1512:
Hansen Keck vom wald mit seiner clag gegen dem meister Veit Stoß fur die 5 weisen.

918. [1512, V, 17 b] Sexta post Bartholomei [*27. August*] 1512:
In der irrung Hanß Stabiusß [*der Schluß des Wortes offenbar mit Verschreibung; im Register:* Hans Stab, maler] wider Wolfen Traut[1]), maler, sollen 2 moler gepeten werden, den span hinzulegen und vertragen.

919. [1512, V, 19 a] Secunda post Augustini [*30. August*] 1512:
Niclas Dorer[2]), goldschmid, der jünger, hat sein bürgerrecht im rat auffgevordert; das ist von im angenommen und in die losungstuben geweyst.

920. [1512, VI, 6 a] Secunda post Egidii [*6. September*] 1512:
Dem handtwerck der plattner soll man mit 20 zenntner

[1]) Über den Maler Wolf Traut, dessen sich die Kunstforschung bisher nicht in gebührendem Maße angenommen hat, vgl. Neudörfer, ed. Lochner S. 136 f. Mitteilungen II, 72 († 1520). Allgemeine deutsche Biographie XXXVIII, 515 (von P. J. Rée). Von sonstiger Litteratur über ihn zitiere ich Fischer, Das Altargemälde in der Kirche zu Artelshofen im Anzeiger für Kunde der deutschen Vorzeit V (1858) Sp. 179 f. Laschitzer im Jahrbuch der Kunstsammlungen des A. K. H. VIII, 78 ff. Wilh. Schmidt, Wolf Traut im Repertorium für Kunstwissenschaft XI, 341. XII, 300 ff. Über seinen Anteil am Halle'schen Heiligtumsbuche in der Kunstchronik XXIV (1888/89) Sp. 326. Georg Hager, Wolf Traut und der Artelshofer Altar in der Kunstchronik XXIV Sp. 597 ff. Es handeln auch über den Meister R. Vischer, Studien zur Kunstgeschichte S. 336, 341. H. Thode, Die Malerschule von Nürnberg S. 103, 218, 272. P. J. Rée, Nürnberg S. 116 u. s. f. Ein von W. T. gemaltes Bildnis war in der kleinen Ausstellung von Kunstgegenständen aus Privatbesitz gelegentlich des kunsthistorischen Kongresses in Nürnberg 1893 zu sehen (vgl. den Katalog dieser Ausstellung).

[2]) Goldschmiede-Verzeichnis Nr. 133 (zwischen 1514 und 1533). Über N. D. den älteren und den jüngeren siehe Mitteilungen des Vereins für Geschichte der Stadt Nürnberg X S. 57 (1184) u. 58 (1515).

zeugs von gemainer statt willfarn und die den geschwornen maistern zustellen, das under das handtwerck außzutailen und ine sagen, das ain erber rate ine hinfüro nit mer woll volgen lassen.

921. [8 b] Tercia vigil. Nativitatis Marie [*7. September*] 1512:

Den hamermaistern, so den plattnern zu irem handtwerck die plech oder zeug pflegen zu machen, zu sagen, dhweil sich allerlai mangels ereuge in dem, das sie das handtwerck hie, wie sie geschworn, mit dem zaichenten zeug nit furdern, so laß ine ain rate sagen, denselben [*oder* demselben?] stracks zugebeben [*so!*], oder ain rate werd andere hamermaister verorden.

Und dem frembden von Berlin soll man die acht zenntner ungezaichent zeugs beim Baier volgen lassen und dem Baier nit verpieten, solchs nit hinaußzegeben.

922. [1512, VI, 12 b] Sabato post Kunegundis [*11. September*] 1512:

Hannsen Grünwald weitter zu red hallten, wo er gütlich nit sagen will, weethun.

923. [1512, VI, 19 a] Quinta post Mauricy [*23. September*] 1512:

Dy hamermaster, auch daß hanberck der platner beschicken, sy darzu halten, dasy gehorsam thon mit einer streflichen red, daß sy in so langer zeit kein gehorsam gethon haben.

924. [1512, VIII, 2 b] Sabatho post Symonis et Jude [*30. Oktober*] 1512:

Den von Zwickau soll man uff irn costen der [*so!*] ordnung der goldschmid, glaser und wundarzt volgen lassen.

. . . .

925. Hansen Grünbalt weitter in der capellen zu red halten, pinden und betroen.

926. [1512, VIII, 8 a] Secunda post Leonardi [*8. November*] 1512:

Dem platner, so etlichen harnasch gein Amberg ze machen zugesagt und darinnen sein pflicht vergessen hat, soll man glayt zusagen, damit er den harnasch seinem erpieten nach in 8 tagen den nechsten fertig oder, wo er daz nicht thett, werd ain rat straff darinnen gegen im furnem.

927. [1512, VIII, 16 b] Quinta post Othmari [*18. November*] 1512:

Dem müntzmaister Marquarten Rosenberger ist zugelassen, das er hinfüro in abwesen der verordenten herren müntzen und pregen mag und, so er der stempfel und eysen notdürffig ist, sol er zu denselben herren darnach schicken und ine, nachdem er die gepraucht hat, wider überanntworten in ainem verschlossen gefeß[1]).

928. [1512, VIII, 22 a] Quarta post Clementis [*24. November*] 1512:

Marquarten Rosenberger ain termin setzen zwischen hie und Weyhennachten.

929. [1512, XII, 15 a] Quarta post Letare [*9. März*] 1513:

Hanns Hasen, modisten, sein begern, ine mit vortail hie nidersitzen ze lassen, laynen; wo er aber bürger werden, wolt man im des stat thun und gutten willen beweysen.

930. [1512, XII, 16 b] Quinta post Letare [*10. März*] 1513:

Herzog Georgen von Sachssen brief dem handtwerck der platner furhalten.

931. [18 a] Sabato post Letare [*12. März*] 1513:

Herzog Georgen zu Sachssen platner soll man des gewellten zeugs bey den platnern volgen lassen vier zenntner, und sein gnad daz zuschreiben.

932. [1513, I, 5 b] Secunda post Quasimodogeniti [*4. April*] 1513:

Marquarten Rosenberger soll man vernemen von wegen deß eysengrabers, deß Kraffts[2]), und herwiderbringen.

933. [1513, I, 8 a] Quinta post Quasimodogeniti [*7. April*] 1513:

Die 3 künstner, so von Ynspruck herkomen sein, soll man das geschütz sehen lassen und sampt dem Mattern[3]) [*im*

[1]) Vgl. (unterm 21. November, nach dem Ratsbuch) Gebert S. 50.

[2]) Gebert S. 50 (Hans K. 1509 städtischer Eisengraber). Wie es scheint, identisch mit dem Goldschmied gleichen Namens: Goldschmiedeverzeichnis Nr. 211 (zw. 1473 und 1514) Vgl. noch Baader, Beiträge I, 38. II, 22. Mitteilungen des Vereins f. Gesch. der Stadt Nürnberg X, 57 (1514 und 1533, aus dem Manualbüchlein des Christoph Kreß). Mitteilungen II, 162 († 1512 oder 1513).

[3]) Die zahlreichen, den Zeugmeister Matern Harder von Straßburg betreffenden Ratsverlässe sind hier im übrigen der Hauptsache nach zunächst übergangen oder richtiger wieder ausgeschieden worden. Ich gedenke sie gelegentlich in der Zeitschrift für historische Waffenkunde zu veröffentlichen. Vgl. über M. H. insbesondere: Neudörfer, ed. Lochner S. 50. Baader, Beiträge II, 18. Zahns Jahrbücher I, 261. H. Boesch in den Mitteilungen aus dem germanischen Nationalmuseum 1890 S. 71 und die dort angeführte Litteratur.

Register: Matern von Straßburg] rätig werden, das geschütz ze fassen; und irem wirt für die zerung versprechen.

934. [1513, I, 12 b] Quinta post Misericordie domini [*14. April*] 1513:

Auff absteen Hannsen Craffts ist der jung Hanns Krug zu ainem eysengraber ertailt und soll im VIII gulden zu rystgelt geben werden[1]).

935. [1513, I, 17 b] Tercia post Tyburty [*19. April*] 1513:

Den püchsengiesser von Inspruck soll man uff Caspar Nützels schreiben von dannen fertigen und, so die carthaun durch die frembden werckleut gefertigt sein, söll man sölchs herwiderbringen und dann rätig werden.

936. [1513, I, 19 b] Quarta post Tiburty [*20. April*] 1513:

Dem Pulman[2]), schlosser, ist vergennt, das er zwen knecht zwischen hie und Sannt Michelstag schirist hallten meg über die gemainen ordnung, doch mit wissen der geschwornen deß hanndtwercks[3]).

937. [1513, I, 22 a] Sabato Georii [*23. April*] 1513:

Hannsen Krug sol das aufzihenampt in der müntz zu dem eysengraben verlassen werden.

938. [1513, II, 10 b] Secunda post Exaudi [*9. Mai*] 1513:

Vorchaimer, platner, beschicken und des zaichens halb zu red halten und sein anntwurt herwider pringen.

Und sollen die zeugmaister des gewelten und gezaichenten zeugs, wann die maister plattnerhandtwercks des zu vil haben, gemainer stat ze gut zu aim vorrat einkauffen.

939. [1513, II, 18 a] Quinta post Sophie [*19. Mai*] 1513:

Herman Vorchaimer, der on der geschwornen maister deß plattnerhandtwercks wissen dem Schatz, ainem plattner, ain zaichen deß adlers geben hat, ist gestrafft vierzehen tag und der Schatz acht tag uff ain thurn mit dem leib zu volbringen; und das zaichen vom Schatz wider zu nemen.

940. [1513, II, 22 b] Tercia post Trinitatis [*24. Mai*] 1513:

Dy gesanten zeugmaister von Insbruck bestellen, damit di 2 quärtanen mit dem neuen gefeß auf den freitag be-

---

[1]) Vgl. Baader, Beiträge I, 38. II, 22. Lochner 121. Gebert 50.

[2]) Über den Schlosser Jakob Pulmann (Bulmann etc.) vgl. Neudörfer, ed. Lochner S. 65—69 (am 22. November 1541 als verstorben erwähnt). Doppelmayr 285. Zahns Jahrbücher I, 259 (1497 wird er Bürger).

[3]) Vgl. Lochner in seiner Neudörfer-Ausgabe S. 66.

schossen werden, und alßdann mit zimlicher abfertigung aufs furderlichst wider anhaimß verfügen.

941. [1513, II, 24 a] Quarta Urbani [*25. Mai*] 1513:

Dem pfennter ze bevelhen, das er alle kronte helm, so er in den kirchen und annderstwo findet ainem rate in verzaichnus gebe.

Und das manual besichtigen von wegen der wappen zu Sannt Sebastian, was derhalben verlassen sei.

942. [1513, III, 11 b] Sexta Erasmi [*3. Juni*] 1513:

Mit maister Mathesen von Sachsen[1]) zu hanndeln, ine hie zu behallten und nemlich ine zu verwenen, das er uff abgang maister Jorgen [Stadelmann] hie stattmaister werden soll[2]).

943. [1513, IV, 2 a] Quinta post Achatii [*23. Juni*] 1513:

Zu ratschlagen, was für rören über den marckt zu laytung deß wassers zum Schönen prunnen zu legen sein.

944. [13 a] Quinta Willibaldi [*7. Juli*] 1513:

Es ist ertailt: die geprechlichen [*dieses Wort ist unterstrichen; übergeschrieben*: pleyin] rörn über den marckt zum Schönen prunnen soll man mit grünen erdstammen außwechsseln und furderlich machen lassen.

945. [1513, IV, 20 a] Quinta post Margarethe [*14. Juli*] 1513:

Herman Vorchamer, platner, sein begeren mit nachlasung der leibstraf, in gelt zu wenten, ablainen.

946. [1513, V, 12 a] Sabato post Jacobi [*30. Juli*] 1513:

Hansen Glaser bey S. Jacob paß meren und alßdann den doctoren furhalten, auch mitsampt Haintz Knoren antwort den ratschlag herwider bringen.

Ertailt, alle porillen, deßgleichen die zauberpüchlein und instrumenten Belials und Astrette fuderlich von den besagten zu handen bringen; solchß alleß zurschlahen und verprennen on weiter verzihen.

947. [1513, V, 15 a] Quinta vigilia Dominicy [*4. August*] 1513:

Den platner zu Fürt zu beschicken unnd in zu red halten, das er zu Fürt sitz unnd sey hie pürger, soll das herwider pringen.

948. Ulrichen Lochner, platner, umb sein mißhandlung des zaichens drey tag auf ein thurn straffen.

949. [16 a] Den Glaser bey S. Jacob und sein nachpauern,

---

[1]) Neudörfer, ed. Lochner S. 79 (kam im März 1518 an Georg Stadelmanns Stelle). Mummenhoff, Rathaus S. 191.

[2]) Zur Sache vgl. Mummenhoff, Rathaus 191.

dem Knören, ein frid lassen schweren, ine sagen, welcher den anderen spruch nit woel erlassen, der mug daßselb gegen dem andern suchen wie recht sey.

950. [1513, VI, 14 a] Sabato post Egidy [*3. September*] 1513:

Den goltschmiden sol man sagenn, das gesetz sol für sich pinten und sol den ytzigen, so maister, zu gebung des geltz frist geben werden 4 wochen, und welcher das nit thet, sol mon zusperen lassen. Mon sol auch ratschlagen mit den schworn, ob mon ein anders maisterstück kunt machen, das nützlicher wer.

Das gesetz mit faillung der ring sol in eroffendt werden und mit 10 fl. verpent werden.

951. [1513, VI, 20 b] Tercia post Kunegundis [*13. September*] 1513:

Deß amptmans zu Fürt briefe dem handtwerck der plattner furhallten, und herwiderbringen.

952. [1513, VII, 1 b] Quinta post Crucis [*15. September*] 1513:

Der harnischpalirer zettel soll man ratschlagen, ob irem begern mog volg geschehen oder nit, und herwiderbringen.

953. [1513, VII, 14 a] Secunda post Hieronimi [*3. Oktober*] 1513:

Wo Ulrich Lochner, der plattner zu Fürt, sein steuer und losung, daran ime kain nachlassen beschehen soll, bezale, soll sein bürgerrecht von ime uffgenommen werden. Und sich mittler zeit seins vermögens halben erkunndigen und, wo man geferd seiner losung halben erfinndet, ine in das loch legen.

954. [14 b] Den harnischpalierern soll [man] ir begern, nemlich ain geschworn handtwerck zu machen und ettlich ordnung und gesetz irs anzaigens zu geben, ablainen, soll pleiben hinfüro wie bißhere.

955. Den frembden hafnern in der hofmarck ist zugelassen, das sy nit mer dann zwen tag hie mögen fayl haben und dann ir hafenberck [=*Hafenwerk*], wohin sy wollen, verkauffen überhaupt.

956. [1513, VII, 20 b] Quarta post Dionisy [*13. Oktober*] 1513:

Dem Schirmer, platner, soll man zulassen, seine ampoß auff dem platz vor dem innern Lauffer thor ze schmiden, doch mit gutter verwarung, damit den nachparn nicht schad gescheche.

. . . .

957. Jakob Pulman, dem slosser, soll man zugeben, zu machung etlicher frembden angedingten arbayt und schnellwag zwischen hie und Ostern zweyer knecht mer über die ordnung zu haben, doch das er dieselben zu kainer anndern arbayt prauchen soll. Und solhs den geschwornen ansagen, daz sy des kain beschwerd tragen, man woll ir yeden in der notdurfft dergleichen vergönnen[1]).

958. [1513, VIII, 4 a] Secunda post Galli [*17. Oktober*] 1513:

Mit den geschwornen maistern deß salwirthandtwercks zu reden, das sy gütlich zulassen, Katharina Susslin das pannzermachen lennger zu vergonnen zu arbaiten.

959. [4 b] Hannsen Storch, den goldschmid, und sein weib soll man fur die fünff herren beschaiden und sy gegen einander lassen frid schweren.

960. [1513, VIII, 11 b] Quarta post Crispini [*26. Oktober*] 1513:

Bei den geschwornen maistern deß platnerhanndtwercks zu handeln, das sy Ulrichen Lochner zulassen, die armschin allain uff das zaichen alhie oder sonst zum Doß oder Schnigling zu arbaiten, ungeachtet seiner maisterrecht und das irem handtwerck zu gut.

961. [12 b] Cuntzen Weynman soll man in das loch legen und seins vergullten und verkaufften messings halben gütlich zu red hallten, und herwiderbringen.

962. [13 b] Quinta post Crispini [*27. Oktober*] 1513:

Conntzen Weinmans sag den geschwornen maistern der goldschmid furhallten und ir anzaigen darauff herwiderbringen.

963. [1513, VIII, 16 a] Secunda Wolfgangi [*31. Oktober*] 1513:

Sigmund Stachaimer, goldschmid, und Erhart Vogel, barillenmacher, darumb das sy verschiner zeit uff der fechtschul gegen ainem frembden fechtmaister von Ulme, alls der auff ains erbern rats erlaubnus schull gehallten, unbillich ferlich straich furgenommen und nit allain die fechtmaister, sonder ander umbstender [*so!*] zu emporung und uffrur erweckt haben, sind gestrafft yeder acht tag uff ain thurn mit dem leib zu volbringen, und das ir yeder in dreyen jarn den nächsten uff kainer offen fechtschul kain fechten thun soll; und inen frist geben bis uff Katharine.

Und den anndern fechtmaistern alhie, dhweil sie in solchem

[1]) Teilweise schon bei Lochner in seiner Neudörfer-Ausgabe S. 66.

10*

auch ettlicher massen verwandt gewest sein, soll in ainem jar dem nechsten kain fechtschul vergonnt werden.

Sigmund hat die straff angerürt.

964. [1513, IX, 4 b] Tercia post Martini [*15. November*] 1513:

Gilgen Menger und Hannsen Franckenpruner beschicken und anhalten, das sy bey iren aiden, so sy darumb thun sollen, überanntwurten alle arbayt, so sy von messing vergult haben, damit die werd abgethan.

965. [5 b] Quarta Othmari [*16. November*] 1513:

Huppen Hannsen und Menger warnen irs gethanen aids, alle solich arbayt von vergultem messing zu überanntwurten.

966. [6 a] Item von Hannsen Franckenpruner und Gilgen Mennger, umb das sy die arbayt von vergulten messing verlegt haben, soll man auß gnaden von yedem X f. nemen und inen darzu ein strefich red sagen, das sy des hinfüro müssig sten oder man werd das gesetz gegen inen geprauchen unversaumt.

Item es soll darzu die überanntwurt arbayt von vergulten messing und deßgleichen die kupferin, so kainen spiegel haben, verfallen sein und abgethanen werden; frist auff Weichnachten.

967. [6 b] Item Vincentz Mäisen und Jacoben Feuchter, deßgleichen, wen die geschwornen goldschmid, bey iren pflichten gefragt, mer anzaigen werden, soll man auch solher arbayt halben beschicken und zu red halten; derselben anntwurt herwiderpringen.

968. Ratslagen mit den geschwornen und anndern alten maistern der goldschmidt, ein annder maisterstück an der aglei statt in die ordnung zu setzen.

969. [1513, IX, 14 b] Secunda post Katherine [*28. November*] 1513:

Ertailt, daß man der goltschmid maisterstück, wie von allter herkumen, der agalablumen bleiben woel lassen; solch den geschwornen anzaigen.

970. [1513, IX, 16 b] Quinta post Anndree [*1. Dezember*] 1513:

Über zwen tag dem hantwerck der platner auf ir suplication zu anntwort geben, ein e. radt hab den handl mit den lerjungen bedacht und lassen es beim gesetz und alten ordnung bleiben.

971. [1513, X, 1 a] Sexta post Concepcionis Marie 8. [*lies:* 9.] Decembris 1513:

Auf die suplication der geschwornen der goltschmid

contra Herman Haila, messerer, in der canzley besichtigen und herwider bringen, waß dem Hayla von erbat [*so! = Arbeit?*] zugeben oder verpoten ist worden.

972. [1513, X, 2 a] Sabato post Conceptionis Marie [*10. Dezember*] 1513:

Mit wissen Gilig Schultheisen[1]), goltschmid, den von Hof dy erscheinung Hanß Rots piß auf Confessionis Pauli auf ir fürpit zuschreiben und erstrecken.

973. [3 a] Hansen Kandler, orglmacher, ist vergunth, hie zu wonen zwischen hier und Jacoby sunder daß pürgerrecht.

974. [1513, X, 6 b] Quinta post Lucie [*15. Dezember*] 1513:

Lienhart Peuerlein[2]), maller, angeloben lassen, das er ausserhalb freuntlichs rechten gegen den gotzhaus gemeinernn zu Rolhoffen nicht furnem, und die vetter zun Augustienern piten, damit sie dorob sindt, das der maller bezalt werd on verner kostung.

975. [1513, X, 8 a] Sexta post Lucie, 16. Decembris 1513:

Sover Fritz Stampf, messerer, schwern mug, das er nicht mer dann 9 tag und das nicht gewist, das er pey Fleuenzornen zu Vorcham gearbeit, sol er wider zugelasßen werden.

976. [1513, X, 20 a] Tercia post Circumcisionis [*6. Januar*] 1514:

Den geschwornen maistern deß messererhanndtwercks zu sagen, ain rate konnd nit befinden, das das dreen der hurrnin degen- oder messerhefft ain sonnder zugehörung irs handtwercks sey; darumb man E. Pratengeyer, cammacher, sölchs nit wiß zu weern oder darumb zu straffen.

977. [20 b] Zu ratschlagen bey maister Hannsen in der Peunt, ob man maister Petters son, Herman Vischer[3]), mit ainer gießhütten uff sein zinns möcht versehen.

978. [1513, XI, 8 a] Sexta post Erhardi [*13. Januar*] 1514:

Gilgen Menger zu sagen und von rats wegen zu ge-

---

[1]) Goldschmiede-Verzeichnis Nr. 180 (zwischen 1473 und 1514). Mitteilungen II, 164 († 1519).

[2]) Baader, Beiträge I, 2 (allerdings bereits zum Jahre 1474).

[3]) Über Hermann Vischer d. j. vgl. insbesondere Neudörfer, ed. Lochner S. 31 ff. Doppelmayr 286. R. Bergau in der Wartburg VIII (1881) S. 140 ff. A. Bauch in den Mitteilungen des Vereins f. Gesch. der Stadt Nürnberg XIII, 295 († 1517). Porträt bei Panzer S. 64. Dazu ist die übrige Vischer-Litteratur Peter Vischer den ält. und den jüng. betreffend, zu vergleichen.

pietten, das er seinem kauffen, das er mit dem glas, zum spiegler- und andern handtwercken dienende, uff den glashütten bißhere gepraucht hat, deßgleichen dem verlegen deß spenglerhandtwercks, darinn er berüchtigt ist, abstee, dhweil es zu abbruch dem gemainen nutz und handtwerck diene. Oder das er das spieglerhandtwerck arbait und anneme und sich denselben gesetzen gemeß hallt. Doch anfangs zu versuchen, ob gütliche mittel möchten gefunden werden; wo nit, alßdann das obbemelt verpott zu thun.

979. [1513, XI, 14 a] Secunda post Vincenti [*23. Januar*] 1514:

Dem Schirmer, plattner, sein begern, im etlichen harnasch, dem von Engelland zugehörig, paliren ze lassen, ablaynen in anschung das auß vorsteender not daz malwerck muß gefurdert werden.

980. [14 b] Hanns Schacken, goldschmid, noch ain frist setzen bis auff Ostern, sich des bürgerrechtens personlich zu entledigen.

981. Maister und gesellen der messerer soll man beschicken und vernemen, waz endtlich ir aller gemüet sey, die mayd auff dem handtwerckh wider zuzegeben oder nicht.

982. [15 b] Mathes Jorian[1]) mit seinem begern umb verpott gegen etlichem lachs seins verstorbnen gelters von Lübeck an das gericht weyssen.

983. [1513, XI, 16 a] Tercia post Vincenti [*24. Januar*] 1514:

Von wegen Hanns Vischers[2]), messerers, soll man

[1]) Der Goldschmied, Juwelier und Agent Matthes Jorian (Gorian, »Tyssen Jorian« bei C. Gurlitt, Archivalische Forschungen II, 73 zum Jahre 1499) war nach Ausweis des Nürnberger Genanntenbuches — Hs. 16620 der Bibliothek des Germanischen Museums — »von Erfurt gebürtig«. In Nürnberg treffen wir ihn, soweit ich sehe, zuerst im Jahre 1500. Vgl. Jahrbuch der Kunstsammlungen des A. K. H. Bd. I Nr. 247, 318, 325, 338, 341, 425, 491 (1507–1517) III Nr. 2305, 2315, 2328, 2335, 2363 (alle 1500), 2600 (1506), 2611 (1508), 2661 (1509). Beiträge zur bayerischen Kirchengeschichte, hrsgbn. von Th. Kolde VIII. Bd. S. 31 (1521).

[2]) Der ganze Ratsverlaß muß bei dem heutigen keineswegs schon sehr hohen Stande der Vischer-Forschung noch ziemlich rätselhaft bleiben. Wie der Schlußsatz vermuten läßt, handelt es sich hier in der That um ein Mitglied der berühmten Gießerfamilie und zwar um Peter Vischers d. ä. Sohn Hans, nicht, wie man vielleicht unter Annahme eines Irrtums auf Seiten des Ratsschreibers denken könnte, um Hermann Vischer, von dem kurz zuvor (6. Januar) die Rede war. Nach unserm Ratsverlaß müßte H. V. als Messerer gelernt, sein Meisterstück im Messererhandwerk jedoch mit dem Guß eines Fürstenbildes, etwa eines Grabmals zu machen beabsichtigt haben. Vielleicht wehrten sich die Messerer

den geschwornen, den messerern, sagen, so verrer kein andre ursach verhannden, alein daß er sich vor seinen lerjaren verheirat hab, sollen sy Hansen Vischer mit seim fürsten zu machen die maisterstück zulassen.

984. [1513, XI, 16 b] Quinta post Pauli conversionis [*26. Januar*] 1514:

Deß herzogen von Braunschweig diener soll man uff ansagen Hanns Neuschels ain urkunnd geben, das er so vil tag uff verfertigung angedingter busaunen alhie hab müssen verharren.

985. [17 b] Hannsen Maier, platner, soll man straffen 4 tag uff ain thurn on frisst darumb, das er Erasmen Freyen von Prag entsetzt und gesagt hat, er gee mit ime umb alls Judas mit unserm herrgott, deß Maier gestendig gewest ist.

986. [1513, XII, 3 b] Samstag nach Blasy [*4. Februar*] 1514:

Das handtwerck der plattner zu hörn, ob sy in das begern Ulrichen Lochners haben [*so!*]; alßdann ime bis uff Mitfasssten willfarung zu thun; wo nit, herwider bringen.

987. Alls die maister deß messererhandtwercks bis in 20 bey ainem erbern rate supplicirt und gebetten haben, ainem yeden maister ain haußmaid zuzugeben, die die geleimbten schaiden machen und die messer an dem stock, [4 a] alles nach volbrachter irer haußarbeit, außberaiten mechten, das aber ettlich annder messerer sampt den gesellen in grosser zal widerfechten und ursach, warumb solchs nit gut sey, angezaigt haben, ist ertailt, den begerenden messerern verpieten, das ain mayd nit mer ar-

hartnäckig dagegen und Hans V. trat infolgedessen erst in die Werkstatt seines Vaters ein. Aber die ganze Nachricht bedarf, wie angedeutet, noch einer genaueren Untersuchung. Vgl. über H. V. insbesondere Neudörfer, ed. Lochner S. 31. 34. Baader, Beiträge I, 25 ff. Zahns Jahrbücher I, 244 f. II, 80. Franz von Soden, Beiträge zur Geschichte der Reformation (Nürnberg 1855) S. 362 ff. Mummenhoff, Rathhaus: an vielen Stellen. Bei den meisten der in dieser Veröffentlichung mitgeteilten urkundlichen Nachrichten handelt es sich um die Geschichte des erst 1540 von Hans Vischer fertig gestellten berühmten »Fuggergitters« (worüber ferner noch Lochner im Anzeiger f. Kunde d. dt. V. 1870 Sp. 52 ff. Kunstchronik IX, 1873, Sp. 195. Bergau im Korrespondenten von und für Deutschland 1876 Nr. 128, 130, 143 und 144 und im Repertorium für Kunstwissenschaft II, 1879 S. 50 ff. zu vergl.). Kunstblatt VI, 126; XXVII, 133. A. Bauch in den Mitteilungen des Vereins für Gesch. der Stadt Nürnberg XIII, 295 († 1550). Außerdem ist die Litteratur über Peter Vischer den älteren und den jüngeren zu vergleichen.

baiten soll, dann ine das gesetz vor zugeb und das annder ir begern alles ablainen und soll bey vorigem gesetz und verlaß bleiben.

988. [1513, XII, 5 a] Tercia post Dorothee [*7. Februar*] 1514:

Gilger Menger uff anregen der spiegler zu sagen, ains rats maynung sei, das er sich verlegung deß tubachs [*das Wort ist groß geschrieben:* Tubachs], auch deß kauffen deß spieglglas, dhweil ime das gesetz solchs verpiet, enteusser, wie am nachsten verlassen und ain merers worden sei.

Es folgen noch ein paar weitere Ratsverlässe über diesen Gegenstand.

989. [1513, XII, 12 b] Sexta post Valentini [*17. Februar*] 1514:

Bernhart Grymm, rotschmid, *kommt vor.*

990. [1513, XII, 17 a] Quinta vig. Mathie [*23. Februar*] 1514:

In der ringmacher ordnung zu setzen, das hinfüro kain mayd zu demselben handtwerck soll gepraucht werden bey ainer peen vier ũ novi.

991. [1513, XIII, 4 b] Samstag nach Kunegundis [*4. März*] 1514:

Den pau der capellen zu sant Kungunden, so ettlich personen zu pessern vorhaben, zu besichtigen mitsampt maister Hannsen Behaim, und herwider bringen.

992. [1513, XIII, 13 a] Secunda post Reminiscere [*13. März*] 1514:

Den geschwornen des handtwercktz der goltschmid sol mon das anzaigen des Holtzpock[1]) furhalten, und herwiderpringen.

Es folgen noch ein paar weitere Ratsverlässe über diesen Gegenstand, bei dem es sich um einen von Holzbock begangenen Diebstahl handelt.

993. Soverr der Schilling, furmon, anrüren mag, das er die erden auf die glashüten fürnn [= *führen*] wol, sol mon im auf fürschrift Schenck Christoffen 50 centner volgen lassen.

994. [1513, XIV, 4 a] Sexta post Letare [*31. März*] 1514:

Zu den geschwornen deß plattnerhandtwercks zu beschaiden und sy ersuchen, das sy mit Ulrichen Lochner seins gemachten maisterstücks halben ain zimlich umbsehen thun,

[1]) Zu Hans Holzpock vgl. Goldschmiede-Verzeichnis Nr. 231 (zw. 1473 u. 1514). Seine Bürgeraufnahme war »Sabbato vigilia Purificationis Marie« [1. Februar] 1511 erfolgt. Er hatte dabei 4 fl. bezahlt. Vgl. Bürgerbuch von 1496—1533 Bl. 78 a.

obwol dasselb nit ganz förmlich gemacht sei, dann man den hynnen behallten mög.

995. [4 b] Sabato post Letare [*1. April*] 1514:

Paulsen Müllner, goldschmid, soll man zu vereerung seiner ghabten mühe mit dem auffziehen der gewicht 3 fl. novi geben.

996. [1513, XIV, 5 a] Secunda post Judica [*3. April*] 1514:

Den von Alaw soll man zu bezalung ettlichs gemachten harnisch so vil derselb betrifft an münntz darleyhen, und das sy das an gollt wider bezalen.

997. [1514, I, 6 b] Quarta post Marci [*26. April*] 1514:

Maister Wilhelmen von Worms[1], plattner, haimlich zuwincken, das er dem marggrafen den kuris zuschick, und sein bezalung daselbst zu nemen; wo ime die nit volgen will, soll ime ain rate gut dafür werden. In gehaimbd doch ime zu verpieten, solchs nymand zu eröffnen.

998. [1514, I, 10 a] Tercia post Walburgis [*2. Mai*] 1514:

Auß ursachen, das die capellen Sannt Kunigunden uff Sannt Laurennzen kirchhof auf dem furgenomen gepeu, so ain junckfrau unbenennet ze thün vorhat, ettwovil schuch nach der leng gegen dem pfarrhof treffen und dem kirchhof sein weitten deß orts benemen würd, soll man derselben personen, so die vorgehabt haben zu pauen und zu erweittern, ablainen, dieselben dergestallt zu verneuen und zu renovirn, es were dann, das dasselbig gepeu allso furgenommen, das das hindter vorschüpflin an der stigen vor der kirchen abgeprochen und durchsichtig gemacht werden sollt mit ainem gepeu ettlicher seulen; dasselb sollt zugelassen und doch die erweitterung abgestellt werden[2].

999. [1514, II, 1 a] Quinta post Cantate [*18. Mai*] 1514:

[1] Über den älteren der beiden Plattner Wilhelm von Worms, den Schwiegersohn Hans Grünewalts, vgl. Neudörfer, ed. Lochner S. 54 ff., Bürgerbuch 1496—1533 Bl. 21 a: »Sabbato vigilia Katherine [24. November] 1498: Wilhelm von Worms, plattner; [zahlte bei seiner Bürgeraufnahme] IV f. werung.« Vgl. ferner: Doppelmayr 285. Zahns Jahrbücher I, 257. Mummenhoff, Rathaus 253 (1536 als Zeuge). Gurlitt, Archivalische Forschungen I, 43, 75, 76, 100 f. Hermann Ehrenberg, Die Kunst am Hofe der Herzöge von Preussen, an mehreren Stellen. Mitteilungen II, 256 († 1537). — W. Boeheim im Jahrbuch der Kunstsammlungen des A. K. H. Bd. XVI S. 368 ff. Derselbe, Meister der Waffenschmiede-Kunst 234 ff.

[2] Die Thatsachen schon bei Baader, Beiträge II, 29 f.

Auff des richters zu Leiptzig schreiben Gilgen Schulthaiß, goldschmid, bey pflichten der warhait fragen, sein ansag lassen auffschreiben und herwiderpringen.

1000. [3 b] Samstag nach Cantate [*20. Mai*] **1514**:

Dem richter zu Leiptzk soll man Gilg Schulthaissen anzaigen deß saphirs halben, so der Stetten von Augspurg alhie verpoten hat, zuschreiben.

1001. [1514, II, 13 b] Quinta post Exaudi [*1. Juni*] 1514:

Wilhelm von Wormbs, platners, supplication Fritzen Puhler einßliessen und pitten, bei marggrafen zu handeln, damit er bezalt werd.

1002. [1514, III, 3 a] Secunda post Viti [*19. Juni*] 1514:

Der goltschmid ordnung, waß in an der peserung manglt sol man in geschriben geben.

1003. [1514, III, 9 a] Tercia post Johannis baptiste [*27. Juni*] 1514:

Auff gethane besichtigung deß lasarethaus zu Sannt Sebastian, das ettlich ains erbern rats verordente, deßgleichen gemainer statt werckleut und kriegsverstenndig auß ains rats bevelch gethan haben, ist bey ainem wolgesamenten rate mit ainem merern ertailt, mit Sebalden Schreier alls verwaltern desselben paus stattlich zu reden und ime sagen, ains rats maynung sey, das er den auffgerichten tail desselben haus mit den ingepeuen und annder nottdurfft furderlich mach und verfertig, damit das in zeit der pestilenz gepraucht werden mög.

Und insonnders, das er solchen tayl deß haus, auch das gannz haus nit unnder ain tach, wie er vorgehabt, sonder under zway tach, wie vor verlassen und ime angesagt, auch ytzo bey den verstenndigen werckleutten abermals im rat gefunnden sey, richt und pau, das sey ains rats enndtliche maynung.

Und den werckleuten bevelhen, daz sy ie über XIIII tag in acht und vleiß haben, damit diser pau gefurdert und annderst nicht gemacht werd.

1004. [1514, III, 15 b] Tercia Udalrici [*4. Juli*] 1514:

Den goltschmiden ist ir begern mit den 4 geschwornen maistern zu der schau (ine) zugeben.

1005. [1514, III, 20 a] Tercia post Kiliani [*11. Juli*] 1514:

Mit maister Peter Vischer stattlich zu hanndeln, das er das grab deß heyligen Sannt Sebalds furderlich mach.

1006. Die geschwornen maister der rotschmid, auch die zwen, die maister Veiten Stossen nit wöllen helfen giessen, ze beschicken und si irer antwurt ires abschlags hören, und herwider bringen.

Vgl. Jahrbuch der Kunstsammlungen des A. K. H. X *Nr. 5799.*

1007. [1514, IV, 8 b] Sexta post Alexii [*21. Juli*] 1514:

Veyten Stossen soll man ablainen, kais. Maj. etliche pilder von messing ze giessen, und ime des handtwercks der rotschmid antwurt und beschwerung anzaigen, und daz si solhs über ains rats ersuchen mit nichten wöllen nachgeben.

Vgl. ebenda Nr. 5800.

1008. [9 b] Secunda vigilia Jacobi [*24. Juli*] 1514:

Mit den geschwornen maistern der rotschmid statlich handeln, daz si zu disem mal zulassen, daz Veyt Stoss die gemachte form giessen mug; dann sunst würd es bei kais. Maj. grosse ungnad gepern.

Und daneben mit dem Stabio handeln und pitten, daz er dem Stossen nicht mer anding, sonder dem handwerck der rotschmid.

Vgl. ebenda Nr. 5801.

1009. [10 a] Als Veyt Stoss auf ains rats bewilligung gemelt hat, es wer im sein form durch disen verzug erdorrt und er des in schaden kommen, den begeret er im abzelegen oder durch das handwerk der rotsmid als verhinderer zu verschaffen, ist ertailt, im ze sagen: Ein rat hab sein anpringens ain merklich beschwerd und missfallen; dann ob er an seiner arbait ainichen schaden empfangen, des sei ain rat nicht ursach und darumb nichts schuldig. Ein rat wöll aber dises seins anpringens und voriger ungeschickter reden, als er gegen den herren gesagt: ob si nu vor kais. Maj. wolten gestendig sein irs abschlags, seiner zeit ingedenk sein.

Und soll im doch in ansehung kais. Maj. ain stat angezaigt werden, do er giessen mug.

Vgl. ebenda Nr. 5802.

1010. [1514, V, 1 b] Sexta post Laurenti [*11. August*] 1514:

Zu dem brobst zu Sannt Sebald zu beschaiden und ime anzaigen die beschwerung, so die zway der Groland und Muffel geschlecht ab seinem furnemen aines neuen sacramenthaus, so er zu Sannt Sebald zu machen vorhatt, haben und bitten, desselben furnemens abzusteen, dhweil ain rate solch sacramenthaus an kainer statt füglicher bedencken mög, dann do es ytzo ist und zuvor, dhweil die bede geschlecht angezaigt, alle sacramenthaus zu zieren willens sein; und, wo er deß beschwerd hat, herwiderbringen, auch solche beschwerd denn beden geschlechten furhalten.

1011. [1514, V, 14 a] Sabato post Bartholomei [*26. August*] 1514:

Dem brobst Sebaldi soll man sagen, ain erber rate habe ime guter maynung der beder geschlecht, Groland und Muffel, beschwerden, so sy von wegen deß vorhabenden seins furnemens mit dem sacramenthaus zu Sant Sebald haben, angezaigt, aber ir gemüte sey noch nicht, ime solch furnemen zu verpieten, sonnder woll das genzlich uff sein erwird gestellt haben [1]).

1012. [1514, V, 21 b] Secunda post Egidy [*4. September*] 1514: Dem jungen Sidelman zu raten, das er sich mit maister Silvester, dem goldschmid zu Augspurg umb das leergellt der 18 f. vertrag laut irer zünfftischen ordnung, dann on das acht ain rate on frucht von seinem wegen zu schreiben.

1013. [1514, V, 23 b] Tercia post Egidii [*5. September*] 1514: Fritz Neithart, ringmacher, sol man gestatten, schlüsselring zu machen und solchs für ein freie kunst achten. Solch den geschwornen ringmachern ansagen.

1014. [24 a] Den scharsachschmiden soll man ir unbillich begern, nemlich das maister Conradten Flaischer [2]) seine zway zaichen der stern und huffeysen, so er schlecht [= *schlägt*], nit vergonnt, sonnder allain das ain zu schlagen zugeben sein soll, stracks ablainen mit anzaig, das sy sich deßhalben der rugsherren vorgegeben entschids, auch irs verlaß mit dem leerjungen billich settigen lassen hetten.

1015. [1514, VI, 6 b] Sexta post Crucis [*15. September*] 1514: Zu den geschwornen maistern der goldschmid zu beschaiden und sy bitten, dem jungen Mathes Sidelmann zu erlangung seins maisterbrieffs ettlich wochen zu bewilligen: wo nit, herwider bringen.

1016. [1514, VI, 13 a] Secunda post Ruperty [*25. September*] 1514:

[1]) Zur Sache vgl. Baader, Beiträge II, 27.

[2]) Sein Grab auf dem Johannisfriedhofe. Vgl. Trechsel S. 618 Sp. 1 (1521).

Maister Veiten Stoss soll man zu seinem vorhabenden guss aines kupferin pilds ainen zwinger leihen.

Vgl. Jahrbuch der Kunstsammlungen des A. K. H. X, Nr. 5803.

1017. [1514, VI, 20 a] Tercia post Jeronimi [*3. Oktober*] 1514:

Maister Petern Vischer, dem rotschmid, soll man das haus beym Weissenthurn, das der rorenmaister ain zeitlang inngehabt hat umb [*ausgestrichen:* »4 f.«] ainen nemlichen zins, so hoch man mag, uff 4 jar verlassen, das mit seinen sönen zu irer arbait haben zu geprauchen, und herwiderbringen.

1018. [1514, VII, 21 a] Tercia post Ursule [*24. Oktober*] 1514:

Maister Wilhelmen von Worms an den allten marggrafen umb sein schuld für ain küris, darumb ime ain rate gut worden ist, furdrung geben.

1019. [1514, VII, 28 b] Tercia vig. Omnium sanctorum [*31. Oktober*] 1514:

Es ist ertailt, dem heiligen Sant Sebald zu eeren und furderung die 3 f. losung, so man zu zeiten der losung von den 18 f. zins [29 a] auß der losungstuben an das gotshaus S. Sebalds capellen, gein Venedig gehörig, zu geben schuldig ist, in ewig zeit nachzulassen.

Und darzu zu pesserung derselben capellen, die ytzo deckens nottdürfftig ist, 20 f. r[einisch] auß der losungstuben zu raichen.

1020. [1514, VIII, 3 a] Sexta post Omnium sanctorum [*3. November*] 1514:

Erharten Baier, plattner, soll man ablainen sein furnemen, nemlich das er sich understeet, von den hamermaistern ungezaichenten zeug zu kauffen und damit furkauff und kauffmanschatz zu treiben, und ine darumb in laut deß verlesen gesetz alls ainen furkauff der ware, in sein handtwerck dienend, zu straffen, wo er dem nit absteen will.

1021. [3 b] Hannsen Schatz, hamermaister zu Lauff, darumb das er ettlichen zeug gearbait und den gezaichent, der nit halb stehlin gewest ist, [strafen?].

1022. [1514, VIII, 11 a] Sexta post Leonhardi [*10. November*] 1514:

Maister Wilhelmen, platner, soll man von gemainer statt entrichten 32 f. und ettlich ℔ h., so ime marggraf Friderich für harnisch schuldig ist, darfür ime ain rate gut worden ist: doch das er seinem erpieten nach vleiß thue, solich gelt einzepringen.

1023. [1514, VIII, 16 a] Quinta Othmari [*16. November*] 1514:

Auff clag der goldschmid Gilgen Menger und annder, so geverlich arbeyt von messing und kupffer machen und verfüren sollen, beschicken, zu red halten, ir anntwurt herwiderpringen.

Daneben die gesetz ansehen und ratslagen, wie soliche geverlichait mög furkommen werden.

1024. [1514, VIII, 29 a] Quarta vigilia Andree [*29. November*] 1514:

Hansen Krafft, den goldschmid, zu beschicken und der obgemelten ansag halben, so Niclas Groß von im außgesagt, auch zu besprachen und zu horen.

1025. [1514, XI, 3 b] Sabato post Pauli conversionis [*27. Januar*] 1515:

Der platner von Bamberg brief dem gesellen, darinnen vermeldt, furhalten, und sein anntwurt herwiderpringen.

1026. [4 b] Den schwertfegern soll man ablainen, das sy kain rückklingen fassen, herwiderumb soll man den messerern ablainen, das sy kain schwertsknöpf uff irem handtwerck machen sollen, sonder die rückklingen sollen die messerer und die schwertsknopf die schwertfeger fassen und machen, es wollt dann ein yeder dem anndern solchs mit guttem willen zulassen.

1027. [1514, XI, 8 a] Quarta post Pauli conversionis [*31. Januar*] 1515:

Dem plattnergesellen alhie, von deßwegen die maister von Bamberg an ainen rate geschriben haben, zu sagen, das er die maister entricht in acht tagen den nechsten oder die statt meid; und das den maistern zuschreiben.

1028. [1514, XI, 14 b] Quinta post Agathe [*8. Februar*] 1515:

Zu ratschlagen, wie der falsch deß seidin gewannds, das zu schmal gemacht wirdet, mecht furkomen werden, deßgleichen der falsch deß untzgolds; und herwiderbringen.

1029. [1514, XII, 5 b] Tercia post Invocavit [*27. Februar*] 1515:

Wiewol ain erber rate hievor für gut bedacht und ertailt hat, das den messerern soll benommen sein, schwertknopf uff ir were zu machen, so hat doch ain erber rate darinn beschwerd befunden, darumb auch von dem handtwerck der messerer mercklich anlauffen, geschray und anfechtung gehabt und derhalben auff neue verhor irer angezaigten beschwerd und der schwertfeger anntwort dargegen, auch besichtigung beder partheien arbayt mit ainem merern ertailt, das das handtwerck der messerer ungeachtet vorigs entschids, den ain erber rate zwischen inen und den schwertfegern gegeben, die muschel- und ander knöpf uff die neuen manir wol machen mögen, deßgleichen mögen auch die schwertfeger dieselben knopf gleicherweise auch machen, doch sollen sy der kain auff ainich rückklingen setzen, sonnder der rückclingen laut des jüngsten entschids ze fassen müssig sten und den messerern damit kain verhinderung oder abpruch thun.

1030. [1514, XIII, 7 a] Quarta post Judica [*28. März*] 1515:

Hans Franck, geschmeidmacher, *kommt vor.*

1031. [1514, XIII, 12 b] Tercia post Palmarum [*3. April*] 1515:

Hanns von Culmbach[1]) ist glait geben, sich mit seinem widertail vor den Fünffen entschaiden ze lassen, doch das es ine an bürgerlicher straff nicht furtrag.

1032. [1515, I, 23 a] Sabato post Crucis invencionis [*5. Mai*] 1515:

Albrechten Thürer und Jorgen Vierling gegen einander zu verhörn und, wie man die sachen erfindt, soll man wider in den rate bringen und dann rätig werden, was gegen Virling mit straff zu handeln sey[2]).

1033. [24 a] Secunda post Cantate [*7. Mai*] 1515:

Jorgen Vierling von der Klainenreut in das loch legen und ine Albrechten Thürers halb uff morgen zu red hallten.

1034. [24 b] Tercia post Cantate [*8. Mai*] 1515:

Jorgen Vierling soll man in der capellen zu red hallten, pyndten und bedroen von wegen der handlung, so er gegen Thürern geübt.

Und seiner freuntschafft zu sagen, ain rate wöll irem freund nit unrecht thun.

[1]) Fraglich, ob es sich um den Maler Hans Süß von Kulmbach handelt. Vgl. über diesen Neudörfer, ed. Lochner 132, 134—136. Zahns Jahrbücher I, 224. Doppelmayr 192. Mitteilungen I, 261. Porträts bei Panzer 139. Maryan Sokolowski, H. S. v. K., seine Gemälde in Krakau und sein Meister Jacopo dei Barbari. Krakau, 1883. R. Vischer, Studien zur Kunstgeschichte, an vielen Stellen. Karl Koelitz, H. S. v. K. Leipzig, Seemann, 1891.

[2]) Das Thatsächliche in dieser Angelegenheit, über die noch eine Anzahl weiterer Ratsverlässe handelt, bereits bei Baader, Beiträge I, 8.

1035. [25 b] Quarta post Cantate [*9. Mai*] 1515:

Jorgen Fierla weiter zu red hallten, erstlich güetlich, wo er alßdan nit sagen wil die warhait, alßdan im ein mal we thon.

1036. [II, 1 b] Quinta post Cantate [*10. Mai*] 1515:

Die zeugen, die Thürer von wegen Jorgen Vierlins waiß zu stellen, von ampts wegen zu hören.

1037. [2 a] Jorgen Vierlin weytter zu red halten und ein lautter bekandtnuß von im pringen, das er den Dürer ze schlagen bedrot, auch unpillicher ding beschuldigt hab, pindten und bedroen und, wo er gütlich nicht sagen will, wee thun lassen.

1038. [3 a] Sexta post Cantate [*11. Mai*] 1515:

Jorgen Vierlins freuntschafft zu sagen, ir freund hab unbilligs und sträfflichs, auch so vil gehanndelt, das er ain offne straff verdient hett. Aber in ansehung Thürers fürpitt und irem ansuchen, wo sy noch mit leib und gut für iren freund wollten pürg werden, das Thürer und die, so solcher sachen verwandt, versichert weren, wollt inen ain rate unterweislich anntwort geben.[1])

1039. [1515, II, 14 a] Quarta post Exaudi [*23. Mai*] 1515:

Herman Kreuselman, ringmacher, *kommt vor.*

1040. [1515, II, 22 b] Sexta post Urbani [*1. Juni*] 1515:

Auff ansuchen Albrechten Thürers ist Jorgen Vierlein zur Klain-reut sein straff, die ime desselben Thürers halben ist auffgelegt, begeben.

1041. [1515, III, 5 b] Tercia post Barnabe [*12. Juni*] 1515:

Von wegen der irrungen zwischen den harnischpalirern und plattnern soll man maister Wilhelm von Worms vernemen und sein maynung und anzaigen herwiderbringen.

1042. [6 b] Quarta post Barnabe [*13. Juni*] 1515:

Den harnischpalirern soll man ir begern, inen ettlich

[1]) Zur Sache sei hier ergänzend hinzugefügt:

[Strafbücher, Bl. 202 a] Sexta post Cantate [11. Mai] 1515:

»Jorg Vierlin von der Kleinreut darumb das er sich unnterstannden, Albrechten Dürer zu hohmuten unnd zu schlahen, ist er fenngklich angenomen unnd ins loch gefürt. Nach- [202 b] volgennd auff fürbitte Albrechten Dürrers unnd nachvermeldter personen pürgschafft unnd verpflichten, mit leib unnd gut pürg zu sein, das er mit worten und werckhen von disem Jorg Vierlin unbelaidigt und sicher bleiben soll, ist er uff ein urfehd mit bezalung der atzung aus fanngknus gelassen unnd darzu noch gestrafft vier wochen ins loch mit dem leib zu volbringen. Frist auff sandt Johanns tag Sunnewenden« [24. Juni].

ordnung zu geben, ablainen und soll hinfüro bleiben wie bisher, dhweil solch handtwerck in das plattnerhandtwerck trifft und von einander nit soll gesondert werden.

1043. [1515, III, 11 a] Quarta post Viti [*20. Juni*] 1515:

Den plattnern ist gelaint, die bede schirmer noch der Zeit ausser fengknus zu lassen, dhweil sy vilfeltig verprochen haben, sonder über acht tag wider furlegen.

1044. [1515, III, 14 b] Sabato vigilia Johannis baptiste [*23. Juni*] 1515:

Den hafnern von Altorff und in der hofmarckt sol mon ir begeren ableinen, sich mit den zum Neuenmarckt widerumb in ainigung und bruderschafft zu begeben.

1045. [1515, III, 17 b] Quarta post Johannis baptiste [*27. Juni*] 1515:

Die bede schirmer soll man mit bezalung der atzung und auff ain urfehd vom thurn lassen . . . *etc.*

1046. [1515, III, 19 a] Quarta [*lies*: Quinta] vig. Petri et Pauli [*28. Juni*] 1515:

Hansen Schwertzer[1]), rotschmid am Weinmarckt, sein begeren mit dem pulfer vail haben ablainen.

1047. [1515, III, 21 a] Tercia post Visitacionis Marie [*3. Juli*] 1515:

Der von Augspurg geschickten werckleuten soll man die thor und vorwerck an der statt alhie sehen lassen, inen auch sechs kanndel weins in die herberg schencken.

1048. [1515, V, 5 b] Tercia Affre [*7. August*] 1515:

Den geschwornen deß goltschmidshantwercks ist vergunth, der — Storchen verlassne wittib iren laden zuzusperen und nit gestaten, daß hantwerck zu treiben, doch auf eins rats widerruffen.

1049. [1515, V, 7 a] Quarta post Syxti [*8. August*] 1515:

Conntz Rosendorn, ringmacher, *kommt vor.*

1050. [1515, V, 11 b] Secunda post Laurency [*13. August*] 1515:

Mit den geswornen der goldschmid gütlich hanndeln, daz sy der Störchin [*am Rande:* Anna Hans Störchin] noch ain zimlich zeyt zulassen ze arbayten, darinnen sy sich verheirat

[1]) Ein H. Sch. liegt auf dem Johanniskirchhofe begraben. Vgl. Trechsel S. 367 Sp. 2 (1521).

oder iren sun zu maister mach und maisterrecht thun laß. [*Am Rande:* »No.: Die geswornen haben zugelassen, das die frau biß zum jar nach absterben irs haußwirts arbaiten mög.«]

1051. [1515, V, 21 b] Quinta vig. Bartholomei [*23. August*] 1515:

Dem Kisling, goltschmid, ansagen, daß er deß hantwercks ordnung volg thu czwischen hier und samstagß [*25. August*]; wo nit, dem pfenter bevelhen, im zu verpieten, sein schmiten nit offen zu halten, einß yden tags bey eim ℔ novi pen, und demselben nachgen. Desselben gleichen sol eß mit dem N. Holzpock, goltschmid, auch furgenomen werden.

1052. [1515, V, 26 b] Tercia post Bartholomei [*28. August*] 1515:

Hanns Kißling und Hanns Holzpock sagen, das sy bei vor auffgesatzter puß mit offem laden nicht arbayten, sy haben dann ir maistergelt entricht.

Es folgen [in Heft VI] *noch ein paar weitere Ratsverlässe über diesen Gegenstand.*

1053. [1515, VI, 12 b] Quarta post Nativitatis [*12. September*] 1515:

Jacob Radhoffen, goltschmid, dy prenntigl volgen zu lassenn, ablainen, im kein zaichen inn der wag lassen geben, auch im ein streffliche red sagen und anzaigen, eß ervind sich auch nit, daß man so groß tegl, so einer 1 zentner halten, zu der müntz nit prauch.

1054. [1515, VI, 21 a] Quinta vig. Mathei [*20. September*] 1515:

Ein tafel auff Sannt Jacobs altar in Sannt Sebolts kirchen soll man vergunnen ze machen, doch on schilt, deßgleichen das venster bey demselben altar zu verneuen, soverr man die altarschilt widerumb darein und den kain neuen schilt zusetzen will [1]).

1055. [1515, VI, 25 b] Tercia post Mathei apostoli [*25. September*] 1515:

Maister Jorgen Stadelmans sag von wegen der auffgerichten pruderschafft zu Sannt Lorennzen auffschreiben und ime anhallten, das er die anndern maister, die sölcher bruder-

[1]) Zur Sache vgl. Baader, Beiträge II, 27.

schafft verwandt sein, benenn, dieselben nachvolgend beschickt, beaidigt und ir sag ains yeden in sonnderhait auffgeschriben werden, und herwider komen.

1056. [27 b] Quarta post Mauritii [*26. September*] 1515:

Zu dem brobst Laurenti zu beschaiden, und ine bitten, das er hinfüro in dergleichen sachen wie ytzo mit der zimmerleut bruderschafft beschehen ist, fursichtig sey und sich wider ainen rate, den es zu nachtail komm, nit allso hinein fürn laß, dann es dien zu zerrüttung deß regiments.

1057. Und maister Jorgen Stadelman, auch den anndern zimmerleuten, die sölcher angefengter bruderschafft verwandt sein, zu beschicken und maister Jorgen in sonder sagen, sich erfind, das er solcher bruderschafft ain anfenger sey, wiewol er das vernaint hab, deß ain erber rate beschwerd trag. Deßgleichen den anndern zimmerleuten neben maister Jorgen zu sagen, sie haben mit auffrichtung angezaigter pruderschafft strafflichs gehanndelt, nachdem sy sölchs gannz on wissen ains rats furgenomen, haben damit wol ain straff verdient, die woll ain rate bey sich behallten, und sey ains rats begere, solcher bruderschafft gannz müssig zu steen, dhweil es zu zerrüttung ains erbern rats regiment dienlich sey.

Auch alspald ir verordente püchsen, auch das puch, darein sy diejhnen, so der bruderschafft verwandt sein, pflegen zu schreiben, zu ains rats handen zu stellen.

Zum neuen rat furlegen, ob man maister Jorgen solcher sachen halb wöll straffen oder nicht.

1058. [1515, VII, 1 b] Quinta post Mauritii [*27. September*] 1515:

Maister Reinharten, nachtwechter von Cölen, ainem künstner, der artem memorativam will alhie lernen, ist zugeben, alhie bis uff Weyhennachten aignen rauch zu hallten und sein kunnst offen zu lernen.

1059. [1515, VIII, 5 a] Tercia post Simonis et Jude [*30. Oktober*] 1515:

Auff besichtigung deß lasarethaus und paus zu Sannt Sebastian, so ain erber rate durch ettliche ire ratsfreund und die verstendigen werckleut hat thun lassen, auch derselben werckleut darauff verfassten ratschlag und gemachten überschlag, so sy der vorsteenden costung halben desselben gepeus in verzaichnis

11*

gepracht haben, ist ertailt, das man die auffgefürten zwu vierung am lasarete mit angepeuen bedachung und ander nottdorfft, damit man die zu zeiten sterbender leuffd geprauchen mög, zurichten und pauen soll nach rate der werckleut; und die costung desselben gepeus soll von anndern reychlichen allmusen, die es vermögen, entliehen werden. [5 b] Und zu ainem stainmetzen an solchen pau ist verordent maister Hans Behaim[1]) der jünger, der landpaumaister.

Zu ainem zimmerman maister Mathis von Sachsen.

Und zu verwaltern solchs gepeus sind verordent Martin Tucher, Jacob Welser, Sigmund Fürer.

Herr J. Ebner. Herr C. Nützel.

1060. [1515, VIII, 6 a] Quarta vigilia Omnium sanctorum [*31. Oktober*] 1515:

Hannsen Kißling und Hannsen Holzpock gepieten, mit offem laden nicht ze arbayten, sy haben dann ir maisterrechtgelt gar bezalt, alle tag bey pen 1 fl novi.

1061. [1515, VIII, 15 b] Quarta post Martini [*14. November*] 1515:

Sebolten Schreyer soll man sein überanntwurt verzaichnuß und ratsleg, den pau des lazareths berürend, widerumb zustellen und sagen, ein rat hab die zum tail und so vil not gewest hören lesen, trag aber seins harten andringens und aigenwilligen kopfs wider ains erbern rats furgenomen und beslossen enderung, wie sy auß oberkeit ze thun macht haben, ain mercklich mißfallen und beswerd, und sey noch ains rats maynung, daz er im solhs laß gefallen und dem zugegen kaine verhinderung oder widerred mehr thue, damit er ain rat nicht zu merern mißfallen beweg und ursach geb, darumb mit gepürlicher straff gegen im ze handeln, daz im nicht zu guttem komen möcht.

Und ist auch für unnotdürfftig angesehen, auch abgetailt, Bamberg umb consenß solcher ennderung anzesuchen.

1062. [1515, VIII, 21 b] Secunda Elizabethe [*19. November*] 1515:

[1]) Zu Hans Beheim d. j., den Landbaumeister, vgl. Neudörfer, ed. Lochner, S. 5, 6 ff. († 13. Juni 1535). Baader, Beiträge II, 14 ff. Zahns Jahrbücher I, 260 f. Mummenhoff, Rathaus: an vielen Orten. Meyers Allgemeines Künstler-Lexikon III, 310. Ein Porträt von ihm (mit unrichtigem Todesdatum) bei Panzer S. 16. Sein Grab auf dem Johanniskirchhofe. Vgl. Trechsel S. 381.

Jorgen Lauern, stainmetzen, von wegen falscher münnz, die er soll gemacht haben, in das loch legen.

1063. [1515, IX, 2 a] Quinta Cecilie [*22. November*] 1515: Die verwallter Sannt Sebastians gepeus soll man zu vorhabendem irem gepeu auß der losungstuben, doch von anndern allmusen, die es mittler zeit darleihen, 1600 f. vertrosten.

1064. [1515, XI, 22 a] Sabato Appolonie [*9. Februar*] 1516: Vorchamer, platner, sein begern ablaynen, ine diser zeyt des geschworen maister ampts zu erlassen.

Daneben ine sampt den annderen gesworen maistern anhalten, anzezaigen dijhenen, so wider ordnung irer gesetz arbayten, und dann dieselben beschicken, darumb zu red halten und, wo not sein wirdet, herwider pringen.

1065. [23 a] Hannsen Krug, Glymmen und Schulthaissen, goldschmid, soll man sagen, ob sy der angezaigten injury halb doctor Zeidelmann anzugs nicht erlassen, mugen sy ine vor den Fünffen beclagen, dahin solch sach gehören; daneben anzaigen, wie es mit der zettel gestalt ist.

1066. [1515, XII, 20 a] Sabato post Letare [*8. März*] 1516: Den verwaltern deß paus zu Sannt Sebastian soll man auß der Peunt umb zimlichen wert von holz und prettern so vil man mag volgen lassen und umb sölch gellt ainen andern vorrat furderlich zeugen [= *beschaffen*].

1067. [1515, XII, 21 b] Tercia post Judica [*11. März*] 1516: Dy geschwornen deß hantwercks der platner beschicken und ine anzaigen, daß einß rats willen sey, dy pflicht auf dem hantwerck abzustellen und dy straf auf ein puß stellen, nemlich 20 ñ alt auf ein ydeß stück, so ungeschaut verkafft wirt, mit der unterscheid, daß dy geschwornen dem hantwerck ein malstat sollen anzaigen nach irer gelegenhait [22 a], und daß sy dyselben tag 2 oder drey stund gwertig seyn, und welche von hanten zeug ine zutragen, daß sollen sy besichten und nach der ordnung zaichnen, deß sich alle deß hanten [? *so!*] der zweier tag mit der schau benügig sein sollen. Aber mit solcher ordnung sol den geschwornen nit benomen sein, in dy krem, schmiten und heuser zu gen und besichten zu thun, wo sy verdechtlickait haben.

1068. [1515, XIII, 3 a] Quinta post Judica [*13. März*] 1516: Jörgen Bonacker, plattner, sein begern, ime ain jar zu Leiptzk zu sitzen, ablainen und sagen, er mög sein bürgerrecht auffsagen, sonst wiß ime ain rate nit zu willfarn.

1069. [1516, I, 24 a] Quinta post Jubilate [*17. April*] 1516: Vleiß zu thun, zwen annder geschwornen maister an der zwaier ytzigen eltsten statt zu nemen uff dem platnerhandtwerck und die, so dafür suppliciren, deß nit zu erlassen, soverr sie tuglich und vor lang gefeyert haben.

1070. [1516, I, 25 b] Sabato post Jubilate [*19. April*] 1516: Mit maister Jorgen Stadelman, auch Mathes von Sachssen und Melchiorn ze hanndeln und unndtersagen, sich gegen Würtzburg mit kainer verwerung zu vertieffen.

1071. [1516, II, 2 a] Quinta post Georgy [*24. April*] 1516: Paulus Rottauer[1]), goldschmid zu Passau, wo er sich seinem erpieten gemeß halt, dörff er sich nicht besorgen und mög sein handel und besuch on far zu und von diser stat haben.

1072. [1516, III, 5 a] Tercia post Urbani [*27. Mai*] 1516: Mathis Gorian sind zu vorhabender seiner tochter hochzeit mit Frannzen Slenther von Ulm uff eritag nach Bonifatii [*10. Juni*] die stattpfeiffer und darzu vergonnt, anstatt deß obs am hochzeittags confect, auch ain essen visch zu geben.

1073. [1516, III, 21 b] Secunda post Viti [*16. Juni*] 1516: Hansen Grymen[2]), plattner, der deß eebruchs und aidverprechens in seiner schrifft offen bekendt, sein begern ablainen.

1074. [1516, IV, 8 b] Sexta post Johannis [*27. Juni*] 1516: Mit den maistern deß stainmetzenhandtwercks zu hanndeln, das sy Niclausen Lauer lassen einkommen und arbaiten und gegen ime ain umbsehen thun, ungeachtet das er die maisterstück nit gemacht hab; auch dem pfenndter anzusagen, denselben Lauer nit zu rügen.

Und mit maister Hannsen zu hanndeln der neuen ordnung halb, nemlich das kainer zu maister sollt zugelassen werden, auch nit arbaiten, er hett dann die maisterstück gemacht, das aber beschwerlich sey, und wie dem möcht pesserung gefunden werden.

1075. [1516, IV, 9 b] Sabato post Johannis [*28. Juni*] 1516:

[1]) Ein Meister dieses Namens auch im Nürnberger Goldschmiede-Verzeichnis unter Nr. 205 (zwischen 1473 und 1511). Vielleicht siedelte er von Nürnberg nach Passau über.

[2]) Erwähnung bei Lochner in seiner Neudörfer-Ausgabe S. 62 (1526).

Der geschwornen maister deß goldschmidhandtwercks underrichtung den von Bresslau einschliessen.

1076. [1516, V, 3 b] Sabato post Alexy [*19. Juli*] 1516:

Die Stetnerin, Arnolt Wencken und Paulus Müllner mit einander on furpoten an recht ze weysen.

1077. [1516, V, 5 b] Secunda post Alexii [*21. Juli*] 1516:

Dem handtwerck der huff- und waffenschmidt ir begern, das man inen ainen knecht mynnder zugeben sollt laut irer supplication, ablainen.

1078. [1516, V, 11 b] Quarta post Jacobi [*30. Juli*] 1516:

Die frembden plattner, die das zaichen auß dem hieigen plattnerzeug genommen haben, gegen den plattnern alhie zu vernemen.

1079. [12 a] Dem maister und plattner, der gestatt hat, in seinem haus von ainem harnisch das Nürnberger zaichen abzuthun, ain straffliche red sagen.

1080. [1516, V, 17 a] Tercia Oswaldi [*5. August*] 1516:

Alexius Bierpaum[1]) ist an deß abgegangenen kirchners statt zu Sannt Lorennzen zu ainem kirchner ertailt, doch das er zuvor gleich anndern pürgschafft thue.

Vgl. Lochner in seiner Neudörfer-Ausgabe (nach den Ratsbüchern und unterm 6. August).

1081. [1516, VI, 13 a] Sabato post Augustini [*30. August*] 1516:

Deß kaisers pildgiesser, dem Godel[2]), soll man uff kais. Mt. schreiben ettlich hefen hie zu nemen vergönnen.

1082. [1516, VI, 23 b] Quarta post Nativitatis Marie [*10. September*] 1516:

Den Godel ainen rotschmid, der ettlich tygel zum Heroltsberg soll kauffen und wegk fürn oder schicken, zu besenden und deßhalben sein anntwurt horen und widerbringen.

Und ratschlagen, wie man sölch verkauffen der tygel, auch

---

[1]) Neudörfer, ed. Lochner S. 183—185 († 1547). Doppelmayr 193.

[2]) Gemeint ist ohne Zweifel Stephan Godel, der zuweilen auch fälschlich als Stoffel Godel oder Jädel erscheint. So im Jahrbuch der Kunstsammlungen des A. K. H. Bd. I, Regest Nr. 403 (1516). Ebenda in Bd. II, III, V, X und XI beziehen sich des weiteren zahlreiche Regesten auf ihn. Vgl. über ihn namentlich noch R. Vischer, Studien zur Kunstgeschichte S. 459. Allgemeine deutsche Biographie IX, 319 f. (von Schönherr). St. G. † 1534.

das kauffen deß gestolen messings und ander stück mög furkommen.

1083. [1516, VII, 1 b] Quinta post Nativitatis Marie [*11. September*] 1516:

Conntzen Roten, goldschmid, ist abgelaint, ime zu ettlicher seins vettern weibs klaider ains verpotten ze vergennen, sonnder sy gegeneinannder an das recht weisen.

1084. Den ungerechten platnerszeug, so Jobst Freunth gemacht sol haben, dem pfenter bevelhen, denselben bey den platnern lassen aufheben.

Und alßdann dem gemelten Freunt, hamerschmid, beschicken und ine zu red halten, sein antwurt herwider bringen.

1085. [1516, VIII, 11 b] Sabato Luce [*18. Oktober*] 1516:

Der paumaister soll vleiß thun, den gutten künstner zu Eystet zu gemainer stat ze pringen mit hilff Jörgen Heussen[1], slossers.

1086. [1516, VIII, 16 a] Quarta post Ursule [*22. Oktober*] 1516:

Ludwig Krugs anntwort den geschwornen deß goldschmidhandwercks furzuhalten und sy darin zu vernemen, ob sy den ayd nemen wöllen oder nicht. [*Am Rande:* bede Krug haben gesworen.]

1087. [1516, IX, 15 b] Quinta post Othmari [*20. November*] 1516:

Mit maister Hansen Behaim zu handeln, ob man möcht den stattmaister und stainmetzen zu Nordling hieher bringen[2]).

1088. [1516, XI, 1 a] Sexta post Circumcisionis [*2. Januar*] 1517:

Bey dem gericht erkundigen, was etwan in den rechtlichen geprechen zwischen Jörgen Trummer und seinem sweher Veyt Stossen für urtail ergangen sein und dann retig werden, graf Herman von Hennenberg anntwurt ze schreiben.

. . . .

[1]) Neudörfer, ed. Lochner S. 69—71 (1499 Bürger und Meister). Baader, Beiträge I, 73 (1506) und Beilage IV. Beiträge II, 54 f. Zahns Jahrbücher I, 259 (1528). Siebenkees, Materialien zur nürnberg. Gesch. III (1794) S. 321 ff. (Urkunde von 1509).

[2]) Zur Sache vgl. Baader, Beiträge II, 17 f. Der betr. Steinmetz wird hier Meister Stephan genannt.

1089. Den platnern soll man vergönnen, Hannsen Grymmen des aussgeraten platner zeug hynnen auffzehalten und zu verpieten. Wo er dann darumb ansuchen und sich wider in bürgerliche straff würd [*so!*], soll man im lassen einkommen, zu verhüten, das durch in daussen kain pöser zeug gemacht (gemacht) werd.

1090. [9 b] Sabato post Erhardi [*10. Januar*] 1517:

Den geswornen maistern, den platnern, wincken, soverr Hanns Grymm widerumb ansuchen und pitten würd, mög im gnad widerfaren und er auff ain bürgerliche straff einkomen.

1091. [14 a] Sexta ante Anthony [*16. Januar*] 1517:

Hans Grymmen, den platner, inbedacht der geswornen maister fürpeth auff ein bürgerliche straff versichert lassen einkommen, die ime umb verprechung seins gethanen aids und eeprüchigen wesens erkandt ist, 4 wochen in ain versperte kemerlin auff ein thurnen mit dem leyb zu verpringen und wasser ze trincken.

Frist auff Vaßnacht.

1092. [1516, XI, 9 a] Quarta post Blasy [*4. Februar*] 1517:

Der platner begern bedencken und ratslagen, was sich derhalben leiden mög, und dann herwiderpringen.

1093. [1516, XIII, 9 a] Secunda post Reminiscere [*9. März*] 1517:

Maister Jacoben Pulman, slosser, sind noch zwen knecht über die ordnung seins handtwercks vergönnt auff ein halb jar.

1094. [1516, XIII, 12 b] Quinta [post] Gregory [*12. März*] 1517:

Herman Henlin, messerer, annemen und ine die 3 gefangnen zuvorderst im loch besichtigen lassen und, soverr sy im für den tetter anzaigen, ine zu red halten.

Und die annderen gefangnen dhweyl ruen lassen.

Es folgt noch eine Anzahl weiterer Ratsverlässe über diesen Gegenstand, bei dem es sich um die Entleibung eines pettelmaydlins *handelt*[1].

1095. [13 b] Sexta post Reminiscere [*13. März*] 1517:

Den platnern soll man in irem begern willenfaren mit dem,

[1] Vgl. über den ganzen Fall Lochner in seiner Neudörfer-Ausgabe S. 72 f.

das ir yeder hinfüro nicht mer dann ainen lerjungen halten soll, und derselb lerjung nach den lerjaren zwei jar gesellen- oder knechtsweyß ze arbaiten, ehe er maister werd.

1096. [1517, I, 16 b] Sabato post Philippi et Jacobi [*2. Mai*] 1517:

Dem meister Hans Spengler[1]), so dij salzfaß von kundterfein macht [*ausgestrichen ist:* und andere werck des kunderveins geust], sol ime zugelassen sein, und den kandelgiessern ir begeren ablainen.

1097. [23 a] Quarta Johannis ante port. lat. [*6. Mai*] 1517:

Dem hanndtwerck der kandelgiesser soll man ir begern ablaynen dem Spengler, geschmeidmacher, zu verpieten, die salzvaß von kunther feyn nicht mer zu machen, sonnder ein rat wöll demselben ir zusagen halten; doch wöll ein rat im lassen undersagen, ausserhalb der salzvaß kain annder stück, in ir handtwerck rürend, zu machen und zu verkauffen.

1098. [1517, II, 10 b] Tercia post Exaudi [*26. Mai*] 1517:

Dem hanndtwerck der kandelgiesser sagen, ein rat wöll dem Hanns Spengler ir zusagen halten, von kundterfeyn die salzvesslin und doch sunst weytter nicht ze machen, und das auch dieselben nicht söllen gezaichet werden, und inen darüber ir begern ablaynen.

1099. [1517, II, 14 a] Sexta post Urbani [*29. Mai*] 1517:

Von Erharten Baier, plattner, soll man für sein auffgelegt pußgellt der 50 f. 10 f. zu puß nemen.

1100. [1517, III, 10 a] Secunda post Viti [*22. Juni*] 1517:

Den frembden formschneidern kain protzaichen geben, und welhe von den viertailmaistern und hauptleuten für stathafft werden angesehen, die sich nicht wöllen lassen abweysen, dieselben mit irer pit an den rat weysen.

1101. [1517, III, 12 a] Quinta post Johannis baptiste [*25. Juni*] 1517:

Die clainen orgel von Hannsen Stauber soll man zu Sant Sebolt annemen und nach ainer füglichen stat umbsehen.

1102. [12 b] Den hafner zu Sachssen soll man vergönnen, sich in die marggrevischen bruderschafft ze kauffen. Aber dem

1) Ein H. Sp. liegt auf dem Johanniskirchhofe begraben. Vgl. Trechsel S. 188 Sp. 1 (1527).

hieigen, maister Bernharten, soll mans verpieten bey ains rats straff.

1103. Den geswornen maistern der platnern ablaynen, auff irem handtwerck umb kainerlay sach ze straffen, sonnder sollen es fur rat oder die Fünff weysen.

1104. [1517, III, 16 b] Quarta vig. Visitationis Marie [*1. Juli*] 1517:

Als Jorg Trummer auff ains rats verglaytung ytzo hieher kommen und begert hatt, mit seinem sweher Veyt Stossen zu verschaffen, ine der verwenten 500 f. sampt erlitten costen zu entrichten, ist ertailt, Veyt Stossen ze vordern und im Trummers begern furzehalten, darzu anntwurt ze geben.

1105. [1517, IV, 3 b] Sabato post Kiliani [*11. Juli*] 1517:

Maister Sebolten Paumhauer mit seinem begern umb verpot zu seins ungeraten aidens werckzeug an recht weysen.

1106. [1517, IV, 6 a] Quarta Divisionis apostolorum [*15. Juli*] 1517:

Wo Sebolt Paumhauer, kirchner, seinen aiden, Bartholmes Preysensyn, innhalt des gesetz nicht will trynnig sagen, so soll im von rats, auch gerichts wegen abgelaint werden, ime verpots oder beschreibung seins werckzeugs zu gestatten.

1107. [1517, VI, 3 a] Sexta post Egidy [*4. September*] 1517:

Hannsen Görl[1]), lautenmacher, der sich zu ainer gemainen frauen verheirat hat, sein begern umb ein heyratgelt ablaynen.

1108. [1517, VI, 20 a] Sexta post Mathei [*25. September*] 1517:

Besichtigen nach ainer gelegenen stat zu des Staubers orgelin in sant S. Sebolts kirchen [*so!*].

1109. [21 a] Secunda Wentzeslai [*28. September*] 1517:

Das orgelin, so Stauber gein Sannt Sebolt geben will, soll man unndter der grossen orgel lassen auffrichten, wie durch die gelerten ist geratslagt.

1110. [1517, VII, 11 b] Quinta post Martini [*12. November*] 1517:

Jorgen [*Lücke*] von Nördling [*im Register*: Jorg von Nordlingen], den guten schreiner, zu bürger annemen und das bürgerrecht schencken, damit er bey der arbeyt in der sacrastei zu sant Lorenzen pleiben mög.

[1]) Vgl. Anmerkung zum Ratsverlaß vom 25. Mai 1551.

1111. [12 b] Nachdem und Marquart Rosenberger des ampts der müntz abgestanden ist und Jörg Dither der elter solch müntzmaisterampt anemen wil, daß man den, bey eim radt dan seiner zeit vertig, doch dar vor dy freihet der müntz zu weg such und bey eim rat anzaig, wie man eß mit den stampfeisen fürpaß halten sol.

1112. [1517, VIII, 15 a] Sabato post Martini [*14. November*] 1517:

Jorg Diether der alt und jung[1]) sind zu ainem müntzmaister angesehen.

Item das ledlin mit den müntzeisen sind bevolhen Friederichen Tezel, der soll die hinfüro in seiner verwarung haben der gestalt, wann gemainer stat müntzmaister der zum prechen notdürffig sein wirdet, soll er im die leyhen und, so er gepregt hat, ime die widerumb haimtragen lassen und verslossen verwaren, wie etliche jar her geschechen.

1113. [1517, IX, 4 b] Tercia post Anndree [*1. December*] 1517:

Alt und jung Jorg Diethern haben zu dem müntzmaisterampt pflicht gethan.

Und inen sagen, das sy die neuen eisen nach rat Albrecht Dürers lassen machen.

Es soll auch ir pflicht beym rat gehort und inen dann abschrifft davon gegeben werden. [*Am Rande:* ist geschechen beden.]

1114. [1517, X, 5 a] Secunda post Circumcisionis [*4. Januar*] 1518:

Mit dem Krug, eysengraber, handeln, dem bischof von Oßnaprügk und Paderborn etliche münzeysen zu schneiden.

1115. [1517, X, 16 a] Secunda post Anntoni alias Prisce [*18. Januar*] 1518:

Maister Mathesen von Sachssen gein Bamberg schreiben und bevelhen, von dannen gein Lornstat ze reyten, den thurn daselbst zu besichtigen und ze raten, wie der zu pessern sey.

1116. [1517, XI, 15 a] Secunda post Dorothee [*8. Februar*] 1518:

---

[1]) Über den jüngeren Münzmeister dieses Namens siehe Gebert S. 51 f. Goldschmiede-Verzeichnis Nr. 131 (zwischen 1511 und 1530).

Den rotschmid der gegossenen protzaichen halb weyter zu red halten, pindten und bedroen.

1117. [1517, XI, 16 b] Tercia Apolonie [*9. Februar*] 1518:

Paulus Müllner, goldschmid, raten, das er im der sachen gegen doctor Crisßtoff Münich zu Leiptzk abhelff und mit widerbezalung der 12 f. ungr. zufriden stell und sich darnach seins schadens bey dem angezaigten frembden priester erhol.

1118. [1517, XII, 8 a] Sabato post Mathie [*27. Februar*] 1518:

Jacob Emerling, platner, beschicken und meren, ob er bekendtlich sey, das er mit Hanns Ortolffs weyb sündtlich zugehalten . . . *etc.*

1119. [8 b] Secunda post Reminiscere [*1. März*] 1518:

Ein weiterer Ratsverlaß über diesen Gegenstand. Auf sein Bekenntnis wird Emerling gestraft, 4 wochen auff ein thurn in ain verspert kemmerlin mit dem leyb zu verpringen und allain wasser zu trincken . . . *Des Ortolffs Weib soll beschickt und, wenn sie geständig, gestraft werden,* 4 wochen mit dem leyb an einer panck ze püssen und wasser ze trincken. Wo sy aber gütlich nicht bekennen will, sy ins loch lassen legen. [*Am Rande:* hat der sachen bekandt.]

1120. [1517, XII, 12 a] Quinta post Reminiscere [*4. März*] 1518:

Hanns Ortolff, platner, vernemen, ob er sein eeweyb widerumb woll einnemen oder nicht, und herwider pringen.

. . . .

1121. Nachdem Hanns Ortolff, platner, sein weyb diser zeyt nicht will einnemen, soll man ir vorertailte straff eröffen und angloben lassen, die furderlich zu verpringen.

1122. [21 b] Sabato post Oculi [*13. März*] 1518:

Jacob Emerling ablaynen, ine zu der peicht vom thurn lassen.

Daneben sein widertail Hanns Ortolff beschicken und unndersagen, das er über den gesworнen friden den Emerling verrner nicht schmeh.

1123. [23 b] Tercia post Letare [*16. März*] 1518:

Hannsen Ortolff, platner zu gepieten, das er von seiner habe nichtzit verkauff oder verender, so lang er die sachen gegen seiner haußfrauen am gaistlichen rechten ausfürt.

1124. [1517, XIII, 8 b] Sabato vigilia Palmarum [*27. März*] 1518:

Auff absterben maister Jorgen Stadelmans ist Mathes von Sachssen zu der stat werckman ertailt.

Doch soll man zuvor sein pflicht beym rat hören, ob die zu pessern sei.

. . . .

1125. Alle kartenmacher beschicken und inen unndtersagen, hinfüro auff die karten nicht mer creutz ze machen, sonnder dasselb zaichen mit ainem x oder der ziffer 10 zu endern.

1126. [1517, XIII, 9 b] Secunda post Palmarum [*29. März*] 1518:

Maister Mathesen von Sachssen, zimmerman, soll man ein cottember 6 f. zu sold geben und ine sunst mit der herberg, holz und annderm halten wie gegen maister Jörg Stadelman seligen beschehen. Und ime darzu volgen lassen sein gwartgelt biß auff Pfingsten schirist.

Im ist auch vergönnt, den pau, so ytzo unnder handen hat, vollet auffzerichten.

1127. [1518, I, 17 b] Sabato post Georgy [*24. April*] 1518:

Den neuen gotsacker beym Gostenhof besichtigen und ratslagen, ob man die eingefangen weyten dermassen pleiben lassen oder enndern wöll. Und soll die capellen, so man darauff pauen wirdet, in sant Rochius er geweicht werden.

1128. [1518, II, 2 a] Quinta Johannis ante portam latinam [*6. Mai*] 1518:

Wilhelmen von Wormbs soll man den angezaigten costen zum halben tail bezalen.

1129. [1518, II, 21 a] Secunda post Trinitatis [*31. Mai*] 1518:

Erkundigen, welcher gestalt sich die verwundtung gestern an kais. Mt. formschneider begeben hat.

Und Jörgen Stehelin, barbirer, zu red halten, warumb er solche verwundtung nicht zu stunden dem bürgermaister hab lassen ansagen; sein antwort herwiderpringen [1]).

1130. [22 a] Tercia post Trinitatis [*1. Juni*] 1518:

Den verwundten formschneider auch hören und sein sag lassen aufschreiben.

. . . .

[1]) Zur Sache für diese und die folgenden einschlägigen (den verwundeten Formschneider und den Messerer Ulrich Keppel betreffenden) Ratsverlässe vgl. Zahns Jahrbücher I, 232.

1131. Maister Wilhelmen von Wormbs soll man auff sein pit des geswornen maister ampts erlassen.

1132. [1518, III, 9 a] Quarta post Viti [*16. Juni*] 1518:

Nach rat der werckleut soll man das gwelb zu sannt Sebastian mit eysen stanngen unndterziehen und verpinden und zu solcher arbeyt maister Jörg Heussen als ein slosser geprauchen und machen lassen.

1133. [1518, IV, 10 b] Sexta post Kiliani [*9. Juli*] 1518:

Die platner, so sich der schau gewert, und auch die, so derhalben am marckt ungeschickt red gethan haben, deßgleichen auch die balierer beschicken, darüber zu red halten und ir anntwurt herwiderpringen.

1134. [11 a] Clas Siber, harnaschpalirer zu Werd, darumb das er den geswornen maister des platnerhandtwercks in seiner werckstat der platner zeug nicht hat wollen anzaigen, den zu schauen, ist er gestrafft 4 tag und nacht auff ein thurn, mit dem leib zu verpringen und auff nachsten sontag [*11. Juli*] in die straff ze gen. Darneben im, auch den anndern palierern daselbst mit ainer strefflichen red unndtersagen und warnen, das ir kainer noch sein gwalt sich hinfüro understee, die geswornen maister an irem ampt und schau der platner zeugs zu verhindern, den zeug geverlich vor inen zu verpergen, oder man werd mit straff gegen in handeln, die in nicht wol bekommen werden.

Aber Hannsen Schad, palierer, von seiner ungeschickten wort wegen, der er gestendig, das er vor dem rathaus gesagt, er hab seinen ehalten verpoten, die geswornen maister kainen zeug schauen ze lassen und das er inen solhs, wo er anhaimb sein würd, selbs auch nicht gestatten wollt, soll man ins loch füren und VIII tag sein vergessen.

Darneben den geswornen bevelhen, das sy sich bey dem amptman zu Fürt erkundigen, ob er in gestatten woll, daselbst auff der palier mül zu schauen.

1135. [13 a] Secunda post Kiliani [*12. Juli*] 1518:

Soverr Clas Siber, palierer von Werd, auff morgen nicht in die straff des thurns gen wirdet, ine alßdann lassen annemen und ins loch füren.

1136. [15 a] Quinta Divisionis apostolorum [*15. Juli*] 1518:

Hannsen Schaden, palierer, heut zu red halten und morgen ein frag umb in thun.

Clasen Siber zu red halten, warumb er sein angloben veracht und in gesatzter zeyt, auch über beschechne warnung nicht in die straff gangen sey.

1137. [1518, IV, 18 b] Secunda post Alexy [*19. Juli*] 1518:

Den geswornen maister der goldschmid ansagen, das sy sich Lenhart Molen[1]) erpieten settigen lassen, in 4 wochen urkundt ze pringen, das er 4 jar gelernt hab, oder er wöll die X f. maistergelts verlorn haben, und das sy in darauff zu maister ansagen; und sein laden wider zusperren.

1138. [1518, IV, 22 b] Sabato vigilia Jacobi [*24. Juli*] 1518:

Ulein Eeman, messerer, von wegen der verwundtung, an k. Mt. formsneider geübt, zu red halten.

1139. [1518, IV, 24 a] Secunda Anne [*26. Juli*] 1518:

Lenhart Mollen erlangt urkundt seiner lerjar halben den geswornen der goldschmid anzaigen.

. . . .

1140. Ulrich Koppels sag dem formschneider hören lassen und dann weyter zu red halten.

1141. [1518, IV, 25 a] Tercia post Jacobi [*27. Juli*] 1518:

Ulrichen Keppel [*im Register:* Koppel] weytter zu red halten von wegen der verwundtung am formschneider und auch des außfallens halb zu Bern.

1142. [1518, V, 2 b] Sexta post Jacobi [*30. Juli*] 1518:

Den geschwornen maistern der platner ist begünstigt, des von Fürt zeug aufzuheben und seim sun, den auß-zubereiten, verpieten; wo ers darüber thue, soll man sich sein mechtig machen.

1143. [3 a] Peter Henleins anntwurt seinem bruder Herman Henlein zuschicken und, wo er der nicht gesetigt ist, an recht weysen; aber glayt ablaynen.

1144. [3 b] Sabato post Jacobi [*31. Juli*] 1518:

Ulrichen Keppel [*im Register:* Köppel] weytter zu red halten, die warhayt zu bekennen, gemeß der ansag pindten und bedroen; darneben die zwen gesellen, daran er sich zeucht, verhören.

1145. [6 a] Secunda post vincula Petri [*2. August*] 1518:

. . . —

[1]) Goldschmiede-Verzeichnis Nr. 246 (zwischen 1514 und 1530).

Den formschneider vernemen, was er wider Ulrich Kepel beger, und herwiderpringen.

1146. [6 b] Hannsen Naser vergonnen, auff dem Pferrer ein schmelzhüten ze pauen, 36 schuch lanng und ein 32 schuch prayt . . . *etc.*

. . . .

1147. Linharten Zimermann das bürgergelt nachlassen auf furpeth des statmaister.

Deßgleichen dem von Augspurg, der von berlinmuter arbeyt.

1148. [9 a] Sexta Sixti [*6. August*] 1518:

Den geschwornen maistern deß messererhandtwercks zu sagen, dhweil kain handtwerck in Nürnberg bishero ainich aigen sigel gehabt, inen auch von ainem erbern rate, damit zu sigeln, wissentlich nye gestatt sei, so konn ain rate inen auch nit zulassen, sich ains aigen sigills, wie sie muten, zu geprauchen. Sey darumb ains rats begere, inen [*nämlich: den Herren des Rats*] ir habend sigill derselben ursachen halben und nit in schein ainicher straff zu überantwurten.

1149. [1518, V, 10 a] Sabato Affre [*7. August*] 1518:

Veyten Hirsfogel, glaser, soll man auff sein schuldbrief gegen dem jungen Hanns Amelreich verhelffen, nach der ordnung pfand oder pürgen zu geben oder in schuldthurn ze gen. Und soll doch damit dem Amelreich sein vorderung vorbehalten sein, ob er vermainen wollt, das die erkaufft saffranfarb nicht tuglich oder gerecht kauffmonßgut sey, solhs mit recht gegen Veyten, glaser, ze andten.

1150. [1518, V, 11 b] Secunda vigilia Laurency [*9. August*] 1518:

Leonharten Grolannd anzuzaigen die urgicht Ulrichen Keppels, und das er sich bey kais. Mt. deshalben beschaids wolle erholen und ainem rate zuschreiben.

1151. [12 a] Ulrich Keppels weibs bruder, der gedachts seins gefangen schwagers halb vil pöser beschwerlicher rede und droung getriben hat, lassen annemen und in das loch füren.

1152. [13 b] Quarta post Laurency [*11. August*] 1518:

Den holztrechseln zu sagen, ir handtwerck sey ain freye kunst und kain geschworen handtwerck, darumb wiß ain rate inen nicht sonder ordnung ze geben, noch irem widertail Hansen von Krelßhaim nit zu verpieten, andern leuten in heusern nit zu arbaiten.

Und denselben Hannsen von Krelßhaim fur die Fünff vordern von amptswegen und gegen den andern drechseln verhoren und mit stattlicher straff gegen Hannsen gedencken.

1153. [1518, V, 16 a] Sabato vigilia Assumptionis Marie [*14. August*] 1518:

Dem von Augspurg, so von berlin muter arbayt, das bürgergelt schencken und zu bürger annemen, doch das er hievor sich zu Augspurg ledig.

1154. [17 a] Ulrich Keplin ir begern ablaynen.

1155. [17 b] Secunda post Assumptionis Marie [*16. August*] 1518:

Wann kais. Mt. profosen knecht ansuchen wirdet, soll man im den gefangen Ulrich Keppel zu handen stellen und solchs dem kaiserischen formschneider anzaigen.

Daneben alßdann Lenharten Groland schreiben und bevelhen, in acht ze haben, wo Kepel seins gefengknuß geledigt, das er mit urfehd verstrickt werde.

1156. [18 b] Quarta post Assumptionis Marie [*18. August*] 1518:

Den gefangen Ulrich Kepel soll man kais. Mt. profosen knecht zu handen stellen und etlich raiter zugeben, den gen Augspurg ze füren.

1157. [22 a] Secunda vigilia Bartholomei [*23. August*] 1518:

Dem Linhart Grolland schreiben, wa sich die von Augspurg unterschreiben, soll er sich auch unterschreiben auff des rats von Thunawerd clag von des zwifachen zols wegen.

Den Wolff Stecher, an den sich Ulrich Kepel zeucht, soll man nit warnen, sunder auf im selber ruhen lassen.

1158. [1518, VI, 14 b] Sexta Lamperti [*17. September*] 1518:

Hanß Rudolff[1]), kandellgiesser, zu sagen, er het woll ein straff verdint, man laß pey dem enschid der pauleut beleiben.

1159. [1518, VIII, 9 b] Sabato post Simonis et Jude [*30. Oktober*] 1518:

Den gesworn maistern der platner bevelhen, das

---

[1]) Ein H. R. liegt auf dem Johanniskirchhofe begraben. Vgl. Trechsel S. 235, Sp. 1 (1525).

sy die überfarer irer ordnung dester offter an die rug pringen und so offt das geschicht, sollen die herren an der rug die puß on gnad nemen.

1160. [1518, VIII, 14 b] Sexta post Omnium sanctorum [*5. November*] 1518:

Erhard Loy[1]), rotschmid, *kommt vor.*

1161. [15 a] Cuntzen Grünwalds, platners von Würzburg, anwald des beclagten Wilhelm von Worms antwurt hören lassen und, wo er der nicht gesettigt ist, an recht weyssen.

1162. [1518, IX, 3 a] Sabato post Elizabethe seu vigilia Presentationis Marie [*20. November*] 1518:

Den platner seiner gevorderten schuld halben gegen aim frembden verhoren und vleiß thun, sy zu vertragen; wo nicht, herwiderpringen.

1163. [4 a] Die platner mit irer clag gegen Jacoben Emerling fur die Fünff weysen.

Ist wider geendert, sonnder soll im ir clag von rats wegen furgehalten und undtersagt werden, seiner schmeh abzesten, oder man werd ine von hynnen weysen.

1164. Den maistern des paternostererhandtwercks ir begern ablainen, das man dem jungen Hanns Schucken wehren und verpieten solt, nicht mer messene körnlein ze dreen und ze machen als irem handtwerck zugehörig, darfür es ein rat nicht ansehe; sonnder soll für ein freye kunst gehalten werden.

1165. [1518, IX, 11 a] Quarta post Andree [*1. Dezember*] 1518:

Jacob Emerling, platner, ist von wegen seiner schmehlichen und drolichen red, der sich das platnerhandtwerck über ine beclagt und er nicht vernaint hat, gestrafft 4 tag auff ain thurn und soll ine darzu ein frid schweren lassen; frist auff Weichnachten.

1166. [1518, XI, 6 a] Quarta post Anthony [*19. Januar*] 1519:

Cuntzen Hartlieb, plattner, sein begern seins sonß halben ablaynen, mer zeugknus ze hören, sonder bey voriger anntwurt pleiben, so er sich mit des entleibten Hanns [6 b] Vogels freuntschafft vertregt, ine einkomen ze lassen.

1167. [1518, XI, 7 b] Sexta Agnetis [*21. Januar*] 1519:

Mit den stathafften Genanten handeln und vermanen, damit

[1]) Zahns Jahrbücher I. 241 (1535).

sy hilffliche handtraichung thun, Sannt Sebolts sarch von maister Peter Vischern zu erlösen.

Und sich mittler zeyt mit ainem neuen gitter schicken, das der sarch in der ersten vastwochen mög auffgesetzt werden.

Und alßdann erst retig werden, ob und wie man die stat verrücken wöll.

1168. [1518, XI, 15 a] Tercia vigilia Purificacionis Marie [*1. Februar*] 1519:

Dem Pegnitzer soll man die 4 püxen giessen lassen, dhweil sich Mattern beswerdt, das er dem Sebolt Behaim deßhalben underricht thun soll.

1169. [1518, XI, 17 a] Sabato Agathe [*5. Februar*] 1519:

Den von Augspurg zuschicken maister Hannsen Beheim und Hannsen von Ribling.

Und inen das zuschreiben und pitten, damit sy zum peldesten widerumb abgevertigt werden.

1170. Dem rat zu Hall zuschreiben, man wöll inen mit dem schirsten zwen zuschicken der kriegsgepeu verstendig, dann die ytzo an anndere ort verlihen seyn.

In acht ze haben, das solhs nicht unnderlessig pleyb.

1171. [17 b] Den gehaimen zu Ulm schreiben, inen sey der form zu den kugeln geschickt; darauß mögen sy von pley giessen, als vil sy wöllen.

1172. [19 a] Secunda post Dorothee [*7. Februar*] 1519:

Bey den kriegsverstendigen erkundigen, ob Pegnitzers handpüchssen, so er aim rat zu verkauffen anpeut, ins zeughauß dienstlich seyen, und herwiderpringen.

1173. [1518, XII, 12 a] Tercia Petri Cathedra [*22. Februar*] 1519:

Die angezaigten zwu 16zenterig und 4 sechs ct. slangen soll man fur ein veldgeschütz zug geprauchen und püchssenmaister darzu ordnen.

Item noch zwu solich 16 c. slangen Sebolten Behaim furderlich giessen lassen.

1174. [1518, XII, 15 a] Sabato post Mathie [*26. Februar*] 1519:

Man soll mit dem Kilian Rudolff[1]), goltschmid,

---

[1]) Goldschmiede-Verzeichnis Nr. 198 (zwischen 1514 und 1530). Am 10. Juni 1547 gab er sein Bürgerrecht auf (Bürgerbuch 1534—1631 Bl. 196 b).

handeln, das er des von Halsprun gotshauß pfleger zu Merckendorff die monstranzen wider nem unnd im frist zu gelt geb pieß auf Heilttum unnd im krichspuch bekenn lassen.

1175. [1518, XII, 20 b] Quarta Cinerum [*9. März*] 1519:

Martin Pfaffen, slosser, ain jar lang vergönnen, über die ordnung noch drei knecht ze halten, damit er die leut mit seiner gutten arbayt furdern mög.

1176. [1518, XIII, 5 a] Quarta post Invocavit [*16. März*] 1519:

Den slossern auff ir supplication und gethane andtung, das etlichen irs handwercks über die ordnung mer knecht vergönt seien, zu sagen, solhs sey auß gutten redlichen ursachen geschechen, und welcher auß inen des notdürfftig und begern werd, den wöll man das auch vergönnen und zulassen, doch das yeder nur ainen lerjungen halte.

1177. [1518, XIII, 6 b] Quinta post Invocavit, alias in die Gertrudis [*17. März*] 1519:

Anthoni Reussen, goldschmid, ins loch legen und umb sein wucherlich henndel über ains erbern rats verpott zu red halten.

1178. [7 b] Sabato post Invocavit [*19. März*] 1519:

Anthoni Reussen, goldschmid, seines angezaigten wucherlichen hanndels halb umb 20 f. straffen, in die findel ze geben, und ine lassen schweren, solher henndel hinfüro müssig ze sten.

1179. [8 a] Sich grunds erkundigen, ob Marx Swab sider ains rats verpoten mer wucherlich unndterkeuff gemacht hab, und herwiderpringen.

1180. [1518, XIII, 9 a] Secunda post Reminiscere alias Benedicti [*21. März*] 1519:

Maister Hannsen Beheim vergönnen, gen Regenspurg ze reyten, auff ersuchen des bischoven daselbst.

1181. [1518, XIII, 15 a] Secunda post Oculi [*28. März*] 1519:

Den kartenmalern ablaynen, in ein geschriben ordnung zu geben.

1182. [1518, XIII, 20 b] Tercia post Letare [*5. April*] 1519:

Maister Hannsen Behaim bevelhen, ein annder visir ze stellen zu sannt Rochius capellen und dann solhs nach Ostern wider furlegen.

1183. [1518, XIV, 4 a] Sabato post Letare [*9. April*] 1519:

Der von Augspurg brief maister Hannsen Behaim furhalten und vernemen, ob er sein sach richten mog, sich hinauff ze fügen [1].

1184. [4 b] Haidegker[2], goldschmid, als ein ungeledigten bürger anhalten, hindter die viertailmaister pflicht ze thun und darbey gütlich vermanen, seinem eeweyb widerumb elich beyzewonen; wo er aber dawider einich einred ze haben vermaint, sein antwurt zuvor herwiderpringen.

1185. [1518, XIV, 6 a] Secunda post Judica [*11. April*] 1519:

Frantzen German, goldschmid, von wegen seiner hausfrauen, der Paul Oberlenderin, von wegen des gelts, so iren kynndern zugetailt ist, ob inen solhs eingeben oder durch die vormund angelegt werden soll, an recht weißen, sich darin entschaiden ze lassen.

1186. [1519, I, 20 b] Quinta post Jubilate [*19. Mai*] 1519:

Fritzen Wolffen[3], platner, sagn, das er ein anndern hut [*es stand erst da:* eysenhut] zu ainem maisterstück mach, der nicht so geverlich gelöt sey.

1187. [1519, II, 19 a] Secunda post Trinitatis [*20. Juni*] 1519:

Auff der von Ulm schreiben erkundigen, wie es mit dem wegen des silbergeschirs alhie ein ordnung hat und gehalten wirdet, und dann solhs den von Ulm lassen zuschreiben.

1188. [1519, II, 21 a] Quarta post Trinitatis [*22. Juni*] 1519:

Sigmunden Stechaimer, goldschmid, der begert furderung an marggrafen über die gesprochen urteil laynen, sonder, wo er damit beswerdt sey, mög er darvon appelliren. Und ine darbei warnen, das er die anndern sein gestelte schrifften an marggraf und capitel nicht laß außgen, dann es würd im zu grosser beswerung raichen.

1189. [21 b] Auff vleissig pit und erpieten Enndres Helms, platners, das er sein hausfrauen, so im durch N. Neyssen, sporer, empfürt ward, wider zu im nemen wöll, ist ir von aim rat sicherung zugesagt, doch soverr, das sy sich hinfüro bei im halt, wie aim fromen eeweyb zustet.

---

[1]) *Zur Sache vgl. Zahns Jahrbücher I, 260.*

[2]) Im Goldschmiede-Verzeichnis ein Sebald Heydtk — Nr. 130 — und ein M. Heidecker — Nr. 233 —, beide zwischen 1473 und 1514.

[3]) Mitteilungen II, 256 (»Elß Fritz Wölffin, vor dem innern Laufer Thor ufm Platz« † 1543).

1190. [1519, III, 3 b] Sabato post Johannis baptiste [*25. Juni*] 1519:

Der priorin von Engltal ist zugelassen, Veit Stossen und Hanns Zeisen tochter in ir closter einzunemen.

Vgl. Lochner in seiner Neudörfer-Ausgabe S. 94.

1191. [1519, III, 5 b] Tercia vigilia Petri und Pauli [*28. Juni*] 1519:

Den geswornen maistern der messerer, rotschmidt und andern lassen undersagen und warnen, zuvorkommen, damit ire knaben nicht rottirt mit der paucken an feyrnächten auff der gassen gen.

Und darneben den schützen, so auff der gassen gen, bevelhen, das sy den knaben solh rottiren wehren.

1192. [1519, III, 24 b] Quarta post Alexii [*20. Juli*] 1519:

Die gepeu im sloß besichtigen, ob etwas not sey, ze pessern.

Deßgleichen den rörencasten in der Ledergassen.

Und dem Godel[1]), rotschmid daselbst, das wasser nemen.

1193. [1519, IV, 3 a] Sabato post Marie Magdalene [*23. Juli*] 1519:

Enndres Pegnitzer mit erbern worten ablaynen, ime gein Rom zu vergönnen, und neben annderm das auch für ein ursach melden, so man nicht wiß, auff wes seidten babstlich hailigkeit sein werd, darauß auch aim rat beswerliche nachred erwachssen möcht; zudem, das er auch aim rat noch lenger ze warten verpflicht sei.

1194. [1519, IV, 10 b] Sabato Sixti [*6. August*] 1519:

Dem paumaister ist bevolhen, den rorencasten an der Ledergassen widerumb einzefassen.

1195. [1519, V, 7 a] Quinta post Bartholomei [*25. August*] 1519:

Ratslagen mitsampt den platnern, wie man der platner zu Fürt falsch mit dem eysin zeug und zaichen abstellen mög, und herwiderpringen.

---

[1]) Ein »Hans Godl, rotschmid« wird Sabbato post Viti [20. Juni] 1506 zu Bürger aufgenommen und zahlt dabei 2 Gulden. Vgl. das Bürgerbuch von 1496—1533 Bl. 56 a. Ein Rotschmied Wolf Godel giebt 1527 sein Bürgerrecht auf. Vgl. Zahns Jahrbücher I, 241.

1196. [7 b] Philipsen, glaßfürer, Hannsen Stain, glasers[1]), anntwurt horen lassen, und, wo er der nicht gesettigt sein wöll, an recht weyssen.

1197. [1519, V, 17 a] Secunda post Egidy [*5. September*] 1519:

Auff besichtigung der gepeu im sloß soll man in der stallung pöden machen lassen zu heu und stroe darauff ze legen.

Den unndtern sal ze pflastern paß ratslagen.

Im obern sal ein ofen; den poden prettern und den soler darvor mit prennten stain plastern lassen.

Die vennsterleden und -ramen ze pessern.

Deßgleichen ein annder padstuben ze machen.

Das thorhaus auch paß besichtigen und bedencken, ob das ober gepeu abzeprechen sei.

1198. [17 b] Hannsen von Riblingen ablaynen, ime gein Ulm zu erlauben, sonder ains rats meynung sei, das er hie pleib und wart, es mög all tag was furfallen, darzu man sein notdürfftig werd.

1199. [18 b] Tercia post Egidy [*6. September*] 1519:

Valentin Pogner auff der schmelzhütten soll man umb ein zimlichen zinß das ober gemach allain, und das unnder gemach einem anndern umb zinß zu höchsten verlassen.

1200. [1519, V, 25 b] Quarta Crucis exaltationis [*14. September*] 1519:

Dem handtwerck der messerer ist abgelaint, zu irer bruderschafft ain neu leichthuch und kerzen zu machen, dhweil es sonst andere handtwerck auch haben würden.

1201. [26 a] In der messerer und clingenschmid ordnung suchen, wann und auff wes ansuchen das gesetz ins puch komen, das die gesworncn beder handtwerck alle rohe clingen, so von ferren oder nahend herpracht werden, miteinannder ze schauen, und herwiderpringen.

1202. [1519, VI, 2 b] Sabato post Crucis exaltationis alias in die Lamperti [*17. September*] 1519:

Hanns Pfaffen, slosser im loch, zu red halten, warumb er den anndern slosser über vorige verpott und straff so frevenlich gediepaist hab.

---

[1]) Sein und seiner Frau Barbara Grab, wie es scheint, auf dem Rochuskirchhofe. Vgl. (Gugel), Norischer Christen Freydhöfe Gedächtnis S. 15: Hans Stein wird hier als Glasmaler bezeichnet.

1203. [1519, VI, 9 b] Quarta Wentzeslai [*28. September*] 1519:
Den paternosterern ablaynen, anndern, so irs handtwercks nicht sein, ze weren, das sy nicht messine körner machen oder dreen, sonnder soll für ein freye kunst meniglich erlaubt sein.

1204. [1519, VI, 13 b] Quinta p. Francisci [*6. Oktober*] 1519:
Nach ainem anndern probirer in die schau forsch haben.

1205. [1519, VI, 16 b] Secunda post Dionisy [*10. Oktober*] 1519:
An Hainrich Rugen selig stat soll man Hanns Krug annemen zu ainem probirer und amptman in der schau biß auff Ostern zu versuchen und darbey anzaigen, wie es ein laut hab, das er weinig werd, das er sich desselben maß, und doch das er uns 2 M f. pürgschafft thue[1]).

1206. . . . . [17 a] Man soll mit den kauffleuten handeln, das sy den platern von Fürt nit abkauffen, so ein zeichen schlagen dem adler gleich.

1207. [1519, VII, 2 b] Quinta post Dionisy [*13. Oktober*] 1519:
Hannsen Tauenfelder und Michel Krugen, Hannsen Krugs in der schau pürgen, anzuhalten, das sie die bürgschafft darauff bekennen, ob durch Hannsen Krugen oder seine diener verwarlosung oder schaden geschech, dafür gut zu sten, wie es dann in verzaichnis bracht und beim rate verlesen ist.

1208. [1519, VII, 4 b] Quarta post Luce evangeliste [*19. Oktober*] 1519:

Hanns Krugs furgeslagen pürgen ir begern laynen, sy allain als pürgen für des Krugs person anzenemen, sonnder sollen das thun, ob sy wöllen, in gestalt, wie die in verzaichniß gestelt und inen furgehalten ist.

1209. [1519, VII, 7 a] Sexta post XIM virginum [*24. Oktober*] 1519:

Hannsen Kruegs und seiner pürgen erpieten soll man sich benügen lassen, nemlich das er und sein weyb ein bekandtnuß und verpflichtung thun, wodurch ir gedingt knecht und ehaiten ainicher schad geschech, denselben zu erstatten bey verpfendung aller irer hab und gütter.

Und der pürgen halb, das die pürgschafft allain auff Krugs person gestelt werd umb 2000 gulden.

---

[1]) Diese und die folgenden Nachrichten über die Verhandlungen mit dem jüngeren Hans Krug ihrem Inhalte nach teilweise schon bei Lochner S. 121.

1210. [1519, VII, 8 a] Sabato post Ursule [*22. Oktober*] 1519:

Paulus Hamer, dem briefmaler, die begert furderung gein Bamberg ablaynen, sonder mög sein notdurfft gegen seinem eeweyb selbst zu Bamberg furpringen und darüber entschied nemen, ob er schuldig sei, ir beizewonen oder nicht.

. . . .

1211. Hanns Krugs pürgen von der gestelten bekandtnuß ein abschrifft und bedacht geben, auff montag nechsten [*24. Oktober*] endtlich anntwurt ze geben; darbey sagen, das man darinnen kain enderung gedulden werd. Sy mögen sich gegen den Krueg selbst zum pesten versehen, damit sy von ine schadloß gehalten werden.

1212. [9 a] Tercia Crispini et Crispiniani [*25. Oktober*] 1519:

Hannsen Krug seiner pürgen abslag anzaigen und vernemen, ob er annder pürgschafft haben mög; und solhs herwider pringen.

. . . .

1213. Auff der messerer und clingenschmid ansuchen und begern, darinn sy sich aneinannder veracht [*Lesung des letzten Wortes nicht ganz sicher*] haben, ist verlassen, das jüngst neu gemacht gesetz der schau halb zu enndern der gestalt, das dasselb allain zu versten sei auff die frembden clingen, die ausserhalben zwaier meyl wegs gemacht und hergefürt werden, und mit den anndern clingen, die innerhalb zwaier meyl wegs zu Swabach Kornburg und Wendelstain gemacht, soll es in der schau gehalten werden, wie mit den hie gemachten clingen der geprauch und vor alter herkommen ist.

. . . .

1214. Dhweil Hanns Krug kain anndere pürgschafft furslecht und pit, ine on ein pürgschafft zu dem ampt in der schau kommen ze lassen, ist ertailt, im darüber kain antwurt ze geben, sonnder nach eim anndern amptman umbzesehen.

1215. [1519, VII, 10 b] Quarta post Crispini et Crispiniani [*26. Oktober*] 1519:

Rudolff, goldschmid, *kommt in einer gleichgültigen Angelegenheit vor.*

1216. [11 a] Quinta vigilia Simonis et Jude [*27. Oktober*] 1519:

Dhweil Hanns Krugs pürgen ain rat ye irs gefallens verdingen wollen, ist verlassen, mit inen verner nicht ze handeln, sonnder nach einem anndern tuglichen probirer umbsehen, und, soverr man bey demselben kain pürgschafft haben mag, den on aine anzenemen.

1217. [1519, VII, 12 a] Sabato post Simonis et Jude [*29. Oktober*] 1519:

Auff landgraf Philips von Hessen schreiben und begern umb gewelten platnerzeug soll man seiner gnaden diener vernemen, wie vil er des begert, und dann solhs den geswornen der platner furhalten, ir antwurt herwider pringen. [*Am Rande:*] Ist darnach verlassen, im biß in 3 c[entner] volgen ze lassen.

1218. [1519, VII, 18 a] Sexta post Omnium sanctorum [*4. November*] 1519:

Jacob Wigelein[1]) soll man zu ainem probirer und amptman in die schau on ein pürgschafft annemen.

Und ime bevelhen, so er ymand silber probiren werd, das er solchs nicht über ein tag in seiner verwarung behalt, sonnder ainem yeden wider zustell, und doch ein yedes an die tafel schreib, wie vil es sey und wem es zustee.

Darneben sein pflicht heut besichtigen und morgen herwider pringen.

1219. [1519, VIII, 4 a] Secunda post Martini [*11. November*] 1519:

Nach besichtigung der gepeu auff der vesten ist verlassen die nachvermelten stück furderlich machen ze lassen:

Den unndtern sal mit kornpergern schalen zu belegen und daselbst ein neu thür einzuhencken.

Die grossen stuben mit eim hulzern poden zu prettern.

Darein auch von neuem ein glat grünen ofen machen ze lassen und mit einem eisen- [4 b] gitter zu verwaren.

Den gangk von derselben stuben biß zu dem konigclichen gemach von neuem mit geprandten stainen ze pflastern.

In des königs stuben die venster in neu ram ze setzen und ze pessern.

---

[1]) Bürgerbuch 1496—1533 Bl. 110 b: »Sabbato vigilia Circumcisionis domini [31. Dezember] 1519: Jacob Wigelein, goltschmid, dedit 4 f. statwerung.« Nicht im Goldschmiede-Verzeichnis. Vgl. noch Gebert S. 51 (1519 bis 1532 als Münzwardein).

Item das alt übergepeu im eingangk abzethun und die maur mit ainem techlin zu verneuern.

Deßgleichen die angezaigten claine gemechlin abzethun.

Die slah-hor widerumb anzerichten.

Die grossen kuchin zu unnderfaren.

Den pfifferling auch abprechen.

Nach rat des pflastermeisters den weg am Vestenberg beim ölperg pessern und ebnen.

Und die tachung allenthalben ze pessern, wie daz alles verzaichent ist; und solchs alles furderlich volziehen.

1220. [1519, VIII, 9 b] Tercia post Presentacionis Marie [*22. November*] 1519:

Dem Engelhart, rotschmid, ist von wegen ainer verdingten arbayt gein Antdorff vergönnt, im lauben, ains knechts mer ze halten dann im die ordnung seins handwercks zugibt.

1221. [1519, VIII, 13 a] Sabato post Katherine [*26. November*] 1519:

Ulrich Schmid, schaidenmacher, *kommt vor.*

1222. [1519, VIII, 19 a] Sabato post Andree [*3. Dezember*] 1519:

In der goldschmid ordnung verleyben, damit verpotten sey, die ungerechten smaragden nicht ins gold ze setzen.

1223. [1519, IX, 5 a] Secunda post Conceptionis Marie [*12. Dezember*] 1519:

Auff der goldschmid supplication von wegen der grünen orientischen stain die stainschneider und anndere verstendige vernemen, bedencken und ratslagen, ob man auff dem nehern verlasß und verpott, dieselben stain in gold nicht zu versetzen, verharren oder darinnen ein leidenliches mittel gedulden söll.

1224. [1519, IX, 10 b] Sabato post Lucie [*17. Dezember*] 1519:

Haintz Printz[1]), goldschmid, *kommt in einer Vormundschaftssache vor.*

1225. [15 b] Sexta post Thome [*23. Dezember*] 1519:

[1]) Die richtigste Schreibung dürfte Hans Prinzing oder Prinsing sein. Goldschmiede-Verzeichnis Nr. 241 (zwischen 1514 und 1530: »Hannß Prinsich«).

Ein weiterer Verlaß in der gleichen Angelegenheit. Hier heißt es: Hanns Prinsing, goldschmid.

1226. [1519, IX, 17 a] Tercia Johannis evangeliste [*27. Dezember*] 1520:

Von wegen der neuen grünen stain, so die goldschmid prasem nennen und deßhalben ein kundtschafft von Venedig pracht haben, weytter erfarung thun bei den verstendigen. Und den goldschmiden ir instrumentirte kundtschafft widergeben.

1227. [17 b] Quinta post Innocentum alias in die Canthuariensis [*29. Dezember*] 1520:

Zwischen dem von Zwickau und Veyten Hirsfogel, glaser, irer geprechen etlicher saffranfarb halb handeln und versuchen, sy gütlich miteinannder zu vertragen; wo nicht, herwiderpringen.

1228. [1519, IX, 19 a] Sexta post Innocentum [*30. Dezember*] 1519:

Jacoben Wigelin, den angenommen amptman in der schau, umb 4 f. w.[erung] zu bürger annemen.

1229. [1519, IX, 19 b] Sabato vigilia Circumcisionis [*31. Dezember*] 1519:

Bey den geswornen maistern der goldschmid erkundigen, ob in irem geprauch sei, so gemacht silbergeschirr in die schau zu zaichen geschickt wirdet, ob es von inen zuvor mit wachs werd gezaichet.

Sy, auch deßgleichen Jörgen Diethern alle gesetz hören lassen und vernemen, welche in geprauch sein oder nicht; und dann alles herwider pringen.

1230. [1519, IX, 20 b] Secunda post Circumcisionis [*2. Januar*] 1520:

Jacob Wigelin hat zu dem ampt in der schau pflicht gethan im rat.

1231. [21 a] Ratslagen, ein pessere ordnung ze machen mit den gemainen stainen auff den kirchhöfen, so man landtfarer nennt; und ytzo das pfand von ains verrückten stains wegen gegen dem tottengreber zu sant Sebolt in ru stellen.

1232. [1519, X, 7 b] Sexta post Erhardi [*13. Januar*] 1520:

Den geswornen maistern der goldsmid vergönnen, das sy nach irem geprauch Ludwig Musca von Meran seins begerns ain urkund geben mugen.

1233. [1519, X, 15 a] Tercia post Vincenti [*24. Januar*] 1520:
Paulus Müllnern bevelhen, das er mer vleiß thue, den verlornen puntzen, zum gewicht-zaichnen gehörig, zu handen zu pringen, oder wer den abhendig gemacht.

1234. [1519, XI, 9 b] Sexta Scolastice [*10. Februar*] 1520:
Das gesetz der walhen ausschnidt halben mit dem seydengwand ratschlagen, ob dasselb den bürgern ze gut ainer zimlichen maß mug geendert werden.

1235. [1519, XI, 20 a] Sexta vigilia Mathie [*24. Februar*] 1520:
Nach ainem wardein umbsehen an Hainrichen Erigen[1]) seligen stat.

1236. [1519, XI, 22 a] Tercia post Invocavit [*28. Februar*] 1520:
Jacob Wigelin in der schau ist zu ainem wardein ertailt, darzu er alßbald im rat pflicht gethan.

1237. [22 b] Den goldschmiden und anndern zoilirn, [= *Juwelieren*], so allhie mit stainen und klainoten handeln, soll man bey peen fünffzig gullden r[heinisch] verpieten, das sie die grünen stain, die bißhere den schmaragden gleich in ring und klainot versetzt und für prasem geacht sein, in ainich klainot alhie zu Nürnberg oder in gold nit versetzen oder die für ain edelgestain verkauffen oder vertreiben, derweil sich lauter erfindet, das solchs kain edel gestain oder prasem und allso ain offenlicher betrug ist; und inen sölch ains rats verpott ausserhalb offenlicher verruffung mündtlich ansagen.

1238. [1519, XI, 24 a] Quarta post Invocavit [*29. Februar*] 1520:

Den goldschmiden auff ir geschechen frag, wie sy es mit den vor versetzten grünen stainen halten sollen, ansagen, ein rat laß geschechen, das sy dieselben gemachten arbayt in seinem werdt mögen verkauffen, doch hinfüro sich dem itzt eröffenten bevelh und gepot gemeß halten.

1239. [1519, XII, 7 a] Tercia post Reminiscere [*6. März*] 1520:
. . . Und Kilian Rudolff beschicken und zu red halten, warumb er des sigels gegen dem Kobolt verlanget hab, und sein anntwurt herwider pringen.

1240. [7 b] Kilian Rudolff, goldschmid, umb das er von ainer maid Lenhart Kobolts gestolen silberin sigel kaufft und

[1]) Vgl. Gebert S. 51.

nicht auffgehalten hat, ist gestrafft 2 tag und nacht auff ein thurn; frist Hailthumb.

1241. [8 a] Quarta post Reminiscere [*7. März*] 1520:

Maister Mathesen von Sachssen bevelhen, ainen verstendigen hinauß ze schicken, die eingefallen pastei zu Lornstat zu besichtigen; und soverr solhs der Jörg Hallerin verhinderung pringt, bei der gemain verschaffen, abzeraumen, oder, wo es ein grossen cossten waltet, zuvor herwider pringen.

1242. [1519, XII, 9 a] Den plattnern ist abgelaint, inen am Tutschethai ain palierrad umb zinß zu vergönnen.

Und ist dem paumaister bevolhen, das er die reder desselben orts soll lassen abheben und in die Peundt schaffen.

1243. [1519, XIII, 1 b] Quinta post Judica [*29. März*] 1520:

Paulus Müllner, goldschmidt, sein begern ablaynen, einen andern cramladen unnder dem rathaus ze machen, sonnder ine unnder daz kürßenhaus weysen.

1244. [1520, I, 4 b] Sabato post Pasce [*14. April*] 1520:

Jacoben Wigelin, geswornen amptman in der schau, soll man aufflegen, auß der neu zugerichten schau alle jar 14 f. werung zinß ze geben.

1245. [1520, I, 9 a] Quarta post Quasimodogeniti [*18. April*] 1520:

Martin Crafft[1], goldschmid, soll man des geswornen maisterampts heuer erlassen.

1246. [1520, I, 14 a] Quarta Marcy evangeliste [*25. April*] 1520:

Hannsen Stürmer, platner, soll man die straff noch ein jar anstellen, zu sehen, wie er sich in der zeyt gegen seinen bruder halten werd.

Und ir beder weybern, auch der Schreiberin mit ainer streff-lichen red unndtersagen, gegeneinannder fridlich ze sein.

[1] Hier handelt es sich vermutlich um den mittleren der drei Goldschmiede dieses Namens (vgl. die Anm. zum 12. Juli 1492). Im Goldschmiede-Verzeichnis Nr. 201 (1514, vgl. auch die Anm. dazu) wird er zum Unterschiede von dem damals noch lebenden älteren M. K. als »der jüngere« bezeichnet, während er nachmals in der Regel zum Unterschiede von dem späteren Goldschmiede dieses Namens »der ältere« genannt wird. Er ist der bedeutendste der drei. Vgl. über ihn noch Baader, Beiträge II, 21. Waldau, Vermischte Beiträge IV, 320 Anm. Mitteilungen II, 163 (»in der Judengasse« † 1546). Das Porträt eines M. K. bei Panzer S. 132.

1247. [1520, I, 19 a] Quarta post Philippi und Jacobi [*2. Mai*] 1520:

Dem Emerling, platner, des handtwercks antwurt horen lassen und im sagen, ein erber rat las auch dorpey pleiben.

1248. [1520, II, 2 b] Sexta post Cantate [*11. Mai*] 1520:

Das rathaus soll man mit neuen prettern lassen tefeln, wie darvon geratslagt ist. Und ein gutte anzal schreiner darzu geprauchen, damit solhe arbait von stat gee.

1249. [1520, II, 3 b] Sabato post Cantate [*12. Mai*] 1520:

In der werckleut ordnung soll man ein gesetz vergreiffen, wo ein bürger in seinem pau ein frembden zimmerman geprauchen wollt, der soll zu demselben von dem Nürmberger wald kain holz nemen bei ains rats straff.

Darneben soll auff dieselben frembden zimmerleut auch gesetz gemacht werden, welcher hynnen arbaiten will, der soll sich mit dem taglon und anderm den gesetzen gemeß halten oder solher arbait müssig sein.

1250. [1520, II, 5 a] Secunda post Vocem jucunditatis [*14. Mai*] 1520:

Die Luntzen[1]), platner [*im Register*: N. Luntzen, platner, vatter und sohn], so nechtin Wilhelmen Kalckreuter, platner, tödtlich verwundt haben, lassen annemen, und daneben zeugen hören, wie soliche sach seyen zugangen.

1251. [1520, II, 6 b] Quarta vigilia Ascensionis [*16. Mai*] 1520:

Hanns Rayner, goldschmid, mit seinem begern umb der XII brüder pfründ an herrn Hannsen Im Hof, den pfleger, weysen.

1252. [1520, II, 10 a] Secunda post Exaudi [*21. Mai*] 1520:

Auff der von Augspurg ansuchen sol dem Pegnitzer vergunt werden, inen ettlich geschütz ze giessen, doch so man sein im hauß nottürfftig würd, soll er von stund an gehorsam sein; ob es muglich sein wolt, sich selbst ze bedencken, das man in ir geschütz hie ließ giessen und nit zu Augspur [*so!*].

1253. [10 b] Dem [*so*] dreyen Luntzen, die den Wilhelm Kalkreutter verwunt haben, ir ansuchen umb glait itzmal abgelainntt.

---

[1]) Der Vater hieß wohl Hans († 1537), die Söhne, wie es scheint, Sebald († 1567) und Ulrich. Vgl. Mitteilungen II, 256.

1254. [1520, II, 13 b] Quarta post Exaudi [*23. Mai*] 1520:

Auff ansuchen maister Wil. [*so!*] plattner, von wegen der Luntzen umb glaidt, ist noch lenger abgelaindt worden.

1255. [1520, II, 14 b] Sexta Urbani [*25. Mai*] 1520:

Acht ze haben, so der maister her kom, der die orgel zu sant Sebolt gerenovirt hatt, mit im ratschlagen, ob man die klein orgel alda mitt zimlichen kosten kundt verpessern.

1256. [15 b] Sabato vigilia Pentecostes [*26. Mai*] 1520:

Den Luntzen ist ir ansuchen umb glaidt zum drittenmal ittz lenger abgelaindt.

1257. [1520, III, 4 b] Tercia post Corporis Christi [*12. Juni*] 1520:

Den Luntzen [*im Register:* Luntzen, platner, gebrüdere] ist ir gepetten glaid auff des hantwergs der plattner supliciren abgelaindt.

1258. [5 a] Zu her Sebastian von Waldenfels schicken von wegen Peters Vischers seligen erben und piten, das er die kindt belehne, wue nicht, das er in furderlich ein lehengericht ansetz und solchs sol auf gemeyner stat kostung gen.

1259. [1520, III, 15 b] Sabato vigilia Johannis baptiste [*23. Juni*] 1520:

Michel Perger, goldschmid, sein begern umb enderung auffgelegter straff vor den Fünffen ablaynen.

1260. Secunda post Johannis baptiste [*25. Juni*] 1520:

Hanns Luntzen, platner, und seinen zwaien sünen im predigercloster sagen lassen, eim rat wöll nicht fügen, mit des entleybten Kalckreuters freuntschafft ze handeln oder zu vermögen, den gütlichen vertrag anzenemen.

Es folgt noch eine Reihe weiterer Ratsverlässe über diesen Gegenstand. Die Parteien vertragen sich schließlich umb 170 f. [IV, 14 a: Quarta post Alexi (*18. Juli*) 1520], *woneben die Luntz noch 24 f. an den Rat zu entrichten haben.*

1261. [1520, III, 19 b] Quinta vigilia Petri et Pauli [*28. Juni*] 1520:

Ratslagen, mit etlichen kauffleuten, ob man den hanndel mit der seyden, der zu Cölen zu trümmern get, könne hie anrichten und herpringen.

1262. [1520, V, 18 a] Secunda post Bartholomei [*27. August*] 1520:

Dem jungen Saurman von Preßlau sagen, dhweil Paulus Müllner nicht gestendig sein wöll, das er von im die 3 zymmermedel [? = *Mödel, Modelle?*] ains freyen kauffs sonder auff besichtigung und gefallen herzog Friedrichs von Sachssen, churfürsten, erkaufft hab, darumb solhs einer außfürung bedörff, welhs aber diser zeyt auß mangl der gericht nicht beschehen mög, sonnder soll darinnen gedult tragen, byß die recht widerumb angen.

1263. [1520, VI, 5 a] Quarta post Egidy [*5. September*] 1520:

Kayser Karls claydung soll man alle mitnemen zu der koniglichen cronung gein Ach. Doch die zuvor den closterfrauen zu sannt Claren schicken, zu besichtigen, wo es not ist.

1264. [6 b] Sexta vigilia Nativitatis Marie [*7. September*] 1520:

Die weyssen kaiser Karls dalmatica, dieweyl sie alters halb zermodert ist, soll man mit ainer neuen weyssen seiden überziehen, und die kappen und kniehosen soll unndterfüttern lassen die closterfrauen zu sant Claren.

1265. [1520, VI, 10 a] Quinta post Kunegundis [*13. September*] 1520:

Hanns Roßner, platner, *kommt in einer gleichgültigen Sache vor.*

1266. [VI, 11 b] Sexta Crucis exaltationis [*14. September*] 1520:

Paulus Müllner pitten, aim rat zu gefallen das ampt mit dem eichen des gewichts lenger zu verwalten biß zum neuen rat, und darneben vernemen, was er lonß darvon hab.

1267. [1520, VI, 12 a] Sabato post Crucis exaltationis [*15. September*] 1520:

Maister Peter Vischer soll man in der losungstuben an seinem hinderstelligen resst 200 guldin bezalen.

1268. [1520, VI, 16 b] Secunda post Mauricy [*24. September*] 1520:

Den herren gein Ach schreiben, das sy sich zu Cölen erfaren, ob sy ymand könndten auffpringen, den hanndel mit der seyden und pirretmachen hie anzerichten und dieselben ains gutten vortails zu verwen [= ver - we - n, verwenen, *ihnen Hoffnung machen auf*].

1269. [1520, VII, 2 a] Sexta Wenczeslai [*28. September*] 1520:

Cuntzen Fürnschilt, platner, 3 tag glayt geben, sich auff [der] geswornen maister clag mündtlich zu verantworten.

1270. [3 a] Hannsen Schirmer, platner, sein begern ablaynen umb lenger frist oder sein auffgelegte leibstraff ins gelt ze wennden.

1271. [3 b] Secunda post Michaelis [*1. Oktober*] 1520:

Hannsen Schirmer, platner, ist abermals sein begern abgelaint, lenger frist oder gelt für die straff des thurns ze nemen.

1272. [1520, VII, 5 a] Quarta post Michaelis [*3. Oktober*] 1520:

Cuntzen Fürnschilt, platner, sein gleyt erstrecken biß auff sontag [*7. Oktober*].

1273. [5 b] Einem frembden berümbten maler, Albrechten Dürer, zu eren umbsunst zu bürger auffnemen. [*Im Register:* Albrecht Dürer, maler, schenckt man das bürgerrecht].[1])

1274. [1520, VII, 8 b] Tercia Dionisy [*9. Oktober*] 1520:

Lorentz Paumgartner, platner, sein begern ablaynen, ine wider der geswornen maister willen und angezaigt beswerd zu maister anzesagen.

1275. [9 b] Quarta post Dionisy [*10. Oktober*] 1520:

Lorenz Villani von Florenz mit seiner clag von wegen kauffts schirbicz, der im naß und unrechtvertig überantwurt sey, gegen Cuntzen Saurmans zu Preßlau factor alhie an recht weysen.

1276. [1520, VII, 13 a] Quarta post Galli [*17. Oktober*] 1520:

Michel Graven[2]), dem maler, vergönnen, seine cram pfennwert am Seumarckt zu verkauffen.

1277. [1520, VII, 16 a] Secunda post Ursule [*22. Oktober*] 1520:

Den geswornen der platner sagen, das sy den auffgehabten pösen zeug, ainem zu Sweinau zugehörig, behalten, biß er sich desselben beclagt.

---

[1]) Der Ratsschreiber irrt sich selbstverständlich; der fremde berühmte Maler ist nicht Albrecht Dürer selbst, sondern Hans Hofmann, wie sich aus dem Bürgerbuch von 1496—1533 ergiebt. Hier heißt es Bl. 112 b: »Sabbato post Francisci [6. Oktober] 1520: Hanns Hofman, maler, dedit 0, juravit« [sc. das Bürgerrecht]. Um den bekannten Dürerkopisten, der erst um 1600 starb, kann es sich dabei natürlich nicht handeln, sondern um einen älteren Meister dieses Namens, von dessen Leben und Wirken aber meines Wissens bisher nichts bekannt ist.

[2]) Schwiegervater des Georg Penz; vgl. Neudörfer, ed. Lochner S. 138, 114 Mitteilungen I, 71 († 1550). Sein Grab auf dem Johanniskirchhofe. Vgl. Trechsel S. 293 Sp. 2.

1278. [16 b] Lorenz Paumgartner, platner, umb das er seiner verhandlung, etwan in maister Wilhelms dienst geübt, gegen dem handtwerck versönt werd, gerechtvertigt, und ist er gestrafft VIII tag und nacht auff ain thurn.

1279. [1520, VIII, 7 a] Secunda post Omnium sanctorum [*5. November*] 1520:

Die amptverweser zu Fürt ansuchen, damit sy bei dem platner daselbst verfügen, sein zaichen, das dem hieigen etwas gleich ist, zu verendern.

Und die hieigen geswornen maistern bevelhen, das sy zu dem adler auff das zaichen ein N slahen.

1280. [1520, VIII, 8 b] Quinta post Leonhardi [*8. November*] 1520:

Lorenzen Paumgartner, platner, soll man unverhindert etlicher maister widerfechten zulassen, seine maisterstück ze machen, dhweil er umb seine verhandlung durch ein rat als die oberkait gestrafft ist worden; und den clagern ir begern ablaynen.

1281. [1520, IX, 6 a] Tercia post Katherine [*27. November*] 1520:

Doctor Sebolten Pusch umb das er zu seiner gemachten almanach deß zukünfftigen jars zwenerlay, ein ungeschickt gerissen und geschnidten form und figuren, die bäbstlicher hailigkait und gaistlichem stannd zu beswerung, uner und schmach raichen, hat drucken lassen, ist er gestrafft zway monat auff ein thurn halb auff gnad; frist Liechtmeß.

Und Fritzen Beipus[1]), den puchdrucker, der soliche almanach gedruckt hat, darumb lassen ins loch legen und zu red halten.

Darbei ist ertailt, der puchdrucker pflicht zu pessern, das sy hinfüro kain practica oder almanach unbesichtigt der figuren drucken sollen.

1282. [1520, IX, 9 b] Tercia Barbare [*4. Dezember*] 1520:

Jacob Emerling, platner, ablaynen, im der ergangen sachen zwischen ime und Hannsen Ortolff ein urkund ze geben.

1283. [1520, IX, 10 b] Quarta post Barbare [*5. Dezember*] 1520:

---

1) Zahns Jahrbücher I, 235 (1515 Bürger), 287 (1513 ff.). Mummenhoff, Rathaus 29. Nach Roth, Geschichte des nürnberg. Handels III, 35 starb er 1534.

Arnolt Wenck *kommt* als ain gescheffts vormund Hannsen Storchs seligen *vor*.

1284. [1520, X, 2 a] Quinta vigilia Thome [*20. Dezember*] 1520: Jacob Emerling, platner, ein urkundt geben, das sein widertail und er vor den Fünffen ein frid gegen einander ze halten gesworen haben.

1285. [1520, X, 12 b] Sexta post Erhardi [*11. Januar*] 1521: Jörg Heussen, des slossers, neu gemacht schnellwag in den mülwagen besichtigen und versuchen, ob sy recht thun; und darbey bedencken, ob in yeder mülwag die sach mit ainem knecht mug außgricht werden.

1286. [1520, XI, 2 a] Quinta Anthony [*17. Januar*] 1521: Jorgen Heussen, des slossers, werck in der ainen mülwag soll man paß versuchen biß auff Ostern und mitler zeyt in rue sten, in die andern zwu mülwag dergleichen ze machen.

Und in der mülwag im siechhaus, da das neu muster ist, der knecht ainen urlauben und dem anndern hinfüro ain wochen nur 6 pfund geben, dhweil nicht mer not ist, die gewicht ze heben.

1287. [1520, XI, 3 b] Sabato post Anthony [*19. Januar*] 1521: Hanns Guldenmund[1]), den briefmaler, soll man sein prieff nemen, da er ein schweiczer auf einer kuch getruckt hat unnd in pey der pflicht manen, das er sag, wer imß angeben hab, unnd herwider pringen.

[*Am Rande:*] Hat bey sein pflichten gesagt, das im solchs nymand angeben, sonnder hab den druck also ungeverlich machen und doch darnach die federn endern lassen[2]).

1288. [4 a] Den maller unnd furmschneider[3]), so Guldemundell anzeigt hat, soll man in pflicht nemen, das sy

---

[1]) Baader, Beiträge II, 51—53. Zahns Jahrbücher I, 227, 230 (1560 als verstorben). Mummenhoff, Rathaus 29. Jahrbuch der Kunstsammlungen des A. K. H. VII Nr. 4768 (1543). — Allgemeine deutsche Biographie X, 111 114 (von Lochner). Auf die Litteratur über Guldenmunds Werke kann hier nicht eingegangen werden.

[2]) Zur Sache vgl. für diesen und die folgenden Hans Guldenmund betreffenden Ratsverlässe Baader, Beiträge II, 51, der jedoch aus anderen Quellen geschöpft hat.

[3]) Vermutlich ist schon hiermit Heinz Steigel gemeint, den wir gleich darauf in Guldenmunds Prozeß verwickelt sehen. Vgl. über ihn Baader, Beiträge II, 59 (1518).

pieß mantag [*21. Januar*] fur rat komen, in darnach umb ein straff fragen.

1289. [5 b] Secunda Agnetis [*21. Januar*] 1521:

Hansen Guldemundell, so den truck den Polderlein auf einer kuch hat lassen mallen unnd verkauft, soll man 14 tag halbe auf gnad auf ein turn straffen.

Und dem maler und formschneider ein streffliche red sagen.

1290. [1520, XI, 6 a] Tercia Vincenti [*22. Januar*] 1521:

Den gefangen malers hab soll man alle in seinem haus verwaren und beschreiben lassen.

. . . .

1291. Heincz Steigell weyter zu red halten; wa er nit sagen will, soll mann im weh thon.

1292. [6 b] N. Guden [*vermutlich Verschreibung anstatt:* Guldenmund] maller, zu red halten; wa er nit sagen will, im weh thon.

1293. Kunczman, radschmid, unnd Pertell, sein gesellen, in loch legen.

1294. [7 a] Quarta post Vincenti [*23. Januar*] 1521:

Heincz Steygell, maller, sag genügen lassen unnd zu seiner zeit ein frag thon pey einem gesamten rat.

1295. [9 b] Sabato post Pauli conversionis [*26. Januar*] 1521:

Heincz Steigell, maller, soll man ein erstenliech [*lies:* ernstlichen?] rechttag seczen, wen Gaberhell Nützel her heim kompt.

1296. [1520, XI, 19 a] Quinta post Dorothee [*7. Februar*] 1521:

Den kandelngiessern zu sagen, das geschlagen zin sey ein freye kunst; man woll denselben zulassen, als vil knecht sy darzu notdürfftig seyen. Doch soll man sy horen gegen einnander unnd fleiß thon, ob man ein mitell mocht finden von wegen des gedreten zinß mit ainer anzal knecht; unnd herwider pringen.

1297. [1520, XII, 3 b] Sabato post Valentini [*16. Februar*] 1521:

Heincz Steigell, maller, ein erstenliechen rechttag auf negsten eretag [*19. Februar*].

1298. [5 b] Tercia post Invocavit [*19. Februar*] 1521:

Heincz Steigell, maller, soll man des leben begnaden unnd zu des abgeleibten hausfrau bescheiden, sy vernemen, waß ir meinung sey.

1299. [1520, XII, 15 b] Quinta post Oculi 7. Marcy 1521:

Das schreiben Hanß Oten, platner, dem hantwerck furhalten und in sagen, das sie schreiben, es sey kein zumft hie, darumb sie ime nicht raten konen.

Desgleichen sol man seim poten sagen, ein rat wis ime nichtz zu raten.

1300. [1521, I, 3 a] Sabato post Pasce, 6. Aprilis 1521:

Mit Pegnitzer handeln, domit er Meiner Herrn geschütz furderlich gies, domit er auch alhie beleib[1]).

1301. [1521, I, 6 b] Quinta post Quasimodogeniti, 11. Aprilis 1521:

Albrecht Glymmen vergönnen ein thurn, seinen ungeraten son ein zeyt lanng darauff zu enthalten.

1302. [1521, I, 10 b] Tercia post Misericordia domini, 16. Aprilis 1521:

Herman Vorchaimer, plattner, in seinem anpringen zu vernemen.

1303. [11 a] Quarta post Misericordia domini, 17. Aprilis 1521:

Hermon Vorchamer ist sampt seim peystandt sein glait erstreckt pis auf sontag [*21. April*].

1304. [13 b] Sexta post Misericordia domini, 19. Aprilis 1521:

Cuntz Mair[2]), platner, sol mann ein streflichen red sagen von wegen Herman Vorchamer, das er in getrutz hot im glait.

1305. [14 b] Sabato post Misericordiam domini, 20. Aprilis 1521:

Ein schrift an herzog Hanssen von Sachsßen begriffen, Hermon Vorchamer und Hanssen von Selbitz betreffendt, mit dem angeheften rechtpot und herwider pringen.

1306. [19 b] Sabato post Marci evangeliste, 27. Aprilis 1521:

Auf das heim setzen Hermon Forchamers, do sol mon ime landtzhuldiggong geben und sunst ime nichtz geben. Dorneben sol her Endres Tucher für sich selbst mit ime handeln und pey den eltern herren verner bevelch sich erhollen. [*Am Rande*: all vergangen sachen begeben.]

1307. [20 b] Secunda post Cantate, 29. Aprilis 1521:

---

[1]) Zur Sache vgl. Baader, Beiträge II, 18. Zahns Jahrbücher I, 255.

[2]) Mitteilungen II, 256 († 1549).

Des Haintz Staigels, malers, anwalt sagen, monn werd kais. Mt. fürpit ableinen.

1308. [1521, I, 21 b] Hanß Guldemundt ist frist zu seiner straf geben pis auf Weinnachten negst.

1309. [1521, II, 4 b] Tercia post Vocem jocunditatis [*7. Mai*] 1521:

Den schlossern und den püchssennschmiden sagen, ein erber rat wol das püchßenschmiden ein freye kunst pleiben lasßen, und das sie doch die zeichen unterschidlich schlahen.

1310. [5 b] Paulusß Mülner sol mon lenger zu seim ampt piten und sol ime alle jar 6 fl. für sein mühe geben.

1311. [1521, II, 7 b] Sabato post Ascensionis domini, XI. May 1521:

Thoma Walthern ist vergondt, die ketten zu den zamen zu machen und sol hinfüran ein freie kunst sein und pleyben. Es sollen auch soliche keten hinfüran nicht mer zu meisterstücken gepraucht werden. [*Am Rande:*] Die zaumketten ze machen, soll hinfüro ein freye kunst und meniglich ze machen erlaubt sein.

1312. [1521, II, 13 a] Sexta post Sophie, 17. May 1521:

Sebolten Gar[1]), goldschmid, sagen, das er sein aufsehen hab, ob mon unnegepürlich mit der erbschaft der alten Trumerin handel, so sol er das den vormunden witwen und w[aisen] anzeigen.

1313. [1521, IV, 9 a] Sabato post Udalrici 6. Luio [*d. h. 6. Juli*] 1521:

Den kaufleuten, so gen Venedig handeln, sol mon zu dem pau St. Sebolts capellen daselbst zu den vorigen empfangen 30 gulden noch 70 gulden zu ainer steur raichen, doch das dieselb capellen von neuem gepaut und kain annder wappen daran gemacht werd, dann der stat Nürmberg. Und solhe 70 gulden soll der kirchner-maister zu Sannt Sebalt dargeben.

1314. [1521, IV, 14 a] Quinta post Kiliani, 11. Luio [*d. h. Juli*] 1521:

Alle gepeu auff der vesten furderlich zu end richten,

[1]) Goldschmiede-Verzeichnis Nr. 255 (zwischen 1514 und 1530). Schwiegersohn des Veit Stoß. Neudörfer, ed. Lochner S. 87, 99, 101 und noch sonst verschiedentlich in dem Veit Stoß betreffenden Abschnitt. Mitteilungen II, 162 und Anm. († 1551).

damit auff zukunfft kunig Ferdinandi kain verhinderung oder mangel erschein.

1315. [1521, IV, 25 a] Quarta vigilia Jacobi, 24. Luio [*d. h. Juli*] 1521:

Fleis thun mit meister Petter Vischer, domit er die 473 f., von Sannt Sebolt sarch herrürendt, itz halb und halb über ein jar bezalt nem.

1316. [1521, V, 6 a] Sexta post vincula Petri, 2. Augusti 1521:

Günther Küffner[1]), goldschmid, laynen sein ansuchen umb ein steur, damit er widerumb möcht einkommen.

1317. [1521, V, 9 a] Tercia Sixti, 6. Augusti 1521:

Den zwaien ernholden yeden mit 4 gulden vereren.

Den teppicir mit 2 f.

Und den 14 artzschieren yeden 1 f.

[*Bei Gelegenheit der Anwesenheit des Erzherzogs Ferdinand* (*auch* kinig Ferdinandus *wird er, wie oben bereits, gelegentlich genannt*) *in Nürnberg.*]

1318. [1521, V, 11 a] Sexta vigilia Laurency, 9. Augusti 1521:

Hannsen Guldinmund auff des Stabius pit sein straff nachlassen.

1319. [1521, V, 21 b] Quarta post Sebaldi, 11. Augusti 1521:

Nach Albrecht Dürers gemachten visir soll man das rathauß inwendig malen lassen und die tax der maler belonung anstellen, biß solchs gevertigt wirdet.

Vgl. Mummenhoff, Rathaus S. 322 Anm. 255, doch ist belonung (*statt* belang) *zu lesen. Es handelt sich um den Kosten-Voranschlag. Vgl. auch Baader, Beiträge I, 8.*

1320. [1521, V, 13 b] Secunda post Laurenti, 12. Aug. 1521:

Thoman Mayr, platner, auff sein supplication fürschrifft gein Lynntz geben, von seinem widertail N. Fürnschilt juratoriam caucionem ze nemen.

1321. [1521, VI, 3 a] Quinta Thimothei et Simphoriani 22. August 1521:

Mit Hannsen Schmid, goldschmid von Würtz-

---

[1]) Im Goldschmiede-Verzeichnis Nr. 217 (1514) als Silberarbeiter. Mitteilungen des Vereins f. Gesch. der Stadt Nürnberg X, 58 (1516).

burg, handeln und darzu halten, das er Apolonia Ronauerin irs ausstands laut der außgeschnidten zettel außrichtung oder darumb bestalt thue. Wo nicht, ine darumb handthaben, dhweil sich die sach hie verlassen hat.

1322. [1521, VI, 5 a] Secunda post Bartholomei 26. Augusti 1521:

Anthoni Platner zu Werd verpieten, das er hinfüro kain arbait oder löffelbesleg von silber mer mach.

1323. [1521, VI, 14 b] Sexta post Egidy, 6. Septembris 1521:

Den Platner[1]), maler, on ain glübd lassen abgen.

1324. [1521, VII, 15 b] Sexta post Francisci, 4. Octobris 1521:

Herrn Caspar Nützeln ist gwalt geben Paulsen Müllner, goldschmid, den hindtern eckcram am rathaus umb ein zinß zu verlassen, doch das er den allain zum failhaben und auffziehen des gewichts geprauch.

1325. [1521, VII, 16 a] Sabato post Francisci, 5. Octobris 1521:

Auff der platner suplicirn soll man Mathesen Knyelin und Cunraten Imlannd verpieten, das sy des harnisch und zeugs, so zu Fürt gemacht wirdet und nicht rechtvertig ist, nicht mer verlegen oder kauffen sollen bei ains rats straff; und dann mit den gesworonen handeln [16 b] und ratslagen, wie mit ainem *N* oder sunst ainem sondern zaichen ein sonnderung und

[1]) Über den Maler Hans Platner, um den es sich hier handelt, vgl. Mitteilungen des Vereins für Gesch. der Stadt Nürnberg X, 63 Anm. 1 (1514 in den Aufzeichnungen des Christoph Kreß; auch 1531—35). Beiträge zur bayerischen Kirchengeschichte, hrsgbn. von Th. Kolde, VIII. Bd. (1902) S. 19 Anm. (1524 als Zeuge erscheinend). In Dr. Christoph Scheurls Schuld- und Rechnungsbuch (in dem im Germanischen Museum deponierten Freiherrl. von Scheurlschen Familienarchive) heißt es auf Bl. 162 a (Oktober 1537):

»Item Hanus Platner hat mich abconterfeth und mein mutter selig verneuet, hab ich zusamen in 2 teffelein verfassen und beschlagen lassen; dofhür zalt ich Platner für meins 2 f. 4 h. 6 ₰ und für mein mutter seligen und zu tranckgelt seinem shun 4 h. 6 ₰«

Dazu am Rande die spätere Notiz:

»NB. Diße beedte täffelein hab ich D. J. S. [oder G?] Christian Scheurl 1638 im hauß der Scheurl zu verbleiben gestifftet.« (Frdl. Mitteilung des Herrn Dr. Heerwagen, Assistenten am Germanischen Museum).

H. P. † 1562 Vgl. Mitteilungen II, 71.

nundterschaid ze machen oder auffzeslagen sei, damit es vor der Fürter zaichen kendtlicher werd.

1326. [1521, VII, 18 a] Secunda post Francisci, 7. Octobris 1521:

Paulus [*lies*: Jakob] Pulman, slosser, beschicken und fragen, wer ine gehaissen hab, sein gemachte schnellwag in der melwag auff der Schüt anzehencken.

1327. [19 a] Tercia post Francisci, 8. Octobris 1521:

Jörg Heussen, dem slosser, soll man das geschechen zusagen halten und seine 3 gemachte werck in die melwag bezalen.

Und darneben Paulus [*lies*: Jakob] Pulmans gemacht werck besichtigen und darneben bedencken, ob mit derselben auch ein knecht mög erspart werden.

1328. [20 a] Quarta Dionisy, 9. Octobris 1521:

Wo Jacob [*es stand erst* Paulus *da, das durchstrichen wurde*] Pulman sein gemacht werck in der melwag umb ein zimlichs geben will, so soll man das von im annemen und zu ainem furrat behalten.

Aber die drey des Heussen werck soll man lassen anhencken.

1329. [1521, VIII, 2 b] Quinta post Galli, 17. Octobris 1521:

Enndres Pegnitzer vergönnen, das er herzog Fridérichen in Bairn 2 oder 3 stück püchssen mug giessen.

1330. [1521, VIII, 13 a] Sabato Animarum 2. Novembris 1521:

Hans Scheit, geschmeidmacher, *kommt vor.*

1331. [1521, VIII, 16 a] Quarta Leonhardi, 6. Novembris 1521:

Den von Erffurdt der Jobst Üpigin, wittiben, anntwurt einsliessen, soverr die illuministin der nicht will gesettigt sein oder gütlich nicht mögen vertragen werden.

1332. [1521, IX, 9 b] Quinta Wunibaldi, 28. Novembris 1521:

Sebolt [*Lücke; vermutlich ist Hans Sebald Beheim*[1])

[1]) Über die beiden berühmten Kleinmeister Hans Sebald und Barthel Beheim bieten die Ratsverlässe kaum etwas, das nicht bereits bekannt und zumeist auch in extenso veröffentlicht wäre. Es wurde daher in unserer Ausgabe von erneuter Wiedergabe des weitaus größten Teils der Nachrichten über die

gemeint], malergesellen, von seiner ungeschickten red wegen, so er gegen aim bruder predigerordens gesagt hat: »sein prediger prediget daz ewangelium als ein poßwicht«, 4 tag auff ein thurn straffen, soverr er bürger ist; wo nicht, so vil tag ins loch mit dem leyb zu verpringen. Frist: Natalis [1]).

Und solche straff dem Herzogen, prediger, anzaigen mit dem anhang, ein rat wöll sich versehen, er werd den bruder umb sein unzeittig red, damit er den maler bewegt hat, auch straffen und furkeren, daz hinfüro dergleichen nicht mer geschech, unrat zu verhüten.

1333. [1521, IX, 15 b] Quinta post Barbare, 5. Decembris 1521:

Von Albrechten Dürer ein verzeichnus nemen und die pey den elteren herren hörn und alda rettig werden, was mon ime für sein mühe thon sol.

Brüder Beheim abgesehen und sei anstatt dessen hier auf folgende Litteratur verwiesen, in der man, was urkundlich über die Beheim bekannt ist, veröffentlicht bezw. verarbeitet findet:

Neudörfer, ed. Lochner 138 f. Sandrart II, 2, 233. Doppelmayr 155 f. 196 (über Hans Sebald). 191 (über Barthel). Baader, Beiträge 53 und Beilage IV. Th. Kolde, Hans Denk und die gottlosen Maler von Nürnberg in den Beiträgen zur bayerischen Kirchengeschichte VIII (1902) 49 ff. und die daselbst angeführte Litteratur (»Prozeßakten« etc.). A. Bauch, Der Aufenthalt des Malers Sebald Beheim während der Jahre 1525—1535 im Repertorium für Kunstwissenschaft XX, 3 ff. Jahrbuch der Kunstsammlungen des A. K. H. Bd. XVI Nr. 11805 (1521—40, Verleihung eines Impressoriums an Barthel B. betreffend), 11809 (1536, Hans Sebald B. betreffend). B. Haendtke, Barthel Beham in St. Gallen in der Kunstchronik N. F. III (1892) Sp. 197 ff. Porträts bei Panzer S. 16 und 1. Fortsetzung S. 4.

Von mehr darstellenden, das Material nutzenden Arbeiten nenne ich sodann namentlich Ad. Rosenberg, Sebald und Barthel Behaim, zwei Maler der deutschen Renaissance. Leipzig 1875. Allgemeine deutsche Biographie II, 277 f. (Barthel B. von Alfr. Woltmann) 279 f. (Hans Sebald B. von Wilh. Schmidt). Meyers Allgemeines Künstler-Lexikon III, 311 ff. 318 ff. (von W. v. Seydlitz). Wilh. Seibt, Hans Sebald Beham. Frankfurt a/M. 1882. Carl Koetschau, Barthel Beham und der Meister von Messkirch. Straßburg 1893. Bei Rosenberg und Seydlitz auch ein Verzeichnis ihrer Werke, das jedoch bezüglich der graphischen Kunst Hans Sebald Beheims neuerdings durch G. Pauli, H. S. B. Ein kritisches Verzeichnis seiner Kupferstiche, Radierungen und Holzschnitte (Bd. 33 der bei Heitz in Straßburg erscheinenden Studien zur deutschen Kunstgeschichte) übertroffen ist. Im übrigen kann auf die Litteratur über die Arbeiten der beiden Beheim hier nicht eingegangen werden.

[1]) Vgl. Baader, Beiträge II, 52 Anm. 2.

Vgl. Baader, Beiträge I, 8. Mummenhoff, Rathaus S. 92 und 322.

1334. [1521, X, 13 a] Secunda post Innocentum, 30. Decembris 1521:

Michel Pergers, goldschmids, knecht, der seinen lerjungen im keler umb diebstal betrot und geklempt hat, lassen annemen.

1335. [2 a] Maister Wilhelmen von Worms ist von wegen etlicher angedingter arbait, hertzog Ott Hainrichen [in] Bayrn zugehörig, zugelassen, über die erlaubten anzale deß gesetz noch zwen bis in vier knecht, wo er deß begert, biß auff Ostern ze halten.

1336. Dem sporer oder pißmacher [*im Register*: »sporer bismacher«] under dem Gruntheren, Caspar Zaumachers schwager, ist zugelassen, über die erlaubten anzale diser zeitt, solang er diß zu etlicher angedingten frembder arbait bedarff, ainen oder mer knecht zu hallten, und das den geschwornen sporern ansagen.

Und den salbirten, so den neuen zeug arbaiten, sagen, wo sie gleicherweise mer knecht bedorffen, werd man ine gut anntwurt geben.

1337. [1521, XI, 4 a] Sabato post Erhardi, 11. January 1522:

Maister Hannsen Behaim vergönnen, gein Onolzbach ze reyten und dem capitel zu irm kirchenrat sein rat und gutbedüncken mitzetailn.

1338. [1521, XII, 16 b] Quinta post Mathie 27. Februari 1522:

Dem armen bürger, Albrecht Dürers gevatter, so durch die pettelrichter von hynnen geweist ist, die stat widerumb vergönnen, doch das er nicht [17 a] mer on ain zaichen pettel.

1339. [1521, XII, 20 a] Secunda Kunegundis, 3. Marcy:

Abschaffen, die pildnuß des Lutters mit dem hailigen gaist offennlich fail ze haben.

1340. [1521, XIV, 8 a] Quarta post Judica, 9. Aprilis 1522:

Cuntz Roten, goldschmid, vergonnen ein verpott zu recht auff etlich gelt, so der entrunnen Singerin, keufflin, soll zusten.

1341. Quinta post Judica, 10. Aprilis 1522:

Dem thumbtechant und capitel zur Neuenburg Pauli Müllners anntwurt einsliessen.

1342. [1521, XIV, 11 b] Sabato ante Palmarum, 12. Aprilis 1522:

Soverr Hainrich Staigel, der maler, hynnen betretten wirdet, in lassen annemen.

1343. [1521, XIV, 12 b] Tercia post Palmarum, 15. Aprilis 1522:

Den geswornen maistern der platner sagen, das sy Hanns Koppen, platner zu Zwickau, schreiben an antwurt auff im selbs ruen lassen.

1344. [1522, I, 3 b] Sexta Marcy, 25. Aprilis 1522:

Niclas Meldemann[1]) weyter zu red halten und, wo er gütlich nicht sagen will, im wee thun lassen.

1345. [5 a] Sabato post Pasce, 26. Aprilis 1522:

Umb Lenharten Schmid im loch ein enndtliche frag thun und sich seiner sag genügen lassen.

Deßgleichen umb Niclasen Meldemann.

Deßgleichen umb Jorgen Pauman.

1346. [6 a] Secunda Vitalis, 28. Aprilis 1522:

Niclasen Meldenman ist sein straff begeben auff fürpeth des erzbischofen zu Colen, churfürsten, potschafft, des graven von Mandersee.

1347. [1522, I, 9 a] Quarta vig. Philipi et Jacobi, ultima Aprilis 1522:

Ulrich Lochner, platner, laynen, das auffgelegt straffgelt nachzelassen.

1348. [1522, I, 17 b] Secunda post Jubilate, 12. May 1522:

Hanns Gruner, kanndelgiesser, *kommt wiederholt in einer gleichgültigen Sache vor.*

1349. Dietrich Kremer, kandelgiesser, zu etlicher

[1]) Über den bekannten Briefmaler Nikolaus Meldemann vgl. Zahns Jahrbücher I, 230 (1547—51). Allgemeine deutsche Biographie XXI, 292 (von Steiff). Passavant, Peintre-Graveur IV, 187. Insbesondere über die sechs Holzschnitte der Belagerung Wiens durch die Türken: Anzeiger für Kunde der deutschen Vorzeit 1856 Sp. 43 f. Niclas Meldemans Rundansicht der Stadt Wien während der Türkenbelagerung im Jahre 1529. Nachgebildet von Albert Camesina . . . mit einem erläuternden Vorworte von Karl Weiß. Wien. 1863 (über Meldemann selbst namentlich S. 10). Heinrich Kábdebo in den Berichten und Mitteilungen des Altertumsvereins zu Wien Bd. XV (1875) S. 97 ff.

angedingten geslagen arbait über die ordnung noch 2 knecht zugeben biß auff Michaelis.

1350. [1522, III, 5 a] Quarta post Johannis baptiste, 25. Juny 1522:

Arnolt Wencken supplication bey den gelerten ratschlagen und dann rätig werden.

1351. [1522, III, 11 a] Sexta Udalrici, 4. July 1522:

Maister Mathesen von Sachßen gein Grünsperg fertigen, den costen der prücken zu überslahen.

1352. [16 b] Quinta post Kiliani, 10. July 1522:

Die prücken zu Grünsperg soll man machen lassen, dhweil maister Mathes den costen auff 6 guldin ansleht. Doch daz die paurn darzu fronen.

1353. [1522, III, 18 a] Secunda post Margrethe, 14. July 1522:

Des landgraven von Hessen schreiben den soliern [= *Juvelieren*] anzaigen, ob ir ains gelegenhait sein wöll, mit clainoten zu sein gn. ze raisen.

. . . .

1354. Die Schürstabin, malerin, beschicken und zu red halten von wegen der unzucht, so sy dem Storch bewisen; und ir antwurt herwider pringen.

1355. [18 b] Dem pfleger zu Altdorff bevelhen, die 2 püntel gestolner claider herein ze schicken und soll dann davon den maiden ire claider und daz annder der Schürstabin, malerin, und Lenharten Stercken [*im Register*: Schreck], goldschmid, zugestelt werden.

1356. [1522, IV, 17 b] Sabato vigilia Laurency, 9. Augusti 1522:

Jorg Vennd, platner, sein begern ablaynen und sagen, ein rat wiß der ordnung kain abpruch ze thun.

1357. [18 b] Secunda post Laurenci, XI. Augusti 1522:

Den hamermaistern von rats wegen sagen, das sy irer angezaigten ordnung und verpündtnuß des lonß halben müssig sten, sonnder sich befleyssn, das sy gutte arbait machen, so werd inen dester redlicher gelont.

Den plattnern ain abschrifft irer ordnung geben auß der canzley.

1358. [1522, V, 17 a] Sabato post Egidii, 6. Septembris 1522:

Doctor Zasius von wegen der regenten zu Ynspruck mittailen abschrifften von der schau und goldschmid ordnung auff irn costen.

1359. [17 b] Caspar Mentzinger[1]), stainschneider, *der hier vorkommt, ist wohl ein Arzt.*

1360. [1522, VI, 4 b] Sabato post Nativitatis Marie, 13. Septembris 1522:

Peter von Aschenburg laynen, im zu dem stainschnidt ein handtraichung ze thun.

[*Auch hier handelt es sich zweifelsohne um einen Schneidarzt.*]

1361. [1522, VI, 13 b] Sabato Cosme et Damiani 27. Septembris 1522:

Des printz Ferdinandus tapecirern gevordert opfergelt mit erbern worten, das es der gebrauch nicht sey, ableynen.

1362. [1522, VII, 3 a] Sexta post Dionisy, 10. Octobris 1522:

Der platner ansuchen wider der hamermaister zu Lauff verainigung ratslagen, wie sich darinnen ze halten sey.

1363. [3 b] Den seydenstickern nochmalen laynen, inen ein geschribne ordnung ze geben, sonder soll ir arbait ein freye kunst sein, wie mit alter herkomen, doch wöll ein rat nicht gedulden, das ymand, der nicht bürger, mit aigem rauch sitz und ir kunst arbayt. Darum mugen sy denselben anzaigen.

. . . .

1364. Enndres Francken, kartenmaler, laynen, am bürgergelt nachlassen ze thun.

1365. [1522, VII, 20 a] Quarta post Omnium sanctorum, 5. Novembris 1522:

Lorenzen Villani und Thoman Lapi von Florenz und Thoman von Rümm [*an anderer Stelle*, X, 27 a, *ist von* Thoman Walchen von rhum, *also wohl Rom, die Rede*] sagen, soverr sy und iro gesellschafter bei Wolffen Wurm als ainem wirt in die cost gen und selbst nicht aigen rauch halten werden, so wöll inen ein rat den bestannd desselben Wurmbs behausung zulassen.

1366. [1522, VIII, 20 b] Tercia post Andree 2. Decembris 1522:

Paulus Hamer, priefmaler, gleyt ablaynen.

[1]) Neudörfer, ed. Lochner S. 34 f.

1367. [1522, IX, 5 a] Tercia post Concepcionis Marie, 9. Decembris 1522:

Paulus Hamer, briefmaler, beschicken und vernemen, wes die güter sein, so er hie einkaufft, und herwiderpringen.

1368. [1522, IX, 9 a] Secunda post Lucie, 15. Decembris 1522:

Die stainschneider, so durch das hanndwerck der goldschmid, als ob sie wider ir ordnung hanndeln, beschuldigt werden, furvordern und gegeneinannder verhoren, und versuchen, sie zu vertragen.

1369. [1522, IX, 11 a] Quinta Wunibaldi, 18. Decembris 1522:

Maister Wilhelm von Wormbs, platners, son sein rüg ditzmals nachlassen von wegen ains rocks, der undten herumb verpremt ist, doch das er sich hinfür dem gesetz gemeß halt.

1370. [1522, IX, 14 b] Secunda post Thome, 22. Decembris 1522:

Die hammermaister zu Lauff und Reichelswangk, so hinder die platnerordnung gesworen haben, herein vordern und umb ir verprechen zu red halten.

1371. [19 a] Quarta Silvestri, 31. Decembris 1522:

Auf di handlung, so die rugsherren mit den homermaistern und platnern gethon irer püntnus halben etc., sol mans darauf ruen lassen.

1372. [1522, X, 24 a] Tercia post Anthony, 20. January 1523:

Endres Gögl, kartenmaler, *kommt vor.*

1373. [1522, XII, 3 a] Sexta post Invocavit, 27. February 1523:

Hannsen Pruner[1]), einem goltschmidgesellen, der beym Wenncken gearbeyt, soll man ableynen, das maisterrecht zu schenncken, aber das bürgerrecht, soverr er das anneme, wöll man ime schenncken.

1374. [1522, XII, 9 a] 6 post Kunigundis, 6. Marcy 1523:

Dem frembden siglgraber soll man 8 tag zulassen noch alhie am marck zu arbeyten.

1375. [1522, XII, 11 b] 2 post Oculi, 9. Marcy 1523:

[1]) Goldschmiede-Verzeichnis Nr. 262 (zwischen 1514 und 1530). Anzeiger für Kunde der deutschen Vorzeit X (1863) Sp. 249 (über sein Grab auf dem Johanniskirchhofe und seine Hausmarke). Mitteilungen II, 164 († 1536).

Zu den geschwornen maistern des platnerhanndtwercks soll man beschaiden unnd mit inen hanndlen, ob sie gütlich welten bewilligen, Wolffen Hamer seine maister[stück] machen zu lassen unnd, ob er damit besteen konnd, für ungeverlich zuzelassen: wo nit, das herwider bringen.

1376. [1522, XII, 22 a] 5 post Letare, 19. Marcy 1523:

Maister Balthazar uff der Flaischbrücken, den goldschmid, unnd seinen knaben zu beschicken, von des flaischessens wegen einen yeden in abwesen des anndern zu vernemen, unnd herwider bringen.

1377. [1522, XII, 23 b] 6ta post Letare, 20. Marcy, [27 a] Tercia post Judica, 24. Marcy, [1523, I, 8 b] Quinta post Quasimodogeniti, 16. Aprilis 1523:

Drei weitere Ratsverlässe über diesen Gegenstand. Meister Baltasar wird wegen verbotenen Fleischessens an den Fasttagen mit Turmhaft bestraft. Auf Fürbitte des Herzogs von Pommern — „der junge Herzog Georg von Pommern" heißt es an anderer Stelle — wird ihm jedoch die Strafe ermäßigt und endlich der Rest von neun Tagen ganz nachgelassen.

1378. [1522, XII, 22 a] 5 post Letare, 19. Marcy 1523:

Bey einem gesamelten rat ist verlassen, bey den buchfaylhabern die schenntlichen lieder unnd annder schmachtruckereyen zu nemen unnd, ob vormalen einem wer verboten worden und er verbrochen het, herwider sagen und rethig wern, was man hanndlen soll.

1379. [1522, XII, 24 b] Sabatho post Letare, 21. Marcy 1523:

Günter Küffner, goldschmid, der diser zeit zu Plauen, unnterdeß sein bürgerrecht durch schrifften auffzusagen vermeint, soll man ime wider anntwurten, dasselbig eins rats gebrauch nit sey, mug aber personlich erscheinen.

1380. [1522, XII, 27 a] 3 post Judica, 24. Marcy 1523:

Die formschneider zu beschicken unnd globen lassen, hinfurt on ains rats wissen dergleichen schmelicher trucke nit zu schneyden in massen, als wie es mit den truckern gehalten worden.

1381. [27 b] Die frauen, so getruckte brief, darinn der babst unnd Luter gemalt, [faylgehabt?], ins loch legen lassen unnd zu red halten, wo ir die herkumen.

1382. Den zymmerman in des Eschenloers hof, so Hannsen Jar[1]), goltschmid inn Megldorff, [*oder* goltschmid, inn M.?] gehauen hat, einem statknecht in die eyssen legen lassen.

1383. [1522, XIII, 9 a] Tercia Pasce, 7. April 1523:

Den malern verpieten, die neu wundergepurdt, so zu Lüneburg soll gefallen sein, nicht mer fayl ze haben.

1384. [1523, I, 5 b] Secunda post Quasimodogeniti, 13. Aprilis 1523:

Den frembden cremer, der schendtliche gedruckte brief von des teufels geburdt offen fail gehapt, 3 tag ins loch straffen, und soll morgen mit dem leyb in die straff gen.

Und wo mer schendtlichs fail gehapt werd, soll man auch auffheben.

1385. [1523, II, 1 b] Quinta post Cantate, 7. May 1523:

Hannsen Scheufelin[2]) von Nordling ist frist geben, bürger zu werden, biß auff Egidy schirist.

1386. [1523, III, 2 b] Sabato post Corporis Christi, 6. Juny 1523:

Pangratz Lobenwurst [*so auch im Register*][3]), rotsmid, ist ein VI oder VIII wochen vergönnt.

---

[1]) Im Goldschmiede-Verzeichnis drei Meister dieses Namens [Hans Gar]: Nr. 186 (1514) 273 (zwischen 1514 und 1530) 307 (1537).

[2]) Handelt es sich hier um den bekannten Maler Hans Leonhard Schäufelein und einen vorübergehenden späteren Aufenthalt desselben, der doch seit 1515 Stadtmaler zu Nördlingen war, in Nürnberg oder etwa um einen Verwandten des Malers? Nürnberger Bürger wurde der betreffende damals nicht, da er im Bürgerbuch von 1496—1533 um diese Zeit nicht vorkommt. Bezüglich des Malers H. L. Sch., über den die Ratsverlässe außer dieser höchst fragwürdigen Notiz kaum etwas bieten, mag hier lediglich auf Doppelmayr 193 und von neuerer Literatur auf das Buch von Ulrich Thieme, H. L. Sch's malerische Thätigkeit (Leipzig 1892) hingewiesen sein. Auch Aufsätze von Max Lehrs, Jos. Heigenmooser, Heinr. Modern (Jahrbuch der Kunstsammlungen des A. K. H. Bd. XVII (1896) S. 307 ff.) u. s. f. wären zu erwähnen.

[3]) Gemeint ist natürlich der bekannte Erzgießer Pankraz Labenwolf, der hier zuerst erscheint. Vgl. über ihn Neudörfer, ed. Lochner 125 (nur gelegentliche Erwähnung). Doppelmayr 290. Baader, Beiträge II, 59. Zahns Jahrbücher I, 242 (1541), II, 81 (1549). Mummenhoff, Rathaus 101, 102, 109—11. Herm. Ehrenberg, Die Kunst am Hofe der Herzöge von Preußen S. 78 u. 132 (Anm. 352). Mitteilungen des Vereins für Gesch. der Stadt Nürnberg VII, 139 (1558). Jahrbuch der Kunstsammlungen des A. K. H. Bd. VII Nr. 4723 (1562). — C. R. v. S., Plastische Denkmäler zu Moesskirch im Anzeiger für Kunde der deutschen Vorzeit I. Sp. 113 (vgl. dazu Jahrbuch der Kunstsammlungen des A. K. H. XVII S. 386).

14*

1387. [1523, III, 12 b] Sexta post Viti, XIX. Juny 1523:

Von der goldschmidordnung ein abschrifft in der cantzlei machen und herr Dietrich von Schönburg damit vereren lassen.

1388. [1523, IV, 3 a] Sabato Udalrici, 4. July 1523:

Maister Peter, zimmermann, ytzo inn Neuenmarckt, auff ains rats zerung lassen herkommen, zu vernemen, warzu er sich wolt bestellen lassen.

1389. [1523, IV, 5 b] Quinta post Kiliani, 9. July 1523:

Die gehauen wapen an den thorthürmen besichtigen und bedencken, ob not sei, sy mit ölfarben anzestreichen.

1390. [1523, IV, 6 b] Sexta post Kiliani, 10. July 1523:

Der swertfeger und messerer supplication und clag sampt den gesetzen beder handtwerck besichtigen, bedencken und vleiß thun, sy ains leidenlichen mittels gütlich zu vertragen: wo nicht, herwider pringen.

. . . .

1391. Die ansag von wegen entleybung ains pettelmaydlins, durch Herman Henlin, messerer, beschechen, zu weg suchen.

1392. [7 b] Sabato post Kiliani, 11. July 1523:

Den von Augspurg zuschicken die ansag und beruffung Herman Henlin betreffend.

1393. [1523, IV, 13 a] Tercia post Alexy, 21. July 1523:

Mit Arnolten Wencken handeln und versuchen, ine gütlich zu vermögen, das er auff nachsten freytag mit Peter Herdegens anwald fur gericht komm und entschaiden laß.

1394. [1523, IV, 14 a] Quinta post Magdalene, 23. July 1523:

Peter Henlein die begert furderung gein Augspurg zu erledigung seins bruders Herman Henleins, daselbst in fengknuß, ablaynen.

1395. [1523, IV, 15 b] Sexta vigilia Jacobi, 24. July 1523:

Mathes Strölein, harnischpalirer, *kommt vor.*

1396. [1523, V, 3 b] Sabato vincula Petri, prima Augusti 1523:

Lochner, Ein Erzdenkmal von P. L. zu Lemberg im Anzeiger f. Kunde etc. XXIII (1876) Sp. 144. W. Bode im Jahrbuch der kgl. preuss. Kunstsammlungen II (1881) Sp. LXXVIII. B. Bucher in den Mitteilungen des k. k. österr. Museums für Kunst und Industrie X (1885) 541 f. H. Boesch in den Mitteilungen aus dem german. Nationalmuseum I (1886) S. 164 ff. Allgemeine deutsche Biographie XVII, 463 f. (von Bergau). Porträt bei Panzer S. 140.

Den von Augspurg schreiben, das inen von Peter Henlin die unwarhayt sey angetragen, und anzaigen, daz demselben sein begern umb furderung sei abgeslagen, in zuversicht sy werden sich gegen dem gefangenen Herman Henlin umb sein geübt übeltat mit straff dem rechten gemeß halten.

Und Peter Henlin beschicken und umb solich sein unwarhafftig furpringen zu red halten; sein antwurt herwiderpringen.

. . . .

1397. Peter Henlin auff sein gegeben anntwurt, daz sein anpringen auß aim unverstannd beschechen und auch nicht annderst vermerkt hab, sagen, er hab unpillichs gehandelt und damit ain straff verdient; die wöll ain rat bey sich behalten.

1398. [9 a] Tercia post Laurenti, 11. Augusti 1523:

Peter Henlein sagen, eim rat wöll nicht fügen, zu seins bruders erledigung ze furdern oder ze raten, dhweil er pößlich gehandelt hab.

1399. [1523, VI, 1 b] Quinta post Bartholomei, 27. Augusti 1523:

Clasen Hofman, rotschmid, laynen, im als ein pixenmaister ein merern sold ze geben und, soverr er nicht hie pleiben mog, soll er sich seins bürgerrechtens zuvor entledigen.

1400. [2 a] Auff verrner anpringen ist Clasen Hofman, rotschmid, vergönnt, 2 jar bey dem marggrafen von Baden dienst anzenemen, unentledigt seins bürgerrechtens.

. . . .

1401. Maister Hannsen in der Peundt vernemen, was er mangels hab an maister Clasen Deckern, und herwider pringen.

1402. [2 b] Sabato Decollacionis Johannis baptiste, 29. A[ugust] 1523:

Paumgartner, rotschmid, *kommt vor.*

1403. [1523, VI, 10 b] Quinta post Nativitatis Marie, 10. Septembris 1523:

Baltazar Renntz, eim rotschmid, soverr er diser zeyt bey seim maister, Peter Vischern, nicht arbait hat, soll man vergonnen, 1 jar sich zu Lorentzen Beheim in die Marck ze fügen und dem zum püchssengiessen helffen arbaiten.

1404. [1523, VI, 14 a] Quarta post Crucis exaltacionis 16. Septembris 1523:

Sebolten Paumhauers, kirchners, aiden, Alexander Pucherer, schwarzverber, umb 2 f. werung zu bürger annemen.

1405. [1523, VII, 11 b] Sabato post Michaelis 3. Octobris 1523:

Hannsen Scheufelin noch lennger frist geben zu annemung des bürgerrechtens biß auff Johannis baptiste schirist, doch das er mitler zeyt sein empfangen heyratgut sampt anndern seines weybs güttern verlosung.

1406. [1523, VII, 19 a] Quarta Calixti, den 14. Octobris 1523:

Sebolten Gar ein furderung gein Swabach mittailn umb verpott zu Heintz Schmids, seins schwagers, verlassener schulden.

1407. [1523, VII, 23 a] Sabato post Galli, 17. Octobris 1523:

Veyten Hirsfogels[1]) des jüngern, glasers, mayd *kommt vor.*

1408. [1523, VIII, 5 b] Secunda post Crispini & Crispiniani, 26. Octobris 1523:

Valentin Pogner auff der schmelzhüten vernemen, ob er des undtern gemach geraten mug, darumb Hanns Wagner, rotschmid, ansucht.

1409. [1523, VIII, 8 a] Quinta post Symonis & Jude [*29. Oktober*] 1523:

Herrn Hannsen von Stentzenburg von rats wegen ersuchen, das er seinem hundt ain maulkorb anhengk, damit kain unlust seiner halb erweckt werd.

Daneben Paulsen Müllner unndersagen, gegen herrn Hannsen und sein knechten kainerley unwillen anzefahen, und daz er sein hundt nicht mer zu predig für.

1410. [1523, VIII, 9 b] Sabato vigilia Omnium sanctorum ultima Octobris 1523:

Bey den geswornen maistern der platner vernemen, warumb sy etlich auff irem handtwerck gestrafft, so aim rat gedient haben, und herwiderpringen.

---

[1]) Über den jüngeren Glasmaler dieses Namens vgl. namentlich Neudörfer ed. Lochner S. 149—151. Doppelmayr 198. Zahns Jahrbücher II, 77. Allgemeine deutsche Biographie XII, 477 (von Bergau). Sein Grab auf dem Johanniskirchhofe. Vgl. Trechsel S. 318 Sp. 2 (danach † er 1553, 66 Jahre alt, war also 1487 geboren). Das Porträt eines V. H. bei Panzer S. 105.

1411. [12 a] Tercia post Omnium sanctorum, 3. Novembris 1523:

Die platnergesellen sol mon von wegen das sie ein one wisßen eins ratz und von wegen desselben dinstz gestraft haben iden gesellen 3 tag auff 1 thurn oder ins loch und inen frist geben pis Nadalis.

1412. [14 b] Sexta Leonhardi, 6. Novembris 1523:

Den gefangnen, der gestern in Sant Sebolts kirchen am sacramentgeheuß frevenlich hand angelegt hat, zu red halten und sich darneben seiner unschicklichait halben erfaren.

1413. Uff fürbitt der geschwornen maister deß platnerhandtwercks und dhweil sie Meinen Herren zum heiligthumb gedient haben, ist den knechten desselben handtwercks ir straff, das sie unndtereinander selbs straff furgenomen, nachgelassen, mit dem anhang, das ain rat kain straff kaim geduld.

1414. [1523, VIII, 16 b] Tercia post Leonhardi, 10. Novembris 1523:

Den Swedischen goldschmid [*Im Register:* Jorg Schwed[1]), goltschmid] beschicken und zu red halten von der unzucht wegen, so er gegen dem gardian, als er ein frauen peicht gehört, im creutzgang und closter zu den parfüssern geübt hat; und sein antwurt herwider pringen.

1415. [17 a] Enndres Krug[2]), weyland Hanns Krugs, goldschmids, son, hat sein angeerbt bürgerrecht im rat personlich auffgevordert, daz ist von [ime] angenomen und von der nachsteur wegen in die losungstuben geweyst.

Vgl. Gebert, Geschichte der Münzstätte der Reichsstadt Nürnberg S. 52.

1416. Den Sweden, goldschmid, ytzo auff ein thurn lassen gen und biß auff pfintztag [*12. November*] im nach ainer straff fragen. [*Am Rande:*] Wo er anrürt, daz er ehafft hab, soll man im frist geben biß auff pfintztag, in die straff ze gen.

1417. [1523, VIII, 18 a] Quinta post Martini, 12. Novembris 1523:

Die gesellen des platnerhandtwercks vernemen, in

[1]) Im Goldschmiede-Verzeichnis Nr. 247 (zwischen 1514 und 1530; als Silberarbeiter, mit dem Zusatz: »ist zu Aurach verbrannt worden.«

[2]) Der 5. Sohn des älteren Hans Krug. Vgl. Lochner in seiner Neudörfer-Ausgabe S. 121. Gebert S. 52 (1523).

was sachen sy irem geprauch nach einannder ze straffen vermaynen, und herwiderpringen.

1418. [19 a] Sexta post Martini, 13. Novembris 1523:

Den gesellen des platnerhandtwercks soll man zulassen, das sy einannder in angezaigten fellen nach irem geprauch und herkommen zimlicher weyß straffen mugen biß auff ains rats widerruffen und in allweg aim rat ir oberkeit und straff in allen fellen vorbehalten.

1419. [1523, VIII, 21 a] Secunda Othmari, XVI. Novembris 1523:

Jörgen Sweden, goldschmid, von stundan in die straff auff ein thurn ze gen verschaffen.

1420. [21 b] Tercia post Othmari, 17. Novembris 1523:

Auff nachsten freytag [*20. November*] furlegen, wann man den Sweden, goldschmid, von der geübten unzucht wegen wöll vom thurn lassen.

1421. [1523, VIII, 22 b] Quarta post Othmari, 18. Novembris 1523:

Mit dem maler oder pildschnitzer [*Im Register nur unter*: pildtschnitzer] gegen der Scheurl haus über ze handeln, das er dem mit seiner herberg gewart, der es am ersten bestanden hab.

1422. [1523, IX, 2 b] Sexta (post) vig. Presentacionis Marie 20. Novembris 1523:

Den Schweden, goltschmidt, sol man heint mit einer streflichen red vom thurn lassen auf fürpit des gardians und auf ein urfehd.

1423. [1523, IX, 6 b] Tercia post Presentationis Marie, 24. Novembris 1523:

Den geswornen maistern der goldschmid sagen, das sy Hannsen Pragen[1]) von Lübek unangesehen des angezeigten mangels in seinem lerbrief, derweil er mit sein maisterstücken bestanden sei, zum maisterrechten kommen lassen und ansagen.

1424. [1523, IX, 12 a] Quarta post Andree, 2. Decembris 1523:

[1]) Goldschmiede-Verzeichnis Nr. 263 (zwischen 1514 und 1530). Mitteilungen II, 164 (»Barbara Hanns Pragin, unter der Vesten« † 1542). Mit dem später in Augsburg erscheinenden Goldschmied Hans Prager oder Brager — vgl. Ratsverlaß vom 18. August 1542 und die Anmerkung dazu — ist unser Meister schwerlich identisch.

Hannsen Prag, goldschmids, gemachte maisterstück besichtigen, auch der gesworncn mangel vernemen, und herwiderpringen.

1425. [1523, IX, 15 b] Sabato post Barbare, 6. Decembris 1523:

Mathes Gorian und Hannsen Sidelman[1]) laynen, bey Martin Crafft, goldschmid, auff die Mentzischen cleinot, derweil Mentz soll gestorben sein, irer schulden halben verpot ze thun, sonnder mugen für sich selbs mit dem Crafft ir notdurfft reden.

1426. [17 a] Mit den slossern und windtenmachern statlich handeln, das sy den dreyen maistern Jörg Heussen, Jacob Pulman und Martin Pfaffen yedem 5 knecht mit guttem willen zulassen; welher dann auß inen des auch notdürfftig und mer knecht begern, dem soll es auch gestatt werden.

1427. [17 b] Peter Haidecker, carthenmaler, laynen, den ain außgeloffen münich lenger bey im ze halten, sonder soll in von hynnen weysen.

. . . .

1428. Hannsen Renntzen laynen, ain cram an der parfüsserprück ze machen.

1429. [1523, IX, 23 a] Tercia post Lucie, 15. Decembris 1523:

Bey den gesworncn maistern der messerer nochmalen handeln und vleiß thun, das sy den swertfegern zulassen, die rappir auff die neuen manier, doch on schalen oder holz ze fassen. Dann, wo sy das nicht nachgeben, werd sich ein rat zu Augspurg und Münichen erfarn, wie es daselbst und andern außwertigen [orten] uff dem swertfegerhandtwerck gehalten werd.

Und ist darauff nach der messerer bewilligung an bede ort geschriben, auch Regenspurg und Passau geschriben.

1430. [1523, X, 9 b] Sabato post Circumcisionis, 2. January 1524:

---

[1]) Über den Goldschmied Hans Sidelmann vgl. Goldschmiede-Verzeichnis Nr. 239 (zwischen 1514 und 1580). Neudörfer, ed. Lochner 127. Zahns Jahrbücher I, 246 (1525, seine Forderung an den Grafen Gabriel zu Ortenburg betreffend). Mitteilungen II, 164 († 1541). Sein Grab auf dem Johanniskirchhofe. Vgl. Trechsel S. 400 Sp. 1 (1541).

Erzherzog Ferdinanden zwaien teppeciern yedem 1 f. zu opfergelt geben.

1431. [1523, X, 12 a] Quinta Epiphanie, 7. January 1524:

Den frembden soll man mit seiner puden vor Hainrich von Wimpfen hauß zulassen, doch das er dem goldschmid rück, so maist er mag, und auch alle wochen ain ort stanndgelts bezal.

1432. [1523, XI, 1 b] Sexta post Erhardi, 15. January 1524:

Ulrich Heberlein[1]) von Wasserburg, goldschmid, umb das er ungemacht seiner maisterstück haimlich gearbait, soll man die straff laut des gesetz 40 ℔ aufflegen und darzu verpieten, ze arbaiten, er hab dann zuvor seine maisterstück gemacht und das gelt in die losungstuben bezalt.

Darneben soll man im sein auffgehaben silber wider geben on straff, dhweil er das nicht verarbait hat.

1433. [1523, XI, 9 b] Tercia post Pauli conversionis, 28. January 1524:

Hanns Eckhart, platner, *kommt in einer gleichgültigen Angelegenheit vor.*

1434. [1523, XI, 17 a] Sabato Dorothee, 6. February 1524:

Peter Henlin, slosser, umb das er Martin Lutzen, messerer von Augspurg, berüchtigt und beschuldigt hat, als sollt er sein bruder Herman Henlin zu Augspurg angeben und mit den statknechten gangen sein biß fur das hauß, darinn derselb sein bruder fengklich sey angenomen, darumb er auch hundert gulden empfangen hab etc., ist er gestrafft 14 tag und nacht auff ain thurn mit dem leyb zu verpringen, und soll darzu dem boten Lutzen für sein gethane zerung und außgeprachte kundtschafft bezalen 2 f.

. . . .

1435. Nachdem Peter Henlin nach eroffenter straff und über den anglobten friden auff dem rathauß gegen Martin Lutzen gesagt hat, er sey dannocht, der er sey, wie vor, seind im zu voriger straff noch 3 tag zugeben und das er zu stundan den nechsten vom rathauß in die straff auff den thurn gen söll.

Und dem Lutzen diser sachen ein kundtschafft ze geben[2]).

---

[1]) Im Goldschmiede-Verzeichnis Nr. 264 (zwischen 1514 und 1530) als Silberarbeiter. Ein U. H. als Händler bei Roth, Gesch. des nürnberg. Handels I. 332.

[2]) Diese beiden Verlässe über Peter Henlein ihrem Inhalte nach schon

1436. [18 a] Gaylen montag, 8. February 1524:

Peter Henlein heind vom thurn lassen und zu den 14 tagen frist geben auff Mitvasten.

1437. [1523, XII, 3 b] Sabato post Appolonie, 13. February 1524:

Erhart Loy, rotschmid, ist vergönt, unentledigt seins bürgerrechtens sich 2 jar bey dem herrn von Pernstain in diensten zu enthalten, doch das er daz handtwerck des orts nicht arbaiten oder anrichten soll.

1438. [1523, XII, 7 a] Quinta post Invocavit, 18. February 1524:

So Peter Henlein, slosser, in die straff des thurns geet und etlich tag verpracht hat, mag er sein begern widerumb lassen anlangen, die in gelt ze wenden.

1439. [1523, XII, 14 b] Secunda Oculi ultima [29.] February 1524:

Die geswornen der kanndelgiesser hören, wie es mit Melchior Kochs verprechen gestalt und der mangel erfunden ist, und dann sampt dem gesetz herwider pringen.

1440. [15 b] Tercia post Oculi, prima Marci 1524:

Melchior Koch, kanndelgiesser, bey dem die geschwornen maister bei 30 zentner zynns erfunden haben, in denen mer zusatz und nemlich in aim yeden zentner 4 biß in 5 pfundt gewest ist, dann im sein gesworne ordnung zugibt, [*am Rande*:] bey aim gesamten rat furlegen.

1441. [1523, XII, 16 a] Quarta post Oculi, 2. Marcy 1524:

Bruno Rauch[1], goldschmidt, ist erlaubt, ainem Ferdinandischen ain schwerthefft, von messin gemacht, zu vergulden.

1442. [1523, XII, 18 a] Sabato post Oculi, 5. Marcy 1524:

Melchior Kochs, kandelgiessers, verwürckte straff, umb das in etlichen zentnern gemachts zins mer zusatz erfunden ist, in bedacht seiner schwangern hausfrauen und clayne kynnder zu disem mal in ru gestelt, doch unbegeben, ob er wider verprechen würd.

1443. [1523, XII, 19 a] Tercia post Letare, 8. Marcy 1524:

---

bei Lochner in seiner Neudörfer-Ausgabe S. 73. Mehrere weitere Verlässe haben auf denselben Gegenstand Bezug.

[1] Goldschmiede-Verzeichnis Nr. 222 (zwischen 1478 und 1514: »Praun Rawe«). Mitteilungen II, 164 († 1528).

Den geswornen maistern der platner ansagen, das sy des landgraven von Hessen zeugmaister gewelten zeug umb sein gelt mögen volgen lassen.

1444. [1523, XIII, 14 a] Tercia Pasce, den 29. Marcy 1524:

Den priefmaler, so ain schendtlich gedruckt gemel fail gehapt, ins loch lassen legen und zu red halten, wer disen schendtlichen form gemacht und zu verkauffen furgelegt hab.

Deßgleichen soll man den auch ins loch legen, der aim parfüsser münich in die gespyen hat [*so, ohne Lücke*].

Daneben ymand bevelhen, alle soliche schendtliche gemel ze suchen und auffzeheben.

1445. [1524, I, 1 b] Quarta Pasce, 30. März 1524:

Adam Dian[1]) im loch zu red halten, wer im die schendtlichen form gerissen und geschnitten.

1446. Quinta Pasce, ultima Marcy 1524:

Adam Dians schendtliche brief und form verprennen lassen.

Und dem formschneider ain streffliche red sagen und verpieten, dergleichen nicht mer ze schneiden.

1447. [1524, I, 6 b] Tercia post Quasimodogeniti, 5. Aprilis 1524:

Peter Henlein zu seiner unverprachten straff frist geben biß auff Walburgis.

1448. [1524, I, 8 a] Quarta post Quasimodogeniti, 6. Aprilis 1524:

Dem rotschmid von Costnitz laynen, im etlich gießtegel volgen ze lassen, dhweil es dem handtwerck ze schaden raicht.

1449. [1524, I, 13 b] Tercia post Misericordia domini, 12. Aprilis 1524:

Ainem goldschmid, von Lauff pürtig, laynen, sich zum Gostenhof mit wesen niderzethun und daz handtwerck ze arbaiten.

1450. [1524, I, 26 a] Quarta post Cantate, 27. Aprilis 1524:

Peter Henlin, slosser, zu verpringung seiner straff des thurns die frist erstrecken biß auff die Pfingstfeyrn.

---

[1]) Zahns Jahrbücher I, 237 (1513). Roth, Gesch. des nürnberg. Handels III, 60 (»Adam Dyon 1509 und 1531 zu Breßlau«).

1451. [1524, II, 22 a] Tercia post Trinitatis, 24. May 1524:
Fritz Körner, goldschmid, *kommt vor.*

1452. [1524, III, 1 b] Sexta post Corporis Christi, 27. May 1524:

Peter Henlin, slosser, zu verpringung der überigen VIII tag uff ain thurn frist geben biß auff Johannis baptiste.

1453. [1524, III, 7 a] Quarta post Urbani, prima Juny 1524:

Mathesen Volkmer und wer darbey gewest beschicken und verhören, was der siglmacher am Seumarckt für ungeschickte reden gethan hab.

1454. [1524, III, 14 b] Sabato Barnabe, 11. Juny 1524:

Bey den puchfierern statlich hanndeln und zu verpieten, das sy kainerley schmehgedicht oder ungeschickt gemel fayl haben mit der warnung, wo es bey inen funden werd, woll man sy ernstlich straffen.

Darneben ymand verordnen, nach solhen ze suchen und, wo sy was finden, auffzeheben.

1455. [1524, IV, 10 b] Secunda Udalrici 4. July 1524:

Bevelh thun, allenthalben die schendelichen gemel und auch Lutters pildnuß, wo die offentlich fail gehapt, ze suchen und auffzeheben.

1456. [1524, IV, 13 b] Quinta Willibaldi 7. July *und* [15 a] Sexta Kiliani, VIII. July 1524:

Mathes Paumgartner[1]), goldsmid, *kommt in einer Streitsache mit* Clementen Volkamer *vor.*

1457. [1524, IV, 22 a] Tercia post Alexy, 19. July 1524:

Benedict Pilgram[2]) soll man bei seiner künstlichen arbait, mettall und spiegelglaß in holz und annders ze fassen, pleiben lassen, unverhindert der compaßmacher widerfechten.

1458. [1524, V, 6 b] Quinta post Jacobi, 28. July 1524:

Die spiegler von rats wegen gütlich bereden, mit dem alten Benedict Pilgram seiner arbait halb sein leben lang gedult ze tragen; so wöll mans darnach seinem son mit dem spiegelglaß weytter nicht gestatten.

---

[1]) Nicht im Goldschmiede-Verzeichnis. Vgl. jedoch Mitteilungen II, 162 († 1584).

[2]) Sein Grab — hier wird er als »Kompaßeumacher« bezeichnet — auf dem Rochuskirchhofe. Vgl. (Gugel), Norischer Christen Freydhöfe Gedächtnis S. 130 (1531).

1459. [1524, VI, 13 a] Tercia post Egidy, 6. Septembris 1524:

Die neuen luterischen püchlein, darinnen die kaiserlichen mandata inserirt sein und kaiser und fürsten narren genannt werden, soll man verpieten fail ze haben.

Die puben, so soliche püchlin am marckt fayl haben, damit herauff vordern.

[13 b] Deßgleichen den frembden, so in Birckhaimers hof gemalte tüchlein fail hat, beschicken und unndtersagen, die schendtlichen gemel vom bapst hie nicht fail ze haben.

Auch des Stenngels gemel an seinem haus auffm Neuenpau besichtigen lassen.

Mer soll man denen zusprechen, die verordent sein, die gemel und druck zu besichtigen, das sy darinnen mer vleiß furwenden, dann bißher geschechen.

1460. [15 a] Quarta vigilia Nativitatis Marie, 7. Septembris 1524:

Endressen Stengel auffm Neuenpau von rats wegen gepieten, das er das gemel an seinem pau laß enndern und die babstlichen cron am fuchs abthue.

1461. [1524, VII, 8 b] Secunda post Mauricy 26. Septembris 1524:

Jacoben Magnußreuter[1]), goldschmid, von seins anherrn und vatters dinst wegen das bürgerrecht schencken.

1462. [1524, VII, 10 a] Sabato post Michaelis, prima Octobris 1524:

Sebolten Fürnschilt, platner zu Crümetzau 3 tag gleyt zuschreiben, so er in 14 tagen herkompt.

1463. [13 a] Quarta post Francisci, 5. Octobris 1524:

Sebolten Fürnschilt, platner, dhweil man seiner gethanen droe kein grundt finden kan und auff sein erpieten sich als ein gehorsamer bürger halten oder sich desselben [*nämlich des Bürgerrechts*] nach ains rats ordnung entledigen wöll, ist im gesagt, das er sich vor aim rat nicht besorgen dörff.

1464. [1524, VII, 14 b] Sexta post Francisci, 7. Octobris 1524:

Hanns Mairs, platners, clagzettel, dem schulthaissen lassen furhalten.

[1]) Goldschmiede-Verzeichnis Nr. 265 (zwischen 1511 und 1530).

1465. [1524, VII, 15 a] Sabato post Francisci, 8. Octobris 1524:

Albrecht Dürers knecht Jergen[1]), der sein mayd zur ehe genommen, umb 2 gulden werung zu bürger auffnemen.

1466. [1524, VII, 18 a] Quarta post Dionisy, 12. Octobris 1524:

Hans Mayern, plattner, soverr er herr Hansen von Obernitz seiner vordrung nit welle erlassen, an das statgericht weisen.

1467. [18 b] Auff pit etlicher goldschmid soll man Margreth Fritz Kornerin, wittib, so bißher in sorgen und verdacht gewest, das sy an irs manns sterben sollt schuld haben etc., mit sicherhait lassen einkommen auff bürgerlich recht, ob sy desselben irs manns freuntschaff derhalben wolte beclagen.

1468. [1524, VIII, 4 a] Secunda post Galli, 17. Octobris 1524:

Martin Jane von wegen ains pferds, so im Caspar Peringer, goldschmid, der sich an erzhertzog Ferdinanden hof enthelt, hat zugestelt, fur gericht weysen.

1469. [1524, VIII, 18 b] Quinta post Omnium sanctorum 3. Novembris 1524:

Landgraff Philipsen zu Hessen in seiner gnaden begern mit verlegung der angedingten claynot zu willnfaren und sein gnaden solhs zuschreiben.

Darneben mit Wencken und Sidelman, goldschmiden, handeln und gelt geben, soliche arbait furhand ze nemen und mit dem ersten ze fertigen[2]).

1470. [1524, X, 21 b] Tercia post Circumcisionis, 3. January 1525:

Hannsen Scheufelin manen, bürger ze werden.

1471. [1524, XI, 5 b] Quarta post Erhardi, XI. January 1525:

Dem lanndgraven zu Hessen mit aigem poten schreiben, das die verdingt arbayt, guldinen clainot und silbergeschirr, gevertigt sey; darumb sein gnad ymand mög her-

[1]) Gemeint ist Jörg Schlenk. Vgl. Baader, Beiträge I. 3 (1524). A. Bauch. Ein vergessener Schüler Albrecht Dürers, in den Mitteilungen aus dem germanischen Nationalmuseum Jahrgang 1896 S. 3 ff.

[2]) Zur Sache vgl. auch Zahns Jahrbücher 1, 245 (nach anderen Quellen und ohne Nennung der betr. Goldschmiede).

schicken, solhe claynot zu empfahen und bei der rechnung ze sein.[1])

1472. [1524, XI, 14 b] Sabato Agnetis, 21. January 1525:

Inn sachen Merten von Kronach, formschneiders, und Herrgotts soll man bescheiden, wer in der sach verwant ist, und flissig meren und forschen, und dieselben erkundigung herwiderpringen.

1473. [16 b] Tercia post Vincenti, 24. January 1525:

Merten von Kronach darumb das er mer dann ein eweib hab genomen, ins loch legen und ze red halten.

1474. Veyt Stossen supplication den glaubigern Hannsen Starzedels furhalten, antwurt darauff ze geben.

1475. [20 a] Sabato post Pauli conversionis, 28. January 1525:

Veyt Stossen mit seinem begern umb urkundt des vertrags, so Hanns Starzedel mit sein glaubigern gemacht, fur gericht weysen.

1476. [1524, XI, 22 a] Quarta vig. Purificacionis, 1. February 1525:

Zu der goldschmid rechnung der gemachten clainot und silbergeschirrs halb, dem lanndgraven zu Hessen zugehörig, sind verordent und dann die summam der arbait und verlegung dem fürsten in schrifften an[zu]zaigen

[N.] Haller
C. Tetzel.

1477. [1524, XII, 10 a] Secunda post Apolonie, 13. February 1525:

Zwischen Veit Stossen und Wilhelmen Weydolt handeln, damit Stoß dem Weydolt sein schuldbrief und Weydolt dem Stossen den gerichthandel sehen laß, oder sich derhalben on furpot das gericht entschaiden lassen.

1478. [11 b] Tercia Valentini, 14. February 1525:

Veit Stossen mit den glaubigern Starzedels fur gericht

[1]) Hier füge sich eine Notiz ein, die ich den Nürnberger Stadtrechnungen von 1524/25 (im Archiv des Germanischen Museums) Bl. 66 entnehme:

»Item XX gulden landß [d. h. Landswährung] von Ludwig Krug, die er für seinen pruder Erasm Krug von Straspurg bezalt hat zu nachsteuer für ein haus, hie gehabt, das nun umb 200 fl. verkauft ist worden. Actum 4 post Erhardi« [11. Januar 1525].

weysen, rechtlichen entschid ze nemen, ob sy im daz original des gerichtshandels oder vidimus darinn sollen volgen lassen.

1479. [1524, XII, 14 a] Quinta post Valentini, 16. February 1525:

Mathesen Sidelman auff ein supplication an herrn Gabriel Salamanca ein fürschrifft mittailen.

1480. [1524, XIII, 21 b] Tercia post Letare, 28. Marcy 1525:

Auff clag Hanns Pairn, platners, mit herrn Hannsen von Obernitz, schulthaissen, handeln, ine der gevorderten schulden zu entrichten oder ein recht entscheiden ze lassen.

1481. [1524, XIV, 2 a] Quinta post Letare, 30. Marcy 1525:

Sebolt Loß, geschmeidmacher, *kommt vor.*

1482. [2 b] Sexta post Letare, ultima Marcy 1525:

Mit der procurator ainem verschaffen, das er Veyt Stossen sein sach vor gericht hanndel.

1483. [6 b] Tercia post Judica, 4. Aprilis 1525:

Veyt Stossen begern seinen widertailen, Hanns Starzedels glaubigern, furhalten. Darneben ime ein advocaten schaffen oder, ob ime mit ainer fürschrifft möcht geholffen werden an die von Breßlau[1]).

1484. [7 b] Quarta post Judica, 5. Aprilis 1525:

Den glaubigern Starzedels das begern Veyt Stossen, ime alhie ains endtlichen rechtens ze pflegen, anzaigen und der frembden factorn 4 wochen bedacht geben, solhs an ire herren gelangen ze lassen und dann antwurt ze geben; inen darbey raten, solhs nicht abzeslagen.

1485. [1524, XIV, 12 a] Secunda post Palmarum, 10. Aprilis 1525:

Mit den geswornen maistern der gürtler handeln, das sy Jacoben Vischer[2]), geschmeidmacher, vergönnen, sein gemachte arbayt auff die gürteln ze slahen, dhweil die goldschmid das thun mögen.

1486. [1525, I, 9 a] Quarta post Georgy, 26. Aprilis 1525:

In den 3 clöstern prediger, parfüssern und frauenbrüdern, deßgleichen bey den vicariern alle clainat, zu den kirchen und pfründen gehörig, inventiren und beschreiben lassen.

---

[1]) Vgl. Zahns Jahrbücher I, 239.

[2]) Ein J. V. liegt auf dem Johanniskirchhofe begraben. Vgl. Trechsel S. 235 Sp. 1.

1487. [1525, I, 27 a] Secunda post Cantate, 15. May 1525:
Jeronimus[1]), formschneider, von seiner posen ungeschickten red wegen lassen annemen.

1488. [1525, II, 3 a] Quinta post Cantate, 18. May 1525:
Zu erfaren, was vermugens der gefangen Jeronimus, formschneider, sey.

1489. [4 b] Sabato post Cantate, 20. May 1525:
Auff den nehern montag umb den gefangen Jeronimus, formschneider, bei aim gesammelten rat ein frag thun.

1490. [1525, II, 13 b] Secunda post Exaudi, 29. May 1525:
Jeronimus Andre im loch vernemen und, ob es für gut angesehen, im auch ein wechter zugeben.

1491. [1525, II, 16 a] Quinta post Exaudi, prima Juny 1525:
Zwischen Veyt Stossen und den carmeliten handeln und vleiß thun, ainer gemachten tafel halben miteinander zu vertragen.

1492. [1525, III, 4 b] Tercia post Viti, 20. Juny 1525:
Jeronimus, formschneider, des Bubenlebens brief furhalten und verlesen und darauff meren, was er hinab geschriben hab und wer die brüder sein, mit den er solt handeln.

1493. [6 a] Quarta vor Johannis baptiste, 21. Juny 1525:
So des punds zug furkompt, alßdann umb den gefangen Jeronimus, formschneider, ein endtliche frag thun.

1494. [1525, III, 17 b] Sabato Kiliani, 8. July 1525:
Veyt Stossen soll man die tafel, von der wegen er gegen den vättern zun frauenbrüdern in anvorderung stet und kain mittel will annemen, zustellen umbsunst und, was daran bezalt und sunst costens darauff gangen ist, für verloren achten.

1495. [1525, III, 19 a] Secunda post Kiliani, 10. July 1525:
Sebolt und Barthelmus Beheim, den malern, ir pit umb nachlassung irer auffgelegten straff laynen.

1496. [1525, IV, 18 a] Sabato post Jacobi, 29. July 1525:
Hainrich Staigel, maler, einkommens und gleyt laynen.

---

[1]) Über den Formschneider Hieronymus Andreä, der in der Regel Jeronymus Formschneider genannt wird, vgl. Neudörfer, ed. Lochner 155 f. Baader, Beiträge I, 5 (1523; er zahlte bei seiner Bürgeraufnahme am 9. Mai dieses Jahres 4 fl. Vgl. das Bürgerbuch von 1496—1533 Bl. 121 b). Gebert 51 (1535 bis 1542 städtischer Eisengraber). Zahns Jahrbücher I, 232 f. († 7. Mai 1556). Doppelmayr 198. Thausing, Dürer: an vielen Orten.

1497. [1525, V, 7 b] Sexta post Assumpcionis Marie, 18. Augusti 1525:

Mit der procurator ainem verschaffen, Veyt Stossen in seiner sachen vor gericht zu procediren. Und die zwen, doctor Voyten und doctor Reuen, beschicken und vernemen, warumb sy ime nicht advocirn wollen.

1498. [1525, V, 10 a] Secunda post Sebaldi, 21. Augusti 1525:

Veyt Stossen sagen, das eins rats fug nicht sey, sich seiner sachen gegen den kauffleuten zu beladen, sonnder, dhweil er die mit recht furgenommen, mög er der sachen desselben orts außwarten, und ob im zum selben an advocaten oder procuratoren mangel erscheyn, wöll man im des rat schaffen.

Und zu des herzogen von Monsterberg schreiben müß er ein andere anntwurt geben, die man sein gnaden könd einsliessen.

. . . .

1499. Herzog Karls schreiben und Veyt Stossen anntwurt, das er mit Starzedels glaubigern nicht rechten, sonder wöll gein Preßlau sein schuldner, den Starzedel, furnemen, ob nun solhs den kauffleuten zu gut oder nachtail kommen werd, geb er inen zu bedencken, — den kauffleuten anzaigen und dargegen vernemen.

1500. [19 a] Sexta Egidy, prima Septembris 1525:

Veyten Stossen die verzaichent fürschrifft gein Breßlau mittailen.

1501. [1525, VI, 18 b] Quinta Wenzeslay, 28. Septembris 1525:

Hanns Keser, platner, *kommt vor.*

1502. [1525, VI, 22 a] Quarta Francisci, 4. Octobris 1525:

Enndres Dürer[1]), vernemen, ob der von Bamberg noch hie sey, der von etlichen auffrürern gesagt . . . *etc.*

---

[1]) Für Albrecht Dürers Bruder Endres (1484–1555) ist in der Hauptsache auf die den großen Meister selbst betreffende Litteratur (namentlich Thausings Dürer I, 50 ff.) zu verweisen. Im besonderen vgl. Goldschmiede-Verzeichnis Nr. 238 (zwischen 1514 und 1530 als Silberarbeiter). Neudörfer, ed. Lochner S. 134. Baader, Beiträge II, 25 Anm. Mitteilungen II, 162 und 164 († 1555. Ursula Endres Dürerin † 1560).

1503. [1529, IX, 4 a] Secunda Barbare, 4. Decembris 1525: Des Prechters von Straßburg diener laynen, prennhefen, die er zum messing prauchen wolt, von hynnen ze füren und solhs dem rotschmiden anzaigen.

1504. [1529, IX, 6 a] Quinta post Nicolai, 7. Decembris 1525:

Den clingenschmiden vergönnen, das sy gein Swabach ziehen und sich mit den anndern werkstetten zu Sulzbach, Wendelstain und Kornburg underreden und besprachen mögen, aber nicht sliessen sollen.

1505. [1525, X, 3 b] Tercia post Circumcisionis, 2. January 1526:

Den von Straßburg mit etlichen tegeln willnfaren, der ir püchssengiesser zu etlichen hacken, inen zu giessen, notdürfftig.

1506. [1525, XI, 16 b] Tercia 20. February 1526:

Conrad Apteckern, den jungen Geyger und den Sidelman uff Lorenz Villani beclagung zu beschicken, sie zu hören, und herwider zu pringen.

1507. [1525, XII, 15 a] Sexta, 9. Marci 1526:

Sebalden Geyger, Sidelman und Contzen Aptecker ein frid mit worten und wercken gegen Lorenzen Villani anzesagen, wie sie dann vorhin angelobt, mit dem anfang, der handel sey vor rath entschieden; man woll auch aufsehen haben und, wue sy den Villani belaydigen, sie ernstlich straffen.

Item solichs dem Villani anzuzeigen mit dem erpieten, wer ine unpillich belaidig und er anzeig, das im ein rath frid schaffen wolle.

1508. [1525, XII, 20 a] Quarta, 14. Marci 1526:

Uff der geschmeidmacher supplication und der rugsherren unterricht der ketten und ryncken halb ist erteilt, beym gesetz, so hievor deshalb geordent, pleiben zu lassen.

1509. [1525, XII, 24 a] 20. März 1526:

Uff des erzherzogen schreiben zu Iheronimus, furmschneider, und dem Dürer der form halb zu der emporten (halb) gehorig zu bescheiden, di zu hand zu pringen und dem niderosterreichischen canzler zu schicken.

Vgl. Petz im Jahrbuch der Kunstsammlungen des A. K. H. X. Bd. Nr. 5848.

1510. [1525, XIII, 4 a] Sabato 24. Marci 1526:

Iheronimus, formschneider, zu sagen, sein sach in eyn suplicieren zu stellen und furderung darnach an Trautsaurwein zu geben[1].

1511. [1526, II, 7 a] Tercia, 8. May 1526:

Dem Kisling, goldschmid, des burckgraffen [*wohl* zum Rotenberg, *der in dem vorhergehenden Verlaß vorkommt*] schreiben furzuhalten, und herwider zu pringen.

1512. [1526, IV, 4 b] Tercia 3. Juli 1526:

Dem jungen Lyndtenast[2] zu sagen, das das vergünstigen sich auf seinen vatter und nit auf ine erstreck; was aber mit des handtwercks der goltschmid wissen bescheen mag, mit den sol man handeln und sy eyner maß zu vergleichen, wie mit seynem vater auch bescheen.

1513. [1526, IV, 7 b] Quinta 5. July 1526:

Die herren am amptbuech sollen mit den goldschmiden handeln und mit dem Lynttenast vergleichen, alls das er sich an arbeitten und machen der prun becken und groß kandten und, wes das handtwerck bewilligen, genügen laß, dann ein rath müß das handtwerck mehr dann eyn eyniche person bedencken.

1514. [1526, IV, 8 b] Sabato den 7. Juli 1526:

Zwischen den goltschmiden und Lyntenast die verzaichent ordnung auffzurichten und die peen zehen guldin zu bestimben: herren am amptbuech.

1515. [1526, IV, 22 b] Tercia 24. Juli 1526:

Uff der zweyer rotschmid von Zürch schreyben Sebastian Lindenast[3] ain urkund zu geben, das er eelich geboren, sich redlich hie gehalten unnd nit leybaigen sey, mit dem anhang, wie das anngeschlossen zettelein anzaigt.

1516. [1526, V, 2 a] Sexta 27. July 1526:

Sebastian Lindenast hat sein bürgerrecht anheut auffgesagt, ist damit dem geprauch nach in die losungstuben gewisen.

---

[1] Zur Sache vgl. Baader, Beiträge II, 38.

[2] Über den jungen Sebald Lindenast vgl. Neudörfer, ed. Lochner S. 43. Baader, Beiträge II, 55 f., woselbst auch bereits das wesentlichste aus diesem und einigen folgenden einschlägigen Ratsverlässen mitgeteilt ist. Zahns Jahrbücher I, 255 (Meister 1528).

[3] Über den jüngeren Sebastian Lindenast vgl. Zahns Jahrbücher I, 255 (Meister 1505). R. Vischer, Studien zur Kunstgeschichte S. 592, 593.

1517. [1526, V, 8 a] Tercia, ultima July 1526:

Fritzen Wanndereysens, büchsengissers, suplicirt begeren abzulainen.

1518. [1526, V, 11 b] Quinta 2. Augusti 1526:

Uff der platner suplicirn, den Bonacker, satler, betreffent, ist verlassen, das die rugßherren bed partheyen beschicken und fleis thon sollen, sy gütlich zu vertragen.

1519. [12 a] Sexta, 3. Augusti 1526:

Soferr Veit Stossen weyb stürb, ee ir man köm [*oder* käm?], so solten die güter im haus von gerichts wegen versperrt und der maydt soll ir pett ytzo werden.

1520. [21 b] Sexta, 10. Augusti 1526:

Dieweyl Veit Stossen hausfrau gestorben und er nit hie ist, soll der richter in beysein der freund die güter inventiren und verwaren [1]).

1521. [1526, V, 22 b] Sabato, 11. Augusti 1526:

Dem Lebenter, kandelgiesser, sein begern, in zu ainer kunst ain gepeu im zwinger beym marstal uff seinen costen machen und prauchen zu lassen umb 5 f. jerlichs zins, abzulainen, mit anzaig, das er sich an ainem andern [ort] derhalb umbsehen mug, und dem paumeister anzaigen.

1522. [1526, V, 33 b] Secunda, 20. Augusti 1526:

Uff herzog Ferdinanden schreyben, kain wer oder harnisch in Tyrol und ander land zu füren, sollen derhalb zetteln und warnungen angeschlagen werden [2]).

1523. [1526, V, 35 a] Tercia, 21. Augusti 1526:

Dem Schürstab, maler, sein begern, ine inn die wag zu nemen, abzulainen und sonst zu erkundigen, ob man im in ander weg helffen möcht, biß er mit ainem andern ampt, daran nit alß vil gelegen, versehen würdt.

1524. [36 a] Caspar Volkel, der ain kartenmalerin genommen hat, zu bürger aufzunemen.

1525. [1526, VI, 37 b] Tercia, 18. Septembris 1526:

Hannsen Greiffenberger, maler, uff sein suplicirn und beschehen fürpit wider einkummen zu lassen.

1526. [1526, VII, 7 b] Quarta, 26. Septembris 1526:

---

[1]) Vgl. Baader 1, 24. Lochner S. 95.

[2]) Vgl. Jahrbuch der Kunstsammlungen des A. K. H. Bd. X Nr. 5851 (nach den Ratsbüchern).

Sebald Lebenter, Stainmetz genant, kandelgiesser, soll sein aufgelegte straff uf den thurn, wie im vor den fünf herren aufgelegt ist, mit dem leyb volbringen. No. Hat den ziler und etlich schützen im schießgraben geschmecht.

1527. [1526, VII, 18 b] Sexta 5. Octobris 1526:

Pey einem gesamelten rat Albrechten Türers supplication der geschenckten taffeln halb wider furzulegen.

. . . .

1528. Den huff- und waffenschmiden ir suppliciern als zu fil weitleufftig ablainen.

1529. [20 b] Sabato, 6. Octobris 1526:

Dem Dürer soll man sagen, das ain erber rath sein gemel und erpieten zu gefallen haben, begern aber das nit umb sunst, und was er ungeferlich fordert, sol bey den Eltern wider angezeigt und, wue er nichts fordert, von eyner vererung gehanndelt werden [1]).

1530. Die gemalten tafel, so in des Fueterers haus sein und zur weysung des heilthuembs gepraucht werden, sollen widerumb zue der hand gepracht und an eyn bequemen ort uff dem rathaus gethan werden.

1531. [1526, VII, 22 a] Quarta, 10. Octobris 1526:

Mit dem gemalten türcken feil zu haben ein umbsehen zu thuen, dieweil nichts daran gelegen.

1532. [1526, VIII, 13 a] Actum quinta, 25. Octobris 1526:

Das ungerecht harnisch, so Hans von Stetten hirher zu balirn geschickt und zue Fürt geschmitt worden, sol man hinter den pfenter legen [*d. h. beim Pfenter hinterlegen*] pis auff weyttern bescheid und der platner bey die hand kumpt.

1533. [14 b] Sabato, 27. Octobris 1526:

Hanns von Stetten, platner zu Fürt, sol man sein harnisch noch nit wider geben, sonder sich zuvor des zeichens und der sach recht erkunden.

1534. [15 b] Uff Wolff, formschneiders, suplication seyn bede teil fur recht gewiesen.

1535. [17 b] Quarta, 31. Octobris 1526:

Hansen von Stetten, plattner zu Fürt, den genommen seinen zeug wider zustellen und den geschworen der platner

[1]) Zur Sache — es handelt sich um Dürers Apostelbilder — vgl. Baader Beiträge I, 9 (nach den Ratsbüchern und Jahresregistern).

hie zulassen, so sie falschen ungerechten zeug auff den schleuffmülen finden, das si das mugen auff fernern eins ratz beschaid (ze) nemen; und den Wolff, marckmeister, eins gegebnen zaichens halben ze red setzen.

1536. [1526, VIII, 18 b] Quinta, 1. Novembris 1526:

Jorgen Wagner, platner, soll man zue den andern armen, die des brüderhaus bedürffig, (zue andern) uff(zu)zeichenen, ob man ine mit der zeit auff erledigung mecht in der heuser eyns pringen.

1537. [1526, VIII, 21 b] Sexta, 2. Novembris 1526:

Sebald Steinmetzen, der etlich zyn gefelscht und wider die ordenung gehandelt, soll zu vorderdst alls gemacht zyn, so noch vor augen, zerschmeltzt werden und, nachdem er den handel also anzeigt, das mehr der unfleis und liederlicheit vor augen, sol man die geschwornen meister fragen, auch bedencken, wie er [22 a] mit dem wenigsten nachteil, damit im der handel nitt ernidergelegt würd, mag gestrafft werden; unnd herwiderpringen.

Vorstehender ist der wichtigste aus einer größeren Zahl die gleiche Angelegenheit betreffender Ratsverlässe.

1538. [22 b] Sabato, 3. Novembris 1526:

Das zeichen, das der platner zu Fürt etwa geprauсht und schir eynem Nürnberger zeichen gleich sieht, sol abgethan und zerslagen werden.

Vleis sol man haben, ob man des falschen harnisch, der zue Leipzig fail gehapt worden und mit Nürmberger zeichen bezeichent, mag zu der hand pringen und dadurch zue eynem grund kumen.

Es sol auch eyner gen Fürt geschoben werden, ein harnisch zu kauffen und zu sehen, ob er ein solichen falsch fynden mag.

1539. [1526, VIII, 24 b] Secunda, 5. Novembris 1526:

Den maler[1]), so umbs bürgerrecht angesucht, gegen bezalung zu bürger anzunemen.

1540. [1526, VIII, 36 b] Quarta, 14. Novembris 1526:

Uff Hanns Koppen, harnischbalierers von Fürt, suplication ist erteilt, das man den alenschmid auch

[1]) Gemeint ist vermutlich »Asmus Kyrspach, maler«, der Sabbato post Andree [1. Dezember] 1526 zum Bürger angenommen wird und dabei 4 fl. Bürgergeld zahlt. Vgl. Bürgerbuch 1496—1533 Bl. 140 a.

clagen laß; und die sach zue Fürt eigenntlich erkunden und herwiderpringen.

1541. [1526, IX, 16 b] Sabato, 24. Novembris 1526:

Uff Sebald Lyntenasts supliciren ist erteilt, die meister des goltschmidhandtwercks darauff zu vernemen, was inen dorinnen well leidlich sein und herwider pringen.

1542. [1526, IX, 22 b] Sabato, 1. Decembris 1526:

Der rethe zu Inspruck schreiben, die platnergesellen, so sich umb eins entschids willen von Inspruck gethan, betreffent, ist erteilt, nach denselben, auch den geschworn meistern zu schicken, das schreiben furzuhalten, sy zu horen, und herwiderpringen.

1543. [1526, IX, 34 b] Secunda 10. Decembris 1526:

Uff der goltschmid suplicacion, Sebalden Lintenast bedreffent, ist erteilt, bey vorigem verlaß unnd, wes dem Lyntenast zugeben, pleiben zu lassen und nit weitter zu geen, dann derselb verlaß, im rathspuch eingeschriben, anzeigt.

1544. [1526, X, 13 b] Secunda, 24. Decembris 1526:

Veitten Hirsfogel, glaser, ist zue statglaser an seins abgangen vatters stat zu nemen erteilt.

Vgl. Zahns Jahrbücher II, 77 und Lochner in seiner Neudörfer-Ausgabe S. 150 (nach den Ratsbüchern).

1545. [1526, XI, 24 a] Quarta, 30. Januari 1527:

Des harnischbalierers zu Fürt suplicacion auff im selbs ruhen zu lassen, dann on not, im fürschrifft zu geben.

1546. [1526, XI, 26 a] Quinta, 31. Januari 1527:

Den Lintenast soll man beschicken und das furhalten, so er wider das zugeben gearbeit hatt und bey ime erfunden worden, und herwiderpringen.

1547. [27 b] Sexta, 31. Januari [*vielmehr 1. Februar*] 1527:

Dieweil Sebalt Lintenast etliches geschmeidwerck, das ime verpotten ist, gemacht, sol ime die straff pis auff ein gulden gemiltert und pis auff weysung des heilthumbs frist darzue gegeben und gesagt werden, sich hinfür dem gemeß zu halten, wie das gesetz außweist, man werd sunst die straff von ime nemen [1]).

[1]) Vgl. Baader, Beiträge II 55 f. und Lochner in seiner Neudörfer-Ausgabe S. 47, doch ist hier das Datum zu ändern.

1548. [1526, XII, 2 a] Sexta, 8. Februari 1527:

Dem kartenmaler sol man ableynen, zu bürger anzunemen.

1549. [1526, XII, 27 a] Sabato 2. Marci 1527:

Christoffen kartenmaler zu beschicken und seins wesens halb zu bemeren und herwiderpringen.

1550. [1526, XII, 30 a] Quarta, 6. Marci 1527:

Veyt Stossen sol man fürschrifft, wie er bittet, geben.

1551. [1526, XIII, 5 a] Secunda, 11. Marci 1527:

Meister Paulsen Beheym[1]) zu sagen, ein erber rath hab sein rechnung des baus halb zu Lauff gesehen und darob ein gefallen. Wollen ine darumb vereren mit 40 fl.; doch zuvor sein bestallung zu erfaren und herwiderpringen.

1552. [1526, XIII, 9 a] Sexta den 15. Marci 1527:

Jorg Kranzen von Reutlingen seiner berüembten kunst halben, das er groß last mit wennig pferden von statt pringen kann, ze vernemen, und herwiderpringen.

1553. [1526, XIII, 11 a] Sabato, 16. Marci 1527:

So ferrn Jorg Kranz, der künstner von Reutling, in eins erbern raths hand will stellen, was ime umb sein kunst, das man groß geschütz leichtlich mit wennig pferden füren mog, so fern es sich im werck erzeigte, recht thut werden, sol man den costen darauff wagen und ein werck verfertigen lassen.

1554. [1526, XIII, 23 b] Sexta, 29. Marci 1527:

Dem künstner von Reutlingen, Jorg Kranz genannt, zu sagen, dieweil sein kunst, büxen und last zu füren, nit so furtrefflich sich erscheint, alls er sich berümbt, so sey man ime die fünffzig gulden, so er gefordert, nit schuldig, aber dannocht sollen ine die herren mit 4 oder 15 f. verern, die zerung zalen und ime anpieten, woll er hie bürger werden, woll man ime das bürgerrecht schenncken.

1555. [1526, XIII, 27 a] Tercia, 2. Aprilis 1527:

Peter Bassen, piretmacher, sol man umb sunst zue bürger annemen und hundert guldin leyhen; di sol er in zweyen

---

[1]) Neudörfer, ed. Lochner S. 8 f. 10 (seine 2. Frau Ursula war Hermann Vischers des jüng. Tochter). Zahns Jahrbücher I, 260 f. Mummenhoff, Rathaus: an vielen Orten. Meyers Allgemeines Künstler-Lexikon III, 310. Sein Grab auf dem Rochusfriedhofe. Vgl. (Gugel), Norischer Christen Freydhöfe Gedächtnis S. 112 († 1561).

jarn wider zalen, nemlich ein yedes jar fünffzig guldin, und des ein schuldbriff, darin er für solich summa all sein hab verpfend, nemen.

Vorstehender ist wohl der wichtigste aus einer längeren Reihe von Ratsverlässen über diesen niederländischen Barettmacher Peter Basse *oder* Bassa, *der auch früher schon mehrfach vorkommt.*

1556. [1526, XIV, 10 b] Quinta, 11. Aprilis 1527:

Die formschneider sol man verpflichten wie die drucker, das keyner nicht schneid, es sey dann vor in der canzley besichtigt.

1557. Die formschneider auch bey iren eiden von wegen des formen des baumbgartens zu bemeren.

1558. Auch die formschneider und trucker in das amptbüchlin zu pringen, damit alle jar ein frag umb sie geschech von den herren am amptbuch und ir pflicht erwittert werd[1]).

1559. [1527, I, 7 a] Secunda, 29. Aprilis 1527:

Dem Guldenmund sol man, die geschnitten form zu geben oder erstattung zu thuen, itzt ablaynen, aber sagen, das es noch zu frue sey; soll zue Pfingsten mit solichem seynem begeren bey eynem erbern rath wider sich anzeigen.

1560. [1527, I, 12 b] Sexta, 3. May 1527:

Uff des Stossen schreiben sol man sich, was der tafel halb gehanndelt sey, erkunden, und herwiderpringen.

1561. [13 a] Sabato, 4. May 1527:

Dem hantwerck der platner ist vergont, zusam zu komen und geschworn meister zu orden, doch sol der pfenter dabey sein.

1562. [1527, I, 21 a] Sabato, 11. May 1527:

Veyt Stossen, supplicacion den kauffleutten, so es betrifft, furhaltten, ire antwort herwiderpringen, alsdann rettig werden, ob man ine caucion schwern woll lassen.

1563. [1527, I, 32 b] Quarta 22. May 1527:

Den geschwornen des rotschmidhandtwerks sagen, das sie Peter Fischers sone[2]), das gemacht herzog Fri-

---

[1]) Vgl. Zahns Jahrbücher I, 233 (andere Fassung).

[2]) Zu Peter Vischer d. j. vgl. Neudörfer, ed. Lochner 33 ff. Baader, Beiträge I, 25. Zahns Jahrbücher I, 244. II, 80. Doppelmayr 286. Mummenhoff, Rathaus S. 251, 252. — Bode im Jahrbuch der kgl. preuss. Kunstsammlungen

derichs grab zue meisterstück ansagen, doch hinfür gegen andern an irer ordenung unschedlich [1]).

1564. [1527, II, 2 b] Sexta den **24.** May **1527**:

Des konigs von Beheymbs büxenmeister, Steffan Godel genant, sol man ein monat sold von wegen des geworffen feurwercks zu vererung schencken.

1565. [1527, II, 4 a] Sabato, **25.** May **1527**:

Peter Im Hoffs unnd Hirschfogl antwurt Veiten Stoß von wegen Hansen Starzedl betreffend, auff solche antwort dem Stossen zu sagen, dieweil sich sein obgemelt widerteil zum rechten erpieten, sy vom rechten nit zu dringen unnd ine(n) darzu halten, zu schweren, solche sachen seinen sünnen nit zu übergeben, woe ober Meiner Hern pürger solt etbaß args zusten, solchs wolt man an seinem leib zukumen.

1566. [6 b] Secunda, **27.** May **1527**:

Den negsten verlaß Veit Stossen halben sol man nit enndern, sonder dem nachgeen und wie er sich wegert [*lies*: weigert], auff ein thurn geen lassen.

1567. [11 b] Sexta, ultima May **1527**:

Veyt Stossen zu sagen, ein rath hab seins widersetzens ein misfallen; das recht sey ime unbenomen, allein woll ein rath die iren fur bedroeter gewaltsam verhüetten, sol darumb die begert bekantnus thuen oder in thurn geen.

1568. [18 a] Quinta, **6.** Juni **1527**:

Veit Stossen sol man in seyner sach ein advocaten zugeben und unter doctor Marstallern und Kotzlern die wale lassen.

1569. [18 b] Dem Hirsfogel und denen Im Hofe ist doctor Scheurl zu eynem advocaten, in der Starzedlischen und Veit Stossen sach zu advocirn, vergonnt [2]).

. . . .

IV, 138. Georg Seeger, Peter Vischer der jüngere (Leipzig, Seemann, 1897). A. Bauch, Kritik des Seegerschen Buches in den Mitteilungen des Vereins für Geschichte der Stadt Nürnberg XIII (1899) S. 290 ff. Heinr. Weizsäcker, Peter Vischer, Vater und Sohn, im Repertorium für Kunstwissenschaft XXIII (1900) S. 299 ff. Dazu ist die Litteratur über die übrigen Mitglieder der berühmten Gießerfamilie, insbesondere über Peter V. d. ält. zu vergleichen.

[1]) Vgl. Baader, Beiträge I, 25. Lochner S. 33.

[2]) Vgl. über diesen und die voraufgehenden Veit Stoß betreffenden Ratsverlässe Baader, Beiträge I. 24.

1570. Hannsen Beurl[1], maler, sagen, das er aus dem bruderhaus geurlaubt, sey er selbs ursach. Woll er aber das zeichen tragen, sol man ime das almusen geben.

1571. [1527, II, 26 a] Quinta 13. Juni 1527:

Hannsen Guldenmund sol man sein geschnittene form der bebstischen prophecei wider zustellen.

1572. [1527, II, 33 b] Tercia 18. Juni 1527:

Albrecht Dürern sagen, man sey ime mit guetem willen geneigt, aber seyns heymlichen gemachs halb konn man es nit anders gegen ime halten, dann andern.

Aber so pald er die straff entricht, sol man ime di widergeben.

Vgl. Soden, Beiträge zur Reformationsgeschichte S. 300.

1573. [1527, III, 13 a] Secunda 1. Juli 1527:

Dem montzmeister von Saltzpurg sol man sechs kanten weyns schencken.

1574. [13 b] Den schalnschrottern ablaynen, meisterstück zu geben und ein geschworn handtwerck zu machen, dieweil es ein freye kunst ist.

1575. [1527, IV, 1 b] Quinta den 18. Juli 1527:

Den kartenmaler, so uff die karten gemalet: »gots wort pleibt ewig,« sol man beschicken und vernemen, und herwiderpringen.

1576. [4 a] Sabato 20. Juli 1527:

Dem kartenmaler, so uff die karten gemalet: »das wort gots pleibt ewig« ein streffliche red zu thuen und sagen, das er solichs nit mer thue.

1577. [1527, IV, 6 b] Quarta 24. Juli 1527:

Dem Groner, kandelgisser, ist vergont, das er zu verfertigung etlicher anzeigter arbeit zwüschen hie und Michaelis noch zwen knecht mehr dann er vor hat, haben meg.

1578. [1527, IV, 11 a] Sabato 27. Juli 1527:

---

[1]) Zahns Jahrbücher I, 226 (1518). Wohl kaum identisch mit dem bei Neudörfer, ed. Lochner S. 130 (Doppelmayr S. 177) erscheinenden Maler Hans Beuerlein, der nach Neudörfer bereits »gegen ao. 1500« starb. Allerdings erscheint unser Meister in obigem Ratsverlaß offenbar in hohem Alter und verarmt und könnte immerhin in der Angabe Neudörfers auch ein Irrtum obwalten.

Lucaẞn Münder[1]), maler, sol man umbs gelt zu bürger annemen.

1579. [1527, IV, 14 b] Quarta 31. Juli 1527:

Hannsen Beurl ablaynen, widerumb in das brüederhaus zu nemen; so er aber das zeichen will tragen, sol man ime aus dem Almusen helffen.

1580. [1527, IV, 18 b] Sabato 3. Augusti 1527:

Hannsen Guldenmundt ist begünstigt, die form des büchlyns, den fal des babstumbs bedreffent, zu drucken, doch sol er di addicion Oseanders und des Sachssen, schusters, nit drucken, sonder alleyn wie das erfunden alt büchlin anzeigt.

Unnd für die büchlin, so man ime genomen, sol man ime zwolff guldin geben in ansehung seyner armet zu einer ergetzung[2]).

1581. [1527, IV, 20 a] Tercia 6. Augusti 1527:

Uf der kanndelgisser suplicirn unnd beschwerd, die sie haben des Groners halben, ist erteilt, bey dem vorigen verlaẞ pleiben zu lassen.

1582. [1527, V, 14 a] Sexta 30. Augusti 1527:

Man soll sehen, ob Wilhelm Bertold, wappenschneider, hie bürger sey, und alẞdann ime sagen, das er ein geschickte suplicacion stell; die sol man anschlissen und ime fürschrifft geben.

1583. [1527, V, 25 a] Tercia, 10. Septembris 1527:

Dem Baumbgartner[3]), goltschmid, und seynem mitverwandten, die zeidelgütter haben, sagen, man hab den waldherrn bevolhen, iren bynbarcken halb den amptman zu vernemen und die pillicheit darinn zu verschaffen.

1584. [1527, VI, 9 a] Quarta, 18. Septembris 1527:

---

[1]) Der Maler Lukas Gemünder (Gmünder, Gemünther, Münder, Minder, Jenneter etc.), der nach Rettberg, Nürnberger Briefe S. 183 Anm. 3 — seine Quelle ist nicht recht deutlich; bei Sandart finde ich nichts darüber — »viel an den Schauseiten der Häuser malte« und nach Doppelmayr S. 204 am 25. April 1579 (wie sich aus späteren Ratsverlässen ergiebt: hochbejahrt) starb, stammte, wie es scheint, aus Ulm und lernte wohl in Augsburg bei dem Maler Leonhard Beck. Wenigstens stellte dieser 1512 der Zunft einen Lernknaben »Laux Gminder von Ulm« vor, der auch der Lebenszeit nach sehr wohl mit unserem Meister identisch sein kann (vgl. R. Vischer, Studien zur Kunstgeschichte S. 549). Vgl. des weiteren noch Baader, Beiträge I. 3 (1527). Mitteilungen II, 71 (seine Frau Anna, »im Stopselgeßlein« † 1533).

[2]) Vgl. Baader, Beiträge II, 51 f.

[3]) Es ist wohl Mathes B. gemeint.

Die rotschmid, so etlichen werckzeug hinaus verkauffen wollen, zu beschicken, ein streffliche rede sagen unnd das gesetz horen lassen; auch dem von Presla sagen, sich zu enthalten, dergleichen werckzeug von hynnen zu füren.

1585. [1527, VII, 2 b] Sabato, 12. Octobris 1527:

Sebold Fürnschild hat sein bürgerrecht im rat aufgesagt; das ist also von ime angenomen worden.

1586. [1527, VII, 9 b] Sabato, 18. Octobris 1527:

Mit meister Hannsen Crafft sol man sich der eysen halb, so er zur müncz geschnitten, vertragen und den stampff auffheben.

1587. [1527, VII, 10 b] Secunda, 20. Octobris 1527:

Den briefmalern ir begern, das hausirn und teglich failhaben zu verpieten, abzulaynen.

1588. [1527, VII, 13 a] Tercia, 21. Octobris 1527:

Hannsen Crafft sol man für die zwen neuen stempff zehen gulden geben.

1589. [1527, VII, 18 a] Sabato 26. Octobris 1527:

Uff der geschmeidmacher supliciren und etlicher gürtler antwort ist erteilt, es pleiben zu lassen, wie es pisher gewesen, nemlich das geschmeidmachen ein freye kunst pleib; so erfind sich auch, das die zwen angezogen gürtler solich geschmeidmachen gelernt und nit von inen selbs haben.

1590. [1527, VII, 21 b] Quarta, 30. Octobris 1527:

Veyt Stossen ablaynen, seynen sone zu vergleiten oder hie einkomen zu lassen.

1591. [1527, VII, 29 b] Quarta 6. Novembris 1527:

Uff Anthoni Bassa[1]), arrasmachers, suplicirn, ist erteilt, die sach zu ratschlagen, was darin zu thuen; und herwider pringen.

1592. [1527, VIII, 3 b] Sabato 9. Novembris 1527:

Uf Anthoni Bassas supliciren, der das arras- und sattinmachen wil herpringen, ist erteilt, sich seyner person halb zu erkunden, und mit ime ansetzen, das er nach eynem gelegenen haus umbsehe und sich hie einrichte. Gefalle dann eym rat das werk, woll man ime fünffhundert guldin uff ein verschreibung, di zu zymlichen fristen zu bezalen, leyhen; unnd dan, so er eym

---

[1]) Roth, Gesch. des nürnbergischen Handels III, 243 (Anton Bassan 1527).

rat bürgschafft thue, über ein halb jar aber fünffhundert guldin leyhen, die sol er zu zymlichen fristen auch bezalen.

1593. [1527, VIII, 8 a] Quarta 13. Novembris 1527:

Anthoni Bassa, arraßmachern, sol man zusagen, so er hieher kume und den handl anricht, sol man ime ein haus frey lassen sechs jar lang; auch die sechs jar der losung freyen, dreyhundert gulden leyhen; die sol er in sechs jarn wider geben, [8 b] und nach den sechs jarn noch 300 fl. leyhen auff bürgschafft, daran sol er alle jar fünffzig guldin zalen; unnd das bürgerrecht sol man ime schencken.

1594. [1527, VIII, 16 a] Tercia, 19. Novembris 1527:

Paulsen Müller sagen, ein rat sey ime nichts schuldig: sein forderung berür ein sach, die vor vil jaren verrecht sey.

1595. Quarta 20. Novembris 1527:

Paulsen Müller sol man umb gots willen 4 gulden geben, und aus keyner gerechtigkeit, dieweil man ime nichts schulldig.

1596. [1527, IX, 11 a] Secunda, 16. Decembris 1527:

Paulsen Müller und Hans Krug alls vormund der Holzpecken geschefft sol man mit irer appellation fur ein erbern rat zulassen.

1597. [1527, X, 7 a] Tercia, 7. Januari 1528:

Jorgen Bützen, kartenmaler, und sein gesellen, die eynem bürger bey nechtlicher weil die fennster ausgeslagen, sol man annemen und ins loch legen.

1598. [1527, X, 27 a] Quinta 23. Januari 1528:

Die behausung zu Wer, so iezt zu verkauffen und eym rat als eigenherrn angepotten, sol man besichtigen, ob die für den arrasmacher dinlich.

1599. [1527, X, 30 b] Sabbato, 25. Januari 1528:

Der richter sol Paulsen Müller [31 a] und dem Krug ein termyn ernennen, in der sie ire appellationsach anhengig machen sollen.

1600. [1527, XI, 11 b] Quinta, 6. Februari 1528:

Thomas Walter, geschmeidmacher, *kommt vor.*

1601. [1527, XI, 23 a] Sabbato, 15. Februari 1528:

Den arrasmacher sol man 4 monat in das Frauenbrüdercloster mit seynem gesind legen, pis man ine sunst unterpringen mag, doch di beu unverrückt lassen und verwaren, was im closter ist.

1602. [23 b] Der Bernhard, goltschmid, mag das messin geheus zur ore vergullden, sol aber dem ein spigel lassen.

1603. [1527, XI, 33 b] Secunda 24. Februari 1528:

Anthonien Bassa von Harras, arraßmacher, sol man den gepetten haußrat leyhen ein virtel jars, doch das er solichs on schaden wider antwort.

1604. [1527, XI, 35 b] Quarta 26. Februari 1528:

Mit Paulus Müllern sol man schaffen, den, der ine beclagt, sein becher wider zuzustellen oder execucion gegen ime zu thuen.

1605. [1527, XII, 25 b] Sabbato 21. Marci 1528:

Das übergeben büchlin Jacob Reussen und das gestelt muster eyner bastey sol man besichtigen und dan retig werden, was man ime thuen oder ob man das behalten wolle.

1606. [28 b] Tercia 24. Marci 1528:

Jacob Preussen [*im Register:* »Jacob Reuß Bl. 25«, »Jacob Preuß Bl. 28«] sol man von wegen des gestellten musters eyner bastey 32 fl. geben.

1607. Nach eyner stat sol man umbsehen und dahin alle muster von basteyen thuen, sich der zur noturfft haben zu geprauchen.

1608. [1528, I, 6 b] Tercia 21. Aprilis 1528:

Uf des arrasmachers Anthoni Bassa supliciren soll man sich erfaren, ob ime furlehen, wie er gepetten, zu thun sey.

1609. [16 b] Secunda 27. Aprilis 1528:

Anthonien Bassa von Harras, arraßmacher, sol man noch weitter zu furderung des hanndels fünffhundert guldin leyhen und die einzelung zustellen, wann er des bedarff; und man sol ine auch furdern, damit ime der werckzeug umb ein zymlichs gemacht werd.

1610. [1528, I, 28 a] Tercia 5. May 1528:

Mit dem zymerman[1]) von Dinckelspühel sol man ansetzen, zu bestellen unnd hie zu behallten.

1611. [1528, I, 29 b] Quarta 6. May 1528:

Iheronimus, formschneidern, und Wilhelmen Wei-

[1]) Gemeint ist Jörg Weber. Bürgerbuch 1534—1631 Bl. 12 a: 6. Juni 1537 »Georg Weber, zymmermann [zahlte] 0 fl.« Vgl. über ihn ferner Neudörfer, ed. Lochner S. 79 ff., 161 (1543). Doppelmayr 291 († 1567). Zahns Jahrbücher I, 261 f. Porträt bei Panzer S. 258.

dolt gegen eynander mit worten und wercken frid zu halten anrürn lassen, und umb das formschneider den Weidolt mit etlichen [30 a] worten angetast, ist er 2 tag auf ein thurn gestrafft.

Daneben sol man dem Wilhelmen Weydollt ad partem sagen, ein rat hab allerley wissen, das er sich ungeschickt mit worten und sunst halt; des soll er sich müssigen unnd allso hallten, das er solichs vor gott unnd eynem erbern rat mit glympff wiß zu verantworten; das woll man sich zu im versehen.

1612. [1528, I, 36 b] Secunda 11. May 1528:

Meister Jorgen, zymerman von Dinckelspühel, sol man 4 jar die nechsten bestellen und das jar 16 f. zu sold geben [1]).

1613. [1528, II, 15 a] Quarta 27. May 1528:

Des verwundten arraßmachers halben sol man zeugen lassen horen.

1614. [18 a] Des verwundten arraßmachers halben sol man sich weitter erkunden, wie der schad ergangen, und den wundten in Spittel schaffen.

Unnd Stoffel, grecken, arraßmacher, der den schaden gethan, wo man ine haben mag, zu gefenncknus annemen.

1615. [1528, II, 29 a] Tercia 9. Juni 1528:

Hannsen Remer, platner, ablaynen, zu Plauen zu sitzen unentledigt seins bürgerrechten.

1616. [1528, III, 7 b] Sexta 15. Juni 1528:

Uf Anthoni Bassa suplicirn sol man bedencken, was in den angezeigten stücken zu hanndeln und zu thun sey; und herwiderpringen.

1617. [1528, III, 27 b] Quarta 8. July 1528:

Dem arraßmacher sol man zu den neuen knechten noch 2 kamer im closter eingeben und umbsehen, wo man ine ferner unterpring, auch mit den von Sanct Katherin irs gartens halb handeln.

1618. [28 b] Dem zymerman von Dincklßpühel noch ein virtel jars zeit geben, zu Wer zu sitzen, das er darnach herein zihe und bürger werd.

1619. [1528, IV, 5 a] Secunda 13. Juli 1528:

[1]) Die Nachricht bei Lochner S. 80 (nach dem Ratsbuch) in Datum und Inhalt etwas abweichend.

Paulus Lauttensack[1]) sol man zu bürger annemen, so feer er recht leiden mag.

1620. [1528, IV, 7 b] Quarta 19. Juli 1528:

Dieweil die frauen von Sanct Katharina sich widern, zu gestatten, heuser an irem garten den arrasmachern bauen zu lassen, sol man Brandmäusers haus zu Wer besichtigen, ob man das mecht von ime pringen und ob es zue solichem dienlichen ist.

1621. [1528, IV, 14 b] Quarta 22. Juli 1528:

Iheronimus, formschneidern, und Sebald Behem, malern, soll man verpieten, nichts der proporcionen [15 a] halben ausgeen zu lassen, pis das exemplar, vom Dürer gemacht, ausganngen unnd gefertigt ist, bey straff eins erbern rats, die man gegen iren leib und gütern furnemen würd[2]).

1622. [1528, IV, 18 b] Sexta 24. Juli 1528:

Heyntzen Otten, platners, halben sol man mit den geschworen hanndeln und sie bitten, ine [19 a] mit den meisterstücken zuzulassen unnd, wue sie das nit willigen, soll man ine zu meister von oberkeit wegen zulassen, unangesehen das er anderswo gelernt und die jar der hieigen ordnung nit gemeß erfüllt hat, dieweil er doch mehr konnen soll dann alle geschworne meister.

1623. [1528, IV, 24 a] Quinta 30. Juli 1528:

Auf der platner suplicirn, den platner betreffent, so ein rat von oberkeit wegen zugelassen, ist erteilt, inen zu sagen, es pleib bey vorigem beschaid; ein erber rath trag aber irs einstreuens beschwerd unnd sollen sich furan enthalten, ine zu verhindern, ein rat werd ime auch vor sein, dann er sol sein meisterstück machen.

1624. [26 a] Sabbato 1. Augusti 1528:

Lynharten Müller, platner, sein begern ablaynen, aus dem morser werffen zu lassen oder zu bestellen.

---

[1]) Über den Maler P. L. (geb. 1478) vgl. namentlich Soden, Beiträge zur Gesch. der Reformation 396 f. Allgemeine deutsche Biographie XVIII, 72 (von Wessely). Rettberg, Kunstleben S. 145. Leitschuh, Georg III. Schenk von Limpurg etc. Bamberg. 1888 S. 27 ff. Porträts von ihm bei Panzer S. 142. Auch die Gemäldesammlung des Germanischen Museums bewahrt ein Bildnis, das den Meister im Alter von 51 Jahren darstellt (Nr. 231). Ein P. L. liegt auf dem Johanniskirchhofe begraben. Vgl. Trechsel S. 871 Sp. 2.

[2]) Zur Sache, von der auch noch einige weitere Ratsverlässe handeln, vgl. Lochner in seiner Neudörfer-Ausgabe S. 156. Thausing, Dürer II, 324 ff.

1625. [1528, V, 6 a] Tercia 11. Augusti 1528:

Wenzel Reutter, kartenmaler, sol man umbs gelt zu bürger annemen [1]).

1626. [1528, V, 9 a] Sexta 14. Augusti 1528:

Man sol mitler zeit des früelings sich rüsten, ein wonung auf der Schütt der visierung gemeß lassen zuzurichten [*so*], und sich mitler weil erkunden, ob das arraßmachen auch einen bestand haben mag, derhalb man ein solichen bau nit vergebenlich auffricht.

1627. [1528, V, 14 b] Sexta 21. Augusti 1528:

Jacob Pulmans halben bei Ketzel erfaren, ob sein furgeben des fürsten von Sachssen halb die warheit sei, ime 2 knecht noch zulassen biß uf Weinnachten [2]).

1628. [16 a] Dem arraßmacher sein begern, das man ine den handel allein treiben lassen wolle, ablaynen und dabey sagen, wo er yemant anzeiget, der ime sein chalten geverlich verwiese, ime wie einem andern bürger vorzusein, und gute wort geben.

1629. [1528, V, 19 a] Quarta 26. Augusti 1528:

Sebald Beheim, maler, sein begern ablaynen und noch bei vorigem beschied lassen bleiben, nichts ausgeen zu lassen, biß Dürer ding vor außgee [3]).

1630. [1528, V, 22 b] Samstag 29. Augusti 1528:

Arrasmacher zwey jar zulassen, das arraßmachen allein zu treiben, und sonst nymant dan der leynweber.

Besichtigen, ob man ime weiter raum zum kessel lassen kont.

Der gesellen halb dem gesetz nachgeen.

1631. [1528, V, 23 a] Montag 31. Augusti 1528:

Sebald Beheim beschicken, dergleichen wer sein büchlein gedruckt; und herwiderbringen.

1632. [24 b] Ertag 1. Septembris 1528:

Sebalden Beheim von stund an uff den thurn in die straf schaffen, nachmals rethig werden, wenn man ine herablassen welle. Auch das verkauffen des buchs von neuem verpieten und die bücher von Franckfort widerbringen zu lassen bei straf, solang ufm thurn zu bleiben.

. . . .

---

1) Vgl. Zahns Jahrbücher I, 233.

2) Teilweise schon bei Lochner in seiner Neudörfer-Ausgabe S. 66.

3) Vgl. Baader, Beiträge I, 11, mit Druckfehler: anstatt 22. Juli lies 26. August.

1633. Sebald Beheim, so er betretten, in das loch legen, weil er gewichen, auch die bücher und form niderlegen.

1634. [26 a] Mitwoch 2. Septembris 1528:

Dem Peypus Sebald, malers, gedruckten buchs halben ein strefliche rede sagen.

1635. [1528, VI, 2 a] Donerstag 3. Septembris 1528:

Den karttenmalern ir begern ableynen und bleiben lassen, wie vor.

1636. [1528, VI, 8 a] Donerstag 10. Septembris 1528:

Der paumeister soll dem arrasmacher ein hütten machen lassen zwischen dem garnsider und wilpadbrücklein uf der Schüte.

1637. [1528, VI, 12 b] Freitag 18. Septembris 1528:

Vincenz Mülners, goldschmids, supplication ist zu eynem andern rathe verschoben.

1638. [15 a] Donerstag 24. Septembris 1528:

Vincenz Mülner sein begern ableynen und sagen, wo er von dannen ziehen wölle, mög er sein bürgerrecht auffsagen.

1639. [19 a] Samstag 26. Septembris 1528:

Vincenz Mülner hat sein bürgerrecht aufgesagt.

1640. [1528, VII, 4 b] Dinstag 6. Octobris 1528:

Sebald, malers, rock seinem weib zustellen.

1641. [1528, VII, 6 b] Samstag 10. Octobris 1528:

Meister Hansen Beheim gein Onolzbach erlauben zu marggraf Georgen.

1642. [1528, VII, 15 b] 21. Oktober 1528[1]:

Den geschwornen maistern der goltschmid ir begern, Bruno Rauhen wittib und Lorentz Trunck[2]) betreffend, ablainen und sy das gesetz derhalb horen lassen.

Sich weiter erfaren der holen ring und der grünen stain halben, so alhie gemacht und versetzt werden, und ratschlagen,

[1]) Von hier an wird nur mehr die moderne Datierung geboten.

[2]) Im Goldschmiede-Verzeichnis Nr. 274 (zwischen 1514 und 1530) als Silberarbeiter. Bürgerbuch 1496—1533 Bl. 152 a: »Quarta [ante?] Calisti [14. Oktober?] 1528: Lorenz Trunck, goldschmid, 4 f. statwerung.« Neudörfer, ed. Lochner S. 65. Mitteilungen des Vereins für Gesch. der Stadt Nürnberg X, 57 Anm. 1 (in den Aufzeichnungen des Christoph Kreß 1531—35 genannt). Ehrenthal in der Zeitschrift für histor. Waffenkunde 1, 106 (insbesondere auch über die Marke des Meisters) und im Führer durch das historische Museum in Dresden (1899) S. 96, 268 (geb. um 1500. Meister 1528, † 1574). Mitteilungen II, 162 (»Barbara Lorenz Drunckin, am Plattenmarck« † 1562).

ob eß guet und zu leiden sey und wie eß zuvorkumen sey; und herbiderbringen.

1643. [1528, VIII, 2 b] 31. Oktober 1528:

Mathes Gorian *kommt in einer Vormundschaftssache vor.*

1644. [1528, VIII, 4 b] 3. November 1528:

Jacob Pulman sein begern ableynen und bei der ordnung lassen bleiben mit Meiner Herren offen handt.

1645. [1528, VIII, 8 a] 9. November 1528:

Zu des arlaßmachers [*im Register:* arraßmacher] thon im Frauenbrudercloster, wie im mit stubnpauen mog geholffen werden, beschaiden und beratschlagen; herwider bringen.

1646. [8 b] 10. November 1528:

Dem arrasmacher die obern stuben lassen zurichten, aber die untern ableynen.

1647. Nach einer person trachten, die bei dem arrasmachen ab und zugieng und zusehe.

1648. [1528, VIII, 11 a] 12. November 1528:

Beratschlagen, wie dem arraßmacher im Frauenpruderkloster zu helffen sey, das er vor kelt künne arbaiten.

1649. [12 b] 14. November 1528:

Besichtigen, ob der arraßmacher seinem berümen nach umb 600 fl. arbait hab und ime nach einem laden umsehen; und herbider bingen.

1650. [15 b] 18. November 1528:

Dem arraßmacher die untern stuben eingeben.

1651. [19 b] 25. November 1528:

Dem arraßmacher noch 1 c f. leyhen und bedencken, wie ein verleger zu diesem handel gefunden werden mecht, das ein rath des teglichen anlauffens abkeme.

1652. [1528, IX, 4 a] 3. Dezember 1528:

Sebalden, maler, uf ein bürgerliche straf, soverren er sich darein begibt, lassen einkumen [1]).

1653. [1528, IX, 6 a] 4. Dezember 1528:

Arraßmachers appellation halb erfaren, wie ertailt ist.

. . . .

1654. Mit Paulsen Müllner handeln, ob er dem arrasmacher den laden reumen welt.

[1]) Vgl. Neudörfer, ed. Lochner S. 139, nach dem Ratsbuch vom 1. Dezember 1528 datiert.

1655. [8 a] 5. Dezember 1528:

Steffan Arnolt, büchssenschmid, *kommt vor.*

Zwischen dem arrasmacher und seinen leregesellen die güte versuchen.

1656. [16 a] 16. Dezember 1528:

Paulsen Mülners kram lenger bei seinem ampt lassen bleiben und dem arrasmacher umb einen andern besehen.

1657. Den arrasmacher mit seiner appelacion zulassen, dieweil die sach gütlich nit vertragen kan werden.

1658. [1528, X, 3 b] 30. Dezember 1528:

Dem arraßmacher das haus uf der Schüt, wie vor verlassen ist, pauen.

1659. [1528, X, 6 a] 4. Januar 1529:

Jacoben Pulman ist erstreckt, biß uf Walpurgis noch 2 gesellen zu halten.

. . . .

1660. Jacoben Pulman sein straf nit nachlassen, aber frist geben biß uf Walpurgis.

1661. [1528, X, 12 a] 11. Januar 1529:

An Peter Fischers stat seinen sune Hansen zu einem hauptman machen[1]).

1662. [1528, X, 16 b] 16. Januar 1529:

Dem panzermacher zulassen, 2 gesellen über die ordnung zu halten biß er die angedingt arbeit verfertige.

1663. [1528, X, 18 a] 19. Januar 1529:

Maister Jorgen von Dincklspühel einen zug machen lassen, wie er sich erpotten, doch mit rad und vorwissen der andern werckleut; sol auch herrn Jeronimus Holzschuhers mainung gehort werden.

1664. [1528, XI, 6 b] 29. Januar 1529:

Uff Anthoni Bassee suppliciren mit den ferbern handeln, ine nit zu verhindern, mit erpieten, wo er ins handtwerck greuffen welt, darinn auch einsehen zu thun, und mit der zeit seiner neuen tuch eins herauf bringen und besichtigen.

. . . .

1665. [1528, XI, 10 a] 3. Februar 1529:

1) Vgl. Zahns Jahrbücher I, 241.

Dem arraßmacher ist 14 tag der cleinen in seiner appellationsachen erstrecktt.

. . . .

1666. Dem Johan de Po sol man aufflegen, dem Cristoff, kriechen, umb die zugfügten verwundung laut des wancklpuchs zu püessen, auch einem radt sein gepernus [*sol = Gebühr*].

1667. [1528, XI, 12 b] 6. Februar 1529:

Seholten Beheim, maler, sein straff nachlassen mit einer strefflichen redt.

1668. [1528, XI, 13 a] 8. Februar 1529:

Peter Fischers sune biß uf zukunfft Klebergers aufziehen.

1669. [14 a] 10. Februar 1529:

Hansen Krugs seligen kind halben dem ratschlag volgen.

1670. [18 a] 15. Februar 1529:

Den arrasmacher, auch Johan de Po und federmacher frid gegen einander lassen schweren, und nachvolgends, was yder gegen den andern zu thun hab, fur die Fünf weysen.

1671. [19 b] 17. Februar 1529:

Cristof, türcken, mit Johan de Po zu vertragen versuchen.

1672. [1528, XII, 2 a] 18. Februar 1529:

Meister Wilhelm, blatner, an herr Ludwig von Hutten fürschrifft geben.

1673. [1528, XII, 3 a] 20. Februar 1529:

Zwischen den platnern, auch satlern und zaumachern dem ratschlag volgen und 10 fl novi straf darauf stellen.

1674. [1528, XII, 3 b] 22. Februar 1529:

Paulus Mülner sein begern ableynen umb nachlassen des zins, auch daneben erfaren, ob die leut gesaumbt werden.

1675. [1528, XII, 6 a] 25. Februar 1529:

Uf der von Bruck anzeigen, das sy silbergeschirr und meßgewandt beschreiben und dem amptman zu Beyersdorf verzeichent geben sollen, ein umbsehen thun, und ine sagen, das sy ein abschrifft hieher auch schicken.

1676. [1528, XII, 8 b] 1. März 1529:

Mit dem kauffer des rotschmiddrechsselrads handeln, ob er zufriden sein wolt, so der Spital ime das rad uf etlich jar umb zins ließ.

1677. Der Spital soll den kauf umb das rad annemen, doch dem umb zins verlassen, der es on das bestanden haben würde, nemlich dem verkauffer [*es ist wohl, wie oben,* kauffer *oder etwa* vorkauffer *zu lesen*].

1678. [1528, XII, 12 b] 4. März 1529:

Den Walchen sagen, wo der verwundt und balbirer zufriden gestelt, wollen sie gut antwort geben Christof Tucheto halben.

1679. Dem arrasmacher den weykessel leyhen.

1680. [13 a] 5. März 1529:

Dem Anthoni Vento ein urkund der legalitet Kinpergers als notarien geben.

1681. Dweil sich Anthoni Vento und ander Italiani erpotten, sich mit Anthoni de Poß von des gefangen Cristoffori Duchetten [wegen], auch dem barbirer zu vertragen, und, wo das nit geschech, den gemelten Ducheten wider ins gefencknuß ze libern und das alles nottürfftiklich verpürgen, sol [man] inen zu gefallen dise pürgschafft annemen und den Ducheten außlassen und Meiner Herren straff inen zu gefallen begeben.

. . . .

1682. Anthoni Passe, arrasmacher, ine mer geltz ze leihen, ablainen, sunder auß der war geltz ze machen trachten.

1683. [1528, XII, 14 a] 6. März 1529:

Anthoni Vento zu bürgen für Cristoff Tucheto annemen.

1684. [16 a] 10. März 1529:

Anthoni Vento bei seinem erpieten bleiben und den Cristoff darauff auslassen.

1685. [1528, XII, 17 b] 12. März 1529:

Meister Wilhelmen sagen, herr Ludwigs halben etlich tag gedult zu haben.

1686. [1528, XII, 19 b] 13. März 1529:

Paulus Mülner sein begeren ableynen.

1687. [1528, XII, 21 a] 16. März 1529:

Uf hertzog Johanns Friderichs von Sachssen schreiben mit den platnern handeln, sie thun eym rath gefallen, seiner gnaden platner die gewelbten plech umbs gelt zu geben.

1688. [1528, XII, 22 b] 17. März 1529:

Dem arrasmacher soll man ein person, doch eins raths

ungemeldt, zuschaffen, die im für 200 f. abkauffe, damit er gelt hab, obgleich Meine Herren 10 f. daran verlieren.

1689. [1529, I, 2 b] 1. April 1529:

Anthoni Basse, arrasmacher, soll man auff sein ansuchen auß der losungstuben 200 f. leyhen und, sovil möglich, versicherung darumb von ime nemen, oder die bezalung auff frissten stellen, wie man die füglich gehaben mög. Ime auch ain arraspreß uff gemainer statt costen fertigen lassen.

1690. [1529, I, 4 a] 3. April 1529:

Dem amptman des walds zu bevelhen, das er nit gestatt, dem amptman zu Schönberg ainichen inventarium von den kirchengezierden S. Mauritzen capellen uff dem Leinberg [*heute: Moritzberg*] mitzutailen, dhweil es in Meiner Herren abgerodten gezirk ligt.

1691. [1529, I, 9 b] 9. April 1529:

Mit den geschwornen maistern deß kandelgiesserhandtwercks zu handeln, ob (sie) die zeit, darinn Georg Rudolff widerumb zu maistern zugelassen werden soll, mocht gekürtzt werden.

1692. [1529, I, 10 a] 10. April 1529:

Paulus Müllner, goldschmid, sein begern, ime den cram in der tuchscherergassen on zins zu verlassen, ablainen.

1693. [1529, I, 17 b] 17. April 1529:

Vleiß zu thun, ob man die geschwornen deß plattnerhandtwercks mocht bewegen, Conz Adelmann, plattner, zuzulassen oder aber die zeit deß widerfursteens zu kürzern; wo nit, die sachen beym gesetz und der geschwornen erkandtnus pleiben zu lassen.

1694. [1529, I, 22 b] 24. April 1529:

Paulus Müllner soll man nochmaln ablainen, ine zum gewicht auffziehen oder eychen zu gprauchen oder seine schulden nachzulassen, sonder soll nach ainem anndern umbgesehen werden.

1695. [24 b] 26. April 1529:

Einen lautern überschlag und rechnung, so vil möglich, zu machen, ob der arraßmacher alhie sein handtwerck fürohin mit nutz oder schaden arbaiten mag; und herwiderbringen.

1696. [1529, II, 2 a] 30. April 1529:

Den geschworn meystern goldschmiden ansagen, das sie die ring, so grüne stein einversetzt werden, fleyssig auffheben und jedesmals einem bürgermeyster mit anzeygung des falschs überantwortten; solchs auch ins gesetz zu bringen.

1697. [1529, II, 8 a] 10. Mai 1529:

Dem Lamprecht, goldschmid, die eich der gewicht verlassen, wie es P. Mülner gehabt, doch das er in seinem laden unter dem kürssenhaus mog bleiben.

1698. [1529, II, 8 b] 11. Mai 1529:

Dem arrasmacher noch 1 c f. leyhen und die eingesetzten arras wider geben und nach einer person umbsehen, derselben 1000 f. fursetzen, dem arrasmacher wollen zu kauffen, und dagegen die gemachten arbeit wider abzukauffen und zu vertreiben; und zuvor widerbringen.

1699. [1529, III, 3 a] 29. Mai 1529:

Arnolt Hirt [*im Register:* Hyrt], panzermacher, *kommt vor.*

1700. [1529, III, 9 a] 5. Juni 1529:

Niclas Wolckenstein sol man zu ein verwesser, dem arrasmacher einzukauffen und zu verkauffen und das gelt zu stellen, wie hie vor verlossen ist worden, annemen; darneben noch eim gewelb zu der wollen umbsehen, und herwider pringen.

1701. Mit eim Mailander tepichmacher handeln, ob man den hie mecht behalden; in ein jar frey sitzen lassen.

1702. [9 b]Mit dem tapetzeir von Meyland hanndeln, ob er ainem rate bis in 50 oder 60 f. mocht caution thun; die sollen ime furgelihen, mit ainer herberg zu denen herrn im closter oder annder ort versehen und ain jar frey hie zu sitzen zugelassen werden.

1703. [1529, III, 14 a] 10. Juni 1529:

Dem teppichmacher sol man 50 in 60 gulden auff ein pürgschafft leihen.

1704. [1529, IV, 2 a] 28. Juni 1529:

Den formschneyder zu bürger annemen.

1705. [3 a] Anthoni Passe, arrasmacher, sein begeren leynen.

1706. [1529, IV, 7 a] 5. Juli 1529:

Paulsen Mülner, soverren er dem zinßmeister X f. schuldig, ime die nachlassen; wo aber nit, ime 6 f. von raths wegen zu vererung schencken.

1707. [1529, IV, 8 b] 7. Juli 1529:

Den blatnern in beysein pfendters erlauben zusamen zu kumen.

1708. [1529, IV, 10 a] 9. Juli 1529:

Auff anzaigen der goldschmid, das ir vil das hantwerck haimlich treiben und desselben nit fehig sind, dieselben al fodern, eins itlichen antwort auffschreiben lossen und herwider pringen.

1709. [10 b] 10. Juli 1529:

Paullus Mülner sol man zu den forigen 10 gulden noch 6 gulden geben.

1710. [1529, IV, 14 a] 14. Juli 1529:

Mit den rotschmiden handeln, Valtin Staynmetzen die ding, der sie on das nit machen, arbeiten zu lassen, aber butzscheren und anders, das sy, die rotschmid, selben machen, bei ime abstellen.

1711. [1529, IV, 15 a] 17. Juli 1529:

Fleiss ze thun, ob man dem arraßmacher kunne lerknecht und jungen zuweisen.

1712. [1529, V, 6 a] 30. Juli 1529:

Den geschwornen goldschmiden der verclagten goldschmied und steynschneyder antwort anzeigen und dabei sagen, das ein rath solchs für ungeverlich und ir erpieten für gnugsam halte; wo sich aber weiter der schau oder anders halben bei yemant ungehorsam erscheynen würde, woll ein rath uf anzeigen dem hantwerck zu gut alweg gern die billigkeit schaffen.

1713. [1529, V, 7 a] 31. Juli 1529:

Auff herczog Heinrich von Sachssen fürschrifft von wegen eins teuffelsmoller sol man des beclagten Lorenz Trunck antwort einschlissen und dem herzogen zuschiecken.

1714. [1529, V, 10 a] 4. August 1529:

Hans Prinz[1]), goltschmid, und sein verwantten sagen, man acht für unfruchtpar, innen noch irem begeren fürschrifft zu geben, woe sie es aber je haben wollen, sol man ins geben.

1715. [1529, V, 12 b] 7. August 1529:

Dem arrasweber anzeigen, was Anthoni Passee zugesagt ist, mit erpietung, wenn er nach außgang der 2 jar ansuche, wolle man gut antwort geben.

1716. [1529, V, 15 a] 12. August 1529:

---

[1]) Goldschmiede-Verzeichnis Nr. 224 (zwischen 1473 und 1514).

Valtin Steynmetzen der rotschmid antwort furhalten und dabei bleiben lassen, nemlich, was er machen wolle, das ers von geschlagen messing mache, oder ime einen meyster zuvor giessen und formen lasse.

1717. [1529, V, 18 b] 18. August 1529:

Den goldschmiden sagen, sich weiter zu erfaren, wer das falsch geschirr gemacht hab.

1718. [1529, VI, 1 b] 19. August 1529:

Wolfen Rühel[1]) des falschen trinckgeschirrs halb beschicken, sein antwort widerbringen.

1719. [1529, VI, 3 a] 23. August 1529:

Das grön steinlein soll Wolf Fechter aus dem gold thun und, weiter nit darein zu versetzen, ime angesagt werden.

1720. [1529, VI, 5 a] 25. August 1529:

Wolfen Rühel, goldschmids, halb die geschwornen vernemen, ob er vor mere des getrieben hab.

1721. [1529, VI, 11 b] 3. September 1529:

Denn goldschmid zu bürger annemen.

1722. [12 a] 6. September 1529:

Mertein Bayer, kartenmaler, bürgerrecht ableynen.

1723. [1529, VI, 15 a] 8. September 1529:

Auff dem kandelgisserhantwerck, das ein maid mit geholffen und gearbeit hot, für ungeferlich haltten, doch hinfür solchs abstellen.

1724. [1529, VII, 6 a] 25. September 1529:

Wolf Rühel neben dem, das er allen, so er mit seiner arbeit betrogen, ablegung thue, ist 4 wochen uf einen thurn gestrafft, mit dem leib zu volbringen, in 3 tagen in die straf zu geen, ine auch gegen den geschwornen fried lassen schweren.

1725. [1529, VII, 9 a] 30. September 1529:

Peter Freymundt[2]) von Antdorff vernemen des atlashandels halben, und widerbringen.

---

[1]) Im Goldschmiede-Verzeichnis Nr. 249 (zwischen 1514 und 1530: »Wolff Rigel«) als Silberarbeiter. Roth, Gesch. des nürnberg. Handels I, 358 (1541). Mitteilungen II, 164 († 1548).

[2]) Roth, Geschichte des nürnbergischen Handels III, 244, IV, 164 (1530: »Peter von Mundt«). Der hier zuerst auftretende niederländische »Arrasmacher« (»Arras,« nicht zu verwechseln mit den Arazzi im Sinne von Wirkteppichen, eine bestimmte Art von leichtem Wollengewebe, der uns weiterhin mit den verschiedensten Namensschreibungen begegnen wird, wird wohl am richtigsten

1726. [9 b] Des arrasmachers begern besichtigen und meister Ambrosi vernemen.

1727. [1529, VII, 11 a] 1. Oktober 1529:

Peter Freymund 1000 f. uf bürgschafft und dazu 500 f. on bürgschafft zu leihen 6 jare und darzu, 10 jar hy frey sitzen zu lassen, zusagen.

1728. [1529, VII, 16 b] 9. Oktober 1529:

Jorgen Hartlieb[1]) etlich knecht zu vergönnen, die platner vernemen, dergleichen des feylens halben bedencken, und widerbringen.

. . . .

1729. Das mariapild in Unser Frauen capellen der abgetterey halb weg thun bei dem tag, auch, so man ursach fragt, die anzeigen[2]).

1730. [1529, VIII, 2 b] 16. Oktober 1529:

Den von Regenspurg ir begern, in meister Jorgen, zimerman, zu vergonen, mit pestem fug abzulainen.

1731. [1529, VIII, 8 a] 25. Oktober 1529:

Dem briefmaler[3]) zulassen, die belegerung Wienn aufzureissen und zu drucken, auch den andern verpieten, nit nachzudrucken in 1 jar.

1732. [1529, VIII, 15 b] 5. November 1529:

Frantz Wiesentaler, goldschmid, uf willigung der glaubiger 14 tag gleit geben.

1733. [1529, IX, 3 b] 16. November 1529:

Den schwertfegern ir begern laynen und sagen, man laß es bei der ordnung bleiben und sy lassen sich der messerer erpietens, das eyner, so 3 jar gefernt, noch ein jar lerjungenweiß arbeiten und also die 4 jar erfüllen mög, billich settigen. Dergleichen soll man es der schwertfegergesellen halb, so hy in auf-

---

Peter Fromund genannt und geschrieben. Er gelangte in Nürnberg zu Reichtum und Ansehen. Ein »Hans Frommid« (= Fromund), wohl sein Sohn, war 1560—67 Pfleger zu Happurg bei Nürnberg; über seinen Grabstein in der dortigen Pfarrkirche vgl. Der deutsche Herold III (1872) S. 22. Da die Entwicklung der Arras- und Atlasweberei und des Seidenhandels in Nürnberg sich noch nirgends dargestellt, kaum irgendwo ausführlicher erwähnt findet, so habe ich geglaubt, die darauf bezüglichen zahlreichen Ratsverlässe vollzählig aufnehmen zu sollen.

[1]) Neudörfer, ed. Lochner S. 64 (Meister 1523). P. J. Rée, Nürnberg S. 171.

[2]) Vgl. Baader, Beiträge II, 31.

[3]) Nikolaus Meldemann ist gemeint.

richtung der ordnung betretten, bei vor gescheem zusagen lassen bleiben.

. . . .

1734. Den platnern die ordnung des feylens halben leutern, also das [4 a] ein meister dem andern zu feylen geben mög, aber doch ausserhalb des platnerhantwercks soll keiner yemant zu feylen zu geben macht haben.

1735. [1529, IX, 6 b] 22. November 1529:

Franzen German, goldschmid, 8 tag ein cleit [*lies*: gleit = *Geleit*] geben, so feren sein glaubiger anderst darein bewilligen.

1736. [1529, IX, 8 a] 24. November 1529:

Dem von Antorff, Peter von Freymundt, von wegen der prückischen atlas das, so im hievor derhalben zugesagt ist worden, nochmals derselben gestalt zusagen und nochkummen.

1737. [1529, IX, 9 a] 27. November 1529:

Die angezaigten verprecher wider die goltschmidordnung beschicken und in jegenbart der geschwornen sy warnen, der ordnung gemeß ze handeln und arbaiten; woe sy weiter verprechen, pey e. rat anzeigen und ob der ordnung halten.

1738. [1529, X, 1 a] 9. Dezember 1529:

Hans Rech, karttenmoller, hot sein bürgerrecht auffgesagt.

1739. [1529, X, 8 b] 20. Dezember 1529:

Peter von Freymund das vorig zusagen anlehens, auch haus und manng halben halten, und umbsehen, wo ime ein haus einzugeben. Aber sein begeren, sonst nymant neben ime einzulassen, ableynen, und, so er sich hieher thut, des abschrifft geben.

1740. [1529, X, 14 b] 29. Dezember 1529:

Niclas Meldeman, dem maler, zu verfertigung der belegerung Wienn uf verschreibung ein halb jar 50 f. leyhen; das soll Lazarus Spengler thun als für sich selbst, doch ine ein rath darinn schadloß halten[1]).

1741. [1529, X, 16 a] 31. Dezember 1529:

Zwischen den platnern und Hansen Ponacker das gemacht gesetz leutern, das Ponacker kein stirn oder furpug etc.

[1]) Vgl. Baader, Beiträge II, 52.

mit ganzem harnasch beschlage, sonder dermassen, das es einem beschlege und keynem überzug gleich sehe.

Und umb das ander, ob er das harnasch hy verkauffen hab wellen und fayl gehabt oder nit, einen ayd auflegen.

Beden teilen abschrifft geben.

1742. [1529, XI, 6 b] 14. Januar 1530:

Hansen Ponackers halben soll man es bei jüngster leuterung lassen bleiben und ime sagen, das er das gantz harnasch an der parssen hinden gegen dem sattel und schwantz hinweg thue und auch sonst nichts von gantzem harnasch überziehe, sonder, wie vor geleutert, das sein ding allein beschlege und nit ein überzug sei; wo ers aber überfare, werde man die straf von ime nemen.

1743. [1529, XI, 8 a] 15. Januar 1530:

Des arrasmachers schuld halben, wie die frist stee, erfaren; wyderbringen.

1744. [1529, XI, 9 b] 19. Januar 1530:

Meister Jorgen 2 tag zu Regenspurg zu sein erlauben und sagen, das er sich darnach wider hieher mach zu Meiner Herren arbeit [1]).

1745. [10 a] Des arrasmachers halben ratschlagen, ob er zu gewien oder schaden arbeit, auch wie die arras zu zeichnen und die alt schuld einzubringen; und itzo dem Wolkenstein 200 f. geben

1746. [1529, XI, 11 b] 22. Januar 1530:

Steffan Stainpeer [2]) bei seinem stein- und sigelschneyden bleiben lassen, doch das er die goldschmid die platten zun sigeln machen laß.

Man soll auch abstellen, uf dem Seumarckt neu silbergeschirr feyl zu haben.

1747. [1529, XI, 17 a] 1. Februar 1530:

Hansen Ponacker, dieweil es die geschworenen bewilligt, 1 jar 2 knecht über die ordnung zulassen.

1748. [17 b] Dem arrasmacher ein schau und zeichen aufzurichten, weiter bedencken und ratschlagen.

1749. [1529, XII, 1 b] 3. Februar 1530:

[1]) Teilweise bei Lochner S. 80. Vgl. auch Zahns Jahrbücher 1, 262.

[2]) Vgl. Baader, Beiträge II, 22 f. (woselbst schon einiges Thatsächliche aus diesem Ratsverlaß).

Hansen Ponacker sagen, er mög seine geliegen machen, wie ime vor zugelassen sei, aber hals und stirnen soll er die blatner nach irer ordnung machen lassen.

1750. [1529, XII, 6 a] 10. Februar 1530:

Bei Hansen Guldenmund die contrafactur der belegerung Wienn abschaffen, dieweil es Niclas Meldeman zugesagt ist [1]).

1751. [6 b] Zwischen den platnern und Hansen Ponacker das mittel versuchen, das die platner alles harnasch, so uf ein pferd, es sei zur stirn, hals, furpug oder parssen, gehort, machen und das die satler dasselbig von inen kauffen und solchs allein und sonst weiter kein harnasch daheymen in iren kamern fail haben megen.

1752. [7 a] Meister Peters sone konstlich werck besichtigen, abmessen, wie es sich ufs haus reume und wie es zu kauffen were, widerbringen [2]).

1753. 11. Februar 1530:

Pauls Mülner [3]), dem jungen, den halbteil [*einer Strafe*] nachlassen.

1754. [1529, XII, 10 a] 15. Februar 1530:

Hansen Guldenmundt die belegerung der stat Wien ausgen zu lassen verpietten, doch mög er, so Meldenman sein werck ausgen hab lassen, wider ansuchen.

1755. [10 b] Dem sattinmacher zun Carteusern ein ort vergönnen, sein werckzeug daselbst hinzulegen [*Im Register unter* Peter von Freymund].

1756. Die fenster in S. Lorenzen machen lassen.

1757. [1529, XII, 15 b] 22. Februar 1530:

Dem arrasmacher biß uf Ostern heym gein Arras erlauben.

1758. [1529, XII, 17 a] 26. Februar 1530:

[1]) Vgl. Baader, Beiträge II, 52.

[2]) Es ist dies der erste Ratsverlaß, der von dem berühmten Messinggitter aus Peter Vischers Gießhütte handelt. Die große Mehrzahl dieser Ratsverlässe hat bereits Mummenhoff — zumeist in der Fassung, wie sie die Ratsbücher aufweisen — in seinem Rathauswerk S. 323 ff. im Wortlaut veröffentlicht. Es sind daher hier nur die bisher unveröffentlichten und diejenigen, bei denen die Fassung der Ratsverlässe von der der Ratsbücher erheblich abweicht, aufgenommen.

[3]) Ein jüngerer Goldschmied dieses Namens im Goldschmiede-Verzeichnis unter Nr. 316 (doch erst zum Jahre 1540!).

Meister Peter Fischers sunen ir begern der Fucker gitters halben ableynen.

1759. [17 b] Hansen Guldemundt bei eins raths straf gepieten, die mödel der visirung Wienn alle einem rath zuzustellen und on eins raths erlaubnus nichts ausgeen zu lassen [1]).

1760. [1529, XIII, 2 a] 4. März 1530:

Den Rudolff, goltschmid, fragen pey seinem aide, wer ime den gestoln pecher zupracht hat, auch den wirt fragen, wer im solchen gestoln hat, und alßdann den dieb ins loch legen lassen.

1761. [1529, XIII, 2 b] 5. März 1530:

Der platner supplication Hansen Ponacker allein umb müntlich antwort furhalten.

1762. [3 a] Peter Fischers sönen ir begeren, des Fuckers gitter für bruchmessing zu kauffen, ableynen.

1763. [1529, XIII, 6 a] 10. März 1530:

Zwischen den platnern und satlern diesen entschied geben, das die satler alle zierd, so von harnasch uf ein pferd, als uff die stirn, hals, furpug und das gelieger gehöre, die platner ufs zeichen machen lassen und darnach inen vergönt sein solle, dasselbig harnasch, was also uff ein pferd gehört, und sonst gar kein harnasch heymlich in iren heusern zu haben und zu verkauffen. Die platner sollen auch macht haben, bei den satlern und uf den mülhen hauszusuchen und, wo sie etwas fünden, das ufs zeichen nicht gemacht were, solchs zu rügen.

1764. [12 a] 19. März 1530:

Zwischen den satlern und platnern den jüngsten entschied leutern dergestalt, das die satler nicht macht haben sollen, stirn, hels, furpüg oder gelieger, von ganzem harnasch gemacht, in iren heusern heimlich zu haben und zu verkauffen, sonder allein das harnasch, so uf das leder geschlagen wirt und dannoch dermaß gestalt sei, das der merteil des leders vom harnasch unbedeckt bleibe; und sollich harnasch sollen sie bei den blatnern ufs zeichen machen lassen und sonst laut des jüngsten entschieds gehalten werden.

1765. [1529, XIII, 13 b] 22. März 1530:

Sebald, malers, dochter 3 kind in die fündel schaffen, biß der vater gesundt wirt und sy neren kan.

1766. [1529, XIV, 1 b] 2. April 1530:

[1]) Vgl. Baader, Beiträge II, 52.

Hansen Guldemund sein begern laynen und dem Meldeman sagen, das werck zu furdern.

1767. [1530, I, 3 b] 22. April 1530:

Dem atlasmacher furderlich sein, damit der handel inn ganck kume.

1768. [1530, I, 12 a] 2. Mai 1530:

Niclas Meldeman gegen seiner vererung 6 f. schencken[1].

1769. [1530, II, 13 b] 27. Mai 1530:

Jheronimussen, formschneider, soll man beschicken unnd, wo er vormaln nit geschworn, nochmaln einen frid gegen Wilhelm Weydolt schwern lassen mit dem anhanng, das er umb sein übertretung unnd unschicklheyt wol ein straff verdiennt, die ein rathe bey ime behalt unnd das er sich nachmaln fridlich gegen ime halt oder man werde ein ernstlichs umbsehen mit straff gegen ime haben, unnd sein sach mit recht austrag.

1770. [14 a] Item man soll auch die nachpaurschafft Jheronimus, formschneyders, verhorn seins weybs unwesen halben unnd herwider bringen.

1771. [1530, II, 14 b] 27. Mai 1530:

Dem araßmacher soll man die 6 f. für den zinß auß dem krame unnd des Füterers haus, wie ime hievor zugesagt, einrichten.

1772. [1530, II, 15 b] 28. Mai 1530:

Dem Guldenmund soll man seinen form der belegerten stat Wien wider zustellen, doch das er das in dem jar, wie hievor verlassen, nit nachtrucken oder außgeen lassen soll.

1773. [1530, II, 16 b] 30. Mai 1530:

Benedict Zenngrafen[2], steinschneider, zu bürger annemen.

1774. [1530, II, 20 b] 2. Juni 1530:

Dem Hans von Stetten ein urkundt zu geben, das in die mayster für redlich haben anzaigt.

1775. [1530, III, 2 a] 17. Juni 1530:

Dem vorigen verlaß nach soll man dem atlasmacher die

---

[1]) Vgl. Baader, Beiträge II, 52.

[2]) Mitteilungen II, 279 († 1571). Ein B. Z., der indessen kaum mit unserem Meister identisch sein dürfte, liegt auf dem Johannisfriedhofe begraben. Vgl. Trechsel S. 301 Sp. 2 (mit der Jahreszahl 1596).

1500 f. leyhenn nemlich die 1000 f. auff caucion unnd die 500 f. uff sein vertrauen.

1776. [2 b] Bernhart Uttersy, Hotlers aiden, soll man für die 1000 f. des atlasmachers anlehen zu bürgen annemen uff ein bekanntnus.

1777. [1530, III, 23 a] 9. Juli 1530:

Narcius Hieler, goltschmid, 100 tigel auff anrürn folgen lassen.

1778. [1530, IV, 1 a] 15. Juli 1530:

Das künstlich gemacht gitter von messing, so die Vischer, rotschmid, für pruchmessing [*ausgestrichen ist:* oder wie man das geringst kupffer kauffen mag] angebotten einem rat zu verkauffen, soll man dasselb von ine uff ir erbieten abkauffen umb 6 f. unnd pfennig, zum halben teyl bindigen [*wohl = sich verbindlich machen*] oder gar [1]).

1779. [1530, IV, 4 a] 18. Juni 1530:

Bei dem Anthoni Basse soll man abstellen, piret zu machen, aber stricken mag ers laßen; unnd sollen die herren am ambtbuch bedenncken, ob man den piretmachern ein ordnung geben welle.

1780. [1530, IV, 7 b] 21. Juli 1530:

Goltschmydt hantwerck begeren ir suplicazion zu beratschlagen und herwider pringen.

1781. [1530, IV, 20 b] 1. August 1530:

Anthoni Passa, arloßmacher, weitter umb beschaid zu erfrogen, wie ers mit seiner suplication verrer hab.

1782. [1530, IV, 31 a] 10. August 1530:

Peter Henlein zur straf frist geben biß Weynachten.

1783. Ludwigen Krug die begert abschrifft geben.

1784. [1530, V, 2 a] 11. August 1530:

Den arrasmacher bey seinem erpieten des piretmachens bleiben lassen, das er die piret, so algereit gestrickt, vollent außbereiten lassen mög, und darnach keins mere.

1785. [1530, V, 2 b] 12. August 1530:

Den goldschmiden soll man auff ir begern zu einem maisterstück zulassen an stat eins gürtelstmucks [*verschrieben für* -schmucks] hinfüro ein sigel zu schneydenn, doch das das

[1]) Vgl. Baader, Beiträge I, 26. Mummenhoff, Rathaus S. 98.

steinschneyden hinfüro ein frye kunst beleyb. Unnd Daniel[1]), steinschneider, unnd Steffan Steinbere mugen irem erbieten nach ytzo ir maisterstück machenn; und soll dem hanndwerck also angesagt unnd zu irer ordnung geschriben werden.

1786. [1530, V, 6 b] 17. August 1530:

Dem arrasmacher sein begeren laynen, aber uf die mittel handeln, die gemelt sind.

1787. [1530, VI, 13 b] 28. September 1530:

Sebalden Paumhauer, dem kirchner Sebaldi, pesserung des solds laynen, aber zu einer vererung von der kirchen einkumen 20 f. geben.

1788. [1530, VI, 18 b] 5. Oktober 1530:

Dem arrasmacher die arras beym Wolckenstein volgen lassen, zu ferben, zu verkauffen und das gelt dem Wolckenstein zu geben.

1789. [1530, VII, 4 b] 10. Oktober 1530:

Das hessig gemelh fayl zu haben abschaffen, als doctor Ecken und cardinals halben.

1790. [1530, VII, 8 b] 14. Oktober 1530:

Jorgen Hartlieb 2 gesellen über die ordnung zu halten erlauben ein halb jar und der fullerei halb ein streflich red sagen.

1791. [1530, VII, 10 b] 18. Oktober 1530:

Meister Jorgen, zymerman, gein Regenspurg zu erlauben, dem gesandten mit erbern worten ableynen, auch ime untersagen, zu solchem gepeuen mit visirungen oder rathen nit zu helffen[2]).

1792. [1530, VII, 12 a] 20. Oktober 1530:

Dem arrasmacher itzo noch 20 f. hynaus geben.

Die überigen war ufm rathaus zu verwaren vleis thun.

1793. [1530, VII, 15 b] 25. Oktober 1530:

Petern Fromann [*P. Fromund ist gemeint; den Ratsverlaß schreibt ein neuer Schreiber*], attlasmacher, soll man disen wynnter das sonndersiechenhaus eingeben zu irem geprauch, doch das sie solch haus in die carwochen wider räumen und vor feuer verwarn.

---

[1]) Über den Steinschneider Daniel Engelhard vgl. Neudörfer, ed. Lochner S. 158 f. Doppelmayr 198. Mitteilungen II, 279 († 1554).

[2]) Zur Sache vgl. Lochner S. 80 f.

Deßgleichen soll ime sein verbhaus gepflasstert und verglast werden mit dem wenigsten cossten.

1794. [20 b] 1. November 1530:

Anthoni Passe, arloßmacher [*so schreibt regelmäßig ein bestimmter Ratsschreiber*] zu (zu) beschaiden und sein vorhaben zu vernemen und seehen, wie man den halbtail der schuld möcht von im pringen; und daß herwider pringen.

1795. [1530, VIII, 1 b] 3. November 1530:

Dem Jacob Schonauer, goldschmid, ein verpot des gestollen magollein halb uf des Michel Hefners hab gestatten.

1796. [1530, VIII, 2 b] 4. November 1530:

Margret Störin das scheidenmachen ableynen, aber das reysßen ist ir zugelassen.

1797. [1530, VIII, 7 a] 10. November 1530:

Bei dem arrasmacher einen überschlag machen, was an aller habe noch werths möcht verhanden sein.

1798. [7 b] Des falschen Laurentzers halben erfaren.

1799. Auch der gulden stempf halben ordnung bedencken.

1800. Des Krugs und ander stempf halben auch nachfragen.

1801. [1530, VIII, 8 b] 12. November 1530:

Mit dem atlasmacher handeln, wie der pierpreu zu erhalten, und ob er ein anlehen nemen und die verleyung thun wolt.

1802. [1530, VIII, 12 b] 17. November 1530:

Veit Stossen gemelh, obs künstlich sei, besichtigen, widerbringen.

1803. [1530, VIII, 14 a] 19. November 1530:

Albrecht Glockendon[1]) ist ein jar privilegiert, das man me sein geschnitten hirßjayd nit nachschneiden solle.

[1]) Neudörfer, ed. Lochner 141 f., 143 f., 230 (1553, 1556). Zahns Jahrbücher I, 234 (1542), 238 (1540; unter den Buchdruckern). Allgemeine deutsche Biographie IX, 238 (von Bergau; über die ganze Familie Glockendon). Jahrbuch der Kunstsammlungen des A. K. H. Bd. VII, Regest Nr. 4875 (1553) u. 4940 (1556). Wendelin Boeheim im XVI. Bande des Hofjahrbuchs S. 375 f. (insbesondere auch S. 376 Anm. 3). Bd. XVIII Nr. 15712 fol. 56 (1552), 15750 fol. 72 (1554). Boeheim, Meister der Waffenschmiedekunst (1897) S. 78 f. Ehrenthal, Führer durch das hist. Museum zu Dresden (1899) S. 22. Derselbe in der Zeitschr. f. hist. Waffenkunde I, 12 f. Ein Porträt des »Albrecht Glockendam, Miniatur Mahler. In Nurnberg« bei Panzer S. 77. — Im übrigen kann auf die Litteratur über die von A. G. herrührenden oder ihm zugeschriebenen Kupferstiche und Miniaturmalereien hier nicht näher eingegangen werden.

Vgl. Baader, Beiträge X, 50, wo indessen fälschlich von Jörg G. *die Rede ist und Lochner in seiner Neudörfer-Ausgabe S. 144.*

1804. [1530, VIII, 18 a] 25. November 1530:

Mit dem arrasmacher handeln, Meinen Herren die warhe, haußrath und werckzeug zuzustellen, und das ime dagegen 1 c f. geschenckt und alle schuld nachgelassen werde.

1805. [1530, VIII, 20 b] 28. November 1530:

Augustin Hirßvogels[1]) halb den haffnern ernstlich sagen, ine an gesellen und sonst unverhindert lassen.

Vgl. Friedrich, Augustin Hirschvogel als Töpfer S. 12 (nach dem Ratsbuche).

1806. [1530, VIII, 21 a] 29. November 1530:

Den arrasmacher mit hundert gulden zu schencken abfertigen, und das er dagegen haußrath, arras und werckzeug Meinen H. für sein schuld lasse.

1807. [1530, IX, 2 b] 2. Dezember 1530:

So der arrasmacher gelobt, dem atlasmacher hy rechts zu sten, ine dabey lassen bleiben.

1808. [1530, IX, 3 b] 3. Dezember 1530:

Den arrasmacher angeloben lassen, sein leib und gut nit zu verrücken, biß die sach zwischen ime und atlasmacher mit recht ertragen sey, auch die 1 c f. zu hinterlegen.

1809. Dem arrasmacher die versprochen 100 f. geben und quitanz nemen, fürter hinter gericht legen, der rechtvertigung halben gegen atlasmacher.

---

[1]) Vgl. über A. H. namentlich Neudörfer, ed. Lochner S. 149 (1528), 151 ff. 230. Baader, Beiträge II, 57 f. Zahns Jahrbücher II, 77 f. Doppelmayr 156, 199. Jahrbuch der Kunstsammlungen des A. K. H. Bd. V Nr. 4114 (1541: die Stadt Laibach schreibt an König Ferdinand I.), 1200 (1553 Seisenegger an König Ferdinand I.). VII Nr. 4761 (1543), 4792 (1544), 4804 (1554 als †). X Nr. 6117 (1550). XVIII an vielen Stellen. — O. von Schorn, Augustin Hirschvogel, in Kunst und Gewerbe XIII (1879) 1 ff. Allgemeine deutsche Biographie XII, 474 ff. (von Bergau). C. Friedrich, Augustin Hirsvogel als Töpfer (Nürnberg 1885). A. Nehring, Hirsfogels Beziehungen zu Heberstains Werken, im Repertorium für Kunstwissenschaft XX (1897) 121 ff. S. Wellisch, A. H. als Erfinder, in den Mitteilungen des Altertumsvereins zu Wien XXXIV (1899) S. 71 f. Porträts bei Panzer S. 105. Eine zusammenfassende Arbeit über Leben und Schaffen des vielseitigen Renaissancekünstlers steht noch aus. Unsere Ratsverlässe steuern nicht viele aber teilweise wichtige Nachrichten zu seiner Biographie bei. Vgl. insbesondere die Anmerkung zum Ratsverlaß vom 8. August 1536.

1810. Die ware zu verkauffen yemant zu bevelhen zu bestem werten.

1811. [1530, IX, 8 b] 8. Dezember 1530:

Den arrasmacher die unausgefertigten arras vollent außberayten lassen und 1 maß holz geben.

1812. [1530, IX, 21 b] 28. Dezember 1530:

Das gesetz nachdruckens und nachschneidens halben den druckern und buchfürern und formschneidern anzeigen.

1813. [1530, X, 1 b] 30. Dezember 1530:

Den atlasmacher mit den predigermönchen zu vertragen, vleis thun.

1814. [1530, X, 4 a] 3. Januar 1531:

Dem atlasmacher sein arbeit zu schauen und zu zeichnen bedencken.

1815. [4 b] Augustin Hirßvogels brennens und schmelzens halben, ob der rauch so schedlich, erfaren.

1816. [1530, X, 5 a] 4. Januar 1531:

Dem geschmeydmacher und gürtlern beden teilen frey lassen, die geschmeyd anzuschlagen uf die taschen.

. . . .

1817. Dem Korn bevelhen, dem atlasmacher seine stück, soverren sy die rechten brayten haben, zu zeichnen mit einem kleynern zeichen, weder die leynwat ist, und vom stück 1 ₰ nemen.

1818. [1530, X, 8 b] 11. Januar 1531:

Bei allen gürtlern abstellen, nichts zu pregen, das einer montz gleich sehe.

1819. [1530, X, 12 b] 16. Januar 1531:

Meister Wilhelms [*im Register*: Wilhelm von Wormbs] ayden halb ansagen, zu schauen.

1820. [1530, X, 15 b] 21. Januar 1531:

Dem von Bayrreut itzo umb 14 f. garn geben, ufs haylthumb zu zallen, und ime darumb trauen. [*Im Register unter* arrasmacher.]

1821. [16 a] 21. Januar 1531:

Dem arrasmacher sein begern laynen.

1822. Mit dem atlasmacher handeln, in sein haus zu ziehen.

1823. [1530, X, 16 b] 23. Januar 1531:

Maister Jergen Weber von Dinckspühel, zimerman,

soll man von der überigen erbeyt wegen an der pulfermül, daran er mer gemacht, dann im verdingt geweßen, 20 f. schenncken.

Unnd soll an Michel Prenners stat zu einem wasserschauer erteilt sein umb denn soldt, so Prenner gehabt.

1824. [17 b] 23. Januar 1531:

Dem arrasmacher soll man die webstül uff sein vertrauen kaufflich zustellenn.

. . . .

1825. Dem hafner[1]), so die venedischenn arbeyt mit glaßwergk machenn kan, soll man 50 f. auff ein gnugsame caucion leyhen, unnd in das gerichtsbuch bekennen unnd verschreyben lassen.

1826. [1530, XI, 3 b] 30. Januar 1531:

Dem atlasmacher vergonnen, ein preu für sein gesind zu thun.

1827. [1530, XI, 6 a] 3. Februar 1531:

Den parfüssern sagen, eins raths meynung sei nit, sie zu überlestigen, aber ob sie den atlasmacher itzo ein preu thun liessen, doch on iren schaden, stelle ein rath zu inen.

. . . .

1828. 4. Februar 1531:

Enndres Fesell, platner, zu bürger annemen.

1829. [1530, XI, 14 b] 15. Februar 1531:

Hanns Behaim[2]), goldschmid, hat sein bürgerrecht auffgesagt unnd ist in die losungstuben gewisen.

1830. [1530, XI, 19 a] 20. Februar 1531:

Veit Hirßvogel sein begeren anlehens ableynen.

1831. [1530, XII, 3 a] 27. Februar 1531:

Den atlasmacher lenger im predigercloster wonen lassen und uf den früling weiter rethig werden, auch die visirung bey rath anzeigen.

1832. [7 b] 6. März 1531:

Mit dem atlasmacher hauszins halben weiter handeln.

---

[1]) Gemeint kann nur Oswald Reinhard sein. Vgl. über diesen, der bekanntlich in der Augustin Hirschvogel-Frage eine bedeutsame Rolle spielt, Neudörfer, ed. Lochner S. 152—154. Zahns Jahrbücher II, 77.

[2]) Goldschmiede-Verzeichnis Nr. 254 (zwischen 1514 und 1530). Quarta post Valentini [11. Januar] 1531 giebt »Hans Beham, goldschmid« sein Bürgerrecht auf (Bürgerbuch 1496—1533 Bl. 172 a).

1833. [1530, XII, 11 a] 10. März 1531:

Das gitter, von Peter Vischers erben erkaufft, im zeughaus steende, soll man gar zurichten und fur das gericht auffrichten lassen[1]).

1834. [1530, XII, 14 b] 14. März 1531:

Dem atlasmachergesind heusser zu pauen dieser zeit anstellen.

1835. [1530, XII, 18 a] 21. März 1531:

Der von Wonsiedel platnerordnung beratschlagen und den blatnern hie furhalten, darnach dem hauptman zu Wonsiedel, Hans Ochssen, antwort geben.

1836. [1530, XII, 19 a] Des atlasmachers gesind aus dem sundersiechenhaus in des arrasmachers haus ziehen lassen, den zins uf 40 f. anschlagen.

1837. [19 b] 22. März 1531·

Den platnern zusamen erlauben biß samstag [*24. März*] und sagen, die ordnung zu halten.

. . . .

1838. Augustin Hirßvogel an ein ander ort zu weisen, bedencken.

1839. [20 a] Der hafner hantwerck noch lenger ein freye kunst lassen bleiben.

1840. [1530, XIII, 3 a] 24. März 1531:

Die atlesmacherin soll mon ins arlosmachers haus lassen einziehen pys ir man herwider kumpt, von zinß zu reden.

. . . .

1841. Augustin Hirschfogell, hafner, sein begern des lehens halb ablainen und nach einem platz umbseehen zu einem schmelzoffen.

1842. [1530, XIII, 5 b] 29. März 1531:

Augustin Hirßvogel X f. uf caution leyhen 1 jare und seins ofen halben uf im selbs lassen ruhen.

1843. [1530, XIII, 11 b] 5. April 1531:

Der platner zettel pessern lassen, darnach dem hauptman zu Wonsidel einschliessen.

1844. [1531, I, 3 a] 13. April 1531:

Jorgen Hartlieb, platner, 1 jar 2 knecht über die ordnung erlauben mit wissen der geschwornen.

---

[1]) Vgl. Baader, Beiträge 1, 26.

1845. [3 b] Den platnern in beysein pfendters zusamen erlauben.

1846. [1531, I, 7 b] 19. April 1531:

Dem atlasmacher das haus auf der Schüte umb 36 fl jerlichs zins lassen.

1847. Des arrasmachers warhe nach besten werth zu verkauffen, auch sein verschreibung abzuthun ist gesetzt uf her E. Im Hof.

1848. [1531, I, 10 b] 22. April 1531:

Veit Stossen ansprechen, seinem ayden zu helffen.

1849. [1531, I, 13 a] 26. April 1531:

Peter, den atlasmacher, noch lenger aufziehen und vor herr E. Im Hof auch horen.

1850. [1531, I, 15 b] 29. April 1531:

Heinrich N., formschneider, zu bürger annemen.

1851. [1531, I, 21 b] 9. Mai 1531:

Die goldschmid uf ir supplication weiter vernemen und nach wegen gedencken [= *auf Mittel und Wege sinnen*], inen in iren beschwerden zu helffen.

1852. [1531, II, 1 b] 12. Mai 1531:

Henßlein, maler, und sein schwester zu red halten.

1853. [2 b] 13. Mai 1531:

Henßlein Dürndort und sein schwesterlein weiter zu red halten gütlich.

1854. [3 b] 15. Mai 1531:

Henßlein Dürndort vater und freuntschafft beschicken, sy zu verdingen und zu versorgen.

1855. [1531, II, 6 b] 19. Mai 1531:

Die atlasmacher on pflicht der bürgerschafft ein zeitlang sitzen lassen.

1856. [14 a] 26. Mai 1531:

Dem atlasmacher ableynen, ime sechs unnterschidlicher gemach zu machen.

1857. Unnd solle doch maister Jorg unnd annder wergkleut der annder alten visir halbenn auch gehort unnd geradschlagt werden.

1858. [1531, II, 19 a] 1. Juni 1531:

Besichtigen, was dem atlasmacher in des arrasmachers haus zu pauen sei.

1859. [20 a] 3. Juni 1531:

Des arrasmachers schleplein das tutzet umb 1 f. zu geben und den fündelkindern auch davon mitzuteillen, ist gesetzt uf

herr E. Im Hof
herr Pemer.

1860. [1531, III, 1 b] 8. Juni 1531:

Den brieffmalern ir begern leynen unnd ein freye kunst beleiben laßen.

1861. [1531, III, 4 a] 12. Juni 1531:

Sigmund Beck[1]), kartenmaler, bürgerrecht laynen.

1862. [5 a] 14. Juni 1531:

Symon Peck [*im Register:* Sigmund Peck], kartenmoller, soll mon zu pürger annemen.

1863. [1531, III, 6 b] 17. Juni 1531:

Gilg Preger, goldschmid, 2 f. am bürgerrecht nachlassen.

1864. [1531, III, 7 b] 19. Juni 1531:

Dem atlasmacher die begerten zwey stüblein und 4 küchelein mit wenigsten costen pauen.

1865. [1531, III, 12 a] 26. Juni 1531:

Den goldschmidgesellen zulassen, das sie ein loyenmal haben mugen, doch das nyemannd genot sein solle, zu kumen, unnd das sie alle beschaidenheit gebrauchen.

1866. [1531, III, 16 b] 1. Juli 1531:

Merten Tanner, schraufenmacher, soll mon mit einem heuslen oder herberich helffen, das er hie mög pleiben.

1867. [1531, IV, 2 b] 7. Juli 1531:

Luzianus Thuering [*im Reg.* Lucianus During] wöll mon auff sein begern und auff vergewyßung des atlasmachers gern ein 50 biß in 100 gulden leyhen, aber mit der herberrich, mög man gen Werd weyssen, die zu suchen; etlich jar frey setzen.

1868. Des atlasmachers begeren der findelkinder halb mit im zu handlen, ob er der etliche wöllt annemen, so möcht mon im 8 gulden von einem auf etliche jar versprechen zu geben.

1869. [1531, IV, 3 b] 8. Juli 1531:

Wolff Thanner[2]), dem künstlichenn schraubenmacher

---

[1]) Baader, Beiträge I, 5 (1531), Mitteilungen I, 279 († 1564).

[2]) Gemeint ist Martin Danner, denn Wolf Danner war Büchsenschmied. Über Martin D. vgl. Bayerische Gewerbezeitung X, (1897) S. 32, Anm. 29 (1529)

unnd schreyner, soll man ein jar lanng zehenn gulden zu erstattung eins zinß geben.

. . . .

1870. Lucianus Teuring, dem Niderlennder, sein begern ableynen unnd bey dem gestern verlaß beleybenn laßen.

1871. [1531, IV, 11 b] 19. Juli 1531:

Ulrich Stanngen, platner, uff seins weibs begern verbots halbenn verhoren unnd herwiderbringen.

1872. [1531, IV, 12 b] 20. Juli 1531:

Hannsen Platner zu einem statmaler anzunemen.

1873. Hannsenn Gar, goltschmid, aufflegen, dieweil er einen falsch mit einem geheng geübt, nemlich das nur uff 16 carat gemacht, soll ime die stat 3 jar verboten werden.

1874. [1531, IV, 15 a] 26. Juli 1531:

Hanns Mais, platner, zu bürger annemen.

1875. [16 b] 27. Juli 1531:

Mertin Thanner, schrauffenmacher, soll erlaubt sein, 2 jar aussen zu wonen.

1876. [1531, IV, 18 b] 29. Juli 1531:

Hans Gar, goldschmid, die straff nachzulaßen, ableinen.

1877. [19 b] Hansen Gar noch 4 tag frist geben.

1878. [1531, V, 11 b] 17. August 1531:

Der atlasmacherin begern besichtigen und ratschlagen.

1879. [1531, V, 14 b] 21. August 1531:

Dem platner, so mit den meisterstücken gefallen, zulassen, die stück, so mangelhaft sein, anderweid zu machen.

1880. [1531, V, 15 b] 23. August 1531:

Dem atlasmacher soll man 2 alt küffen, so der arloßmacher hat praucht, folgen laßen, auch ein wasser, doch mit wyssen des paumaysters, und andere ire begeren der mang halb zu pessern ablainen.

1881. [16 b] Anthoni Passa [*im Register* Anthoni Passee], arloßmacher, suplicatzion sol man auf im selbst ruhen lassen.

1882. [1531, VI, 4 a] 2. September 1531:

Vollott [*von dem gleichen Ratsschreiber auch* Vallottin *geschrieben, = Valentin*], Daniel Engelhart diner, sein aufgelegte stroff sol im ine gellt gewent wern.

1883. [1531, VI, 9 b] 9. September 1531:

Zu deß verstorben Jacob Wigenleins ampt und das gellt und annders, so ime vertraut ist, zu bewarn ist bevolhen.

Sigmund Fürer
Caspar Nützel.

1884. [1531, VI, 15 b] 16. September 1531:

Das vennster, so die attlaßmacherin zu machen vorhat, besichtigen, und herwiderbringen.

1885. [1531, VI, 23 a] 26. September 1531:

Den niderlenndischen arrasmachern, so angesucht haben, sie alhie das arrasmachen geprauchen und arbaiten zu lassen, zu sagen, soverr sie sich hieher thun und das handwerck arbaiten, woll ine ain rate das [23 b] gestatten, sie auch alhie steuer und losung frey ain zeitlang sitzen lassen, doch das sie das gewonlich ungellt bezalen. Ain rate woll auch weder mit anlehen, gepeuen oder in annder wege sonnst irnhalben gar kain cossten tragen.

1886. [24 a] Dem attlaßmacher ist zugeben, im closter zu den predigern hynndten auß ainer cammer ain vorgemacht fennster weiter zu prechen, doch auff irn costen und ains rats widerruffen.

1887. [1531, VII, 16 b] 18. Oktober 1531:

Veiten Hirßvogel, gemainer statt glaser, sollen auß der losungstuben 35 f. gelihen und ime dieselben an seinem verdienten lon abschlagen[1]).

1888. [17 b] Hanns Krug umb sein müh der puntzen, zu dem zaichen der gewicht zu schneiden, ain par f. zu vererung zu geben.

1889. [1531, VII, 20 a] 21. Oktober 1531:

Maister Wilhelm von Worms krancken platnerknecht, wiewol es wider die ordnung ist, in das lazaret nemen, doch das er 2 f. in das Allmusen geb, wann er gesund werd und solchs vermög.

1890. [1531, VIII, 11 b] 3. November 1531:

Mit Hannsen Schart, plattner, zu verschaffen, das er ettlichen erkaufften platnerzeug wider herauß gebe und sein bezalt kauffsumma wider neme.

1891. [12 a] Hannsen Maier, plattner, ablainen, ine

[1]) Vgl. Zahns Jahrbücher II, 77.

ytzo widerumb zum maisterstücken fursteen zu lassen; soll bey der ordnung pleiben.

1892. [1531, IX, 1 b] 23. November 1531:

Der plattner supplication und ir darinn verleibtes begern bey den herren den rugsherren zu beratschlagen.

1893. [1531, IX, 11 a] 5. Dezember 1531:

Enndressen Begnitzer zu sagen, das er dem jungen margraf Joachims son sein begern umb ettlich gießtegel für sich selbs mit besser beschaidenhait ablain.

1894. [1531, IX, 16 a] 11. Dezember 1531:

Wolffen Reschen[1]), formschneider, ist gelaint, der Schweizer auffgerichten vertrag alhie zu drucken.

1895. [1531, IX, 27 a] 20. Dezember 1531:

Der 25 f., so Oswald Rainer einem rat schuldig, soll ein rat bey Augustin Hirsvogel gewarten, doch soll man zuvor versuechen, ob Hirsvogel ein bürgschafft derhalben mocht thuen.[2])

1896. [1531, X, 5 b] 27. Dezember 1531:

Valentin Pogner [*im Register für diese Stelle* »Valtin Herman pogner«] ist vergonnt, unauffgesagt seins bürgerrechtens 1 jar von hynnen zu sein.

1897. [1531, X, 7 b] 29. Dezember 1531:

Cristoffen Bogner soll man Valentin Bogners gemach auff der schmelzhütten, wie derselb Valentin vor gehabt hat, [überlassen] und Hannsen Vischer zu Neuburg das bürgerrecht schencken und, wo er herzubringen ist, zu bürger annemen.

1898. [1531, X, 20 a] 12. Januar 1532:

Von Meiner Herren zins wegen soll dem Vallten Pogner ein feslein zurecht verpotten wern.

1899. [1531, X, 23 a] 15. Januar 1532:

Wolffen Dietrich, goldschmid, zu sagen, das es ains rats fug alhie oder in anndern ains rats gepieten nit sey, mög wol an anndern orten hanndtiern und wonen.

Und mit Jacoben Schelmsteiner verschaffen, das er Wolffen Dietrich die 14 patzen, die er ime umb ain falsche zain silbers geben hat, wider zustell.

---

[1]) (Neudörfer)-Gulden, ed. Lochner S. 198 f. (Zusatz von Campe).

[2]) Vgl. Lochner in seiner Neudörfer-Ausgabe S. 153 (nach den Ratsbüchern).

Und mit Hannsen Ecken von Würzburg dises Wolffen halben zu reden, ob er ain mal mocht angenommen oder ime auff die frisst, was sein handtnerung sey, mit fleiß zu Würzburg geschen werden.

1900. Auff Georgen Webers, zimmermans, ansuchen die malstatt, dahin er ime ain mül zu pauen vorhatt, besichtigen und herwider bringen.

1901. Paulus Weber ablainen, ime das übrig deß arrasmachers garn zu kauffen zu geben, und, wo er caution thut, soll ime lenger frisst gegeben werden zu seiner schuld, so er ainem rate zu thun ist.

1902. [23 b] 16. Januar 1532:

Deß landtgraven von Hessen büchsengiesser soll man das zeughaus sehen lassen und auff den Begnitzer setzen, ine sein werckstatt sehen [zu] lassen, ob er will.

1903. [1531, XI, 14 a] 1. Februar 1532:

Ulrich Amanns, büchsenschmids, halben weitter erfarung zu thun und herwider bringen.

1904. [14 b] Martin Hafner, ofenmacher, sein begern, ime zu prennung seiner stain ain prennofen auff der Schütt auffzurichten ablainen.

1905. Jorg Buck, kanndelgiesser, *kommt vor.*

1906. [1531, XI, 15 a] 3. Februar 1532:

Ulrichen Amann, büchsenschmid, zu bürger annemen.

1907. [1531, XI, 16 b] 5. Februar 1532:

Das hauß, dorynn Valtin Pogner gewonnt, soll man mit unnterschied verlassen yedes gemach; unnd der ausstenndigen zins halben soll herr S. Pfintzing als zinßmaister für sich selbs dem Valtin Pogner schreiben.

1908. [1531, XII, 5 b] 20. Februar 1532:

Arnolten Wencken auff margraf Joachim deß jüngern schreiben 20 schmelztigel zu 30 in 35 fl volgen lassen.

1909. [1531, XII, 21 a] 8. März 1532:

Dem attlasmacher soll man anpieten, alle jar ain nemlichen zinns zu nemen und ain zimlich gellt zugeben, die man[g?] auff die Schütt zu richten; auch beratschlagen, wie man die mang kendt in das verbhaus richten, und ob es sich leiden woll.

1910. [24 a] 12. März 1532:

Dem attlasmacher soll man die nächsten drey jar für

sein haußzinns alle jar sechtzig gullden auß der losungstuben geben.

Und die auffgericht mang im predigercloster soll [man] auff ains rats cossten in den besichtigten stadel richten lassen.

1911. [1531, XIII, 1 b] 14. März 1532:

Den platnern ir begeren, die neuen ordnung der zwifachen schau abzustellen, ableynen, desgleichen auch des schaugelts halben bei der ordnung lassen bleiben.

1912. [1531, XIII, 11 a] 26. März 1532:

Dem Keser, plattner, soll ain annder zaichen zum prot gegeben werden.

1913. [11 b] Dem plattner ist abgelaint, seine Leiptzker lebkuchen an offem marckt lenger fayl zu haben.

1914. [1532, I, 22 a] 19. April 1532:

Die muster aller kunstreichen gepeu und annder visirungen, so bey gemainer statt im zeughaus, auff dem rathaus und allenthalben erfunden werden, in ain sonnder versperrt gemach zu raumen, ist bevolhen

den zeugherren, baumaister, Fr. Behaim.

1915. Den künstner, so ainem rate mit ainem visier von ainer malmül verert hat, sollen die herren mit ainer zimlichen vererung von 8 bis in 10 f. vereern.

1916. [1532, II, 3 b] 3. Mai 1532:

Hannsen Gulldinmund beschicken und ine deß triumpfwagene halb, so er Thürern nachschneiden soll, zu rede hallten, und sein anntwurt herwiderbringen.

1917. [4 a] Hannsen Guldinmund anhallten, ainen rate seinen furgenomenen triumphfwagen sehen zu lassen.

1918. [5 a] 4. Mai 1532:

Hannsen Gulldinmund verpieten, Albrecht Türers wittiben irs haußwirts gemachten triumpfwagen nit nachzumachen.

Und der Thürerin zu raten, dem Gulldinmunden sein formen bis in 10 f. nachzulassen; daran sollen Meine Herren den halbtail zalen[1]).

1919. [1532, II, 14 a] 11. Mai 1532:

Die plattner ersuchen, das sie irs mayen stecken an der

---

[1]) Dieser und die voraufgehenden beiden Ratsverlässe ihrem Inhalte nach schon bei Baader, Beiträge I, 11.

platner gassen absteen; wo nit, inen, wie vor, solcher mayen auß dem wald zu geben.

1920. [1532, II, 17 a] 16. Mai 1532:

Enndressen Meisen, kartenmaler, in den Spital nemen, bis er wider zu vernunfft kompt.

1921. [17 b] Hanns Guldinmund zu sagen, ein rate laß es noch bey vorigem irem verpott pleiben.

1922. [1532, II, 18 b] 17. Mai 1532:

Den hafnern ist gelaint, auß irem hanndtwerck ain geschworn handtwerck zu machen; soll ain freye konnst, wie bißhero beschehen, bleiben.

1923. [1532, II, 21 a] 18. Mai 1532:

Dem Aschauer[1], goldschmid, ablainen, ime uff ettlich wein ains bürgers zu Vorzaim [*Pforzheim*] verpotts zu gestatten, sonnder soll ime umb sein schuldfurdrung mitgetailt werden.

1924. [1532, II, 22 b] 22. Mai 1532:

Den geschwornen maystern rotschmidhanndwercks zu bevelhen, das sie Petern [*lies:* Hansen; *Peter V. d. j. war seit 4 Jahren tot*] Vischer auff sein gemacht grab zu maister ansagen[2].

1925. [1532, III, 1 b] 31. Mai 1532:

Jorgen Benntzen[3], maler, soll man zehen gullden

[1]) Im Goldschmiede-Verzeichnis kommen ein Andreas und ein Hans A. beide zwischen 1473 und 1514 vor (Nr. 151 u. 216). Hans A. auch als einer der Testamentsvollstrecker nach Veit Stoß' Tode bei Lochner in seiner Neudörfer-Ausgabe S. 98.

[2]) Vgl. Baader, Beiträge I, 25. A. Bauch in den Mitteilungen des Vereins für Geschichte der Stadt Nürnberg XIII (1899) S. 294 (nach dem Ratsbuch, das ebenfalls den unrichtigen Vornamen aufweist, während das Meisterbuch das richtige »Hans Vischer« hat).

[3]) Über Jörg Penz bieten die Ratsverlässe kaum Nachrichten, die nicht schon bekannt wären; doch ist hier und da der Wortlaut der Ratsverlässe noch nicht publiziert worden. Vgl. über den Meister: Neudörfer, ed. Lochner 137 f., 153, 157. Baader, Beiträge I, 3 (1523). II, 53 f. und Beilage IV. Sandrart, Teutsche Academie II, 2, 233 f. Doppelmayr 197. Mummenhoff, Rathaus, an vielen Stellen. Derselbe in den Mitteilungen des Vereins für Geschichte der Stadt Nürnberg VIII (1889) S. 246 (Urkunde der Anstellung des G. P. als Stadtmaler vom 31. Mai 1532). H. Boesch in den Mitteilungen aus dem german. Nationalmuseum II, S. 71 und Jahrgang 1893 S. 39 († zwischen 10. und 15. Oktober 1550). A. Bauch, Die letzten Tage des Malers Georg Penz († zu Leipzig) in den Mitteilungen Jahrgang 1896 S. 43 ff. Th. Kolde in den Beiträgen zur bayerischen

reinisch zu ainem gwartgellt geben bis in zwolff, so lang es ainem rate gefellig ist, darumb er ainem rate, wann sie seiner konnst bedorffen, gewarten soll.

1926. [6 a] 4. Juni 1532:

Jorgen Benntzen soll man sein dienstgellt der zehen f., so über ain jar verfallen würdet, hinauß leihen [1]).

1927. [1532, III, 9 a] 5. Juni 1532:

Veiten Stossen zu lainen, seine künnsten in Unnser Frauen capellen fayl zu haben, sonnder soll ime das portal des closter zu den predigern oder das rathaus für ain malstatt anzaigen [2]).

1928. [1532, III, 12 a] 8. Juni 1532:

Albrechten Glymmen ablainen, seinem son in sein urkunnd eelicher geburt den hynndtern anhang zu machen.

1929. Die schandtgemelde, so fayl gehabt werden, abzustellen.

1930. [1532, III, 14 b] 12. Juni 1532:

Paulsen Hasen, goldschmid vom Neuenmarckt, ain urkund mittailen, das er Meiner Herren verretter nit sey.

1931. [1532, III, 25 b] 21. Juni 1532:

Hannsen Bonacker, sattler, und . . . Hartlieb, plattner, ist erlaubt, zwey monat ettlich knecht über die ordnung zu irer arbait zu halten.

1932. [1532, IV, 3 b] 28. Juni 1532:

Bartholmes Behaim mit 4 f. zu vereern.

1933. [1532, IV, 12 a] 8. Juli 1532:

Vom attlaßmacher soll man 22 zwolffer für ain f. für sein zins nemen.

1934. [12 b] Herzog Otthainrichen ist maister Paulus Behaim vergonnt, gein Neuburg zu reitten.

Kirchengeschichte VIII (1902) S. 49 ff. Porträts bei Panzer 179. — Allgemeine deutsche Biographie XXV, 353—55 (von Wilh. Schmidt). Robert Stiassny, G. P. als Italist, in der Kunstchronik N. F. 1 (1890) Sp. 177 ff. A. Kurzwelly, Forschungen zu G. P. Leipzig, Hiersemann, 1895. Max J. Friedländer, »Georg Pentz, Jörg Bentz, der Meister J. B.« im Repertorium für Kunstwissenschaft XX (1897) 130 ff. Im übrigen kann auf die Literatur über die Werke des Penz, insbesondere über seine Kupferstiche (Bartsch, Passavant u. s. w.) hier nicht eingegangen werden.

[1]) Vgl. Baader, Beiträge II, 54.

[2]) Vgl. Mummenhoff, Rathaus S. 29.

1935. [1532, IV, 14 a] 10. Juli 1532:

Hanß Guldemunnd ist mit seinem widerteil fur gericht gebisen.

1936. [1532, IV, 17 a] 12. Juli 1532:

Wo Veit Hirßvogels sone mag betretten werden, soll man ine in das loch legen.

1937. [1532, IV, 22 a] 18. Juli 1532:

Jorgen Bennzen der zwaier kaiser pildnus nacheinannder in aigne stuben vordern, dem fürsten von Sachsen abzuconterfetten.

1938. [1532, V, 7 b] 2. August 1532:

Den taschengeschmeidmachern und andern ir begern laut der rugsherrn ratschlags ableinen.

1939. [1532, V, 15 b] 10. August 1532:

Jacob Bulmans, deß schlossers, sone ist erlaubt, wider den Türcken zu ziehen.

1940. [1532, V, 23 b] 17. August 1532:

Hansen Guldemunds unwesens halb erfarung thon.

1941. [1532, VI, 2 b] 26. August 1532:

Mit den geschwornen des platnerhantwercks zu handeln, zu bewilligen, das Hans Ponacker Lorentzen Stauber ein geliger mog machen.

1942. [3 b] Hansen Ponacker ableinen, h. L. Stauber ein stehlin geliger zu machen.

1943. [1532, VI, 9 a] 2. September 1532:

Alexius Bierbaum vergonnen, bis uff Liechtmes dem cardinal von Triendt zu dienen, und ist bey einem rat zu verwaltung seins kirchenmeisterambts mittler zeyt verordnet herr Lienhart Kefer.

1944. Zu besichtigen, ob von nöten, das silbergeschirr in S. Laurentzen kirchen anderst zu verwaren.

1945. [1532, VI, 17 a] 11. September 1532:

Hannsen, attlasmacher, das bürgerrecht schencken und damit abweisen.

1946. [1532, VII, 5 b] 27. September 1532:

Johann, attlaßweber, sein ansuchen umb ain haymsteuer ablainen.

1947. [1532, VII, 10 a] 1. Oktober 1532:

Die puchfürer alhie zu beschicken und sie zu warnen,

Albrechten Thürers gemachte und nachgedruckte pücher nit fayl zu haben, oder ain rate müß der Thürerin vergönnen, in krafft irer freihait gegen inen zu hanndeln.

1948. Item der Thürerin an Strassburg, Franckfurt und Leypczk solcher sachen halben furderung mittailen[1]).

1949. [1532, VII, 11 a] 4. Oktober 1532:

Hannsen Guldinmund, briefmaler, lassen in das loch legen.

1950. [12 b] 5. Oktober 1532:

Hannsen Guldinmund seiner zwifachen ee halben und hurerei zu red hallten, und herwider bringen.

1951. [15 a] 8. Oktober 1532:

Hannsen Guldinmunds bekandtnus bey den gelerten ratschlagen und zu ainem gesamenten rate wider furlegen.

1952. [19 a] 11. Oktober 1532:

Hannsen Guldinmund ist vier tag glait geben und die zeit seiner straff erstreckt.

1953. [1532, VIII, 8 b] 25. Oktober 1532:

Jacob Lynndennast[2]) hat auff dato sein bürgerrecht in offem rate auffgesagt.

1954. [1532, VIII, 17 b] 5. November 1532:

Einem furman ist vergonnt, sechs thunnen glaßerden hie auffzuladen, doch das er anglob, die auff die glashütten zum Lebenstain zu füren.

1955. [1532, IX, 10 a] 27. November 1532:

Dem Mörel, goldschmid, sein straff taylen und zu der übermaß bis auff Weyhennachten frisst geben.

1956. [1532, IX, 11 b] 29. November 1532:

Jorgen Alwein, goldschmid von Schwaz, zu bürger annemen.

1957. [1532, X, 2 b] 12. Dezember 1532:

Herrn Jorgen Hartman[3]) ist sein verpott, auff ains

---

1) Vgl. Baader, Beiträge I, 11 und dazu Beilage I (vom 2. Oktober).

2) Es handelt sich wohl um jenen Sohn des älteren Sebastian Lindenast, der später als Bürger von Nördlingen erscheint. Vgl. Jahrbuch der Kunstsammlungen des A. K. H. Bd. V Nr. 4524 (1542).

3) Doppelmayr 56—58. Ehrenberg, Die Kunst am Hofe der Herzöge von Preussen S. 167 (1544). Jahrbuch der Kunstsammlungen des A. K. H. Bd. V Nr. 4156 (1519). W. Boeheim ebenda Bd. XIII S. 121. Will, Nürnbergisches

verstorben Walhen silberin geheus gethan, noch lenger bis auff zukunfft desselben Walhen erben erstreckt.

1958. [1532, X, 16 a] 2. Januar 1533:

Hannsen Guldinmund soll man ablainen, ime sein straff zu begeben.

1959. [1532, XI, 19 b] 30. Januar 1533:

Vellentin Siebenburger[1]), platner, maister Wilhelm aiden, aus den eysen lassen mit pezalung der atzung, doch auf pürgschafftt seines schwehers zum rechten.

1960. [1532, XII, 3 a] 10. Februar 1533:

Paulus Lautensack ablainen, sein gemelde und concept drucken ze lassen; soll auch in pflicht genomen werden, das weder hie oder annderßwo drucken zu lassen.

1961. [3 b] 11. Februar 1533:

Fritzen Endresen, platner, sagen, dem aufgerichten vertrag nachzukommen und die von Budweis onklaghafft zu machen; und solchs den von Budweis zuschreiben.

1962. [1532, XII, 4 b] 12. Februar 1533:

Pangratzen Labenwolf, rotschmid, vergonnen, ettlich gesellen über die ordnung zu halten bis zu vollendung seins wercks, so gen Niclaspfort gehort.

1963. [1532, XII, 6 a] 14. Februar 1533:

Den zeugmeister von Braunschweig das zeughaus lassen sehen und weiter vernemen, warzu er die begerten tegel gebrauchen woll.

. . . .

1964. Die handlung zwischen Jorgen Harder und Jacob Buelman an das gericht weisen unnd solchs herrn Laurentio Gritti zueschreiben.

Gelehrten-Lexikon II, 40 f. (geb. 1489, † 1564). Jöcher, Allgemeines Gelehrten-Lexikon II, 1813. Porträts bei Panzer S. 94 f. Sein Grab auf dem Johanniskirchhofe. Vgl. Trechsel S. 391. Der gelehrte Vikar an St. Sebald hätte schon längst eine eingehende Behandlung verdient.

[1]) Neudörfer, ed. Lochner S. 64. Zahns Jahrbücher II, 81. Doppelmayr 285 Anm. T. Gurlitt, Archivalische Forschungen I, 75 ff. Herm. Ehrenberg, Die Kunst am Hofe der Herzöge von Preussen S. 132 und 169 (1514). Mitteilungen II, 256 (»unter der Vesten«, † 1564). Sein Grab auf dem Johanniskirchhofe. Vgl. Trechsel S. 123 Sp. 1 (1517 — wohl das Todesjahr seiner Frau). — Vgl. auch Boeheim im Jahrbuch der Kunstsammlungen des A. K. H. Bd. XVI, 370 ff. Boeheim, Meister der Waffenschmiedekunst S. 201 f.

1965. [1532, XII, 9 a] 18. Februar 1533:

Paulus Lautensack abermals mit seiner fantasey abweisen und im ableinen, mit zerung oder in ander weg dartzu zu helfen.

1966. Endresen Pegnitzer diser zeit ableinen, sein arbeit hoher dann im die angedingt zu bezalen, aber vernemen, so ein rat uffs nechst etwas bedorff, soll es ime zu giessen befolhen werden.

1967. [11 a] 20. Februar 1533:

Endresen Pegnitzer sein begern nochmals ablainen.

1968. [1532, XIII, 19 a] 22. März 1533:

Hannsen Guldinmund ablainen, ine einkommen zu lassen, und ine 4 tag verglaiten.

1969. [1532, XIII, 29 a] 4. April 1533:

Meister Jorgen Weber, zymerman, dem churfürsten gein Coburg vergonnen, doch sich nit zu hamerwerck oder wassergepeuen brauchen zu lassen. Davor soll herr Hans Ebner mit ime handeln, sich zum zeughaus brauchen zu lassen.

1970. [29 b] 5. April 1533:

Peter Henlein sein fürpiet für Margret Scheurin ableynen.

1971. [30 a] Meister Jorgen Weber, zymerman, umb des willen, das er sich zum zeughaus und sunst dester williger gebrauchen lasse, jerlich 15 f. gewarttgelts geben, doch das die 12 f. aus der landspflegstuben vom landpaumeisterampt absein.

Ime soll des zeughaus geheymb halben ein pflicht gestelt werden.

Man soll ine auch zu diesem mal biß in 14 tag mit herzog Johansen Fridrich, churfürsten, gein Coburg erlauben, sich zu ratschlegen zu befestigung, auch ungeverlich zu palliermülen, doch on gefell, gebrauchen zu lassen: aber sunst zu hamerwerck, den hantwercken hie zuwider, soll er mit beschaidenheit laynen.

1972. [1532, XIII, 31 b] 9. April 1533:

Jorgen Ketzel zulassen, zeug zu 4 rennzeugen dem churfürsten von Sachssen bei den blatnern hie zu verkauffen.

1973. [1533, I, 2 a] 17. April 1533:

Der von Straßburg giesser 36 tegel volgen lassen uf gelübd, das ers allein zu gemeiner stat arbeit, dem büchssengiessen, gebrauchen wolle.

1974. [2 b] Hans Graf, steynmetzen, zu bürger annemen.

1975. [1533, I, 4 b] 19. April 1533:

Den Bulman [*im Register:* Jacob Pulman], schlosser, und seine gesellen in gelübd nemen, kein rüdenpandt oder dergleichen werck zu machen on willen der oberkeit hie oder ander ort, da sie sein werden, auch den geschwornen ansagen, uf dem hantwerck deshalb warnung zu thun.

1976. [6 a] 22. April 1533:

Dem schlossergesellen die 4 rüdenpandt auszumachen vergönnen, doch das ers on wissen Meiner Herren nit verkauffe.

1977. [1533, I, 11 a] 26. April 1533:

Hansen Lutz, ernhold, umb das büchlein mit wappen des türckenzugs mit 12 f. vereren.

1978. [1533, I, 12 b] 29. April 1533:

Brigita Ludwig Krugs andern ewirtt mit wissen der geschwornen goldschmid 3 monat zulassen, damit er das angefangen werck volenden mög.

1979. [1533, I, 13 b] 30. April 1533:

N. Düring, atlasmacher, 5 jar losung und steuer frei sitzen lassen, aber ungelt soll er geben.

Auch erfaren, wie es Peter Frumans und seines gesinds halben gestalt sei; widerbringen.

1980. [14 a] Brigita Ludwig Krugin andern ewirtt uf der geschwornen heymstellen 3 monat frist geben, doch sagen, kein neu werck mere unter handt zu nemen dieselb zeit.

1981. [1533, I, 14 b] 2. Mai 1533:

Peter Froman, atlasmachers, sach des anlehens und frei sitzen uf ime selbst lassen ruhen, und seines gesinds, welche bürger sind, bürger lassen bleiben, aber die andern noch lenger also sitzen lassen und nit zu bürger machen, doch dieselben den kramer verzeichen lassen.

1982. [1533, I, 15 a] 2. Mai 1533:

Hans Kreyner, pildhauer, auch [zu bürger] annemen. [*In einer Reihe von Bürgeraufnahmen.*]

1983. [1533, I, 17 b] 6. Mai 1533:

Peter Freymund [*Register:* Peter Frumann], atlasmacher, uf sein erbieten niderlendisch pier zu preuen erlauben, doch das er nit hoher dann umb 2 ₰ gebe, auch die messer dabei sein laß, wie die ordnung ist. Ime auch das ferbhaus uf der Schüte umb einen zins darzu verlassen.

1984. [1533, II, 1 a] 15. Mai 1533:

Jorg Heusen zulassen, die 2 halspenter einem andern zu verkauffen, doch ehe der kauf entlich beschlossen, das er den kauffer einem rath zuvor anzeige.

. . . .

1985. Jorg Heusen horen, wie theuer er einen stul machen wolt, die rüdenpandt aufzubrechen.

. . . .

1986. [1 b] Jorg Hens mag für sich selbs einen stul zum brechen der halspand machen.

1987. [1533, II, 3 a] 17. Mai 1533:

Dem atlasmacher sagen, man werd im ferbhaus nichts abbrechen oder zurüden [= *zerrütten*] lassen. Darumb, wo er sich also nit darinn behelffen könne, mög er zum parfüsern oder anderswo umb ein preuhaus trachten.

1988. [1533, II, 8 b) 27. Mai 1533:

Friderich Knylein der panzermacher antwort horen lassen und, soverr er nit gesettigt, vor der rug gütlich handeln.

1989. [1533, II, 12 b] 31. Mai 1533:

Maister Wilhelmen von Worms zu gefallen den halben tail der straff, so sein ayden Valentin Sibenburger, ainem rate schuldig und ime von den Fünffen auffgelegt ist, nachlassen.

1990. [13 a] 3. Juni 1533:

Den von Strassburg der goldschmid ordnung, auff wievil lot die goldschmid das wercksilber verarbaiten sollen, zuschicken.

1991. [1533, II, 18 a] 7. Juni 1533:

Deß banzermacherhandwercks maistern sagen das sie sich [*Lücke; lies:* Friderich] Knyeleins erpieten, nemlich das er von ainem panzer zu rollen inen zwölff pfenning geben und ainich allt pannzer nymmermer flicken oder darumb billicher straff gewartten wöll, settigen lassen und verrer nit verhinndern, oder ain rate werd ime ain aigne roll zu machen gestatten.

1992. [1533, II, 22 a] 11. Juni 1533:

Dem attlaßmacher soll man das verbhaus auff der Schüt an der brücken vier jar on zinns verlassen und ime vergönnen, darinnen auff sein costen sein nottdurfft, damit er das niderlenndisch pier preuen und das darzu geprauchen mög, zu pauen, doch wann er solchs haus wider abstee oder ain rate das für gemaine statt geprauchen wolle, das er es dann mit allen gebeuen widerumb in den ytzigen stannd auff sein cossten stell.

Und soll ytzo verzaichent werden, wie das haus auff der Schütt gepaut sey, damit es mit der zeit widerumb allso mocht zugericht werden.

1993. [1533, III, 8 b] 19. Juni 1533:

Hannsen Setzen[1], schlosser, ist vergonnt, seine gemachte rüdenpanndt, doch mit wissen ains rats, zu verkauffen.

1994. [1533, III, 12 a] 21. Juni 1533:

Niclausen Wielborn[2] von Lübeck zu bürger umb das gemain bürgerrecht annemen.

1995. [1533, III, 20 a] 2. Juli 1533:

Aus beweglichen ursachen ist ainem kirchner zu Sannt Sebald sein belonung auff 40 f. jarlich bey ainem erbern gesamenten rate taxirt.

Und an Sebalden Baumhauers statt ist zu ainem kirchner Sebaldi Johann Beuschel ertailt.

1996. [1533, IV, 2 b] 11. Juli 1533:

Sich der plattner schlachtung zeugen horen und erfaren.

1997. [3 a] Sich pey den geschwornen meistern der rotschmid erkundigen, waß für rotschmid von hinnen zu Presslau arbeiten und dieselben obfordern.

1998. [1533, IV, 16 a] 22. Juli 1533:

Hanß Mair, platner, vergleiten, doch das er sich mit seinem widertail fur die Fünff stelle.

---

[1]) Neudörfer, ed. Lochner S. 34 f.

[2]) Im Bürgerbuch 1496—1533 Bd. 183 b: »Secunda post Margarethe adi 14. July 1533: Niclas Wilbern, kupferstecher, [zahlte bei seiner Bürgeraufnahme] 1 f. werung.« Danach offenbar die Notiz bei Baader, Beiträge 1, 6. Es handelt sich also zweifellos um den bekannten Kupferstecher Nikolaus Wilborn, über den man namentlich M. von Ehrenthal in der Zeitschrift für historische Waffenkunde II. Bd. S. 252 ff. und die daselbst in der Fußnote angeführte Litteratur vergleiche. Unsere Notiz lehrt zweierlei; einmal, daß N. W. eine zeitlang als Bürger in Nürnberg angesessen war, dann, daß er sich wohl selbst als »von Lübeck« bezeichnete, nicht als von Münster in Westfalen, das man bisher nach dem Vorgange Passavants als seine Heimat anzusehen pflegte. Freilich machen es ja das M auf einigen seiner Stiche und seine Bildnisse Johanns von Leyden und Knipperdollings (Kopien nach Aldegrever) wahrscheinlich, daß er zeitweilig auch in Münster gelebt und gewirkt hat.

1999. [1533, IV, 23 b] 29. Juli 1533:

Sebalden Beheim[1]) dem jüngern aufflegen, die pußwirdigen gegossen püchsen uff seinen cossten von neuem zu giessen.

2000. [1533, IV, 30 a] 6. August 1533:

Hannsen Gecken, platner, ist zu seiner straff deß thurns bis auff Michahelis frisst geben.

2001. [31 a] Margreth Guldinmundin ir begern, Hannsen Guldenmund ecken [? *oder mit starken Verkürzungen* einkomen ? *das Wort ist schwer zu entziffern*] zu lassen, ablainen.

2002. [1533, V, 9 b] 16. August 1533:

Zu erkundigen, ob dem atlasmacher das verbhaus auff der Schütt ain zeitlang mit oder on zins verlassen sey.

2003. [13 a] 21. August 1533:

Dem atlasmacher sein bestandt vorigem verlaß gemes bleyben lassen und dem ungelter bevelhen, des ungelts halben von seinem bier gut achtung zu haben.

2004. [1533, V, 20 b] 1. September 1533:

Jorg Bentzen, malern, sein besoldung vor hinauß geben, darneben mit 4 f. verehren für die gemachte visierung.

Vgl. Mummenhoff, Rathaus S. 322.

2005. [1533, VI, 1 a] 4. September 1533:

Mit N. Wydman, goldschmid, handeln, den geprechlichen leutten mit seinem wasser, so für den prechen sein soll, zu helffen.

. . . .

Noch eine weitere Notiz über diesen Gegenstand.

2006. [1533, VI, 3 a] 10. September 1533:

Dem Engelhardt, rotschmid, sagen, das er die begerte digel vom büxenmeister zu Landshut für sich selbs abschlag.

2007. [1533, VI, 8 b] 22. September 1533:

Hannsen Maßlitzer[2]) sagen, wann er sich mit ainem

[1]) Vermutlich identisch mit dem im Jahrbuch der Kunstsammlungen des A. K. H. Bd. VII, Regest Nr. 4765 erscheinenden »Sebald, Rotschmied zu Nürnberg,« (1543) und Sohn des 1534 verstorbenen Büchsengießers Sebald Beheim d. ä.

[2]) H. M. gehört zu den ihrem Leben und ihren Werken nach noch wenig erforschten Nürnberger Renaissancekünstlern. Vergl. über ihn: Neudörfer, ed. Lochner S. 159. (Genannter 1532, † 1574.) Doppelmayr 203. Wohl auch iden-

rate umb die nachsteuer seins weibs gütter vertrag, woll man ine zu bürgern annemen.

2008. [1533, VI, 12 a] 30. September 1533:

Peter Frumans, atlasmachers, antwort seinen widerteilen furhalten und, soverr sy nit gesettigt, an das recht weysen.

2009. [1533, VII, 3 b] 8. Oktober 1533:

Maister Jorgen Weber, zimerman, erlauben, ein zeitlanng zu Coburg zu beleyben, doch das er nichts schedlichs gemeiner stat daselbst auffricht, unnd, ob etwas hie furfiel, das er unverzogenlich hieher kem.

2010. [1533, VII, 14 a] 27. Oktober 1533:

Jorgen Dietherrn voyt lassen ain frid gegen Arnolten Wencken schwern oder globen und ime aufflegen, ain abschid von seiner herschafft bringen.

2011. [1533, VIII, 3 b] 4. November 1533:

Niclaus Meldenman zu seiner schuld, so er gemainer statt zu thun, ist frisst geben bis auff Liechtmeß, dann soll er mit bezalung deß wochenlichen 1 f. wider ansteen.

2012. [1533, IX, 3 b] 29. November 1533:

Dem attlasmacher allen cossten, der auff das nachst sein auffgangen feuer gelauffen ist, aufflegen und darzu bevelhen, das er ain gibelmanern füre nach rate der werckleut.

2013. [1533, IX, 9 a] 11. Dezember 1533:

Dem attlasmacher ist zu seiner appellation das erst fatal 14 tag gegeben, dieselb appellation anhengig zu machen.

2014. [1533, IX, 14 a] 14. Dezember 1533:

Dem atlasmacher termin geben, sein appellation einzulegen, biß zum ersten gericht nach Obersten.

2015. [1533, X, 3 b] 2. Januar 1534:

M. Hanns Vischer beschicken und ime ain zeit aufflegen, darinn er dem bischove von Crackau sein grab mach; wo nit, das er die empfangen 300 f. herauß gebe.

2016. [1533, X, 4 a] 3. Januar 1534:

Den zwaien goldschmidgesellen von Speier urkund

---

tisch mit dem im Jahrbuch der Kunstsammlungen des A. K. H. Bd. XV, Nr. 11.806 vorkommenden Nürnberger Künstler dieses Namens, der 1532 »etliche künstliche stück«, »allerlai messerschalen« fertigte. Sein Grab auf dem Johanniskirchhofe. Vergl. Trechsel S. 244 Sp. 1, und Anzeiger für Kunde der deutschen Vorzeit X (1863), Sp. 249 (1566).

ires gestrafften widertails geben und umb die scheden fur gericht weisen.

2017. [4 b] 5. Januar 1534:

Niclaus Meldenman zu red hallten, deßgleichen Eukarius Nasser, und ir sag herwider bringen.

. . . .

2018. Herzog Otthainrichen ettlich täglich [*so anstatt* tegel *oder* tigel] zum giessen volgen lassen.

2019. [1533, X, 6 a] 7. Januar 1534:

Hannsen Guldinmund sein straff begeben und ine mit ainer strafflichen red alhie widerumb einkommen zu lassen.

2020. [1533, X, 8 a] 12. Januar 1534:

Maister Jorgen Weber, zimmerman, hieher vordern.

2021. [1533, XI, 3 a] 23. Januar 1534:

Maister Wilhelm von Worms anntwort Casparn von Seckendorff einschliessen.

2022. [1533, XI, 4 b] 25. Januar 1534:

Veit Stossen erben und vormünder in die losungstuben mit irem begern weisen.

2023. [1533, XI, 13 a] 10. Februar 1534:

Hannsen Ritter, platner, ain zimliche vereerung nach erkandtnus der zeugherren zu thun.

2024. [1533, XII, 1 b] 20. Februar 1534:

Den rotschmiden, so zu Breßlau wonen, nochmals frist geben bis Ostern.

2025. [2 a] Den von Breßlau die ordnung des kupfer- und messingverguldens zueschicken.

2026. [1533, XII, 15 a] 7. März 1534:

Hannsen Maßnitzer an seins weibs güttern ungeverlich bis in 20 f. nachlassen und darauff zu bürger annemen.

2027. [1533, XII, 15 b] 9. März 1534:

Mit dem attlasmacher zu hanndeln, das er seine knecht, so sich hie nider lassen wollen, auff ains rats mang mangen laß; und sein einrede herwiderbringen.

2028. [1533, XII, 18 b] 11. März 1534:

Dem atlasmacher sagen, das man den zweyen gesellen nit wehrn mug, das sie für sich selbs arbayten; wolle er sie aber verspruchs oder schulden halben anforderung nit erlaßen, darynn stee im das recht bevor; eins rats maynung sei aber, das er die, so atlas machenn, mit der roll unnd manng umb zimlichen lon fuder unnd außberayt: so er dann gesellen hieher bring unnd im die ein zeytlang versprechen unnd nit halten werdenn, hab er den pfennter oder die oberkeit darumb anzusuchen, werd im die billicheyt widerfarn.

Unnd soll zum neuen rad furgelegt werden, ob man die 2 gesellen, so das hanndwergk für sich selbs treiben, wolle zu bürgern annemen.

2029. [1533, XII, 19 a] 12. März 1534:

Dem kanndelgiesser Melchior Koch ain kemmerlin auff das flaischhaus am Seumarckt lassen auff gemainer statt cossten pauen und 2 f. werung deß jars davon zu geben aufflegen.

2030. [1533, XIII, 8 b] 28. März 1534:

Dem attlasmacher sagen, das er allen den, die ain rate alhie zu attlasmachern zulaß, ire gemachte attlaß recht und wol mang umb den gesatzten manglon. Dann wo er das nit thue, so müß er die attlas zum anndern mal umb den ainigen lon mangen und darzu alle verderbte stück attlas bezalen. Ain rate wöll auch alßdann ainen gemainen mangmaister machen, der inen allen zugleich mang.

Deßgleichen ime sagen, das er die attlaspoden recht und ordenlich mach, oder ain rate müß annder wege furnemen.

2031. [1534, I, 4 a] 10. April 1534:

Dem frembden attlasmacher ablainen, ime deß verstorben kynnd volgen zu lassen.

2032. [1534, I, 5 b] 13. April 1534:

Jorgen Hartlieb, platner, soll man über sein anzale knecht noch zwen knecht wider die ordnung zwischen hie und Pfingsten zulassen.

2033. [1534, I, 18 b] 24. April 1534:

Paulsen Lautensack umb seine figurn, die man zu ains rats hannden nemen soll, zehen f. zu ainer vereerung schencken[1]).

2034. [1534, I, 20 b] 25. April 1534:

[1]) Vergl. Sooden, Beiträge zur Geschichte der Reformation S. 397. Baader, Beiträge I, 39.

Herr Andreß Stoß[1]) seins vatters gescheffts vormünder anntwort einschliessen.

2035. [1534, I, 23 b] 30. April 1534:

Paulus Müllner ist von sonntag über acht tag ain fechtschul vergönnt.

2036. [1534, I, 27 b] 5. Mai 1534:

Mayster Burckharten Krelen[2]) ist zugelassen, ettlich knecht zu verfertigung deß gebeues der fünndel anzunemen und er alls ain maister den pau zu versehen.

2037. [28 a] 6. Mai 1534:

Maister Jorgen Weber und maister Paulus Beheim soll man zum graven von Hanau mit fürschrifften (zu) fertigen, sein gemacht gepeu und befesstigung zu besichtigen.

2038. [28 b] Maister Wilhelmen von Worms ains rats straff vor den Fünffen, Conzen Otten leute halben auffgelegt, nachlassen bis auff 10 f.

2039. [1534, II, 3 a] 8. Mai 1534:

Dem manger der attlaß lassen ain pflicht stellen, yederman gleich zu mangen.

2040. [1534, II, 11 b] 18. Mai 1534:

Niclaus Meldenman ain halb jar zu seiner schuld frisst geben; nachvolgend soll er mit dem allten vorgemachten vertrag wider anfahen.

2041. [1534, II, 24 a] 1. Juni 1534:

Wieland, plattner zu Fürt, *kommt vor.*

2042. [26 a] 3. Juni 1534:

Desgleichen. Hier heißt er Hanns Wieland.

2043. [1534, III, 11 b] 15. Juni 1534:

Dem abbt zu S. Egidien sagen, das er den formschneidern und briefmalern nit zulaß, solche neue zeitung und lügen, wie ytzo zu ettlichen malen beschehen, drucken zu lassen.

Und Steffen Hamern[3]) fragen, von wem ers hab, das dise zeitung und geschichten, die er gedruckt, warhafftig seien.

[1]) Neudörfer, ed. Lochner S. 94 ff. Will, Nürnberg. Gelehrten-Lexikon III, 789 f.

[2]) Vergl. Mummenhoff, Rathaus S. 79 (1505), 350 († 1541).

[3]) Zahns Jahrbücher I, 230 (1547–51), 233 (1540), II, 76. Meusels Neue Miscellaneen 12. Stück (1800) S. 484 f. Rettberg, Nürnbergs Kunstleben S. 163

2044. Den geschwornen maistern plattnerhandtwercks sagen, das sie wie vor schauen, ungeachtet Eberlin Wirtenbergers beschuldigung.

Und denselben Eberlin gegen dem geschwornen maister, den er beschuldigt, fur die Fünff weisen.

2045. Mit maister Hannsen Beheim dem eltern zu hanndeln, ob er sich gein Hanau wollt bewegen lassen, mit den anndern zwaien raisen wollt; wo nit, nach einem anndern zu trachten.

2046. [12 b] Jacob Bulman sagen, wann ime ein recht auffgelegt werd, deß herzogen von Venedig briefe in gericht einzulegen, soll ime alßdann ain abschrifft davon gegeben werden.

2047. [1534, IV, 2 b] 3. Juli 1534:

Deß attlasmachers sone ablainen, ime seins vatters entlauffen knechts halb, wie er bitt, ain urkund zu geben, und ine mit seinem begern fur ain gericht weisen.

2048. [1534, IV, 4 b] 4. Juli 1534:

Den glasern ir begern ablainen; soll ain frey handtwerck wie bishere bleiben.

2049. [1534, IV, 10 b] 11. Juli 1534:

Den malern ir ansuchen umb ordnung irs handtwercks ablainen; soll ain freye kunnst wie bißhere bleiben.

2050. [1534, IV, 21 a] 22. Juli 1534:

Peter[1]) Müllners weib ir allmusen auß dem kasten bessern, dem churfürsten von Sachsen zu gefallen.

2051. [1534, V, 1 b] 30. Juli 1534:

Zu bedencken, ob den attlasmachern möcht ain ordnung in irem handtwerck und knechten gemacht werden.

2052. [1534, V, 9 b] 6. August 1534:

Deß attlaßmachers mangknecht beschicken, beaidigen, anzusagen, wer ime verpotten hab, Arnolten Konig seine attlaß nit gar außzumangen.

2053. [1534, V, 17 b] 14. August 1534:

Maister Ludwig Schwertfeger ist auff eins rats

(»um 1510«). Über »Agnes, Steffan Hammers, Briefmalers, Weib« vergl. Soden, Beiträge zur Geschichte der Reformation S. 201 f.

[1]) Vielleicht Verschreibung für Paulus?

wideruffung vergunt, auff seine schnidtmeßer ein halben adler zu schlagen.

2054. [1534, V, 18 b] 17. August 1534:

Mit maister Hansen Pehaim, landpaumaister, handlen, ob er sich gen Augspurg prauchen wol laßen, und widerpringen.

2055. [20 b] 19. August 1534:

Maister Hansen Beheim dem eltern ist maister Paulus zugeordent, mit ime geen Augspurg irer gepeu halben zu ziehen.

2056. [1534, VI, 6 a] 2. September 1534:

Hanns Jecken, plattners, kind vormund *kommt vor.*

2057. [1534, VI, 21 a] 19. September 1534:

Der atlasmacher soll in dreyen tagen seine schwein wegthun bei peen 10 fl.

2058. [22 a] Dem atlasweber über sein gegebne antwort nochmaln anzusagen, seine schwein innerhalb 3 tagen bei peen 10 fl. hinwegzethun.

2059. [1534, VII, 8 a] 30. September 1534:

Hansen Sibmachers[1] halben erkundigung ze thun, und widerbringen.

2060. [1534, VII, 11 a] 2. Oktober 1534:

Hans Sibmacher, soverre er ein abschid von Straspurck bringt, zu bürger anemen.

2061. [1534, VII, 13 b] 5. Oktober 1534:

Jorgen Peham, rotschmidt, so pey dem langraffen ist, sein werckstat, so er noch albie hat, zu sperren und dem [14 a] landtgraffen daneben schreiben und sein gnad des Pehams halben unterrichten.

2062. [1534, VII, 17 a] 8. Oktober 1534:

Ludwigen Schwertfeger, neberschmidt, ist vergunt, auff all sein arbeit, so er macht, den halben adler zu schlagen.

2063. [1534, VII, 23 a] 15. Oktober 1534:

[1] Es handelt sich wohl um einen älteren Verwandten, vielleicht den Vater des späteren bekannten »Kunstgradierers«. Insbesondere der folgende Ratsverlaß läßt auf die Herkunft der Familie aus Straßburg schließen. Der hier genannte H. S. war Kandelgießer, wie sich aus dem Bürgerbuch (II, Bl. 4 a) ergiebt. Er zahlte bei seiner Bürgeraufnahme am 2. November 1531 4 f. Stadtwährung.

II. Jorg Hartman ist vergonnt, ein meßin compast vergulden zu laschen [*so*].

2064. [1534, VII, 28 a] 21. Oktober 1534:

Der fremdt rotschmidgesell darumb, das er eim kandelgießer geformt hat, ist gestrafft 8 tag halb mit dem leyb und halb auff gnadt auff turn oder ins loch, so er nit bürger ist.

2065. [1534, VIII, 25 b] 14. November 1534:

Veit Stossn testamentsexecutorn underricht gein Crocau einzeschliessen.

2066. [1534, IX, 20 a] 9. Dezember 1534:

Des verstorben Veit Stossen erben und testamentsexecutor ein underricht uff doctor Endres Stoß schreiben lassen schrifftlich stellen und dem munch einzeschlissen.

2067. [1534, IX, 25 a] 16. Dezember 1534:

Hans Hamer[1]), brieffmaler, *kommt vor.*

2068. [1534, X, 6 a] 24. Dezember 1534:

N. Mair, platner, des falschs halben, mit dem zaichen geübt, ze rede halten unnd herwider pringen, darnach zu rat werden, wie er zu straffen sei.

2069. [8 a] 29. Dezember 1534:

[*Lücke*] Mayr, platner, umb das er das zaichen von der gutten arbeit an die pösen gemacht und allso einen falsch getrieben, 14 tag uff ein thurn mit dem leyb ze straffen zwischen hie und sonntag [*3. Januar 1535*] inn die straff ze gehen.

2070. [1534, X, 20 b] 11. Januar 1535:

Ein berüchtigten attlasdiep von Bamberg anzenemen.

2071. [1534, XI, 2 b] 15. Januar 1535:

Uf dern von Strasburg schreiben soll inen die kantengiesserordnung mitgeteilt werden.

. . . .

2072. Uf meister Paulßen Beham, stainmetzen, bit, ine günstig zu erlauben, ist ime solchs vergünnt und soll daneben nachforschung umb andere geschickte steinmetzen, so neben meister Hannsen Beheim aufzogen werden mechten, geschehen.

2073. [1534, XI, 25 a] 9. Februar 1535:

Caspar Potzlern, den platner, so sich gestern gegen dem statknecht ungepürlich gehallten, ins loch legen zu lassen.

[1]) Zahns Jahrbücher I, 233 (1510).

2074. [1534, XII, 1 a] 11. Februar 1535:

Ratsverlaß über den gleichen Gegenstand.

2075. [1534, XII, 2 a] 13. Februar 1535:

Steffan Hamer, briefmalern, sein begern der Münsterischen müntz halben abzulainen.

2076. [1534, XII, 9 b] 19. Februar 1535:

N. Lautensack unnd sein gesellen zu beschicken, mit ime handlen zu lassen, von seim furnemen abzusteen, und anzuzeigen, wo ers nit thun würd, das Meine Herren ine alhie nit gedulden werden.

2077. [1534, XII, 10 b] 20. Februar 1535:

Der goldschmide angezeigten mengel halben soll zuvorderst Hanns Rosenkrantz, der ausserhalb arbaitet, gefordert werden, alhie zu wonen oder sein bürgerrecht auffzusagen deß körnens halben dasselbig also, wie bisheer, pleiben zu lassen, und daneben das kein goldschmidt mit beschlossen laden arbeiten soll, deßgleichen die frömbd arbeit mit dem nürmbergischen zeichen nit zu zaichnen, und zuletst uf sie, die goltschmidt, zu stellen, irer clagen halben fur die rugherren oder fur ein rath zu khommen.

2078. [1534, XII, 12 a] 22. Februar 1535:

Hannsen Guldenmund, briefmalern, zu beschicken und ime zu sagen, das er sich des Münsterischen malwercks enthalte.

2079. [1534, XII, 20 b] 2. März 1535:

Uf herrn Henrichs herzogen zu Sachsen schreiben das Meine Herren sein f. g. 100 gießdigel volgen lassen sollten, die geschwornen rotschmidt, auch den allten Engelharten zu verhören und wider zu pringen.

2080. [21 b] 3. März 1535:

Herzogen Henrichen zu Sachsen uf sein schreiben 25 gießdiegel und nit mehr, dweil sich das hantwerck deß beschwert, volgen zu lassen, und daneben dem herzogen die ursachen zuzeschreiben.

2081. [1534, XII, 24 b] 6. März 1535:

Der kleinot halben, so zu S. Lorentzen nit zum besten verwart, nachdencken zu haben, wie die an ein ander ort in bessere verwarung pracht werden mogen.

. . . .

2082. Hannsen Kißling, dem goldschmidt, den flecken felds, so er ime zu verlehnen begert, zu leyhen . . . *etc.*

19*

2083. [1534, XIII, 12 a] 22. März 1535:

Uf Jeronimussen, formenschneiders, beger, ime die landgrevisch comission, doch on underschreibung seines namens zu drucken zu vergönnen.

2084. [1535, I, 1 b] 31. März 1535:

Veit Fürsten, kandelgiessers, bürgerrecht uf übergebung gewonlicher verschreibung aufzenemen und laut der ordnung in die losungstuben zu weisen.

2085. [2 a] Lorenz Volland, goldschmid, seiner ehlichen gepurt halben urkund zu geben mit einer cleinen pesserung, so vil Meiner Herren ordnung leiden mag.

2086. [1535, I, 5 b] 3. April 1535:

Meister Paulussen Behams erpieten . . . . . *etc. Vgl. Mummenhoff, Rathaus S. 318 Anm. 507, doch ist am Schluß statt* freigehalten *zu lesen:* frag gehabt.

2087. [1535, I, 7 b] 5. April 1535:

Bey Jörgen Dietern, müntzmaister alhie, zu erkhundigen, wie es mit dem eisengrabern auch den müntzstempfen gestellt, was auch derhalben die allten ordnungen sint; und widerzupringen.

2088. N., siglgraber uf der barfüsserprügken, zu beschicken und zu horn, worumb er das kressisch sigl on bevelch graben hab, und wider zu pringen. Daneben auch zu bedenken, wie zufurkomen, damit solchs hinfüro vermitten pleiben mecht.

2089. [9 a] 7. April 1535:

Mit Jergen Dietern, müntzmeistern, zu handeln, das er die müntzeisen von Schwabach und sonst allenthalben zuwegen pring, auch den eisengraber alhie zu beaidigen, darin guten vleiß zu thun. *In einer ausführlicheren Fassung bei Gebert S. 54.*

2090. [1535, I, 11 a] 8. April 1535:

Dem silberkrämer, so etlich silber ring, die am hallt ungnugsam befunden, [feil gehabt], zu sagen mit einer streflichen red, das er dieselben alhie nit mehr feil habe, und damit hinauß zu weisen.

2091. [1535, I, 12 a] 9. April 1535:

Hannsen Pragen, goltschmidt, sein begern, das er den hamburgischen secretarien alhie behemmen möcht, abzuleinen, daneben aber, so der goldschmidt will, ime ein canzelisten zuzegeben, der mit dem secretarien aufs glimpflichst handele, dazu, so ers nit geraten will, ime auch fürschrifft an die von Hamburg mitzuteilen.

2092. [1535, I, 15 b] 10. April 1535:

Herman Beckerman, sigelgraber, mit einer strefflichen rede wider abgeen zu lassen und zu sagen, das er sich hinfüro dergleichen sigl zu graben enthalt. Und soll daneben ein ordnung begriffen werden, wie sich die siglgraber hinfür halten, nemlich alle, so ausserhalb der goldschmid sigl graben welln, dieselben zuvor dem bürgermaister anzuzeigen, und solche ordnung wider zu pringen.

2093. [1535, I, 21 a] 14. April 1535:

Linharten Funck, panzermacher, zu bürgern anzunemen.

2094. [1535, I, 24 b] 16. April 1535:

Den sigelgrabern, so zugelassen, die verlesen pflicht ufzulegen und aber die goldschmid derhalben bey ir ordnung pleiben zu lassen.

2095. [1535, I, 30 a] 21. April 1535:

Den wintenmacher seins zeugs halben, so er bei handen, zu besprachen, die schrauben und anders zu besichtigen und mit ime zu handeln, ob man etwas von ime pringen und erfarn mög, auch der schulden halb, so er Meinen Herren noch zu thun, anzusprechen und sein bericht wider zu pringen.

2096. [1535, I, 31 b] 22. April 1535:

M. Wolfgang Steinmetzen zu vergönnen, zu Rod dem marggrafen ein camin zu machen.

2097. [1535, II, 3 b] 30. April 1535:

Mit Mertin Danner, windenmacher, so etlich schraubenzeug verfertigt und bey Meinen Herren pension begert, zu handeln, ob er allhie zu erhalten sein mecht, nemlich ime zu sagen, Meine Herren welln ine losung frey setzen, dazu auch die 40 f., so ime 27. Martii anno 1529 gelauhen worden, nachlassen und verfügen, das er sein schrauben unverhindert der schlosser und schreiner machen und arbeiten mög. Und aber der pension halben können sich Meine Herren mit nichten einlassen.

2098. [4 b] Mertin Danner, wintenmacher, so sich alhie niderznlassen angepotten, 100 f. 3 jar lang, doch uf pürgschafft, zu leihen, und dann der allten schuld halben 40 f. von ime schraubzeug, sovil das die summa verglichen werd, zu nemen.

2099. [5 b] 3. Mai 1535:

Mertin Dannern, schraubenmacher, sein außstend losung auß guten willen nachzulassen und daneben, welcher massen die abred mit ime geschehen, ein nottl [*Notizchen*] zu verfassen.

2100. [6 a] Mertin Dannern, darumb er ettlich tag alhie verharret und zeern müssen, mit 4 f. zu verehrn.

2101. [7 b] 4. Mai 1535:

Mit Mertin Dannern zu handeln, wie hoch er die groß schraub anschlage, was auch noch ein andere gleichmessige schraub costen würd; und solchs wider zu pringen.

2102. [1535, II, 8 b] 5. Mai 1535:

Die pastey hinter der vhesten am Luginßlandt, wie die durch die bauherrn und wergkleuth beratschlagt, furzunemen und aufbauen zu lassen. Daneben auch zu besichtigen, wie das reysen vornen an der [9 a] vhesten herab mit holzwerck und andern gepeuen zufurkhommen und was solchs costen werd, alsdan widerzupringen.

2103. [1535, II, 19 a] 13. Mai 1535:

Uf Hannsen Mairs und Jorgen Flaischmars [*so auch im Register*], beder plattner, clag und antwurt dem Mair zu sagen, es hab sein clag nit statt, Meine Herren wissen wol, wo und von wehm sie zeug nemen sollen und das die zeugherren darin zu handln macht haben.

2104. [1535, II, 20 b] 14. Mai 1535:

Den gürtlern und andern siglgrabern unnerhindert der goltschmidt zu vergönnen, messing sigl zu graben, doch das sie, so graben wolln, auch derhalben, wie andere siglgraber, pflicht thun solln.

2105. [1535, II, 23 b] 18. Mai 1535:

N. Wernlin, dem atlaßmacher, uf sein beger zu sagen, es sey die zeit des preuens schon hin, darumb man ime jetzund nichs zulassen könd. So aber die zeit wider kompt, mög er alsdann weiter ansuchen, werden sich Meine Herrn aller gepür hallten.

2106. [1535, III, 4 b] 29. Mai 1535:

Johanna Passa, biretmacherin, uf ir suplicirn zu irer schulld ferner biß Omnium sanctorum schierst frißt zu geben.

2107. [1535, III, 5 b] 31. Mai 1535:

Anna Schertin und der atlaßmacherin zu sagen, das sie des gestoln garns halben still schweigen, biß die Hanns Wäschauerin außm kindbeth kommen; alsdan darumb wider anregen zu thun.

2108. [1535, III, 9 a] 3. Juni 1535:

Lucas Spitzer, pantzermachern, zu bürger anzunemen.

2109. [1535, III, 11 a] 4. Juni 1535:

Den geschwornen goldschmidhandtwergks uf ir suplicirn zu sagen, Meine Herren haben des kürnens halben ein ordnung und pflicht verfasst, dabey werd mans pleiben lassen; welcher kürnen wöll, der muß dieselb thun; und dem gemeß handlen.

2110. [1535, III, 18 a] 11. Juni 1535:

Niclasen Weldeman [*so auch im Register; gleichwohl scheint der Briefmaler Niklas Meldemann gemeint zu sein*] zu seiner schulden, so er noch in die losungstuben schuldig, biß Michaelis frisßt zu geben, sovehr er darumb gnugsam bürgschafft thun mög.

2111. [1535, III, 22 a] 14. Juni 1535:

Hannsen Guldemund mit gewarsame zu beschicken, ine seins schendtlichen büchlins und darin getruckten gemels halben zu red zu halten, daneben auch dieselben gemel zu handen zu pringen und beim rath sehen zu lassen, alsdan weiter rätig zu werden [1]).

2112. [25 a] 16. Juni 1535:

Hannsen Guldemund nochmals zu beschicken, ine mit ernst anzuhalten, der büchlin eins, so er verkaufft, zu wegen zu pringen und eim rath zuzestellen, auch anzuzeigen, wohers ime und von wem sie komen, wem ers auch alhie verkaufft, wers ime geschickt; und alles wider zu pringen.

2113. [26 a] 17. Juni 1535:

Denen von Augspurg zuschreiben, was Hanns Guldenmund ires bürgers Hansen Schwarzpergers halben, nemlich das er 9 büchlin mit schendtlichen gemeln alher zu verkauffen geschickt, angezeigt, und also erkundigen, ob des Guldenmunds anzeig die warheit sey oder nit.

[1]) Für diesen und die beiden folgenden Ratsverlässe vergl. Baader, Beiträge II, 53.

2114. [1535, III, 29 a] 21. Juni 1535:

Wilhelmen Kramer, losungbeschreiber, zu bevelhen, die atlaßweber, deßgleichen die Wallen, auch die predigermünch, so weiber haben, underschidlich ufzuzeichnen und widerzupringen; alsdann, welche man darauß zu bürger annemen und inen losung uflegen woll, weiter retig zu werden.

2115. [1535, III, 30 b] 22. Juni 1535:

Paulussen Müllnern, goldschmidt, sein beger abzuleinen und bey der rüg pleiben zu lassen.

2116. [1535, III, 31 a] Hannsen Nittln[1]) und Augustin Hirßvogeln zu sagen, das sie miteinander übereinkommen, damit ire außstendig schuld bezalt werd. So dan sie gegeneinander etwas zu sprechen haben, mögen sie darumb furn bürgermeister kommen.

2117. [1535, IV, 3 b] 28. Juni 1535:

Augustin Hirßvogeln uf sein suplicirn anzuzeigen, sovehr er unnd Hanns Nittl ihrer schulden halben gnugsam bürggschafft thun werden, dieselben in eim jar zu bezalen, soll inen solch frißt ein jar lang zugelassen, wo aber nit, gegen inen im rechten precedirt und furgefaren werden.

2118. [1535, IV, 5 a] 30. Juni 1535:

Steffan Hamer, priefmalern, sein beger der neuen zeitungen halben abzuleinen.

2119. [1535, IV, 7 b] 2. Juli 1535:

Dern von Augspurg schreiben und anzeig, Hannsen Schwarzenburger und Hannsen Guldenmund belangen, also uf ime selbs ruhen zu lassen.

2120. [1535, IV, 12 b] 7. Juli 1535:

Der 50 f. halb, so Augustin Hirßvogel und Hanns Nittl Meinen Herrn noch zu thun, sollen die zwen gestellten bürgen, Jörg Benntz und Michel Hefner, solcher schulden halb, die noch in eim jar zu bezalen, angenomen und solchs ins gerichtsbuch eingeschriben werden, mit dem anhang, das sie bürgen und selb schuldner sein sollen.

2121. [1535, IV, 14 b] 8. Juli 1535:

Niclassen Meldemend [*so auch im Register*] der troh-

---

[1]) Über Hans Nickel, wie sein Name wohl richtiger geschrieben wird, vergl. Neudörfer, ed. Lochner S. 152—154. Zahns Jahrbücher II. 77.

wort halben, so er gegen Johan Armut ausgeschlagen haben soll, zu beschicken und sein antwurt wider zu pringen.

2122. [1535, IV, 17 b] 10. Juli 1535:

Endres Vogel, plattner, *kommt in einer Schuldsache vor.*

2123. [18 a] Uf Niclasen Meldemands supliciren soll mit der execution Meiner Herren schulden mit offner hanndt stillgestanden und solchs dem Meldeman angesagt, auch am gericht, wie es mit der rechtfertigung der Anna Stenglein vormünder und Jacoben Treer gestallt, an wem der verzug sey, erkundigt werden, und wider zu pringen.

2124. [1535, IV, 26 a] 19. Juli 1535:

Ambrosien Zeußen, püxengiessers zu Strasburg, schreiben, an die rotschmidtgesellen ausgangen, den geschwornen meistern furzuhalten und alsdan mit rath derselben den gesellen zu verpieten, sich nit aufwicklen [= *aufwiegeln*] zu lassen.

2125. [1535, V, 1 b] 24. Juli 1535:

Sebalt Beham, maler, hat sein bürgerrecht in offem rath aufgesagt und ist der ordnung nach in die losungstuben gewisen.

2126. [1535, V, 11 b] 31. Juli 1535:

Uf Hannsen Vischers, rotschmids, suppliciren in der wag zu erkundigen, wie es seinthalb gestallt und widerzepringen.

2127. [15 a] 4. August 1535:

Hannsen Vischer, so seins wegens halben fur die Fünf gefordert worden, so er sein angeben, das er sein verkauffte wahren yedes mals in die wag geschickt, bestetten mag, ime alsdann abgeen und die straf ansteen zu lassen, doch ime zu sagen, so er hinfür mehr etwas in seim hauß wegen will, dasselbig jederzeit in die wag anzusagen.

2128. [1535, V, 27 b] 13. August 1535:

Uf der rotschmidt ansuchen und bedencken ist inen bewilligt, das hinfüro ein jeder von inen, so ein leerjungen annemen will, derselb maister, deßgleichen auch der jung, jedweder in sonderheit, 30 ₰ einlegen soll. Doch inen sagen, das sie damit kein gefreß oder schlemmen anfahen sollen.

2129. [1535, V, 31 b] 17. August 1535:

Dem goldschmidt, so eins kawllin [*oder* knöllin?] golds

halben, das zusamen geschlagen, verdacht worden, dweil kein gewisse indicia vorhanden, dasselbig wider zuzestellen und die sach also ruhen zu lassen, dweil kein weiter clag kompt.

2130. [1535, VI, 5 b] 25. August 1535:

An meister Hannsen Behams statt, dweil er mit tode abgangen, zu besichtigung der gepeu ist ertheilt meister Symon Rößner[1]).

2131. [1535, VI, 11 a] 28. August 1535:

Uf Steffan Vischers, rotschmids, suplicirn und der geschwornen maister bericht, die maisterstügk belangen, ist ertheilt, das der Vischer ein ander salzfaß machen und alsdann die dreu stügk zusamen geschaut werden sollen. Daneben auch den drexeln ein streflich red zu sagen, zu den maisterstücken nit mehr zu helfen, dan inen vermug des gesetzs gepürt.

2132. [1535, VI, 14 a] 1. September 1535:

Endrissen Vogel, dem platner, die 3 ort, so er an seiner auferlegten straf noch schuldig ist, dweil er das ander bezalt, nachzelassen.

2133. [1535, VI, 16 b] 2. September 1535:

Den rotschmiden zu irem gesetz zu pringen, das die drexel zu den meisterstücken nichs weiter behülflich sein solln, außerhalb dessen, das er die maisterstügk außdreen und sonst kein hülff dazu thun solln laut derhalben gehorten ratschlags.

2134. [1535, VI, 29 a] 15. September 1535:

Den atlaßmacher zu beschicken, ine der zeichen halb, so er an seine atlaß gehenckt, zu red zu halten, und sein verantwurtung widerzupringen.

2135. [1535, VII, 3 a] 16. September 1535:

Den atlaßmacher, sein weib und knecht uf nehern rathstag wider zu bescheiden, sie der zeichen halben, wie es damit zugangen, an wehm der betrug und wie er gestellt, zu befragen und betrohen, wo sie es nit anzeigten, werd man anders gegen inen handlen; alsdan uf ir ansag weitter rätig zu werden.

1236. [1535, VII, 3 b] 17. September 1535:

Peter von Dortmund, dem atlaßmacher und seinem gesind zu sagen, das Meine Herren des betrugs halben, so sich mit den geenderten zeichen erfunden, hinfüro besser aufsehen haben, auch diße straf vorbehalten wöllen.

[1]) Vergl. Neudörfer, ed. Lochner S. 7.

Daneben dem Korn, schaumaister, alle des atlaßmachers zeichen zuzestellen und ime mit einer streflichen red zu sagen, dergleichen zeichen nit mehr von sich hinaußzegeben, sondern neue stempf zu machen und die bey sich zu halten.

Als aber er, atlaßmacher, etlich stügk leinwath auß dem weid wider die ordnung blau geferbt, daran auch zeichen gehenckt und nit auf die schau getragen, ist ime ein straf auferteilt, 20 f., dazu ime frißt biß Michaelis gegeben; und soll sich hinfüro auch mit dem ferben der ordnung hallten, als nemlich mit dem endich [*Indigo*] und nit im weid ferben.

2137. [1535, VII, 6 b] 20. September 1535:

Steffan Hamer, dem buchtrucker, zu sagen, das er der getruckten püchlin vom Loch keins mehr verschick oder verkauff, sonder die alle bei sein pflichten in die canzley antwurten, dagegen soll ime, so ers begert, etwas zimlicher ergetzung gegeben werden, damit er nit gar im schaden lig, dweils ime vom apt zu sanct Gilgen erlaupt worden.

2138. [1535, VII, 9 a] 24. September 1535:

Die neugemachten stempfel, damit die atlas und leinwath gezeichnet werden solln, dem Korn und andern dazu geordneten zuzestellen und inen zu sagen, gute ordnung damit ze halten. Die alten stempfel auch von inen ze nemen und in die losungstuben zu thun.

2139. Hannsen Randenecker [*im Register:* Randecker], des atlaßmachers Peters von Dortmunt knecht, sein beger abzuleinen, bey der straff, so seim herrn auferlegt, pleiben, und nichts nachzelassen.

2140. [1535, VII, 20 b] 9. Oktober 1535:

Steffan Hamer, dem priefmaler, sein beger abzeleinen.

2141. [1535, VIII, 3 b] 16. Oktober 1535:

Jorgen Peyren, panzermachers, antwurt Lorentzen panzermachers von Prag anwalt furhalten; wo er der nit gesettigt, dieselben einschliesen und dem Lorentzen panzermacher zuschicken.

2142. [1535, VIII, 7 b] 21. Oktober 1535:

Peter Freymut, atlasmacher, so im pierpreuen am ungelt abgetragen sol haben und des überwisen durch seine diener ist, beschicken und auff die ansag unter radtszeit zu rede halten, sein antwurt herwider pringen und rettig werden, waß man mit im handlen wol. In auch mitler zeit behauren, das er vom rathaus nit abghe.

2143. [1535, VIII, 9 a] 22. Oktober 1535:

Dem ungelter befelhen, das er das austendig ungelt von dem Peter Freymut, atlaßmacher, oder seinem weyb einfoder und gegen in nach ornung furfar, wo sy nit zalen woll, und ir das preuen mitler zeit niderleg, auch ir antwurt herwider pring.

Den Bernhardt Utersi oder seinem gewalt bescheydenlich warnen und anzaigen, was der atlasmacher gehandelt, dieweil er für den atlasmacher umb 1000 f. bürge worden sey; und das ers auch in geheym halt.

2144. [1535, VIII, 13 b] 27. Oktober 1535:

Peter Freymunt, atlasmacher, nachmals auff die ansag zu red halten und in erinnern, das er es gütlich, so ers gethan hab, bekenn, es mocht im villeicht dester leichter abgien, und, so ers bekent, herwider pringen und weitter rettig werden; wo ers aber nit will bekennen, in ins loch laßen gien.

. . . .

2145. Des atlaßmachers knecht schweren laßen und auff ir ansag nochmals bestettigen, sy auch in pflicht nemen, das sy sich nit wollen von hinnen thun, piß die sach mit irem herrn erorttert werde.

. . . .

2146. So des atlasmachers knecht pey irem ayde ir ansage bestettigen werden, sol man den atlasmacher im loch darauff zu red halten, und, wohe er gütlich nit sagen wil, pinten und betrohen.

2147. [1535, VIII, 14 a] 29. Oktober 1535:

Peter Freymunt, atlasmachers, knecht beschicken und nochmals horen, ob man kun erfaren von in, wie vil des abgetragen pierß, so nit gemeßen worden, gewesen sey. In auch leut zugeben, die die keßel besichtigen, wie vil sy halten und wie groß sy seyen. Und nachmals den atlasmacher darauff zu red halten, ein lautere sag von im zu pringen; wo er nit gütlich sagen wil, pinten und betrohen.

2148. Den kauffleuten, so statlich für den atlasmacher gepetten haben, sagen, ein rat kun in itzund noch kein wilferige antwurt geben; wo es aber darzu kum, wöl man ir fürpit ingedenck sein.

2149. [1535, VIII, 15 a] 29. Oktober 1535:

Alexander Gwelern [*im Register*: Alexander Weller][1], steinschneider, sover er caution thut, das er ein rat vertretten wol, wo spruch und fodrung darumb komen, so sollen im die 70 gammahu, so pey dem entleibten potten zu Erlastegen gefunden worden, zugestelt werden.

2150. [1535, VIII, 20 a] 3. November 1535:

Pey dem Spitzwirt, geschmeidtmacher, kuntschafft zu bestellen, ob solch leut, wie die durch Michel Gomerecht im loch angezeigt sin, in sein herbrig komen, das sy angenumen werden.

2151. [1535, IX, 1 a] 11. November 1535:

Lorenzen Koch, dem geschmeidmacher, vergönnen, noch biß Pfingsten nechstkünfftig bey dem churfürsten zu Sachsen unentsagt seins bürgerrechtens zu dienen, doch das er sein außstendig losung entrichte.

2152. [1535, IX, 4 a] 13. November 1535:

Uf dern von Strasburg schreiben und ansuchen, Jergen von Gunthen, dem giesser, welcher 100 degel begert, 40 degel, nemlich 10 groß und 30 clein, volgen ze lassen; daneben den geschwornen rotschmiden ze sagen, ir achtung ze haben, so solch tegel heimlich auß der stat geschleifft werden wollten, solchs jeder zeit an Meine Herren langen ze lassen, damit man fursehung darinn thun könth.

2153. [1535, IX, 9 a] 17. November 1535:

Mit denjhenen, so sich, den stückmessing jerlich biß in 2000 centner den rotschmiden alhie zuzepringen, angepotten, sovehr inen die erden zun degeln alhie auch vergonnt werde, ze handlen und sie zu vernemen, uf was zeit sie solchs stellen und wie sie es eingeen wöllen, inen Meiner Herren halb hierinn

[1]) Vielleicht handelt es sich hier um den Edelsteinschneider »Weller von Malsburg«, der (nach Nagler, Künstlerlexikon XXI, 275) 1559 »in Folge von Kränkung über den Undank, den er in seinen letzten Lebensjahren in Nürnberg erfuhr« gestorben sein soll. Vgl. über ihn Jahrbuch der Kunstsammlungen des A. K. H. Bd. IV, S. 18, 85 f. In den letzten fünfziger Jahren des 16. Jahrhunderts habe ich mich in den Ratsverlässen ganz besonders, doch vergeblich nach »Weller von Malsburg« umgesehen. »Alexander Weller, goltschmid« war am 11. August 1533 zum Bürger angenommen worden und hatte dabei 4 fl. Steuer bezahlt (Bürgerbuch 1496—1533 Bl. 184 a).

zusag ze thun, doch ir gemüt wider ze pringen und alsdan entlich rätig ze werden, daneben auch der kupfer halben zu ratschlagen.

2154. [1535, IX, 13 b] 11. November 1535:

Hannsen Krug, dem goldschmidt, ist vergönnt, sein hantirung 2 jar lang ausserhalb unentsagt seins bürgerrechtens zu treiben[1]).

2155. [1535, IX, 26 a] 3. Dezember 1535:

Des stückmessings halben, durch Linharten Martin und Hannsen Löchinger angepotten, weiter zu bedencken und erkundigung ze thun, obs laut der verschreibung also ins wergk ze pringen und anzenemen sey oder nit, und widerzepringen.

2156. [1535, IX, 30 b] 7. Dezember 1535:

Hannsen Guldenmund sein begern, das er an etlich laßzeddel der rathspersonen wapen trucken möcht, ableinen.

2157. [1535, X, 6 a] 13. Dezember 1535:

Sant Gödharts capel bey Velden *wird erwähnt.*

2158. Den baumaister von Nördlingen auf sein ansuchen die pasteien und gebeu alhie, deßgleichen auch das zeughauß sehen lassen.

. . . .

2159. Uf das anpieten, durch Linharten Mertin und Hannsen Lochinger des stückmessing halben gegen eim erb. rath geschehen, dagegen inen degel zum prennen von hinnen gevolgt werden sollten, ist solcher hanndel nach aller notturfft erwogen und daruf ertheilt, das man sich mit bemelten zweien des stügkmessings halben noch zur zeit nit weiter einlassen, sonder also noch lenger in ruhe stellen soll, daneben inen zu sagen und gute wort ze geben, ein rath woll der hanndlung noch weiter nachgedencken.

2160. Den beckschlagern auf ir suplicirn mit guten worten ze sagen, Meine Herren haben bisher der kupfer halben, wie sie denn etlich her pringen möchten, allen vleiß gethan, auch fürter thun wellen, darumb sie noch also gedullt tragen sollen.

2161. [1535, X, 10 a] 16. Dezember 1535:

Jacoben Schreiner[2]), platnern, zu bürgern annemen.

---

[1]) Vgl. Baader, Beiträge II, 22.

[2]) Mitteilungen II, 256 (»auswendig verschieden 1562«).

2162. [1535, X, 29 b] 31. Dezember 1535:

Endrissen Pegnitzern, dem püxengiesser, sein beger der pension halben ableinen und sagen, ein rath hab jetzo nichs zu giessen, so aber etwas furfellt, woll man seiner, doch mit offner handt, indengk sein und vor andern geprauchen.

2163. [32 b] 4. Januar 1536:

Endrissen Pegnitzers ansuchens halb ist erteilt, das ime 200 f. ein jar lang furgestregkt werden, doch das dieselben durch ine gnugsam versichert und nit auf sein künfftig arbeit, wie er begert, geschlagen werden solln[1]).

2164. [1535, XI, 4 a] 8. Januar 1536:

Das gesetz des platnerhantwercks halben, wie solchs durch die rugsherren bedacht, also pleiben lassen und ins wergk pringen.

2165. [1535, XI, 8 a] 12. Januar 1536:

Den messigschlahern, rotschmiden, beckschlagern und andern, so mit kupfer umbgen, anzuzeigen, dweil jetz vil Eyßleber kupfer hie seien, sie aber dieselben nit kauffen wolln, das dan sie zusehen, damit die nit wider verfürt und weiter mangl erscheine, darob dan ein rath nit gefallen haben werd, in ansehen, das ein rath sich vil bemühet, biß solche kupfer herpracht worden seien.

2166. [1535, XI, 18 a] 20. Januar *und* [24 a] 26. Januar 1536:

Zwei Ratsverlässe, einen Streitfall und Appellationssache zwischen Sebastian Rauchen [*auch* Rauhen] und Hannsen Guldenmund *betreffend.*

Es folgen noch einige weitere Ratsverlässe über diesen Gegenstand.

2167. [1535, XI, 21 a] 24. Januar 1536:

Den schlossern ir beger der püxenschmidt halben, das irn gsellen bey inen ze arbeiten nit gestattet werden solt, ableinen und bey voriger antwurt pleiben lassen.

2168. [1535, XII, 1 b] 3. Februar 1536:

Des atlaßmachers behausung halben, wie lang ime die zugesagt, im ratsbuch sehen, und, wie es gestalt, widerpringen.

2169. [1535, XII, 7 b] 9. Februar 1536:

---

[1]) Vgl. Baader, Beiträge II, 48.

Des atlaßmachers und ime zugsagter behausung halben die verschreibung in gerichtsbüchern besichtigen und, was sonst für weiter bericht hierinn zu erfarn sein mag, auch erkundigen und widerpringen.

2170. [1535, XII, 15 b] 15. Februar 1536:

Dern von Hamburg schreiben Hannsen Pragen, dem goldschmidt, umb antwurt furhalten, und widerpringen.

2171. [1535, XII, 17 b] 16. Februar 1536:

Peter Freymund, des atlaßmachers, halben den losungschreibern bevelhen, dweil die frißt seins anlehens verfallen, dieselben zu verzeichnen und bezalung ze fordern. Daneben ime, atlaßmacher, das hauß auf der Schütt furzeschlagen zu einer wonung, und, wo er sich dern beschwert und nit damit zefriden sein möcht, alsdann widerpringen.

2172. [1535, XII, 19 b] 18. Februar 1536:

Uf di handlung, so mit Peter von Freimund, dem atlaßmacher, geschehen, dweil er sich erpotten, sein außstendig anlehen jetz im Junius, da es dan sein endschafft haben würt, zu bezalen, sols des stügks halben dabey pleiben und die bezalung angenommen werden. Der behausung halben aber, dweil er die auf der Schütten zu besitzen sich beschwert, mit anzeig, das er derselben zu seim gsind nottürfftig, ist erteilt, ime ze sagen, dweil Meine Herren keine heuser zu verleihen haben, wöll man ime noch die versprochen zeit auß sovil zinß, als er auß des Strauben hauß geben, entrichten, mehr aber nit, und meg er sich selbs mit eim hauß versehen.

2173. [1535, XII, 34 a] 1. März 1536:

Den von Hamburg Hannsen Prags, des goldschmids, antwurt, die er doch zuvor etlicher massen miltern soll, unverschlossen zuschicken, ine auch in pflicht nemen, gegen den von Hamburg ausserhalb freuntlichs rechtens nichs fur[ze]nemen, und solchs denen von Hamburg auch zuzeschreiben.

2174. [1535, XIV, 7 b] 4. April 1536:

Valtein Sibenburger, platner, ettlich mer gesellen über die ordnung zu setzen ableinen.

2175. [1536, I, 4 b] 21. April 1536:

Hannsen Ringkler[1]), dem platner, auf sein ansuchen

[1]) Vgl. Mitteilungen II, 256 († 1517). Sein Grab auf dem Johanniskirchhofe. Vgl. Trechsel S. 320, Sp. 2.

und bitt auß dem zeughauß 40 harnasch und sturmhauben volgen ze lassen, mit dem geding, dieselben in 2 monaten den nechsten wider in gutem werth zu erstatten.

2176. [1536, I, 31 a] 9. Mai 1536:

Die hievor beratschlagt und im rath erteilt pastey in dem vösten graben hinterm Luginslandt, das dieselb gebaut worden sein solt, anstellen und unterlassen.

Und an dern stat ein streichwehr, wie di in visir gestellt und geratschlagt, aufbauen.

Daneben auch den thurn, der allt Nürmberger gnant, oben herab, soweit der mit ziglsteinen gemauert, biß auf di quaderstein abzeheben, daselbst alsdan, wie beratschlagt, auch ein wehr zu pauen.

2177. [1536, II, 5 a] 20. Mai 1536:

Lorenzen Augustin, den pixenschmidt, wider alhie zu bürgern ufzenemen.

2178. [1536, II, 16 b] 31. Mai 1536:

Lorenzen Kellers[1]), goldschmids, prudern sein begert urkund mitteiln.

2179. [1536, II, 28 a] 9. Juni 1536:

Micheln Kerner[2]), den futralmacher, zu bürgern annemen.

2180. Endrissen Roßßen, formschneidern, sovehr er von Tonawerd ein abschidt pringt, auch zu bürgern annemen.

2181. [1536, II, 33 b] 13. Juni 1536:

Dern von Hamburg schreiben Hannsen Pragen, dem goldschmidt, furhalten.

2182. [34 a] Niclaß Nonhart[3]) von Kraka, den golldschmid, zu bürgern annemen.

---

[1]) Richtiger Lorenz Kellner. Vgl. über ihn Goldschmiede-Verzeichnis Nr. 242 (zwischen 1514 und 1530). Im Kleinodienverzeichnis des im Germanischen Museum deponierten Freiherrl. von Scheurl'schen Familienarchives zum Jahre 1542 (freundl. Mitteilung des Herrn Dr. Heerwagen). Mitteilungen II, 163 (»Herr Lorenz Kellner« † 1560. »Barbara Lorenz Kellnerin an der untern Schmidgassen« † 1582). Sein Grab auf dem Johanniskirchhofe. Vgl. Trechsel S. 235 Sp. 1 (1582, Todesjahr seiner Frau).

[2]) Ein Uhrmacher dieses Namens in Zahns Jahrbüchern I, 260 (1561 als †).

[3]) Goldschmiede-Verzeichnis Nr. 306 (1536 »Niclaus Minhart«). Bayerische Gewerbezeitung X (1897) S. 31 Anm. 14 (1545, 1554, 1556). Bei seiner Bürgeraufnahme am 5. Juli 1536 zahlt »Nicklas Nonhart, goltschmid« 4 fl. als Steuer (Bürgerbuch II, Bl. 9a).

2183. [1536, II, 36 a] 14. Juni 1536:

Paulussen Müllner sagen, man wüß ime auf sein suplicirn kein antwort ze geben, biß herr Matis Lofflholz widerkompt, dweil er darin angezogen ist; darumb soll er seiner ankunfft erwarten.

2184. [1536, III, 1 a] 15. Juni 1536:

Denen von Hailprun auf ir schreiben und bitt die goldschmidordnung abschreiben und inen, doch auf irn costen, dieselbig volgen lassen und zuschicken.

2185. [1 b] Dem in der Schau ansagen, das er der goldschmidt schau, nedlen, streichen, capellen, in dern von Hailprun schreiben gemeldet, verzeichnet in die canzley geben sol, damit mans unter anderer ordnung denen von Hailprunn zuschicken mög.

2186. [1536, III, 2 b] 15. Juni 1536:

Peter von Freimund, dem atlaßweber, auf sein suplicirn sagen, das Meine Hern an den 1500 f. außstender schulden jetzo 1000 alsobar nemen und zu den überigen 500 f. zwey jar frißt geben wollen, der gestallt, das er jedes jar das halb zalen, sovehr er so lang hie pleibt, wo aber nit, das alsdan all tag zil sein sol; das auch Bernhart Utterse, Niderlender genant, solcher 500 f. halben pürg werden soll.

1287. [1536, III, 7 b] 20. Juni 1536:

Paulussen Mülners suplicierens halben ferner sonderlich am gericht nachzesuchen, ob vor jarn derhalben etwas gehandelt; und widerpringen.

2188. [1536, III, 9 a] 21. Juni 1536:

Sebalten Prunner[1]), dem maler, sein beger ableinen und bey der straf pleiben lassen.

2189. Sebalden Behem sein beger seins knechts, Caspar Polsters, halben ableinen und sagen, er hab diß woch 2 feiertag, in denen mog er on versaumnus di straf volpringen.

2190. [1536, III, 12 a] 23. Juni 1536:

Denen von Craka auf ir schreiben, Hannsen Platner irn bürger belangen, der Stossen antwurt und bericht inschliessen und zuschicken.

2191. [13 a] Paulussen Mülner sein beger, das Meine

---

[1]) Sohn des Malers Matthes Prunner. Vgl. Neudörfer, ed. Lochner S. 138

Herren ime etwas auß gutem willen oder umb Gottes willen geben wolten, dweil er sonst seiner forderung halben nichs erlangen könth etc., ableinen und beschwern, das er mit solcher ungegrünter forderung, die man an keinem ort eingeschriben findet, Meine Herren angezogen.

2192. [1536, III, 30 a] 10. Juli 1536:

Michel Algeier, püxenschmidt, *wird* umbs gelt *zu Bürger angenommen.*

2193. [30 b] 12. Juli 1536:

Uf des churfürsten zu Saxen credennz und ansuchen seim gesannten behülflich sein, auch mit den geschwornen platnern handlen, damit er guten zeug umbs gellt zuwegen pringen mög.

2194. [31 b] Den geschwornen platnerhandtwergks sagen, dem säxischen gsanten, unangesehen des gesetzs, das inen solchs verpene, hilflich ze sein, 3 centner gwölbten zeugs ze kauffen.

2195. [1536, IV, 1 a] 13. Juli 1536:

Hannsen Prag, dem goldschmidt, raten, das er selbs gen Hampurg ziehen und daselbst auf Meiner Herren fürschrifft, di man im zum pesten mitteiln will, handlen soll; das acht man fürs nützlichst; wo es im aber nit gelegen, das er dan sein supplication etlicher massen pessere, soll ime aldan mit inschlissung derselben furderung gegeben werden.

2196. [1536, IV, 8 a] 19. Juli 1536:

Baltassar Nickln[1]), dem goldschmidt, sein beger ableinen und bey der straf pleiben lassen.

2197. [1536, IV, 8 b] 20. Juli 1536:

Baltassarn Nickl, dem goldschmide, auf des Sidlmans fürpitt sein straff teiln, nemlich di 2 tag, so er mit dem leib volpringen solt, gar nachlassen, die andern 2 tag aber, so uf gelt gestellt, von ime bezalt nemen.

2198. [1536, IV, 18 a] 29. Juli 1536:

---

[1]) Im Goldschmiede-Verzeichnis Nr. 294 (1534) als Silberarbeiter. Vgl. noch Friedr. Niedermayer im Archiv des histor. Vereins für Unterfranken und Aschaffenburg Bd. 27 S. 201 ff. (und danach Kunstgewerbebl. I, 1885, S. 56): über die Arbeiten B. N.'s für Kardinal Albrecht von Mainz. Jahrbuch der Kunstsammlungen des A. K. H. Bd. VII Nr. 4805 f. (1516). Mitteilungen II, 164 (»Felicitas Balthasar Nicklin, in S. Gilgen gaß« † 1547).

20*

Marx Fellenbaum, kartenmaler, hat sein bürgerrecht aufgfordert und ist umb abschidt dem form nach in die losungstuben gewisen.

2199. [1536, IV, 26 a] 3. August 1536:

Die monstranzen zu S. Sebalt noch lenger also unverkaufft ligen lassen.

2200. [1536, IV, 30 b] 7. August 1536:

Den goldschmiden bevelhen, der frauen das ungerecht pecherlin, dweils zerschnitten, wider zuzestellen.

Daneben inen auch bevelhen, das argwenig sylber, so inen der Preunlin, schreiner, verkauffen wöllen, bey sich zu behalten, biß er, Preunlin, wider zur hanndt komm, alsdan solchs anzuzeigen, damit er derhalben ze red gehalten werden kann.

2201. [31 a] N. Mairn, den platner, und N. Osterpergern, so außm leger komen und etwo vil reden treiben, die keys. Mt. zu unehrn reichen, ze red hallten, ire paßporten bsichtigen und unterstossen, die meuler still ze halten; daneben ir antwurt widerpringen.

2202. [1536, IV, 31 b] 8. August 1536:

Augustin Hirßvogln auf sein suppliciren sagen, sovehr er die 20 f. außstender schulden jetzo alsobar betzalen, woll man ime alsdan seim begern nach 2 jar zu Laubach unerledigt seins bürgerrechtens, zu wonen vergönnen[1]).

2203. [32 a] Contzen Mairs und Joachim Osterpergers verantwortung halben, dweil sie verneyenn [*verneinen?*], zeugen hörn und widerpringen.

2204. [1536, V, 8 b] 18. August 1536:

Veiten Trompen, dem platner, sein beger des bürgerrechtens halben ableinen.

2205. [1536, V, 11 a] 19. August 1536:

[1]) Aus vorstehendem und dem einschlägigen Ratsverlaß vom 16. April 1539 (s. u.) ergiebt sich, daß Augustin Hirschvogel bis 1536 in Nürnberg ansässig war, dann nach Laibach übersiedelte und hier etwa bis zum Jahre 1541 oder 1542 gelebt hat. Daß in der That nur Laibach (nicht etwa Laubach in Hessen) gemeint sein kann, geht aus seinen späteren Beziehungen zu Laibach hervor. Vgl. die Notiz aus dem dritten Teil seiner Geometrie (bei Friedrich, a. a. O. S. 21) und Jahrbuch der Kunstsammlungen des A. K. H. Bd. V Nr. 4114. Sache der Laibacher Lokalforschung wird es sein, den Spuren des Meisters, der indessen, wie unsere Ratsverlässe lehren, Nürnberger Bürger blieb, während jener Jahre in Laibach nachzugehen.

Meister Jorgen, zimmerman, gen Franckfurt abfertigen mit einer schrifft, daselbst der neu gepauten mülen halben erkundigung ze thun und, wie sichs findt, widerpringen.

2206. [1536, V, 13 b] 22. August 1536:

Hannsen Weidling, der cartenmaler, und Endrissen Neithart, den haubenschmidt, bede zu bürgern umbs gelt annemen.

2207. [1536, V, 15 b] 25. August 1536:

Hannsen Nickls schulden halben 25 f. erkundigen, ob er derhalben pürgschafft gethan, und widerpringen.

2208. [16 b] Steffan Ganßedern auf Marxen Fellenpaums hab ein verpot zu recht vergönnen.

2209. [1536, V, 17 a] 26. August 1536:

Hannsen Nickl, dem hafner, auf Jergen Penntzen, malers, und Michel Eisenhofers, seiner pürgen, erpieten, das si noch ein jar in der pürgschafft steen wöllen, ist zu bezalung der 25 f. schulden noch ein jar frißt gegeben und den pürgen gsagt worden, so er in solcher zeit nit zal, werd man sich an sie hallten.

2210. [1536, V, 22 b] 30. August 1536:

Die hafner und deglmacher vom Herlsperg [*Heroldsberg*], auch messingschlager, beckschlager und rotschmid bschicken, inen der teglerden und des grabens halben mit bestem glimpf di gründ und ursachen, in des waldamptmans antwurt verleipt, anzeigen, sonderlich, das si nit gezwungen seien, ander erden, dan di inen dienstlich, zu nemen.

2211. [1536, VI, 1 b] 7. September 1536:

Den kartenmalern ir beger umb gsetz auf irn hantwerk ableinen, und pleiben lassen, wie bisher.

2212. [1536, VI, 15 b] 19. September 1536:

Wolf Weßten sein beger, das man der schlachtung halben, zwischen ime und Mattiß Gebl[1]), dem bildschnitzer, ergangen, Leupolten Eblin und Fabian Klaibern verhörn wölt, ableinen, dweil sie bede selbs bey der sach gweßt und für thäter

[1]) Vgl. Baader, Beiträge I, 5 (1523) 39 (1531). Erman, Deutsche Medailleure S. 31 und ganz besonders A. Bauch, Der Nürnberger Medailleur M. G. im Historischen Jahrbuch der Görresgesellschaft XIX (1898) S. 170 ff. (M. G. † 1574). Mitteilungen II, 278 (»Margaretha Mathes Geberin, Bildhauerin«, † 1556) und dazu Anm. 7.

geacht werden mugen. Deßgleichen auch sein ander begern, des barets halben, das der Gebl aufgehalten und er, West, wider begert, ableinen und alles also pleiben lassen biß zu erörterung der sachen.

2213. [1536, VI, 17 b] 22. September 1536:

Die buchtrucker warnen, sich hinfüro des truckens der neuen zeitungen on vorwissen und erlaupnus Meiner Herren zu enthalten. Daneben dem apt zu S. Egidien bevelhen, gut achtung ze haben, das nichs ausgee, es sey dan gwiß und warhafftig.

2214. [1536, VII, 1 a] 5. Oktober 1536:

Michl Wolf, püxenschmidt, *kommt vor.*

2215. [1536, VII, 7 b] 11. Oktober 1536:

Hanns Reinhart[1]), püxenschmidt, *wird* umbs gellt *zu Bürger angenommen.*

2216. [1536, VII, 14 b] 19. Oktober 1536:

Contzen Otten[2]), den platner, sein beger ableinen und sagen, man wüß di geschwornen von irn gesetzen und ordnungen nit ze treiben, sonder laß es dabey pleiben.

2217. [1536, VII, 21 a] 26. Oktober 1536:

Pangratzen Labenwolf, den rotschmidt, auf sein suplicirn vernemen und sehen, wie man ime unterhelfen möcht; solchs widerpringen.

2218. [1536, VIII, 1 b] 2. November 1536:

Lucassen Spitzen, dem panzermacher, auf herzog Othhenrichs fürpit zulassen, das er 3 jar lang unbegeben seins bürgerrechtens zu Neuburg wonen mög, doch mitler weil sein losung bezalen soll; solchs also dem Kramer und den geschwornen anzeigen, dem fürsten auch zuschreiben.

2219. [1536, VIII, 14 b] 13. November 1536:

Mit Cristoff Pogner und dem haffner auff der schmelzhüten handeln, das sy auff Walburgis künfftig ausziehen und räumen und Pangratz Lobnbolff [*im Register:* Pangratz Lobenherbst], rotschmid, umb den erpottnen zinß, alß 18 f. golt, darein ziehen lassen auff sein erpieten, das er alle gepeu im hauß ausserhalb deß dachwerck auff sein aigen costen machen und unterhalten wolle.

[1]) In den Mitteilungen Jahrgang 1890 S. 71 als Feuerschloßmacher († 1565).
[2]) Mitteilungen II, 256 († 1542).

2220. [1536, VIII, 27 b] 23. November 1536:

Kunz Eck[1]), maler, lenger in eisen ligen lassen, piß er seinen aiden bezal.

2221. [1536, IX, 22 a] 19. Dezember 1536:

Contzen Hartlieb, dem platnersgsellen, sein jüngst auferlegt thurmstraf, dweil ine das handwergk on das für redlich halten will, anstellen, biß solang das er darein erfordert werd.

2222. [1536, IX, 27 b] 27. Dezember 1536:

Meister Jörgen Weber, dem zimerman, vergönnen, das er gen Ochsenfurt ziehen und die roßmül, so er daselbsthin gemacht, aufrichten mug, doch der gestallt, so er vor verfertigung durch Meine Herren zu irer notturfft erfordert, das er zu erscheinen schuldig sein soll.

2223. [1536, X, 22 a] 16. Januar 1537:

Denen von Ochsenfurt antwurten, wiewol Meine Herren, m. Jorgen Webers jetzo selbs dörfften, wöll man doch inen wilfarn und vergonnen, das er noch biß Lichtmeß bey inen pleiben möge.

2224. [1536, XI, 1 b] 25. Januar 1537:

Denen von Hamburg mit einschlissung Hannsen Prags, goldschmids, suplication schreiben, doch ine, Prag, zuvor warnen, das er sich nit selbs in vergebnen costen füre; will ers dan darüber haben, sol man schreiben.

2225. [1536, XI, 6 b] 29. Januar 1537:

Johann Guldenmund vergonnen, der kays. Mt. sigg und triumphwagen ze trucken, dweils der kays. Mt. zu ehrn raicht.

2226. [1536, XI, 18 b] 7. Februar 1537:

Auff anpringen der geschwornen goldschmid, Hannsen Koler, pölzmacher, umb daz er ain ungerecht trinckgeschirr von ainem juden zu Schwabach kaufft hat, zu straffen, ist erteylt, mit der straff zu ruhen und derhalb gein Schwabach schreyben mit anzeig des falschs. [*Am Rande:* Ist geschehen.]

Item den geschwornen goldtschmiden soll man abschryfft irer ordnung geben.

2227. [19 b] Hanns Koppen, platners, supplication seinem gegentayl furhallten, sein antwurt einnemen und herwider pringen.

[1]) Zahns Jahrbücher I, 227 (um 1530 in der Vorstadt Wöhrd).

2228. [1536, XII, 2 b] 22. Februar 1537:

Linharten Schefern, den ploßhornmacher, zu bürgern umbs gelt annemen.

2229. [1536, XII, 2 b] 23. Februar 1537:

Den puchpindern ir suplicirn umb gsetz und ordnung ableinen und hinfüro wie bisher ein frey hantwergk pleiben lassen.

2230. [1536, XII, 5 b] 27. Februar 1537:

Paulussen Seitenmair[1]), den goldschmidt, umbs gellt zu bürgern annemen; seins andern begerns halben aber, das er ein geraume zeit zum verheuraten haben und dannocht mit offnem laden arbeiten mecht, zuvor di geschwornen hörn und, was si leiden mögen oder nit, widerpringen.

. . . .

2231. Des püxenfassens halben, welchs di schreiner in ir handwerk einzeziehen unterstanden, ist beim gesampten rath verlassen, das es hinfüro wie bisher ein freie kunst sein und pleiben, Hannsen Koler und andern auch unverpotten sein soll, darinn gsellen ze hallten, des schreinershantwerks unverhindert, doch das dieselben gsellen ausserhalb bürgerrechtens nit heußlich hie sitzen noch aigen feur und rauch hallten.

2232. [1536, XII, 7 b] 1. März 1537:

Mertin von Kalteneckenfelt, harnaschpalirer... zu bürgern annemen.

. . . .

2233. Paulussen Seitenmair, dem goldschmid, sein begern, das er unverheirat arbeiten möcht, ableinen und bey der ordnung pleiben lassen, dweils di gschwornen zum höchsten widerfechten.

2234. [1536, XII, 13 a] 6. März 1537:

Albrechten von der Hell, dem kunstfürer [*d. h. Kunsthändler*], sein beger umbs bürgerrecht noch zur zeit ableinen.

2235. [1536, XII, 26 a] 19. März 1537:

Linharten Vollat[2]) den compaßmacher, Sebastian Klaiber, den seidensticker, Hannsen Kaulpeck, den trumplschmidt, alle drey umbs gellt zu bürgern annemen.

[1]) Goldschmiede-Verzeichnis Nr. 298 (1535: Paulus Seitzmaier).

[2]) Ein L. V. liegt auf dem Johanniskirchhofe begraben. Vgl. Trechsel S. 172 Sp. 1 (1591).

2236. [1537, I, 3 a] 5. April 1537:

Zu bedencken, wer an des verstorbnen maister Mattissen stat zu eim andern werckmaister zu gepprauchen sein mög, solchs alsdan widerpringen.

2237. [3 b] Hannsen Guldenmunds keiserischen triumph, damit er Meine Herren verehrt, also ruhen lassen, biß das verteutscht auch kompt; alsdan, wormit man ine verehren wöll' rätig werden.

2238. [1537, I, 8 b] 10. April 1537:

Meister Jorg Weber von Dinckelspühl, zimerman, ist an des verstorbnen maister Mattissen von Saxen stat zu eim anschickers und werckmans verwesern auf ein jar lang, mit im zu versuchen, beim rath erteilt und soll im angsagt werden, sich seins trinckens und vollen weiß zu enthallten, maister Hannsen Behem auch allein guten willen zu erweisen und gegen den werckleuten gute bescheidenheit ze hallten. Solchs alles auch meister Hannsen anzuzeigen und mit ime, auch maister Paulussen handlen, ob mit den heusern ein wexel ze machen, damit die wonungen desto fridlicher sein möchten; in dem maister Hannsens gelegenheit ansehen.

2239. [1537, I, 22 a] 20. April 1537:

Pangratzen N., rotschmids oder gissers, begers halben, ime ein gießgruben, dazu ein heimlich gmach beim neuen hauß am Schießgraben ze pauen, erkundigen, wievil es costen werd, solchs widerpringen, damit im alsdan des jerlichen zinß halben antwurt gegeben werden mög.

Dem Pogner aber sein behausung, daselbst gelegen, umb 8 f. müntz jerlich hinzelassen.

2240. [1537, I, 26 b] 25. April 1537:

Maister Hannsen Vischer, dem giesser, deß messin gitters halben, so zum gericht gehort, noch 100 f. jetzo hinaußgeben und daneben bevelhen, das etwas latinisch begriffen und mit schönen gleichausgeteilten puchstaben darein gegossen werd [1].

2241. [1537, I, 31 a] 30. April 1537:

N. Reschen [2], dem rotschmidt, erlauben, das er sich

[1]) Vgl. Mummenhoff, Rathaus S. 321 (die abweichende Fassung der Ratsbücher).

[2]) Über den Rotschmied Hans Resch vgl. Zahns Jahrbücher I, 212 (1539).

zum Jorgen von Regenspurg in kays. Mt. dinst begeben mög, doch das ers in geheimbd halten sol.

. . . .

2242. Mit maister Simon handeln und ime die gißhütten im schißgraben furdingen aufs genehest so moglich, volgends so di verfertigt, den costen wider anzeigen, damit man des zinß halben rätig werden könd.

2243. [1537, II, 7 a] 8. Mai 1537:

Maister Paulussen Behem auf pfalzgraf Phillipsen schreiben vergonnen, zu sein f. g. ze reiten, doch ime untersagen, allein ze raten und sich keins paus zu unterfahen, auch nichs ze raten, das gemeiner stat ze nachteil komen möcht, noch einich geheimbd zu eröffnen.

2244. [1537, II, 16 a] 15. Mai 1537:

Die kleider und kleinot im sagarus [*so! So viel wie: Sakristei?*] zu S. Sebalt besichtigen und verhüten, das sie nit schaden nemmen.

2245. [1537, II, 19 b] 17. Mai 1537:

Den hafnern ir suplicirn umb gesetz und ordnungen ableinen und hinfüro, wie bisher, ein frey hantwerk pleiben lassen.

2246. [20 a] Die platnersgsellen, so Petern Ernst umb 1 f. gestrafft, alle beschicken und, welche nit an aids stat angloben mögen, das sy zu solcher straf kein ursach geben, derselben jetwedern 2 tag ins loch zur straf ansagen, neben dem, das sie ime den gulden strafgelts auch widergeben solln. Daneben auch gedachten Ernsten, den sie fur unredlich halten wollen, 2 tag ins loch straffen und dadurch wider redlich machen. Inen allen 8 tag frißt geben.

. . . .

2247. Hanns Gscheid, panzermachergsell, *kommt vor.*

2248. [22 b] 18. Mai 1537:

Die kleinot, klaider und hailtum im Spital bsichtigen, damits nit schaden neme, der versperr halben auch maister Hannsen vernemen, damit das wissen nit allein auf ime stee.

2249. [1537, II, 36 b] 30. Mai 1537:

Maister Jörgen Weber, den zimerman in der Peunt zu bürgern annemen und ime das bürgerrecht schencken.

· Daneben auch seiner pulvermül halben bey Werd markung furnemen, damits unterschidlich gemacht werd.

2250. [1537, III, 1 a] 31. Mai 1537:

Mit Hannsen Nickls, hafners, pürgen seiner schuld halben auf frist hanndlen, darin die bezalung gschehen soll, doch das auf sie, die pürgen, und nit den Nickl gestellt werd.

2251. [1537, III, 4 b] 4. Juni 1537:

Anthoni Mairn, den atlaßweber, ... zu bürgern umbs gellt annemen.

2252. [5 b] Hannsen Nesselpach, dem platner, zu seiner auferlegten lochstraf 14 tag frißt mitteiln.

2253. [1537, III, 9 b] 6. Juni 1537:

Mertin Bschorn und Peter von Firmund mit einschlissung irer suplication an stathalter und räth zu Aschafenpurg fürschrifft mitteiln.

2254. [1537, III, 12 b] 9. Juni 1537:

Hannsen Nickl, dem hafner, das diglmachen abstellen, ime auch solchs bey sein pflichten und eins rats straff verpieten und den rotschmiden ansagen, ir aufmerken darauf ze haben, das ers nit mehr thue.

2255. [1537, III, 17 b] 13. Juni 1537:

Dem atlaßmacher ansagen, dweil di 4 jar, darin ime das ferbhaus auf der Schütten on zinß verlassen, ir endschafft erraicht, werd mans ferner umb zinß verlassen. Wöll nun ers darumb haben, solls ime pleiben, doch mit dem außgeding, das ers in allweg in alten stand ze stellen schuldig sein soll, so ers umb kein zinß annemen wöllt.

2256. [1537, III, 21 b] 16. Juni 1537:

Hannsen Nickl, dem hafner, zu dem halben theil seiner außstendigen 12 f. frist biß nechst Johannis und zum überigen halben theil ein virtl jar darnach frißt zur bezalung mitteilen.

2257. [1537, III, 29 a] 22. Juni 1537:

In einem längeren, auch zahlreiche andere Gegenstände behandelnden Ratsverlaß:

Veyten Stosen belangend mit seiner tafeln sol mans bey gegebner antwurt pleyben laßen [1]).

---

[1]) Zur Sache vgl. Baader, Beiträge I, 24.

2258. [1537, IV, 1 b] 30. Juni 1537:

Hansen Metter[1]), pyldtschnitzer von Werdt, umb das er Got frefenlich gelestert, ins loch legen und den knechten 1 f. schencken.

2259. [2 a] Hansen Meter, pyldtschnitzer, so er kein glait hat und auf einem nürmbergischen gut betretten würdt, zu Fürt annemen und ins loch füren laßen.

2260. [1537, IV, 4 a] 3. Juli 1537:

Der teglerden halben, so zu Ritterspach gefunden, dweil zu besorgen, das die merkischen paurn nit glauben halten werden, so man mit inen gleich handlen würd, di erden ligen ze lassen, ist verlassen, das mans also ruhen und Got wallten lassen soll.

2261. [1537, IV, 7 a] 5. Juli 1537:

Hannsen Metter, bildschnitzern, auf sein suplicirn sagen, hab er nichs verhandlet, dörf er keins gleits, daneben aber dannocht den knechten zusprechen, jüngstem verlaß nachzekomen.

2262. [1537, IV, 9 b] 7. Juli 1537:

Den frömbden künstner mit seiner müll, dweil ers on grosse verehrung nit sehen lassen will, damit farn lassen und ime ein par gulden schencken.

2263. [1537, IV, 17 a] 13. Juli 1537:

Peter von Freymund, dem atlaßmacher, das preuhaus auf der Schütten verlassen, das er jerlich 10 f. darauß geben und der zinß uf nechstkünfftig Michaelis angeen soll.

2264. [1537, V, 2 a] 26. Juli 1537:

Dem richter zu Werd ansagen, Hannsen Metter, dem bildschnitzer, das begert gleit abzeleinen, daneben sein hab und gut hinter gericht ze legen, denen ein curatorn setzen und derhalben, wer dazu ze clagen hat, recht ergeen ze lassen. Neben dem acht haben lassen, wo man ine bedretten kan, das er angenomen werd.

2265. [1537, V, 4 a] 28. Juli 1537:

Den gschwornen plattnern sagen, das sie Veiten Trempen ans maisterstügk steen lassen, doch aber ime auch anzeigen, ob er gleich damit bestee, werd man ine zu bürgern nit annemen.

---

[1]) Zahns Jahrbücher I, 240 (1530). II. 79.

2266. [1537, V, 6 a] 30. Juli 1537:

Mertin Bschorns und des atlaßmachers halben nochmals beim Mentzischen stathalter umb antwurt manen. Daneben dem Bschorn sagen, sich mit worten etwas bescheidner ze halten und ime selbs dadurch der sachen desto ehr abzehelfen.

2267. [1537, V, 6 b] 31. Juli 1537:

Mit maister Jorgen Weber auf der Peunt handlen und ime anzeigen, dweil er auf di Peunt zu eim werckmaister angenomen und er zuvor ein wartgelt gehapt, werd sich nun dasselbig abschneiden, doch woll man ime di 12 f., so er bisher der wassergepeu und dan di 15 f., so er des zeughaus halben gehapt, hinfüro auch zusampt den gefellen, so er vom werckmaisterampt hat, pleiben lassen, allein das wartgelt, so vil dessen geweßt, abkürtzen.

2268. [1537, V, 8 b] 1. August 1537:

. . . Clausen Wersin, den atlaßmacher, . . . umbs gellt zu bürgern annemen.

2269. [1537, V, 12 b] 4. August 1537:

Hannsen Metters, des bildschnitzers zu Werd, halben nochmals guten vleiß thun, dweil er sich teglich sehen leßt, ob er einpracht werden möcht; dem knecht zu Werd auch darumb zusprechen und ime ein gulden verheissen.

2270. [1537, V, 25 a] 16. August 1537:

Albrecht Glockendon und des fingerleindrehers sun ires haders halben fur die Fünf weyssen, und also dan von des zückens wegen, am marck beschehen, herwiderpringen.

2271. [1537, V, 26 a] 17. August 1537:

Mit den geschworen maistern des platnerhandtwercks handeln, damit sy des kurfürsten von Saxen zeugmaister gewelbten zeug zu harnisch volgen lasen.

2272. [1537, V, 27 b] 18. August 1537:

Albrecht Glockenthon darumb, das er über der fingerlerin son in der montat gezückt . . . 8 tag aufn thurn straffen, halb mit dem leib zu verpringen und halb mit gelt abzerichten.

2273. [1537, VI, 10 b] 31. August 1537:

Wolfen Bair, den panzermacher, umbs gellt zu bürgern annemen.

2274. [1537, VI, 12 a] 1. September 1537:

Dem Gudenmundt [*auch im Register ohne Vornamen*

unter Guldenmund] dern von Leipzig schreiben furhalten, ein ferner gelegenheit darauf zu bedencken.

2275. [19 b] 10. September 1537:

Hannsen Guldenmund mit einschlissung seiner suplication fürschrifft gen Leipzig mitteiln.

2276. [20 a] Hannsen Bock, den goldschmidaußberaiter, . . . umbs gellt zu bürgern annemen.

2277. [1537, VI, 22 b] 13. September 1537:

Albrechten Glockenthon vergönnen, das er den restenden tag leibstraf mit gelt abrichten mög.

2278. [1537, VI, 27 b] 18. September 1537:

Herrn Petern Bopfinger, licentiaten, auf sein suplicirn gegen Daniel Englharten, steinschneidern, sagen, dweil sich jetweder theil der posseß berümpt, so müssens sie mit recht außfürn, dan Meinen Herren gepürts nit, ze örtern; daselbst mog er sich beclagen.

2279. [1537, VI, 28 a] 19. September 1537:

Uf der goldschmidt anzeig der gestoln paten halben die Meußlin, underkeuflein von Werd, bschicken, zu red halten, woher es ir zukomen, und ir antwurt widerpringen.

2280. [1537, VII, 1 b] 20. September 1537:

Uf Catherin Meußlin und irs heren entschuldigung der vergulten paten halben di sach also ruhen lassen, doch di paten in der krigstuben verwarn und sehen, ob jemand darumb ansuchen wöll.

2281. [1537, VII, 3 a] 22. September 1537:

Den buchpindern ir beger umb gsetz und ordnung widermals ableinen und sagen, damit nit widerzekomen, dan man werds inen nit zugeben.

2282. [1537, VII, 9 b] 28. September 1537:

Pangratzen Labenwolf, dem giesser, vergönnen, das er noch 2 gsellen auf 2 monat lang über das gsetz hallten mög, dweils denen von Augspurg zu verfertigung irs wercks zu gut kompt.

2283. [1537, VIII, 17 a] 29. Oktober 1537:

Den platnergeseln ir begern der ordnung halben ablainen, wan sy aber sunst gegen imandt mangl haben, sollen sy das schryfflich anzeigen, so wol ein e. rat schreyben, und das sy gar nit selbst schreyben solten.

2284. [1537, VIII, 21 b] 1. November 1537:

Auf der geschworen der püxenschau anzeigen ist verlaßen, das die püxenschmid fürohin [*folgt ein kleines, schwer entzifferbares Wort. Der Schreiber scheint* hin *noch einmal geschrieben zu haben*: *oder* zu?] die hackenschrauben mit fünf gewünden machen sollen, und wu man ein undäugliche schrauben find, sol man die zerschlagen.

Weyter sollen der hackenkugl mer nit dan 18 auf ein pfundt gen und wu sy kleiner sein, sol man die nit zaichen; der leng halben sol man die frey lassen.

Solichs sol zu irer schauordnung pracht und inen angezeigt werden.

Daneben bedencken, wie man es mit den handtroren oder pirschpüxen mocht peserung thun, damit die auch rechtfertig gemacht werden.

Es folgt noch eine Anzahl weiterer Ratsverlässe über diesen Gegenstand.

2285. [1537, VIII, 28 a] 7. November 1537:

Pangratzen Lobenwolf, dem giesser, auf sein neugepaut hauß und gießhütten beim Schießgraben ein zinß schlagen jerlich 24 f. in golld, dweil Meine Herrn den pau verlegt haben.

Daneben maister Symon solchs paus halben vernemen, was er für sein mühe und arbeit fordere, alsdan nach pillichen dingen ine zufriden ze stellen; und solle ine das gellt, so er holzs halben in die Peunt schuldig ist, zugstellt werden, das ers in di Peunt wider zale.

Dem zimerman, auch dem schreiber, so den pau gemacht und rechnung gehalten, jedem 1 f. verehrn.

2286. [30 a] 9. November 1537:

Maister Symon Rößnern soll man des gepauten hauß halben beim Schießgraben mit 10 f. verehrn für sein gehapte mühe. Daneben Pangratzen Laubenwolf, besitzern solchs haus, 5 f. geben, die fennster damit machen ze lassen; solch alles auch in di rechnung ze pringen.

2287. [1537, IX, 8 b] 21. November 1537;

Hannsen Metters, bildschnitzer zu Werd, betrohung halben den richter zu Werd vernemen, auch leut hören, und widerpringen.

2288. [1537, IX, 12 a] 24. November 1537:

Hannsen Metters, bildschnitzers von Werd, gethaner betrohung halben vleiß thun, ob er in Meiner Herren oberkeit zu bedretten sein möcht, ine alsdan annemen lassen; wo aber nit, über 14 tag wider furlegen, ob man derhalben an marggrafen schreiben woll.

2289. [1537, IX, 21 b] 4. Dezember 1537:

Hannsen Metter, dem bildschnitzer von Werd, sein beger umb verglaitung und verfolgung seiner güter ableinen und sagen, er mög sein sach durch ein anwald außrichten.

2290. [1537, IX, 23 b] 5. Dezember 1537:

Hanns Rößner[1]), der püxenschmit, *kommt vor.*

2291. [25 a] 7. Dezember *und* [26 a] 8. Dezember 1537: *Desgleichen.*

2292. [1537, IX, 29 b] 11. Dezember 1537:

Ein längerer Ratsverlaß, Neubauten und sonstige Verbesserungen in dem Städtchen Gräfenberg betreffend.

2293. [1537, X, 9 b] 22. Dezember 1537:

Niclasen Meldeman, sovehr er den halben theil seiner schulden, di er in di losungstuben schuldig, jetzo bezalt also bar, soll man im zu bezalung des überigen halben theils frisst geben, das er alle monat 1 f. daran zalen mög.

2294. [1537, XI, 6 a] 15. Januar 1538:

Petern Freymont, dem atlaßmacher, sein beger, das er das preuhaus auf der Schütten verlassen möcht, ableinen und sagen, sey im nit gelegen, solchs zu behalten, mög ers Meinen Herren wider zustellen, wollen sie es selbs hinlassen. Er soll auch nichs herauß nemen oder prechen, so hinein gehört, on wissen.

2295. Johanna, Peter Passen, biretmachers seligen, wittib, *kommt vor.*

2296. [1537, XI, 15 a] 22. Januar 1538:

Hannsen von Ley gegen Peter Freymond, dem atlaßmacher, on furpot ans gericht weisen, auch bevelhen, zwüschen inen summa[riter?] eins [*Lesung nicht ganz sicher*] zu procediren und di sach ze fürdern.

2297. [1537, XI, 17 b] 24. Januar 1538:

---

[1]) Mitteilungen, Jahrgang 1890 S. 71 († 1557 oder 1558).

Albrechen Weinman[1], dem rotschmidt, sein bit, das er 2 jar zu Wien unentsagt seins bürgerrechtens wonen mög, ableinen.

2298. [24 a] 29. Januar 1538:

Albrechten Weinmans, des gwichtmachers, halben erkundigen, ob er zum püxenmaisterampt toglich und, so sichs erfindt, ine alsdan auf 32 h. bestellen lassen, damit er hie behalten werde.

2299. [25 b] 31. Januar 1538:

Albrechen Weinman, dem gwichtmacher, das begert püxenmaisterampt, dweil er des schiessens unerfarn, ableinen und sonst sehen, wie man ine mit guten worten auf- und hie behalten mög.

2300. [1537, XII, 5 b] 12. Februar 1538:

... Hannsen Decker, den deppichwircker, ... umbs gellt zu bürgern annemen.

2301. [1537, XII, 19 b] 23. Februar 1538:

Albrechten Pietzl, püxenschmidt, umbs gellt zu bürger annemen.

2302. [1537, XII, 26 b] 4. März 1538:

Eraßmussen Egerßdorfer, den püxenfasser, umbs gelt zu bürger annemen.

2303. [1537, XIII, 4 a] 8. März 1538:

Uf der stat Premen credentz und fürschrifft sol man irm gesannten püxenmaister das zeughaus sehen lassen und guten willen erzeigen.

2304. [1537, XIII, 8 a] 12. März 1538:

Hannsen Krug, dem goldschmidt, sein beger ableinen und sagen, so er nit hie pleiben kond, mög er sein bürgerrecht aufsagen, wie ein ander auch thun muß.

2305. [8 b] Hannsen Krugen auf sein ferner anhalten frißt biß Pfingsten geben, das er noch zu Schwabach wonen mög.

2306. 13. März 1538:

Pfalzgraf Friderichs gesanndten auf übergeben schreiben sagen, Meine Herren wöllen des gestolen kelchs und

---

[1] Vielleicht der Sohn des nach Neudörfer (ed. Lochner S. 158) am 10. März 1560 verstorbenen Hans Weinmann. Ein Rotschmied A. W. liegt auf dem Johanniskirchhofe begraben; vgl. Trechsel S. 612, Sp. 1 (1585).

anders halben den goldschmiden hie bevelhen, solchs, so es zu inen komen wird, aufzehalten; in herbergen aber müssen sie selbs kuntschafft machen und, so etwas an Meine Herren gelangt, woll man sich unverweißlich erzeigen. Diser bevelch sol auch den goldschmiden gschehen.

2307. [1537, XIII, 17 b] 21. März 1538:

Mit den geschwornen goldschmiden und schneidern handlen, die rumorn bey irn lerjungen abzestellen, oder ein rath werd mit straf einsehen thun.

2308. [1537, XIII, 21 b] 23. März 1538:

Moritzen Frantzen[1]), den goldschmidt, sovehr er ein abschidt pringt, umbs gellt zu bürger annemen.

2309. [1537, XIII, 24 a] 26. März 1538:

Hanns Mörle, der püxenschmidt zu Werd, *kommt vor.*

2310. [1537, XIII, 26 a] 27. März 1538:

Peter Freumont, dem niderlendischen bierpreu, das preuhaus auf der Schütten aufsagen, das er darinn nit mehr feur halten sol, dweils etlich mal anfangen zu prinnen, und ime den zinß von Michaelis her nachlassen.

2311. [28 a] 29. März 1538:

Petern Freymont, dem atlaßmacher, sein beger, ime das preuhaus auf der Schütten noch 4 jar lang ze lassn, ableinen, und bey jüngtem aufsagen und bescheidt pleiben lassen.

2312. [1537, XIII, 35 b] 3. April 1538:

Micheln Algeier, dem püxenschmit, sein beger umb zulassung zweier essen ableinen und bey jüngstem bscheidt, dem er nochmals volzihung thun sol, pleiben lassen.

. . . .

2313. Ulrichen Heberlein, den goldschmid, furfordern und auf sein beclagen gegen seim lerjungen verhörn . . . *etc.*

2314. [1537, XIV, 4 a] 6. April 1538:

Jacoben Simon, dem atlaßmacher, das begert bürgerrecht ableinen.

2315. [1537, IV, 7 b] 9. April 1538:

Hannsen Hofman, den pantzermacher, . . . umbs gelt zu bürger annemen.

[1]) Goldschmiede-Verzeichnis Nr. 311 (1538).

2316. [1537, IV, 9 a] 11. April 1538:

Micheln Algeier sein beger umb zulassung seiner jüngst abgeschafften essen nochmals ableinen und, dweils ime bey 10 f. abzethun gepotten, sovehr dan dieselb zeit verschinen, sol man die peen von ime nemen, dweil er ungehorsam geweßt.

Es folgen noch einige weitere Ratsverlässe über diesen Gegenstand.

2317. [1537, XIV, 10 b] 12. April 1538:

Endrissen Kolben[1], dem platner, als mitvormunden maister Wilhelms von Wormbs seligen verlaßnen kinder zulassen, das er die gschetzten harnisch umb die gschetzt summa, dweil sie sonst so hoch nit verkaufft werden mögen, selbs annemen mög, damits den kindern zu nutz komen.

2318. [1538, I, 3 b] 25. April 1538:

Den wellschen künstner[2]) vernemen, was sein schicklicheit sey, ime gepeu und ander ding halben fragstück furhalten, dazu ziehen, wer dinstlich sein mag, und, was man bey im findt, widerpringen.

2319. [5 a] 26. April 1538:

Maister Simon und den parlir in der Peunt, neben m. Paulussen geprauchen, so man den welschen künstner vernemen will.

2320. [8 b] 29. April 1538:

Den frömbden Wallen in seinen furschlagen der gepeuen halben ferner vernemen, sein verzeichnet visier besichtigen, ime widerpart halten und, was man also bey im findt, widerpringen, die werckleut auch und wer sonst mehr dinstlich dazu sein mag, dazu ziehen[3]).

2321. [12 a] 2. Mai 1538:

Mit dem kunstreichen Walhen auf sein anzeigte rat-

[1]) Nach Neudörfer, ed. Lochner S. 63 Wilhelms von Worms des ä. Schwiegersohn. Mitteilungen II, 256 (»beim Thiergartner Thor« † 1550).

[2]) Über den italienischen Baumeister Antonio Fazuni, der hier gemeint ist, vgl. Lochner in seiner Neudörfer-Ausgabe S. 9 (»Vascani«), S. 157 (»Fazuni«). Baader, Beiträge II, 9 f. Zahns Jahrbücher II, 81 f. Mummenhoff, Rathaus S. 23, 167 (1538—1545).

[3]) Zur Sache, dem Bau der Bastei zwischen dem Vestner- und Thiergärtner-Thor, vgl. für diesen und die folgenden einschlägigen Ratsverlässe Baader, Beiträge II, 9 f.

schleg, wie dise stat mit gepeuen wol verwart und gepessert werden möcht, ferner hanndlen und ine bitten, die verzeichneten visier in modell ze pringen und schneiden lassen, damit mans alwegen bey der handt haben und gepranchen möcht; ime auch sagen. Meine Herren wollen sich zu danck mit ime darumb vergleichen und solln Sepalt Peck[1]), schreiner, und Sebalt Reche ime zugeordnet werden, doch mit pflichten beladen, alle sachen in geheimb und verschwigen ze halten. Und mit Jobsten Tetzl handlen, ine in sein hauß ze nemen, damit er sein gemach destobaß haben und auch unüberlauffen sein mög in seiner arbeit. Bartln Haller auch sagen, disen man nit wegig ze machen, sonder noch mer hie pleiben ze lassen mit anzeig, das solchs uf Meiner Herren costen geschehen sol. — So dan di modell gemacht und verfertigt werden [*lies*: worden], alsdan widerpringen und rätig werden, wie man ine verehren wöll.

2322. [1538, I, 13 a] 3. Mai 1538:

Mit maister Jörgen Weber handlen, sich noch lenger auf der Peunt als ein anschicker geprauchen ze lassen und. im fal das er ferner waigern wird, ine vernemmen, was seine beschwerden, was ime auch abgeprochen worden sey, und widerpringen.

Ime auch sagen, es sey von unnöten, das er von Eistet gen Neuburg, das wasserwerk daselbst zu bsichtigen, ziehe.

2323. [14 b] Maister Jörgen Weber sein beger, ime die 16 f., so ime, als er uf die Peunt kommen, abgestrickt worden, weiter volgen ze lassen, mit erbern worten ableinen und aber daneben sagen, das best ze thun, wie ime Meine Herren vertrauen, so wöll man ine biß jar mit einer verehrung bedencken.

2324. [1538, I, 20 a] 7. Mai 1538:

Den künstlichen Walhen gen Lichtnau füren, etlich dolmetschen dazu geprauchen und ine vernemen, was er der gepeu halben rathe, obs nützlich angfangen oder anders anzegreiffen sein mög, solchen sein ratschlag widerpringen.

2325. Den geschwornen schreinern sagen, dweil Sebalt Peck das handwerk zuvor, ehe inen das maisterstück gegeben worden, getriben und vor inen allen gschickt und be-

[1]) Neudörfer, ed. Lochner S. 157 f. Doppelmayer 288. Baader, Beiträge II, 9. Mummenhoff, Rathaus 102 u. 105 (1541). Mitteilungen II, 278 (»Bildhauer«, † 1545). Meyers Allg. Künstler-Lexikon III, 263.

rümpt ist, das sie dan ine auch fürdern und ime wie andern zuschicken sollen; das wöllen Meine Herren von inen haben.

2326. [1538, I, 23 b] 9. Mai 1538:

Zwischen Hannsen Kalt[1]), atlaßmacher, und den barchatwebern, des ferbhaus halben handlen und mittln, obs verglichen werden möchten.

2327. [25 a] 10. Mai 1538:

Dem ferbhaus auf der Schütten mit hültzen rörn ze legen hellfen lassen, dweils mit 15 f. gschehen mag, damit den barchatwebern und auch Hannsen Kallt, dem atlaßmacher, geholffen werd.

2328. [1538, I, 36 b] 18. Mai 1538:

Hannsen Neithart, dem rotschmit von Costnitz, die begerten 25 tegel ableinen, dweils das handwerk nit leiden kan.

2329. [1538, I, 37 a] 20. Mai 1538:

Peter Freymond, dem atlaßmacher, sein beger umb fernern bestanndt des preuhaus auf der Schütten nochmals ablainen und bey jüngstem bscheidt pleiben lassen, dweils aus guten ursachen gschehen.

2330. [37 b] Dem welschen baumaister weiter zusprechen und ine bitten, ein platz furzenemen und außmessen, wie hoch, weit, lang und breit di pastey werd. Daneben ime anzeigen, so Meine Herren daran komen, solch gepeu furzenemen, das si ine dazu bitten und geprauchen, sich auch gegen ime der gepür erzeigen wöllen und, wie mans also findt, alles widerpringen.

. . . .

2331. Hanns Prenner, püxenschmit, seins aufgsagten bürgerrechtens halb in die losungstub weisen, dem form nach.

2332. [1538, I, 40 a] 22. Mai 1538:

Dem welschen paumaister nochmals zusprechen, auf dem platz, den er furgschlagen zu aufpauung der pastey, pflöck ze schlagen und abmessen, solchs auch eigentlich, wie es gstalt sein wirt, besichtigen und widerpringen.

Über den Bau dieser pastey vor der vesten *enthalten die folgenden Hefte noch eine große Zahl weiterer Ratsverlässe, von denen hier nur noch einige der wichtigeren Platz finden können.*

---

[1]) Sein Grab auf dem Rochuskirchhofe. Vgl. (Gugel), Norischer Christen Freydhöfe Gedächtnis 41 (1568).

2333. [1538, II, 3 a] 24. Mai 1538:

Dem atlaßmacher sein beger des preuhaus halben auf der Schütten nochmals ableinen und sagen, Meine Herrn lassens bey der mit im ufgerichten erschreibung pleiben; diselb mag man ine lesen lassen.

2334. [1538, II, 5 b] 27. Mai 1538:

Den zweien püxenschmiden vergönnen, das sie 300 hacken gen München auf di musterung füren mögen, doch zuzesagen, das [= *daß sie, nämlich die Haken*] sonst niendert hinkomen solln.

2335. [1538, II, 7 a] 28. Mai 1538:

Mit dem welschen paumaister auf sein furschlagen und begert besoldung alle monat 80 kronen etc. ferner handlen und beschweren, das es zu gar übermessig gefordert sey, doch aber, das er sehen mög, das Meine Herren sich auch zum gleichen zill legen wölln, ime furschlagen, das man ime ein jar lang alle monat 60 f. golld geben und dazu, so di pastey zu Meiner Herren gfallen verfertigt wirdt, er mit einer verehrung bedacht werden soll; in solchem sein gemüt widerpringen.

2336. [1538, II, 10 a] 31. Mai 1538:

Die werkleut, als m. Paulussen, m. Simon, maister Jorgen, Symon Hartman etc. über das modell der pasteien füren, sie solchs sehen lassen und vernemen, wie man zum vorrath und notturfft mit steinen und andern zu komen, was si auch davon hallten; maister Sebalden [sc. Beck] auch dabey sein lassen; und widerpringen.

2337. [12 a] 1. Juni 1538:

Die werkleut nochmals das muster der pasteien, so gepaut werden sol, bsichtigen lassen, inen auch di besteckung anzeigen und ratschlagen lassen, ob si etlich pesserungen daran wißten, diselben anzuzeigen, auch weg furzeschlagen, wie man furderlich zu stemen komen mög, ob man auch fron auflegen sol und wie di sachen allenthalben ufs nechst und mit bestem vortl anzugreiffen seien, solchs widerpringen.

2338. [1538, II, 19 a] 5. Juni 1538:

Maister Paulus Beheim und meister Jörgen Weber sagen, das Meine Herren nit gern hören, das sy des anschlags des cosstens halb, so uff daz vorhabendt gepeu der pasteyen geen soll, also unaynig seyen und den maister Simon nit darzu genumen haben, aber, wie dem, so wöll mans yetzo uff im selbs beruhen lassen; und maister Simon auch darynn horen und dann weitter ratig werden, was zu thun sey.

2339. [1538, II, 24 a] 8. Juni 1538:

Dem Guldenmundt sagen, sich hinfüro zu enthalten, allerlay schentlicher getruckter und gemalter brief wider den bapst und annder nit mer herzupringen und fayl zu haben [1]).

2340. [1538, II, 36 a] 19. Juni 1538:

Wolfen Danner [2]) vergönnen, das er noch 2 gsellen über di ordnung hie zwischen Michaelis halten mög, doch soll er ausserhalb der 500 hacken, so herzog Jorgen von Saxen gehören; kein andere machen, weil er dise gsellen hat.

2341. [1538, III, 6 b] 26. Juni 1538:

Diejhenen, so den goldschmiden falsch silber zupracht, bschicken und sie darin vernemen, alsdan der ordnung nachgeen.

2342. [8 b] 27. Juni 1538:

Des falschen silbers halben, so den goldschmiden zupracht worden, Pangratzen Ponfickls weibs furschlagen zeugen, ders gsehen haben sol, das sie es gfunden, verhören; deßgleichen auch, so Seuhaintz wider ankompt, ine auch vernemen, wo im das sein herkomen, und beder antwurten widerpringen.

2343. [1538, III, 10 a] 28. Juni 1538:

Contz Mair, platner, *kommt in einer gleichgültigen Angelegenheit vor.*

2344. [10 b] Hanns Mair, platner, der eltere, *kommt in einer gleichgültigen Angelegenheit vor.*

2345. [13 b] 2. Juli 1538:

Hanns Solis [3]), der frantzosenartzt, *kommt vor.*

2346. [1538, III, 27 b] 16. Juli 1538:

. . . Ulrichen Lebinger, den püxenschmit, Adam

[1]) Zur Sache vgl. Soden, Beiträge zur Geschichte der Reformation S. 462.

[2]) Neudörfer, ed. Lochner S. 82 f. Doppelmayr S. 289 († 1552). Zahns Jahrbücher I, 256 (1512). Jahrbuch der Kunstsammlungen des A. K. H. Regest Nr. 4763 (1543).

[3]) Ein paar Notizen über den »Franzosenarzt« H. S. wurden nur wegen der mutmaßlichen Verwandtschaft des Mannes mit der Künstlerfamilie S., über die eine irgendwie erschöpfende Arbeit bisher nicht existiert, aufgenommen.

Hohamer, auch püxenschmit, . . . umbs gellt zu bürger annemen.

2347. [1538, IV, 15 a] 29. Juli 1538:

Mayster Paulus Peham sol man ablainen, jetz zu herzog Ot Hainrich zu reiten, und ime sagen, das man sein jetz nit geraten mug [1]).

2348. [21 a] 3. August 1538:

Herzog Ott Hainrich sol man zuschreyben, das man maister Paulussen dyser tag nit geraten kün; aber über 10 tag wol man im 8 tag zu sein gnaden zu reyten erlauben, und nit lenger, den ein rat sein notürftig.

Daneben maister Paulusen sagen und im pey seinen pflichten verpieten, vonn eins ratz vorhabendem gepeu nichtz zu sagen.

2349. [1538, IV, 27 a] 8. August 1538:

Mit Jörgen Hunger [2]), dem parlier auf der Peundt, zu handlen, das er jetz hie pleyb, man wol in zu dysem gepeu geprauchen; wan er je zu reyten hab, so wol man im über 14 tagen etlich tag erlauben.

Daneben sol man mit dem paumaister und maister Hansen auf der Peundt handln, das sy umb ein andern schreyber auf der Peundt umbsehen woll; dan ein rat wol dysen parlier zu dem gepeu geprauchen.

2350. [1538, V, 4 b] 17. August 1538:

Michel Schefer, goldtschlager und flinderleinmacher von Ulm sein begern, ine zu bürger anzunemen oder sonst sein arbait hie machen zu lassen, dieweyl sollichs wider das hanndtwerck der goldtschmid ist, mit guten wortten ablaynen.

2351. [1538, V, 8 a] 20. August 1538:

Mathes Weysser, ain goldtschmidsjung, *kommt vor.*

2352. [1538, V, 10 a] 21. August 1538:

---

[1]) Vgl. Mummenhoff, Rathaus S. 349.

[2]) Über Jörg Unger, wie er gewöhnlich genannt wird, den Erbauer der vier dicken Nürnberger Türme, vgl. Neudörfer, ed. Lochner S. 82 (1541; nur Erwähnungen). Baader, Beiträge II, 9 f. Zahns Jahrbücher I, 262. Mummenhoff, Rathaus 167, 191 (Bestallungsurkunde vom 9. April 1554). Rée, Nürnberg 183. Übrigens wird ein »Görg Unger, rotschmid«, vermutlich ein Verwandter, vielleicht der Vater unseres Meisters, Sabbato ante Cantate [20. Mai] 1508 zu Bürger angenommen und zahlt bei seiner Bürgeraufnahme 4 fl.

Auff des licenciat Peter Popffingers suppliciren den cossten der gibelmauren, die im Daniel Engelhart, staynschneider, mit ime zu pauen angepotten hat, ungeverlich überschlagen und daneben das hauß auch schatzen lassen: das widerpringen und weitter ratig werden.

2353. [1538, V, 12 a] 22. August 1538:

Sebaldt Gar, goldschmid, der tafel halb im Frauenbrudercloster auff sein suppliciren sagen, man könn sich derwegen mit im nit einlassen, man hab doctor Andreas Stossen zuvor in sollichem anntwurt geben; dabey lassens Meine Herren noch pleyben.

2354. [1538, V, 16 a] 26. August 1538:

An des verstorben maister Hanns Beheims stat nach ainem anndern tuglichen anschicker auff die Peunt gedencken, und widerpringen.

2355. [1538, V, 36 b] 11. September 1538:

Herrn Peter Popfinger, licentiaten, und Daniel Engelhart, staynschneyder, mit irer pauirrung und derwegen begerter besichtigung fur di verordenten pauleut weysen.

2356. [1538, VI, 18 b] 27. September 1538:

Bartln Pützle, den wapenschmit, umbs gelt zu bürger annemen.

2357. [1538, VI, 22 a] 30. September 1538:

L. Peter Popfingers und Daniels Englharten, stainschneiders, irrungen halben dem Daniel auflegen, di pauleut furderlich ze bitten und füren, daselbst jeder theil sein clag furpringen und bscheids erwarten soll.

2358. [1538, VII, 1 b] 10. Oktober 1538:

Auf m. Hannsen Behems in der Peunt absterben ist beim gsampten rath verlassen, dweil er bede empter, das anschicken und puchhalten, samptlich verwalltet, das dan di jetzo wider getheilt und mit 2 personen versehen werden. Und sol der anschicker und puchhalter in m. Hannsen seligen haus sein wonung und 80 f. das jar zu bsoldung haben. Der werckmaister aber sol maister Paulussen hauß besitzen und seiner bsoldung halben bedacht werden, wie mans damit halten mög; solchs widerpringen, damit mans beim rath taxirn mög.

Und ist vom rath zu eim buchhalter und anschicker Iheronimus Köler und zu eim werckmaister m. Simon Rößner erteilt.

2359. [2 a] Caspar Umblaths, atlaßmachers, weib *kommt vor.*

2360. [1538, VII, 3 a] 11. Oktober 1538:

Lorentzen Trunck, dem goldschmit, sagen, so di frau mit dem argwenigen pruchsilber wider komm, si alsdan furn bürgermaister zu bscheiden, alda sol nach gelegenheit, wie sichs erfinden wirt, gegen ir gehandlet werden.

2361. [1538, VII, 5 a] 12. Oktober 1538:

Wolfen Dhanner, dem püxenschmit, auf sein bit 100 f. furleihen, auf sein erpieten, das ers ime an hacken, so er ins zeughaus macht, wider abziehen oder aber sonst hiezwischen Lichtmeß wider zalen wöll. Solchs sol also in achtung gehapt werden.

2362. [1538, VII, 18 b] 18. Oktober 1538:

Pangratzen Labenwolf, dem giesser, sagen, man stell auf ine, gen Anspach ze ziehen oder nit, dweil er wissen hat, wie di sachen jetz gestallt und was glauben bey den leuten ist.

2363. [1538, VII, 43 a] 2. November 1538:

. . . Micheln Wolff, püxenschmidt, . . . umbs gellt zu bürger annemen.

2364. [1538, VIII, 3 b] 9. November 1538:

Conraten von Praunschweig, den goldschmidgsellen, seiner ungehorsame halben ins loch legen lassen.

2365. [1538, VIII, 21 b] 20. November 1538:

Peter Plancken, dem rotschmit, auf der kon. Mt. fürschrifft vergönnen, 4 jar lang in irer Mt. diennsten zu Wien ze sein, unentsagt seins bürgerrechten.

2366. [1538, VIII, 22 b] 22. November 1538:

Dem baumaister von Olmenitz die begert besichtigung der pasteien innwendig mit erbern worten ablainen und anzeigen, dweils noch nit verfertigt, könd er nichs daran sehen.

2367. [1538, IX, 6 b] 9. Dezember 1538:

Bernharten Wißman, den püxeschmit, umbs gelt zu bürger annemen.

2368. [1538, IX, 17 b] 17. Dezember 1538:

Die gschwornen goldschmid bschicken, inen anzeigen, was jetz eins lerpriefs halben sich zutragen und an Mein Herren gelangt, si darauf vernemen, wie es bisher damit gehalten worden und wohers komen, das si lerprif geben, dweils auf allen andern handwercken anders gehalten wirt; solichs widerpringen.

2369. [1538, IX, 20 b] 19. Dezember 1538:

Zum schloßpau Burgdhann di begerten 20 segschröt sampt den latten volgen lassen, dweil mans nit überig sein kan [= *weil man nicht umhin kann*].

2370. [21 a] Der goldschmid lerpriefgebens halben in der canzley nachsuchen, obs vor jaren von raths wegen gegeben worden und wölcher massen; solchs beim gesampten rath widerpringen.

2371. [22 a] 20. Dezember 1538:

Hannsen Pulman[1]), den schlosser, seins aufgforderten bürgerrechten halb in di losungstuben weisen.

2372. [1538, IX, 25 a] 24. Dezember 1538:

Den gschwornen goldschmiden in beisein etlicher des handtwercks allten maistern anzeigen, das Meine Herren hinter sich suchen lassen und finden, daß hievor allemal die lerprief unter eins raths secret geben worden seien, und find sich nit, das inen gwalt gegeben, solchs ze thun; darumb werdens Meine Herren hinfüro wie von alter her unter irm secret geben, wie mit andern handtwerken gepreuchlich. Daneben auch weiter erkundigen, ob noch mer handwerk wern, di solchen geprauch hetten, und widerpringen.

2373. [1538, X, 4 a] 3. Januar 1539:

Den geschickten berümpten steinmetzen, so bei der pastey arbeitet, vernemen und mit im ansetzen, ob er hie zu behalten, auf was maß; und widerpringen.

2374. [1538, X, 7 a] 7. Januar 1539:

Jörgen Hunger, den parlir auf der Peunt, zu bürger annemen und im das bürgergellt schencken.

2375. [7 b] Den goldschmiden irer lerprif halben sagen, wo inen derhalben etwas zugemessen werden, wölt mans entschuldigen und inen zur notturfft furstendig sein.

Des pfennters halben aber mit einschreibung der lerjungen solln sie unbeschwert pleiben.

[1]) Scheint nicht etwa Schreibfehler anstatt Jakob P., sondern von diesem unterschieden werden zu müssen.

Dem pfennter und Herman auch ansagen, solchs irs anmassens in ruhe ze steen, dweils mit allter nit herkomen.

2376. [1538, X, 10 a] 9. Januar 1539:

Paulussen Lautensack auflegen und bey einer leipstraf gepieten, sein bildpüchlein weiter under di leut nit außzepraiten, noch feil ze haben, oder, wo nit, werd man ine der stat verweisen.

2377. [1538, X, 17 a] 14. Januar 1539:

Dem Hartlieb, platnern, auflegen, Sebastian von Eibs voiten den gulden wider zuzestellen; daneben dem voiten sagen, man woll sich der ungschickten reden halben erkundigen und, so sichs findt, mit straf einsehen thun, seim junckhern auch zuschreiben. Solche erfarung auch thun und widerpringen.

2378. [18 a] 15. Januar 1539:

Der püxenschmit ordnung halben mit den halben hacken, wie di der erlengerung halben und mit kleinen kugeln zu endern sein mög, bedencken und widerpringen; mitler weil frey lassen, solche hacken zu eins jeden gfallen ze machen.

2379. [1538, X, 23 a] 18. Januar 1539:

Johann von Roy[1]), dem tapezir, das begert diennstgelt ableinen, doch aber sagen, Mein Herren wollen ine 10 jar lang hie frey sitzen lassen ausserhalb des ungelts. So er dan ie auf dem furlehen verharren wolt, alsdan ine vernemen, so ime 200 f. furgstreckt wirden, wie und mit wehm ers verpürgen wolt; solchs widerpringen.

2380. [1538, X, 24 b] 20. Januar 1539:

Der hackenpüxen halben ist verlassen, wölche dem furprachten maß gemeß oder auch lenger gemacht werden, di solln die kleiner kugl, dern 25 auf ein pfunt gen, prauchen; welche

[1]) Im Bürgerbuch von 1534—1631 Bl. 210b heißt es: »Johann de Roy von Brüssel [am Rande: »dapecereymacher«] ist beim erbaren rath vergunt unnd versprochen, das er zehen jar lang die negsten hie in der stat als ir underthan aller steur unnd losung frey unnd onbeschwertt, allain das ungeltt ausgenummen, wonen unnd sein anwesen von meniglich derhalben unangesprochen haben sol unnd mag. Actum . . . 29. January A° 1539«; und ebenda Bl. 212a: »Johann de Roy ist widerumb vergunt auf zuschreiben herrnn Chrisogono Dietzen fünff jar losung frey . . . zu wonen, angesagt per Balthasar Derrer. Actum . . . 22. Febr. 1550« Im übrigen vgl. über diesen »Tapissier« König Ferdinands I. Jahrbuch der Kunstsammlungen des A. K. H. Bd. V, Nr. 1068, 4113, 4169, 4372, 4530. Bd. VII und XI an mehreren Orten (vgl. die Register).

aber kürtzer sein werden, damit sols der allten grossen kugl, dern 18 auf ein h. gen, nach gehalten und derselben gemeß gelöchert werden.

2381. [28 b] 24. Januar 1539:

Den püxenschmiden frey lassen, di langen hacken vor zu poliren oder nit; der stil halben aber solls bey voriger ordnung pleiben.

2382. [29 a] Johann de Roy, dem tapezir, nochmals sagen, Meine Herren lassens bey jüngstem entschidt, das man ime 200 f. auf gnugsam pürgschafft furleihen und ine 10 jar ausserhalb ungelts frey setzen wöll; wo ime solchs nit gelegen, ime sagen, Mein Herrn werden weiter nit geen.

2383. [34 b] 28. Januar 1539:

Johann de Roy, dem tapezir, bewilligen, das er alhie 10 jar lang frey sitzen — ausserhalb des ungelts, das er zalen sol. Ime auch den kram unterm rathauß neben des federmachers kram solch zeit aus frey und on zinß lassen, doch das er den selbs besitzen und keim andern verlassen [soll]. Daneben ime jetzund 200 f., doch auf gnugsame caution, dern er sich erpotten, furzestrecken, dieselben dermassen wider zu bezalen, nemlich im sibenden jar solcher zeit das ein hundert und im 8. jar das ander hundert gulden abzerichten.

2384. [1538, X, 35 b] 29. Januar 1539:

. . . Caspar Ulrichen, den goldschmide, . . . umbs gelt zu bürger annemen.

2385. [1538, XI, 7 a] 3. Februar 1539:

Ulrich Stangen, platners, weib *kommt vor.*

2386. [1538, XI, 28 a] 19. Februar 1539:

Steffan Schön, den jungen goldschmidknaben, aus den eisen ins loch fürn lassen, daselbst dipstals halben ze red hallten, pinden und betrohen.

2387. [1538, XI, 30 a] 20. Februar 1539:

Hanns Mörl, der püxenschmidt *kommt vor.*

2388. [1538, XII, 1 b] 27. Februar 1539:

Den geschwornen hackenschauern sagen, gut ordnung in irm ampt ze halten, sonderlich mit dem zaichen soll Hartman [1]) dasselbig bey sich haben und kein hacken zeichen dan auf der

[1]) Sigmund Hartmann war Zeugmeister.

bschießstat, auch in gegenwart der andern gschwornen. Daneben Michl Algeiers verschlagner hacken halben erkundigen, wie es damit gstallt, und widerpringen.

2389. [1538, XII, 3 b] 28. Februar 1539:

Zu bedencken, wie weg ze finden und zufurkommen, das die tegl nit also wegk verfürt würden, solchs widerpringen. Daneben auch erkundigen, wer jüngst tegel verschickt hab, und auch widerpringen.

2390. [1538, XII, 6 b] 3. März 1539:

Dem püxenschmid von Strasburg, meister Ambrosien Zaisch, di begerten tegel mit erbern worten ableinen, dweils das hantwerk nit leiden mag.

2391. [1538, XII, 20 a] 14. März 1539:

Dern von Ulm schreiben, irm bürger, Antonien Rotschmid, etlich tegl volgen ze lassen, den gschwornen furhalten und irn bericht widerpringen.

2392. [24 a] 15. März 1539:

Bürgermeister und rath ze Ulm schreiben irs bürgers Anthoni Rottschmids halb, etlicher tigell halben, wiewolls eim rotschmidhandtwerckh seer bschwerlich, jedoch wollt man im jetzt mit 15 tigeln willfarn; wenn er aber hinfüro solicher gestallt wider bey in ansuchen thet, ine darvon weisen.

2393. [24 b] Den geschwornen bemelts rotschmidhanndtwercks zu sagen, dem Anthoni Rotschmid von Ulm zu disemmal 15 gießtigell volgen zu lassen.

2394. [1538, XIII, 14 a] 5. April 1539:

Den püxenschmiden ir beger umb ordnung und gsetz ableinen und ein freie kunst pleiben lassen.

2395. [1539, I, 1 a] 9. April 1539:

Hannsen Unfug und andern rotschmiden, so zu Presla arbeiten, sovil dern bürger sint, bey irn pflichten fordern, gegen den andern aber, so nit bürger, fürschrifften geben.

2396. [1539, I, 5 a] 11. April 1539:

Erkundigen, wie vil hafner und teglprenner hie zum Herolzperg und Sünterspühel sint, dieselben alle alsdan ins amptpüchlein einschreiben lassen, damit mans zur gehorsam fordern mög. Daneben auch jüngstem verlaß gemeß erkundigung thun und darauf ratschlagen, alsdan alles widerpringen.

2397. [1539, I, 10 b] 16. April 1539:

Augustin Hirßvogel vergönnen, noch 2 jar lang unentsagt seins bürgerrechten in Laubach ze wonen; solchs, wo ers begert, denen von Laubach also zuschreiben.

2398. [1539, I, 15 a] 19. April 1539:

Jörgen Prenntz [*so auch im Register*], dem maler, eim dapfern künstner, sein jerlich pension pessern, das er hinfüro 24 f. haben sol, dweil sein kunst Meinen Herren zu ehren raicht.

2399. [1539, I, 17 b] 22. April 1539:

Hannsen Vischer, dem giesser, jetzo III c gulden hinaußgeben und sagen, das gitter furderlich zu verfertigen, dann Meine Herrn tragen menglich myßfallen an seiner langsamen arbeit [1].

2400. [1539, I, 27 b] 28. April 1539:

Den geschwornen goldtschmiden sagen, das sy den wapenring, so sy angezaigt, behalten so lang, piß der, so inen gepracht, rechte kundtschafft pring, wu der ring herkum.

2401. [1539, II, 2 a] 8. Mai 1539:

Maister Paulussen Behem auf herzog Otthenrichs schreiben vergönnen, zu sein f. g. ze reiten und etlich tag in seinen peusachen rätig ze sein.

2402. [1539, II, 4 b] 9. Mai 1539:

Wolffen Kamerer, püchssenschmidt, ist vergundt, dem landgrafen zum Leuchtenberg 50 halbhacken zu schicken.

2403. [1539, II, 5 b] 10. Mai 1539:

Hannsen Kellner, dem rotschmidt, zulassen, noch 2 jar lang unentsagt seins bürgerrechten in herzog Ludwigs von Bairn diennst ze sein.

2404. [1539, II, 7 a] 12. Mai 1539:

Denen von Ulm ir ansuch, das irm bürger Peter Mötschen, rotschmid, 50 tegel mitgeteilt werden solten, mit erbern worten ableinen, dweil er hievor offt tegl von hinnen wegk gepracht, dem Mötschen auch solchs also anzeigen. Und den geschwornen sagen, ime jemand anhencken auf Meiner Herren costen, zuzesehen, ob und von wem er tegl zuwegen pringen werd, damit mans verhindern mög. Daneben den hafner zum Günterspühel bschicken, ine ernstlich besprachen, was er für erden von sich geb; und widerpringen.

[1] Vgl. Mummenhoff, Rathaus S. 324 (nach den Ratsbüchern).

2405. Den ratschlag der tegel und erden halben, wie zufurkomen, das nit also von hinnen verfürt wirden, wie jüngst bevolhen, nochmals fur hant nemen und widerpringen.

2406. Dem rath zu Dannzke auf ir ansuchen umb visir der neuen pastey wider schreiben, das noch weitleufftig solchs paus halben, gschehen noch teglich ennderungen darinn, also das man kein muster davon geben könd. Sie mögen aber jemand verstendigs hieher ordnen, woll man demselben gern guten bericht thun lassen, wie es damit gstallt. Solchs Jörgen Schultheissen auch also anzeigen, dweil das schreiben von ime meldet.

2407. [1539, II, 9 a] 13. Mai 1539:

Dem Sibenbürger, platner, erlauben, 1 jar lang 2 gsellen über die ordnung ze halten, dweil er Meiner Herren harnaschkamer und stechzeug außpessern soll.

2408. [1539, II, 34 b] 4. Juni 1539:

Lorenzen Daig, platnern, sagen, sover er maister werd soll im das bürgerrecht zugsagt sein.

2409. Seifriden Krafft, dem goldschmid, 5 jar lang zu Landshut unentsagt seins bürgerrechten ze wonen vergönnen, ime auch dessen urkund mitteiln.

2410. [1539, III, 2 b] 5. Juni 1539:

Hansen Soliß sein begern, in lenger arzneyen zu lassen, ablainen.

2411. [1539, III, 7 b] 10. Juni 1539.

Die geschwornen goldschmid und Daniel Englharten gegen einander müntlich verhören und, worans mangelhafft, widerpringen.

2412. [1539, III, 22 b] 20. Juni 1539:

Dem Guldenmund verpieten bey Meiner Herren straf, das lied vom Katzianer hie nit ze trucken, solch lied im auch nit wider zustellen sondern bey hannden behalten.

2413. [23 b] Den gschwornen goldschmiden sagen, mit dem falsch gefunden pecher die ordnung ze halten und in der schau zerschneiden ze lassen. Daneben erkundigen, wem er zugehörig, und widerpringen.

. . . .

2414. Mertin Dhanners schraubenzeug bsichtigen, auch deshalben beim Jeronimus im zeughaus, maister Jorgen und sonst erkundigen, warzu der zu geprauchen, was ursachen halben auch Braunschweig dergleichen schrauben bestellt, beim Dhanner vernemen, und widerpringen.

2415. [1539, III, 27 b] 25. Juni 1539:

Uf der goldschmit überantwurt silberstücklein, das vermutlich gestolen worden, die frau, so das feil tregt, angloben lassen, und darauf vernemen, wers ir zupracht, und widerpringen.

. . . .

2416. Der goldschmid ordnung halben bedenncken, wie diselb des falschen silbers halben, so bey den keuffeln hin und wider gfunden, zu pessern sein mög, damit solcher falsch und betrug verhütet werd, volgends widerpringen.

2417. [1539, III, 30 a] 26. Juni 1539:

Augustin Hirßvogln seiner geschenckten mappen halben der türckisch grenitz mit 8 f. verehren lassen.

2418. [1539, III, 36 b] 2. Juli 1539:

Moritzen Arnolt, den püxenfasser, umbs gellt zu bürger annemen.

2419. [1539, IV, 3 b] 4. Juli 1539.

Micheln Ham, den platnersgsellen, dweil er 4 jar lang gelernet, redlich sein lassen, den gschwornen auch ansagen, ine an die maisterstück steen ze lassen und, sover er seine lerjar mit gsellen weisen kan, soll man ine auch dabey pleiben lassen.

2420. [1539, IV, 4 b] 5. Juli 1539:

Hannsen Behems, platners, gscheffdt in der canzley widermals vidimiren . . . *etc.*

2421. [1539, IV, 11 b] 10. Juli 1539:

Hannsen Brabant[1]), dem goldschmidt, vergönnen, sein gartenpaurnheußlein, dweils nit gepessert werden kan, von neuem mit holzwerck aufzepauen, doch in aller massen, wie das alt jezund ist.

2422. Pfalzgraf Ludwigen, churfürsten, Mertin Wagners[2]), goldschmids, antwurt Steffen Schöns fengknus halben einschliessen. Daneben Hannsen Schön, des jungen vater, anzeigen, dweil sich der Wagner zum rechten erpeut, und auch der jung so gut unschuldig nit gfunden, so mög er mit recht

— —

[1]) Im Goldschmiede-Verzeichnis Nr. 299 (1535) als Silberarbeiter. Rosenberg Nr. 1220. Mitteilungen 11, 162 (auf dem Spitlkirchhofe † 1569).

[2]) Goldschmiede-Verzeichnis Nr. 240 (zwischen 1514 und 1530).

suchen, was im gelegen; weiter wiß man den Wagner nit ze tringen.

2423. [12 a] 11. Juli 1539:

Ein weiterer Ratsverlaß über diesen Gegenstand.

2424. [1539, IV, 16 b] 15. Juli 1539:

Peter Frimand, dem atlaßmacher, sein beger, ine noch 10 jar lang frey sitzen ze lassen, ableinen und sagen, wöll er sein hanndl hie treiben, mög ers thun, doch müß er bürger werden, auch die wonungen, so er zum hanndel praucht, verzinsen nach Meiner Herren gelegenheit.

2425. [1539, IV, 21 b] 19. Juli 1539:

Lorenzen Neidl und andere teglmacher, alle zum Herolzperg und Günterspühel, bschicken und inen bey Meiner Herren straf verpieten, von dannen nit wegk ze ziehen, dazu [sie] auch hinfüro on wissen und willen Meiner Herren keinen jungen mer lernen solln. Daneben den messingschlahern, drotziehern und messingschabern sagen, irm vorhaben, mit Hannsen N., kammacher von Presla, ze handlen, nachzekomen, auch sonst anderer halben mer kuntschafft ze machen, alles auf Meiner Herren costen, und was sie also erfarn und handlen werden, biß montag [*21. Juli*] wider anzuzeigen. Neben dem auch die fesser beim Dorßen aufschlagen lassen und, so tegl darin gefunden werden, diselben alsdan nit passirn lassen.

Der teglmacher halben bedencken, wie ein gsetz zu begriffen, das si niemant mer on wissen Meiner Herren lernen sollen, alsdan widerpringen.

Der tegl halben, so zur Gulden Gennß heimlich eingschlagen worden sein solln, erkundigen, durch wehn solch gschehen, woher auch solch contrabanten komen, und widerpringen.

Denen von Ulm auf ir beger umb jerlich 100 tegl, dreien irn rotschmiden volgen ze lassen, antwurten, das solchs dem hantwerk hie unleidlich und zum hochsten nachteilig; darumb kond man inen nit willfaren in disem stück; und also gute wort daran geben.

Daneben dem rotschmit, so solch fürschrifft herpracht, sagen, man werd im weder jetz noch hernach kein tegl volgen lassen, darumb auch von unnöten, das er ferner fürschrifft außpringe.

2426. [22 b] Hannsen Nesselpachs, platners, halben erkundigung [thun], wie sein sach gstallt, und widerpringen.

2427. [1539, IV, 24 a] 21. Juli 1539:

Dweil der Hanns N., cammacher von Presla, sich von statten gemacht also, das er nit bedretten worden, soll vleiß ankert werden, zu erfaren, wer der anzeigt Wolf sey, wo auch der kammacher hinauß komen und was er für gelt hie gelassen, und widerpringen.

Daneben Hannsen Decker, scheubenzieher, bschicken und ine beaidigen, anzuzeigen, was der rotschmit von Ulm bey ime eingschlagen und, sover es tegl gweßt, wo er die genomen und herpracht.

Deßgleichen Hannsen Dorsen, rotschmit, auch bschicken und ine ze red halten, was für leut bey ime tegl einschlagen und warumb ers gstatt; und alles, wie mans findt, widerpringen.

2428. [1539, IV, 27 a] 23. Juli 1539:

Hannsen Dorß ansag der tegl halben also ruhen lassen, doch im und dem anzeigten Schleiffer sagen, so Hanns von Lorch etwo prief herschicken wird, diselben on wissen Meiner Herren nit außzegeben.

2429. [1539, IV, 31 b] 29. Juli 1539:

Hannsen Nesselpergers, platners, halben bey den losungschreibern erkundigen, ob er nur 3 oder mer losungen schuldig, deßgleichen auch was seinthalben beim haderschreiber einschriben steet, und widerpringen.

2430. [1539, V, 1 a] 31. Juli 1539:

Hannsen Albrechten, den steinmetzen, dweil er für ein künstner berümpt, zu bürger annemen und ime das bürgerrecht schencken.

Seiner gsellen halben aber ime sagen, man stells auf ine, diselben her ze pringen oder nit, dweils an dem steen werd, ob ers furdern kond oder nit.

2431. [1 b] Linharten Meinhart, den wapenschmit, in sichkobel zu S. Peter einnemen, doch mit den 50 f., di er sich zu geben erpeut, ime aber sagen, werd er ungschickt sein, sol al tag wider urlaub volgen, oder aber er in verwarung gelegt werden.

2432. [2 b] Hannsen Nesselperger, dem platner, sagen, man woll ine begnaden und di 3 außstendigen losungen bezalt von ime nemen . . . *etc.*

. . . .

22*

2433. Der rotschmid tegl und erden halben, dweil teglich so vil contrabanten damit getriben und die verfürt werden, wie und durch was weg solchs zufurkommen, jüngstem verlaß gemeß mit vleiß bedencken, die allten gsetz und ordnungen derhalben auch bsichtigen, wie sichs mit dem jetzigen vergleicht und wie mans füglich angreiffen mög; widerpringen.

2434. [1539, V, 20 a] 16. August 1539:

Das falsch silber, so von den goldschmiden geantwurt worden, probiren lassen, daneben bevelch thun, das dem theter nachgetracht werd.

. . . .

2435. Montag, 18. Augusti 1539:

Conntzen Taig, den platner, umbs gellt zu bürger annemen.

2436. [1539, V, 22 a] 20. August 1539:

Des atlaßmachers hauß und haußraths halben, zur manng gehörig, besichtigung thun, auch bschreiben lassen, was vor hannden, und widerpringen, rätig ze werden, was man für zinß darauf schlagen woll.

2437. [1539, V, 23 b] 21. August 1539:

Niclasen Meldeman beaidigen, wo und durch wehn, auch zu welcher zeit er verwundet, wer dabey geweßt und wie es zugangen; solchs alles widerpringen.

2438. [1539, V, 28 a] 25. August 1539:

Maister Pangratzen Lowenwolf, dem giesser, 2 knecht 2 monat lang über die ordnung ze halten vergönnen, doch mit wissen der geschwornen.

2439. [1539, VI, 1 b] 28. August 1539:

Den Meldeman zum Sebastian Zeltner ins loch füren, ine zu bsichtigen, obs der recht sey; daneben dem Eßlinger die sag auch furhalten und, wie mans findt, widerpringen; mitler weil den Zeltner ruhen lassen.

Niclasen Meldeman ze red halten, was er mit der taundeln zu Schweinau ze thun gehapt, und widerpringen.

2440. [2 a] 29. August 1539:

Sebastian Zelltners halben die zwen paurn von Schweinau von wegen des Meldemans verwundung auch verhören und widerpringen; mitler weil ine ruhen lassen.

2441. [3 a] Niclaß Meldeman auf sein entschuldigung,

das er mit der metzen zu Schweinau nichs zu schaffen gehapt, mit einer streflichen red, sich hinfüro wol ze halten, abgeen lassen.

2442. [11 b] 5. September 1539:

Niclasen Meldeman sagen, dweil er gegen Sebastian Zeltnern ehe dan er einkomen, nie nichs clagt, so wiß man ine jetz im darumb auch nit handzuhaben, dweil er sein straf hat.

2443. [1539, VII, 9 a] 30. September 1539:

Einem maler von Leipzikh, so dem sterbend hieher geflohen, ist erlaubt, hie bey den predigern ein halb jar lang mit aigen rauch zu wonen[1]).

2444. [1539, VII, 26 a] 16. Oktober 1539:

Die goldschmidordnung des außberaitens und ungezeichneter arbeit halben verleßnem ratschlag gemeß pessern und hinzupringen, sonderlich aber das golldwerk darin auch begreiffen.

2445. [1539, VIII, 9 b] 30. Oktober 1539:

Den gschwornen goldschmiden die falsch gfunden steinlin wider zustellen und bevelhen, diselben zu zerschlagen, dem Mangolt auch mit einer streflichen red sagen, wan im mer dergleichen zukomm, solchs anzuzeigen.

2446. [1539, VIII, 11 a] 1. November 1539:

Mit den platnern handlen, des senior Antoni armzeugs halben, zum kyriß gehörig, gegen dem Hartlieb diß mal umbsehen ze thun.

2447. [13 a] 3. November 1539:

Valtin Hofman, der platner, *kommt vor.*

2448. [1539, VIII, 23 b] 12. November 1539:

Den rotschmiden, so wegk zu ziehen begert, aus mangl, das sie nit arbeit haben, gute wort mitteilen und bey maister Simon vleiß thun, das sie mit furdingen versehen oder, wo nit, sonst in der Peunt angestellt und gepraucht werden, damitt mans hie behalten mög.

2449. [25 a] 14. November 1539:

Frantzen Menndht [*im Register*: Franntz Mennt], dem rotschmid 2 jar unentsagt seins bürgerrechten gen Cassl

---

[1]) Es ist Lukas Cranach gemeint. Vgl. Zahns Jahrbücher II, 74, woselbst die Fassung, in der der Verlaß in den Ratsbüchern erscheint, wiedergegeben ist.

erlauben, doch das er zuvor anglobe, sein hantwerk in solcher zeit ausserhalb nit ze treiben[1]).

. . . .

2450. Contzen Felbinger, den platner, umbs gellt zu bürger annemen, doch dweil er ein wittib genomen, sol er ins allt bürgerrecht komen oder aber die nachsteur zalen.

2451. [25 b] Franntzen Mennts, rotschmids, halben, dweil er ie sein bürgerrecht aufsagen will, die gschwornen vernemen, ob, auch was an ime gelegen; und widerpringen.

2452. [1539, VIII, 27 a] 17. November 1539:

Maister Pangratzen Lawenwolf, dem rotschmid, 2 gsellen über die ordnung ze halten noch 2 monat vergonnen[2]).

2453. [28 a] Mit Franntzen Mennt, dem rotschmid, ferner handlen, ob er sich mit arbeit am pau oder auf der Peunt behelfen wolt, sol ime alda mitgeteilt werden; wo dan solchs sein gelegenheit nit ist, alsdan ime 2 jar lang unentsagt seins bürgerrechten gen Cassel erlauben.

2454. [1539, IX, 7 b] 26. November 1539:

Hannsen Metter, dem bildschnitzer, sein beger ableinen und daussen lassen, auch in achtung haben, wo er zu bedretten, das man ine laß annemen.

2455. Matissen Moscha[3]), dem steinschneider, 1 jar lang zu Augspurg ze wonen vergonnen, doch mit dem geding, das er seinen kindern vergwisung thun sol.

2456. [1539, IX, 17 a] 8. Dezember 1539:

Dem goldschmid, so Wolfen Vischern und andern silbermüntz vergult haben sol, ferner nachforschen, wer er sey, und, so er erkundigt, alsdan ine derhalben ze red halten, und widerpringen.

2457. [18 a] Des goldschmidsgsellen halben von wegen der silber müntz verguldens die gschwornen hören und darauf bedencken, dweil nichs darin versehen, ob noch fursehung ze thun, und widerpringen.

2458. [20 a] 11. Dezember 1539:

Mit Jorgen Hunger, dem parlir, handlen, noch 1 jar

[1]) Vgl. Zahns Jahrbücher II, 81.

[2]) Vgl. ebendaselbst.

[3]) Mitteilungen II, 279 (»Anna Mathes Moschganin, in der Spitalgassen« † 1539).

lang am ampt ze pleiben und frongellt einzenemen, im fall dan das er je nit thun will, nach eim andern trachten, der vor außgang seiner zeit den prauch sehen mög, und, wie mans findt, widerpringen.

2459. [1539, IX, 24 a] 16. Dezember 1539:

Dweil Jorg Hunger am parlirampt und beim frongelt einzenemen nit mer pleiben will, nach eim andern trachten, damit derselb beim Hunger den prauch lernen mög; solchs widerpringen.

2460. [1539, IX, 25 b] 17. Dezember 1539:

Jörgen Österle, den platner, umbs gellt zu bürger annemen.

2461. [1539, X, 5 a] 20. Dezember 1539:

Hannsen Wagmair, dem goldschmid, der angenomen rüg halben ein streflich red sagen . . . *etc.*

2462. [1539, X, 10 a] 27. Dezember 1539:

Der teglerden halben, so Hannsen Neidl zum Herolzperg wegk gfürt worden, erkundigen, wohin und durch wehn solchs gschehen sein mög; daneben auch den hievor bevolhenen rathschlag bey den verordneten herrn manen.

2463. [1539, X, 11 b] 29. Dezember 1539:

Hannsen Sibenpurger, dem platner, noch biß Faßnacht 2 gsellen über di ordnung ze halten vergönnen.

2464. [1539, X, 12 b] 29. Dezember 1539:

Petern Firmont, dem atlaßmacher, die behausung auf der Schütt sampt dem zeug, wie ers alles bisher zinßfrey innen gehapt, noch ferner pleiben lassen, doch umb 20 f. in golld jerlichs zinß, welcher jez alsbald, nach anzal der zeit ze rechnen, angeen sol.

2465. [14 b] 31. Dezember 1539:

Petern Firmundt, den atlaßmacher, noch biß Walpurgis in der mang zinßfrey sitzen lassen, dweil sich alsdan erst die 10 jar ennden werden. Daneben aber im sagen, das man ime nachvolgend den zinß unnter 20 gulden gold nit setzen werd, er neme es darüber also an oder nit; wo es dan also sein gelegenheit nit sein will, alsdan widerpringen, damit mans ferner verlassen mög.

2466. [1539, X, 21 a] 7. Januar 1540:

Fritzen Prunner, dem kartenmaler, . . . das begert bürgerrecht ableinen.

2467. [1539, XI, 2 a] 16. Januar 1540:

Hannsen Reinharten, den püxenschmit, bschicken und ze red halten, warumb er ime ein stampf mit dem adler bestellen und machen lassen, den stampfschneider auch dazu nemen und, so sichs findt, das er der recht, alsdan ine ins loch legen lassen, wo aber nit, wie mans findt, widerpringen.

2468. [4 b] 17. Januar 1540:

Hannsen Reinhart, den püxenschmit, auf sein bekantnus, das er ime den adlerstampf, seine hacken selbs damit zu zeichen, hab machen lassen, ins loch schaffen, volgends ine derhalben ze red hallten, auf weß anweisung und wem mer zu gut solchs gschehen, pinden und betrohen.

2469. [5 b] 19. Januar 1540:

Hannsen Reinharts halben soll man sich beim spengler, der im den adler graben, ob sich sein ansagen war sein befind, erkundigen, widerpringen.

2470. [9 a] 20. Januar 1540:

Hannsen Reinharts bestellten adlerstampf wider abthun und verprechen, doch dem spengler, so ine gemacht, dweils von ime anzeigt worden, das macherlon zalen lassen. Und dweil ime, Reinharten, die stat versagt, sovehr dan jemand seinthalben von schulden wegen nachlauffen wirt, denselben nach laut der ordnung zu verhelffen.

2471. [9 b] Jacoben Vischer, dem gschmeidmacher, zulassen, das er die gegossen salzfesser sein leben lang unangsehen der kandelgiesser angemaßten verhinderung machen, feilhaben und verkauffen mög, dweil ers so lange zeit herpracht hat, doch solchs auch anders nit dan aus eim guten willen.

2472. [1539, XI, 26 a] 31. Januar 1540:

Anthoni Fasiani, dem baumaister, des Wolffen Stemlers antwurt und angehenckt begern zugestellts haußrats halben furhalten und ine seins begerns halben, dweils der Stemler nit gestendig, ans recht weisen, auf des Stemlers begern aber sein antwurt widerpringen. Daneben zwischen inen beden auch ein frid bestellen.

2473. [1539, XI, 27 a] 3. Februar 1540:

Der tapezereien halben, in der kirchen aufzemachen, noch etlich tag verziehen und sehen, ob die königlichen tapezir kommen werden; mitler weil aber ein stul beim schreiner mit einer furpanck zurichten lassen auf ein fürsorg.

2474. [27 b] Den malern auch ansagen, sich mit den festonen und laubwerck ze furdern, damits daran nicht mangle [*beim Einreiten der königl. Majestät*].

2475. [1539, XI, 32 b] 6. Februar 1540:

Mertin Wagnern, dem goldschmid, seiner antwurt halben auf das Haidelpergisch schreiben Hannsen Schöns, schlossers, jungen halben sagen, sein antwurt im selbs zu gut etwas ze miltern und kürtzer ze stellen . . . *etc.*

Es folgen noch ein paar weitere Ratsverlässe über diesen Gegenstand.

2476. [1539, XII, 3 b] 14. Februar 1540:

Peter Firmont, dem atlaßmacher, das gebetten pauen und gering zinßgellt ableinen und bey vorigem abschidt, das er aus der mang, wie die jetz ist, 20 f. an golld geben oder aber sich weiter versehen soll [pleiben lassen].

2477. [1539, XII, 9 a] 18. Februar 1540:

. . . Sebalden Knobloch, goldschmid, . . . aufgeforderts bürgerrechten halben in die losungstuben weisen.

2478. [1539, XII, 10 a] 19. Februar 1540:

Jörg von Folckach, der gschmeidmacher, *kommt vor.*

2479. [1539, XII, 21 b] 1. März 1540:

Daniel Englharten, den steinschneider, bschicken und ime von seim prunnengraben jetzo alsbald abzesteen gepieten bey Meiner Herren straff, ferner on erlaupnus nichs mer graben, ine auch solchs also schwern ze lassen.

Daneben solch prunnengraben allenthalben in gemein bey den werkleuten und sonst abstellen und verpieten, das niemant solchs on Meiner Herren erlaupnus furnemen oder thun soll, bey einer leipstraff.

2480. [25 b] 3. März 1540:

Maister Daniel Englharts prunnengraben besichtigen lassen, wie es damit und sonderlich des heimlichen gemachs halben gstallt, und widerpringen.

2481. [1539, XIII, 1 a] 11. März 1540:

Heintzen Pühler, dem rotschmid, 8 wochen zum Franntzen Ment zu ziehen, erlauben, doch das er für sich selbs sein hantwerk ausserhalb nit treiben sol.

2482. [1 b] Der pecktrexl halben, dweils ein freie kunst

und sie bisher ehe dan sie maister worden, on l
baitet, sol mans nochmals also dabey pleiben las

2483. [1539, XIII, 13 a] 19. März 1540:

Des atlaßmachers knechten sagen, dwey
zu irm herrn kommen, so wiß man irm begern ge
verhelffen.

2484. [1539, XIII, 14 b] 20. März 1540:

Senior Anthoni, dem baumaister, die
etlicher Wallen am pau mit guten worten benen

2485. [1539, XIII, 17 b] 23. März 1540:

Daniel Engelharts, steinschneide
den er zu graben angefangen, durch Meiner l
besichtigen lassen, obs Meinen Herren oder son
teilig oder nit, und, wie es also gfunden wir

2486. [1540, I, 6 a] 2. April 1540:

Mit den atlaßmachern sol man, sie zu bü
noch mit offner handt lenger ansteen und dem je
den, zum Gostenhof ze wonen, zulassen, doch
hanndt. Daneben aber erkundigen, wie vil irer hi
der handl von statten gee; solchs widerpringen.

2487. [1540, I, 6 b] 3. April 1540:

Peter Freimund, dem atlaßmacher,
wonung auf der Schütten ferner lassen, doch
davon zu verzinsen.

2488. [1540, I, 9 b] 5. April 1540:

Maister Jörgen Weber, den zimerm
werckmaisterampts, dweil er so hoch darfür pi
aber seim erpieten gemeß mit ime ein ander bestal
allten gemeß aufrichten, darin er Meinen Herren
verschriben, auch verpflichtet, kein muster hinauß
allt bstallung zuvor beim rath horen lassen und e
werden, darin Meiner Herren notturfft begriffen.

2489. [10 a] An maister Jorgen, zimerm
eim andern werkmaister auf die Peunt trachten, u

2490. [10 b] 6. April 1540:

Maister Jörgen Weber, dem zimerma
bung von neuem stellen, darin die vorig, die er
müln gegeben, angezogen und bestettet, daneben
das er sich sein leben lang zu Meiner Herren di

es sey in der stat oder aufm lannd mit gepeuen, ratschlegen und andern gwertig ze sein, auch einich muster oder gepeu hinauß oder ausserhalb nit ze machen oder ze geben on vorwissen und bewilligung Meiner Herren. Dafür soll ime jerlich 50 f. wartgelt gegeben, neben dem aber ime auch die wasserschau furan wie bisher pleiben und davon auch die 12 f. sonnderlich volgen; solchs ime also anzeigen, daneben auch ein verschreibung stellen und wider hören lassen.

2491. [1540, I, 14 b] 8. April 1540:

Den geschwornen goldschmiden sagen, diejhenen, so ungerecht gefundener arbait halben gestrafft werden, ein zeit zur bezalung benennen, vorgends die überdretten pfennden ze lassen; wills dan auch nit hellffen, beim bürgermaister umb ferner hilff anzesuchen.

Daneben aber bedencken, wie solch schau und stechen der gemachten arbait in pesser ordnung ze pringen, damit schalken zu furkomen; solchs alsdan widerpringen.

. . . .

2492. Der teglerden halben bevelhen und furkomen, das daussen keine hingeben, sonder allein hie der ordnung nach damit gehandlet und in der wag eingschriben werd.

2493. [1540, I, 16 a] 9. April 1540:

Daniel Engelharten, dem steinschneider, auf sein erpieten, das wasser außm Nottlprunen durch ein messin rörn etlich schuch weit und volgends unter pflaster in sein haus ze füren, dasselbig also zulassen, doch derhalben und sonderlich von des abfluß wegen ein reverß ze geben.

2494. [1540, I, 18 b] 10. April 1540:

Hannsen Dhym, sonst Franck genant, den zimerman, an des abkommen maister Jergen stat zu eim werkmaister auf die Peunt verordnen; daneben aber bedencken, wer an sein stat zu eim pauschauer zu geprauchen; solchs widerpringen.

2495. [1540, I, 22 b] 13. April 1540:

Wolfen Dhanner, den püxenschmid, des hackenschauampts erlassen und Hannsen Koler, den püxenschmid, dazu verordnen und komen lassen.

2496. [23 a] 14. April 1540:

Das Schönprunnen-wasser, dweil die hülzene rörn von aussen herein alle schadhafft, in neue rörn fassen und mit dem besten verwaren und fursehen lassen biß herein, das die pleyene rörn angeen werden. Daneben, dweil das steinwerck am Schönprunen auch etwas schadhafft sein sol, dasselbig in beysein der werkleut bsichtigen und ratschlagen, wie es ze pessern, alsdan widerpringen.

2497. [28 b] Sebastian Axter, den diemantschneider, zu bürger annemen und seim vater Hannsen Axter zu gfallen das halb bürgergellt schencken.

2498. [1540, I, 26 b] 16. April 1540:

Jörgen Dietherrn seins unvermögens halben des müntzmaisterampts erlassen und nach eim andern, der tögenlich dazu sein mag, trachten; und widerpringen.

2499. [1540, I, 29 b] 19. April 1540:

Moritz Franntzen, dem siglgraber, die anzeigten 2 stempf zu rechenpfeningen zu verfertigen zulassen.

Vgl. Bayerische Gewerbezeitung X (1897) S. 101.

2500. [1540, I, 33 b] 22. April 1540:

Herzog Otthenrichen wider schreiben, das man sein f. g. zu gfallen Lucassen Spieß, dem pantzermacher, noch zeit, seiner f. g. arbeit zu verfertigen, biß Bartolomei schierst zugeben wöll.

2501. [1540, I, 37 a] 26. April 1540:

Sebalden Harder und die andern kartenmaler gegen dem Scherer, statknecht, fur die Fünff weisen und nach gelegenheit dazwischen hanndlen.

. . . .

2502. Hannsen Maßnitzer ansprechen und mit ime handlen, das müntzmaisterampt an des [Jörg] Dietherrn stat anzenemen, zu solchem 3000 f. pürgschafft muten und, wie mans bey im findt, widerpringen.

. . . .

2503. [37 b] Hannsen Sidelman bschicken und beaidigen an seim prunengraben ferner biß auf eins rats weitern bscheidt nichs graben ze lassen, volgends alle gelegenheit in beysein der werkleut bsichtigen, wie tieff und wem er zu schaden graben lassen, seine arbeiter derhalben auch verhören, und alles, wie mans findt, widerpringen.

2504. [39 a] 27. April 1540:

Hannsen Maßnitzer des müntzmaisterampts

bsoldung und arbait halben an Jergen Dietherrn umb bericht weisen, was er auch ze müntzen haben werd, mog er bey den losungherrn erkundigen.

2505. Hannsen Sidelman, dem goldschmid, von rats wegen ansagen und auflegen, seine unter der vesten gegraben genng wider nach rath maister Simons in 8 tagen den nechsten außzefüllen oder zu vermauern, damits nit schaden pringen; oder man wird sonst desselben an ime zukomen.

Es folgen noch weitere Ratsverlässe über diesen Gegenstand.

2506. [1540, II, 6 b] 3. Mai 1540:

Uf Hanns Maßnitzers waigern, das müntzmaisterampt on das prennen anzenemen, mit Jergen Diethern wider handlen und anzeigen, dweil Meyne Herren keinen bekomen konden, der eins on das ander annemen woll, so soll ers ampt lenger verwalten oder aber die schmelzhüten auch von sich lassen; in dem sein antwurt widerpringen.

2507. [1540, II, 15 a] 10. Mai 1540:

Dem maler zum predigern vergonnen, im kreutzgang seine contrafacturen die pfingstfeirtag wider sehen ze lassen, und zu vertreibung des jungen gsinds 1 ₰ darauf ze schlagen.

. . . .

2508. Uf Jörgen Diethers erpieten, das müntzmaisterampt lenger zu verwalten, also dabey pleiben lassen, doch ime wider anzeigen, sich zum müntzen furderlich gschickt ze machen.

2509. [1540, II, 24 b] 15. Mai 1540:

Albrechten Weinman, gwichtmacher, die begert erlaupnus, zum landgrafen zu ziehen, mit guten worten waigern und sonst sehen, wie er durch püxenmaistersolld oder in ander weg hie zu behalten sein mög.

2510. [25 b] Albrechten Weinman, dem gwichtmacher, 2 jar lang zum landgrafen von Hessen, auf der gschwornen bericht, wie es mit ime gestallt, erlauben unentledigts bürgerrechten, doch ime einpinden und angloben lassen, ausserhalb einichen werkzeug, zum hantwerk gehörig, nit ze machen.

2511. [26 a] 18. Mai 1540:

Albrechten Weinman, dem gwichtmacher, ein püxenmaistersolld versprechen, dweil er damit hie zu behalten

2512. Franntzen Mennt, des rotschmids, halben erkundigen, mit was maß ime erlaupt worden, und widerpringen.

2513. [29 b] 20. Mai 1540:

Franntzen Mennts, messingiessers, halben, dweil ime 2 jar frey on einich einpinden erlaupt worden, sol mans also pleiben lassen, doch in achtung haben, so die zeit auß sein wirt, das er wider gemant werde.

2514. [1540, III, 2 a] 27. Mai 1540:

Hanns Hamer, der priefmaler, *kommt in einer gleichgültigen Angelegenheit vor.*

2515. [1540, III, 6 a] 29. Mai 1540:

Azimus Süessen[1]), dem maler, sein verehrt kindlin wider zustellen und mit 1 f. verehren lassen.

2516. [1540, III, 12 a] 4. Juni 1540:

Ratsverlaß, einen Bauhandel zwischen Valtin Sibenpürger und Contzen Lochner[2]) *betreffend.*

2517. [1540, III, 28 b] 16. Juni 1540:

Oßwalden Palltner[3]), den püxengiesser, zu bürger annemen und ime das bürgergelt nachlassen.

2518. [1540, III, 31 b] 17. Juni 1540:

Den püxenschmiden in beger umb (umb) gesetz und

---

[1]) Über den Maler Erasmus Süß vgl. Baader, Beiträge II, 6 (1540). Mitteilungen II, 72 (»Anna Erasmus Sußin, neben der Gulden Gans« † 1566, »Barbara Erasmus Sueßin, am Weinmarkt« † 1549, »Margareta Erasmus Sueßin, am Panerberg« † 1537). Ein E. S. liegt auf dem Johannisfriedhofe begraben. Vgl. Trechsel S. 195 Sp. 1 (1582).

[2]) Neudörfer, ed. Lochner S. 64 f. († 1567). Doppelmayr 291. Zahns Jahrbücher I, 258 (1559). II, 81. Gurlitt, Archivalische Forschungen, I, 77 f. Jahrbuch der Kunstsammlungen des A. K. H. Bd. XI Nr. 6369 (1544 »Maister Konrad Lahner« als Plattner im Hofdienst Erzherzog Maximilians, des nachmaligen Kaisers Maximilian II.). Mitteilungen II, 256 (»am Plattenmarkt«). Vgl. ferner Boeheim im Hofjahrbuch Bd. XVI S. 388 ff. und Boeheim, Meister der Waffenschmiedekunst S. 118 ff. Zum Unterschiede von seinem gleichnamigen Vater (? † 1527 vgl. Gurlitt a. a. O. Trechsel S. 227 Sp. 2) wird er wohl als K. L. der jüngere bezeichnet. Der ältere »Cuntz Lochner, platner« wurde nach dem Bürgerbuch von 1496–1533 Sabbato post Francisci [5. Oktober] 1499 zum Bürger angenommen; er zahlte dabei 4 fl.

[3]) Diesen vielbeschäftigten Nürnberger Büchsengießer habe ich bisher nur selten erwähnt gefunden. Vgl. z. B. Hermann Ehrenberg, Die Kunst am Hofe der Herzöge von Preussen S. 246 (1564 als »Kgl. Majestät Büchsengießer zu Krakau«) u. 250 (1568).

ordnung, auch maisterstück nochmals ableinen und ein freie kunst pleiben lassen.

2519. [1540, III, 35 b] 22. Juni 1540:

Den frömbden hafnern zulassen, ire hefen jetzund in der hafner meß hie feilzehaben unangsehen der hieigen hafner widerfechten.

2520. [1540, IV, 4 a] 28. Juni 1540:

Casparn Pauch[1]), den goldschmidgsellen, umbs gellt zu bürger annemen.

2521. [1540, IV, 12 b] 7. Juli 1540:

Jacoben Pulman, dem schlosser, die gebeten fürschrifft an perkrichter in seim werth mitteilen.

2522. [1540, V, 1 a] 22. Juli 1540:

Hanns Kamerer, püxenschmid, *kommt vor.*

2523. [1540, V, 5 b] 27. Juli 1540:

Peter Mülichs[2]), püxengiessers, halben erfarn, was sein thun, wie geschickt er auch sey und was sein herkomen, solchs widerpringen.

2524. [7 b] 28. Juli 1540:

Petern Mülich widerschreiben, das Meine Herren diser zeit keins gissers umb dinstgelt bedorffen; wo es aber sein gelegenheit, sich sonst hieher ze tun, wöl man ime gern wie eim andern bürger gute furderung beweisen.

2525. [1540, V, 17 a] 6. August 1540:

Pangratzen Lobenwolf, dem giesser, ein kneckt über die ordnung ze halten zulassen; den geschwornen solchs auch anzeigen.

2526. [1540, V, 20 a] 9. August 1540:

Die geschwornen goldschmid bschicken, inen anzeigen, was für feel und mengel sich auf irm handtwerck und nemlich, das erfunden, das das silber vil zu gering verarbaitet worden; in solchem irn bericht und antwurt einnemen und widerpringen.

2527. [1540, VI, 1 b] 19. August 1540:

[1]) Rosenberg Nr. 1218 († 1583). Als Händler bei Roth, Gesch. des nürnberg. Handels I, 308 (1541). Vgl. auch Mitteilungen des Vereins für Gesch. d. Stadt Nürnberg X, 59 (1552).

[2]) Über Peter Mülich, den bekannten Büchsengießer (seit ca. 1503 in Zwickau) vgl. namentlich C. Gurlitt, Archivalische Forschungen II, 58 f. und die dort angeführte Litteratur (Bergau, Steche). Zahns Jahrbücher I, 257 (1551).

Dweil maister Simon Rößner totds verschieden, sol nachgedacht werden, wer an sein stat ze ordnen; und widerpringen.

2528. [1540, VI, 3 a] 20. August 1540:

Clasen Sichling, dem püxenschmit, das begert bürgerrecht ableinen.

2529. [1540, VI, 4 a] 21. August 1540:

Hannsen Grafen, dem maler, 2 jar lang zu Windsheim unentsagts bürgerrechten erlauben zu wonen.

2530. [1540, VI, 8 b] 25. August 1540:

Jorgen Miller, dem panzermacher, 3 jar lang gen Eßlingen unentsagts bürgerrechten erlauben; denen von Eßlingen auch also schreiben, dweils die gschwornen leiden mögen.

2531. [1540, VI, 12 a] 28. August 1540:

Den Schönprunnen etlich tag stillsteen lassen, dweils die notturfft des rörnlegens also erfordert.

Daneben maister Sebalden [Beck], den schreiner, darüber füren und mit ime rathschlagen, ob und was daran zu pessern von nöten, wie dasselbig und in was costen furzenemen; und widerpringen.

2532. [1540, VI, 13 b] 31. August 1540:

Mit den geschwornen goldtschmiden handeln und inen sagen, das eins e. ratz ernstlich mainung sey, das sy fleyßig zuschen, damit [sie] die sylber auff die rechten prob machen. Daneben wer einen rat angezeigt, das sy ein verpotne farb zum gulden prauchen; das sollen sy sych bey eines e. r. straff enthaltten.

2533. [21 b] 3. September 1540:

Uf der goldschmid anzeig, das sie alle die farb, helld genannt, geprauchen und deß macht haben solln, die gsetz ansehen, was sie derhalben vermögen, und widerpringen; den geschwornen aber sagen, das Meine Herren der sachen weiter nachdencken wöllen.

2534. [22 a] 4. September 1540:

Maister Jörgen Weber ansagen, das Meine Herren entschlossen, die pleien rörn durchs pflaster biß zum Schönprunen zu legen, darnach mög er sich mit legung der hülzenen rörn richten.

2535. [1540, VI, 31 a] 11. September 1540:

Maister Jörgen sagen, sich mit leuten die im dinstlich und zu geprauchen sein, zu versehen, damit der Schönprunen noch vor winter herein gfürt werde. In dem kein costen anzesehen.

2536. [31 b] 13. September 1540:

Uf maister Linhart Schnabels[1]), steinmetzen, erpieten, sich sein leben lang zu gemeiner stat zu versprechen, sover ime jerlich 100 f. solds sampt holz und herperg gegeben und, so er unvermuglich wird, das dan ime wochenlich sein leben lang 1 f. sampt herperg und des jars 6 meß holtzs mitgeteilt, auch kein statmeister, der über ine zu gepieten hab, neben ime geordnet werden sollt, sol von einer schrifft und bestellprieff geredt, darin solchs alles und sunderlich das auch begriffen were, das Meinen Herren frey sein solt, ime oder eim andern ire gscheffdt zu bevelhen: solch schrifft stellen und beim rath wider horen lassen[2]).

Maister Paulussen Behem zusprechen, sich zur gepeubsichtigung prauchen ze lassen, biß Meine Herren weiter versehen werden.

2537. [1540, VI, 34 a] 15. September 1540:

Denen von Augspurg der zugeschickten goldschmidordnung halben ein dankprillein schreiben und der canzley 2 f. golld darein schliessen, dem botten auch ein drinkgellt schaffen. Daneben solch ordnung gegen der hieigen übersehen und, was von nöten, widerpringen.

2538. [1540, VII, 1 a] 16. September 1540:

Leupolten Lichtenfelser[3]), den formschneider, Clasen Rot, den steinmetzen, bede umbs gelt zu bürgern annemen.

2539. [2 a] 17. September 1540:

Hannsen Paur, dem bildschnitzer, die begert fürschrifft ableinen.

2540. [1540, VII, 8 a] 23. September 1540:

M. Linharten Schnabel den gestellten bestallungsprif furhalten und, sover er daran zufriden, den also verfertigen und aufrichten lassen; wo aber nit, alsdan widerpringen.

---

[1]) Baader, Beiträge II, 9. Zahns Jahrbücher I, 262. II, 82. Mummenhoff, Rathaus 189 (1539: Bestallungsurkunde).

[2]) Vgl. Zahns Jahrbücher II, 82.

[3]) Zahns Jahrbücher I, 234 (1541, 1551).

2541. [12 b] 28. September 1540:

M. Linhart Schnabels bestallung, dweils ime also gefellig, aufrichten lassen [1]).

2542. [1540, VII. 16 a] 30. September 1540:

Lucassen Jenneter, Gemünder [*im Register nur* Lucas Gemünder], dem maler, sagen, das sein vorhabend gepeu Meine Herren nichs angee, mög pauen, was ime die Reformation zulaß; wo aber nit, könd man den nachpurn ir gepürlich anndtung nit abschneiden.

2543. [1540, VII, 17 a] 2. Oktober 1540:

Jeronimus Petern [2]), den goldschmid, umbs gellt zu bürger annehmen.

2544. [1540, VII, 22 b] 6. Oktober 1540:

Paulussen Mülner biß sontag ein fechtschul erlauben.

2545. [1540, VII, 28 b] 12. Oktober 1540:

Den geschwornen goldschmiden sagen, das sie des ungerechten überantwurten silbers halben recht gethan, darumb auch acht ze haben, wo die verdachten personen widerkomen, diselben fur ein bürgermaister pringen ze lassen. Solch silber also in der canzley verwarn und dazu schreiben, wie es daher komen.

2546. [1540, VII, 30 b] 13. Oktober 1540:

Dweil der Schönprunen etwas schadhafft worden, also das er besserung bedarff, soll alle notturfft, so dazu gehörig, disen winter zur hanndt gepracht und volgends aufn summer nach rath der werkleut fur hanndt genomen und pessern lassen.

2547. [1540, VIII, 2 a] 14. Oktober 1540:

Hannsen Vischer, dem rotgiesser, sagen, dweil man des gitters halben, so vil die neu arbeit belangt, mit ime lauter abkomen, so laß mans dabey pleiben, gedenck sich weiter mit im nit einzclassen, dan er im selbs im liecht gestanden mit seim langsamen arbeiten.

Daneben aber der alten arbeit und außbereitens halben die gschwornen nochmals darüber füren, zu bsichtigen und schetzen, und, wie mans findt, widerpringen.

---

[1]) Vgl. Mummenhoff, Rathaus S. 189.

[2]) Im Goldschmiede-Verzeichnis Nr. 283 (1530) mit dem Zusatz: »hat sich daß Sigelschneiden angefangen an Statt daß Gurtel geschmeit.« Lochner in seiner Neudörfer-Ausgabe S. 146 (1548). Mitteilungen II, 164 († 1560).

Er erhielt dann [1540, IX, 5 b: 15. November 1540] noch über alles vorige geben und taxirt gelt *100 Gulden. Vgl. Mummenhoff, Rathaus S. 325 (nach den Ratsbuchern).*

2548. [1540, VIII, 13 b] 26. Oktober 1540:

Linhart Tanner[1], schraubenmacher, umbß gelt zu bürger anemen.

2549. 1540, VIII, 27 a] 8. November 1540:

Michl Schmidt[2], goldtschmidt, soll man zu pürger anemen.

Vgl. Bayerische Gewerbezeitung 1897 S. 32.

2550. [6 b] Die goldtschmidornungen von wegen des streichens und probyerns ferer bedencken, etzliche goldtschmid, den in der schau und ander darin zu horn, wie man zu einen grund kumen und die prob gerecht machen mecht, und herwider pringen.

2551. [1540, IX, 7 b] 16. November 1540:

Steffan Dober, püxenschmidt, sol man umbs gelt zu pürger annemen.

2552. [1540, IX, 15 b] 23. November 1540:

Veyten Hyrschfogel, statglasers, halben erkundigen, ob er des begerten furlehens halben ein pürgschafft vermug, und herwider pringen.

2553. [1540, IX, 27 b] 8. Dezember 1540:

Zeugen horn, waß maister Lucas, moler, [*im Register:*

—

[1]) Über Lienhard Danner (1497—1585) vgl. Neudörfer, ed. Lochner S. 54, 213. Doppelmayr 291. J. Stockbauer in der Bayerischen Gewerbezeitung I (1888) S. 1 ff. und Th. Hampe, ebenda X (1897) S. 32 (1556 und 1557). Roth, Gesch. des nürnberg. Handels IV, 184. Nach Ehrenthal, Führer durch das histor. Museum zu Dresden 1899 S. 141 Anm. ist die kunstvoll ausgestattete Drahtziehbank des Kurfürsten August von Sachsen († 1586), die sich jetzt im Musée Cluny zu Paris befindet, »eine Arbeit des Kunstschreiners Leonhard Tanner zu Dresden«, womit doch wohl ebenfalls unser Meister gemeint ist. Sein Grab auf dem Rochuskirchhof. Vgl. (Gugel), Norischer Christen Freydhöfe Gedächtnis S. 2 Nr. 806. Aus der Grabschrift ergiebt sich die oben angegebene Lebenszeit.

[2]) Es gab, wie es scheint, zwei Nürnberger Goldschmiede dieses Namens, obgleich im Goldschmiede-Verzeichnis nur einer aufgeführt wird: Nr. 282 (zwischen 1514 und 1530). Dieser ältere M. Schmid, »an der oberen Schmidgassen« starb wohl 1536; vgl. Mitteilungen II, 164. Wir haben es hier mit einem jüngeren Meister zu thun. Auf dem Johanniskirchhofe liegen zwei M. Sch. begraben. Vgl. Trechsel S. 18, Sp. 1 und S. 563 Sp. 1 (1584).

Lucas Gmünder, maler] mit seinem weyb für ein uner ee hab, und herwiderpringen.

2554. [1540, X, 3 a] 10. Dezember 1540:

Meister Lucas [*im Register:* Lucas Gmünder], den moler, beschicken und ime seines unbesens [= *Unwesens*] mit seinem weib ein streffliche red sagen mit anzaigen, werd er solchem nit absten, so werd ein erber rat mit straff ein einsehen haben.

Daneben sein weib ad partem auch beschicken und sagen, das sy ime nit ursach gib.

2555. [1540, X, 12 a] 15. Dezember 1540:

M. Jorg Unger, steinmetzen, sagen, e. e. rat werd noch der zeit keinen statmeister vor dem neuen rat nit annemen, man wolle aber seines supliciern ingedenck sein.

2556. [1540, X, 31 b] 31. Dezember 1540:

Zu der goltschmid ordnung pessern lassen, nemlich das werck silber soll pey 14 lot bleiben, und den [32 a] geschwornen ansagen, woe sy solchs über 1 q[uint] ringer vinden, das sy daß laut der ordnung straffen.

Item das ein jeder goltschmid sein aigen zaichen haben und auff sein arbeit schlag, ee er das an die schau schickt; woe es aber also ungezaichent den geschbornen zukumpt, das sy solchs nit schauen.

Das auch 5 prob mit kupfer und 5 prob mit messing gemacht werden, nach laut deß ratschlags dieselben gepranchen.

Auch bedencken, wie die pflicht der geschwornen mocht gepessert werden und widerpringen.

Dem ratschlag deß verguldens halben nachkumen und in werck bringen.

Deß ausberaitens halben soll eß auch pey dem ratschlag bleiben.

2557. [1540, XI, 11 b] 15. Januar 1541:

Dye goltschmidtordnung, wie der vorschlag vermag, in allen stücken sambt der gestelten pflicht furzunemen und ins werk pringen lasenn mit dyser peserung, das ein jeder ein sunders zaichen und ein pley haben, darin eins jeden maisters zaichen unterschidlich stett, machen lasen, und sehen, das die punzen nit zu groß gemacht sein, damit eß im aufschlag keinen beschwerden pringen mag.

2558. [1540, XI, 22 a] 22. Januar 1541:

Den goltschmiden sagen, was ir jeder jezund für silber im werck und unter dem hamer haben, das sy dasselbig den geschbornen anzaigen und zwischen hie und S. Peterß tag außmachen sollen; das woll man pey den $13^1/_2$ lot seineß gehaltz bleiben lassen, doch soll es auff die alten manier zaichnet werden; was aber [22 b] ir jeder für silber in stücken oder sunst, das nit in der arbeit ist und doch auf $13^1/_2$ lott gestelt, hat, das sy dasselb wider zerlassen und der neuen ordnung gemeß machen bey darauf gesetzter pen, in der neuen ordnung begriffen, und soll von heut dato angen.

2559. Cuntzen Pock, ausberaiter der goltschmid, dem das ausberaiten von der rug ist nidergelegt worden, pey solchem niderlegen nochmal beleiben lassen. Den maistern aber, die für inen gepeten haben, sagen, e. e. rat konn wol erachten, warumb sy den Pock haben wolten, es sey aber e. e. ratz fueg nit zu; solten mit irem begern dahaimen bliben.

2560. [23 a] 24. Januar 1541:

Den goltschmiden ir beger, das silber auff $13^1/_2$ lot vererbeiten lassen, ableinen und pey vorigem beschaid und neuen ordnung bleiben lassen.

2561. [1540, XII, 7 b] 7. Februar 1541:

Der goldschmid proben halben etlich streichstein auf Meiner Herren costen bestellen lassen, die alzeit in der schau und bey den gschwornen pleiben und alda zu finden sein mögen.

2562. [1540, XII, 18 b] 15. Februar 1541:

Den goldschmidpuben, so der Anna Preunin die ring zu kauffen geben und er seim herrn gestoln, jetz wider abgen lassen und warnen, sich zu pessern... *etc.*

2563. 16. Februar 1541:

Hannsen Münch[1], dem goldschmidt, das gestolen dinglach, so bey Anna Preunin im loch gefunden, wider zustellen, doch auf caution, wer dazu zu sprechen, das ers vertaidingen soll.

Daneben sein jungen auch bschicken und der ring halben, so er der maid verkaufft, ein ernstlich streflich red sagen mit

[1]) Im Goldschmiede-Verzeichnis Nr. 303 (1535) als Silberarbeiter. Ein älterer Goldschmied dieses Namens — vgl. Goldschm.-Verz. Nr. 192 (zwischen 1473 und 1514) und dazu Anm. 1 — stirbt bereits 1540 11. Vgl. Mitteilungen II, 163.

scharpfer warnung, sich zu pessern, oder, wo nit, wird man ime eins zum andern sparen.

2564. [1540, XII, 26 b] 23. Februar 1541:

Bei Gelegenheit von Kaiser Karls V. Anwesenheit in Nürnberg wird eine große Zahl von Personen, die Strafen zu verbüßen hatten, auf kayserlicher Mt. fürpiten *begnadigt; darunter:*

(2565.) [27 a] Hanns Staub, goldschmid, *und andere,* doch das sie sich zuvor mit irn widertheiln vertragen oder aber on das kein sicherheit haben solln.

. . . .

(2566.) Nach geschribnen personen ists in ansehung irer bösen streflichen handlungen und zum theil anderer ursachen halben abgelaint:

. . . .

[27 b] Hannsen Pock, außbraiter

. . . .

Hanns Metter, pildschnitzer[1])

. . . .

Hannsen Mörl, püxenschmid, sol man an seine glaubiger weisen...

2567. [1540, XII, 31 a] 26. Februar 1541:

Hannsen Glockenthans gemalter vögl halben die andern trucker warnen lassen, ime die nit nachzemachen bey peen des gsetzs; wölche dan darüber verprechen, mit rügen furnemen lassen.

2568. [31 b] Hannsen Koler, dem püxenschmit, sein beger umbs püxenmaisterampt ablainen.

2569. [1540, XIII, 15 a] 15. März 1541:

Hannsen Sibenpürger, dem platner, 2 gsellen über die ordnung 1 jar lang ze halten zulassen zu verfertigung der küriß, so etlichen kaiserlichen herrn zugehören, doch den geschwornen solchs auch anzeigen.

2570. [1540, XIII, 21 a] 21. März 1541:

Hipolitus Pinters[2]), goldschmids, halben di geschwornen vernemen, was sein gelegenheit sey, und widerpringen.

---

[1]) Vgl. Zahns Jahrbücher II, 79.

[2]) Im Goldschmiede-Verzeichnis Nr. 317 (1540) als Silberarbeiter. Als Händler bei Roth, Gesch. des nürnberg. Handels I, 310.

2571. [24 a] 23. März 1541:

Hipoliten Pinter, dem goldschmid, sagen, sey ime hie zu pleiben nit gelegen, mög er sein bürgerrecht aufsagen und ziehen, wohin ime gelegen.

2572. [29 b] 29. März 1541:

Hipoliten Pinter, den goldschmit, seins aufgeforderten bürgerrechten halben in die losungstuben weisen.

2573. [1540, XIV, 1 b] 31. März 1541:

Den gschwornen platnern ansagen, dem Michel Zeinßler zu Biberach wider ze schreiben, was er gegen Claß Hitzlinger vorhab, dasselbig an rath ze schreiben dem form nach: daneben in achtung haben, wo solcher Hitzlinger zu bedretten, das er angenomen werde.

2574. [1540, XIV, 21 a] 16. April 1541:

Den pildschnitzern, so am Schönen prunen arbaiten, außpessern und verkütten, die wochenlohn auf 4 und 5 f. setzen, dweil mans nit nehner haben kan.

2575. [1541, I, 6 a] 22. April 1541:

Anthonien Willd[1]), dem panzermacher, zulassen, zu verfertigung der pantzer, an kön. hof gehörig, 2 gsellen über die ordnung 2 monat lang ze hallten, doch solchs den gschwornen auch anzeigen.

2576. [1541, I, 8 a] 23. April 1541:

Maister Linharten Schnabel ansagen, wo er etwan gschickte steinmetzengsellen wißt herzepringen, darin vleiß ze thun; aber mit maistern sich in bestallung zu begeben, sey Meiner Herren gelegenheit diser zeit nit, auch von unnöten, das er einicher maister halben sich einlasse, und also den jetzigen von Regenspurg dermassen abweisen.

2577. [1541, I, 14 a] 27. April 1541:

Valtin Neupaurn, dem künstlichen zirklmacher, die 4 h. auferlegter straf nachlassen; daneben aber bedenken, wie zwischen im und den rotschmiden ze handlen, das sie zu friden zu pringen und er solch sein künst hie treiben mög, irnhalb ungehindert.

. . . . .

[1]) Ein A. W. liegt auf dem Rochuskirchhofe begraben. Vgl. (Gugel), Norischer Christen Freydhöfe Gedächtnis.

2578. 28. April 1541:

Valtin Neupaurs halben gleichermassen, wie gester der rotschmid halben verlassen, auch mit den zirklschmiden hanndlen.

2579. [15 a] M. Jorgen Weber seiner mühe halben, so er mit den Schönpunen rörn ze legen gehapt, mit 24 f. verehrn lassen.

2580. [1541, I, 24 a] 6. Mai 1541:

Den gschwornen goldschmiden ansagen, so der jung seins argwenigen silbers halben widerkompt, ine dem bürgermaister anzuzeigen, alsdan ine bemehren und, wo er nit gleich zusagt, in die eisen legen lassen.

2581. [24 b] *Ein weiterer Ratsverlaß über diesen Gegenstand.*

2582. [1541, I, 26 a] 7. Mai 1541:

Den goldschmiden ansagen, auf ire arbeit den bundssen nur an ein ort, aber das N an alle unterschidliche stück auffschlagen ze lassen; solchs auch also im gesetz leutern lassen.

2583. [1541, I, 35 a] 16. Mai 1541:

Auf das strasburgisch schreiben umb 100 tegel di gschwornen rotschmid hörn und irn bericht widerpringen. Verte daz nechst plat.

2584. [36 a] Denen von Strasburg wider schreiben, das sichs hantwerk alhie allerley nachteils des tegl hinauß verfürens halben beclag, wie aber dem, so wöll man inen dannocht zu gfallen 20 tegl volgen lassen zu disem mal, wiewols das hantwerk lieber gar abgschlagen sehe. Daneben den Kopurger weiter bemehren, warzu doch die tegl alda gepraucht werden.

2585. [37 a] 17. Mai 1541:

Denen von Strasburg die tegel gar ableinen und ursachen anzeigen, das dem hantwerk hie nit leidlich [1]).

2586. [1541, II, 1 a] 19. Mai 1541:

Mertin Stürmer, dem goldschmid zu Haidlperg, Jorgen Kühorns antwurt einschliessen und zuschicken.

2587. [1541, II, 11 b] 27. Mai 1541:

Albrechten Weinman, dem rotschmid und püxenmaister, auch in Hungern zu ziehen erlauben, doch auf angloben, sein hantwerk nit ze treiben. Daneben ime, auch den

[1]) Vgl. Zahns Jahrbücher II. 81.

andern 2, Matissen Götzen und Caspar Schmid, urkunden geben, das inen von Meinen Herren erlaupt sey.

2588. [1541, II, 24 a] 4. Juni 1541:

Hannsen Pair, dem maler. seins übergebenen patrons halben über Nürmperg mit 8 f. verehren, doch ime einpinden, ferner dergleichen nit mehr weder zu schnitzen noch zu malen.

Vgl. Bayerische Gewerbezeitung X (1897) S. 31 Anm 17.

2589. [1541, II, 33 a] 14. Juni 1541:

Mertin Stürmern, goldschmid zu Haidlperg, Jorgen Kühorns antwurt einschliessen.

2590. [1541, III, 24 a] 8. Juli 1541:

Mit den harnaschpaliren solls verleßnem ratschlag gemeß gehallten und dem Michl Algeier weiter nit zugelassen werden, dan seine aigen hacken zu paliren.

2591. [24 b] Paulussen Hofman, harnaschpalirer, umbs gelt zu bürger annemen.

2592. Bonaventura Hegner[1]), dem goldschmidgsellen, verwehnung thun, so er sein sach zu Danzge verricht und abschid pring, das man ine hie zu bürger annemen wöll.

2593. [1541, III, 26 a] 11. Juli 1541:

Jorgen Welzl, den goldschmit, seins sons verkuplung halben vernemen und widerpringen.

2594. [1541, IV, 2 b] 15. Juli 1541:

Wolfen Danner, dem püxenschmid, sagen seiner hacken halben, die kleine kugeln haben sollen, vom herrn, dem si gehören, schreiben ze pringen, dan on das könd man die ordnung des schauens nit endern.

2595. [6 a] 18. Juli 1541:

Wolfen Danner auf anzeigten schein zulassen, dem grafen von Hohenloe 300 hacken mit kleinen kugln zu verfertigen: den gschwornen schauern auch solchs ansagen, das si die schauen solln.

2596. [1541, IV, 20 a] 30. Juli 1541:

Veltin von Gera[2]), den goldschmidt, Thoma von

---

[1]) Im Goldschmiede-Verzeichnis Nr. 322 (1541) als Silberarbeiter (Bon. Hagner). Jahrbuch der Kunstsammlungen des A. K. H. Bd. X Nr. 5867 (1515, 1547: Bon. Hegen). Roth, Gesch. des nürnberg. Handels I, 332 (1552), 416. Mummenhoff, Rathaus 266 (Bon. Hegen, 1516, Druckfehler statt 1546?).

[1]) Im Goldschmiede-Verzeichnis Nr. 319 (1540) als Silberarbeiter. Im

Auc, den panzermacher, bede umbs gellt zu bürgern annemen.

2597. [1541, IV, 27 b] 6. August 1541:

Auf der kon. Mt. schreiben, das Meine Herren Johann de Rey, tapezir, seiner dienst ledig zelen, auch die aufgenommen 200 f. nachlassen wölten, dem tapezir jetz sagen, dweil er solcher 200 f. halb sich verschriben, auch Paulussen Kemnater und Lorentzen Han zu pürgen eingsetzt, so werd man ine nit ledig zelen, solche 200 f. seien dan zuvor betzalt. Zu solichen die pürgen, sover sie verhannden, auch fordern.

2598. [1541, IV, 28 b] 8. August 1541:

Paulussen Müller biß betag ein fechtschul erlauben.

2599. [1541, IV, 29 b] 9. August 1541:

Sebalden Gar, dem goldschmid, auf sein suplicirn der tafel halben zun frauenprüdern sagen, man laß bey der antwurt, so ime zuvor derhalben gegeben worden, pleiben.

2600. [1541, V, 6 a] 16. August 1541:

Jorgen Hartlieb ist auff ditz mal vergunt, den Fuckern ein par armzeug zu machen; auch den geschbornen, inen daran nit zu verhindern, ansagen.

2601. [6 b] 17. August 1541:

Veltin Neupaurn, dem steinmetzen, zulassen, seine messin zirckl noch lenger ze machen, doch das ers nit offenlich feilhaben, noch jemands lernen soll: ine auch seins sons halben warnen, das mans ine one maisterstück nit arbeiten lassen werde.

2602. [7 b] Paulussen Mülner biß sontag [*21. August*] ein fechtschul erlauben, dweil er die neher nit gehalten.

2603. [1541, V, 20 a] 29. August 1541:

Graf Albrechten von Hohenloe die begerten halbhacken verfertigen und volgen lassen.

2604. Dem churfürsten zu Brandenburg die bestellten 2000 halbhacken, dweil der gsanndt anglobt, das wider kays. Mt. nit verpraucht werden solln, volgen lassen.

2605. [1541, V, 25 a] 31. August 1541:

Dem rath zu Krakau Niclasen Murharts [*gemeint ist*

Meisterbuch als ›Fechten van ger‹. Am 21. Mai 1547 gab er sein Bürgerrecht wieder auf (Bürgerbuch 1534–1631 Bl. 196 b).

Nikolaus Nunhart oder Nonhart], goldschmids, antwurt einschlissen.

2606. [1541, V, 27 a] 2. September 1541:

Jorgen Hartlieb sagen, ein formliche supplication an schmach ze stellen, wöll man ime fürschrifft geben, daneben aber mög er für sich selbs auch schreiben.

2607. [1541, V, 29 b] 3. September 1541:

Dweil der Schönprunen nunmer gfertigt, so soll den statknechten und marktmaistern bevelch gschehen, zu verhüeten, das an die pillder nit geworffen, auch das gitter mit vögeln nit mer behengkt oder durch böß puben bstigen werd, und, wo sie dermassen jemand bedretten, diselben darumb zu pfenndten[1]).

2608. [1541, VI, 7 b] 13. September 1541:

Wentzel Ganitzern[2]), dem goldschmid, die begerten stein zu seins schwagers Jacoben Hofmans[3]) gibelmauern volgen lassen, und dem Gralock ansagen.

. . . .

[1]) Vgl. Zahns Jahrbücher II, 82.

[2]) Wenzel Jamnitzer und seine Familie betreffend sind, wie schon in der Einleitung ausgeführt, nur diejenigen Ratsverlässe aufgenommen worden, die sich nicht bereits bei Frankenburger, Beiträge zur Geschichte Wenzel Jamnitzers und seiner Familie (Straßburg, 1901) gedruckt finden. Ihre Zahl ist daher nicht eben groß, und es erscheint schon aus diesem Grunde kaum am Platze, auf die ansehnliche Litteratur über Wenzel Jamnitzer hier näher einzugehen. Zudem aber ist der Herausgeber dieser Auszüge aus den Nürnberger Ratsverlässen selbst mit einer Arbeit über die Jamnitzer beschäftigt, die, wie er hofft, die bisherigen Forschungsresultate und die Ergebnisse der eigenen Forschung in einem größeren Kulturbilde vereinigen soll.

[3]) Goldschmiede-Verzeichnis Nr. 312 (1538). Im Meisterbuch der Nürnberger Goldschmiede (in der Bibliothek des Kunstgewerbemuseums zu Berlin) heißt es: »Adi denn 19 ocktobris im 1538 jar hott Jacop Hoffmann sein gelt inn die lossungstubenn gebenn zu warzeigen hot, im der her Lenhart Tucher 1 ₰ wider gebenn unnd Lorennez Drunck, seyn lerher, hott im heyssen den selben ₰ auffhebenn, das er sagen soll, her habe seynn meysterrecht umb 1 ₰ kouff.« Vgl. ferner Neudörfer, ed. Lochner 127 f. Doppelmayr 202 († 1564). Roth, Gesch. des nürnberg. Handels I, 333 (1541). Frankenburger Nr. 15 (1546). Mitteilungen des Vereins für Gesch. der Stadt Nürnberg X, 59 (1550/51). Jahrbuch der Kunstsammlungen des A. K. H. Bd. V Nr. 4141 (1548), 4156 (1549), VII Nr. 4766 f. (1543), 4831 (1548), 4814 (1549), XI Nr. 6897 (1551), 7412, 15 u. 20 (1560) (der »furnembste goldschmied und solier« [= Juwelier, Händler mit Goldschmiedewaaren] wird er hier genannt). Mitteilungen II, 163 (»Clara Jacob Hofmanin under der Vesten« † 1550). — Vgl. auch Erman, Deutsche Medailleure S. 53 f.

2609. Der zweier churfürsten Saxen und Brandenburg ordnung und stellung halben am Schönen prunnen bedencken und etwo bey derhalben verstenndigen personen erkundigen, wölcher vor ze stellen, dweils von alter also gestellt worden, wie es jetz steet; und widerpringen.

2610. [1541, VI, 11 b] 15. September 1541:

Die station der beder churfürstenbilder Saxen und Brandenburg am Schönen prunnen, diweil die jarzal am obern fendlin aufs jetzig jar gstellt, solche pilder auch herabkomen und wider aufgesetzt, also das sie verendert werden, soll mans stellen, wie jetz die session der churfürsten ist, das Saxen vor Brandenburg gstellt werde[1]).

2611. [1541, VII, 9 a] 17. Oktober 1541:

Bartl Putzen, dem waffenschmit, zulassen, den halben adler auf seine tuchscheren ze schlagen, doch sagen, zuzesehen, das er gut werhaft arbait mache: das begert furlehen aber eingangs halben mit guten worten ableinen.

2612. [9 b] Jörgen Unger, dem parlir, sein meßlin rüg

Ehrenthal, Führer durch das hist. Museum zu Dresden (1899) S. 267. Der Artikel in der Allgemeinen deutschen Biographie XII, 595 ist belanglos. Sein Grab auf dem Johanniskirchhofe. Vgl. Trechsel S. 272 Sp. 1 († 16. März 1564). Ein Porträt von ihm führt Panzer, der ihn fälschlich als pictor bezeichnet, S. 107 an; es ist die schon bei Doppelmayr Tafel 15 abgebildete schöne Medaille aus dem Jahre 1560, die — nach der Umschrift — den Künstler im 48. Jahre seines Alters darstellt. Danach wäre er 1512 geboren also, wenn er 1564 starb, nur 52 Jahre alt geworden, und der Jacob Hoffmann, der 1572 auf dem Neujahrsmarkt zu Leipzig »657 fl. vor kleinot und schnuren in der heimfart« erhielt — vgl. C. Gurlitt im Kunstgewerbebl. II (1886) S. 21 —, mit unserem Meister nicht zu identifizieren. An Nachrichten über den Künstler, dessen hervorragende Bedeutung verschiedentlich hervorgehoben wird, fehlt es, wie man aus vorstehenden Zitaten ersieht, nicht, und die Ratsverlässe fügen noch viele hinzu. Um so mehr ist es zu verwundern, daß sich bisher meines Wissens nicht ein einziges Werk seiner Hand mit Sicherheit hat nachweisen lassen. Eine liebevolle Beschäftigung mit dem Meister und ein sorgfältiges Verfolgen aller Spuren sollte bei gründlicher Kenntnis der Denkmäler aber doch auch hier wohl zu einem Ergebnis führen können. (Ansätze dazu z. B. bei Ehrenthal, a. a. O. S. 97). Dabei möchte ich noch erwähnen, daß er bei seiner Bürgeraufnahme am 7. November 1537 (Bürgerbuch II Bl. 13 b) nicht als Goldschmied, sondern als »pildschneider« bezeichnet wird, was auf Fertigung von Modellen (in Buchsbaum, Speckstein u. s. w.) für Medaillen zu deuten scheint. Er zahlte bei der Bürgeraufnahme 4 fl. Stadtwährung.

[1]) Vgl. Zahns Jahrbücher II, 82.

nachlassen und das erst gen Hof schencken, doch aber warnen, furan nit widerzekomen, sonder alle seine kandln eichen zc lassen.

2613. [1541, VII, 16 b] 22. Oktober 1541:

Jacoben Pulman an seins verstorben vaters stat zu eim hauptman verordnen und mit pflichten verfertigen lassen.

2614. [1541, VII, 23 b] 29. Oktober 1541:

Jorg Ungern, parlier auff der Peunt, maister Lienhart Schnablß hauß. dieweil es jez ler wirdet, an ainichen zinß verlassen, jedoch das er weder wein noch pier darinnen schenck.

2615. [1541, VIII, 1 a] 3. November 1541:

Der platner suplicirn von wegen der schau böser arbait auf irm handtwerk bedencken und widerpringen.

2616. [1541, VIII, 13 b] 12. November 1541:

Philipsen Rorer, dem pader zu Werd, sagen, dweil zu Werd geurteilt, das er den atlas dem Peter v. Firmont zustell, so soll er demselben nachkommen.

2617. [1541, VIII, 23 a] 21. November 1541:

Frannzen Mennt, dem rotschmid, sagen, wo sein gelegenheit nit, hie zu pleiben, mög ers bürgerrecht aufsagen und hin ziehen, wo er will.

2618. [27 a] 25. November 1541:

Frannzen Mennt, dem rotschmid, damit er hie behalten werd, zu eim püxenmaister umb 32 h. annemen lassen, dem Grundherrn also ansagen.

. . . .

2619. Hannsen Gropner, goldschmit, seins aufgforderten bürgerrechten halben in die losungstuben weisen dem form nach.

2620. [27 b] Dweil Jorg Heuß, statschlosser, tods abgangen . . . *etc.*

2621. [1541, VIII, 29 b] 28. November 1541:

Hannsen Scharrnagel und Jörgen Gallen, platner und ferber, bede umbs gelt zu bürger annemen.

. . . .

2622. Franntzen Mennt sagen, mög er nit warten, biß der püxenmaistersolld gfellt, soll ers gar farn lassen, dan man werd im jetz nichs vor hinauß geben.

2623. [1541, IX, 1 b] 1. Dezember 1541:

Hannsen Michel[1]), dem platner, urkund geben, das er bürger und seßhaft hie sey.

. . . .

2624. Hannsen Hartlieb, dem platner, die Fuggerische arbait zu disem mal unstrafbar hingen ze lassen, doch aber warnen, fürohin sich ze hüten oder man werd gegen ime der ordnung nachgeen.

2625. [1541, IX, 5 b] 6. Dezember 1541:

Den rotschmiden ir beger, Hannsen Metter, bildschnitzern, wider einkomen ze lassen, ableinen und sagen, nit wider ze komen.

2626. [1541, IX, 10 a] 9. Dezember 1541:

Hannsen Guldenmund seiner geschenckten Algeri contrafactur halben mit 4 f. verehrn, den andern aber mit dem geschnitzten türckenleger abweisen, das ers verkauffen mög, wo im gelegen.

2627. [1541, IX, 15 b] 14. Dezember 1541:

Den platnern zu irn gesetzen pesserung thun, wie der jetz verlesen ratschlag außweißt.

2628. [1541, IX, 18 b] 16. Dezember 1541:

. . . Mattissen Meeler unnd Simon Aufdinger[2]) die beden goldschmid, zu bürger annemen.

2629. [1541, IX, 31 b] 28. Dezember 1541:

. . . Valtin Gollter, den steinschneider, . . . umbs gellt zu bürger annemen.

2630. [1541, X, 2 b] 31. Dezember 1541:

Sebastian Dietzen, den maler, aufgforderts bürgerrechten halben in die losungstuben weisen[3]).

2631. [3 a] 2. Januar 1542:

---

[1]) Neudörfer, ed. Lochner S. 184 (1538) Mitteilungen 11, 256 (»Katherina Hans Michlin, an der obern Schmidgaß« † 1547). Auf dem Johanniskirchhofe liegen drei H. M. begraben. Vgl. Trechsel 263 Sp. 2 (1582), 451 Sp. 1, 462 Sp. 2 (1599); nur der letztere wird ausdrücklich als Plattner bezeichnet.

[2]) Goldschmiede-Verzeichnis Nr. 320 (1541). Frankenburger Nr. 109 (als †, in Wenzel Jamnitzers Testament) 114 (1542). Mitteilungen 11, 162 (wohnhaft »hinder dem Detzel«, † 1567).

[3]) Er zog wohl von Nürnberg nach Augsburg; wenigstens erscheint ein Sebastian Dietz im Augsburger Malerverzeichnis zum Jahre 1542. Vgl. Robert Vischer, Studien zur Kunstgeschichte S. 526 u. 562.

Jacoben Melmer, dem goldschmid, sein beger ableinen und bey der straf pleiben lassen.

2632. [1541, X, 18 b] 14. Januar 1542:

Augustin Hirßvogln seiner vererten charten halben wider mit 6 f. verehrn lassen.

2633. [1541, XI, 4 b] 28. Januar 1542:

Die verehrt mappa Ofen und Pesst dem maler wider geben und anzeigen, das man dern zuvor vil habe.

2634. [1541, XI, 8 b] 3. Februar 1542:

Moritz Franntzen, goldschmids, halben, so sich aus seim hauß gethan, also in ruhe steen und nit darein schlagen, biß etwa clag kompt.

2635. [1541, XI, 14 a] 7. Februar 1542:

Hannsen Ul, dem püxenfasser, das begert bürgerecht ableinen.

2636. [1541, XI, 16 b] 9. Februar 1542:

Hannsen Willden[1], den geschmeidmacher, . . . umbs gelt zu bürger annemen.

2637. [1541, XI, 31 b] 22. Februar 1542:

Wolfen Mair[2], dem goldschmit, biß sontag ein fechtschul erlauben.

2638. [1541, XII, 3 b] 27. Februar 1542:

Benedicten Sengen, den steinschneider, des begerten krams halben an zinßmaister weißen und ime ansagen, der ordnung nachzegeen.

2639. [1541, XII, 11 a] 4. März 1542:

Jörgen Hunger, dem parlir, erlauben, ein reiß gen Ingoldstat ze thun, den pau daselbst zu besichtigen.

2640. [12 b] Zwischen den platnern und schermesserern handlen und sehen, wie sie zu vergleichen, damit dannocht die platner auch ein palirmüln haben mochten: wo es dan zwischen inen nit zu finden, alsdan widerpringen.

---

[1]) Ein H. W. liegt auf dem Johannisfriedhofe begraben. Vgl. Trechsel S. 579 Sp. 1 (1590).

[2]) Vgl. Anm. zu Bd. II, Nr. 577 und dazu Mitteilungen II, 163 (Anna Wolf Mairin, an S. Gilgen gaß † 1563 oder 1564). Ein W. M. liegt auf dem Johanniskirchhofe begraben. Vgl. Trechsel S. 477 Sp. 1 (1587). Das Porträt eines Goldschmieds W. M. bei Panzer S. 152.

2641. [1541, XII, 13 b] 6. März 1542:

Hannsen Pock, dem abgeschafften außberaiter, dweil er sich dessen je nit massen will, solch sein außberaiten nochmals verpieten und schwörn lassen, dasselbig weder hie noch in Meyner Herren gepiet zu treiben, bey eins raths ernstlicher straff.

Daneben die goldschmidordnung auch diß stücks halben, so vil die peen belangt, dermassen pessern, das diselbig furan auf 10 f. steen, wölche ein jeder goldschmid, so eim unzugelassen außberaiter zu arbaiten gibt, [*zu bezahlen haben soll*].

. . . .

2642. Auf etlicher goldschmid bit, dem Hannßen Pocken das außberaiten wider zuzelassen, dweil grosser mangl daran, solln di andern außberaiter, ob und was sie für arbeit haben, gehört werden, solchs widerpringen.

2643. [1541, XII, 15 a] 7. März 1542:

Michel Dorßen, dem platner, sein beger ableinen und bey der straf pleiben lassen.

2644. [1541, XII, 16 a] 8. März 1542:

Hannsen Kunigsmüllers[1]), goldschmids, leerjar halben mit den geschwornen weiter handlen und erkundigen, wie es damit gstalt, alsdan nach gelegenheit hallten.

2645. Hannsen Pock, den außberaiter, dweil sich mangel erfindt, 1 viertl jar, doch mit offner hanndt, wider zulassen mit verpflichtung, nichs ungezeichnets außzuberaiten, und also zusehen, wie er sich hallten werde. Daneben aber den goldschmiden auch ansagen, den Lorentzen Gleen[2]) neben dem Pock auch zu furdern, damit er sichs nit zu beclagen hab.

2646. [1541, XII, 23 b] 15. März 1542:

Hannsen Kungsmülners, goldschmids, lerjar halben dijhenen, so er furpracht, beaidigen und volgends ime sein lerprief fertigen und volgen lassen, damit er zum hantwerk komme.

2647. [1541, XII, 25 b] 16. März 1542:

[1]) Im Goldschmiede-Verzeichnis Nr. 842 (1546) als Silberarbeiter. Mitteilungen des Vereins f. Gesch. der Stadt Nürnberg X, 59 (1551).

[2]) Mitteilungen des Vereins f. Gesch. der Stadt Nürnberg X, 59 (»Silberausbereiter«; als † 1551). Mitteilungen II, 162 (»Katharina Lorenz Gleim an der Judengaß« † 1548; zum 27. Februar 1552 erscheint in den Ratsverlässen eine Margretha Lorenz Glenin, wohl seine 2. Frau und nachgelassene Wittwe).

Hannsen Ul, den püxenfasser, umbs gellt zu bürger annemen.

2648. [1541, XII, 28 b] 17. März 1542:

Dem frembden siglgraber bey der apotecken auflegen, pflicht ze thun, oder aber ine hinwegk weisen.

2649. [1541, XIII, 7 b] 28. März 1542:

Signor Anthoni, dem welschen paumaister, wider ein neue bestallung auf ein jar, der vorigen gemeß, zusagen und fertigen; volgends ime erlauben, auf den September hinauß heim zu raisen, doch das er sein sach dahin richte, damit er seinem erpicten gemeß auf den künfftigen Februar wider hieher gelangen mög.

2650. [1541, XIII, 13 a] 1. April 1542:

Den platnern auf ir supliciren sagen, das man die schermesserer von irm bstanndt des palirrads nit wiß zu treiben, sonder laß sie dabey pleiben, dweil sie, die platner, zuvor mit redern versehen.

2651. [1542, I, 4 a] 13. April 1542:

Hanns Lasser, püxenschmit, *kommt vor.*

2652. [1542, I, 5 b] 14. April 1542:

Sebastian Höfer, den maler, aufgsagts bürgerrechten halben in die losungstuben weisen[1]).

2653. [1542, I, 8 a] 15. April 1542:

Albrechten von der Hall, den kupferstecher, umbs gelt zu bürger annemen[2]).

2654. [1542, II, 5 a] 12. Mai 1542:

Wolfen Dhanner, dem püxenschmit, zu verfertigung graf Albrechts von Hohenloe angedingten hacken noch 2 gsellen über die ordnung 1 viertl jar lang zulassen, dweil er in Meiner Herren zeughaus auch zu arbeiten hat[3]).

2655. [1542, II, 8 b] 15. Mai 1542:

Jörgen Hunger, dem parlir auf der Peunt, zu disem mal auß eim guten willen ein fuder holz mit 2 messen volgen lassen.

---

[1]) Er zog nach Augsburg. Vgl. R. Vischer, Studien zur Kunstgeschichte S. 526 (1542 oder 1543), 562 (1542), 564 (1545).

[2]) Die Bürgeraufnahme des A. v. d. H., der auch im Bürgerbuch von 1534—1641 Bl. 29 a als Kupferstecher bezeichnet wird, erfolgte am 1. November 1542.

[3]) Vgl. Zahns Jahrbücher I, 256.

2656. [1542, II, 20 a] 25. Mai 1542:

Jacoben Pulman, dem schlosser, die begert püxenmaistersoldshöherung ableinen und beim einfachen sold pleiben lassen.

2657. [1542, II, 29 b] 2. Juni 1542:

Auf Florian Stossen[1]) schreiben der tafel halben zun frauenprüdern sein schwager Sebalden Gar bschicken und anzeigen, wiewol Meine Herren dasjhen, so auf solche tafel hinauß geben worden und sonst darauf gangen, fug hetten zu erfordern, so wöll man doch ir unvermögen ansehen und inen solche tafel frey volgen lassen, ir bestes damit ze schaffen, doch das zuvor von ir und aller zugewanten wegen gnugsam quitirt werde; in solchem acht ze haben, das gnugsame furschung gschehe.

2658. [1542, II, 36 a] 7. Juni 1542:

Jacoben Schreiner, dem platner, darumb das er im sein arbait selbs gezeichent, 8 tag, halb mit dem leib zu volpringen, auf ein thurn straffen. Daneben aber den gschwornen auch ansagen, furan nit so lessig mit dem zeichen ze handlen, sonder dasselbig baß zu verwarn, damit niemand dan sie selbs darzu komen könd, fernere geverd zu verhüeten.

2659. [37 a] Auf Daniel Englharts verneinen, das er mit Valtin Golters weib zugehalten oder ir das kindlin gemacht, auch des Golters bekennen, das er selbs auch, ehe er sie geelicht, mit ir zu thun gehapt, soll dem Golter gsagt werden, das er mit seiner clag wol daheimen plibben wer und der sachen bessere erfarung gethan, ee er sich also ploß geben het; darumb wißt man gegen Daniel nichs ze handlen. Daneben aber ine an aids stat angloben lassen, anzuzeigen, wer ime zu solchem clagen geraten und anweisung gegeben; solchs herwiderpringen.

2660. [1542, III, 1 b] 8. Juni 1542:

Valtin Golters anzeig, das ime D. Popfinger geraten, die sach an Meine Herren ze pringen, auf im selbs ruhen lassen.

2661. [1542, III, 3 a] 9. Juni 1542:

Auf Hannsen Pecken[2]), diemantschneiders, supli-

[1]) Neudörfer, ed. Lochner 99 ff.

[2]) Mitteilungen des Vereins für Geschichte der Stadt Nürnberg X, 60 (1551). Mitteilungen aus dem german. Nationalmuseum II, 279 (über den Tod seiner zweiten Frau Barbara, † 1557).

cirn Hannsen Denners verhinderung halben erfarn, was die ursach; und widerpringen.

2662. [3 b] 10. Juni 1542:

Auf Peter Fyrmont, atlaßmachers, supliciren alle gelegenheit seines begerns halben besichtigen, auch, was vorhannden, schetzen lassen, und, wie mans findt, widerpringen.

2663. [1542, III, 18 a] 19. Juni 1542:

Peter Fyrmont, dem atlaßmacher, sein beger, den zeug im hauß auf der Schütten zum teil zu verkauffen, ableinen und sagen, das solchs Meinen Herren nit gelegen, sonder werden eins beim andern lassen. Daneben aber sehen, das es alles wol verwart werde.

2664. [1542, III, 32 a] 4. Juli 1542:

Dweil die 3 altar in S. Sebalds kirchen, nemlich der zwolfpoten, Unser Frauen und der mitler altar, den leuten, das wort Gottes zu hören, hoch hinterlich und der prediger davor nit gesehen oder wol gehört werden kan, ist beim gesampten rath verlassen, das man die tafeln von solch altarn wegk thun und etwan verwaren, volgenden auch die beden zwolfpoten und Unser Frauen altar gar und aber den mittlern biß auf den stein abprechen mit sampt den daran steenden stülen, deßgleichen auch das crucifix vorm predigstul verrücken und an ein ander ort, da es nichs hindert, stellen, solchs also zu furderlicher gelegenheit und in stille furgenommen werden sol, ehe dan jemand aufn reichstag herkompt. Daneben aber, dweil dem Letscher sein stul abgen wirt, mit ime davon ze reden und sehen, wie er zu versetzen sein mög[1]).

2665. [1542, IV, 2 b] 7. Juli 1542:

Den mitlern altar zu S. Sebalt, so biß auf den stein abgeraumbt und aber ein grosser übelstand ist, dazu auch noch allerley hinterungen an den predigen pringen wird, auch gar weck thun lassen; deßgleichen das kreutz vor der canzel etwan an ein seuln in der kirchen, allein ausserhalb des chors, verrücken lassen, dweils jetz auch am gesicht verhinderung pringt.

2666. [3 a] Jacoben Störrle, dem platner [*darüber steht:* panzermacher], zulassen, das er seine kinder das panzerringlemachen auch lernnen und ime mit solcher arbeit zur narung

[1]) In abweichender Fassung bei Baader, Beiträge II, 27 f.

24*

behülflich sein lassen mög, dweil er leibskranckheit halben sich mit seiner person allein nit (nit) erneren kan. Solchs den geschwornen salwirten auch also anzeigen.

2667. [1542, IV, 5 a] 10. Juli 1542:

Hannsen Scharrnagls, platners, begerns halben die gschwornen vernemen, und widerpringen.

2668. [6 a] Hannsen Scharrnagls, platners, leerjar halben die 2 benennten zeugen hörn, soverr sich dan sein furgeben war erfinden wirt, alsdan den gschwornen solchs anzeigen, ine darauf ze maister anzesagen.

2669. [1542, IV, 20 b] 19. Juli 1542:

Jörgen Helmreich, gürtlern, auch den von Lauff, der den halben adler zum stahel zeichen begert, bede angloben lassen, das ir furgeben die warheit; alsdan solch graben gstatten [*im Register unter:* siglgraber].

2670. [1542, IV, 33 a] 28. Juli 1542:

Hannsen Kungsmülnern bschicken und der ungerechten silberringlin halben auf der gschwornen goldschmid anzeig ze red halten, sein antwurt widerpringen. — Daneben dem Gotschalk Peß, kramer unterm rathaus, warnung thun, furan weder schaiden noch ander silberwerk feil ze haben, das der hieigen goldschmidordnung nit gemeß sey, oder, wo nit, werd mans ime nemen lassen.

2671. [33 b] Den gschwornen goldschmiden sagen, das man Hannsen Kungßmüllnern hievor auf ir beger zum ausberaiten zugelassen; dweil er aber jetz mit ungerechter arbeit erfunden, sover sie sein dan geraten konden, wollen Meine Herren wol weg finden, sein abzekomen; in dem ir antwurt widerpringen, mitler weil die ungerechten ringlin bey handen behalten.

2672. [35 a] 29. Juli 1542:

Hannsen Kungsmülnern, goldschmid, sagen, das Meine Herren wol ursach heten, ime seiner ungerechten ringlein halben die stat zu verpieten; man wols aber jetz umbgeen; er soll sich aber fürohin enthalten, oder, wo nit, werd man ime eins zum andern geben. Solchs ine auch also ze halten schwören lassen und die jetzigen ringlin zu zerschlagen bevelhen.

2673. [1542, IV, 38 b] 2 August 1542:

Steffan Hamer, dem briefmaler, auf sein überantwurt fürschrift und beger, ime das spigleinsetzen zuzelassen, sagen, das man die gschwornen vernomen; die wöllen es aber gar nit nachgeben, darumb wiß man wider irn willen nit zu bewilligen.

2674. [1542, V, 7 a] 9. August 1542:

Paulussen Müller di gebeten fechtschul ableinen, dweil man sich auf der nehern fechtschul so ungeschickt gehalten.

2675. [1542, V, 20 b] 18. August 1542:

Dem rat zu Augspurg auff ir fürschrifft, irem bürger Hannsen Brager[1]), goldtarbaitern, wider Niclasen Nunharten, bürgern alhie, gegeben, widerumb anntwort zuschreiben unnd sein, des Nonharts, anntwort einzuschliessen.

2676. [1542, V, 34 a] 29. August 1542:

Auf das augspurgisch schreiben, Hansen Prag und Niclasen Nonhart belangent, vernemen, wie es gestallt, und widerpringen.

2677. [1542, VI, 5 a] 2. September 1542:

Mertin Keßler[2]), goldschmidgsell, *kommt in einer gleichgültigen Angelegenheit vor.*

2678. [1542, VI, 8 b] 6. September 1542:

Marxen Perger, den maler, . . . umbs gelt zu bürger annemen.

2679. [1542, VI, 24 b] 19. September 1542:

Hannsen Scharrnagls, platners, rüg halben, darumb er bey seiner kindtauff etlich weiber über die ordnung gehapt, umbsehen thun . . . *etc.*

2680. [1542, VI, 30 b] 25. September 1542:

Die schendtlichen gemel am marckt bey den puchfürern besichtigen und aufheben, daneben auch erkundigen lassen, wer die form dazu geschnitten; und alles widerpringen.

. . . .

2681. [31 a] Fritzen Schmid, dem formschneider, sein beger der straf halben ableinen, aber ime lenger frist geben, wie der prauch ist.

[1]) Erscheint auf den Augsburger Goldschmiede-Tafeln bei A. Weiß, Das Handwerk der Goldschmiede in Augsburg S. 317. Vgl. auch ebenda S. 234, 256.

[2]) In Wien kommt später ein Goldschmied dieses Namens vor (vgl. Jahrbuch der Kunstsammlungen des A. K. H. Bd. V Nr. 4234 zum Jahre 1555 und Bd. VII an 5 Stellen), der vermutlich mit unserem Goldschmiedsgesellen identisch ist. Da dieser sich im Goldschmiede-Verzeichnis nicht findet, scheint er nicht in Nürnberg Meister geworden, sondern von da fortgezogen zu sein.

2682. [1542, VI, 34 a] 27. September 1542:

Den geschbornen der gürtler anzaigen, das sych erfind, das der siglgraber, den sy beklagt haben, des grabens halben pflicht thon hab, das sy es auch dapey bleiben lassen. Und aber dem beclagten auch sagen, das er keinem kein sigl schneid, denn er wiß, wer er sey, und seinen pflichten nachkume.

2683. [1542, VII, 2 b] 29. September 1542:

Jheronimus, formschneidern, ze red halten, warumb er gestern gegen dem eltern herrn bürgermaister solche ungschickte reden getriben, über das er ime kein ungepürlichen bscheidt gegeben. In dem sein antwurt widerpringen.

2684. [3 a] Dweil Jheronimus, formschneider, vor aufstendem rath nit erschinen, sover er dan ehe dan die Eltern aufsteen, erscheinen wird, ime auflegen, morgen zu einer hor bey der gesterigen pflicht zu erscheinen; kompt er dan gar nit, alsdan morgen solchs widerpringen.

2685. [5 b] 2. Oktober 1542:

Jheronimus, formschneiders, halben, dweil er über gethan angloben nit erschinen ist, in achtung haben, wo er zu bestetсn und gwißlich zu bedretten, das er angenomen und ins loch gelegt werde.

2686. [15 a] 9. Oktober 1542:

Jheronimus, formschneiders, widerteil mit guten worten, das man darin die gepür handlen woll, aufziehen, den formschneider aber, dweil er hie sein soll, jüngstem bevelch gemeß ins loch legen lassen.

2687. [1542, VII, 19 b] 12. Oktober 1542:

... Hannsen Jochim, den püxeschmit, ... umbs gelt zu bürger annemen.

2688. [1542, VII, 26 a] 18. Oktober 1542:

Hannsen Herbarts[1]), malers, suplication umb stat zu ainem kramb bei den predigern dem herren paumaister zuzestellen, seiner halben auch besichtigung ze thun, doch das die, so am ersten supliciert, am ersten der ordnung nach gefurdert werden.

2689. [1542, VII, 33 a] 21. Oktober 1542:

[1]) Baader, Beiträge I, 3 (1526).

Wolffen Brüseln[1], goltschmidt, Meiner Herren tail an seiner straff nachzulassen.

2690. [1542, VIII, 10 b] 2. November 1542:

Den gschwornen goldschmiden sagen, das zugepracht silber dem goldschmid, der sichs anmaßt, auf angloben das es sein sey, volgen lassen, doch das er, wo weiter ansprach derhalben komen wird, diselbig entheben soll.

2691. [11 b] Clementen Poss, den panzermacher, seins aufgforderten bürgerrechten halben in die losungstuben weisen.

2692. [12 a] Jheronimus, formschneider, sein beger noch der zeit ableinen und sagen, wo er sich unschuldig wiß, so dörff er sich nichs bsorgen. Daneben aber bevelch thun, das nochmals nach ime getrachtet und, wo er zu bedretten, ins loch glegt werd.

2693. [1542, VIII, 14 b] 4. November 1542:

Auf der gschwornen goldschmid überantwurten pecher und davon kommen stücklin silber, den Peter Firmonds preuknecht hievor beim schuldthurn verloren, sol derselb preuknecht bschickt und ime solchs zugestellt werden, den Firmond damit wider zufriden zu stellen. Daneben aber den jungen, der solcher pecher gestolen, ins loch legen lassen.

2694. [1542, VIII, 15 b]

Dweil di gschwornen goldschmid sich, den jungen, der des Firmonds pecher gestoln, anzuzeigen, bschweren, soll man sie weiter darumb nit ansprengen, sonst aber nachfrag haben, wie man ine erfarn möcht.

2695. [1542, VIII, 18 b] 7. November 1542:

Arnolt Schmidt[2]), den goldschmit, und Contzen Seitzen, püxenschmit, bede umbs gelt zu bürger annemen.

2696. [1542, VIII, 28 b] 14. November 1542:

Wolfen Fuxen, den goldschmid, zu bürger annemen und ime als eim künstlichen gsellen solchs schencken.

2697. [1542, VIII. 35 b] 18. November 1542:

[1]) Im Meisterbuch der Nürnberger Goldschmiede (in der Bibliothek des Kunstgewerbemuseums zu Berlin) zum 22. Juli 1534. Roth, Gesch. d. nürnberg. Handels I, 312. Mitteilungen II, 164 (»Helena Wolff Pruslin, hintern Detzel« † 1566).

[2]) Goldschmiede-Verzeichnis Nr. 326 (1543). Mitteilungen II, 164 († 1572).

Peter Fromont, dem atlaßmacher, sagen, wo er Marxen Sulzer von Plau hie wiß zu bedretten, dasselbig anzuzeigen; wöll man ine mit gwarsam furpringen lassen und gegen ine, dweil sein schuldprief hie steet, der gepür nach verhellffen.

2698. [1542, VIII, 36 b] 18. November 1542:

Auf Niclasen Nonnharts, goldschmids, suplicirn nachsuchen, was zuvor zwischen ime und Hannsen Prager von Augspurg gehandlet worden; und widerpringen.

2699. [1542, VIII, 38 a] 21. November 1542:

Niclasen Nonnhart, dem goldschmid, sagen, ein formliche suplication ze stellen, woll man ime fürschrift gen Augspurg geben; dan mit seiner vorhabenden zeugenfürung werd der sach nit geholfen sein.

2700. [1542, VIII, 40 a] 22. November 1542:

Jheronimus, formschneiders, ehewirtin sagen, ir beger umb furderung in ein suplication ze stellen; woll man ir gegem teutschcomenthur gepürlich furderung thun.

2701. [1542, IX, 1 b] 23. November 1542:

Auf Veronicen, Jeronimus, formschneiders, ewirtin, suplicirn ein canzelisten zum haußcomenthur in teutschen hof schicken, zu vernemen, wie es der beclagten schulden halben gestallt; und widerpringen.

2702. [1542, IX, 12 b] 1. Dezember 1542:

Das kreutz mit dem messin hergot bey S. Sebalds pfarrhof, dweils mit dem prunengraben irren wirt und auch sonst zum theil schadhaft ist, wider auspessern und deß orts dannen thun und an das eck beim pfarhof gegen S. Sebalds kirchen warts versetzen lassen: solchs dem paumaister also ansagen [1].

2703. [1542, IX, 23 a] 7. Dezember 1542:

Jeronimus, formschneidern, ansagen, dweil er sich gegen dem herrn bürgermeister so ungschickt gehalten, dazu auch treuloß worden, so hetten Meine Herren wol ursach gehapt, ine nit zu begnaden. Aber auf die gschehen fürpit hab man ine auf ein bürgerlich straf einkommen lassen. Ime also aus gnaden zu straf auflegen, 14 tag auf ein thurn mit dem leib zu volpringen; frißt hiezwischen sontags [*10. Dezember*].

---

[1]) Vgl. Baader, Beiträge II, 28.

Daneben, dweil er bisher die eisen zu Meiner Herren gepreg in verwaltung gehapt, sol beim Dietherrn erkundigt, obs noch bey ime seien oder wers beyhanden hab, alsdañ widerpracht werden.

2704. [1542, IX, 24 a] 8. Dezember 1542:

Peter Sprenger, dem atlaßmacher, die begert zeit on bürgerrecht hie zu wonen, ableinen, ine aber umbs gelt zu bürger annemen.

2705. [1542, IX, 27 a] 11. Dezember 1542:

Das brieflein von Sumarin [*im Register:* Summarin] Jobsten Eißler[1]), dem goldschmid, furhalten.

2706. [1542, IX, 31 a] 13. Dezember 1542:

Hannsen Mörl, dem püxenschmit, 2 jar unentsagts bürgerrechten sich zum Maxmilian v. Isselstein ze thun erlauben, doch mit dem geding, das er sein weib und kinder auch mit nemen soll.

2707. [1542, IX, 34 b] 15. Dezember 1542:

Niclasen Sailers[2]), goldschmids, ehe halb nochmals bey den gelerten ratschlagen, und widerpringen.

Es folgen noch ein paar weitere Ratsverlässe über diesen Gegenstand.

2708. [1542, IX, 36 b] 16. Dezember 1542:

Mit Hannsen Mörl, dem püxeschmit, dweil er ein berümpter püxenmaister, handlen, ob er jerlich mit 10 oder 12 f. dynstgelts hie behalten werden möcht; solchs widerpringen.

2709. [1542, IX, 39 b] 19. Dezember 1542:

Mit Jörgen Diethern reden, wer an des formschneiders stat zu eim andern stämpfschneider zu geprauchen sein mög; solchs widerpringen

2710. [1542, X, 11 a] 3. Januar 1543:

Hannsen Mörl[3]), dem goldschmid, sagen, sich bey den

---

[1]) Hier ist vermutlich der mittlere J. E. gemeint. Goldschmiede-Verzeichnis Nr. 292 (1533). Roth, Gesch. des nürnberg. Handels I, 316 (1541). Mitteilungen II, 162 (»J. E. bei dem Heugessl« † 1551).

[2]) Im Goldschmiede-Verzeichnis Nr. 285 (1530; im Meisterbuch der Nürnberger Goldschmiede vielmehr zum 9. Dezember 1531) als Silberarbeiter Mitteilungen II, 161 (»Margreth Niclaus Seylerin, an der Soldnergassen« † 1542).

[3]) Goldschmiede-Verzeichnis Nr. 309 (1537). Mitteilungen des Vereins für Gesch. der Stadt Nürnberg X, 59 (1551). Jahrbuch der Kunstsammlungen

preslawischen gsanten selbs zu erfarn, warumb sein son gefangen lige, alsdan solchs wider anzuzeigen; wöll man im fürschrift geben.

2711. [1542, X, 13 a] 4. Januar 1543:

Wollffen Fux gegen den gschwornen goldschmiden weiter vernemen, wo er gelernt und maisterstück gemacht, und, wie es seinethalben gestallt, alsdan widerpringen.

2712. [1542, X, 14 b] 5. Januar 1543:

Der tegel halben, so durch etliche frömbde personen hie bestellt worden, vleissig erkundigung thun, wer die kauft, wo sie eingeschlagen und durch wehn, ob also die personen zu erfarn sein möchten; solchs alsdan widerpringen.

2713. [1542, X, 20 a] 10. Januar 1543:

Wolfen Fuxen erpieten, auf dem goldschmidhandtwerk außzelernen und volgends maister ze werden, mitler weil auch für sich selbs nichs ze arbaiten, dweil die gschwornen daran zufriden seint, also auf im selbs ruhen lassen.

2714. [1542, X, 29 a] 17. Januar 1543:

Maister Jorgen Weber weiter vernemen, was er zu Bamberg für ein mülgepeu zu machen vorhab, obs nit diser stat nachteilig, ine auch seiner verpflichtung erinnern; und widerpringen.

2715. [1542, XI, 13 a] 27. Januar 1543:

Hannsen Mörl, dem goldschmid, die gebeten fürschrift gen Preslau mit einschlissung seiner suplication, doch auf vorgeende milterung derselben, mitteilen.

2716. [1542, XI, 18 b] 30. Januar 1543:

M. Jörgen Weber auf sein anzeig, das die segmül, die er zu Bamberg anrichten sollt, alzeit auch zu andern sachen, als trodt- und hamerwerck, zuzerichen und zu geprauchen sein möcht, sagen, das Meinen Herren mißfellig, dweil er weiß, das ime solche gepeu außwendig anzerichten verpoten, das er sich diß orts darmit eingelassen; darumb soll er davon steen und sich dessen hallten, was ime zuvor verpotten; und also ime sein beger, zu erlauben, ableinen.

---

des A. K. H. Bd. X, Nr. 5879 und 5880 (1568, als »alter verlebter man« bezeichnet). Mitteilungen II, 163 (»Hans Morl, neben der Gulden Gans« † 1569 oder 70).

2717. [1542, XI, 29 a] 6. Februar 1543:

Augustin Hirßvogln gegen seiner vererten carten 6 f. schencken lassen [1]).

2718. [1542, XI, 37 b] 12. Februar 1543:

Wolffen Fuchs, goldschmids, leerbriefs halben gein Augspurg zu schreiben und piten, wie es daselbst der leerbrieff halben gehallten werde, ob gnug bei inen, wann ein lermeister dem leerjungen kuntschafft seins außleernens geb, oder von notten sey, das die geschwornen meister oder andere mehr darneben gehort und in leerbrieff als zeugen gesetzt werden sollen.

2719. [1542, XI, 38 b] 13. Februar 1543:

Jorg Tierolt, der püxenschmit, *kommt vor.*

2720. [39 a] Steffan Tober, der püxenschmit, *kommt vor.*

2721. Henrichen Dhaun, dem harnaschpalir, auf der platner fürpit zu seiner straf noch frißt biß Ostern geben.

2722. [1542, XII, 14 b] 22. Februar 1543:

Des Guldenmunds vererte mappa etlicher allter keiser contrafacturen besichtigen lassen, was ime dagegen zu verehren; und morgen wider furlegen.

2723. [19 b] 27. Februar 1543:

Hannsen Guldenmund seiner vererten kaiser-contrafactur halben hingegen mit 10 f. verehrn lassen [2]).

2724. [1542, XII, 30 a] 5. März 1543:

Wolffen Fuchs, dem goldschmid, der von Augspurg und des handtwercks schreiben furhalten und sagen, Meine Herren werden ine darüber füglich nit wol zulassen konnen; waß er aber bey den geschwornen maistern goldschmiden hie khenn erlangen, im selben wellen sich Meine Herren auch furderlich und unverweißlich erzeigen.

2725. [1543, I, 5 b] 29. März 1543:

Des eisen- oder stämpfgrabers halben beim Dietherrn erkundigen, ob der Jheronimus, formschneider, weiter oder wer sonst dazu zu geprauchen sein mög; solchs widerpringen.

2726. [1543, I, 14 b] 4. April 1543:

Auf der goldschmid beclagen, das ein ringmacher

[1]) Vgl. Baader, Beiträge I, 10 (Auszahlung der 6 fl. am 2. März 1543).
[2]) Vgl. Baader, Beiträge I, 40.

ein silberin ring gemacht wider ir ordnung, ist verlassen, das sollichs disem und andern ringmachern abgestellt werden und bey den goldschmiden pleiben soll, angsehen die ringmacher derhalben kein ordnung oder schau haben. Daneben aber disem ringmacher zulassen, sover der jetzig ring für gerecht bestochen und gschaut wirt, das er den verkauffen mög, fürohin aber sol er kein mehr machen.

2727. [1543, I, 19 a] 7. April 1543:

Des eisengrabers halben beim Dithern erkundigen, ob der Jheronimus oder ein ander weiter zu geprauchen, und widerpringen.

2728. [1543, I, 24 b] 10. April 1543:

An Jeronimus, furmschneyders, stat nach einem andern eysenschneyder frag haben, und herwider pringen.

2729. [1543, I, 42 a] 21. April 1543:

Endrissen Pegnitzer und Michl Erla, den balbirer, bede irer aufgsagten bürgerrechten halben in die losungstuben weisen [1]).

2730. [1543, II, 5 a] 27. April 1543:

Auf der geschwornen goldschmid anpringen der ringlein halb und annders sylbergeschmeids, so die frembden kremer undter dem rathauß hie fayl haben und am gehalt ganz gering seyen, dieselben cremer hie hinwegk schaffen und inen, den geschwornen goldschmiden, sollichs ansagen, auch den cremern das [5 b] genomen sylbergeschmeid widergeben, aber doch warnen, dergleichen arbait nit mer hie fayl zu haben, weils wider die ordnung ist.

2731. [6 a] Veit Stossen seligen erben ir begern umb ain urkundt, wie die tafel zun frauenbrüdern an sy kumen sey, ablaynen.

2732. [1543, II, 28 a] 9. Mai 1543:

Die kleinotter, so uff der vessten bey der Bastlin Hallerin gestanden und ze S. Walburgis kirchen daselbst gehorig, deßgleichen die kleinotter daussen bey S. Sebastian herab und herein inn Santt Sebalds kirchen zu verwarn, bey andern kirchen dinglach verschaffen und einschreiben ze lassen.

2733. [1543, II, 29 b] 10. Mai 1543:

---

1) Vgl. Lochner in seiner Neudörfer-Ausgabe S. 19. Bei Baader, Beiträge II, 48 ist die Jahreszahl verdruckt.

Cornelium Fürwein[1]), den goldschmid, umbs gelt zu bürger annemen.

2734. [1543, III, 2 a] 24. Mai 1543:

Lorenzen Kellner, dem goldschmid, und Hannsen Paur, peutlern, und irn consorten der unterschidlich gebeten fürschriften halben sagen, suplicationes ze stellen.

2735. [2 b] Wolf Fuxen, dem goldschmid, das augspurgisch schreiben, so seinthalben hievor herkomen, zustellen, sich seiner notturfft nach darin zu versehen.

2736. [1543, III, 24 a] 6. Juni 1543:

Die gschwornen rotschmid und Hannsen Behem, goldschlager, bschicken und den Behem seins tegl verschickens halben ein streflich red und dabey sagen, di jetzigen tegl nit hinwegk gen Ulm ze schicken, sonder hie zu behalten. Und dabey verpieten, ine auch schweren lassen, fürohin einich tegl nit mehr weck zu schicken, deshalben auch die gschwornen acht auf ine haben sollen; und solichs, wo er oder andere mehr furan dergleichen handlen wirden, allemal unangezeigt nit ze lassen.

2737. [1543, III, 26 b] 7. Juni 1543:

Hannsen Prag, dem goldschmid, sagen, das er auf Michel Pocks von Potzen schrifft des beclagten schlahens halben gar ploss antwurt gegeben, darumb im selben stück lauter anzeig ze thun, dan wo dem also sein solt, so forderet er die letzern 6 f. unpillich; zudem sey auch pillich, dweil er für die 3 jar lergelt forder, das er auch für so lang ein lerprif geben sol. In dem sein antwurt widerpringen.

2738. [1543, III, 33 b] 13. Juni 1543:

Wolfen Ulrich, dem goldschmid, die 5 begerten tegl auf angloben, das ers selbs und allein zu seiner arbait prauchen wöll, volgen lassen.

---

[1]) Seine Bürgeraufnahme, bei der er 4 fl. zahlte, erfolgte am 30. Mai 1543. Vgl. Bürgerbuch 1534—1641 Bl. 31 a. Er heißt hier: »Cornelius Vorwein, goltschmid.« Im Goldschmiede-Verzeichnis Nr. 325 (1543: »Corneli Vorwend«) als Silberarbeiter. Meisterbuch: »Adi 14. may hatt Karnelüs Forwentt sein maisterstück weiss [= geweist, gewiesen] und darmit westanden im 1543 . . .« Vgl. über ihn namentlich Schwenke und Lange, Die Silberbibliothek Herzog Albrechts von Preussen (Leipzig, 1894) S. 10 f. (Kornelius Vorwend 1552—55 in Königsberg). Hermann Ehrenberg, Die Kunst am Hofe der Herzöge von Preussen (Leipzig und Berlin. 1899) S. 52 f.' 72, 241.

2739. [1543, IV, 1 b] 21. Juni 1543:

Peter Fermunden di gebeten fürschrifft an herzog Ludwig von Pairn mitteilen.

2740. [1543, IV, 5 a] 23. Juni 1543:

. . . Wollffen Huber, kartenmaler, . . . umbs gellt hie zu bürger annemen.

2741. [1543, IV, 7 a] 25. Juni 1543:

Valtin Sibenpürger, dem platner, 2 gsellen über die ordnung 1 monat lang ze halten erlauben, damit herzog Albrechten in Preussen sein rüstung gefurdert werden mög: solichs den gschwornen auch also ansagen [1]).

2742. [1543, IV, 12 a] 27. Juni 1543:

Hannsen Strauss [2]), den püxenschmid, und Conntzen Pirer, steinmetzen, bede umbs gelt zu bürger annemen.

2743. Fritzen Prunner, dem kartenmaler, solchs noch der zeit ableinen.

2744. [1543, IV, 24 a] 5. Juli 1543:

Hanns Wild, gschmeidmacher, *kommt vor.*

2745. [1543, IV, 29 a] 9. Juli 1543:

Dem Reinegkischen furman die abermals begerten 20 centner glaßerden, dweil erst vergangen wochen auch sovil dahin erlaupt worden, ableinen, daneben aber die gschwornen rotschmid dannocht deshalben auch hören und widerpringen.

2746. [1543, IV, 29 b] 10. Juli 1543:

Wilhelmen Hessen, dem kandelgisser im Thal, der hieigen gschwornen antwurt, Bartl Schultheissen redlichmachung belangend, einschliessen . . . *etc.*

. . . .

2747. Auf herzog Johanns Ernnsten zu Saxen schreiben umb m. Paulussen Behem, seins raths zu pflegen, wider schreiben, wiewols Meinen Herren irer habenden gepeu halben beschwerlich, so wöll man ime doch 3 tag bei seinen f. g. zu sein erlauben; daneben aber m. Paulussen auch sagen, sich lenger nit aufhalten ze lassen, auch nit anhengig ze machen, dan man werd ime weiter nit erlauben.

---

1) Vgl. Zahns Jahrbücher II, 80.

2) Mitteilungen 1890 S. 71 († 1560 oder 1561). Ein H. St. liegt auf dem Johanniskirchhofe begraben. Vgl. Trechsel S. 292 Sp. 2 (1559).

2748. [1543, IV, 33 a] 11. Juli 1543:

Auf herrn Johann von Lier, keys. Mt. krigßcomissarien, schreiben umb etlich tausent packenetlein und sturmhauben, auch 500 centner zindstrick sollen die maister platnerhantwerks, auch püxenmaister und sailer bschickt und vernomen werden, was bey inen vorhannden und in was gellt; hierinn herrn P. Gruntherrn auch vernemen und, wie mans findt, widerpringen.

2749. [1543, IV, 35 b] 13. Juli 1543:

Hannsen Prager, dem goldschmid zu Augspurg, gegen Niclasen Nonnhart wider ein tag auf montag nach Jacobi zuschreiben und ansetzen, solchs dem Nonnhart auch anzeigen.

2750. [1543, IV, 38 b] 14. Juli 1543:

Wolfen Dhanner zulassen und den gschwornen schauern ansagen, des landgrafen von Hessen hacken sein f. g. zu gfallen unpolirt zu bschiessen, mit andern aber die ordnung ze halten.

2751. [1543, V, 1 b] 19. Juli 1543:

Endrissen Pegnitzer den jüngern an seins vaters stat zu eim hauptman beim Frauenthor verordnen.

2752. [1543, V, 5 a] 21. Juli 1543:

Wolffen Fux, dem goldschmid, sein beger nochmals ableinen und bey vorigem bscheidt pleiben lassen, dweils die gschwornen widerfechten.

2753. [1543, V, 8 b] 24. Juli 1543:

Paulussen Müllner, dem goldschmid, biß sontag ein fechtschul erlauben.

2754. [9 a] Hannsen Mörls, püxenschmids, beger, 300 hacken unpalirt bschissen ze lassen, den gschwornen schauern furhalten, sover sichs dan findt, das sie dem landgrafen zugehörig, und es den schauern nit zuwider, alsdan solchs zu gschehen zulassen.

2755. [1543, V, 16 a] 30. Juli 1543:

Den zwischen Hannsen Prager zu Augspurg und Niclasen Nonnhart, goldschmid alhie, angsetzten tag biß auf den 16. Augusti erstrecken, solchs also gen Augspurg schreiben und dem Nonhart hie anzeigen lassen.

2756. [1543, V, 20 b] 1. August 1543:

Fritzen Prunner, dem kartenmaler . . . solchs [*das Bürgerrecht*] ableinen, doch aber noch 1 jar lang zugeben, on bürgerrecht hie zu sitzn.

2757. Den allten predigstul ausserhalb an S. Schalds kirchen, dweil der gar prechenhaft, wegk thun lassen.

2758. [1543, V, 24 b] 3. August 1543:

Die harnasch, so aufs lannd gen Herspruck, Altorf und Lauff hie verfertigt werden, solln von Meiner Herrn wegen bezallt und volgends hinauß in die rüßtkamern gehenckt und in der pfleger inventaren gepracht werden.

2759. [1543, V, 25 b] 4. August 1543:

Hannsen Mörl, dem goldschmidt, die gebeten fürschrift gen Preslau mitteilen.

2760. [1543, V, 34 b] 9. August 1543:

Auf der gschwornen rotschmid anzeig, das durch etlich gürtler mit tegeln ferlich gehandlet werde, solln die gschwornen gürtler bschickt und darin vernomen, alsdan ir antwurt widerpracht werden.

Daneben den rotschmiden sagen, das Meine Herren auf ir jüngst suplicirn der tegl halben in handlung steen, und das sie etwo über 1 jar wider darumb manen mögen; und solln also die jüngstverordneten herren Rieter und Ebner, die handlung mit dem acker zu Kalckreut zu furdern, gemant werden, sovil sichs leiden mög.

2761. [35 b] Auf Wolfen Fuxen suplicirn, ine vernemen, wohin er ziehen wolt, daneben mit den geschwornen goldschmiden auch handlen, ob nit weg ze finden, das er hie behalten werden möcht, und widerpringen.

2762. [1543, VI, 1 b] 16. August 1543:

Zwischen Hannsen Prager von Augspurg und Niclasen Nonnhart gütlich handlen und vleiß thun, obs zu vertragen sein möchten, wo nit, herwiderpringen.

Es folgen noch einige weitere Ratsverlässe über diese Angelegenheit.

2763. [1543, VI, 16 b] 27. August 1543:

Wolffen Fuchsen, goldschmids, halb mit ettlichen den fordersten goldschmiden abermals zu handeln, ob etwaß bey inen zu finden, daß er, wo nicht ganz frey wie ein ander meyster ires handwercks, dannocht mit conditio alhie arbeyten moecht.

2764. [1543, VI, 23 b] 31. August 1543:

Jacoben Goler, dem platner, der gschwornen antwurt furhalten und ime zulassen, jetz wider an die maisterstück ze sitzen, dweils die gschwornen leiden mögen.

2765. [24 b] Wolfen Fuxen, dem goldschmid, sagen, das Meine Herren ime wider des hieigen handtwerks willen nit wissen ze hellffen; er mög sich aber selbs beim handtwerk umbthun und bewerben, irn willen zu erlangen, alsdan wöllen Meine Herren auch gern das pest darzu hellffen thun, damit er hie pleiben möcht.

2766. [25 a] 1. September 1543:

[*Lücke*], dem rotschmid erlauben, 4 wochen lang zum Endris Pegnitzer zu ziehen und ime püxen hellffen außzuberaiten.

. . . .

2767. Wolffen Fux, dem goldschmid, 1 jar lang ausserhalb unentsagts bürgerrechten ze wonen und sein handtwerk zu treiben erlauben.

2768. [26 b] Chrispiniani Herands[1]), des herzogen von Preussen hofmalers, schreiben und zugeschickte des herzogen und seiner gemahel contrafacturen biß montag [*3. September*] wider furlegen.

2769. [1543, VI, 32 b] 5. September 1543:

Chrispino [*im Register, wie oben*: Crispinian Herand] Herand, dem preussischen hofmaler, seiner vererten fürstlichen contrafacturen halben mit 12 talern wider (zu) verehren lassen[2]).

2770. [1543, VI, 34 a] 6. September 1543:

Mit Mertin Spaidl, dem künstlichen rotschmiddrexl, widermals auf 5 jar bstallung aufrichten, wie vor gschehen[3]).

2771. [1543, VI, 36 a] 8. September 1543:

Paulussen Kellner, den goldschmid, aufgesagts bürgerrechten halben in die losungstuben weisen.

[1]) Über C. H. vgl. neuerdings Hermann Ehrenberg, Die Kunst am Hofe der Herzöge von Preussen, an vielen Stellen.

[2]) Vgl. Zahns Jahrbücher II, 74.

[3]) Vgl. ebenda, S. 81.

2772. [1543, VI, 40 a] 11. September 1543:

. . . Hannsen Schmid[1]) aber, den platner, umb 10 werunggulden zu bürger annemen.

2773. [1543, VI, 42 a] 12. September 1543:

Die gschwornen goldschmid bschicken und jeden in abwesen des andern bey sein pflichten verhören, was sie ein zeit her für frömbd silbergschirr beim Hannß Pock, außberaiter, gefunden und wie es damit gestallt und gehandlet worden; solchs mit vleiß verzeichnen und die gschwornen nit zusamen komen lassen, biß sie alle gsagt haben; alsdan widerpringen.

2774. [1543, VII, 3 b] 14. September 1543:

Auf der gschwornen goldschmid ansagen, wie es der frömbden silbergschirr halben alhie mit dem zeichen und außberaiten gestallt, soll Hanns Pock, der außberaiter, morgen unter rats zeiten bschickt, beaidigt und verhört werden, wie vil außwendiger arbait er außberaitet, wers ime zugeschickt und wie es damit gestallt; diselbig sein sag herwiderpringen und den Pock mitler weil nit abgeen lassen, sonder auf bscheidt zu warten.

2775. [5 b] 15. September 1543:

Auf Hannsen Bocks, außberaiters, ansag, wie es mit den frömbden hieher geprachten drinckgeschirren geschaffen, soll di goldschmidordnung zur hanndt gsucht und beim rath gehört, alsdan nach gelegenheit weiter gehandlet werden, was für gut angsehen wirt.

2776. [7 b] 18. September 1543:

Hannsen Pock, den außberaiter, bschicken und schwören lassen, deß außberaitens füran müssig ze steen, dan, dweils ime 1 viertl jar mit offener hanndt zugelassen, sich aber allerley betrugs bey ime gfunden, sonderlich auch das er frömbde arbait außberaitet, so sey er [*so*] Meiner Herren fug bey solchem thun nit lenger. Solichs den goldschmiden, wo sie nachlauffen wirden, auch also anzeigen.

2777. [9 a] Hannsen Pock, den außberaiter, vernemen, was er noch für arbait im hauß hab außzuberaiten und wehm

[1]) Mitteilungen des Vereins f. Gesch. der Stadt Nürnberg X, 59 (1551).

diselbig zustee; solchs verzeichen lassen und widerpringen, rätig ze werden, ob mans ime volles außzuberaiten gestatten wöll.

2778. 19. September 1543:

. . . .

Hannsen Pock, dem außberaiter, zulassen, die anzeigten und verzeichenten stück volles außzeberaiten; daneben aber ine nochmals schwörn lassen, sich füran deß außberaitens zu enthalten biß auf Meiner Herren weitern bscheidt. Und dweil das gsetz diß stücks halben mit außberaiten der frömbden arbait etwas manglhafft, sol dasselbig bedacht und gepessert, auch alsdan widerpracht werden. So solln auch Valtin Richter[1]) und Nicasius Frisch[2]), di beden goldschmid, bespracht werden, was inen für frömbde arbait zukomen, von wehm und woher; solchs auch widerzepringen. Wolfen Fechters[3]) verantwortung aber also auf im selbs ruhen lassen.

2779. [1543, VII, 27 a] 2. Oktober 1543:

Jacoben Kellner[4]), den platner, . . . umbs gellt zu bürger annemen.

2780. [1543, VII, 33 a] 5. Oktober 1543:

Nicasius Frischen und Valtin Richter, den goldschmiden, sagen, man laß ire entschuldigungen auf inen selbs ruhen; sie sollen sich aber füran enthalten, kein frömbde neu arbeit anzenemen und hie außzuberaiten lassen. Daneben des Hannsen Pocks suplication den andern außberaitern müntlich und summarie furhalten, irn bericht darauf widerpringen.

Dweil aber das gsetz des außberaitens halben etwas manglhaft, solln etlich goldschmid deshalben verhört, volgends bedacht werden, wie pesserung zu finden, das kein frömbde neue arbeit hie ausberait werden solt; solchs alsdan auch widerpringen.

2781. [1543, VII, 36 a] 9. Oktober 1543:

[1]) Im Goldschmiede-Verzeichnis Nr. 270 (zwischen 1514 und 1530) als Silberarbeiter. Mitteilungen II, 164 († 1547 oder 1548).

[2]) Goldschmiede-Verzeichnis Nr. 291 (1533). Bürgeraufnahme am 8. September 1533 (Bürgerbuch 1496—1533, Bl. 184 a.) Zahns Jahrbücher I, 247 (1549, 1561). Roth, Gesch. des nürnberg. Handels I, 318. Mitteilungen des Vereins für Geschichte der Stadt Nürnberg X. 58.

[3]) Ein Goldschmied dieses Namens findet sich erwähnt bei C. Gurlitt, Archivalische Forschungen II, 81 f.

[4]) Mitteilungen II, 255 (Elisabeth Jacob Kellnerin † 1560).

25*

Hannsen Prag, dem goldschmid, die gebeten fürschrifft gen Lübegk mitteilen.

2782. [37 a] Auf der außberaiter verantwurtung und entschuldigung auf Hannsen Bocks jüngste suplication sol mit dem nechst bevolhen ratschlag, was den außberaitern für ordnung ze geben, furgangen, und, so derselb widerpracht, alsdan des Bocks halben weiter rätig werden, ob er zulessig sey oder nit.

2783. [1543, VIII, 4 b] 13. Oktober 1543:

° Endrissen Holzpocks, goldschmids, aufgsagten bürgerrechten halben die ordnung ze halten.

2784. Die gepessert und verlesen pflicht der außberaiter aufm goldschmidhandtwerk also pleiben und zur ordnung pringen lassen.

2785. [1543, VIII, 22 a] 25. Oktober 1543:

Friderich Schmid[1]), der platner, *kommt in einer Vormundschaftssache vor.*

2786. [1543, VIII, 33 a] 2. November 1543:

Petern Formund auf ein reverß und mit offner hanndt zulassen, das ferbwasser aus seim hauß in den dholm vom Rosenpad herab ze füren, doch das er in seim hauß ein samelkestlin mit zweien seyhen machen und erhalten soll, damit kein unsauberkait in dholm geraten mög.

2787. [1543, IX, 2 a] 9. November 1543:

Peter Firmondt, dem atlaßmacher, den gestellten reverß, welcher gstallt er sein ferbwasser in dholm herauß laiten mög, furhalten und darob sein, das solch außlaiten ander gstallt nit, dan wie im reverß gemeldet, furgenomen und sonst kein wasser dan das ferbwasser herauß fliessen mög.

2788. [1543, IX, 13 b] 15. November 1543:

Linharten Praun[2]), dem goldschmit, sagen, er mög des Bertolt Waldstromars hereingeschickt gelt den parfüssermünchen zu verzechen zustellen, doch unter inen selbs und keine gesßt darzu ze laden.

2789. [1543, IX, 19 a] 19. November 1543:

---

[1]) Vgl. Mitteilungen II, 256 (»Barbara Friedrich Schmidin, an der obern Schmiedgaße † 1566) und dazu Anm. 13 (1571: Urkunde im German. Museum).

[2]) Goldschmiede-Verzeichnis Nr. 310 (1538). Im Meisterbuch der Nürnberger Goldschmiede wird er »dess baders sun am Zotenberg« genannt.

Peter Firmond zulassen, sein wapen alhie siglsweiß graben zu lassen.

2790. [19 b] Hannsen Vischer und Ursula, sein weib, wider zusammen thädigen und inen bederseits sagen, sich schmehens und schlahens gegen einander zu enthalten; und wölchs an dem andern fernern mangl haben werd, solchs Meinen Herren zu clagen, oder, wo nit, werden Meine Herren den prechenhafften theil ungestraft nit lassen.

2791. [1543, IX, 39 a] 1. Dezember 1543:

Jorgen Gödel, den steinmetzen, umbs gelt zu bürger annemen.

2792. [1543, X, 6 b] 10. Dezember 1543:

Maister Linharten Schnabel und m. Hannß Franncken, den beden statmaistern, ir ansuchen, inen etlich stett zu besuchen und gepeu hin und wider zu besichtigen zuzelassen, mit guten worten benemen und anzeigen, das es diser zeit die gelegenheit darzu nit sey.

2793. [1543, X, 10 a] 12. Dezember 1543:

Jorgen Gar[1]), den goldschmid, aufgforderts bürgerrechten halben in die losungstuben weisen.

2794. [1543, X, 14 b] 15. Dezember 1543:

Pangratzen Labenwolf, dem rotschmit, ein gsellen über die ordnung zulassen 1 viertl jar lang aus anzeigten ursachen.

2795. [1543, X, 22 b] 19. Dezember 1543:

Valtin Sibenpürger und die anderen platner, so fur die rug pracht worden, darumb das sie irn gsellen in den sondern stunden zu arbaiten geben, ungestraft hingeen lassen, und dweils mer nützlich dan schedlich, das die gsellen in solchen sondern stunden arbaiten, solls zum platnergsetz gepracht und frey gelassen werden, allein das solche arbeit nit stückweiß angedingt und belont werde; alsdan den geschwornen ansagen.

2796. [1543, X, 28 b] 22. Dezember 1543:

Hannsen Singer, dem maler, sein beger des pennselmachens und feilhabens halben ableinen und die pirstenpinder bey irer antwurt und ordnung pleiben lassen, dweil ime für sich selbs pennsel ze machen unverpoten. Daneben aber ime sein straf nachlassen.

---

[1]) Vgl. Lochner in seiner Neudörfer-Ausgabe S. 108 (danach war der Goldschmied Jorg Gar 1543 25 Jahre alt). Erman, Deutsche Medailleure etc. S. 53.

2797. [1543, X, 35 b] 31. Dezember 1543:
Thoma Henninge, den goldschmid, . . . umbs gelt zu bürger annemen.

2798. [1543, XI, 7 b] 7. Januar 1544:
Hannsen Mairhofer[1]), goldschmid, umbs gellt zu bürger annemen.

2799. [1543, XI, 41 a] 30. Januar 1544:
. . . Hannsen Rößner, püxenschmid und Conraten Sigl, mallern, . . . umbs gelt zu bürger annemen.

2800. [1543, XII, 5 a] 5. Februar 1544:
Auf der gschwornen goldschmid suplicirn irer leerjungen halben bedencken, was für ordnung darzu ze hallten, damits der jar halben in ein richtigkait gepracht werde; alsdan widerpringen. Zu solchem mögen auch zwen alte maister gezogen werden umb pessers berichts willen.

2801. [1543, XII, 12 a] 9. Februar 1544:
Auf das strasburgisch schreiben Hannsen Mairs, goldschmids seligen, erben belangend, aufm hantwerk alhie nachforschen haben, ob jemand seiner verwanndten hie zu erfaren, und widerpringen.

2802. [1543, XII, 22 a] 16. Februar 1544:
Melchior Grieman, dem tapezirer, das begert furlehen und freysitzen ableinen, doch aber sagen, wo er wie ein ander bürger hie ze wonen gesinnt, wöll man ine annemen[2]).

2803. [1543, XII, 25 a] 18. Februar 1544:
Des zu Strasburg verstorben Hannsen Mairs, goldschmids, halben, dweil niemand seiner gfreundten hie erfarn werden kan, sols am stock angschlagen werden, ob sich jemand finden wollt.

2804. [1543, XII, 27 a] 19. Februar 1544:
Sebalden Paumhauer auf sein ansuchen umbs sindicat sagen, das Meine Herren diser zeit sonst zur notturfft versehen seien.

2805. [1543, XII, 35 a] 26. Februar 1544:

---

[1]) Goldschmiede-Verzeichnis Nr. 381 (1543). Roth, Gesch. des nürnberg. Handels I, 314.

[2]) Seine Annahme zum Bürger, bei der er 4 fl. zahlte, erfolgte am 5. März 1544. Vgl. Bürgerbuch 1534–1641, Bl. 33 a. Er wird hier »Melchior Gryman, dabitzer, debichmacher« genannt.

Melchior Grün, dem tapezir, das begert furlehen widermals ableinen.

2806. [1543, XIII, 7 a] 3. März 1544:

Dem rath zu Strasburg wider schreiben, das Meine Herren aufm goldschmidhanndtwerk alhie laut gemacht, auch offenlich anschlagen lassen, aber des verstorben Hannsen Mairs freuntschaft oder erben nit erfarn könden, wölchs man inen darumb anzeige, ob ir gelegenheit sein wolt, etwan in seinem gepurtprif nachzusuchen bevelch ze thun.

2807. [1543, XIII, 38 b] 20. März 1544:

Den wellschen paumaister bschicken und ime der gschwornen goldschmid bschwerung, das er 4 gsellen hallten und inen im hauß ze arbaiten geben soll, furhalten und anzeigen, das sichs des handtwerks gsetz und ordnungen halben nit leiden könnd; in solchem sein antwurt und bericht widerpringen.

2808. [39 b] Dem welschen paumaister auf sein bericht wider anzeigen, das Meine Herren ime zu gfallen, wiewol es sonst wider di ordnung, in heusern zu arbaiten, der ührlein, compaß und instrument halben, diselben aufs kupfer vergulden ze lassen, umbsehen thun wöllen, doch das er nit messing darzu geprauchen sol; des pechers halben aber köndens Meine Herren nit nachgeben, den im hauß machen ze lassen, dweils gar wider di ordnung; er mög aber den bey eim goldschmid bestellen ze machen, werd man ime denselben auch on zweifl zu seim gfallen fertigen könden [*lies*: können].

2809. [40 a] 21. März 1544:

Florian Stossen seins vaters Veit Stossen gscheffds executorn antwurt und erpieten furhalten und sagen, das mans davon on recht nit wiß ze tringen.

2810. [41 a] Auf des welschen paumaisters ansuchen und bitt sol mit den gschwornen goldschmiden gehandlet und anzeigt werden, dweils nur umb ein pecher ze thun, der für ine selbs gehörig und schier gfertigt ist, das ime dan Meine Herren zugelassen haben, solchen pecher volles außberaiten ze lassen; das sollen sie also zu disem mal hingen lassen.

2811. [1543, XIV, 20 b] 8. April 1544:

Denen von Augspurg wider schreiben und den articl aus

der platner ordnung, wie es mit dem feylhaben frömbder harrnasch hie gehalten werd, einschliessen[1]).

2812. [1544, I, 3 b] 17. April 1544:

Mit den gschwornen rotschmiden handlen, das sie m. Pangratzen, dem giesser, sein lerjungen zulassen wöllen, dweils seins allters halben umb nit vil ze thun ist.

2813. [1544, I, 7 a] 18. April 1544:

Fritzen Schmid, dem formschneider, sein beger ablainen und bey der straf pleiben lassen unangsehen der Schwarzenpergischen fürschrift.

2814. [7 b] Der kays. Mt. schreiben soll dem platnerhantwerk, auch den damit hantirenden kaufleuten angezeigt und bevolhen werden, wol zuzesehen, das dermassen on erlaupnus nichs hinauß geben oder verschickt werde, sich in solchem selbs vor schaden zu verhüten.

2815. [1544, I, 23 a] 26. April 1544:

Henrich Grafen, den atlaßmacher, umbs gellt zu bürger annemen.

2816. [1544, I, 31 b] 30. April 1544:

Den gschwornen goldschmiden ansagen, wiewol Contz Schreiner, trotzieher, durch verkerung seins nammens sich etlicher massen in verkauffung des stücklin silbers verdechtlich gemacht, so finden doch Meine Herren sovil nit, das man auf sein entschuldigung etwas gegen ime weiter handlen könd, darumb laß mans also dabey pleiben und sol ime sein peutl und stücklin silbers wider geschafft werden.

2817. [1544, I, 39 b] 6. Mai 1544:

Auf der kon. Mt. schreiben soll Conrat Lochner, der platner, bschickt und gehört werden, wie vil leut er über di ordnung haben müßt zu verfertigung des jungen erzherzogen von Österreichs zeuggs; sovehrs dan umb 3 oder 4 gsellen ze thun, sollens ime 1 monat lang zugelassen werden.

2818. [1544, I, 50 b] 14. Mai 1544:

Hannsen Schmid, den platner, darumb er sein lerjungen gschlagen, das er gestorben, annemen und ins loch legen lassen.

Es folgen noch ein paar weitere Ratsverlässe über diesen Gegenstand.

[1]) Zur Sache vgl. Zahns Jahrbücher I, 257 f.

2819. [1544, II, 27 b] 30. Mai 1544:

Conrat Lochnern, dem platner, zulassen, was an des erzherzogen zu Österrich küriß verfertigt, dasselbig ungezeichnet zu verschicken, unangsehen das solchs sonst wider das gsetz ist; solchs den gschwornen auch ansagen.

. . . .

2820. Contzen Hofman[1]), den platner, . . . umbs gelt zu bürgern annemen

2821. [1544, II, 36 a] 4. Juni 1544:

Den malern auf ir suplicirn sagen, das man den tünchern das thüren, leden und dergleichen anstreichen als das zum malen nit gehörig nit wiß abzustellen, doch aber den tünchern auch sagen, den malern in ir hantwerck nit zu griffen.

2822. [1544, III, 12 b] 20. Juni 1544:

Den hafnern zulassen, auf morgen und montag [*23. Juni*] bede gannzen täg alltem prauch nach am marckt feilzehaben, und dem marcktmaister ansagen, inen dazu platz ze machen und das genäsch mit kiferbis, erdpern und dergleichen an andere ort weisen zum feilhaben.

2823. [1544, III, 15 b] 21. Juni 1544:

. . . Lucassen Grünperger[2]), malern, . . . umbs gellt zu bürger annemen.

2824. [1544, III, 17 b] 25. Juni 1544:

Den platnern zu Augspurg auf ir an das hieig handtwerk gethan schreiben, Mertin Hierschen belangent, wider in des hieigen handtwercks namen antwurten, dem form nach ir begern an ein rath ze schreiben, inen auch irn brief wider zuschicken mit anzeig, das inen nit gepür, den weiter ze schicken.

. . . .

2825. Auf pfalzgraf Friderichs, churfürsten, giessers

---

[1]) Neudörfer ed. Lochner S. 36 (1544, als Haubenschmied bezeichnet). Ein »Kunz Hoffmann Hannisch« (so! das letzte Wort wohl verlesen für »Harnisch« und das zugehörige »-macher« in der Inschrift verwischt) liegt auf dem Rochuskirchhofe begraben. Vgl. (Gugel), Norischer Christen Freydhöfe Gedächtnis S. 112 (1552).

[2]) Bürgeraufnahme am 16. Juli 1544 (»Lucas Gronenperger, maler«). Vgl. Bürgerbuch 1534—1641 Bl. 34 b. Mitteilungen II, 71 (»auf der Füll«, dessen Ehefrau Margareta † 1560). Er liegt auf dem Johanniskirchhofe begraben. Vgl. Trechsel 374 Sp. 2 (1547).

ansuchen umb 30 tegl zu des verstorben churfürsten grabsteins verfertigung solln die gschwornen rotschmid gehort, wer diser giesser und wie groß er die tegl begert, obs auch ze thun oder nit. und widerpracht werden.

2826. [18 b] Auf der gschwornen rotschmid bericht des pfälzischen giessers begerter 30 tegl halben solln ime 15 zugelassen und bewilligt, daneben der hievorgemacht ratschlag auch in gelegner zeit wider furgelegt werden.

2827. [1544, III, 20 a] 27. Juni 1544:

Herr Friderichen Schwarzenpergs gsandten müntlich anzeigen, das Meine Herren maister Paulus Behems diser zeit, dweil sie sonst mit werckleuten nit versehen, nit geraten könden; darumb mög er sich sonst etwo bewerben.

2828. [1544, III, 31 a] 4. Juli 1544:

Melchiorn Gruman, dem tepichmacher, die begert erlaupnus ableinen und sagen, er mögs bürgerrecht aufsagen.

2829. [1544, IV, 2 a] 10. Juli 1544:

Matissen Rigls, goldschmidsgsellen gesterigen todsfals halben in Vöstnergraben zeugen hörn, wie es zugangen; und widerpringen.

2830. [1544, IV, 2 b] 11. Juli 1544:

M. Paulussen Behem 8 tag lang gen Ulm erlauben auf Linharten Strolantzen hochzeit.

2831. [3 b] Fritzen Prunner, kartenmaler, . . . umbs gelt zu bürgern annemen.

2832. [1544, IV, 4 b] 12. Juli 1544:

Wolfen Guman, püxenfasser, besteten und warnen seiner beziggnus halben und, sol ers beharrt, sol die maid des beschuldigten pulvers halben ins loch gelegt werden.

2833. [1544, IV, 7 b] 14. Juli 1544:

Niclasen Sailers, goldschmids, halben, so sich ertrencken wöllen, die gschwornen vernemen, ob er auch gearbaitet und wie es mit ime gestallt, wie er sich gehalten. Daneben sonst auch erfarung thun seiner armut und narung halben. So sich dan die nott erfinden wirt, alsdan vom Almusen ime unvermerckt helffen lassen.

. . . .

2834. Matissen Rigls, goldschmids, todsfahls halben

auf die erfarung, wie es zugangen, also die sach ersitzen lassen dweils nit zu pessern ist.

2835. [1544, IV, 9 b] 16. Juli 1544:

Bartln Pellz[1]), dem goldschmid, die gebeten fürschrift mitteilen.

2836. [10 b] Niclasen Sailer, dem goldschmid, wan er sonst nit mer unterhaltung haben wirt, vom Almusen wochenlich 1 f. 4 oder 5 wochen lang durch ein sondere person furstrecken lassen, daneben seim weib bevelhen, gut achtung auf ine ze haben und nit allein ze lassen, damit er ime selbs kein schaden thue.

2837. [1544, IV, 13 b] 17. Juli 1544:

Den steinschneidern alhie ir suplicirn umb gsetz und ordnung ablainen und ein freie kunst pleiben lassen.

2838. [1544, IV, 26 a] 26. Juli 1544:

Sebalden Pecken, dem schreiner, zulassen, sein steinhütten vorm hauß noch hiezwichen Michaelis steen ze lassen, volgends aber dieselbig weck ze prechen.

2839. [1544, IV, 30 a] 29. Juli 1544:

. . . Michel Fuxen[2]), . . . den künstlichen bildschnitzer, umbs gellt zu bürger annemen.

2840. [1544, IV, 43 b] 6. August 1544:

Peter Kestern, den goldschmid, umbs gellt zu bürger annemen.

2841. [1544, V, 18 b] 20. August 1544:

Hanns Endrissen[3]), den plattner, . . . umbs gellt zu bürger annemen.

2842. [1544, VII, 14 a] 11. Oktober 1544:

Wolfen Mair, den goldschmid, bschicken und gegen dem puchpinter verhören, wie es der braunschweigischen messinggroschen halben gestallt, wer die gemacht etc., und widerpringen.

[1]) Im Goldschmiede-Verzeichnis Nr. 290 (1533) als Silberarbeiter. Mitteilungen II, 164 (»bei den Flaischpencken« † 1562).

[2]) Die Bürgeraufnahme, bei der er 4 fl. zahlte, erfolgte am 10. Dezember 1544. Vgl. Bürgerbuch 1534—1641. Bl. 35 b. Frankenburger Nr. 7 (1542: Bildhauergeselle von Nördlingen). Zahns Jahrbücher I, 240 (1544). Jahrbuch der Kunstsammlungen des A. K. H. Bd. V. Regest Nr. 1225 (1551).

[3]) Mitteilungen II, 255 (Elsbeth Endressin † 1549).

Es folgen noch einige weitere Ratsverlässe über diesen Gegenstand.

2843. [1544, VII, 17 b] 14. Oktober 1544:

Der gschwornen goldschmid übergeben verdechtlich stücklein silber bey der hanndt behalten und den jungen, ders verkauffen wöllen, schrecken, ob er bekennen wolt, wo ers genomen, alsdan widerpringen.

2844. [1544, VIII, 23 b] 14. November 1544:

M. Jörgen Unger, dem parlir, seins wider das gsetz gethanen furderns halben frömbder gesellen 8 ₶ straf auß gnaden auflegen.

2845. [1544, IX, 9 a] 3. Dezember 1544:

Die gschwornen goldschmid mit irm ansuchen des krancken gsellen halben von Lunda, ine ins lazaret ze nemen, an die almusherren weisen, bscheidt zu erholen, wie er unterzepringen sein möcht.

2846. [1544, IX, 12 b] 5. Dezember 1544:

. . . Wolfen Haugenwelder, goldschmiden, . . . umbs gelt zu bürger annemen, doch . . . zuvor seine maisterstück machen lassen, sovehr er damit besteen wirdet.

2847. [1544, IX, 23 b] 13. Dezember 1544:

Den gschwornen platnern ansagen, dweil Hannsen Annders lerprief, von seim maister zu Schleßwig ausg[angen?], unverdechtlich, so solln sie ime den passirn lassen.

2848. [1544, IX, 24 b] 15. Dezember 1544:

Jacoben Schreiner, dem platner, sein suplicirn, ime seine sturmhauben passirn ze lassen, dweil er selbs bekennth, die gschwornen auch anzeigen, das sie von ungerechtem zeug gemacht seien, ableinen und bey der ordnung pleiben lassen.

2849. [1544, IX, 37 a] 23. Dezember 1544:

Ursulen Gerin und Florian Stossen appellation halben gegen Veit Stossen kinder vormünder etlich gelerten hören, obs zulessig; und widerpringen.

2850. [38 a] Jacoben Storrs, platners, suplication den gschwornen umb irn bericht furhalten.

2851. [1544, X, 11 a] 3. Januar 1545:

Ursulam Gerin und Florian Stossen mit irer appellation wider Veit Stossen [kinder] vormünder zulassen, doch auf betheurung, wie D. Gemels ratschlag außweißt.

2852. [1544, X, 14 b] 7. Januar 1545:

... Hannsen Lucassen, püxenschmit, ... umbs gelt zu bürger annemen.

2853. [15 a] Das ungerecht und gering silbergschmeidlach, so die gschwornen goldschmid überantwurt, den kremern widergeben, doch sie schwören lassen, solchs hie nit mer feilzehaben noch zu verkauffen.

2854. [1544, XI, 2 a] 22. Januar 1545:

Christoffen Rosenperger 12 tegl von 20 pfunden volgen lassen, doch seim pruder Markarten sagen, diselben zu nichten geferlichen und anders nit dan seim erpieten gmeß zu prauchen; dan sonst wirds Meinen Herren zu mißfallen reichen.

2855. [1544, XI, 21 a] 4. Februar 1545:

Hannsen Mairs, platners, ableibs halben zeugen hörn und der freuntschaft sagen, wo sie der teter innen werden, solchs anzuzeigen; wöll man sie annemen lassen.

2856. [1544, XI, 42 b] 16. Februar 1545:

Contzen Lochner, dem platner, 2 gsellen hie zwischen Ostern über die ordnung zulassen seiner frömbden habenden arbait halben. solchs den gschwornen auch also ansagen.

2857. [1544, XII, 3 a] 19. Februar 1545:

Florian Stossen und Ursulen Gerin wider die Veit Stossischen executores noch 14 tag termin geben, wie di gelerten geraten.

2858. [1544, XII, 4 a] 21. Februar 1545:

Die briefmaler unterm rathaus mit irm feilhaben abschaffen und alda nit mer zu gestatten.

2859. [1544, XII, 5 b] 23. Februar 1545:

Der triumph halben zun Augusteinern, so zu der kays. Mat. einreiten hievor gepraucht worden und aber schadhafft werden wölln, sol mit dem paumaister gehandlet werden, ein verpreittert geheuß dazu zurichten zu lassen, darein alsdan solche rüstung in verwarung gelegt werden sol.

2860. [1544, XII, 9 a] 26. Februar 1545:

Jörgen Metzer, den goldschmidt, aufgsagts bürgerrechten halben in die losungstuben weisen.

2861. [10 a] Hannsen Kremer[1]), dem priefmaler, das bürgerrecht ableinen.

2862. [1544, XII, 35 b] 18. März 1545:

Hannsen Rüeger, den kunstreichen steinmetzen, damit er hie behallten werden mög, mit eim zinßlein versehen, auch etlich gulden wartgellts zusagen, wie man aufs nechst mit ime abkomen mag.

2863. [1544, XIII, 10 a] 24. März 1545:

Die drey platner, so Meiner Herren zugsagte arbait bisher verzogen, über das sie gellt darauf empfangen, bschicken und auflegen, solche arbait furderlich zu verfertigen und solchs zu verpürgen, mit anzeig, wo nit, werd man gegen inen dem prauch nach verhellffen; das sol auch alsdan gschehen.

2864. [1544, XIII, 12 b] 26. März 1545:

Valtin Sibenpürger, dem platner, seiner der kays. und kon. Mt. zugehorigen arbait halben 2 gsellen über die ordnung 3 monat lang ze hallten zulassen. Daneben aber soll sein rüg, das ime seine gsellen über die anzal stunden gearbait, angestellt und das gsetz zum rath gepracht und gehört werden, obs des falls zu enndern oder nit.

2865. [1544, XIII, 21 a] 31. März 1545:

Jörgen Ungers, parlirs, relation, wie er die gelegenheit des eingefallen kirchenthurms zu Grefenperg gefunden, *betreffend*.

2866. [22 a] Die gschwornen panzermacher vernemen, ob das gemacht pannzer für den kunig zu Portugall der schau werth; sovehr sichs dan also findt, sols mit dem adler gezeichnet werden.

2867. [1545, I, 9 b] 11. April 1545:

Hannsen Weiß, goldschmidt, aufgsagts bürgerrechten halben in die losungstuben weisen.

2868. [1545, I, 21 b] 18. April 1545:

Bernharten Hueter, den gschmeidmacher, . . . umbs gellt zu bürger annemen.

2869. [1545, I, 31 b] 25. April 1545:

Den platnergsellen zu Augspurg in des hieigen hantwerks namen dem form nach schreiben lassen.

---

[1]) Zahns Jahrbücher I, 230 (1558, unter den Briefmalern) 234 (1547, als Formschneider).

2870. [1545, I, 44 a] 2 Mai 1545:

Jergen Hunger, dem parlir, die 8 h. strafgelts nachlassen, doch warnen, füran dermassen nit mehr also ze handlen.

2871. [1545, I, 49 a] 5. Mai 1545:

Denen von Augspurg wider schreiben, das der beclagt Matis Mang, platnergesell, nit mer hie, sonder vor 8 tagen weckzogen, also das man gegen ime nichs hanndlen könd.

. . . .

2872. Hannsen Süessen[1]), maler, aufgsagts bürgerrechten halben in di losungstuben weisen[2]).

. . . .

2873. Dweil Jorg Diether, münzmaister, zur amptspflicht nit komen kan, sol sein verwalter, der jung Rosenthaler, zur pflicht gefordert werden.

2874. [1545, I, 52 a] 6. Mai 1545:

Christof Rosenthaler hat an stat Jergen Diethern s und auch für sich selbs di münzmaisterpflicht gschworn.

2875. [1545, II, 1 b] 7. Mai 1545:

Baltassar Pelz, goldschmids, antwurt auf das schreiben von Zeitz der clagenden Margreten Armin furhalten und sagen, das man mit dem Pelzen on recht weiter nichs wiß ze schaffen, sie also ans gericht weisen.

2876. [1545, II, 5 b] 9. Mai 1545:

Die 2 maid, so den goldschmiden verdechtlich silber zugepracht, wan sie sich stellen und verdechtlich erfunden, in die eisen geen lassen, wo aber nit, biß montag [*11. Mai*] widerpringen.

2877. [1545, II, 12 a] 11. Mai 1545:

Der briefmalerin hinderm ratshauß im tuchscherergesslin von irs techterlins wegen, so ein stücklin silbers gefunden soll haben, uff der geschwornen goldschmid anzeig sagen, man werd ir solich silber nit [12 b] zustellen, sonder es den goldschmiden lassen und erkhundigung thun, wie es damit gestallt,

---

[1]) Es scheint drei Maler dieses Namens in Nürnberg gegeben zu haben; nämlich außer dem bekannten H. S. von Kulmbach († 1522) einen Meister, der 1534 oder Anfang 1535 starb (vgl. Zahns Jahrbücher I. 225), und den in obigem Ratsverlaß erscheinenden. Ein H. S. liegt auf dem Rochusfriedhofe begraben. Vgl. (Gugel), Norischer Christen Freydhöfe Gedächtnis 117 (1581).

[2]) Vgl. Zahns Jahrbücher II. 74.

und find es sich, das ir techterlin oder sy nit recht damit gehandelt, inen auff die hauben greiffen.

2878. [1545, II, 29 a] 21. Mai 1545:

Den salwirten oder panzermachern ir ansuchen des adlerzaichens halben ableinen und bey dem pleiben lassen, wie es bisher im prauch geweßt.

2879. [1545, II, 32 b] 23. Mai 1545:

Hanns Prunauer, der püxenfasser, *kommt vor.*

2880. [33 b] Hanns Frey, platner, *kommt in einer gleichgültigen Angelegenheit vor.*

2881. [1545, II, 45 a] 2. Juni 1545:

Peter Vormund, den atlaßmacher, auf der schwarzferber suplicirn und beclagen bschicken und sein bisher gepraucht schwarzferben bey ime abstellen, dweil er weder darauf gelernt noch maister ist.

2882. [1545, III, 4 b] 5. Juni 1545:

Veiten Hirßvogl, dem statglaser, die begerten 20 f. auf angepoten widerzalung furstrecken on pfand.

2883. [5 a] . . . Hannsen Haberstro, püxenschmit, . . . umbs gelt zu bürger annemen.

2884. [1545, III, 8 a] 8. Juni 1545:

Den püxenschmiden ansagen, die handtrohr auch dermassen ze machen, das sie bestendig seien, unangsehen das sie noch der zeit kein schau haben. Daneben sol des hievor bevolhen ratschlags halben des Theobalden widerkunfft vom reichstag erwart werden.

2885. [1545, III, 11 a] 9. Juni 1545:

Auf Contzen Lochners, platners, ansag, was ime von zweien reutern bei Kunigshofen in Francken begegnet, wie er von inen gschlagen und beraubt worden, unangsehen das er prief vom grafen von Ladron an kon. Mt., in dern diennsten er geweßt, gehapt und angezeigt etc., sol ime gsagt werden, solch handlung dem herrn von Ladron mit einschlissung der gschicht aufs einfeltigst zuzeschreiben und zu clagen, was ime begegnet; daneben ime auch raten, sich nit wider hinab zu wagen, sonder den zeug sonst gen Wormbs ze schaffen.

Daneben sol solcher ansag auch ein copi den gsandten zu Wormbs zugschickt werden, davon wissen ze haben und sichs auch an gelegen orten haben zu geprauchen. So sol auch zu und umb Kungshofen kontschaft bestellt werden, zu erfarn, wer die theter gweßt.

2886. [1545, III, 17 a] 13. Juni 1545:

Petern Vormund zulassen, dye noch habenden 12 stück leinwat volles ze ferben; alsdan sol ime auch das gantz geferbt pact gesiglet werden, doch auf angloben, volgends nichs weiter zu ferben. Solchs den schwarzferbern auch ansagen.

2887. [1545, III, 36 a] 25. Juni 1545:

Micheln Fuxen, bildhauer, darumb das er Linharten Stengl vorm herrn bürgermaister aufm hauß also gschmechet, ins loch legen lassen.

2888. [37 b] 26. Juni 1545:

Michln Fuxen im loch gütlich ze red halten seines geübten trutzs halben.

2889. [38 a] 27. Juni 1545:

Der gschwornen goldschmid überantwurt verdechtlich silber bey der hanndt behalten und die frau, so das gfunden, beim loch betrohen, die warheit anzuzeigen, alsdan widerpringen, sonderlich auch, wie sie sonst beschreyt sey.

2890. [1545, IV, 3 a] 3. Juli 1545:

Jergen Heufelder[1], wasserkünstnern, ... umbs gellt zu bürgern annemen.

2891. [1545, IV, 4 b] 4. Juli 1545:

Hannsen Wolfs, malers, vormündern ansagen, ire hab nit aufm Seumarckt, sonder sonst etwo mit gelegenheit zu verkauffen.

2892. [1545, IV, 26 b] 16. Juli 1545:

Der goldschmid ordnung besichtigen und, was der flinderlin halben darin begriffen, widerpringen.

2893. [1545, IV, 29 b] 17. Juli 1545:

N. Baumgartners[2], goldschmids, voglherd *betreffend.*

[1]) Ist vermutlich mit dem tüchtigen Handbüchsenschmied dieses Namens zu identifizieren. Vgl. über denselben Zahns Jahrbücher I, 256 (1553). Jahrbuch der Kunstsammlungen des A. K. H. VII Nr. 4860 (1553), 4885 (1554), 4906 (1554). Ein J. H. (ohne nähere Bezeichnung) liegt auf dem Johanniskirchhofe begraben. Vgl. Trechsel S. 229 Sp. 1 (1589).

[2]) Es ist wohl ein jüngerer Martin B. gemeint, von dessen Vogelhandel z. B. auch zum 16. September 1549 (s. u.) die Rede ist. Ein älterer Goldschmied Martin Baumgartner † bereits 1525 — vgl. Mitteilungen II, 162; eine Barbara Merta Paumgartnerin † 1572 im Karthäuserkloster. Gleichzeitig (1549) lebt ein

. . . .

2894. Ulrichen Poßwoln, dem flinderlinmacher von Ulm, sein begern, sich hie niderzethun, ableinen, dweils wider der goldschmid ordnung ist.

2895. [30 b] 18. Juli 1545:

Auff der von Augspurg schreiben der flinderlin halben erfarung thun, wie es hie damit gestallt, widerpringen und darnach retig [werden], waß wider zu schreiben.

. . . .

2896. Uff der geschwornen goldschmid supplicirn des cretzwaschens halben in der Pegnitz erfarung thun, wie es damit gestallt und mit alltter herkomen; widerpringen.

2897. [1545, IV, 38 b] 21. Juli 1545:

Denen von Augspurg widerschreiben und den articl aus der goldschmid ordnung des flinderlemachens halben einschlissen mit anzeig, das die goldschmid hie nit pflegen ze machen, darumbs dan frey gelassen, dweils merteils von frombden landen komen, das auch ander ausserhalb der goldschmid machen mögen, doch auf die gepürlich schau.

2898. [40 a] 22. Juli 1545:

Den goldschmiden ir kretzwaschen auff der Schütt, dweils von alter herkomen und der Pegnitz unnachteilig sein sol, wider zulassen, doch sonst niemand andern.

2899. [1545, IV, 47 a] 27. Juli 1545:

Alexandern Risser[1]), den maler, so auf der stuben ungschickt gweßt, wan er fur di Fünf kompt, aufn thurn ze geen, schwörn lassen.

2900. [47 b] Elspet, Hanns Endris, platners, ehewirtin, *kommt vor.*

2901. [1545, V, 2 b] 31. Juli 1545:

. . . Hannsen Tandorfer, püxenschmit, . . . umbs gelt zu bürger annemen.

2902. [1545, V, 6 a] 1. August 1545:

Alexandern Risser, dem maler im loch. wasser zu

gleichnamiger Goldschmied als Bürger zu Olmütz. Vgl. Jahrbuch der Kunstsammlungen des A. K. H. Bd. V Nr. 4167.

[1]) Mitteilungen des Vereins für Gesch. der Stadt Nürnberg X, 64. Mitteilungen aus dem german. Nationalmuseum II, 71 († 1561).

trincken geben lassen und biß freitag [7. *August*] seinthalben wider furlegen.

2903. [7 a] 3. August 1545:

Alexandern Risser, den maler, biß mitwoch [5. *August*] ze red halten.

2904. [1545, V, 8 b] 4. August 1545:

Dem frömbden silberkrämer auflegen, mit seiner wahr, als die zu gering, noch bey sonnenschein weck ze packen und nit mehr damit herzekomen oder man werds ime nemen lassen.

2905. [9 a] . . . Baltassar Zeil, malern, . . . umbs gelt zu bürgern annemen.

2906. Ulrichen Philippen, dem püxenschmit, das bürgerrecht noch der zeit ableinen.

2907. [1545, V, 10 a] 5. August 1545:

Willibalden Stossen und Sebalden Gars supplication und antwurt den Stossischen vormunden furhalten und irn bericht widerpringen.

2908. [1545, V, 26 b] 17. August 1545:

Dem siglgraber, so dem probst zum Schompach ein sigl graben soll, angloben lassen, das kein betrug darhinter; alsdan ime solchs zulassen.

2909. [1545, V, 31 b] 19. August 1545:

Den briefmalern das feilhaben der frenckischen schlösser, so hievor zerprochen worden, abzestellen.

2910. [1545, V, 43 b] 26. August 1545:

M. Jörgen Weber erlauben gen Ellwangen zum kirchengepeu, doch das er sonst nichs anders handlen sol, das gemeiner stat zu nachteil komen mög.

2911. [1545, VI, 6 a] 29. August 1545:

. . . Sebastian Hauer, püxenschmit, . . . soll umbs gellt zu bürger angenomen werden.

. . . .

2912. Christoffen Herdegen, dem silberkramer, das begert bürgerrecht ableinen.

2913. [1545, VI, 32 b] 16. September 1545:

Sebalden Baumhauer auflegen, die 30 f. verschribner schulden hinter gericht zu erlegen, so wöll man ine alsdan von staten lassen . . . *etc.*

26*

2914. [34 b] 17. September 1545:

Hanns Endrissen, dem platner, zulassen, auf sein behausung, daran die aigenschaft dem Almusen zugehörig, 40 f. 2 jar lang aufzenemen.

2915. [1545, VII, 12 a] 29. September 1545:

Dem Niclasen Nunhart, goldschmid, und Peter Stahel uff ir gepesserte supplication ein fürschrifft in gemein an herzog Ernsten [von Sachsen] und den bischoff von Würzburg mitheilen, doch das interesse, cost und schaden außthun in petition.

2916. [1545, VII, 27 b] 8. Oktober 1545:

Hannsen Frey, platner, umbs gellt zu eim bürger annemen.

2917. [1545, VII, 46 b] 17. Oktober 1545:

Den zweien Niederlenndern uff ir begern zu vergonnen, ire gemalte tücher 4 tag unnder dem rathauß auffzehencken [*im Register unter*: niderlendisch gemeel].

2918. [47 a] Michel Schragen[1]), kartenmaler in der Froschau, beschicken und angloben lassen, von seins verstorbnen weibs verlaßner hab gar nichts zu verrücken . . . *etc.*

2919. [1545, VII, 52 b] 21. Oktober 1545:

Dweil das golld mit aufwexln und in ander weg von hinnen so merglich verfürt und hinaußgepracht wirdet, sol deshalben gute erfarung gschehen, darauf auch bedacht und beratschlagt werden, durch was weg solchs zu furkomen, alsdann widerpringen.

Es folgen noch einige weitere Ratsverlässe über diesen Gegenstand.

2920. [1545, VIII, 2 b] 23. Oktober 1545:

Hannsen Mörl, goldschmit, sagen, seim sone Augustein Morl ein lerprif ze nemen, sey ime alsdan fürschrifften von nöten, wöll mans ime auch miteilen.

2921. [1545, VIII, 6 b] 26. Oktober 1545:

Ambrosi Lingle, den glaser, Steffan Schyn, wapensteinschneider, und Niclasen Koler[2]), puchtrucker, alle 3 umbs gelt zu bürger annemen.

[1]) Zahns Jahrbücher I, 232 (1554). II, 76 (1545). Mitteilungen I, 279 f. († 1561). Sein Grab auf dem Johanniskirchhofe. Vgl. Trechsel S. 455, Sp. 2 (1561).

[2]) Zahns Jahrbücher, I, 230 (1557, unter den Briefmalern).

2922. [1545, VIII, 19 a] 3. November 1545:

Sebalden Lincken[1]), dem wapensteinschneider, die begert verleg seiner kunst ableinen und sagen, das solchs Meiner Herren gelegenheit und prauch nit wer, sonder mocht er bey denen, so mit solcher wahr handlen, ansuchen.

2923. [1545, VIII, 21 a] 4. November 1545:

Christoffen Herdings, silberkremers, halben bey denjhenen, mit denen er ze handlen pflegt, erfarn, wie es mit ime gelegen; und widerpringen.

2924. [1545, VIII, 23 b] 5. November 1545:

Veit Hirßvogl, dem glaser, die jüngst furgestreckten 20 f. noch biß Walpurgis innen lassen, alsdan abzuziehen.

2925. [1545, VIII, 30 a] 9. November 1545:

Hanns Gar, goldschmid, sol angesprochen werden, sich an des verstorben Sebastian von Plabens[2]) stat zu eim gschwornen geprauchen ze lassen biß zum künfftigen neuen rath.

2926. Hannsen Neidls, teglprenners, 500 tegl halben, so zur Ockerßmüln gehörn, die gschwornen rotschmid vernemen, auch Hannsen Paurn angloben lassen, das ers für sich selben haben und prauchen müß; solchs alles widerpringen.

2927. [1545, VIII, 36 a] 14. November 1545:

Peter Vormund die gebeten fürschrift gen Leipzig mitteilen.

2928. [1545, VIII, 39 b] 17. November 1545:

Wolfen Zeirl, den goldschmit, umb 10 werunggulden zu bürger annemen, doch sovehr das er maister werden könd.

2929. [1545, IX, 10 a] 25. November 1545:

Oßwalden Palckner [*so auch im Register; gemeint ist wohl der Geschützgießer Oswald Baldner*] zulassen, seine 70 centner pulver gen Solathurn ze schicken auf angloben, das allein daselbsthin gehören.

2930. [1545, IX, 36 b] 15. Dezember 1545:

Niclasen Nonnhart und Menrat Rabensteinern sagen, das von nöten, der antwurt von herzog Ernsten zu Saxen zu warten, irs geraubten gellts halben; alsdan könd man weiter rätig werden.

[1]) Zahns Jahrbücher I, 251 (1547). Mitteilungen II, 279 († 1563).

[2]) Goldschmiede-Verzeichnis Nr. 268 (zwischen 1514 und 1530). Mitteilungen II, 164 († 1545).

2931. [1545, X, 6 b] 19. Dezember 1545:

Oßwalden Pallder zulassen, seine 70 centner pulver gen Solaturn und Mülhausen zu verschicken, doch auf gewonlich angloben.

2932. [1545, X, 9 a] 23. Dezember 1545:

Dweil Hanns Meldeman[1]) und sein bruder Jörg[2]) gester für die theter des Azimus Reuters ableibs verkuntschaft und eingepracht worden, daneben auch Margaretha, des Jörgen Meldemans weib, sampt Uli Schatzen, dem schützen, und seim weib, dabey die theter gehaußt worden, soll jetz alsbald unter raths zeiten die Meldemennin in eisen durch ein canzelisten gütlich ze red gehallten werden, wie alle sachen zugangen, was die theter für anschleg über den entleipten gemacht, auf alle umbstennd; solch sag alsdan widerpringen, rätig ze werden, was der teter halben weiter ze handlen.

Dies ist der erste aus einer langen Reihe von Ratsverlässen, die den Prozeß gegen die Söhne des Nikolaus Meldemann wegen Ermordung des Erasmus Reuter zum Gegenstande haben. Nur Hans Meldemann wird schließlich des Mordes schuldig befunden und Anfang Januar 1546 mit dem Schwerte hingerichtet. Als einzige Vergünstigung erreichten Verwandte und Freundschaft nur, daß der Zusatz »aus gnaden« *wieder aus dem Urteil herausgetan wurde.* [*Bl. 25 a*: 5. Januar 1546]. *Ich gebe im folgenden nur die auf Nikolaus M. bezüglichen Stellen*[3]).

2933. [9 b] Dem allten Niclasen Meldeman auch sagen, heim ze geen und das sich Meine Herren gegen seinen sönen wol der gepür werden wissen ze hallten.

2934. [12 a] 24. Dezember 1545:

[1]) Allgemeine deutsche Biographie XXI, 292 (von Steiff).

[2]) Zahns Jahrbücher, I, 230 (1547—1551).

[3]) Die Nürnberger Chronik Hs. 18024, 2⁰ der Bibliothek des Germanischen Museums berichtet über den Fall Bl. 310 a unter der Überschrift »Hanns Meldeman enthaupt«:

»Item in diesem jar (1545) am 21. Decembriß zu nacht erschlug der Hanns Meldeman, ein brifmaler zu Nürmberg, bey der Langen brückhen ein hutter, Eraßmus Reuter genant, unversehens unnd unschuldig zu todt, unnd am andern tag wurd vom rathhaus herab gerufft, wer in angeb, den wolt man ainhundert gulden geben; da ward er in einer stund darnach gefangen und am fünfften Januarii (1546) zum schwerd erbetten unnd enthaupt.«

In einem längeren Ratsverlaß über die Entleibung des Azimus Reuter *heißt es am Schluß:*

Gegen Niclasen Meldeman aber, des teters vater, sol seins gethanen furschiebens halben nichs furgenomen werden, dweil ers als ein vater gethan.

2935. [1545, X, 16 b] 29. Dezember 1545:

Der gschwornen goldschmid furprachten ungerechten pechers halben, der außwendig gemacht, sol nachgesucht werden, was hievor in gleichem fal verlassen, daneben auch bedacht, wie es füran solcher frömbden arbeit halben ze halten, und widerpringen.

2936. [18 a] 30. Dezember 1545:

N. Neuscheln den pecher, so durch die goldschmid für ungerecht geantwurt, wider unzerschnitten zustellen und sagen, sich füran dergleichen frömbde ungerechte arbait zu verkauffen zu enthalten oder, wo mans mer find, werd mans zerschneiden lassen und ine darzu straffen.

Daneben sol gesterigem verlaß gemeß bedacht werden, wie das gsetz solcher frömbden arbeit halben zu pessern, und widerpringen.

2937. [1545, XI, 3 a] 14. Januar 1546:

Der prifmaler und illuministen supplication umb gsetz und ordnung bedencken, ob und was inen zuzegeben. Dasselbig widerpringen.

2938. [1545, XI, 32 a] 5. Februar 1546:

. . . Casparn Zecher, püxenfasser, . . . umbs gelt zu bürger annemen.

2939. [1545, XII, 28 a] 1. März 1546:

Der platner suplicirns halben von wegen des stahels, so nit mer hergeet, erfarung thun, wie es damit gestalt und was die ursach solchs aufhaltens und nit mer hergeens sey, dasselbig widerpringen, daneben inen sagen, das man gern mugliche furderung thun wöl, außm zeughaus, aber inen stahel ze geben, sey Meiner Herren gelegenheit nit.

2940. [30 b] 3. März 1546:

Den platnern ires geclagten mangls halben mit dem klobenstahel wider anzeigen, das Meine Herren sorgfeltig, es werd bei der kon. Mt. durch schrifften nichs außzerichten sein, darumb für pesser angesehen, die sach jetzo anzestellen und aufm künftigen reichstag zu Regenspurg ze handlen. Zur selben zeit möchten sie wider anregung thun, daneben aber auch bedacht sein, ob sie den stahel im berkwerk plechsweiß liessen schmiden, damit sie destbaß darzu komen möchten.

2941. [1545, XII, 35 a] 8. März 1546:

Micheln Schrag, den kartenmaler, weiter vernemen, wie vil person er über die anzal auf seiner hochzeit gehabt; und widerpringen.

2942. [1545, XIII, 4 a] 12. März 1546:

. . . Hannsen Krausen, püxenschmit, . . . umbs gewonlich gellt zu bürger annemen.

2943. [1545, XIII, 32 a] 31. März 1546:

Der gschwornen goldschmid zeugschaft, wie sie von der Sebastian von Plöbin geschmeht worden, verhören: und widerpringen.

2944. [1545, XIII, 31 a] 31. März 1546:

Sebalden Groner bschicken und ein aidt schwören lassen, was er mer von kupfer und messing vergulten magöllein hab, anzuzeigen und Meinen Herren ze antwurten, wer auch dieselben gemacht und wann sie ime herkommen, bericht ze thun. Daneben solln die gsetz derhalben angsehen und alle gelegenheit widerpracht werden.

2945. [1545, XIII, 34 a] 1. April 1546:

Auf der gschwornen goldschmid gefürte zeugschaft, wie sie von Catherinen von Ploben geschmecht . . . *etc.*

2946. [1545, XIII, 35 b] 2. April 1546:

Conraten Rüden vernemen, woher ime die kupfer-vergülten magöllein, die er Sebalden Groner zugestellt, komen und wer die gemacht; daneben auch sehen, wie solchs in der ordnung verpeent; und widerpringen.

2947. [1545, XIII, 39 b] 3. April 1546:

Corneliussen Boß, dem künstner im kupferstechen, ist bewilligt, 2 jar lang on bürgerrecht hie aigen rauch ze halten, die erst angen solln, wan er sein weib herpringen wirt.

2948. [1545, XIII, 41 b] 5. April 1546:

Conraten Rüdens bekantnus, das er ime den Dolfuß, goldschmid, etliche kupferine und messine vergulten magöllein machen lassen, beim gesampten rath wider sampt dem gsetz furlegen.

2949. [42 a] Auf der platnergsellen von Bamberg schreiben solln die gschwornen und drey beclagten gsellen bschickt und mit inen gehandlet werden, inen der clag abzehelffen.

2950. [1545, XIV, 1 a] 8. April 1546:

Hannsen Guldenmund angloben lassen, das er seim erpicten gemeß Michln Plum zu Leipzig in der ostermeß entlich zalen wöll, mit anzeig, wo nit, das man ime die uncosten auch auflegen und darzu straffen werd. Solchs sol denen von Leipzig alsdan mit einschlissung des Guldenmunds antwurt also zugschriben werden.

Über diesen Fall handelten schon einige frühere Ratsverlässe, die indessen als unwichtig übergangen wurden, zumal aus ihnen der Sachverhalt nicht klar hervorging.

2951. [1545, XIV, 5 a] 10. April 1546:

Endrissen Pegnitzer auf marggraf Albrechts räth fürschrifft sagen, das Meine Herren irer diener, so zum püxenzeug und giessen dienstlich, selbs bedörfen, dweil sie jetz dergleichen werk unter hänndten haben; darumb soll er derselben verschonen; was ime aber sonst für gesind dinstlich sein mog, das sol er benennen, wöll man ime unverweißlich antwurt geben.

2952. [1545, XIV, 8 b] 13. April 1546:

Hannsen Wolf[1]), dem rotschmidt, 1 viertl jar lang erlauben, Endrissen Pegnitzer in außbereitung der püxen hilflich ze sein.

2953. [1545, XIV, 17 a] 17. April 1546:

Conraten Rüden und Conntz Roten, den goldschmid, bede bschicken und der kupfervergulten pecherle halben, des machens und verkauffens halben, ze red halten, sonderlich, in was werth der Rüd dieselben verkaufft; inen auch das gsetz, darins verpoten, vorlesen lassen; darauf ir beder antwurt einnemen und widerpringen.

2954. [17 b] Auf verleßnen ratschlag, wie es mit dem feilhaben der silber und vergulten pecher und kleinat, die am khalt jetziger goldschmidordnung ungemeß, ze halten,

---

[1]) Sein Grab auf dem Johannisfriedhofe. Vgl. Trechsel S. 541 Sp. 1 (1554).

nemlich das dieselbigen anders nit, dan sovil sie werth, verkaufft werden soln, ist verlassen, solchem ratschlag also nachzekomen, zur ordnung ze pringen und den goldschmiden, auch den keuflin aufm Seumarckt solchs anzesagen.

Daneben auch bedencken, wie solche ordnung der neuen arbeit halben zu pessern und in ein richtigen verstanndt ze pringen, welchs dieselbig sey; alsdan widerpringen.

2955. [18 a] 19. April 1546:

Michln Schrag, dem kartenmaler, sein beger ableinen und bey der straf pleiben lassen, dweil ime an Fünffen die hauptleut zuvor ausgsetzt und er anderer halben kein beteuerung thun mögen.

2956. [19 b] Auf Conraten Rüdens und Contzen Rots, goldschmids, plosse verantwurtungen irer gemachten und verkaufften falschen magöllin halben sol der Rüd 8 tag halb mit dem leib auf ein thurn gestraft und aber dem Roten die stat 3 jar lang und dazu verpotten werden, füran dergleichen arbeit nit mer ze machen. Zu solchen straffen solln sie bede frißt biß Pfingsten haben, daneben aber solche magöllein alle, so noch vorhannden, zu Meiner Herren hannden genomen, alsdan zerschlagen und die stück inen wider zugestellt werden.

2957. [1546, I, 4 b] 28. April 1546:

Hannsen Hetzer[1]), dem prifmaler, sein beger ableinen und das feilhaben unterm rathaus nit gstatten.

2958. [1546, I, 6 a] 30. April 1546:

Die 2 silberin vergulten leuchterlin, so dem von Sickingen zugehörig und nit des hieigen gehallts seint, sollen mit zweien schälin auf die hieig ordnung, doch ungezeichent. zu fertigen zugelassen, solchs auch den gschwornen goldschmiden also angsagt werden.

2959. [1546, I, 14 b] 5. Mai 1546:

Jörgen Küngßmüllern, dem rotschmidt, darumb das er messing und kupfer wider die goldschmidordnung vergullt, dise stat 3 jar lang 5 meil hindan verpieten, darzu auch 4 tag frißt geben.

2960. [1546, I, 25 a] 11. Mai 1546:

---

[1]) Ein Briefmaler Hans Hetzel kommt in Zahns Jahrbüchern I, 230 zum Jahre 1571 vor; er scheint indessen mit obigem Briefmaler nicht identifiziert werden zu dürfen.

Den gschwornen goldschmiden sagen, dweil das graben auf messing und kupferin stocklin im gsetz nit verpoten, sonder ein freie kunst ist, so wiß mans den gsellen, so es treiben, nit abzestellen.

2961. [1546, I, 30 b] 14. Mai 1546:

Peter Florern, dem silberkremer, das begert bürgerrecht ableinen.

2962. [1546, II, 1 a] 27. Mai 1546:

Hannsen Halmperger, dem satler, biß sontag [*30. Mai*] und Paulussen Müllner, dem goldschmid, von sontag über 8 tag ein fechtschul ze halten erlauben.

2963. [1546, II, 4 a] 28. Mai 1546:

Jörgen Küngßmüllner sein begern ableinen und lenger daussen lassen, unangsehen des bischofs von Tuls getaner fürpit.

2964. [1546, II, 11 b] 2. Juni 1546:

Hannsen Prag, dem goldschmidt, sagen, wo er nit hie gedenck zu pleiben, mög er sein bürgerrecht aufsagen und volgends ziehen, wohin es ime gelegen.

2965. [1546, II, 33 b] 16. Juni 1546:

Contzen Roten, dem goldschmit, zulassen, das er zu Werd wonen mög, biß auf weitern bscheidt, dweil ime allein dise stat verpoten worden ist.

2966. [1546, II, 35 b] 17. Juni 1546:

Hannsen Ader, dem rotschmid, 2 monat gen Kulmpach erlauben, dem Pegnitzer seine püxen helffen außzuberaiten, doch mit verpflichtung, sich sonst zu nichten anderm, dem handtwerk anhengig, gepranchen ze lassen.

. . . .

2967. Hannsen Schirmer, dem maler, die begert erlaupnus ableinen und sagen, er mögts bürgerrecht aufsagen.

2968. [1546, II, 42 b] 21. Juni 1546:

Hannsen Schirmer, dem maler, sein begerte erlaupnus nochmals ableinen und beim nehern abschidt pleiben lassen.

2969. [1546, III, 1 b] 25. Juni 1546:

Hannsen Leitmair[1]), dem goldschmit, zulassen, das er der kon. Mt. gemahel ir wagengeschmuck auf messing ver-

---

[1]) Im Goldschmiede-Verzeichnis Nr. 324 (1543) als Silberarbeiter. Mitteilungen II, 163 († 1551).

gulden mög, doch das er sonst weiter nichs dermassen verguld. Das sol auch dem gesandten, desgleichen den gschwornen auch angsagt werden, achtung darauf ze haben.

2970. [1546, III, 8 b] 30. Juni 1546:

Hannsen Prag, dem goldschmid, auf Hannsen Biermans rogl mit kleinaten, so er hie bey eim andern goldschmit hat, ein verpott zu recht gestatten.

2971. [1546, III, 33 b] 16. Juli 1546:

Matissen Harprunnern mit seim begern gegen Alexien Birbaum Hannsen Biermans strittigen kleinats halben ans gericht weisen zu örterung.

2972. [1546, IV, 8 b] 27. Juli 1546:

Contzen Rot, dem goldschmid, auf herrn Friderichs von Schwarzenpergs fürpit sein straf begeben und wider einkomen lassen, doch ime ein streflich red sagen.

2973. [1546, IV, 16 a] 31. Juli 1546:

Baltas Nickln, dem goldschmit, und Endrissen Raminger sagen, ire antwurten auf das kays. schreiben Eraßmussen Fasels halben etwas glimpfiger ze stellen . . . *etc.*

2974. [1546, IV, 22 b] 4. August 1546:

Dweil Jörg Dietherr zu verwaltung des müntzmaisterampts unvermüglich, sol nachgedacht, wer an sein stat zu geprauchen, und widerpracht werden.

2975. [23 a] M. Pangratzen, dem rotschmit, sagen, was er für püxen gen Holfelt gossen, sol ime ungferlich sein, was er aber dem giesser zu Regenspurg versprochen, sol er bey ime erfarn, wohin solchs zugehorig, mit anzeig, das ers ime sonst nit dörff giessen.

So sol auch des Kochs halben, so auch püxen bey ime bestellt, erfarung geschehen, wohins zugehörig, damit nichs ferlichs gehandlet werd.

2976. [1546, IV, 28 a] 7. August 1546:

Christof Rosenthaler sol des müntzmaistersampts halben angesprochen und mit ime gehandlet werden, obs ime anemlich; und widerpringen.

2977. [1546, IV, 35 b] 12. August 1546:

Cristoffen Rosentaler zu einem müntzmeister, dhweil er sich bewilligt, dasselbigen zu underfahen, uff 3000 f. pürgschafft annemen und bestetigen.

2978. [1546, IV, 43 b] 16. August 1546:

Jochim Weschpach[1], den goldschmid, umbs gelt zu bürger anemen.

2979. [45 a] Hannsen Platner, den maler, [*im Register wird er als* statmaler *bezeichnet*] füran nit mer zu Meiner Herren arbait gepрauchen, sonder nach eim andern trachten.

2980. [1546, V, 5 a] 21. August 1546:

Hannsen Wolf, dem rotschmid, ein monat zum Pegnitzer gen Culmpach erlauben, doch allein zum püxenaußberaiten.

2981. [7 a] 23. August 1546:

Hannsen Prag, dem goldschmid, auf der marggräfin schreiben 1 jar lang erlauben zu Onolzpach zu arbeiten.

2982. [1546, V, 39 a] 8. September 1546:

Oßwalden Paltner, dem püxengisser, sein begern umb 12 centner pulvers, gen Strasburg ze schicken, dweils ein furkauf ist, ableinen.

2983. [1546, VI, 11 b] 22. September 1546:

Veltin Hofman, den platner, bschicken und gegen den gschwornen der ungerechten gezeichneten sturmhauben halben vernemen, alsdan widerpringen.

2984. [12 b] Valtin Hofman, dem platner, seiner ungerechten sturmhauben halben 3 tag thurnstraf mit dem leib auflegen und 1 monat frißt dazu geben: daneben sol er das gezeichnet stücklin auch von der hauben rab thun.

2985. [1546, VI, 24 b] 27. September 1546:

Dhweil Valtin Hoffmann nehermals die warheit mit auffschlagen des adlers uff ein sturmhauben verschwigen, und als er heut derwegen mit den geschwornen wider herauff komen und verclagt worden, da er davon vom rathhauß entloffen, soll den knechten bevelch geben werden, weiter nach im ze trachten und vleiß ze thun, wie er zur handt inns loch ze pringen.

2986. [1546, VI, 44 b] 6. Oktober 1546:

Denen von Collmar Oßwalden Balldners antwurt und bericht des gefangen Michl Brickingers halben einschlissen und zuschicken.

2987. [1546, VI, 51 b] 9. Oktober 1546:

[1]) Goldschmiede-Verzeichnis Nr. 341 (1546).

Veltin Hofmans, des platners, suplication seiner straf halben über 8 tag wider furlegen.

2988. [1546, VII, 4 b] 16. Oktober 1546:

Veltin Hofman, den platner, auf ein bürgerlich straf einlassen, das er sich auf ein thurn stellen und alda weiters bscheids gwarten sol.

2989. [1546, VII, 12 a] 22. Oktober 1546:

Der platner beclagens halben gegen Jacoben Stör von wegen der bückelein an spitzhauben, daneben auch der gsellen zuschickens und abspeenens halben sols nach laut des verleßnen ratschlags gehallten, also zum gesetz gepracht und mit 5 h. novi verpeent werden.

2990. [13 a] Veltin Hofman aufm thurn morgen ze red halten lassen, und widerpringen.

2991. [15 b] 25. Oktober 1546:

Valtin Hofman jetz vom thurn herab lassen und ime noch 8 tag thurnstraf, hiezwischen Weihenachten zu volpringen mit dem leib. auflegen, daneben sol er auch den gschwornen die stämpf zustellen.

2992. [1546, VII, 18 a] 27. Oktober 1546:

Wolfen Prüssel dem goldschmid vergönnen, die 2 messinen ürlein zu vergullden, dweil der messing inwendig genugsam scheint.

2993. [1546, VII, 21 b] 30. Oktober 1546:

Valtin Hofman, den platner, der vorigen viertägigen straf erlassen und bey den letztern 14 tagen bleiben lassen.

2994. [1546, VII, 23 b] 1. November 1546:

Jacoben Strada[1]) von Mantua, malers, halben erfarn, was sein thun und wie es mit seiner kunst gstalt; alsdan widerpringen.

2995. 2. November 1546:

Jacoben Strada, dem welschen künstler, vergonnen, hie-

[1]) Das hauptsächlichste urkundliche Material über Jakob Strada, der bekanntlich nachmals als Agent Kaiser Rudolfs II. eine keineswegs unbedeutende Rolle spielte, im Jahrbuch der Kunstsammlungen des A. K. H. Bd. VII, X, XI, XIII, XV, XVI, XIX u. XX, wo er z. T. vielfach vorkommt (vgl. die Register zu den zweiten Teilen). Seine Bürgeraufnahme in Nürnberg, bei der er 4 fl. Steuer erlegte, erfolgte erst am 13. März 1549. Vgl. Bürgerbuch 1539—1641 Bl. 48 a (»Jacob Strada von Mantua, ein walh«).

zwischen Walpurgis aigen rauch hie ze halten, doch ungefreiet des ungellts.

2996. [24 a] Den illuministen und briefmalern ir suplicirn umb gesetz und ordnung ableinen und lenger ein freye kunst pleiben lassen.

2997. [1546, VIII, 4 a] 13. November 1546:

Michl Molls[1]), goldschmids, hausfrau beschicken und auf Henrichs von Fleten clag der kleinater halben, so er hievor dem Molln zugestellt haben soll, vernemen; alsdan widerpringen.

2998. [1546, VIII, 19 a] 26. November 1546:

Hannsen Prag, goldschmids, schreiben seiner appellation halben Endrissen Mülner furhalten, und widerpringen.

2999. [19 b] Den welschen paumaister, signor Anthoni, auf sein anpieten vernemen, was (er) für notwendige fürsehung an dise stat jetzo in eil und mit geringen costen füglich möchten furgenomen und zu werck gezogen werden; solchs widerpringen[2]).

3000. [1546, VIII, 24 a] 1. Dezember 1546:

Hannsen Prags, goldschmids, appellation halben gegen Endressen Zehenter am gericht erfarn, wie es damit gestallt, alsdan 2 gelerte darinn vernemen; und widerpringen.

Es folgen noch einige weitere Ratsverlässe über diesen Gegenstand.

3001. [1546, IX, 5 b] 11. Dezember 1546:

Valtin Hofman, dem platner, zu seiner thurmstraf frißt biß Mitfasten geben.

3002. [1546, IX, 15 b] 18. Dezember 1546:

Micheln Moll, dem goldschmid, sein beger, ine einkomen ze lassen, ableinen und sagen, das der handel nit allein Meiner Herren sey, sonder betreff maistenteils die kays. Mt. an.

3003. [1546, IX, 41 b] 5. Januar 1547:

Jheronimus Petreiussen, dem goldschmid, sagen, wo sein gsell nit ferlich kranck, mag er ine wol herein zu sich nemen und bey ime halten, sonst aber sol man ine nit rein lassen.

3004. [1546, X, 3 b] 7. Januar 1547:

Hannsen Ul, dem püxenfasser, zulassen, sover er

[1]) Goldschmiede-Verzeichnis Nr. 314 (1539). Neudörfer, ed. Lochner S. 146 (1518). Zahns Jahrbücher II, 71 (1548). Mitteilungen II, 163 († 1556 oder 1557).

[2]) Zur Sache vgl. Zahns Jahrbücher II, 82.

schwörn kan, das die 40 hacken gen Kitzingen gehorig und er kein partida daran hab, diselben dahin zu schicken.

3005. [1546, X, 9 b] 12. Januar 1547:

Auf die verlesen verzeichnus, was für Spenglerisch und ander schilt in den kirchenfennstern zu Werd vorhannden, sol weiter erfarung gschehen, was zuvor für allte schilt und wapen in solchen fenstern geweßt, wie dieselben herauß und dise Spenglerischen hinein komen, unnd solchs widerpringen.

3006. [10 a] Hannsen Hedler, den künstner, seiner anzeigten mülwerck halben vernemen, wie es damit gstallt, und widerpringen.

3007. [12 a] 13. Januar 1547:

Hannsen Hedler, dem künstner, sagen, das Meine Herren mit mülwercken zur notturfft versehen; darumb man sein anzeig zu danck hab, wöls aber also ruhen lassen; darauf sol er mit 4 thalern verehrt werden.

3008. [1546, XI, 14 a] 9. Februar 1547:

Conraten Kellner, den schriftgiesser, umbs gelt zu bürger anemen.

3009. [1546, XI, 15 b] 11. Februar 1547:

Micheln Dorß, dem platner, zu verfertigung seiner notwendigen arbeit ein gsellen über die ordnung hiezwischen Johannis zulassen.

3010. [1546, XII, 3 b] 3. März 1547:

Dye puchtruckere, briefmaler, und solcher wahrn feilhabere [*am Rande*: buchfürer] alle bschicken und warenen, alle lateinische und teutsche schmachschriften, püchlin, lieder und dergleichen trück und gemeel, sonderlich dise krigßleuft belangent, nit herausßzelegen oder feilzehaben bey Meiner Herren straf und darzu, das mans inen nemen, auch ire kräm zusperren werde. In solchem aber sonderlich die unterm portal bey Unser Frauen visitiren und ire feilschaften wol besichtigen lassen, damit das untüchtig abgeschafft werde.

3011. [1546, XII, 22 a] 12. März 1547:

Auf der platner beclagen soln Hanns Fürst, auch N. von Wirzburg bschickt und inen eingepunten werden, mit verkauffung irer harrnisch biß auf weitern bscheidt stillzesteen.

Daneben die gsetz ansehen, ob solichs furkauffen der platner furgeben gemeß darin verpoten; und widerpringen.

3012. Jacoben Dißtrada, dem künstner, auf des markeß de Malingan begern zulassen, das er sein f. g. ir silber und vergült arbeit, so er ime andingen will, im hauß machen, auch ein maister oder gesellen goldschmidhantwerks zu ime nemen mög, doch sol er zuvor der zeit halben, wie lang, bespracht werden.

NO: Er hat volgends die zeit auf 1 jar bestümpt.

3013. [1546, XII, 37 a] 18. März 1547:

Valtin Hofman, dem platner, zu seiner straf noch 4 wochen frißt geben.

3014. [1546, XII, 41 a] 19. März 1547:

Wenzln Gamitzer zulassen, seine 15 centner salpeter den pulvermachern zu verkauffen.

3015. [42 a] M. Jörgen Unger des steinmetzen halben, so aufm platz gerumort, auch verhören, ob er ine nit kenne, und widerpringen.

3016. [1547, I, 7 a] 15. April 1547:

Jacob Hofman, goldschmidt, *kommt als* Genannter des grossern raths *vor*.

3017. [1547, I, 34 b] 30. April 1547:

Der kon. Mt. schreiben Conraten Lochner, dem platner, furhalten, ine müntlich darauf hören, daneben ime auch auflegen, sein antwurt schriftlich ze geben, und das er den küriß furdern, auch sonst ander arbeit mitler weil hinter sich legen soll.

3018. [37 b] 2. Mai 1547:

Der kon. Mt. sol auf ir neher schreiben Conraten Lochners, platners, antwurt eingschlossen und er des beschuldigten verzuggs entschuldigt, der prif auch auf die post geben werden.

3019. [1547, I, 52 b] 10. Mai 1547:

Christoffen Loy[1], den maler, umbs gelt zu bürger annemen.

3020. [1547, II, 3 a] 13. Mai 1547:

Hannsen Kaiser, dem haubenschmit, zulassen, seine hellmparten gen Strasburg zu verschicken, doch auf angloben, das gewißlich dahin komen solln.

[1] Vermutlich identisch mit dem Illuministen Christoph Lohe. Vgl. über diesen Zahns Jahrbücher 1, 230 (1554, 1561, als † 1564).

3021. [1547, II, 6 a] 14. Mai 1547:

Auf die verlesen ansag, was der amptman zu Pairßdorf gegen Hannsen Wittich[1]), dem goldschmid, und sein aiden gehandlet, sol weiter erfarung gschehen, wie es damit gstalt, und widerpringen.

3022. [1547, II, 12 a] 20. Mai *und* [17 b] 23. Mai 1547:

Zwei weitere Ratsverlässe über diesen Gegenstand.

3023. [1547, II, 14 a] 20. Mai 1547:

Doctoris Gualteri Rivii[2]) puch von allerley gepeuen und artalarey, so er Meinen Herren dedicirt, übersehen, und die gelegenheit widerpringen, vererung halben rätig ze werden.

3024. [1547, II, 31 b] 4. Juni 1547:

Kilian Rudolf, den goldschmid, aufgesagts bürgerrechten halben in die losungstuben weisen.

3025. [1547, II, 34 b) 7. Juni 1547:

Matissen Moschga, diemantschneidern, das bürgerrecht ableinen.

3026. [1547, II, 36 b] 8. Juni 1547:

Hannsen Münch, dem goldschmid, auflegen, der Catherinen Trepsin bezalung ze thun . . . *etc.*

3027. [1547. III, 13 a] 16. Juni 1547:

Hannsen Rot vergönnen, den messin redlinspuln, so der herzogin von Pairn zugehörig, zu vergulden, doch mit eim schein des messings.

3028. [1547, III, 18 a] 20. Juni 1547:

Peter Leitmairn, goldschmid, aufgsagts bürgerrechten halben in die losungstuben weisen.

3029. [1547, III, 27 b] 27. Juni 1547:

Michln Moll, dem goldschmid, sein beger ableinen

[1]) Im Goldschmiede-Verzeichnis zwei Meister dieses Namens: Nr. 236 (zwischen 1473 und 1514) und Nr. 280 (zwischen 1514 und 1530), von denen der ältere (»unter den Hutern») 1532, der jüngere (»an der Judengaß«) 1547 stirbt. Vgl. Mitteilungen II, 165. In unserem Ratsverlaß handelt es sich entweder um den letzteren dieser beiden oder um jenen noch jüngeren Meister dieses Namens, der nach Gebert S. 63 von 1577—79 städtischer Eisengraber war. Einen H. W. verzeichnet auch Roth, Gesch. des nürnberg. Handels I, 395 unter den Händlern. Sein Handelszeichen war eine Fliege.

[2]) Witt, Nürnberg. Gelehrtenlexikon III, 368—370 Nopitsch, Supplement III. 291. Jöcher, Allgemeines Gelehrtenlexikon III, 2129 VII (Hsgbn. von Otto Günther. Leipzig 1897) Sp. 109 ff.

und lenger daussen lassen unangesehen des duco de Camerin gethaner fürpit.

3030. [30 b] 28. Juni 1547:

Den goldschmiden ir beger Michl Molls halben ableinen.

3031. [1547, III, 32 b] 30. Juni 1547:

Paulussen Herzer, goldschmit, die begert erlaupnus, außwendig ze wonen, ableinen und sagen, er mögs bürgerrecht aufsagen oder aber ein gepurtprif nemen, darin vermeldet, das er hie noch bürger sey.

3032. [1547, IV, 35 a] 15. Juli 1547:

Auf marggraf Albrechts fürpitten 1.) . . . 2.) Michel Mölls, goldschmids, halben sein f. g. anzeigen, das er gegen eim kays. commissoren N. Kegl verhandlet, dem Meine Herren zugsagt, on sein willen ine nit zu begeben, also das die sach nit Meiner Herren, sonder müß er bey der kays. Mt. begnadung erlangen; solchs also ime ableinen.

3033. [1547, IV, 52 a] 22. Juli 1547:

Paulussen Herzer, goldschmit, aufgsagts bürgerrechten halben in die losungstuben weisen.

3034. [1547, IV, 57 a] 26. Juli 1547:

Contzen Lochner, dem platner, zulassen, 3 gsellen über die ordnung ein viertl jar lang ze halten, solichs den gschwornen ansagen.

3035. [1547, IV, 63 b] 30. Juli 1547:

. . . David Mucken, prifmaler, . . . zu bürger annemen, doch mit dem Mucken, als der ein fündlkindt genomen, die ordnung ze halten.

3036. [1547, IV, 65 b] 1. August 1547:

Niclasen Meldeman [*lies:* Jörgen Meldeman] auflegen, seim vater Jörgen Meldeman [*lies:* Niclasen M.] die genommen press noch heut zuzestellen bey Meiner Herren straf; was er dan zu ime zu sprechen hat, sol er ordenlich thun.

3037. [1547, V, 18 b] 17. August 1547:

Christinen Schönmacherin zu Augspurg in der platner namen dem form nach schreiben lassen.

3038. [20 a] 18. August 1547:

Die 2 platnersgsellen verpflichten, die Christinen

Schönmacherin in 14 tagen zu vergnügen, oder man werd sie hie nit furdern lassen.

3039. [1547, V, 28 b] 23. August 1547:

Michel Hegel, gschmeidmacher, *kommt vor.*

3040. [1547, V, 37 b] 29. August 1547:

Anna Walckerin, atlaßmacherin, das bürgerrecht schencken und ir vom Almusen hilf thun lassen, damit sie nit verderben müß.

3041. [1547, VI, 4 a] 2. September 1547:

Dem henndlßman von Hamburg seine 50 hie kauften helmparten auf gewonlich angloben volgen lassen.

3042. [1547, VI, 14 b] 7. September 1547:

Oßwalden Baldner, den püxengisser, schwern lassen, leib und gut nit zu verrücken biß auf Meiner Herren weitern bscheidt, auch niemant aufm rotschmidhandtwerck aufzewiglen, denjhenen auch, so er beworben, wider abzekünden; alsdan widerpringen.

3043. [18 b] 10. September 1547:

Dweil Oßwalt Balldner nechst nit schwörn wölln, leib und gut nit zu verrücken, sonder darob auf einen thurn gangen, sol er jetz durch ein canzelisten ze red gehalten werden, warumb er sich solcher pflicht gewiddert, wehn er aufgewiglet, wohin und mit was verströstung oder zusag, wer auch mit ime derhalben gehandlet etc.; solchs mit vleiß verzeichnen lassen und widerpringen.

3044. [20 b] Oßwalden Balldner auf sein anzeig, mit wehm er gehandlet und das er schwören woll etc., auf ein urphed und bezalung der atzung wider vom thurn lassen, alsdan sol er nochmals schwören, leib und gut one Meiner Herren erlaupnus nit zu verrücken, auch mit den handtwerkern, so er hievor angesprochen, weiter nichs ze handlen, noch auch andere anzusprechen und aufzewiglen; wo er nun solchs nochmals nit schwören wolt, sol man ine aufm thurn ligen lassen. Daneben ine auch ansprechen, wer ine zu solchem thun hie verlegen werde und bißher verlegt habe; solchs widerpringen.

3045. [1547, VI, 23 a] 12. September 1547:

Dweil Alexius Birbaum, kirchner zu S. Lorentzen, mit tod abgangen . . . *etc.*

3046. [1547, VI, 39 b] 23. September 1547:

Dem frömbden tapezirmacher vergönnen, seine tapezereien in der regimentstuben aufzeschlahen, das Meine Herren sehen mögen.

3047. [1547, VI, 47 b] 28. September 1547:

... Christoffen Rideler[1], den goldschmidt, ... umbs gelt zu bürgern anemen.

3048. [1547, VII, 1 a] 29. September 1547:

Auf Hannsen Nußpaums[2], steinmetzen, suplicirn sol maister Paulus der schau seiner maisterstück halben, dweil er sein schwager ist, erlassen und sonst 2 allte maister zu den gschwornen darzu dißmals verordnet, auch mit sondern pflichten deshalben beladen werden, damit der Nußpaum lenger darmit nit aufgezogen werde.

3049. [1547, VII, 8 a] 3. Oktober 1547:

... Hannsen Keßman, püxenschmit, ... umbs gelt zu bürger anemen.

3050. [1547, VII, 9 a] 4. Oktober 1547:

Hannsen Mair, dem platner, die begert erlaupnus ableinen und sagen, er mögs bürgerrecht aufsagen.

3051. [14 b] 7. Oktober 1547:

Hannsen Mair, platnern, ... aufgesagts bürgerrechten halben in die losungstuben weisen.

3052. [1547, VII, 25 b] »Die Dominica, XVI. Octobris post Contionem« 1547:

Hannsen Müllner[3], platnern, umbs gellt zu bürger anemen.

3053. [1547, VII, 31 a] 18. Oktober 1547:

[1]) Gemeint ist Christoph Ritter oder Ritterlein (im Meisterbuch der Goldschmiede: »Ritterler«, »Rittel«, im Bürgerbuch 1531—1641 Bl. 43 b zum 5. Oktober 1547: »Cristoff Rytterle, goltschmid«) und zwar der älteste der drei Nürnberger Goldschmiede dieses Namens (vgl. über sie Anm. zu Band II, Nr. 1015). Über unseren Chr. R. vgl. insbesondere Goldschmiede-Verzeichnis Nr. 347 (1547). Rosenberg Nr. 1223 (1547). Roth, Geschichte des nürnberg. Handels I, 358 (1547: »Christoph Riderl«. Handelszeichen: ein Herz mit drei Sternen). Mummenhoff, Rathaus S. 281 (1551, im städtischen Silberzettel). Er starb wohl 1587. Vgl. Trechsel S. 691 Sp. 1.

[2]) Ein Steinmetz H. N. liegt auf dem Rochuskirchhofe begraben. Vgl. (Gugel). Norischer Christen Freydhöfe Gedächtnis S. 20.

[3]) Zahns Jahrbücher I, 258 (1555). Jahrbuch der Kunstsammlungen des A. K. H. Bd. X Nr. 5868, XI Nr. 7104, 7113 (überall 1555).

Herman Puchners, püxenschmids zu Werd, ansag der bey Lichtenfelß aufgehauen güter halben *betreffend*.

3054. [1547, VII. 40 b] 25. Oktober 1547:

Auf verlesen ansagen, das Baltas Nickl, Melchior Loys und Jorg Glockendhon[1]) die müntz zu Erlang den werckleuten angedingt, das auch Jacob Hofman und Conrad Pösch etlich mal hinauß kommen und den pau besichtigt, soll der Genannten aidt der müntzverlegung halben, daneben auch die hievor gschehen beruffung von wegen des müntzprechens und ·khürrnens zur hanndt gesucht und beim rath gehört, alsdan darin weiter ratig ze werden.

3055. [1547, VII, 42 a] 26. Oktober 1547:

Dem frömbden kremer das begert feilhaben seiner contrafeiten medaien unterm rathaus ableinen und sagen, er mögs vorm rathaus feilhaben.

3056. Auf die verlesen beruffung des müntzabthuns halben und den articl im genanntenaid von wegen der müntzverleg sollen diejhenen, so in gestriger ansag besagt, das sie, die neu müntz zu Erlang ze pauen, bestellt [*am Rande:* Baltas Nickl, Melchior Lois, Glockendon, Jacob Hofman, Conrad Pösch] bschickt und inen Meiner Herren beschwerung, das inen als bürgern und zum theil Genannten solchs ze thun nit gepürt, angezeigt und sie darauf beaidigt werden, anzuzeigen, auf weß anregen solchs gschehen, wie und mit was maß, wer auch neben inen der sach mer verwanndt, wers verlegen werd und woher inen die silber kommen. In dem irn bericht widerpringen, alsdan rätig ze werden, ob und welcher gstalt mans wider verruffen, oder was sonst weiter darin ze handlen sein werd.

3057. [1547, VIII, 1 a] 27. Oktober 1547:

M. Sebalden, dem püxengiesser, zulassen, marggraf Albrechten etliche falkenetlin zu giessen.

[1]) Neudörfer, ed. Lochner, S. 172. Doppelmayr 198. Baader, Beiträge II, 50 f. Zahns Jahrbücher II, 76. Mitteilungen des Vereins f. Gesch. der Stadt Nürnberg X, 63 (1484). Jahrbuch der Kunstsammlungen des A. K. H. Bd. X Nr. 5784 (1511). Allgemeine deutsche Biographie IX, 238 (von Bergau). M. Sondheim, Jörg Glockendons Kunst-Perspectiva, in den Mitteilungen des Freien deutschen Hochstifts zu Frankfurt a. M. N. F. VIII (1892), 195 ff. Wie sich schon aus den angeführten Daten zu ergeben scheint, handelt es sich um einen älteren und einen jüngeren Meister dieses Namens. Der in dem obigen Ratsverlaß erscheinende Künstler ist offenbar der jüngere Jörg Glockendon.

3058. [1547, VIII, 9 b] 2. November 1547:

Auf die verlesen ansagen, wie es mit der müntz zu Erlang gestalt, nemlich das Baltas Nickl, goldschmit, dieselbig verlegen und Jörg Glockendhon sein müntzmaister sein, doch aber erst des schrots und korns halben mit dem marggraf Albrechtischen renntmaister vergleichung gschehen soll, dweil sichs findt, das die andern bsagten personen, Jacob Hofmann, Conrat Pösch unnd Melchior Lois, der sachen nit verwanndt, noch etwas darmit zc thun haben, sols irnhalben also dabey ruhen pleiben, den bemelten beden, Nickl und Glockendhon, aber bey irn aiden und einer leibstraf eingepunten werden, sich dises müntzens halben weder durch sich selbs noch jemand andern von irnwegen in einiche ferrner handlung weiter nit einzelassen, sonder darmit biß auf Meiner Herren weitern bscheidt genntzlich in ruhe und stillsteen solln. Daneben aber sol bedacht werden, wie der halben ein beruffung zc stellen, dadurch dises und ander dergleichen müntzverlegen in etlichen meiln wegs herab abgestellt, und, das kürnt von frömbden orten herzepringen, furkommen und allein auf die hieigen kürrner, als die darzu gschworn, gestellt werde; alsdan widerpringen.

3059. [1547, VIII, 17 a] 5. November 1547:

Jorgen Schmidt, trotziehern, und Simon Groppner, platnern, ein friden gegen einander angloben und die sach also damit abgen lassen.

3060. [1547, VIII, 19 b] 7. November 1547:

Hannsen Guldenmund den eltern auf die franckfurtisch citation weiter vernemen, ob er seins sons schulden halben gegen dem arrestanten Michl Raben etwas anheissig worden und bezalung zugsagt oder nit; solchs widerpringen.

3061. [20 a] Henrichen Grafen, dem atlaßmacher, und sein weib 8 tag glait zusagen, doch allein für Meine Herren.

3062. [1547, VIII, 22 a] 8. November 1547:

Augustin Hierßvogls vererte contrafactur der stat Wien annemen und dem poten 1 f. schencken lassen.

3063. [1547, VIII, 26 b] 11. November 1547:

Hannsen Guldenmund die gebeten fürschrift gen Franckfurt des auf seine wahr und schulden gelegten arrests halben mitteilen.

3064. [1547, VIII, 29 b] 12. November 1547:

Jörgen Wilzl[1]), dem goldschmid, zulassen, sein hochzeit im Schiesgraben auf nehern eritag [*15. November*] ze halten, doch mit eim stillen wesen.

3065. [1547, IX, 2 a] 24. November 1547:

Oßwalden Palldner, dem püxengisser, gestatten, vor seim jetzigen weckziehen sein bürgerrecht aufzesagen, ime aber daneben einpinten und schwörn lassen, weder jetz noch hernach durch sich selbs oder jemand anders einichen handtwercker hie aufzewiglen oder wegig ze machen.

Dweil diser Oßwalt auch die karthaunen, so noch nit gar verfertigt, außzubereiten bestellt, sols also dabey pleiben.

3066. [1547, IX, 2 b] 25. November 1547:

... Franntzen Plaicher[2]), goldschmidt, ... umbs gellt zu bürger annemen.

3067. [1547, IX, 7 b] 28. November 1547:

Oßwalden Baldner, den püxengisser, aufgsagts bürgerrechten halben in die losungstuben weisen[3]).

3068. [1547, IX, 10 a] 29. November 1547:

Peter Formunden und sein weib der irrungen halben gegen Baltassen Latt von Antorf erinnern, nit zu harrt zu halten und sich selbs vor schaden zu verhüten; darauf zwischen den theiln gütlich hanndlen und, wo nichs außzurichten, sie bederseits ans gericht weisen, doch daselbst bevelhen, furderlich zu procedirn und dem ungerechten theil die scheden aufzelegen.

3069. [1547, X, 2 b] 23. Dezember 1547:

Dem von Leipzig schreiben Wolfen Richel, dem goldschmid, furhalten und sagen, er müß sein forderung gegen seim widerteil zu Leipzig mit recht ersuchen.

3070. [3 a] Contz Mair, der platner, *kommt in einer gleichgültigen Angelegenheit vor.*

3071. [1547, X, 16 b] 2. Januar 1548:

Peter Krügers, des goldschmids in eisen, halben den Peter, statknecht, bestetten; so er dan sein anzeig beharrt, sol der Krüger unter essens zeit ins loch gefürt, biß mitwoch [*4. Januar*]

---

[1]) Goldschmiede-Verzeichnis Nr. 202 (1514: Jörg Wizel). Mitteilungen II. 165 († 1556).

[2]) Goldschmiede-Verzeichnis Nr. 343 (1546). Mitteilungen II, 164 († 1562).

[3]) In dem gleichzeitigen Eintrag im Bürgerbuch von 1534—1631 Bl. 196 b wird sein Name wieder »Oßwald Palckner« geschrieben.

gütlich ze red halten, mitler weil ime wasser zu trincken geben lassen und seim maister sagen, ime geschehe nit unrecht.

3072. [1547, X, 26 b] 7. Januar 1548:

Henrich Grafen, dem atlaßmacher, Peter Vormonds antwurt furhalten und sagen, man wiß nichs mit ime ze schaffen, hab aber dannocht ime sagen lassen, ine und ander nit zu verhindern. Daneben sol dem Formont gsagt werden, das Meine Herren an seiner antwurt nit gesettigt, dweil si wissen, das er disen und ander atlaßmacher sovil ime muglich verhindere; dessen sol er aber füran müssig sten, oder man werd gegen ime einsehen ze thun verursacht.

3073. [1547, X, 41 a] 18. Januar 1548:

. . . Hannsen Werrner, püxenschmit, . . . umbs gelt zu bürger annemen.

3074. [1547, XI, 8 b] 24. Januar 1548:

Hannsen Zenger, püxenschmidt, umbs gellt zu bürger annemen . . .

3075. [1547, XI, 24 a] 6. Februar 1548:

Hannsen Hamers, kartenmalers, verwundung halben, so er an Thoma Mair geübt, zeugen hören, und widerpringen.

Es folgen noch ein paar weitere Ratsverlässe über diesen Gegenstand.

3076. [1547, XI, 28 b] 9. Februar 1548:

Jörg Ulrich[1]), der goldschmidgsell, *kommt, in einen Eheschwindel verwickelt, vor.*

Es folgen noch einige weitere Ratsverlässe hierüber.

3077. [1547, XII, 1 a] 16. Februar 1548:

Den werckleuten und geschwornen steinmetzen ansagen, dweil die neu furgeschlagen maisterstück noch nit gerainigt, so solln sie Wolfen Löscher[2]), steinmetzen, auf di allt ordnung schauen, dweil er mit denselben stücken fertig ist.

3078. [1547, XII, 9 b] 22. Februar 1548:

---

[1]) Goldschmiede-Verzeichnis Nr. 344 (1517).

[2]) Vgl. Mummenhoff, Rathaus S. 191 (Bestallungsreverse von 1562 und 1568). Jahrbuch der Kunstsammlungen des A. K. H. Bd. XV Nr. 11849 (1563 »W. L., Stadtmeister zu Nürnberg«). Sein und seiner Erben Begräbnis auf dem Rochuskirchhofe. Vgl. (Gugel), Norischer Christen Freydhöfe Gedächtnis S. 20 (1562).

Hannsen Weiler[1], dem formschneider, das bürgerrecht ableinen.

3079. [1547, XII, 13 a] 25. Februar 1548:

Der platner supplication den darinn angezognen hamermaistern, so vil derselben nürmbergisch sein, auf herein erfordern furhalten lassen, sy auch gegen einannder vernemen, und ir anntwurt widerpringen.

3080. [15 a] Daniel Engelhart und doctor Ehinger mit irem begern Melchior Payrs[2]), des goldschmids, eewirtin halb, als ob ir man gannz kindisch und wonwitz sey, wiß auch nit, was er hanndel, darumb ir bit, die geltschuldt als bey 51 f., so er Joseph Feyrabents seligen erben von Schwebischen Hall, darundter Hanns Lochingers aiden auch ainer sey, zugestelt, wider zu arrestiren, oder inen aufzulegen, ir, der frauen, oder irem mann, als die es nit schuldig seyen, wider herauß zu geben, für welche anvorderung auch Hanns Lochinger, weil sein aiden darauf nit verharren hab konnen, biß die bey Meinen

[1]) Es ist ohne Zweifel der bekannte Maler und Formschneider Hans Weigel gemeint. Vgl. über diesen, der zum Unterschiede von einem gleichnamigen jüngeren Mitgliede dieser Künstlerfamilie als d. ä. bezeichnet werden kann, Zahns Jahrbücher I, 230 (1572), 231 (1548/49, 1551, 1560—63; 1577 erscheint H. W. d. j., 1578 Katharina, Hannsen Weigels Wittwe), 238 (1571). II, 76 (1550). Mummenhoff, Rathaus S. 29. Der jüngere H. W. †, wie es scheint, 1590. Vgl. Doppelmayr S. 207. Die Bürgeraufnahme des älteren, bei der dieser 4 fl. zahlte, erfolgte am 13. Februar 1549. Vgl. Bürgerbuch 1534—1641 Bl. 47 b. »Hanns Weygler, furmschneyder«, heißt er hier.

[2]) Goldschmiede-Verzeichnis Nr. 266 (zwischen 1514 und 1530). Bürgeraufnahme Sabbato post Purificationis Marie [4. Februar] 1525. Er zahlte dabei 4 fl. Vgl. Bürgerbuch 1496—1533 Bl. 127 b. Neudörfer, ed. Lochner S. 125, 119. Doppelmayr 204 († 1577 ?). H. Boesch, Revers des Goldschmieds M. B. von Nürnberg für Adam Grafen von Beichlingen über die Anfertigung von Silbergeschirr 1531 in den Mitteilungen aus dem german. Nationalmuseum I, 164 f. Mummenhoff, Rathaus 283 und 286 (1540). Jahrbuch der Kunstsammlungen des A. K. H. Bd. X Nr. 5862 (1541). Th. Hampe in der Bayerischen Gewerbezeitung X (1897) S. 80 f. (1544, 1545). Rosenberg Nr. 1249. Mitteilungen II, 162 (Anna Melchior Bairin † 1548). Zeitschrift für bildende Kunst 1880 S. 18. Auch in Dr. Christoph Scheurls Schuld- und Rechnungsbuch (in dem im German. Museum deponierten frhrl. von Scheurlschen Familienarchive) kommt unser Meister ein paar mal vor: Bl. 127 handelt es sich um Arbeiten für den Kardinal von Trient, Bl. 228 um neues Silbergeschirr »von Melchior Bayr in der Pindergassen« (freundl. Mitteilung des Herrn Dr. Heerwagen). — Meyers Allgemeines Künstler-Lexikon III, 172 (von A. Ilg).

Herren oder vor gericht erledigt werden mug, gut und furstandt gethan etc., furs gericht weysen, solliche sach daselbst ordenlich außzutragen, daneben aber die frauen warnen, sich wol zu bedencken und fursehen, das sy sich nit selbs in schaden füre.

3081. [1547, XII, 23 b] 1. März 1548:

Auf Hannsen Wittichs, goldschmids, suplicirn, Pangratzen vom Eglofsteins schatzung belangend, sol der jüngst deshalben ergangen verlaß zur hanndt gesucht und widerpracht werden.

3082. [1547, XII, 24 a] 2. März 1548:

Steffan Hamer, dem priefmaler, das begert nachtrucken der stat Wittenberg ableinen und sagen, es sey jetz anders damit gestallt.

3083. [1547, XII, 26 a] 3. März 1548:

Der irrungen halben zwischen den platnern und hamermaistern des ungerechten zeugs halben soll den hamermaistern ir gesetz vorgelesen und gsagt werden, dem gestracks nachzekomen und dasselbig ze hallten oder, wo nit, werd man die peen erhöhern und von inen nemmen, daneben aber wöll man den gschwornen platnern auch bevelhen, gut achtung darauf ze haben; darnach mögen sie sich wissen zu richten.

3084. [1547, XII, 36 a] 9. März 1548:

Otth Grimm, der platner, *kommt in einer gleichgültigen Angelegenheit vor. Es wird ihm die* stat 3 jar lang 5 meil hindan *verboten.*

3085. [1547, XIII, 3 a] 15. März 1548:

Hannsen Wittich, dem goldschmid, sagen. dweil Pangratz von Eglofstein von Pairßdorf weckzogen, und er sein schatzung, ehe ers zalt, Meinen Herren nit anzeigt, so wissen Meine Herren ime jetz nit mer ze helffen, er mög sich aber selbs nach dem pesten darein schicken.

3086. [1548, I, 4 b] 5. April 1548:

Auf der platner supplication umb ein palirmüln solln die pallirer, auch der Plaicher darin gehört, volgends mit den wercklcuten besichtigung geschehen und geratschlagt werden, was sich leiden mög oder nit, alsdan widerpringen.

3087. [1548, I, 11 b] 9. April 1548:

Jacoben Pulman, dem kuglschmidt, zulassen, das

er marggraf Albrechten zu Brandenburg 2000 kugln schmiden und zurichten mög.

3088. [1548, I, 29 a] 16. April 1548:

Hannsen Freitag, den platner in eisen, geübter unschicklichkeit halben ins loch schaffen und wasser zu trincken geben lassen; volgends wider furlegen.

3089. [1548, I, 35 a] 20. April 1548:

Der teglprenner halben vom Herotzperg sol nochmals jüngstem bevelch gemeß zwischen inen gehandlet und erkundigt werden, was für feel und mengl der tegel und ander geprechlichkeit halben unter inen vorhannden, sonderlich auch erfarung gschehen, was die goldschmid für contrabanda mit verschickung der tegel geprauchen; darauf bedencken, wie alle solche mengl zufurkommen sein möchten, und widerpringen.

3090. [1548, II, 1 a] 3. Mai 1548:

Wolfen Richel, dem goldschmid, die begert fürschrift gen Leipzig ableinen und sagen, das sein supplication nit taug einzuschlissen, dan Meine Herren könden keim andern richter maß setzen, wie und was er ausserhalb seins prauchs hanndlen soll.

3091. [1548, II, 26 b] 18. Mai 1548:

Michl Mölln, dem goldschmid, 4 wochen thurnstraf halb mit dem leib zu volpringen, auflegen, mit frißt biß Johannis; daneben ine auch angeloben lassen, das er alle weinkeler, wirtzheuser und zechen ausserhalb seins hauß 2 jar lang meiden wöll.

3092. [1548, II, 34 a] 23. Mai 1548:

Auf der rotschmid bericht sol der gsell, so zu Costnitz geweßt, bschickt und beaidigt werden, anzuzeigen, wie vil tegel, wie groß, bey wehm ers daselbs gesehen, obs allt oder neu geweßt, durch was weg sie dahin komen und wie es allenthalben gestallt: widerpringen.

3093. [35 a] 24. Mai 1548:

Den gschwornen rotschmiden sagen, ir achtung ze haben, wan der maister von Basel herkomen werd, solchs anzuzeigen, damit man der tegl halben kuntschaft auf ine machen mög. Daneben in der wag, auch den aufladern ansagen, auf die leichten verdechtigen faß gute achtung ze haben und, wo sie argkwon der tegel halben finden, solchs Meinen Herren anzuzeigen. Dem müntzmaister aber von Costnitz solln nit mehr dan 32 tegel allerley sorten, klein und groß, gevolgt werden.

3094. [1548, II, 45 b] 30. Mai 1548:

Contzen Lochner, dem platner, zulassen, über die ordnung ain viertl jars zwen gesellen mer zu halten, und sollichs den geschwornen maistern ansagen.

3095. [1548, III, 4 b] 1. Juni 1548:

Michel Dorßen, dem platner, seine harrnasch gen Strasburg in die meß zu verfüren erlauben, doch auf gwonlich angloben.

3096. [1548, III, 23 a] 11. Juni 1548:

Jacob Khol, platner, so seinen lerjungen fehrlich gestochen, *kommt vor.*

3097. [1548, III, 43 a] 22. Juni 1548:

Jacoben de Zetto, dem künstner, noch 1 jar on bürgerrecht hie zc wonen erlauben.

3098. [1548, III, 45 a] 23. Juni 1548:

Paulussen Preuning[1], dem hafner, der die krieg [*Krüge*] mit aim crucifix und daneben ain trummelschlager und pfeyffer gemacht, fayl gehabt und noch hat, alle dieselben krüeg zerschlagen und ine derhalb ins loch legen lassen.

3099. [46 b] Paulus Preüning, hafner im loch, seiner krüeg halb, darauf er neben ainem crucifix trummel und pfeiffer und paurentenz gemacht und fayl gehabt, güetlich zu red halten, wer in darzu verursacht, wer im mer darzu geholfen, wie und warumb ers gethan, wie vil er derselben krüeg und hefen gemacht, verkaufft und noch hab, ob er auch gein predig gangen, oder von wem er sollichs also zu thun angelernt, und sein sag widerpringen; und, wo er nit sagen wil, pinden und petrohen.

3100. [49 b] 25. Juni 1548:

Auf Paulussen Preunings, hafners im loch, sag sol sein geweßner knecht bschickt, ime furgehalten und ein angelobte sag von ime aufgeschriben, alsdan widerpracht werden.

3101. [51 a] 26. Juni 1548:

Paulussen Preunings, hafners, knecht, wo er nit erscheinen wirt, annemen lassen.

[1] Einen Händler dieses Namens führt Roth, Geschichte des nürnberg. Handels I, 312 an. Von diesem findet sich in der Panzerschen Porträtsammlung ein Bildnis von 1593, das ihn in seinem 67. Lebensjahre darstellt. Vgl. Panzer S. 21. Vielleicht ist er mit unserem Hafner identisch, der alsdann 1548 etwa 22 Jahre alt gewesen wäre.

3102. [1548, III, 53 a] 27. Juni 1548:

Jacoben Kolb, dem platner, sagen, wan er sich mit seim lerjungen Simon Hasen vertragen hab, mög er wieder ansuchen.

Es folgen noch ein paar weitere Ratsverlässe über diesen Gegenstand.

3103. [1548, IV, 8 a] 4. Juli 1548:

... Hannsen Hofman[1]), goldschmit, ... umbs gellt zu bürger annemen.

3104. [1548, IV, 11 b] 6. Juli 1548:

Conntzen Preuning, dem hafner, sein beger ableinen und noch der zeit nit einkomen lassen.

3105. [1548, IV, 35 a] 18. Juli 1548:

Conntzen Preuning, den hafner, aufs churfürsten zu Brandenburg fürpit auf ein bürgerliche straf einkomen lassen, dergstalt, das er sich aufn montag [*23. Juli*] furn herrn bürgermaister stelln und auf weitern bscheidt warten soll.

3106. [1548, IV, 37 b] 20. Juli 1548:

D. Waltheri Rivii verehrung seins neugepesserten Vitruvii halben bedencken, dweil ime für das vorige puch auch noch nichs worden, was sich dan Meiner Herren ehrn halben, ime für alles zu verehrn, gepürn wöll: alsdan widerpringen.

3107. [1548, IV, 41 b] 23. Juli 1548:

Contzen Preuning, den hafner, 14 tag halb mit dem leib auf ein thurn straffen und wider einkomen lassen.

3108. [1548, V, 2 b] 26. Juli 1548:

Der siglgraber und frömbden eisenstecher halben bedencken, wie die verpotten compastenstempf bey inen ze machen zufurkomen sein mögen, und widerpringen.

3109. [1548, V, 11 a] 31. Juli 1548:

Fritzen Krauch, kartenmaler, *wird das begehrte Bürgerrecht abgelehnt.*

3110. [13 a] Steffan Hamer sein begern, des gefangen churfürsten von Sachsen gemehlt und getruckts gepet fayl zu haben, ablaynen.

3111. [1548, V, 31 a] 11. August 1548:

[1]) Goldschmiede-Verzeichnis Nr. 348 (1548).

Jörgen Ulrich, den goldschmid, umbs gelt zu bürger annemen, doch sagen, sich füran wol ze hallten.

3112. [31 b] Hanns Wild, gschmeidmacher. *kommt vor.*

3113. [1548, V, 34 a] 13. August 1548:

Mit den gschwornen goldschmiden gütlich handlen, der Catherina von Plauen, wittibin, noch 2 oder aufs wenigst ein jar aus guten willen zuzelassen, das handtwerck ze treiben, damit iren armen kindern darmit volles aufgeholffen werden möcht; so solts inen an irn gsetzen und ordnungen unvergrifflich sein.

3114. [37 a] 14. August 1548:

Katherina von Plaben vergönnen, das goldtschmidhanndtwerck als ein wittib noch zway jar lang mit gesellen zu treyben, weils die geschwornen nit fechten und auf Meine Herren gestelt haben.

3115. [1548, V, 41 a] 18. August 1548:

. . . Jörgen Zundorfer, platnern, . . . umbs gelt zu bürger annemen.

3116. [1548, V, 47 a] 22. August 1548:

Das kays. mandat der puchtrucker und formschneider halben, so Meinen Herren im vertrauen zukomen, also ruhen lassen, biß Meinen Herren selbs eins zugeschickt wirdet.

3117. [1548, VI, 3 a] 23. August 1548:

Jörgen Ennter, platnersgesellen, weil er noch kain maisterstück gemacht hat, das begert bürgerrecht ablaynen.

3118. [1548, VI, 4 a] 25. August 1548:

. . . Hannsen Herzogen, plattnern, . . . umbs gewonlich gellt zu bürger annemen.

3119. [1548, VI, 24 b] 8. September 1548:

Der siglgraber ordnung soll der compaßtenstempfl halben und sonst gepessert werden, wie der verlesen rathschlag außweißt.

3120. Der püxenschmit, püxenfasser und platschlosser irrungen halben solls in allen stücken gehalten und zu abschidt geben werden, wie der verlesen ratschlag vermag.

3121. [1548, VI, 27 a] 11. September 1548:

. . . Christoff Ottenburger, platner, . . . umbs gelt zum bürgerrechten kumen lassen . . .

3122. [1548, VI, 30 b] 14. September 1548:
Jörg Österle, der platner, *kommt vor.*

3123. [1548, VI, 34 a] 17. September 1548:
Die gestellt und verlesen urtl in Wenntzl Gamitzers appellationssachen gegen Juliana Spenglerin, mit zusetzung des werts hinfüro also pleiben und zu gelegenheit publiciren lassen.

3124. [1548, VII, 5 b] 25. September 1548:
. . . Simon Groppnern, platnern, . . . Petern Flor, den silberkremer, so vehr er an aids stat anglobt, das er 400 f. vermag, alle . . . umbs gelt zu bürgern annemen.

3125. Urban Teglichs, püxenfassers, halben erfarn, ob er das ploßpelgmachen wol könd oder nit, und widerpringen . . .

3126. Caspar Rauchen, dem püxenschmit, . . . das begert bürgerrecht ableinen.

3127. [1548, VII, 7 a] 26. September 1548:
Hannsen Nider, reithamermacher, . . . umbs gelt zu bürger annemen.

3128. [1548, VII, 10 b] 27. September 1548:
Valtin Sibenpürger, dem platner, auf gewonlich angloben zulassen, sein faß mit kriegßmunition gen Kraka zu schicken.

3129. [1548, VIII, 6 a] 22. Oktober 1548:
Michl Dorß, dem platner, erlauben, seiner nötigen arbeit halben 1 gsellen drey monat lang über die ordnung ze halten, solchs den gschwornen also ansagen.

3130. [1548, VIII, 9 a] 23. Oktober 1548:
Urban Teglich, den ploßpalckmacher, . . . umbs gelt zu bürger annemen.

3131. [1548, VIII, 9 b] 24. Oktober *und* [13 b] 26. Oktober 1548:
Hanns Strauß, püchsenschmid zu Werd, *kommt vor.*

3132. [1548, VIII, 16 b] 27. Oktober 1548:
Martin Ludwig, maler, *kommt in einer gleichgültigen Angelegenheit vor.*

3133. [1548, VIII, 25 b] 5. November 1548:
Micheln Dorß, platnern, noch ein gsellen über die ordnung hie zwischen Lichtmeß erlauben; solchs den gschwornen auch also ansagen.

3134. [1548, VIII, 37 a] 13. November 1548:

Peter Perger, der gschmeidmacher, *kommt vor.*

3135. [1548, IX, 9 a] 21. November 1548:

Hannsen Weigl, prifmalern, das bürgerrecht ableinen und sagen, es seien der leut zuvor genug hie.

3136. [1548, IX, 15 a] 26. November 1548:

Dem furman von Murrat 24 centner glaßerden auf die hütten zu Fauschpach auf gewonlich angeloben volgen lassen.

3137. [1548, IX, 29 b] 6. Dezember 1548:

Veiten Reber, dem püxenfasser, das bürgerrecht nochmals ableinen.

Über eine frühere Ablehnung findet sich in den letzten Heften [1548, I—VIII] nichts.

3138. [1548, IX, 33 b] 8. Dezember 1548:

Contzen Lochner, dem platner, 2 gesellen über die ordnung ein viertl jar lang ze halten erlauben seiner vorsteenden kon. arbeit halben; solchs den gschwornen ansagen.

3139. [34 a] Auf der platner suplicirn und beclagen gegen Jacoben Seser und Hannsen Fürsten irer contrabanda halben, so sie mit den köllnischen harrnaschen dem hieigen hanndtwerk zu nachteil treiben, sol bedacht werden, durch was weg disen gesellen solch ir thun abzeschneiden und wie des handtwerks nachteil zu verhüeten; alsdan widerpringen.

3140. [1548, X, 15 b] 22. Dezember 1548:

Hannsen Gar außn eisen ins loch legen, daneben seins gotslesterns halben hören und widerpringen.

3141. [17 a] 24. Dezember 1548:

Hannsen Gar im loch geübtes fluchens und rumor halben heut gütlich ze red halten und biß freitag [28. *Dezember*] widerpringen; mitler weil wasser zu trinken geben lassen.

3142. [1548, X, 21 a] 29. Dezember 1548:

Dem furman von Murrat auf der hieigen glaser zeugnus und sein selbs angloben 16 centner glaßerden volgen lassen, doch sagen, zum nechsten ein urkund zu pringen.

3143. [1548, X, 29 a] 4. Januar 1549:

Wolf Keser, platnersgsell, *kommt vor.*

3144. [1548, X, 31 a] 5. Januar 1549:

Wolfen Keser, platnersgesellen, auf Endrissen Giengers erpieten, sein maister Fritzen Schmid zufriden ze stellen, von staten lassen, damit er zum jungen kunig gen Prag ze ziehen ungehindert pleibe.

3145. Michel Dorßen, platnern, bschicken und ze red halten, warumb er die gsellen also aus der andern maister werckstaten wegig gemacht und zum wein gefürt, welche er auch, wie vil und wohin aufgewiglet; solchs widerpringen.

3146. [38 b] 7. Januar 1549:

Die clagenden platner und Michln Dorßen weiter gegeneinander hören, was sie auch bederseits für zeugen furschlagen, die sollen auch gehört, und widerpracht werden.

3147. [36 a] 9. Januar 1549:

Auf den verleßnen ratschlag, was auf der platner beclagen gegen Hannsen Fürsten und Jacoben Seser ires teglichen furkaufs und handtirens halben mit den cöllnischen harrnischen ze handlen, solln die beden beclagten bschickt unnd inen Meiner Herren bschwerung solichs ires hanndtirens halben, so dem gantzen handtwerck alhie zu verderplichen nachteil gelangt, angezeigt, und inen verpoten werden, hinfüro weder hie noch in Meiner Herren gepiet einichen frömbden harrnasch weder feilzehaben noch zu verkauffen, auch die harrnasch, so sie jetz bey hannden haben, in eim monat dem nechsten wider von sich weck ze schaffen.

3148. [1548, XI, 7 b] 14. Januar 1549:

Nicasius Frischen, dem goldschmid, sagen, dweil sein schuldprif gegen Sebalden Dhüring gantz lauter, so wiß man nit zu umbgen, wo er ine nit bezale, gegen ime zu verhelffen.

3149. [1548, XI, 14 a] 18. Januar 1549:

...Jacoben Strad von Mantua, den künstner, ... umbs gelt zu bürger annemen.

3150. [1548, XI, 27 b] 26. Januar 1549:

Auf der platner suplicirn soll füran in achtung gehapt, das etlichen sonderbaren maistern keine gsellen mer über die ordnung zugelassen werden one wichtige ursachen, in dem doch Meine Herren offne hanndt haben. So vil aber die summa des furleihens gegen den gsellen betrift, soll bedacht werden, wie hochs ze stellen, und widerpringen.

3151. [1548, XI, 30 a] 28. Januar 1549:

Hannsen Weigels, formschneiders, halben baß erfarn, wie es mit ime gestallt, und widerpringen.

3152. [1548, XI, 31 a] 29. Januar 1549:

Jacoben Seser und Hannsen Fürsten zu weckschickung irer harrnasch ein zeichen aus der wag verschaffen, doch auf gewonlich angloben, das sie wider kays. und kon. Mten. nit gepraucht werden sollen.

3153. [1548, XI, 38 b] 5. Februar 1549:

Hannsen Weiler [*im Register gleichfalls:* »Hanns Weiler 30. 38.« *Es sollte* Weigel *heißen*], den formschneider, umbs gellt zu bürger annemen.

3154. [1548, XII, 1 a] 7. Februar 1549:

Hannsen Ruff, den silberkremer, umb 10 werunggulden zu bürger annemen.

3155. [3 a] Jeronimus Dürckl, dem goldschmidgsellen, sagen, was für arbeit er mit seim aid erhalten könd, die ime zu zeiten seiner maisterin absterbens angedingt geweßt und er unter hannden gehapt, die sol ime volles außzufertigen zugelassen sein; was er aber darnach erst angenommen, das sol er sich entschlahen und nit mer außarbeiten, dweils wider die ordnung ist.

3156. [1548, XII, 3 b] 8. Februar 1549:

Contzen Pauch, den goldschmid, schwören lassen, in seim haus auf der althanen oder sonst weder durch sich selbs, noch sein gesind füran nichs mer zu [ver]gulden; sovil aber das feur, so in seim hauß geweßt, betrift, wöl man weiter erfarung thun und mitler weil die straf anstellen.

3157. [5 a] Das gemeel, da ein evangelischer und bapstischer prediger gegeneinander steen, bey den buchfürern aufheben lassen und widerpringen.

3158. [6 a] 9. Februar 1549:

Die buchfürer, bey denen die gemalten prif bederley prediger halben feil gefunden, bschicken und ze red halten, warumb sie solche übers verpot feil gehapt, woher sie inen zukomen und wo die mödel seien; solchs widerpringen.

3159. [6 b] Anna Wandereisenin[1]) der schmelichen gemeel halben, so ir mann getruckt und sie übers verpot feilgehapt, 8 tag straf an panck und eisen auflegen, frißt biß montag [*11. Februar*], ir auch einpinten, alle solche mödel in die

[1]) Zahns Jahrbücher I, 238 (1550 unter den Buchdruckern).

28*

canzley ze antwurten; daneben soll Ludwig Ringle, so auch solche prif feilgehapt, 1 tag aufn thurn gestraft werden.

3160. [1548, XII, 8 b] 11. Februar 1549:

Dweil Hanns Frey, platner, sich heint in der nacht beim herrn bürgermaister angezeigt, das er Anthonien Plancken, harnaschpalirern, den er bey seim weib bedreten, 2 stich geben . . . *etc.*

Es folgen noch einige weitere Ratsverlässe über diesen Gegenstand.

. . . .

3161. Auf dem von Hall schreiben sol die hieig goldschmidordnung angesehen, auch die gschwornen gehort und die gelegenheit widerpracht werden; was aber den bericht Stachius Göldleins fengknus halben belangt, sols also auf ime selbs ruhen pleiben.

3162. [11 a] 12. Februar 1549:

Denen von Schwebischen Hall wider schreiben, wie es Meiner Herren hie habenden goldschmidordnung halben, sonderlich dem frömbden herprachten silber, gestallt und gehallten werde.

3163. [1548, XII, 14 b] 15. Februar 1549:

Friderichen Schmidt, dem platner, sein begern umb noch ein jungen ze halten ableinen und sagen, wo er zu vil arbeit hab, mög ers andern maistern auch miteilen.

3164. [1548, XII, 17 b] 18. Februar 1549:

Veiten Rebel, dem püxenfasser, das bürgerrecht nochmals ableinen.

3165. [1549, XII, 38 b] 4. März 1549:

Steffan Hamer, dem prifmaler, das angezeigt gemel der mißgepurt nachzetrucken ableinen, dweils gar ein abscheulich ding ist.

3166. [1548, XII, 40 b] 5. März 1549:

Dem Guldenmund sein beger, zwen püchlin von der auferstehung ze trucken, ableinen und sagen, es seien Meine Herren nit gesinndt, diser zeit vil hie trucken ze lassen.

3167. [1548, XIII, 14 a] 16. März 1549:

Christoffen Lintenperger[1]), den goldschmit, umbs gellt zu bürger annemen.

---

[1]) Vgl. die Anm. zu Bd. II, Nr. 422.

3168. [1548, XIII, 31 a] 2. April 1549:

Jorgen Pöllen[1]), dem maler, das bürgerrecht ableinen.

3169. [1548, XIV, 7 b] 9. April 1549:

Caspar Rüden . . ., dem püxenfasser, das bürgerrecht noch der zeit ableinen.

3170. [1548, XIV, 9 a] 10. April 1549:

Frantzen Krafft, den goldschmid, aufgsagts bürgerrechten halben in die losungstuben weisen.

3171. [1548, XIV, 11 a] 12. April 1549:

Dweil zu Reutlingen ein berümbter pogner vorhannden, der daselbst hinweg strebt, sol nach ime getrachtet, wie er herzupringen sein möcht, mit verwenung, ime vortl ze thun.

3172. [11 b] Den platnern sol in ir gsetz gepracht werden, das keiner einichen gsellen mer dan 2 f. hinauß leihen soll laut des verlesnen ratschlags.

3173. [15 b] 15. April 1549:

[*Lücke*], dem pogner von Reutlingen 10 f. wartgelts sampt einer zinßfreien wonung zusagen, sich hieher ze thun, ine also auf 3 jar lang bestellen.

3174. [1549, I, 2 b] 24. April 1549:

Nicasien Frisch, dem goldschmid, 14 tag glait geben, doch allein von Meiner Herren wegen und nit für die glaubiger, so vileicht nit darein möchten willigen wöllen.

3175. [1549, I, 34 b] 13. Mai 1549:

Nicasien Frisch, dem goldschmid, sein jüngst glait 14 tag erstrecken, doch allein von Meiner Herren wegen.

3176. [1549, I, 39 a] 16. Mai 1549:

Petern Mairn[2]), goldschmid, umbs gellt zu bürger annemen.

3177. [1549, II, 4 a] 25. Mai 1549:

Veiten Rebel, dem püxenfasser, das bürgerrecht nochmals ableinen.

3178. [1549, III, 1 a] 21. Juni 1549:

. . . Endrissen Albrecht[3]), pildhauern, . . . umbs gellt zu bürger annemen.

[1]) Zahns Jahrbücher I, 230 (1547—51 unter den Briefmalern).

[2]) Im Goldschmiede-Verzeichnis Nr. 353 (1548; im Meisterbuch der Goldschmiede erst zum 29. April 1549) als Silberarbeiter.

[3]) Die Bürgeraufnahme erfolgte gegen 2 fl. Steuer am 26. Juni 1549. Vgl.

Hinzugefügt sei an dieser Stelle:

3178 a. [XXIV. Haderbuch, 27 a] 28. Juni 1549]:

Sebald Schober, goldschmidt, ist darumb, das er sich uff erfordern Meiner Herren diener ains, fur den herrn bürgermeister zu kumen, (sich) gegen demselben diener mit reden etwas ganz ungeschickt gehalten unnd von ime nur wissen wellen, wer ine fordern lassen, zwen tag uff ein thurn gestrafft mit frist ein monat.

3179. [1549, III, 17 a] 3. Juli 1549:

Auf Hannsen Vischers, rotschmids, supplication und begerte erlaupnus die geschwornen vernemen, was ze thun; und widerpringen.

3180. [19 a] 5. Juli 1549:

Hannsen Pauch[1]), goldschmid, umbs gellt zu bürgern annemen.

3181. [1549, IV, 1 a] 18. Juli 1549:

Endrissen Rößler, dem waffenschmid, das tuchscherenschmiden zulassen und das ers mit dem adler zeichen mug, doch soll er und auch der ander, so gleichergstallt solche scheren schmidet, ire aigen zaichen auch darzu aufschlagen.

3182. [2 a] Hannsen Vischer, dem rotschmid, auf sein suplicirn und erpieten 5 jar lang unentsagts bürgerrechten zu Eistet ze wonen vergönnen, doch das er sich zuvorderst gegen Meine Herren verschreiben soll, das er das handtwerck außwendig nit treiben woll. Solchs den gschwornen auch ansagen und bevelhen, ir gute achtung darauf ze haben[2]).

3183. [1549, IV, 2 b] 19. Juli 1549:

Matissen Weber, kartenmalern, so ein fündlkind geweßt, das bürgerrecht schencken.

3184. [3 a] 19. Juli 1549:

Mit Hannsen Vischer, dem rotschmid, auf der gschwornen bericht weiter handlen und vleiß thun, ine zu bereden,

Bürgerbuch 1534—1641 Bl. 48 b (»Anndres Albrecht, kunstner«). Vgl. ferner Frankenburger Nr. 24, 41 (1554). Mitteilungen II, 278 (»Bildhauer auf dem Judenkirchhof« † 1560).

[1]) Goldschmiede-Verzeichnis Nr. 356 (1549). Mitteilungen II, 164 (Anna Hans Penchin, am Milchmarkt, † 1564).

[2]) Das Thatsächliche in dieser Angelegenheit, über die noch einige weitere Ratsverlässe folgen und in der es sich um den Fortzug Hans Vischers nach Eichstätt handelt, schon in Zahns Jahrbüchern I, 244 f.

hie zu pleiben, mit anzeig, was ime für nachteil aufm hinaußziehen stec seiner narung und anders halben; alsdan widerpringen.

3185. [4 a] Hannsen Vischers, rotschmids, erpieten, sich zu verschr[eiben], das handtwerck gar nit daussen zu treiben, darzu auch, wo ime etwo bißweilen ichtzit zu gyessen angedingt werden wolt, dasselbig on Meiner Herren vorwissen und bewilligung nit anzenemen, so ime auch etwas zu giessen von Meinen Herren erlaubt wirde, dasselbig niendert anderßwo dan hie in der stat zu formen, zu giessen und außzuberaiten, also von ime anemen und die verschreibung also auf 5 jar lang stellen, ime auch solicher erlaupnus ein schein miteilen.

3186. [8 b] 24. Juli 1549:

Hannsen Vischer, dem rotschmid, die gestellten und verlesen verschreibung und abschidt seiner fünfjerigen erlaupnus halben furhalten; sovehr ers dan also anemen will, sollens zu fertigen bevolhen werden Jo. Tetzel.

Ratschreiber.[1])

3187. Christoffen Loy, dem maler, biß sontag [*28. Juli*] ein fechtschul ze halten erlauben.

3188. [1549, IV, 31 b] 7. August 1549:

Diweil m. Jörg Weber, zimerman, den parlir Jorgen Unger gester verwundt hat, solln sie ein friden gegen einander zu schwören angehalten, volgends vom parlir ein ansag, wie es zugangen, aufgschriben und widerpracht werden.

. . . .

3189. 8. August 1549:

. . . .

Oßwalden Ballder [*im Register:* Oßwalt Baldner], dem püxengisser, an seiner schuld ein nachlaß thun, so vil die zeugherren für gut ansehen wirdet.

3190. [1549, IV, 35 a] 9. August 1549:

N. Österleins, platners, besagten unwesens halben dem haderschreiber ansagen, die nachperschaft zu bschicken und vorn Fünfen zu verhören, alsdan dem prauch nach weiter ze handlen

[1]) Bemerkt sei hier, daß kurz nachdem Hans Vischer nach Eichstädt verzogen ist, wo er 1550 stirbt, nämlich am 18. September 1549, ein anderer »Hanns Vyscher, rotschmid« in Nürnberg gegen nur 2 fl. Steuer — das Gewöhnliche war 4 fl. — zum Bürger angenommen wird. Vgl. Bürgerbuch 1531—1641 Bl. 49 a. Ob und wie dieser H. V. mit dem gleichnamigen Sohne Peter Vischers verwandt war, steht dahin.

3191. [1549, V, 4 a] 17. August 1549:

Auff Michel Dorschen und Conzen Lochners, beder platners, begern, yedem noch 2 gesellen ain viertl jar lang, weil sy kayserlicher Mt. vil zu arbaiten haben, über die ordnung zu setzen vergönnen, sols den geschwornen furgehalten, darynn, was sy leiden mugen, gehort und widerpracht werden.

3192. [1549, V, 10 b] 21. August 1549:

Jörg Pelgen, spieglmalers, begerten bürgerrechts halb etwan, wann mer herrn sitzen, wider furlegen.

. . . .

3193. Veiten Rebel, püchsenfasser, auf sein abermals suppliciren umbs gelt zu bürger annemen.

3194. [1549, V, 15 a] 23. August 1549:

Jacoben Hofman, dem goldschmid, auf bezalung gepürlicher straf ein halbe nacht zulassen sein privet zu firmen.

3195. [1549, V, 16 a] 26. August 1549:

Jacob Hofman, harnaschpalirer von Eger, *kommt vor.*

3196. [1549, V, 19 b] 27. August 1549:

Jacoben Hofman, dem goldschmid, noch ein halbe nacht zu firmen zulassen, das er zum grund seins paus komen mög.

3197. [1549, V, 21 b] 28. August 1549:

Melcher Poßt, goldschmidsgesell, *kommt vor.*

Hinzugefügt sei an dieser Stelle:

3197 a. [Haderbuch, XXIV, *Bl.* 53 a] 6. September 1549:

Meister Georg Weber, zymmerman, ist darumb, das er meyster Georgen Hunger, stainmetzen, parlier, etwas unpillicher weyse unnd vast hintterwertling inn lincken arm verwundt, uff verhorung beder teyl zeugensage gestrafft: nemlich soll meister Georg Weber meyster Georgen Hunger für solche verwundung viertzig pfund alt, das arzlon zusampt der atzung unnd versaumnus unnd dann Meinen Herren sechzig pfundt enntrichten. Unnd soll die lemung hiemit hindangesetzt sein, auch bede teyl den friden, den sye hievor herrn Gabriel Nützel, dazumal jüngern bürgermeisteren, gegen einander zu halten geschworen, zu halten.

3198. [1549, VI, 6 a] 16. September 1549:

Mertin Paumgartner, dem goldschmid, und seim

gwalt das jüngst verpot, keine vögl hiezwischen Martini zu verkauffen, wider öffnen und ime solch verkauffen frey lassen.

3199. [1549, VI, 17 a] 24. September 1549:

Der Peter Formundin die gebeten fürschrift gen Leipzig in gemein miteilen.

3200. [1549, VI, 38 b] 7. Oktober 1549:

Jörgen Prauns[1], goldschmids, neu gemachte liecht gegen Melchior Ihenisch hauß beim Tiergartner thor, dessen Meine Herren aigenherren seint, besichtigen, wie es damit gestallt, und widerpringen.

Hinzugefügt sei an dieser Stelle:

3200 a. [Haderbuch, XXIV, *Bl.* 64 a] 11. Oktober 1549:

Albrecht Paur, messerer, Sebald Prunner, maler, unnd Ursula, sein eewirttin, die synnt darumb, das sye aneinander geschmecht, gediepaist, gehurt unnd loß leut gescholten, nemlich Paur zwen unnd Prunner ein tag uff ein thurn unnd die Prunnerin ein tag an panck unnd eysen gestrafft. Petierunt frist ein monat.

3200 b. [Haderbuch, XXIV, 66 b] 21. Oktober 1549:

Hanns Kunigsmüllner, außberaitter, ist darumb, das er Hannsen Weichselman, goldtschmidtjungen, inn einer besigelten schrifft, so er Wolffen Brüssel zugeschickt, groblich geschmecht unnd von ime, dem Weichselman, außgeben, wie er ime, dem Konigsmullner, schelmstück gemacht haben solt, nemlich ein tag uff ein thurn gestrafft. Petiit frist ein monat.

3201. [1549, VII, 18 b] 24. Oktober 1549:

Dweil die köstlicheit mit zöpfen, peuteln, gannßhemeden und dergleichen stücken so gar übermessig gepraucht wirt, sols etwo beim gesampten rath furgelegt werden, davon ze reden.

3202. 25. Oktober 1549:

Das leipzigisch schreiben, Valtin Pranntmüllern belangent, Peter Formunden furhalten, sich darnach wissen zu richten.

3203. [1549, VII, 23 a] 30. Oktober 1549:

Jörgen Pölls, spiglmalers, halben weiter erfarung thun, wie es mit ime gestalt, und widerpringen.

3204. [1549, VII, 28 b] 5. November 1549:

[1]) Goldschmiede-Verzeichnis Nr. 327 (1543). Mitteilungen II, 162 († 1570).

Henrichen Züll[1]), dem platner, zulassen, seine 4 simmere traids wider zu verkauffen.

3205. [1549, VIII, 1 b] 7. November 1549:

Auf Jörg Ungers, des parliers, begern, maister Jörg Weber, zymmerman durch ain knecht von Lauff herein vordern zu lassen und ime des erlanngten arztlons halb gegen ime zu verhelffen, mit Joachim Weyerman hanndeln, weil er im zu Lauff arbait, ob er ine gegen dem Unger entheben und dasselb dem maister Jörgen an seinem lon abschlagen wöll; wo nit, sol er, maister Jörg, alßdann auf dise zwen feyrtag durch ain knecht herein gefordert und dem Unger, wie sich gepürt, verholfen, ime auch sollichs yetzo also angesagt werden.

3206. [1549, VIII, 2 b] 8. November 1549:

Oßwalden Paldinger [*so auch im Register; gemeint ist ohne Zweifel Oswald Baldner*], weil er nach jüngsten aufgesagten bürgerrechten kain nachsteur bezalt, soll im das bürgerrecht wider on gelt gelassen werden.

3207. [1549, VIII, 8 a] 13. November 1549:

Weyl auß Arnolt Wencken seligen und seiner wittib freuntschafft nyemandt mehr dann ir bruder Hanns Egen vorhannden ist, und sein furgewendte entschuldigung, als ob er mit anndern in gesellschafft und also mit ainem kaufmanshanndel beladen sey, bey Meinen Herren für ungnugsam angesehen, sol im von rats wegen ernstlich gesagt und aufgelegt werden, die vormundtschafft derselben seiner schwester kinder auf sich zu nemen.

3208. [1549, VIII, 25 a] 22. November 1549:

Auf Hannsen Hofmans, platners, und ains anndern maisters von Lindau an das hanndtwerck hie gethan schreyben in irem namen in der canzley nach dem form anntwurt geben.

3209. [1549, VIII, 26 b] 23. November 1549:

Gregorius Türck[2]), goldschmid, ... Jörgen Pölch, spiegelmaler, ... umbs gelt zu bürger annemen.

3210. [1549, VIII, 30 a] 26. November 1549:

Ursula, Hanns Freyen, platners, eewirtin, von demselben irem man geferlich empfanngner verwundung halb zeugen hören.

[1]) Mitteilungen II, 256 († 1557).

[2]) Goldschmiede-Verzeichnis Nr. 346 (1547). Rosenberg Nr. 1225. Mitteilungen II, 164 (»an der Barfußer prucken« † 1569).

beaidigen, auch von der frauen selbs ain ansag aufschreyben lassen und alles widerpringen.

Es folgen noch einige weitere Ratsverlässe über diesen Gegenstand.

3211. [1549, VIII, 31 b] 27. November 1549:

Hannsen Pynndter seiner gegebnen anntwurt halb auff Lucas Kronachs, malers zu Wittemberg, des eltern, schreyben sagen, sein anntwurt würd sich nit leiden einzuschliessen, dann Kronach wer nit schuldig, sich mit claynaten vergnügen zu lassen. Darumb sol er sich annderst in die sachen schicken und ain kürtzere zeit zu der bezalung benennen [1]).

Hinzugefügt sei an dieser Stelle:

3211 a. [Haderbuch, XXIV, *Bl.* 67 a] 29. November 1549:

Gregori Hubling, goldschmidgesell, ist darumb, das er Hannsen Keppel [1]), goldschmid, geschmecht, zu hochmuten unnd zu schlahen unnderstannden, drey tag inns loch gestrafft, welche straff er zu stundan mit gelt oder dem leyb volbringen soll.

Dagegen ist obgemelter Hanns Keppel darumb, das er Gregori Hubling hinwider geschmecht unnd ein wellischen schelm gescholten, ein tag uff ein thurn gestrafft. Petiit frist ein monat.

3212. [1549, VIII, 41 a] 4. Dezember 1549:

Dietherichen Schröter, den goldschmid, umbs gellt zu bürger annemen.

3213. [42 b] Dem goldschmid N. zulassen, das messing wassergschirrlin zu vergulden, doch ein sichtigen spiegel daran ze lassen.

3214. [1549, IX, 4 b] 7. Dezember 1549:

Hannsen Wunderlichs, püxenschmids von Sul, supplication Michl Algeiers schulden halben Hannsen Puchner gein Hertenstein zuschicken mit bevelch, sein antwurt furderlich darauf ze geben.

3215. [1549, IX, 12 a] 13. Dezember 1549:

Veit Meringer [2]), goldschmit, *hat* heint in der nacht in Linharten Heslschwerts hauß Clasen Lintenmair, dem ein-

---

[1]) Im Goldschmiede-Verzeichnis Nr. 355 (1518: Hannß Goppel) als Silberarbeiter.

[2]) Goldschmiede-Verzeichnis Nr. 302 (1535). Bei seiner Bürgeraufnahme am 30. August 1535 zahlte er 4 f. Stadtwährung Steuer (Bürgerbuch II, Bl. 6 b).

spennigen, *die linke Hand abgehauen und außerdem noch eine gefährliche Wunde am Kopf beigebracht. Es sollen Zeugen vernommen werden etc.*

Es folgen noch einige weitere Ratsverlässe über diesen Gegenstand.

3216. [1549, IX, 15 a] 16. Dezember 1549:

Hannsen Pynnders antwurt Lucass Kronach zu Wittenberg einschliessen und zuschicken.

3217. [1549, IX, 34 a] 30. Dezember 1549:

Hannsen Weber zulassen, (das er) seine musicalischen instrument 2 tag lang unterm rathaus feil ze haben.

3218. [1549, X, 17 b] 15. Januar 1550:

Hanns Lorentz, steinschneider, *kommt in einer Appellationssache vor.*

. . . .

3219. Der goldschmid supplication umb abstellung des feilhabens irer arbeit in krämen bedencken, was darauf ze thun, und widerpringen.

3220. [18 b] Hannsen Münch, den goldschmid, so seim weib heint schier ein hanndt abgehauen, in eisen ligen lassen und derhalben zeugen hören; alsdan widerpringen.

Es folgen noch einige weitere Ratsverlässe über diesen Gegenstand.

3221. [19 a] 16. Januar 1550:

Caspar Rauchs, püxenschmids, halben weiter erfarn, ob er maister, was sein vermögen und wie er sich bisher gehalten, solichs widerpringen.

3222. Melchiorn Grymman, dem tapezir, sein beger, seine 3 außstendigen losungen von ime bezalt ze nemen und ime lenger daussen ze wonen zu erlauben, ableinen und sagen, er mögs bürgerrecht aufsagen.

3223. [1549, X, 20 b] 17. Januar 1550:

Sebalden Gars, goldschmids, jungen sone bschicken und in gegenwart seiner muter, auch etwo eins freunds ze red hallten, warumb und wo er bisher also aufgeporgt, wohin er auch das gellt gethan; in dem sein antwurt widerpringen.

. . . .

3224. Melchiorn Grymman, dem tapezyr, auf sein

ferrer anhallten vergönnen, noch ein halb jar zu Haidelperg dem churfürsten zu erbeiten, unentledigt hieigen bürgerrechten.

3225. [21 a] Dweil sich Sebalden Gars junger son enteussert, sol den knechten bevolhen werden, wan sie ine wissen zu bedretten, ine auf ein thurn zu füren.

3226. [1549, X, 27 a] 22. Januar 1550:

Caspar Rauch, den püxenschmid, zum bürgerrechten zu Werd kommen lassen.

3227. [1549, X, 36 a] 27. Januar 1550:

Jörgen Webers, zymmermans, suppliciren halb umb nachlassung der straff, die im von wegen Jörgen Ungers aufgelegt ist, sol man nachsuchen, was im derhalb zuvor für abschied geben sey worden, und soferr sich find, das im sein begern abgelaint ist, sols dabey pleiben; wo nit, ime sollichs nochmals ablaynen.

3228. [1549, X, 39 a] 28. Januar 1550:

Jörgen Österlein, den platner, und sein weib, weyl sy dem Simon Seysenhofer von Thunawerd sein eewirtin gehalten und etlich ding, ir zugehörig, noch innenhaben sollen, ins loch legen.

Es folgen noch einige weitere Ratsverlässe über diesen Gegenstand.

3229. [1549, X, 39 b] 29. Januar 1550:

Annthoni Pauart [*im Register:* Anthoni Pawart], dem pyldhauer, sein begern umb ain urkundt und kuntschaft seines weybs eeprüchigen hanndlung halb ablaynen und ine damit furs gericht weysen.

3230. [1549, XI, 8 b] 5. Februar 1550:

. . . Jörgen Pecken[1], priefmalern, . . . umbs gewonlich gelt zu bürger annemen.

3231. [1549, XI, 13 a] 8. Februar 1550:

Sebastian Heinle, der püxenschmid von Werd, *kommt vor.*

3232. [1549, XI, 17 b] 11. Februar 1550:

Auf Hannsen Küngsmüllners supplication sol die goldschmidordnung des verguldens halben angesehen, daneben auch die andern außberaiter gehört werden, wie es gestallt, alles des Kungsmüllers halben unvermeldet; alsdan widerpringen.

[1] Zahns Jahrbücher I, 230 (1553; als † 1566).

Hinzugefügt sei an dieser Stelle:

3232 a. [Haderbuch XXIV, 93 a] 14. Februar 1550:

Veyt Möringer, goldschmidt, ist darumb, das er Clasen Lindenmayr, soldner, inn einem hader die linck hanndt abgehauen unnd sich mit ime darumb vertragen von oberkeyt umb geübts frevels wegen umb sechshundertt pfundt alt gestrafft. Petiit frist ein monat.

3233. [1549, XI, 26 a] 18. Februar 1550:

Auf Hannsen Münchs, goldschmids, anzeig, das Vergili Eisenburger oder Hess im 20. jar hie bey seim vater gedient und im selben sterben gestorben, auch ein testament hinter sich gelassen, sein hab aber zu Trienndt geweßt, sol er, Münch, beaidigt . . . werden . . . *etc.*

3234. [1549, XI, 31 a] 21. Februar 1550:

Den püxenfassern ir suplicirn ableinen und ir thun lenger, wie bisher, ein freie kunst pleiben lassen mit angehenckter warrnung der frömbden gsellen halben, wie der verlesen ratschlag außweißt.

3235. [1549, XII, 8 a] 4. März 1550:

Simon Kinaßt, püxenschmit, . . . umbs gewonlich gellt zu bürger annemen.

3236. [1549, XII, 26 a] 17. März 1550:

Lucas Kronachs, malers zu Wittenberg, widerschryfft Hannsen Pynndters halb demselben Pynndter furhalten und sagen, sollichen mit bezalung der schulden also, wie ers zugesagt, nachzukumen und Meinen Herren derhalb weitter kain unruh zu machen.

3237. [1549, XII, 32 b] 26. März 1550:

Hannsen Schober, platner, seins aufgesagten bürgerrechtens halb in die losungstuben weysen.

3238. [34 a] Dieweyl das talermünzen zu Erlang über und wider der kays. Mt. außganngen mandat so gewaltig im schwangk geet, sol in der schau, auch bey Paulus Lengenfelder[1]) und in annder weg die gelegenhait, von wem das sylber hinauß kumb und wie es damit gestalt, nochmals mit fleiß erkundigung geschehen, ob man doch hindter den grundt, wer die verleger söllicher müntz seyen, kumen möcht und, wie mans findt, widerpringen.

[1]) Albrecht Glockendons Schwager. Vgl. Neudörfer, ed. Lochner, S. 142 (1535).

3239. [1549, XIII, 5 b] 29. März 1550:

Paulusen Lenngenfelder und Melchior Loysen[1]) irs sylberverkauffens halb gein Erlanng auf die verlesen ansag Meiner Herren mißfallens anzeigen mit vermelden, das sy wol ursach hetten, mit gepürlicher straff gegen inen einsehens zu haben, die aber Meine Herren noch nit begeben, sunder bey sich behalten und sehen wolten, wie sy sich hinfüran darinn halten würden; inen auch das kays. mandat nochmals vorlesen lassen und bey iren vorgethanen pflichten statlich einpinden, demselben, das in hievor von rats wegen gesagt wer worden, nochmals nachzukomen und dem kays. Mandat in all weg gehorsamlich zu geleben, dann Meinen Herren derhalb vom kays. hof allerlay warnung zukomen, das sy gut ursach hetten, allenthalben fleyssig zuzusehen.

Hinzugefügt sei an dieser Stelle:

3239 a. [Haderbuch, XXIV, 105 b] 14. April 1550:

Hanns Scharnagel, platner, ist darumb, das er Linhartten Dorschen, auch platnern, greblich geschmecht unnd darzu ine, den Dorschen, zum kopff geschlagen, fünff tag uff ein thurn mit dem leyb zu volbringen gestrafft. Petiit frist 1 monat.

Dagegen ist obgemelter Dorsch von deswegen, das er zu seiner gegenwehr ine, den Scharnagel, hinwider geschmecht unnd ein schelm gescholten, ein tag uff ein thurn gestrafft. Petiit frist ut supra.

3240. [1550, I, 17 a] 19. April 1550:

Veiten Möringer, dem goldtschmid, auff Susanna, seiner eewirtin, suppliciren in ansehung viler irer klainen kinder an seiner straff ain dritten tayl nachlassen, doch inen beden daneben irer poesen red halben, die sy wider Meine Herren getryben, ain strefliche red sagen, mit betrohung, wo sy dess nit absteen, werde man sy gar zur stat hinauß weysen.

3241. [1550, I, 39 a] 30. April 1550:

Hannsen Weigel, briefmaler, seins begerts faylhaben des churfürsten zu Sachsen pildnus, wie er auf ainen wagen gefaren, weils nyemandt nutz, ablaynen.

3242. [1550, I, 41 b] 3. Mai 1550:

[1]) Erwähnung bei Lochner in seiner Neudörfer-Ausgabe S. 184. Roth, Gesch. des nürnberg. Handels I, 344 (»Genannter Anno 1566«). Sein und seiner Erben Begräbnis auf dem Johanniskirchhofe. Vgl. Trechsel S. 156 Sp. 1 (1576).

Hainrich Lauttensack[1]), goldtschmid, seines aufgesagten bürgerrechtens halb in die losungstuben weysen.

3243. [1550, II, 2 b] 9. Mai 1550:

Jorgen Ernst[2]), goldtschmid, umbs gelt zu bürger annemen.

Hinzugefügt sei an dieser Stelle:

3243 a. [Haderbuch XXIV, 115 b] 9. Mai 1550:

Friderich Grau, karttenmaler, ist darumb, das er Fritzen Prunner, auch karttenmaler, einer wehr halb geschmecht, ein schelm und pößwicht gescholten, drey tag inns loch gestrafft. Petiit frist zu stundan.

3244. [1550, II, 12 a] 14. Mai 1550:

Den goldschmiden ir begerendt suppliciren, das faylhaben der sylberarbait und auffkauffen des pruchgold und sylbers, das die in der schau und wechsel bißhere im prauch gehabt, auf der rugsherren darüber gemachts bedencken in beden artickeln, wie sy geraten haben, ablaynen.

Hinzugefügt sei hier:

3244 a. [Haderbuch XXIV, 119 a] 19. Mai 1550:

Michel Algeyer, püchsenschmidt, und Hanns Heckel, püchsenfasser, die bede synnd darumb, das sy aneinannder gröblich geschmecht, nemlich mainaydig dieb und poßwicht gescholten unnd sonnderlich Algeyer den Heckel mit eim hocken überlauffen unnd damit zu beschedigen unnderstannden, nemlich Algeyer acht tag halb mit dem leyb zu volbringen und Heckel ein tag uff ein thurn gestrafft. Petierunt frist ut supra [*d. h. hier:* 1 monat, *wie meistens*].

3245. [1550, II, 20 b] 22. Mai 1550:

Hannsen Weigel, dem briefmaler, sein supplicirendt begern, den gutschewagen mit herzog Hannsens von Sachsen conterfehtur, wie er den yetzo geendert, zu trucken, nochmals ablaynen.

Hinzugefügt sei an dieser Stelle:

[1]) Ein Sohn des Paulus, ein Bruder Hans Sebald Lautensacks, geb. 1521 zu Bamberg, † 1590 zu Frankfurt a. M. Vgl. Doppelmayr 161 f. Jahrbuch der Kunstsammlungen des A. K. H. Bd. XI, Nr. 6530. Allgemeine deutsche Biographie XVIII, 73.

[2]) Goldschmiede-Verzeichnis Nr. 358 (1549). Mitteilungen des Vereins f. Gesch. der Stadt Nürnberg. X, 59 (1550/1551).

3245 a. [Haderbuch XXIV, *Bl.* 128 b] 10. Juni 1550:

Bonaventura Hegner, goldschmidt, ist darumb, das er Sebalden Rainhart, seinen leerjungen, mit einer wehr, welche gleichwol noch inn der schayden gesteckt, verwundt unnd zwey wundtlein inn rechten arm geschlagen, derwegen er sich dann mit ime vertragen, von oberkeyt wegen umb sechzig pfund gestrafft. Petiit frist 1 monat.

[129 a] Melchior Weißhorn, püchsenschmidgesell ist darumb, das er neben einem andern püchsenschmidtgesellen, Wolff Stürmer genant, Jorigen Seydla, schlosser unnd meyster alhy, inn sein behausung ganngen, ine one ursach geschmecht, ein schelm, lauer und poßwicht gescholten unnd darzu auß seiner werckstat gefordert (unnd darzu auß seiner werckstat gefordert) unnd zu beschedigen betrohet, zu stundan inn das loch zu geen verschafft und soll uff monntag schirist [*17. Juni*] wider herauß gelassen werden.

3246. [1550, III, 19 a] 17. Juni 1550:

Auff Mathes Sydelmans bit, dem Roten zu vergönnen, ainem edelman ain messens fleschlein zu vergulden, sol der Roth beschickt und in beysein des Sydelmans gesagt werden, soferr er findt, das das berürt gefeß kupferin ist, sol ers verguldten, doch ime ain sichtigen spiegl lassen; findt sich aber, das es messen ist, sols im, dem Sydelman, abgelaint und dem Roten das vergulden, weils wider die ordnung, verpoten werden.

. . . .

3247. Ulrichen Kyser, platner zu Eger, auff sein schreyben wider Hannsen Spieß, an das platnerhanndtwerck hie gethan, nach dem form in der cannzley wider anntwurt zuefertigen.

Hinzugefügt sei hier:

3247 a. [Haderbuch XXIV, *Bl.* 131 a] 20. Juni 1550:

Jorg Ulrich, goldschmidt, unnd Cuntz Dorn, fingerhuter, die bede synndt darumb, da sy zwischen hye und Fürtt gegeneinander von leder gezogen, aneinander zu beschedigen unnderstannden, inn welchem hader dann Hainrich Dieling verwundt worden, der aber gegen inen beden nichts clagen wellen, von oberkeyt wegen auß gnaden ein yeder umb zehen pfundt gestrafft. Petierunt frist 1 monat. Ulrich zalt.

3248. [1550, IV, 3 b] 4. Juli 1550:

Micheln Fuxen, dem bildschnitzer, Peter Kusters antwurt furhalten und sagen, dweils ein verrechte sach, so lassens Meine Herren bey gesprochner urtl pleiben.

3249. [1550, IV, 6 a] 5. Juli 1550:

Endris Nesern, dem goldschmid, erlauben, 3 jar lang unentledigts hieigen bürgerrechten zu Costnitz zu wonen, ime auch deßhalben urkund mitheilen.

Hinzugefügt sei an dieser Stelle:

3249 a. [Haderbuch XXIV, *Bl.* 136 b] 9. Juli 1550:

Benedict Vischer, püchsenfasser, ist seins tannzens und herumbtrehens wegen umb zwen gulden gestrafft. Pit frist acht tag.

[138 a] 11. Juli 1550:

Bastian Zung, püchsenfasser, *kommt in einer Schmachsache vor.*

3250. [1550, IV, 19 a] 14. Juli 1550:

Micheln Kern, dem maler, die begert erlaupnus, zu Pfortzhem ze wonen, ableinen und sagen, er mögs bürgerrecht aufsagen.

3251. [1550, IV, 21 a] 15. Juli 1550:

Auf Lucas Kronachs, malers zu Wittenberg, und Hannsen Pinters clag und antwurt sollen die vorigen schreiben, ob allein umb 16 oder 22 fl. clagt, daneben auch angesehen werden, was dem Pinter aufgelegt worden; solchs widerpringen.

3252. [23 a] 16. Juli 1550:

Dweil sich findt, das jüngst mit Hannsen Pinter geschafft worden, dem Lucas Kronach die 22 f. zu entrichten, ers auch ze thun zugsagt, aber nur 16 f. bezalt, so soll er ime der sachen mit dem überigen reßt auch abhelffen und nit verursachen, das er etwo aufgehalten wirde. Hierauf also von ime zu wissen begeren, wan ers volles bezalen wöll; das sol alsdan dem Kronach zugeschriben werden.

3253. [1550, IV, 32 b] 23. Juli 1550:

Dem puchtrucker sein beger, das er die himlischen gesicht trucken mocht, ableinen und bey Meiner Herren straf verpieten.

3254. [34 a] Den furman von Landau der begerten 18 centner glaßerden halben besprachen, warzu ers prauchen woll, die gschwornen rotschmid auch darunter vernemen, und widerpringen; wo aber kein nachteil darbey, sol mans volgen lassen.

3255. [1550, IV, 35 a] 24. Juli 1550:

Dweil die wunderzeichen und himlischen gesicht durch die trucker alhie also vilfeltiglich on einiche erlaupnus getruckt und feilgehapt worden, sol erfarung gschehen, welche trucker solchs gethan oder noch im werck seien; daneben auch solche truck heut und morgen aufzehalten bevolhen und dieselben trucker beschickt, darumb ze red gehalten und widerpracht werden.

3256. [1550, IV, 39 b] 26. Juli 1550:

Hannsen Weigl, den trucker, jetz auch auf ein thurn schaffen und ine biß montag [*28. Juli*], den Steffen Hamer aber heut ze red halten lassen, warumb sie die wunderzeichen also on erlaupnus und über das es wider ir pflichten, getruckt; alsdan widerpringen[1]).

3257. [41 a] 28. Juli 1550:

Steffan Hamer, wan er vom thurn herab kompt, seine formpreter wider volgen lassen, doch das zuvor ein schnitt dardurch gschehe.

3258. [1550, V, 9 b] 4. August 1550:

Wentzeln Gamitzer vergönnen, seine 15 marck gering silbers in des Dietherrn hütten abtreiben ze lassen, doch dem Dietherrn sagen, sonst an erlaupnus nichs abzutreiben.

Hinzugefügt sei an dieser Stelle:

3258 a. [Haderbuch XXIV, *Bl.* 144 b] 4. August 1550:

Jorig Rot, goldschmidt, unnd Martha Zinckin *haben einander* geschmecht, gediepaist und geschelmt *und werden dafür bestraft.*

3259. [1550, V, 13 a] 6. August 1550:

Dweil sich findt, das Margreta Neunerin dem Nicasien Frischen ir silbergeschirr als ein vertraute hab zugestellt und nit das ers verkauffen, sonder allein etwas daran pessern solte, soll des Frischen glaubigern ir derhalben furgenommen appellation abgeschlagen werden laut D. Gugls ratschlags.

Vorstehender Ratsverlaß ist der relativ wichtigste aus einer großen Reihe von Ratsverlässen, die von den Schulden etc. des Goldschmieds Nicasius Frisch handeln.

[1]) Vgl. Zahns Jahrbücher II, 76.

3260. [1550, V, 15 a] 7. August 1550:

Veltin Sibenburger, dem platner, so jetz nit inheimisch ist, noch zeit zu bezalung seiner losung biß Allerheiligentag geben, doch sagen, solche bezalung lenger nit zu verziehen.

3261. [1550, V, 19 b] 9. August 1550:

Hannsen Zehenter, püxenschmit, . . . aufgesagten bürgerrechten halben in die losungstuben weisen.

3262. [1550, V, 36 b] 21. August 1550:

Hannsen Adam[1]), prifmalern, erlauben, die zu Augspurg getruckt vierfiessig tauben hie feilzehaben.

. . . .

3263. Jörgen Praun[2]), steinschneidern, aufgesagts bürgerrechten halben in die losungstuben weisen und den form hallten.

3264. [1550, V, 38 b] 22. August 1550:

Maister Wilhelm von Wormbs[3]), kays. Mt. harnaschmaisters, supplication halben sol erfarung gschehen, wie lang dem Niclasen Koppen, steinmetzen, die stat verpoten, wie es auch mit dem angezogen vertrag gestallt; solchs widerpringen.

3265. [1550, V, 41 b] 23. August 1550:

Hannsen Weigl, dem priefmaler, erlauben die bildtnus Christi, auch das crucifix mit den sprüchen nachzutrucken, doch Magdenburg herauß ze lassen.

3266. [1550, V, 48 b] 27. August 1550:

Oßwalden Palldner des von Paulussen Preuning erkauften Airerischen stadels halben bein Cartheusern ein lehenprif den alten priefen gemeß fertigen, allein die aigenhennen auch hinein setzen und von ime ein reverß dagegen fordern. Solchs alsdan her Sebalden Haller, dem zinßmaister, auch anzeigen.

---

1) Meyers Allgemeines Künstler-Lexikon II, 56 f. (von W. Schmidt). Zahns Jahrbücher I, 230 (1564; seine Wittwe 1568), 238 (1560 als Drucker). Meusels Neue Miscellaneen 12. Stück (1800) S. 484 f. Th. Hampe, Die Entwicklung des Theaterwesens in Nürnberg Teil I, S. 74 und Anm. 3. Teil II. Nr. 68 (1555 Mitwirkender bei einer Theateraufführung). † 1567.

2) Zahns Jahrbücher II, 74 (1548: Wappensteinschneider).

3) Über den jüngeren Plattner dieses Namens (geb. 1505, † nach 1570), den Sohn Wilhelms von Worms des ält., vgl. Wendelin Boeheim im Jahrbuch der Kunstsammlungen des A. K. H. Bd. XVI, 379 ff. Derselbe, Meister der Waffenschmiede-Kunst 234 ff. Auch H. Ehrenberg, Die Kunst am Hofe der Herzöge von Preussen S. 75.

3267. [1550, VI, 3 b] 29. August 1550:

Jörgen Pitz, dem furman von Strasburg, auf des raths daselbst furschrift 40 centner glaßerden auf 2 benennte glaßhütten volgen lassen, doch soll er daneben auch angeloben, das soliche erden allein zum glaßwerck gepraucht werde.

3268. [4 a] Steffan Hamer, dem prifmaler, das begert nachtrucken zweier aneinander gepornen kinder ableinen.

3269. [1550, VI, 9 a] 2. September 1550:

Hannsen Kiser, den platner, umbs gelt zu bürgern annemen.

3270. [1550, VI, 16 a] 6. September 1550:

Hannsen Lenncker[1]), den goldschmidt, umbs gelt zu bürgern anemen.

Hinzugefügt sei an dieser Stelle:

3270 a. [Haderbuch XXIV *Bl.* 159 b] 19. September 1550:

Helena, Wolff Prüssels, goldschmids, eewirttin, die ist darumb, das sy Cristoff Miltiner, goldschmidgesellen, etlicher irer irrung halb, so sy von wegen einer arbayt unnd hembds halb gegen einander gehabt, ein schelm und unflat gescholten, nemlich ein tag an di pannck und eysen gestrafft. Petiit frist ein monat.

3271. [1550, VI, 37 a] 20. September 1550:

Peter Nützels panntzers halben, so er hie aufs pest machen lassen und dem öbersten zu Genua zugehörig, sollen die geschworen gehört, ob solchs panntzer des adlerzeichens werth; so sichs dan findt, sollen sie es mit dem adler zeichnen.

---

[1]) Über diesen hervorragenden Nürnberger Renaissance-Goldschmied, der im Goldschmiede-Verzeichnis Stockbauers infolge Schreib- oder Druckfehlers als Hans Bencker erscheint (vgl. Nr. 362 zum Jahre 1549) und mit einem ein gutes Menschenalter später lebenden gleichnamigen Meister aus der Augsburger Goldschmiedefamilie (vgl. Weiß, Das Handwerk der Goldschmiede in Augsburg S. 320 zum Jahre 1611, wo indessen statt Leuker ohne Zweifel Lenker zu lesen ist) nicht verwechselt werden darf, vgl. Doppelmayr 159 († 1585). Rosenberg Nr. 1229. Frankenburger Nr. 98 (1583). Roth, Gesch. des nürnberg. Handels I, 342. C. Gurlitt im Kunstgewerbeblatt III (1887) S. 177 f. Vgl. ferner und ganz besonders M. Rosenberg in der Zeitschrift des bayerischen Kunstgewerbevereins Jahrgang 1894 S. 93 ff. und L. Gmelin ebenda S. 97 f. Von Rosenberg und Gmelin ist hier alles beigebracht, was bisher Authentisches über das Leben und die Werke des Stammvaters der weitverzweigten Goldschmiedefamilie bekannt geworden ist. Daselbst findet sich auch ein Bildnis Hans Lenkers, Kupferstich von Lucas Kilian 1616, reproduziert.

3272. [38 a] Den pantzermachern ansagen, dweil das obgemelt panntzer gerecht; das sie es dan mit dem adler zeichen solln.

3273. [1550, VI, 41 b] 23. September 1550:

Sebalden Hierder[1]), dem püxengiesser, die gebeten fürschrift an stathalter zu Neuburg mitheilen.

3274. [1550, VII, 11 a] 2. Oktober 1550:

Herman Wegman, den siglgraber, bschicken und seins tegliehen zechens und müssig geens halben ze red halten; darauf sein antwurt widerpringen.

3275. [16 a] 4. Oktober 1550:

Herman Pegman [*im Register*: Herman Peegman], dem siglgraber, seins müssiggeens und teglichen zechens halben alle wein- und wirtsheuser 2 jar lang verpieten mit einer streflichen red.

3276. [1550, VII, 17 b] 6. Oktober 1550:

Alexandern Risigk, den maler, außn eisen ins loch füren lassen und seiner pallderischen unschicklicheit halben zeugen hören; alsdan widerpringen.

3277. [1550, VII, 19 b] 7. Oktober 1550:

Jörgen Österlin, dem platner ze Fürt, zu entpieten und warnen, sein arbeit füran nit mehr hieher zu paliren ze schicken, dan, dweil sichs das hantwerck beschwert, wird man ime nichs mer paliren lassen. Solchs den gschwornen, auch dem parlirmüller also ansagen.

3278. [20 b] Alexandern Rising, den maler in eisen, auf die verlesen zeugensagen ze red halten lassen.

3279. [1550, VII, 23 b] 9. Oktober 1550:

Dweil der ölperg an S. Moritzen kirchen am techlin schadhaft, sols mit ziegeln wider zu betachen bestellt werden

herr Jero. Baumgartner.

3280. [1550, VII, 25 b] 10. Oktober 1550:

Niclasen Stör[2]), dem maler, auflegen, mit seim furgenomen pauen, dessen sich Hanns Fürnhelm, sein nachpaur,

---

[1]) Nach Ausweis des Sebalder Totengeläuts gab es einen älteren und einen jüngeren Büchsengießer dieses Namens (in der Regel »Herder« geschrieben). Der ältere † 1563, der jüngere bereits 1559. Vgl. Mitteilungen 1890 S. 71.

[2]) Zahns Jahrbücher I, 226. Mitteilungen II, 72 (»in der Judengassen« † 1562 oder 1563).

beschwert, stillzesteen biß sie bederseits die pauleut miteinander gefürt haben, welchs sie auch furderlich thun sollen.

3281. [1550, VII, 27 a] 11. Oktober 1550:

Dweil Niclas Stör, maler, Meiner Herren gesterigen bevelch, mit seim pau still zu sten, nit nachkomen, auch mit Hannsen Fürnhelm die pauleut nit ersuchen will, sol ime der stilstandt nochmals bey pen 10 f. und darzu auferlegt werden, die pauleut zur besichtigung helffen zu bitten.

3282. [1550, VII, 32 b] 16. Oktober 1550:

Hannsen Lenncker, dem goldschmit, zu seiner frümeßhochzeit ein stubentennzlin mit einer lauten vergönnen.

3283. [1550, VII, 33 b] 17. Oktober 1550:

Primussen Trettelcr[1]), goldschmid, umbs geldt zu bürger annemen.

3284. [1550, VIII, 3 a] 24. Oktober 1550:

Die puchtrucker und prifmaler widermals beschicken und sie nochmaln erinnern, sich dem kaiserlichen mandat gemeß ze hallten, mit warrnung, wölcher penfelig erfunden, das man nit allein ine straffen, sonder auch ime das handtwerck gar niderlegen werde.

3285. [1550, VIII, 14 a] 3. November 1550:

Elspeten Öttlin auf ir suplicirn Jheronimus, formschneiders, und Lorentzen Schmids als vormünder antwurt furhalten und dabey pleiben lassen.

3286. [1550, VIII, 25 b] 12. November 1550:

M. Sebalden, dem püxengiesser, auflegen, sein halben teil weggellts von den abgewogen stück püxen, die Meinen Herren zugehörig, in die wag zu bezalen; daneben erfaren, wie es mit den stücken, so frömbden zugehörig und hie gossen, gehalten worden; solchs widerpringen.

3287. [29 b] 14. November 1550:

Veronica Jeronimus Formschneiderin auf ir suplicirn sagen, dweil ir man und die Elspet Ötlin hievor gegen einander

---

[1]) Im Goldschmiede-Verzeichnis Nr. 363 (1549: »Primus Tortentaller«) als Silberarbeiter. Im Meisterbuch der Goldschmiede heißt es:

»Ady am 10 tag septembers im 1550 ior hat brimus Durttaler sein meisterstück gebissen [= gewiesen; ein gleichzeitiger Witzbold hat eingefügt: »und gefresen«] und ist bestanden« . . . etc. Bürgeraufnahme am 29. Oktober 1550. Vgl. Bürgerbuch 1534—1641 Bl. 50 b (»Primus Dortaler, goldtschmidt«).

ans recht gewisen und die sach schon rechthengig worden, so lassens Meine Herren dabey pleiben. Daneben aber dem procurator, der dise supplication gemacht, ein streflich red sagen, das er die leut also in vergeben uncosten fürt.

3288. [1550, VIII, 31 a] 15. November 1550:

Johann von Roy, dem tapezir, wider vergönnen, 5 jar lang losungfrey hie ze wonen, doch aber sol er ungelts und sonst ander beschwerungen nit gefreyt sein, in massen es vor auch mit ime gehalten worden. Solchs herr Chrisogono Dietzen auch also zuschreiben.

3289. [1550, IX, 11 a] 26. November 1550:

Henrichen Erni von Costnitz auf angeloben, das das anzeigt wapen sein sey, zulassen, solichs hie durchn siglgraber fertigen ze lassen.

3290. [1550, IX, 11 b] 27. November 1550:

Auf der platnersgesellen zu Krackau schreyben, an das hanndtwerck hie gethan, sol man sich bey Jorgen Jenisch und den andern dreyen darinn angezognen gesellen erkundigen, wie es mit derselben sach gestalt, ob sy angezaigter massen und warumb sy on Meiner Herren wissen gein Krackau geschryben, und, wie mans finden wirt, widerpringen.

3291. [13 a] Steffan Mader, goldschmidsgesellen, weil im seine eltern kürzlich gestorben, zu seiner stillen hochtzeit ain klains stubentenzlein zu vergönnen, wie anndern auch geschehen.

3292. [13 b] 28. November 1550:

Die supplication und verlaß, so hievor zwischen Jheronimus, formschneidern, und Lorentzen Schmid als Otlischen vormunden und Elspeten Ötlin ergangen, ans gericht gehen, dweils also erkennth ist.

3293. [14 a] Den gschwornen kandlgissern zulassen, das sie Franntzen Schleicher [1]) das zyn, so ime von Ulm hieher zugeschickt worden, probiren mögen.

. . . .

3294. 29. November 1550:

. . . .

Micheln Dorß, dem platner, sein beger umb noch ein gsellen über die ordnung abieinen und beim gesetz pleiben lassen.

[1]) Roth, Gesch. des nürnberg. Handels I, 361 (1545, 1565). Ein F. Sch. liegt auf dem Johanniskirchhofe begraben. Vgl. Trechsel S. 210 Sp. 1 (1563).

3295. [1550, IX, 18 a] 2. Dezember 1550:

Auf dem von Eßlingen schreiben, den betrug einer junckfrauen, so sich großleibig und mit allerley unzifers beladen ze sein furgeben, belangent, sollen irm begern gemeß die hieigen puchtrucker, priefmaler und formschneider beschickt und bey inen erkundigt werden, ob jemand unter inen etwas von solcher junckfrauen in truck zu pringen im werck stee; wo dan etwas gefunden, sols zu Meiner Herren hannden genomen, in allweg aber inen allen bey Meiner Herren straf verpoten werden, weiter davon gar nichs zu trucken noch zu formiren on Meiner Herren sonderbar erlaupnus; das sol auch dem apt Egidii also angsagt werden, damit ers auch niemant erlaube. Solichs sol auch alsdan denen von Eßlingen zugeschriben und anzeigt werden, das Meine Herren on das nit gern sehen oder gestaten, dergleichen ding hie zu trucken.

[*Am Rande*:] Nota: es findt sich, das keiner nichs derhalben getruckt oder zu trucken vorhat.

3296. [1550, IX, 27 b] 9. Dezember 1550:

Die platnergsellen, so dem hanndtwerck zu Kracka für sich selbs geschriben, jeden 2 tag auf ein thurn in gemein straffen und 8 tag frißt darzu geben. Wan dan maister Hans Schmid, platner, wider herkompt, sol er zu red gehalten werden, warumb er die gsellen zu solichem irem schreiben geraitzt und angehetzt; darauf sein antwurt widerpringen.

3297. [1550, IX, 30 a] 11. Dezember 1550:

Hannsen Weigl, dem formschneider, das begert trucken einer fürstlichen senffte ableinen und verpieten, solchs nit zu trucken bey Meiner Herren straff.

3298. [1550, IX, 31 a] 12. Dezember 1550:

Nicasius Frischen, dem goldschmid, auf der Sebald Dhüringin beclagen auflegen, ir die von ir genommen 300 eln damast, dweil sies wider anemen will, zuzestellen oder sovil pfanndt dafür zu erlegen; oder, wo nit, sol gegen ime verholffen werden.

3299. [1550, IX, 35 b] 16. Dezember 1550:

Den jüngst gestrafften platnergesellen auf ire supplication ir straf miltern und nur auf einen tag stellen.

3300. [1550, IX, 37 a] 17. Dezember 1550:

Dietherichen Schröter, dem goldschmidt, auf des

von Rechenpergs fürschrift ein jar lang zu Onolzbach unentledigts bürgerrechten zu wonen erlauben.

3301. [1550, X, 2 b] 19. Dezember 1550:

Hannsen Daubman[1]) den begerten truck der 4 umbprachten kinder halben in Hessen ableinen und ime solchs verpieten.

3302. [1550, X, 31 a] 9. Januar 1551:

Einem puchtrucker hie, der etliche brieff und gemeel von Johannis offenbarung, urstende des herrn und ein püchlin von der fursehung uff beschehne besichtigung zu trucken willens, dasselbig alles abschlagen.

Hinzugefügt sei an dieser Stelle:

3302 a. [Haderbuch XXIV, *Bl.* 193 b] 14. Januar 1551:

Margretha, Wolffen Kilians, polzmachers, eewirttin, unnd Hanns Frannck der jung, ein schwertfeger, die bede synnd darumb, das sye aneinander Neuwelders hurn unnd Merrenfeger [*so!*] gescholten, nemlich ir yedes zwen tag uff ein thurn unnd an panck und eysen gestrafft. Petierunt frist ut s[upra] [*nämlich* »zu stundan«].

3303. [1550, XI, 20 b] 24. Januar 1551:

Hannsen Stopler[2]), püchsenfasser, umbs gelt zum bürgerrechten kumen lassen.

3304. [1550, XI, 31 a] 31. Januar 1551:

Balthasar Hennzen die 250 hagken und 3 faßharnisch, soferr er anglobt, das es nit wider kays. und kon. Mt. gepraucht werden soll, herzog Moritzen zu Sachsen verfolgen zu lassen vergönnen.

3305. [1550, XI, 40 a] 6. Februar 1551:

Den geschwornen kanndelgiessern auff des raths zu Stutgarten schreyben und begern umb ainen probstain bevelhen und ansagen, soferrs dem hanndtwerck on nachtayl, irem, der von Stutgarten, gesanndten den begerten probstain gegen zimlicher bezalung volgen lassen, und ine darauf zu den geschwornen weysen.

Hinzugefügt sei an dieser Stelle:

[Haderbuch XXV, 2 a] 6. Februar 1551:

---

[1]) Zahns Jahrbücher I, 225 f., 238 (1550). Mummenhoff, Rathaus S. 29.

[2]) Zahns Jahrbücher I, 256 (1552). Jahrbuch der Kunstsammlungen des A. K. H. Bd. XIII Nr. 8842, XV Nr. 11895, 98, 99 (überall 1570).

Cunz Rot, rotschmidt, und Hanns Durlmayer, messerer, die synd darumb, das sie aneinander geschmecht, nemlich Rot den Durlmayer ein püchsenmeister, dagegen Durlmayer ine, den Rot, ein schelm unnd pößwicht gescholten, nemlich Rot zwen tag unnd Durlmayer ein tag uff ein thurn gestrafft. Petierunt frist ein monat.«

3306. [1550, XI, 41 a] 7. Februar 1551:

Dieweyls dem kanndelgiesserhanndtwerck nach anzeig der geschwornen unschedlich, denen von Stutgardten den begerten probstain zu auffrichtung ainer kanndelgiesserordnung bey inen verfolgen zu lassen, sol mans also volziehen und inen bevelhen, sollichen probstain nit zu hoch bezalt zu nemen.

3307. [1550, XII, 45 b] 11. März 1551:

Contzen Lochner, dem platner, weil im von frembden herrschafften so vil arbait angedingt werden, welches dann gemainer stat auch zu eer und rhum raichen mag, vergönnen, zwischen hie und sanndt Johanns tag Sonnwenden über die ordnung noch drey gesellen mer zu halten, unnd söllichs den geschwornen auch ansagen.[1])

3308. [1551, I, 24 b] 11. April 1551:

Hannsen Wittich, goldschmid, auf sein supplicirn Sibilla Wolff Richlin anntwurt furhalten und sagen, wöll ers darüber vorderung nit erlassen, müeß ers mit ordenlichen rechten furnemen.

3309. [1551, I, 29 b] 14. April 1551:

Pangratzen Labenwolf, rotschmid, zu verrichtung aines grossen wercks, so er ainem grafen machen sol, weil ers sonst auf die versprochen zeit nit fertigen kan, drey oder vier wochen zwen stückwercker wider die ordnung zu prauchen zulassen.

3310. [1551, I, 37 b] 18. April 1551:

Den briefmalern, die von wegen des gester hie geporнen kindts, daz vier hendt und füeß, auch vier ohren gehabt, supplicirt und dasselb in truck zu pringen gebetten haben, dasselb ir begeren ablaynen.

3311. Steffan Hamer auf sein suppliciren vergönnen, das gesicht von den fünff sonnen, so zu Leiptzigk am hymel erschinen, weils vyl glaubwirdig personen also gesehen haben,

[1]) Vgl. Zahns Jahrbücher II, 81.

nachzutrucken, doch on ainiche außlegung und allain die geschicht, wie mans gesehen hat, zu machen.

3312. [1551, I, 46 b] 23. April 1551:

Auff der von Augspurg fürschryfft Hanns Purckharts, Sebastian Höfers und noch ains malers halb den darinn angezognen malersgesellen nachfragen und furhalten lassen; ir anntwurt widerpringen.

3313. [1551, I, 57 b] 29. April 1551:

Michel Schragen, kartenmaler in der Fröschau, zwen tag vergönnen sein haußrath vorm hauß zu verkauffen, doch im dabey sagen, das ers dannoch nit dermassen verleg, das man nichts destminder hin und wider faren könn.

3314. [1551, II, 17 a] 9. Mai 1551:

Den goldtschmid, so den falschen guldenring, den die geschwornen bey Michel Mollen gefunden, gemacht haben sol, beschicken, ine derhalb zu red halten und, wo er sich nit wol veranntwurten kan, auf ain thurn verschaffen.

3315. [1551, II, 21 a] 12. Mai 1551:

Hannsen Polsterer[1]) zu bürger annemen und ime in ansehung, das er ain guter künstner ist, das bürgergelt schencken.

3316. [1551, II, 26 a] 14. Mai 1551:

Paulusen Bibers supplication und Jeronimusen, formschneiders, anntwurt sampt den acten am statgericht ainem gelerten zustellen und ratschlagen, wie es zu verhüeten, das der hanndel nit weitter kum oder an den fißcal gelanng; und sollichs widerpringen.

[1]) Der Meister, den man nach dem Vorgange Joseph Hellers wohl mit dem »bösen Bolz« Neudörfers (vgl. ed. Lochner S. 84) identifizieren zu dürfen geglaubt hat, ist gewiß weiterer Nachforschung wert. Seine Bürgeraufnahme erfolgte am 3. Juni 1551 (Bürgerbuch 1534—1641 Bl. 52 b: »Hanns Polsterer, pildschnitzer, dedit 0, juravit«, am 14. August 1562 giebt ein »Hanß Polster« ohne nähere Bezeichnung, vermutlich unser Künstler, sein Bürgerrecht auf (ebenda Bl. 202 b). Ein Bolsterer (Bölsterer) erscheint in dem Inventar der Kunstsammlung des Erzherzogs Leopold Wilhelm von Österreich (ed. Ad. Berger im Jahrbuch der Kunstsammlungen des A. K. H. Bd. 1, 2. Teil S. LXXIX ff. CLXXIII Nr. 270, 271). Vgl. ferner Jahrbuch der Kunstsammlungen etc. Bd. XI Nr. 7070 (1554); 7124, 7146 und 7149 (1555). Rettberg, Briefe 129. Rettberg, Kunstleben 161 (»Joh. Polster † 1573 . . . Er soll das Denkmal des Weigand von Redwitz, † 1556, in der Michaelskirche zu Bamberg gefertigt haben«).

3317. [27 a] Dem Nyderlennder auf sein bit gestatten, seine gemalte tüecher etlich tag undterm rathauß zu verfaylsen.

3318. [1551, II, 30 a] 15. Mai 1551:

Hannsen Schreyner[1]), goldschmid, und Ulrichen Felner ir begern ablaynen und sagen, weil sy das gelt als vormünder in iren aigen nutz gewent, das in doch nit gepürt, heten Meine Herren wol ursach gehabt, mit gepürlicher straf ain annders einsehen gegen in furzunemen, darumb ir bevelch, das innhabent gelt on verzug mit dem interesse zu bezalen.

3319. [1551, II, 34 b] 20. Mai 1551:

Paulusen Biber auf sein suppliciren wider Jeronimusen, formschneider, weil die sach vorhin rechthengig ist, beschaid und anntwurt geben, wie herr doctor Gugel und Gemel geraten haben.

Hinzugefügt sei an dieser Stelle:

3319 a. [Haderbuch XXV, *Bl.* 29 b] 29. Mai 1551:

Cunrad Gar, goldschmidt[2]), unnd Hanns Eyßfogel, kaufman, *werden wegen* hader unnd schlachtung *bestraft.*

Und ist hieneben dem Cunraden Gar, dieweil er als ein voller zapff sich des orts etwas ungeschickt gehalten, die wirtsheuser unnd wehr ein jar lanng verpoten.

[30 b] Thoma Hainle von Augspurg, püchsenschmidt, ist darumb, das er Hannsen Reinhart, meister unnd püchsenschmidt hie, von horn sagen geschmecht ... *bestraft worden.*

3320. [1551, III, 13 a] 3. Juni 1551:

Abraham Dobenecker, goldschmidsgesellen, auf die verlesen ansag seines zu Werd angefangnen mutwilligen haders halben auß den eysen von dannen undter essens zeit herein ins loch füern.

Daneben Jörgen Ulrichen, goldschmid, auch verhören, wie es sich verloffen und was mer für gesellen dabey sein

---

[1]) Im Goldschmiede-Verzeichnis Nr. 297 (1535) als Silberarbeiter.

[2]) Goldschmiede-Verzeichnis Nr. 351 (1548; im Meisterbuch der Goldschmiede erst zum 8. Juni 1549); ein älterer Goldschmied dieses Namens ebenda Nr. 198 (1514); einer auch als Händler aufgeführt bei Roth, Gesch. des nürnberg. Handels I, 325.

gewest, und, wo ers nit anzaigen wolt, ine derhalb beym thuren betrohen; sein sag widerpringen.

3321. [14 a] Abraham Dennecker im loch auf das, darumb er einkumen ist, güetlich zu red halten, sein sag widerpringen.

3322. Jörgen Ulrich, den goldtschmid, auf sein verlesene ansag, weil im nit gepürt hat, die knecht zu rechtfertigen, warumb sy den benannten Abraham Dennecker gefanngen, auf ain thuren verschaffen und biß montag [*8. Juni*] wider furlegen.

Es folgen noch einige weitere auf diesen Handel bezügliche Ratsverlässe.

3323. [1551, III, 18 b] 8. Juni 1551:

Dieweil sich Balthasar Eeman, goldschmidsgesell, und etlich andere gester auff der fechtschul nach anzaig der knecht gannz ungeschickt gehalten und übers stengel geschlagen, . . . *etc.*

3324. [1551, III, 46 a] 23. Juni 1551:

Auff der geschwornen rotschmid anpringen Balthasar Hennzen beschicken und zu red halten, wer die zwen rotschmid seyen, so Conradt Beheim, fingerleintreher, mit im hinwegk füern wöll, oder wie es damit gestalt; söllichs widerpringen und mitler weyl ine, Beheim, seines auffsagenden bürgerrechtens halben aufhalten.

3325. [47 a] Als sich bey den geschwornen der rotschmid weiter in erfarung befunden, das Balthasar Hennz den zwayen rotschmidgesellen, nemlich dem Michel Schmid, außberayter, so beym Linhart Nürmberger[1]), und Enndresen Pfister, former, der beym Christoff Scherben gearbait, das gelt, das sy iren maistern schuldig gewest, dargelihen, und sich der Hennz in seiner veranntwurtung selbs auch verdechtlich gemacht, das ers hie aufgewigelt und zu herzog Hainrichen von Braunschweigk gein Wolffenpüttel zu ziehen beredt, wie sy dann heut früe schon hinwegk in maynung sein und Conzen Beheims zu Bamberg zu warten und volgendts miteinander gar hinein zu rayssen, ist verlassen, ine, Henzen, in glübdt zu nemen, allßpaldt auf den thurn zu geen, oder, wo er sich desselben wegert, sol man ine hinauf füern.

---

1) Zahns Jahrbücher I, 242 (1558). H. Boesch in den Mitteilungen aus dem german. Nationalmuseum I. Bd. (Jahrgang 1881) S. 3 ff. (1558). Jahrbuch der Kunstsammlungen des A. K. H. Bd. VII Nr. 4721 (1558). X Nr. 5872 f. (1558). Sein Grab auf dem Johanniskirchhofe. Vgl. Trechsel S. 188, Sp. 1 (1563).

Aber Conzen Beheim, weil am selben nach der geschwornen anzaigen nit vyl gelegen, soll man passiren lassen und das bürgerrecht von ime aufnemen.

3326. Conz Beheim, rotschmidsfingerleintreher, ist mit seiner verschreybung aufgesagts bürgerrechts halben in die losungstuben gewysen.

3327. [1551, IV, 1 a] 25. Juni 1551:

Jörgen Unger, staynmetzen, weil er noch ain halbs jar zu lernen hat, das gebetten bürgerrecht noch zur zeit ablaynen, aber sonnst ain jar lanng also sitzen lassen.

. . . .

3328. Hannsen Jungkher[1]), goldschmid, umbs gelt zu ainem bürger annemen.

3329. [1551, IV, 5 b] 26. Juni 1551:

Denen von Nördlingen den verleßnen artickel auß der goldschmid ordnung, wie hoch man das wercksylber verarbaiten sol, also zuschicken.

3330. [1551, IV, 17 a] 3. Juli 1551:

Dem formschneider die begerten haydnischen sprüch nachzutrucken erlauben.

3331. [1551, IV, 23 a] 7. Juli 1551:

Hannsen Weigel, briefmaler, auf sein suppliciren wider Hannsen Lautterpach, seinen angenumenen leerjungen, wann er wider umb anntwurt ansucht, mit sollicher clag zum pfennttter weysen und die sach daselbst, dahin sy auch gehört, örtern lassen.

Hinzugefügt sei an dieser Stelle:

3331 a. [Haderbuch XXV, *Bl.* 43 a] 8. Juli 1551:

Erhart Schwätzer[2]), maler, ist darumb, das er Jorgen Schlechten, maler, unnd Barbara, sein eewirtin, gröblich geschmecht, unnd sie, die Schlechtin, sonnderlich mit groben unzüchtigen wortten vor den herren vormündern wittib und waysen angetast unnd betzicktigt, als ob sy iren geselln, hievor im loch, wol versucht haben solt, drey tag uff ein thurn mit dem leyb zu volbringen gestrafft; pit frist ut s[upra] [*d. h.* »ein monat«].

[1]) Im Goldschmiede-Verzeichnis Nr. 365 (1551) als Silberarbeiter.

[2]) Vgl. Baader, Beiträge I, 3 (1529). Mitteilungen II, 71: Erhard Schweizer Maler bei St. Nicolaus. Dessen Frau Elspet † 1543.

3332. [1551, IV, 32 a] 13. Juli 1551:

Caspar Perger, geschmeidmacher, *kommt vor.*

3333. [1551, IV, 39 a] 16. Juli 1551:

Dem bischof zu Bamberg auf sein schreyben maister Linharten Schnabel zu besichtigung und beratschlagung ainer prügken zu Halstat vergönnen und sein f. g. sollichs wider zuschreyben.

Doch maister Linharten bevelhen, sich zu kainem gepeu, wann man ims andingen oder sonst darzu gepranchen wolt, verpinden zu lassen.

3334. [1551, V, 7 b] 27. Juli 1551:

Hainrichen Godel[1]) von Hall im Yntal, kon Mt. püchsenmaister, auf sein suppliciren 4 taler schencken.

3335. [1551, V, 16 a] 3. August 1551:

Arnolt Schmid, goldtschmid, *kommt in einer gleichgültigen Angelegenheit vor.*

Hinzugefügt sei an dieser Stelle:

3335 a. [Haderbuch XXV, *Bl.* 57 a] 17. August 1551:

Michel Reinhart, goldschmidgesell, ist darumb, das er Cristoff Lindenperger, auch goldtschmidt unnd [57 b] meister alhie, von deswegen, das er ime, dem Reinhart, sein truhen geöffent unnd etliche patronen, so er, Reinhart, im von sein, des Lindenpergers, patronen abgegossen, herauß genomen, geschmecht, inen [*so!*] derhalben einen unredlichen man gescholten, auch etlicher massen geschlagen, deßgleichen sein, des Lindenpergers, eewirtin auch geschmecht, drey tag inns loch gestrafft unnd soll zu stundan inn die straff geen, wie dann beschehen. Unnd ist hieneben dem Lynndenperger gesagt, so er was von patronen oder anders, die er mit obgemelten patronen zu sich genomen, im, dem Reinhart, zustenndig, innhett, das er die dem Reinhartten wider zustellen solt.

3336. [1551, VI, 13 b] 28. August 1551:

Jörgen Nyßner, goldschmid von Bamberg, sein begern umb vergünstigung, das im der Dietherr etlich in der prunst zu Pomerßfelden zerschmolzens golt oder sylbermünz prennen mug, ablaynen und sagen, was im das kayserlich mandat,

[1]) Vgl. Zahns Jahrbücher I, 262. Im Jahrbuch der Kunstsammlungen des A. K. H. Bd. II handeln zahlreiche Regesten von diesem Büchsenmeister.

des münzkürnens halb außganngen, zugebe, dem mug er sich gemeß halten.

3337. [15 a] Steffen Hamer, briefmaler, daz begert nachtrucken ainer figur von tanntzenden kindern ablaynen.

3338. [1551, VI, 15 b] 29. August 1551:

Dem cramer mit den gemalten tüechern und briefen acht tag unndter dem rathauß aufzuschlagen und fayl zu haben vergönnen.

Hinzugefügt sei hier:

3338 a. [Haderbuch XXV, 69 b] 9. September 1551:

Barbara Schlechtin, malerin, ist darumb, das sye von Alexannder Ryser, auch maler, von horn sagen geredt, wie Erhart Schwatzer ine, den Ryser, inn einem brief ein schelm gescholten haben solt, zwen tag an panck und eysen gestrafft; pit frist ut s[upra] [*d. h.* ein monat].

3339. [1551, VII, 2 b] 18. September 1551:

Hannsen Cramer vergönnen, seine gemalte tüechlein und brief die nechsten zwen feyrtag unndterm rathauß fayl zu haben.

3340. Jacoben Hofman, goldschmids, garten auf sein suppliciren besichtigen, was er für 1 thül zu machen vorhab und wie es damit gelegen; sollichs widerpringen.

3341. [1551, VII, 13 b] 25. September 1551:

Steffan Hamer vergonnen, die abconterfehd belegerung der stat Magdenburg nachzutrucken, doch daz er sein namen, wie er sich selbs erpoten, nit darzu setz.

3342. [1551, VII, 17 b] 28. September 1551:

Den geschwornen platnerhanndtwercks furhalten, ob sy leiden mugen, Michel Dorschen, platner, biß auff Liechtmeß seiner vilfeltigen angedingten arbait halb über die ordnung noch ain gesellen, wie er gebetten, setzen zu lassen; ir anntwurt widerpringen.

. . . .

3343. Oßwalten Baldner, püchsengiesser, auff der geschwornen peutler-, nestler- und hanndtschuhmacherhanndtwercks suppliciren und sein anntwurt sagen, das verfaylsen und verkauffen irer peutlerswahren, sovils wider die hanndtwercksordnung, zwischen hie und Allerheyligentag entlich abzustellen und der ordnung gemeß zu hanndeln, aber der genumen arbait halben mit den geschwornen fur die rug weysen.

3344. [19 b] Michel Dorschen, platner, auß furgewenndten ursachen seiner vilfeltigen frembden angedingten arbait, weils die geschwornen nit hart widerfechten, über die ordnung biß auf Liechtmeß noch ain gesellen zu setzen vergönnen.

3345. [1551, VII, 31 a] 7. Oktober 1551:

Sebaldten Hirter, püchsengiesser, zu bürger annemen unnd im das bürgergelt schencken.

3346. [1551, VII, 32 a] 8. Oktober 1551:

Hannsen Feres, dem Nyderlennder, vergönnen, seine gemalte tücher 3 biß in 4 tag unndterm rathaus fayl zu haben.

3347. [32 b] Wolffen Hüebner, karttenmaler, auf Elßbeth Lorenz Schneyderin suppliciren gein Bamberg an ine schreyben und anhaims vordern, sy irer schulden halb unclaghafft zu machen.

3348. [1551, VII, 34 b] 9. Oktober 1551:

Vallentin Sybenbürger, dem platner, zu verfertigung auf die hundert mannharnisch, so im kays. Mt. stalmaister angedingt, zwischen hie und der Faßnacht noch zwen gesellen über die ordnung zu haben vergönnen; und den geschwornen auch ansagen.

3349. [1551, VIII, 5 b] 17. Oktober 1551:

Soferr Valtin Sybenbürger an aids stat angloben mag, das die gemachten harnisch und arbait, für etliche polnische herrn gehorig, wider kays. und kon. Mt. nit gepraucht werden, sol man ims volgen und ain zolzaichen geben lassen.

Hinzugefügt sei an dieser Stelle:

3349a. [Haderbuch, XXV, 87 b] 6. November 1551:

Oßwald Paldner, püchsengiesser, ist darumb, das er Dietrichen Hager, rotschmidt, geschmecht unnd etlichs werckzeugs halb etlicher maß gediepayst, zwen tag uff ein thurn gestrafft; pit frist ut sup[ra] [*nämlich*: ein monat].

3350. [1551, IX, 13 a] 19. November 1551:

Den goldschmidsgesellen, der von der Jegerin vorlanngst ain sylbergeschmeid zu ainer gürtel empfangen und undter die juden zu Fürt versetzt hat, undter essens zeit auß den eysen ins loch füern und morgen zu red halten, mitler weyl aber wasser zu trincken geben.

3351. [1551, IX, 29 a] 28. November 1551:

Dieweil die drey staynmetzengesellen mit namen Wolff Stopffer, Wolff Vihuber und Conradt von Mainz sich auf beschehen angloben des haders halben [29 b], den maister Jörg Unger, parlir, und Lazarus Speck miteinannder gehabt, nit wider fur den jüngern herrn bürgermaister gestelt und neben bemeltem Speck, weil in der parlir geschmecht haben sol, nit arbaiten wöllen, sonnder an maister Paulus Beheim herein geschryben, sol ime, dem Beheim, gesagt werden, dem angezaigten wirt von iren wegen, wie sy denselben an ine gewysen haben, nichts zu zalen . . . *etc.*

3352. [1551, IX, 40 a] 7. Dezember 1551:

Christoff Freyen, rotgiessers zu Praunschweigk, [schreyben,] an das rotschmidhanndtwerck hie gethan, den geschwornen umb bericht furhalten und widerpringen.

3353. [1551, X, 3 b] 12. Dezember 1551:

Auff Christoff Freyen, rotschmids, schreyben erfarung haben, wie man Hannsen Beheim hinauß erlaubt hab, weils die geschwornen nit wissen und auf Meine Herren gestelt, und, wie mans finden wirt, widerpringen.

3354. [4 a] Hannsen Mörlein, püchsenschmid, vergönnen, die 180 hagken mit ainem grössern adler zaichnen zu lassen.

3355. [1551, X, 7 a] 14. Dezember 1551:

Valtin Sybenbürger, platner, auff sein bit das begert urkundt und paßport auf die 12 faß mit harnisch gein Straßpurg, weyls der kays. Mt. stalmaister, herrn Jan von Anndelot, zugehört, doch auff vorgeende aidsbeteurung und fleissige erynnerung, das sein furgeben die warhait sey und sollicher harnisch nit wider kays. und kon. Mt. gepraucht werde, mittaylen.

3356. [1551, X, 16 a] 22. Dezember 1551:

Valtin Sybenbürgers gesellen und arbaitern in ansehung vyler seiner vom herrn von Anndelot, kays. stalmaister, angedingter arbait halben auff sein bit vergönnen zwischen hie und Faßnacht undter den stunden wider die ordnung zu arbaiten.

3357. [1551, X, 17 b] 23. Dezember 1551:

Caspar Pfeffer, püchsenfasser, *kommt vor.*

3358. [1551, X, 30 b] 4. Januar 1552:

30*

Hannsen Multerer[1]), goldschmid, zu seiner heutigen früemeßhochzeit ain stubentenzlein vergönnen.

3359. Sebalden Mader, goldschmid, auf sein suppliciren seines von dem gerichten Hannsen Plumeters gestolnen erkaufften sylbergeschmeids und annders halben sagen, Meine Herren haben dem hauptman zur Neuenstat schon zugeschryben, das man ims wider zu geben unnd zu erstatten aufgelegt; darumb lassen sies bey vorigem beschaid pleyben, und im damit sein begern ablaynen; wöll er aber selbs hinauß und sein sach zum pessten hanndeln und versuchen, ob er ain nachlassen erlanngen könn, das stell man auf ine.

. . . .

3360. [31 a] Peter Selber[2]), goldschmid zu Augspurg, auf sein schreyben Paulus Kemnaters anntwurt einschliessen.

3361. [1551, XI, 4 a] 8. Januar 1552:

Auff Linhart Grüneysens, nachtmaisters, ansag, welcher massen er in Peter Custers,[3]) goldschmids an der Zistelgassen, privet ainen todtenkopf gefunden, sol der ain leerjung, so noch verhannden, derhalb auch beaidigt, verhört und sein sag widerpracht werden.

3362. [11 b] 14. Januar 1552:

Ein weiterer Ratsverlaß über diesen Gegenstand.

3363. [1551, XI, 8 a] 11. Januar 1552:

Dieweil Wolff Prüssel, goldtschmid, die verhafft maid nit halten kan, sol mans etwan bey ainem statknecht unndterpringen und die sach irenthalben über acht tag wider furlegen.

3364. [1551, XI, 8 b] 12. Januar 1552:

Niclausen Nunnhart, goldtschmid, auf sein suppliciren vergönnen, vier jar lanng unaufgesagt seines hie habenden bürgerrechtens zu Krackau oder anndern orten im lanndt zu Polen zu wonen.

---

[1]) Im Goldschmiede-Verzeichnis zwei Meister dieses Namens — Nr. 286 (1530; im Meisterbuch der Nürnberger Goldschmiede vielmehr zum 9. Dezember 1531) und Nr. 394 (1557) —, von denen es sich hier wohl noch um den älteren der beiden handelt. Mitteilungen II, 163 (»Ursula Hans Multererin, hindern Zottenperg« † 1550).

[2]) In den Augsburger Goldschmiedetafeln bei Weiß, Das Handwerk der Goldschmiede in Augsburg S. 318 zum Jahre 1571. Vgl. auch Weiß S. 234, 256.

[3]) Roth, Gesch. des nürnberg. Handels I, 341. Frankenburger Nr. 22 (1549).

Hinzugefügt sei an dieser Stelle:

3364 a. [Haderbuch XXV, *Bl.* 103 a] 13. Januar 1552:

Michel Dorsch, platner, ist darumb, das er Valtin Sibenbürger, auch platner, vor eim ganzen hanndtwerck der platner etwas unpillicherweise geschmecht unnd ine berüchtigt unnd schmähweyse von ime außgeben, als ob er, Sibennbürger, hievor uff dem Rabennstain gestanden sein solt, unnd im dasselb, als ob [er] des hanndtwercks nit redlich sein solt, zumessen wollen, sich auch sonnst gegen ime ungeschickt gehalten, acht tag uff ein thurn, mit dem leyb zu volbringen, gestrafft; pit frist ein monat.

3365. [1551, XI, 33 a] 26. Januar 1552:

Jacoben Hofman, dem goldtschmid, auff sein suppliciren ainer gibelmauren halb, die er mit herrn Jörgen Hartman, priester, in der Geuder seelhauß zu füern vorhab, sagen, Meine Herren haben die annder parthey, die es belanngt, auch gehört . . . *etc.*

3366. [1551, XI, 36 b] 29. Januar 1552:

Auf Jörgen Ungers, des parlirs, suppliciren, welcher massen ine die drey staynmetzengesellen, als Lazarus Speck, Conradt Müllner und Wolff Stopser, so yetzo bey maister Gallen zu Würzburg auffm Mariaperg arbaiten, und über ir angloben ungelaist desselben von hynnen gezogen, zu schmehen und zu verhindern undtersteen, sol derhalb an die gepürlich oberkait daselbsthin gein Würzburg geschryben, ir ungepürliche hanndlung und, wie sy treuloß worden, angezaigt und gebetten werden, sy zum außtrag der sachen hieher zu weysen, oder, wo nit, werde man die notturfft in annder weg gegen inen furnemen.

3367. [1551, XI, 39 b] 30. Januar 1552:

Auff der geschwornen goldschmid bericht sol Sebaldt Mader, goldschmid, des zugeprachten verguldten und zertrümmelten pruchsylbers halben, wer ims zupracht und wo es im herkumb, alßdann denselben auch darumb zu red halten und, wo er sich nit wol veranntwurten kan, ins loch geen lassen oder, wie mans sonst finden wirt, widerpringen.

3368. [1551, XI, 41 b] 1. Februar 1552:

Peter Custer, goldschmid, auff sein suppliciren Bernharten Uttersis anntwurt furhalten und sagen, man könn im nach gelegenhait derselben nichts aufflegen; wenn er aber Annthoni von Rosentahls hieherkunfft nit erwarten mug, stee im bevor, sich selbs zu im zu verfügen und den hanndel mit im richtig zu machen, auffs pesst er könn.

3369. [1551, XI, 42 a] 3. Februar 1552:

Erharten Löesel[1]), goldschmid, . . . umbs gelt zum bürgerrechten kumen lassen.

3370. [43 b] Des unzüchtigen lebens und hurentäbers halben, so in des Vischers seligen hauß oberhalb sanndt Katherina getryben werden sol, erfarung haben und, wie es damit gestalt ist, widerpringen.

Hinzugefügt sei an dieser Stelle:

3370 a. [Haderbuch XXV, Bl. 111 a] 10. Februar 1552:

Brigitta, Herman Pechmans, sigelgrabers, eewirttin, ist darumb, das sie Margretha, Petter Dürl, orgelmachers, tochter, etlicher maß geschmecht, als ob sye nit pillich ein harpant auf trüeg, ein tag an panck unnd eysen gestrafft; pit frist ein monat.

3371. [1551, XII, 16 a] 13. Februar 1552:

Herrn Melchiorn, bischofs zu Würzburgs, widerschryfft Lazarus Specks von Leiptzigk unnd Conradten Müllners halb und wie sy sein f. g. zu außtrag der sachen in acht tagen hieher verpflichten hab lassen Jörgen Unger, dem parlir, furhalten.

3372. [1551, XII, 33 a] 25. Februar 1552:

Dem Tonpach, goldschmid, auf sein anlanngen, weil nichts an ime gelegen, vergönnen, annderstwo ain herrn zu suchen und anzunemen.

3373. [1551, XII, 38 a] 27. Februar 1552:

Der goldschmid wider einannder gethan suppliciren, das außberayten, auch die menig der gesellen und leerjungen belanngende, sampt Margretha Lorenz Glenin und Barbara

---

1) Goldschmiede-Verzeichnis Nr. 370 (1552). Roth, Gesch. des nürnberg. Handels I, 344. Mitteilungen II, 163 (»Erhard Loßlin, goltschmidin am Zotenberg« [so heißt es im Sebalder Totengeläutbuch Bl. 181 b. E. L. selbst lebt noch 1565. Vgl. Ratsverlaß vom 4. Januar 1565] † 1562).

Hanns Pöckin[1]), beder wittiben, unndterschidliche anntwurten bedenncken und ratschlagen, was im selben mit irem weittern bericht und gutbedüncken für gesetz und ordnungen gemacht und gegeben werden möchten, und dasselbig alßdann widerpringen.

3374. [1551, XII, 41 a] 1. März 1552:

Linharten Tanner, püchsenschmid, auf sein suppliciren morgen fur die allmußherren weysen.

3375. [1551, XIII, 2 b] 4. März 1552:

Valtin Sybenbürger, platner, über die ordnung noch zwen gesellen zu verfertigung der angedingten arbait auff drey wochen lanng vergönnen, wie er gebetten hat, und ime, auch den geschwornen söllichs ansagen.

3376. [1551, XIII, 9 b] 9. März 1552:

Hannsen Nickel von Bamberg auf Christoffen Rosentalers in der Schau anzaigen, das er die hieher gepracht materi für nichten anderst dann goldtschmids test achten könn, doch auf vorgeendts angloben an aids stat, das es also und kain kürnt sey, vergönnen, dasselb beim Dietherrn prennen, schmelzen und schaiden zu lassen.

3377. [1551, XIII, 30 a] 26. März 1552:

Steffan Hamer das begert nachtrucken vom gesicht der dreyer sunnen und regenpogen, zu Anntdorf erschinen, ablaynen.

3378. [1551, XIV, 9 a] 7. April 1552:

Jobsten Cammerers[2]), goldschmids von Hall in Sachsen, potten gegen Meinen Herren oder gemainer stat vereerten wappen, so er inen auff ainem verguldten kupfer puncinirt zugeschickt, auf sein schreyben 15 taler zustellen und ine wider damit vereern, im auch sollichs also zuschreyben, doch dasselb

[1]) Der betr. Goldschmied hieß vielmehr Hans Popp. Vgl. Goldschmiede-Verzeichnis Nr. 251 (zwischen 1514 und 1530).

[2]) Zu Jobst Cammerer vgl. außer Zahns Jahrbücher I, 247 (1552. 1557) und Jahrbuch der Kunstsammlungen des A. K. H. Bd. X Nr. 5870 (1557) namentlich noch L. Ennen, Archivalische Beiträge zur Kunstgeschichte in der Zeitschrift für bildende Kunst VII (1872) S. 141 ff. (unter Nr. 3 ein Schreiben des J. C. vom Jahre 1558, womit er der Stadt Köln eine Porträtmedaille Karls V. in Erz übersandte) und A. Pabsts Besprechung von Ermans Buch »Deutsche Medailleure etc.« im Kunstgewerbeblatt I (1885) S. 119 f.

dermaß stellen, das er nit ursach darauß nemen mug, widerzukumen[1]).

3379. [1552, I, 4 b] 22. April 1552:

Dem Nyderlennder seine gemalte tüecher dise meß unndterm rathauß zu verfaylsen vergönnen.

3380. [1552, I, 16 b] 30. April 1552:

Hannsen Grieser[2]), briefmaler, dem schreyenden wechter, auf sein suppliciren ain par gulden schencken und in yetzo damit abweysen.

3381. [1552, II, 4 a] 20. Mai 1552:

Weil Hanns Peysser[3]), der pyldschnitzer, zum geschütz und feurwerck vor anndern künstlich und geschickt sein sol und sich darzu angepoten, sol man ine derhalb vernemen, und widerpringen.

. . . .

3382. Auf den bericht, wie Hanns Peysser pöck zum geschütz zu machen vermaint, damits, wann man gleich die mauren hinwegk schiessen würde, dannocht nit in graben fallen sol, ist bevolhen, mit ime zu hanndeln, das ers furderlich ins werck pring und volziehe.

Aber mit dem feurwerck, weils für zu weitleufftig geacht würdet, und darzu nur hynnen auf den mauren gepraucht werden kan, sol man noch lennger in rube steen und sich mit im derhalb nit weitter einlassen.

3383. [1552, III, 19 a] 1. Juli 1552:

Endres Hauers halben, welcher begert, ime 3 jar zu erlauben, inn Franckreich unentsagt seins bürgerrechtens zu wonen, erfarung thun, waß er für ein gesell; widerpringen.

[1]) Vgl. Zahns Jahrbücher I, 247 (offenbar nach anderen Quellen, weil ohne nähere Bezeichnung des von Cammerer gesandten Kunstwerks).

[2]) Der ältere Briefmaler dieses Namens. Vgl. Zahns Jahrbücher I, 230 (1555), 234 (1549).

[3]) Baader, Beiträge I, 5 (1526 als Bildhauer). Seine Bürgeraufnahme, bei der er 4 fl. Steuer zahlte, erfolgte am 17. November 1526 (Bürgerbuch 1496—1533 Bl. 140 a). Am 21. Januar 1559 gab er sein Nürnberger Bürgerrecht wieder auf (Bürgerbuch 1534—1631 Bl. 201 a: »Hans Peysser, bylthauer«). Vermutlich identisch mit dem später in Prag, auch als Bildschnitzer Herzog Barnims von Pommern erscheinenden Hans Beitzer (Peysser, Peisser). Vgl. Jahrbuch der Kunstsammlungen des A. K. H. Bd. X Nr. 6192 (1562), Bd. XI Nr. 6356 (1543), 7520 (1561), 7623 (1562), 7639 (1562). Dem Meister, der auch Plakettist gewesen zu sein scheint, wäre noch genauer nachzuforschen.

3384. [1552, III, 25 a] 6. Juli 1552:

Enndres Hauer, dem pildhauer, sein supplicirendt begern umb erlaubdtnus, drey jar zu Lyon zu wonen, ablaynen und sagen, wöll er hinauß, mug ers bürgerrecht auffsagen, wöll mans von im aufnemen.

3385. [1552, IV, 1 a] 15. Juli 1552:

Friderichen Schmid, dem plattner, die fünff faß mit harnisch, die er dem marggrafen auff seins münzmaisters verdingen gemacht, passiren lassen.

3386. [3 a] Veiten Hirßfogel, den glaser, und sein weyb unnd kinder irs zengkischen wesens halben gegeneinander vernemen, auch derhalb zeugen hören, bey wem der mangel am maysten sey, und widerpringen.

3387. [1552, IV, 8 b] 16. Juli 1552:

Hanns Stopler, püchsenfasser, *kommt vor.*

3388. [1552, IV, 12 b] 21. Juli 1552:

Christoffen Ritler, goldschmid, auff sein verklagen wider Hannsen Althauer, müntzer von Pfreumbdt, ainer zayn sylbers halben, die er ime gester abkaufft und nit recht am gehalt erfunden hab, dagegen aber der beclagt [einwendt *od. dergl.*], er habs gnugsam gestrichen und bestochen und darüber angenomen, wider sagen, soferr er sich derhalb mit ime in der güet nit vertragen könn, stee im bevor, das er ine vor seim ordenlichen richter umb den abgang oder geringern gehalt des sylbers, den er, als er die zayn zerprochen, gefunden hab, furnem und beklag, wie recht ist.

3389. [1552, IV, 14 b] 23. Juli 1552:

Eckart Fulman, goldschmidsgesell, *kommt vor.*

3390. [1552, IV, 17 a] 26. Juli 1552:

Jacoben Strada von Mantua drey jar unentsagt seines hie habenden bürggerrechtens zu Lyon zu wonen vergönnen.

3391. [1552, IV, 22 b] 29. Juli 1552:

Soferr sich erfinden wirt, das die sylberin magöllein, die Hanns Sigel, außberayter, dem Jeronimus, formschneyder, umb 40 fl. versetzt, Jacoben Hofmans, goldschmids, seyen und ers dem Sigel außzuberayten vertraut hat, sol man dem formschneider auflegen, ime dieselben wider zuzustellen, und dann dem formschneider gegen dem Sigel, wann ers begert, auch verholffen werden.

3392. [1552, IV, 24 a] 30. Juli 1552:

Jacoben Strada vergönnen, sein haußrath vor seinem hauß an der Zistelgassen zu verkauffen, doch sagen, nit zu vil an die gassen zu stellen.

. . . .

3393. Hannsen Guldenmundt der von Magdenburg schreyben Panngratz Kempffen[1]) halb furhalten unnd, wo von nöten, mit irer anntwurt widerpringen.

3394. [25 b] Jacoben Strada die gebetten lateynisch urkundt, das er hie bürger sey, mittaylen.

3395. [1552, IV, 36 a] 3. August 1552:

Als auch der verfaßt ratschlag, die goldschmidt betreffenndt, nemblich das etliche maister iren gesellen under der weill stückwerck zu arbeiten geben, dardurch den armen maistern die arbeit enntzogen würde, item das auch ir einer einem, ehe er meister worden, scheurn halbtutzetweise zu machen geben, item das auch sie eins theils vil gesellen und leerjungen halten und dann der [36 b] Glenin und Poppin außberaiten betreffenndt, ist verlassen, dem bemelten ratschlag allermassen, wies bedacht, nachzekomen, auch ditzmal die peen vom Bonaventura Hegner, als der die scheurn halbtutzetweise einem, so nit meister gewest, zu machen geben, nit nemen, sonnder ime ein streffliche red sagen, daneben aber uff die stückwerck, darvon im ratschlag meldung beschicht, uff ein yede marck ein gulden peen setzen.

An dieser Stelle fügt sich ein:

3395 a. [Haderbuch XXV, *Bl.* 134 a] 9. August 1552:

Michel Dorsch[2]), platner, ist darumb, das er zuvorderst die geschwornen meister seins hanndtwercks und sonnderlich Cunzen Lochner als ein mitgeschwornnen irer amptshanndlung halb groblich geschmecht, nemlich das sie einem nit wie dem andern schautten unnd das dem Lochner hievor ein harnisch, das nit tuglich gewest, für gut geschaut unnd also vom Lochner verkaufft worden, unnd inen also inn iren ayd geredt, sechs tag uff ein thurn, halb mit dem leyb zu volbringen, gestrafft. Pit frist ein monat.

[134 b] Jorig Osterlein, platner, ist darumb, das er

---

[1]) Briefmaler in Magdeburg. Vgl. Zahns Jahrbücher I, 227.

[2]) Dorothea Michl Dorsin † 1566. Vgl. Mitteilungen II, 255.

die geschwornnen meister seins handtwercks irer amptshandlung halb groblich geschmecht mit meldung, das sie nach gunst schautten, nemen myet und gab unnd sehen den hamermeistern zu, das sye nit gerechten zeug machten, nemlich sechs tag uff ein thurn, halb mit dem leyb zu volbringen, gestrafft. Pit frist ut s[upra].

3396. [1552, V, 6 a] 16. August 1552:

Weyl die feurglogken bey sanndt Lorenzen zersprungen unnd kain rechten klanng mer hat, sonnder gannz tümerlich und also laut, wie die sturmglocken, sol mans Hannsen Glockengiesser wider von neuem, doch in der grösse, wie sy yetzo ist, giessen lassen, doch ime einpinden, weil vyl sylbers darinnen sein sol, disen zeug wider darzu zu nemen.

3397. [1552, V, 15 a] 22. August 1552:

Hanns Hegenberg, goldschmid zum Hof, *kommt in einer gleichgültigen Angelegenheit vor.*

3398. 23. August 1552:

. . . .

Michel Pucken[1]), goldarbaiter, sol man umbs gelt zu bürger annemen.

3399. [1552, V, 28 a] 31. August 1552:

Valtin Sybenbürger, den platner, mit seinem begern umb passirung aines vaß mit harnisch, ins Polner lanndt gehorig, über acht tag wider hayssen kumen.

3400. [1552, V, 31 b] 2. September 1552:

Mercurius Herdegens[2]), goldtschmids, supplication Joachim Wenncken vormündern furhalten und mit irem gegenbericht widerpringen, alßdann weiter räthig werden, was man gegen Jörgen Huber, dem notari, furnemen wölle.

3401. [1552, V, 34 a] 5. September 1552:

Auff Conradt Sigels, des malers im schuldthuren, und

[1]) Er hieß wohl richtiger Michel Puckel (oder Buckel). Vgl. Goldschmiede-Verzeichnis Nr. 374 (1552). Mitteilungen II, 162 († 1564).

[2]) Goldschmiede-Verzeichnis Nr. 271 (zwischen 1511 und 1530). Zahns Jahrbücher I, 247 (1558). Mitteilungen des Vereins für Gesch. der Stadt Nürnberg VII, 57 (1548). Frankenburger 72 (1573). Mitteilungen II, 163 (»Barbara Mercurius Herdegin in der S. Gilgen Gaß« † 1549 oder 50). Sein Grab auf dem Johanniskirchhof. Vgl. Trechsel S. 248 Sp. 2 (1550: Todesjahr seiner Frau). Er war namentlich als Händler und Agent, insbesondere für den Hof in Ansbach, thätig

seiner glaubiger selbs gethane bit sol man ine, weil er ain wochen biß in vier gulden verdienen kan, auß dem schuldthuren in ain anndere fengknus thun, darinn er sein arbait verpringen, seine glaubiger dester ehe zufriden stellen und sich dardurch seiner fengknus wider entledigen mug, doch das er daselbst auch wol verwart sey.

3402. [1552, V, 36 b] 7. September 1552:

Valtin Sybenbürger auf gepürlichs angloben die zway faß mit harnisch gein Polen passiren zu lassen.

3403. [1552, VI, 24 b] 23. September 1552:

Dem saphoyer von Regenspurg, der biß in 30 f. werth fausthemer, in kais. Mt. veldleger zu füern, hie einkaufft hat, dieselben passiren lassen.

3404. [1552, VI, 32 a] 28. September 1552:

Sebastian Hetzer, goldschmid, sein supplicirendt begern ablaynen und sagen, wöll er geim Neuenmarckt ziehen und da wonen, müeß er sein bürgerrecht auffsagen.

. . . .

3405. Den geschwornen goldschmiden des falschen sylbers halben sagen, wann die frau, die dasselb gehabt, wider zu inen kumbt, sollen sies fur den herrn bürgermaister pringen, sy derhalb daselbst zu red gehalten und ir anntwurt widerpracht, oder, wo sy es nit wol veranntwurten kan, ins loch verschafft werden.

3406. [1552, VII, 1 a] 6. Oktober 1552:

Valtin Sybenpürger, dem platner, auf gepürlichs angloben die hundert spanischen harnisch für kays. Mt. stalmaister passiren lassen.

3407. [1552, VII, 14 a] 15. Oktober 1552:

Hannsen von Cöllen, dem kramer, vergönnen, seine gemalte tüecher drey oder vier tag unndterm rathauß hie zu verfaylsen und ine des predigerclosters halben an Johann Lotter weysen.

3408. [1552, VIII, 19 a] 14. November 1552:

Jeronimus Türcken, dem goldschmid, das begert bürgerrecht ablaynen und sagen, wenn er mit den maisterstücken bestannden und angesagt sey, mug er wider ansuchen.

3409. [1552, VIII, 39 a] 26. November 1552:

Auff der geschwornen goldschmid bericht und überanntwurte stück sylbers sol man Benedict Praunßkorn[1]), ders gemacht, zu red halten, warumb er so vil gelöts darein gemacht hab, wie es dann drey oder 4 mal so vil gelöts hat, dann es von nöten ist; und sein anntwurt widerpringen.

3410. [41 a] 28. November 1552:

Auff Benedict Praunßkorns veranntwurtung, das er on allen betrug oder gefahr so vil gelöts in sein arbait gemacht, und gebeten hat, ime sollichs zu disem mal auß gnaden hingeen zu lassen, sol man ime in gemain 3 tag thurenstraf auflegen und den geschwornen sollichs auch ansagen.

3411. [1552, IX, 32 a] 23. Dezember 1552:

Valtin Sybenpürger, dem platner, die drey faß mit harnisch auff gepreuchlichs angloben, das es nit wider kais^e^ und kon^e^ Mt., gein Krackau passiren lassen.

Hinzugefügt sei an dieser Stelle:

3411 a. [Haderbuch XXV, Bl. 164 b] 23. Dezember 1552:

Alexander Ryser, maler, ist darumb, das er als ein voller zapff unnd mutwilliger gesell inn Michel Freudenzweids, messerers, behausung one wissen unnd unberuffen desselben ganngen *und allda Hader angefangen, bestraft worden.*

3412. [1552, X, 6 a] 3. Januar 1553:

Erharten Deychman, püchsenfasser, das gebetten bürgerrecht ablaynen.

3413. Jorgen Freyß, platschlosser, unnd Paulus Tuller[2]), goldschmid, bede umbs gelt zu bürger annemen.

Hinzugefügt sei hier:

3413 a. [Haderbuch XXV, Bl. 169 a] 16. Januar 1553:

Anna Kurzin, keufflin hat anglobt, das sie den silbrin

---

[1]) Im Goldschmiede-Verzeichnis ein älterer und ein jüngerer Goldschmied dieses Namens: Nr. 207 (zwischen 1514 und 1530; Bürgeraufnahme 27. November 1512) und 339 (1545), die beide als Silberarbeiter bezeichnet werden. Der ältere starb, wie es scheint, 1534 (vgl. Mitteilungen II, 164), der jüngere 1566 oder 1567 (vgl. Mitteilungen II, 162). Danach würde es sich hier nur um den jüngeren handeln können. Vgl. über den einen oder andern noch Roth, Gesch. des nürnberg. Handels I, 312. Gurlitt, Archivalische Forschungen II. 85 (1517/18). Der ältere B. P. liegt auf dem Johanniskirchhofe begraben. Vgl. Trechsel S. 499.

[2]) Goldschmiede-Verzeichnis Nr. 357 (1553). Rosenberg Nr. 1231 († 1596). Mummenhoff, Rathaus S. 265, 266 (1577). Frankenburger Nr. 108 (1586), 176 (1594). Roth, Geschichte des nürnberg. Handels I, 387. Sein Grab auf dem Johanniskirchhofe. Vgl. Trechsel 354 Sp. 2.

pecher, so sie neben andren silbrin pechern uff dem Seumarckt fayl gehabt, welchen ir die geschwornen goldschmidt als ungerecht am gewicht gemacht genomen, anderst nit dann uff Meiner Herren ordnung und prob verkauffen wollen. Darauff ist ir der genomen pecher widerumb zu geben erteylt worden.

3414. [1552, XI, 36 a] 22. Februar 1553:

Hainrichen Rudolt, goldtschmid, weil er und sein vater Jeronimus Rudolt nun lange zeit nit hie gewont und kain losung zalt haben, sol man im für kain bürger mer halten und anstat aines abschids in sein gepurts- und leerbrief setzen, das er Meinen Herren mit kainer bürgerlichen noch ainicher andern pflicht verwannt, sonnder aller ding von inen ledig sey.

3415. [1552, XII, 12 b] 28. Februar 1553:

Eraßmuß Süessen, maler, sol man auff sein supplicirende bit vergönnen, sanndt Jeronimus pildnus, das der Pennz seliger Meinen Herren geschenckt, heroben in der stuben, da es ist, abzumalen, doch sonst nyemandt hinein lassen.

3416. [1553, I, 10 b] 11. April 1553:

Auff der geschwornen und etlicher annderer maister des goldschmidhanndtwercks suppliciren sol man inen ir begern umb versicherung Wilhelm Pomers, goldtschmidsgesellen, ablaynen und bey vorigem verlaß pleyben lassen.

3417. [1553, I, 20 a] 17. April 1553:

Dieweil der alt Enndres Pegnitzer hie geschen worden sein sol man mit fleyß kuntschafft auff ine machen und, soferr man ine betretten würde, mit aids pflichten verstricken, on Meiner Herren wissen und willen nit von hynnen zu weichen, noch etwas nachtayligs hinauß zu schreyben oder zu empieten; und sollichs alßdann widerpringen.

3418. [1553, I, 26 b] 20. April 1553:

Niclaus Störn, maler, sagen, dieweil ime die geschwornen werckleut so vil grunds geben zu seinem pau, wie die ordnung vermöcht, so liessens Meine Herren dabey pleiben.

3419. [1553, I, 37 b] 28. April 1553:

Sebaldten Hirßfogel[1]), glaser, sein supplicirende bit,

---

[1]) Neudörfer, ed. Lochner S. 151 (doch ist 1580 wohl verdruckt für 1589, da das Todesdatum lediglich aus Doppelmayr geschöpft zu sein scheint und dieser S. 206 den 21. Mai 1589 nennt). Geboren war S. H. 1517. Vgl. auch Allg. dt. Biogr. XII, 476 (von Bergau).

ine zu ainem statglaser zu geprauchen, ablaynen und sagen, Meine Herren geben dem herrn paumaister, auf den es gestelt, darinn kain maß; mug derhalb bey ime ansuchen und seines beschaids gewarten.

3420. [1553, III, 2 a] 1. Juni 1553:

Auff maister Gregori Löfflers[1]), püchsengiessers zu Ynnßprugk, widerschryfft und bericht des langen und kurzen püchsen giessens halb sol man sich erkundigen unnd nottürfftigklich bedencken, was man yetzo am nötigisten für püchsen oder grosse stück bedarff, unnd widerpringen, weytter räthig zu werden, was und wie vil stück man ime andingen woll[2]).

3421. [1553, III, 11 b] 6. Juni 1553:

Soferr Niclaus Nonnhart an aids stat angloben mag, das die 80 helmparten, so er hie zu kauffen unnd konig Sigißmunden Augustus in Polen zuzuschicken willens ist, demselben konig zugehören, sol man ims passiren lassen.

3422. [1553, III, 33 b] 13. Juni 1553:

Hannsen Peysser, pildhauer, auff sein suppliciren ain jar lanng außwenndig zu wonen vergönnen.

3423. [1553, III, 38 a] 15. Juni 1553:

Hannsen Guldenmundt auf sein suppliciren die gebetten fürschryfft wider Panngratzen Kempfen gein Magdenburg mittaylen[3]).

3424. [1553, III, 43 a] 17. Juni 1553:

Jorgen Künigßmüllner, Jörgen Petersyn und Jacoben Frölich[4]) auff ir suppliciren, weyl sy ymandt ins leger füern wöllen, ain beschryben gesigelt paßport mittaylen und des plaben veldzaichens halben bericht thun.

3425. [1553, III, 54 a] 20. Juni 1553:

---

[1]) Vgl. namentlich Zahns Jahrbücher I, 256 f. Im Jahrbuch der Kunstsammlungen des A. K. H. Bd. V, VII, X, XI, XII und XIV an zahlreichen Stellen (vgl. die Register zu den zweiten Teilen). W. Boeheim, Meister der Waffenschmiedekunst S. 121 ff. Über das Grabmal Gregor Löfflers in der Kirche zu Götting, einem Dorfe bei Innsbruck, — er starb am 15. Juni 1565 — s. Zeitschrift für bildende Kunst VI (1871) S. 348.

[2]) Zur Sache, auf die sich auch noch eine Anzahl weiter unten folgender Ratsverlässe bezieht, vgl. Zahns Jahrbücher I, 256.

[3]) Vgl. Zahns Jahrbücher I, 227.

[4]) Fraglich, ob der Goldschmied dieses Namens, der 1555 Meister wurde, gemeint ist.

Auff Martin Styebers [1]), goldschmids, verlesene ansag sol man den geschwornen maistern goldtschmidhanndtwercks auff Katharina, Sebastian von Plabens seligen wittib, suppliciren, ungeacht irer, der geschwornen, darauff gevolgten anntwurt unnd widerfechtens, weil sich erfindet, das es mer ain neyd dann ain notturfft ist, neben Meiner Herren misfallen sagen, man hab den sachen mit fleyß nachgesucht und so vil befunden, das in irer ordnung nit verpotten sey, das ainer den maisterring nit von ainem anndern abgiessen und die hülsen oder klaidung an der agleyplumen oder trinckgeschir ain anndern machen dorfft lassen. Weyl sy dann sonst kain anndern mangel an den maisterstücken haben, so sey ains erbern raths bevelch, iren, der Plobin, sun Caspar von Plaben [2]) zu maister anzusagen und mit fertigung des aids, wie sich gepürt, zuzulassen, sich auch hinfüro in dergleichen sachen so unpartheyisch [zu] erzaigen, damit Meine Herren nit ursach haben, ain annders ainsehen zu thun.

3426. [78 a] 27. Juni 1553:

Dieweil die geschwornen maister des goltschmidhanndtwercks am verschienen sambstag [*24. Juni*] mit Caspar von Poben [*lies:* Ploben] [78 b] inn der losungstuben erschienen unnd abermals ire ursachen, warumb sie ine, den von Ploben, bei iren pflichten nit zu maister ansagen konndten, erzelt unnd sich dannocht erfindet, das berürter von Ploben das maisterstück laut des gesetz mit sein ainßhannden nit gemacht unnd sonnsten auch allerlei mangels daran erfunden wirdet, so ist bedacht worden, obschon Meine Herren gern das best mit der witfrauen, seiner muter, thun und den jungen von Ploben von oberkeit wegen zum maister ansagen lassen wolten, so würde es doch mer sein schad dann nutz sein. Damit aber der witfrauen, dieweil ir zeit, das handtwerckh lennger zu treiben, aus ist, auch geholffen, so soll ir die zeit, das hanndtwerckh zu treiben, noch uff ein jar lanng erstreckt werden, inn welcher zeit ir sone wol ein annders maisterstückh der ordnung gemeß machen möge.

3427. [1553, IV, 18 a] 4. Juli 1553:

Sebalden Hirßfogel, glaser, zulassen, etliche farnus vor seinem hauß an der Lauffer gassen zwen oder drey tag zu

[1]) Im Goldschmiede-Verzeichnis Nr. 361 (1549: »Martin Stuber«) als Silberarbeiter. Im Meisterbuch zum 29. Mai 1550 (»Mertin Stiber«).

[2]) Goldschmiede-Verzeichnis Nr. 382 (1554).

verfaylsen und zu verkauffen, doch das mans nit weitter herauß thue, dann so weit die schregen gestelt seyen.

3428. [1553, IV, 40 a] 11. Juli 1553:

Lorenz Koch, püchsenmaister und geschmeidmacher, *kommt vor.*

3429. [1553, IV, 61 b] 18. Juli 1553:

Valtin Sybenbürger, platner, die 200 sturmhauben, soferr er anglobt, das sy gein Polen gehören, daselbsthin passiren lassen, doch bevelhen, das ers durchs lanndt zu Beheim hinein schick oder ain solliche straß, damits dem veind nit in die hanndt kumb.

3430. [1553, V, 12 a] 1. August 1553:

Soferr Hanns Ul, püchsenfasser, schwern mag, das er die 300 hagken nyendert annderstwohin dann gein Leiptzigk füern wöll, sol man ims passiren lassen.

3431. [1553, V, 30 b] 11. August 1553:

Auff den bericht, wie statlich Peter Vermundts sun umb lenngere haltung seiner pferd hab anhalten lassen, ist bevolhen, ime wider zu sagen, wiewol man anndere auch geurlaubt, wöllen ime doch Meine Herren zu gunst unnd in ansehung seines künstlich gemachten wagenmusters seine sechs pferd, die im zugehören und er in seinem futer hat, noch lennger in der besoldung halten, doch das er an der zwayer hincketen untüglichen stat nach zwayen anndern tracht, damits ime in der musterung gut gemacht werden. oder, wo nit, wöll man im nur auf die sold geben, die ime im mustern besteen. Aber den weyssen pyerpreuen gedenck man in kainen weg lennger zu haben.

3432. [1553, V, 39 a] 14. August 1553:

Herr Mathesen Manlichs zugeschickts schreyben von Gregori Löffler, püchsengiesser zu Ynnsprugk, sol man herrn Jobsten Tetzel furhalten unnd mit seinem gutbedüncken, ob man der grossen stück biß in zehene nit lennger enntpern möcht, widerpringen, weitter räthig zu werden, was man dem Löffler wider schreyben wöll.

3433. [42 a] 16. August 1553:

Das gestelt und verlesen concept an maister Gregor Löffler, püchsengiesser zu Ynnsprugk, also außgeen, doch fürs wort »verdienen« verschulden oder vergleichen setzen lassen und sein anntwurt begern.

Daneben herrn Mathesen Manlich zu Augspurg, rom. kon. Mt. rathe, auch wider ain danckbrieflein schreyben, berürten brief zuschicken und ine bitten, denselben aufs furderlichst gein Ynnßprug zu verordnen.

3434. [1553, V, 56 b] 22. August 1553:

Linhart Anngerers begerter 27 schmelztygel halb für den münzmaister zu Salfeldt die geschwornen rotschmid auch vernemen, und widerpringen.

3435. [1553, VI, 1 a] 23. August 1553:

Was maister Gregori Löffler auff sein schreyben unnd erpieten, das er Meinen Herren das begert unnd angedingt geschütz auf der rom. kon. Mt. ime zugeschrybene bewilligung zu verfertigen willens sey, welches Mathes Mannlich hieher geschickt, wider darauff zu anntwurten von nöten sey, das sol herr Jobst Tetzel bedencken und fertigen lassen.

3436. [1553, VI, 3 b] 25. August 1553:

Balthasar Geyger[1]) von Arnstat, goldschmid, auff sein suppliciren umbs gelt zum bürgerrechten kumen lassen.

3437. [1553, VI, 10 b] 29. August 1553:

Das gestelt missif an maister Gregori Lofflern, püchsengiesser zu Inspruckh, also fertigen unnd außgehen lassen.

3438. [1553, VI, 25 a] 2. September 1553:

Linharten Hagendorffer, maler oder etzer, umbs gelt zu bürger annemen.

. . . .

3439. Steffan Schön, wappenstaynschneider, sein supplicirende bit umb zway jar erlaubdtnus ablaynen und sagen, wöll er hinwegk, müeß ers bürgerrecht aufsagen.

3440. [1553, VI, 39 b] 11. September 1553:

Maister Gregori Löfflers, püchsengiessers, schreyben vom datum 16. Augusti auß Ynnsprugk, weil im derhalb schon anntwurt und bericht zugeschryben worden ist, also beruhen lassen.

Weyl aber Michel Hitzler[2]) daneben etlichs gelts halb,

---

[1]) Im Goldschmiede-Verzeichnis Nr. 876 (1553) als Silberarbeiter und mit dem Zusatz: »ist zu Würzburg geköpft worden«. Mitteilungen II, 162 (»Barbara Balthasar Geigerin, hinter dem Rathaus« † 1557, »Anna Balthasar Geigerin« † 1557 oder 1558).

[2]) Nach Jahrbuch der Kunstsammlungen des A. K. H. Bd. XI Nr. 7022 (1554) war er ein Harnischmacher. Sein Grab auf dem Johanniskirchhofe. Vgl. Trechsel S. 127 Sp. 1 (1559).

so er [40 a] von seintwegen hie empfahen sol, anregen gethan und beschaids begert, sol man ime anzaigen, weil Loffler derwegen yetzo nichts davon gemelt, was man ime jüngst darinn geschryben, und sich das zu laisten erpoten hab, das er selbs begert; allein sey Meiner Herren bit, er wöll gein Augspurg bey herrn Mathesen Manlich anmanung thun, damit Meiner Herren brief von dannen furderlich gein Ynsprugk verordent werd.

3441. [48 a] 16. September 1553:

Auff der regierung zu Ynnßprugk schreyben sol man irem gesanndten, Adam Crafft, neben dem Michel Hitzler des zeugmaisters verwalter zugeben, die 600 c. pulffers in der Carthausen mit dem Balthasar Henntzen zu besichtigen, zu probiren, zu wegen unnd hinwegk zu fertigen, wie gebeten ist worden, doch mit der erinnerung, das sy gewarsam damit umbgeen, das nit schaden darauß ervolge.

Deßgleichen sol man dem gesanndten die 500 hagkenpüchsen, so er hie zu kauffen willens, auch passiren lassen.

3442. [1553, VII, 41 a] 11. Oktober 1553:

Auff maister Gregori Löfflers, püchsengiessers zu Ynnßprugk, schreyben sol man Michel Hitzler in namen und als factor herrn Mathias Mannlichs zu Augspurg die begerten iiij M̲ gulden von seinentwegen gegen emphahung seiner quittung zustellen. Und sollichs maister Gregori also zuschreyben mit dem anhanng, das man der meß von den püchsen seinem zuschreyben nach furderlich gewertig sein wöll.

3443. [1553, VIII, 2 a] 19. Oktober 1553:

Anna Styerin im loch auff des raths zu Amberg fürschryfft Friderich Krayssen, Hannsen Kyens und annderer irer bürger [2 b] schulden halben güetlich zu red halten unnd ir sag widerpringen.

Unnd dieweil man des Kyens, goldschmids weyb, iren sylberin löffel unnd anndere stück, so vil die Styerin noch gehabt, wider zugestellt, sol mans dabey pleiben lassen.

3444. [1553, VIII, 22 a] 30. Oktober 1553:

Maister Jörgen Unger, den parlirer, unnd maister Jörgen Weber, zimerman, zu einreissung etlicher bevestigung geen Vorcheim zu schicken; unnd dieweil sich aber er, der Unger, desselben beschwerdt, soll nochmaln mit ime gehanndelt werden, dasselbig zu thun.

31*

3445. [1553, VIII, 24 b] 31. Oktober 1553:

Maister Jörgen Unger, parlierer, dieweil er sich bewilligt, geen Vorschein zu reiten, soll ein brieflein an mein gnedigen herrn von Bamberg mitgetheilt und gebetten werden, das ir f. g. dannocht solche verschung thun wölten, das er seine sachen one gefahr verrichten möge. Auch in solchem schreiben Schreitberg [*oder* Sthreitberg] und des thurns zu Bayrßdorff eingedenck zu sein, ob gegen denselben auch etwas furzunemen; daneben herrn doctorn Zollner ansprechen, ime, Ungern, gleicher weise ein brieflein an Bamberg mitzutheillen[1]).

3446. [1553, VIII, 31 b] 2. November 1553:

Hanns Mercken, kartenmaler, mit seinem aufgesagten bürgerrechten in die losungstuben weysen.

3447. [1553, VIII, 36 b] 5. November 1553:

Herrn Weyganndten, bischof zu Bambergs, widerschryfft Jörgen Ungers und zersprenngung des gemeurs halb zu Streytperg mit beger, seinen f. g. das darzu gegeben pulffer wider zu erstatten, sol man dißmals also übersehen und unverantwurt auff im selbs beruhen lassen.

3448. [1553, VIII, 37 b] 6. November 1553:

Maister Gregori Löfflers, püchsengiessers, schreyben den zeugherrn zustellen unnd die gefeß zun püchsen den zugeschickten mustern gemeß fertigen lassen.

3449. [1553, IX, 29 b] 29. November 1553:

Maister Gregori Löffler, püchsengiesser zu Ynnßprugk, sol man wider auff sein yetzig und jüngst schreyben beanntwurten, man habs bede, auch mit dem jüngsten die visirung der püchsen gefeß halben wol empfanngen und gern vernomen, das die püchsen so paldt gefertigt werden sollen. So hab man der 4000 fl. halb hievor auf sein begern solliche verordnung gethan, das die dem Mathias Manlich auf 15. Octobris zu Augspurg schon erlegt worden, ungezweyfelt, er hab dess vor disem wissens empfangen. So wöll man völliger verfertigung halb des angedingten geschütz halben seines verrern berichts auch gewarten.

3450. [1553, IX, 45 a] 7. Dezember 1553:

Peter Zeydler, Jacoben Hofmans, goldschmids, diener, *kommt in einer gleichgültigen Angelegenheit vor.* —

[1]) Zur Sache vgl. Zahns Jahrbücher I, 262.

[57 b] 12. Dezember 1553 *wird derselbe als* Jacoben Hofmanns stiefbruder *bezeichnet.*

3451. [1553, X, 30 b] 20. Dezember 1553:

Gerharten Gut, püchsenfasser, ein jar mit offner hanndt hie sitzen lassen.

3452. [1553, X, 55 a] 29. Dezember 1553:

Marxen Puchlannger unnd Hannsen Lercher, püchsenfasser, das bürgerrecht ablainen.

3453. [1553, X, 61 b] 31. Dezember 1553:

Wolffen Danner, schraubenmacher, seinem erpieten machen [*lies:* nach] ein schrauben machen unnd ein prob damit thun lassen und, wie mans befindt, widerbringen.

3454. [1553, X, 67 b] 2. Januar 1554:

Auff herrn Mathesen Manlichs von Augspurg und maister Gregori Löfflers, püchsengiessers zu Ynnsprugk, zway undterschidliche schreyben sol man maister Gregori wider schreyben, man habs wol empfangen und gern vernomen, daz er Meiner Herren [68 a] geschütz so weit als biß on zway stück gossen hab. Weyl er sich aber erpotten, wann ers gar gefertigt hab, woll ers Meinen Herren wider zu wissen machen, damit sy yemandts hinein verordnen, dasselbig besichtigen und beschiessen lassen mugen, wöll man desselben also gewarten unnd dann des paß und annders halben die notturfft weitter bedencken, mit dancksagung diser seiner gethanen erynnerung.

Auff der herrn stathalter und regenten zu Ynnßprugk schreyben sol man inen die begerten 500 halbhagken und 500 sturmhauben hie zu machen und hinein zu füern passiren lassen, und sollichs dem Michel Hitzler also ansagen, doch einpinden, wanns gefertigt werde und ers hinwegk schicken wöll, sol ers zuvor ansagen.

Und sol solliche wilfarung der regirung auch wider also zugeschryben werden.

3455. [1553, X, 68 b] 3. Januar 1554:

Auff Johann Neudorffers[1]) und Jacoben Hofmans verklagen sol man Barthel Ponholtzerin irs unwesens, huren und

---

[1]) Für Johann Neudörfer d. ä. sei hier der Kürze halber lediglich auf meinen Vortrag zum 400. Geburtstage des alten Schreibmeisters, abgedruckt in der Bayerischen Gewerbezeitung 1898 S. 2 ff., verwiesen, in dem ich die Resultate der älteren und eigener Forschung zusammengefaßt habe.

puben haltens halben mit der nachtpaurschafft fur die fünff herrn vordern unnd die ordnung gegen inen halten, oder, wann man die sach der Ponholtzerin halb so streflich finden wirdet, sol mans widerpringen.

3456. [1553, XI, 16 a] 17. Januar 1554:

Auff Jörgen Unngers suppliciren umb erlassung des barlirampts unnd der bit, ine zu ainem maister in bestallung anzunemen, sol man ine zuvorderst weitter vernemen, was sein vorhaben sey, wie und zu was sachen er sich wolt geprauchen und bestellen lassen, unnd sein anntwurt widerpringen.

3457. [1553, XI, 29 a] 24. Januar 1554:

Caspar Wydman[1]), goldschmid, . . . umbs gelt zu bürger annemen.

3458. [1553, XI, 31 a] 25. Januar 1554:

Auff Panngratzen Labenwolfs, rotschmids, suppliciren sol man ime zu bezalung seiner zynnßschulden noch ain halbs jar frist geben.

3459. [1553, XI, 34 b] 27. Januar 1554:

Auff Mathes, juden von Fürt, suppliciren unnd Linhart Prauns, goldschmids, anntwurt sol man dem juden solliche anntwurt bey seinem poten zuschicken und sagen, weil sich der goldschmid zu ainer berechnung erpoten, er mug sich innerhalb acht tagen zum Gostenhof herein verfüegen, sich mit im berechnen und im damit der sachen selbs abhelffen. Das sol man dem Praun, goldschmid, auch anzaigen.

3460. [35 a] Thoman Weynman, goldschmid, sol umbs gelt zum bürgerrechten gelassen werden.

3461. [1553, XI, 45 a] 1. Februar 1554:

Ulrichen Rotengater[2]) das faß mit sturmhauben auff gepürlichs angloben bey seinen bürgerpflichten gein Wyen passiren lassen.

3462. [1553, XI, 54 b] 6. Februar 1554:

Christoffen Dietherrn[3]) sein begern umb zulassung,

---

[1]) Vgl. Goldschmiede-Verzeichnis Nr. 378 (1554) und ebenda S. 7 (1573). Rosenberg Nr. 1232. Mummenhoff, Rathaus 274 (1573). Roth, Geschichte des nürnberg. Handels I, 395.

[2]) Sein Grab auf dem Johanniskirchhofe. Vgl. T rechsel 523 Sp. 1 1579.)

[3]) Gebert S. 56 ff. Frankenburger Nr. 31 (1553), 61 (1569). Jahrbuch der Kunstsammlungen des A. K. H. XII Nr. 8275 (1590). Sein Grab auf dem Johanniskirchhofe. Vgl. Trechsel S. 75.

etliche stück sylbers, die on das gein Forchhaim, da dann [55 a] der würzburgisch münzmaister auch ain müntz auffzurichten vermaint, und an andere ort zu vermünzen von hynnen verfüert werden, selbs zu vermünzen, weils wider die ordnung ist, mit guten worten benemen und ablaynen.

3463. [1553, XI, 58 b] 7. Februar 1554:

Nicasius Frischen, dem goldschmid, auff sein suppliciren Hannsen von der Hells, bürgers zu Augspurg, anntwurt furhalten mit anzaig, Meine Herren können darüber nichts mit ime, von der Hell, verschaffen; darumb lassen sies auch dabey pleyben.

3464. [1553, XII, 19 a] 16. Februar 1554:

Valtin Sybenbürger, dem platner, auff sein suppliciren die gebetten fürschryfft seiner schulden halben an den herrn von Anndelot wider die zu Pisantz mittaylen.

3465. [1553, XII, 23 b] 17. Februar 1554:

Maister Gregori Löffler, dem püchsengiesser, wider schreyben, man hab sein schreyben vernomen und gern gehört, daz er das geschütz gar gossen und so wol geraten sey, mit bit, wann ers port [= *gebohrt*] hab und gar fertig worden, Meine Herren desselben bey ainem aignen potten zeytlich darvor zu schreyben.[1])

3466. [1553, XII, 25 a] 18. Februar 1554:

Als Jörg Unnger auf jüngsten beschaid sich nochmals vernemen lassen, das er Meinen Herren gern vor anndern herrschafften dienen wolt, allain nochmals gebetten, ine zu ainem maister des staynmetzenhanndtwercks an- unnd auffzuzunemen und ine mit der besoldung, die er Meinen Herren heymgestelt, dermassen zu halten, das er neben ainem anndern maister pleyben könn, soll man sollicher besoldung halb weytter mit ime handeln, waran ers wöll erwinden lassen; und widerpringen.

Und ist auf sein verlesene verzaichnus und gutbedüncken, welcher massen man den laufgraben vorm Frauenthor mit geringsten cossten außfüetern möcht, bevolhen, ine auch weitter darinn zu vernemen, alßdann anndere verstenndige werckleut, sein ungemelt, auch darinnen hören, was mit nutz zu thun oder zu lassen sey; und widerpringen.

3467. [1553, XII, 32 a] 21. Februar 1554:

[1]) Vgl. Zahns Jahrbücher I, 256.

Helena, Valtin Werners[1], goldschmids, eewirtin, *kommt vor.*

3468. [1553, XIII, 9 a] 13. März 1554:

Hannsen Erb[2], kartenmaler, das begert bürgerrecht ablaynen.

3469. [16 a] 17. März 1554:

Hanns Erben, karttenmaler, auff Barbara, seiner eewirtin, suppliciren umbs gelt zu bürger annemen.

3470. [1553, XIII, 22 a] 19. März 1554:

Zum zerprechen des gemeurs auff Streytperg sol man Jörgen Unger auff der bambergischen räthe begern darzu geprauchen unnd inen denselben gein Forchheim vergönnen.

3471. [1553, XIII, 26 b] 22. März 1554:

Auff maister Jörg Weber, zymmermans, verzaichenten bericht der prügken halb, so bey Schweynfurt übern Mayn sol gemacht werden, ist bevolhen . . . *etc.*

3472. [1554, I, 2 a] 28. März 1554:

Valtin Sybenbürger die zway faß mit den spitzigen sturmhauben auff vorgeendts gepürlichs angloben gein Krackau passiren lassen.

3473. [1554, I, 9 a] 30. März 1554:

Auff der geschwornen goldschmid suppliciren und Caspar Pauchs anntwurt des zaichens halb, das er ime auff Jörgen Ernsts arbait widers gesetz hab schlagen lassen, sol man die jüngst hanndlung mit pesserung der goldschmidordnung darzu suchen und wider furlegen, wenn herr Jorg Volckamer der elter auch da ist.

3474. [11 a] 31. März 1554:

Die zwen goldschmid, so gegeneinander frid angelobt haben, wider gegeneinander verhörn und, welcher schuldig erfunden würdet, der den friden prochen hat, sol mans widerpringen und der straf halben weitter rathig werden.

3475. [1554, I, 16 b] 4. April 1554:

---

[1]) Goldschmiede-Verzeichnis Nr. 320 (1543). Roth, Gesch. des nürnberg. Handels I, 395.

[2]) Zahns Jahrbücher I, 232 (Bürgeraufnahme 1555). Mitteilungen I, 279 (Barbara Hans Erbin † 1555). Sein Grab, wie es scheint, auf dem Rochuskirchhofe. Vgl. (Gugel), Norischer Christen Freydhöfe Gedächtnis 125 (1565).

Valtin Türcken, goldschmids, auff sein bitlich ansuchen umbs gelt zum bürgerrechten komen lassen.

3476. [1554, I, 22 b] 7. April 1554:

Hannsen Multerers, goldschmids, klag wider Marxen Kyener umb bezalung aines sylberin pechers, den er mit noch ainem pecher von ime erkaufft und noch nit bezalt hat, sol man demselben Kyener furhalten und sein anntwurt widerpringen.

3477. [1554, I, 57 b] 24. April 1554:

Hanns Mörel, goldschmid, *kommt in einer gleichgültigen Angelegenheit vor.*

3478. [1554, II, 19 a] 5. Mai 1554:

Jörg Unnger, staynmetz, hat auff die mit ime gemachte bestallung als ain statmaister pflicht gethan.

3479. [1554, II, 19 b] 5. Mai 1554:

Auff herzog Hainrichen von Braunschweigks schreyben, auß Wolffenpüttel gethan, den 25. Aprilis dattirt, sol man sich des angezognen sylbergeschirs halben beym Joachim Ochsenfelder erkundigen, obs gar gemacht oder wie es damit gestalt sey; und widerpringen [1]).

3480. [1554, II, 25 a] 8. Mai 1554:

Auff den bericht, das herzog Hainrich von Braunschweigks sylbergeschirr alles verfertigt sey und Joachim Ochsenfelder allain zweyfenlich, wie ers sein f. g. sicher zupringen sol, und deßhalb umb rath gebetten, sol man die sach bedencken, wie man sollich sylbergeschir auffs stillist auß des Ochsenfelders hauß pringen und einschlagen möcht, und dasselb also ins werck pringen; weiter räthig zu werden, welcher massen mans wöll abfüern und verrer hinwegk füern lassen.

. . . .

3481. Thoman Gastel, dem maler hindter den parfüsern, vergönnen, vor seinem hauß zwen oder drey tag sein farnus zu verfaylsen und zu verkauffen.

3482. [1554, III, 3 a] 25. Mai 1554:

Hannsen Gerlein [2]), lautenmacher, auff sein bit umbs gelt zu bürger annemen.

---

[1]) Zur Sache vgl. für diesen und den folgenden Ratsverlaß Frankenburger Nr. 32—40.

[2]) Neudörfer, ed. Lochner S. 162 f. Doppelmayr 291. Ein Hans Görl, Lautenmacher, ist 1517 bereits verheiratet (vgl. Rats-Verlaß vom 4. September

3483. [4 b] Auff Jörgen Ulrichs, goldtschmids, suppliciren sol man des haders und verwundung halb, so sich zwischen ime und Peter Mayr, auch goldschmid, zugetragen, seine zeugen verhören, und widerpringen, ine aber mitler weil unbeanntwurt lassen.

3484. [5 a] 26. Mai 1554:

Caspar Pfeffer, püchsenfasser in eysen, zu red halten und sein sag widerpringen.

3485. [1554, III, 26 a] 4. Juni 1554:

Jacoben Hofmans, goldschmids, supplication umb zymmerholtz zu widererpauung seines verprenten hofs zum Rummelßperg sol man den waldherrn zustellen und, wann man im etwas schuldig ist, dasselbig mittaylen oder, wo nit, sovil von nöten, widerpringen.

3486. [1554, III, 32 b] 8. Juni 1554:

Dieweyl Linhart Tanner, schreyner, zu allerley gepeuen und prechzeugen ain sonndern anschlegigen guten verstanndt hat, sol man auff ain zimlich dienstgelt unnd bestallung etliche jar lanng mit im handeln unnd, was von nöten, widerpringen.

3487. [1554, III, 35 b] 9. Juni 1554:

Auff verlesung des gestelten schreybens, daz Jörg von Loburg und Wilhelm von Kallenpach, die zwen marggrefischen verstrickten kriegsmenner im Haylßpronner hof, vonwegen der 200 f., die inen Peter Zeydler auff verweysung des renntmaisters zu Kulmpach hie bezalen sollen, aber zu thun gewaigert, an ine, den renntmaister, zu thun willens seyen, sol man sich zuvorderst beym Zeydler erkundigen, wie und warumb er dise 200 f. schuldig worden; und sein bericht widerpringen.

3488. [1554, III, 38 b] 10. Juni 1554:

Nachdem sich bey Jacoben Hofman, dem goldschmid, in abwesen seines bruders Peter Zeydlers sovil berichts erfunden, das derselb sein bruder und noch ainer mit ime gein Plassenburg gefanngen und umb 400 f., da sy 200 f. par bezalt und sich umb die anndern 200 f. verschreyben müessen, ranzonirt

1517). Der in obigem R.-V. vorkommende H. G., dessen Bürgeraufnahme am 30. Mai 1554 erfolgte — vgl. Bürgerbuch 1534 — 1631 Bl. 57a — ist wohl ein jüngerer Verwandter, vielleicht der Sohn jenes früher vorkommenden Meisters.

worden, und das gleichwol Jorg von Loburg unnd Wolff von Kallenpach zu ime, Hofman, ins hauß kumen, sich allerlay betrohlicher reden vernemen lassen, auf maynung, daz sy, wann man inen die restenden 200 f. nit wolt entrichten, wol weg finden könnten, das mans gut thun müest, darauff er, Hofman, weil er und sein bruder daz lanndt pauen und sich mit irem hanndel neren müesten, dieselben 200 f. gleichwol in die Schau erlegt, der maynung, wann sy die darumb abgenötigt verschreybung erlegen würden, daz inen dieselben 200 f. dagegen entricht werden solten, wiewol er lieber wolt, daz ers oder sein bruder nit geben solten, ist bevolhen, den hanndel für die herren kriegsrathe auch zu pringen und zu bedencken, weil für beschwerlich angesehen, daz man inen zu erlegung Meiner Herren bürger unpillichen auferlegter rantzon helffen sol, was darinn zu thun; und widerpringen.

Und dieweil sy sich sonst auch allerlay pöeser reden sollen vernemen lassen, sol man Johann Neudorffer derhalb [39 a] verhörn und sonst auch fleissig nach sollichen dingen inquiriren und erfarung haben, und, wie mans finden wirdet, widerpringen.

Deßgleichen sol man mit herrn Barnabasen Bemer davon reden und fleiß furwennden, weil der von Loburg durch seine knaben unnd anndere allerlay kuntschafft hin unnd herwider machen sollen, auff den rechten grundt zu kumen und die knaben, wann ers also abfertigt, wie sich gepürt zu besachen und zu recht fertigen; und, wie mans finden würdet, auch widerpringen.

3489. [47 a] 13. Juni 1554:

Auff den bericht, wess sich Jörg von Loburg für betrohliche reden sol vernemen haben lassen, ist bevolhen, sein unnd der anndern verstrickten marggräfischen machthannsen halb im Haylßpronner hof nochmals fleissig darauff zu inquiriren, auch herrn doctor Rockenpach, Jacoben Hofman, Peter Zeydler, sein styefbruder, Hannsen Gotschalck und was man mer für zeugen haben kan, derwegen zu verhören und zu beaidigen, mit vertröstung, sy darundter allerding ungemelt zu lassen; und ir sag widerpringen.

Daneben sol herr Jeronimus Paumgartner auch gebetten sein, fleiß zu thun, ob er auch zu pesserm bericht der sachen kumen möcht.

3490. [1554, III, 52 b] 16. Juni 1554:

Marxen Söner die 50 hagken auff gepreuchlichs angloben gein Straßpurg passiren lassen.

3491. [1554, III, 55 b] 18. Juni 1554:

Thoman Türckh, goldschmid, uff sein suppliciren sagen, wann er maister werd, soll er wider ansuchen umbs bürgerrecht.

3492. [1554, IV, 5 b] 22. Juni 1554:

Jörgen Unngers, barlirs, supplication furlegen, wann herr Caspar Nützel auch da ist.

3493. Abraham Weyßkopffen[1], weil er für ain künstlichen gesellen berümbt ist worden, sol man auff sein supplicirende bit die segmül zur hadermül vor anndern ain jar lanng arbaiten lassen unnd es also mit im versuchen und von yedem schnyt 2 ₰ zu lon geben.

3494. [1554, IV, 52 a] 16. Juli 1554:

Wolff Strauben[2], dem briefmaler, sol man das begert bürgerrecht ablaynen.

3495. [1554, V, 6 a] 21. Juli 1554:

Jeronimussen Kißling, goldschmid, und Melchior Pulman[3], schlosser, mit iren auffgesagten bürgerrechten nach tysch in die losungstuben weysen.

3496. [1554, V, 33 b] 3. August 1554:

Friderich Rauschen von Lauff das begert bürgerrecht ablaynen.

Deßgleichen sol mans Mathes Zynnthen[4], staynschneyder, auch ablaynen.

. . . .

[1]) Vielleicht ein Sohn des von Neudörfer (ed. Lochner S. 157) gerühmten Wolf Weiskopf.

[2]) Über Wolf Straub oder Strauch vgl. Zahns Jahrbücher I, 230 (1555, 1561; 1571: »Appolonia Wolf Strauchin Wittwe«). Über die Nürnberger Malerfamilie Strauch überhaupt Fr. Haack in der Kunstchronik VIII (1897) Sp. 408 ff.

[3]) Neudörfer, ed. Lochner S. 67 f.

[4]) Der Steinschneider, der Goldschmied (vgl. Ratsverlaß vom 23. Mai 1556, der mit dem obigen Ratsverlaß zu korrespondieren scheint) und der Kupferstecher (vgl. Ratsverlaß vom 16. Januar 1567), dann auch wohl der »Bildschnitzer«, »sculptor« [vgl. Jahrbuch der Kunstsammlungen des A. K. H. Bd. XI Nr. 7318 51, 51: »Mathäus Zyndler, bildschnitzer zu Nürnberg« zum Jahre 1559, und Panzer S. 274: »Matthes Zinck sculptor« † 1581 (?)] Mathes Zündt (Zintt, Zinck etc.) scheinen alle eine und dieselbe Person zu sein. Vgl. über ihn Goldschmiede-Verzeichnis Nr. 107 (1560; im Meisterbuch: »Mathes Zintt«). Mitteilungnn II, 165.

3497. Peter Müelich, dem püchsengiesser, auff sein schreyben unnd ansuchen umb dienst wider abschlegige anntwurt geben mit anzaig, das Meine Herren diser zeit mit püchsengyessern gnugsam versehen seyen, und ime sollichs mit guten worten wider zuschreyben [1].

3498. [35 a] Jörgen Weber, zymmerman, sol man nach verrichtem pau zu Herßprugk auff sein bit zu erlanngung seines gesundts auff ain zway monat lanng ins wildpad zun Elpogen erlauben, doch einpinden, undter demselben scheyn kain pau zum Kuttenperg im perckwerck anzunemen oder zu verrichten; das er auch hie sein ampt der Pegnitz geprechen halb also versorg und bestell, damit auch nit mangel erschein.

3499. [1554, V, 35 b] 4. August 1554:

Den geschwornen maistern des goldschmidhanndtwercks sol man auff ir anpringen, welcher massen sy bey ainer kremerin in der Pynndtergassen an ringlein unnd annderm vyl zu geringe sylberarbait gefunden, das sy auch ain bruder bey ir haben, der solliche arbait machen sol, wider sagen, das sy der ordnung nachkumen und dagegen hanndeln unnd furnemen sollen, was sich in vermug derselben gepürt.

Daneben sol man auch bemelten goldschmidsgesellen [2] beschicken unnd derhalb, sonnderlich wie es mit dem beschlagnen degen, den er umb 30 f. sol geben haben unnd nit über 15 f. werth gewest sein, gestalt sey. Auch fleiß furwennden, ob man denselben zur hanndt pringen und probiren möcht unnd, wie mans alles finden wirt, widerpringen.

3500. [1554, V, 45 b] 8. August 1554:

Auff der geschwornen goldschmid verrern bericht, das sich Jörg Zyegler, goldschmidsgesell, nit mer betretten wöll lassen, darumb sy gegen seiner schwester, Alexius Pircken, schneyders, hausfrauen, mit aufhebung des sylber-

---

(der Goldschmied »Mathes Zink, uf S. Katharina Hof« † 1571 oder 1572, seine Frau »Hester Matthes Zinckin, hinter S. Katharina« bereits 1562). — Andresen, Der deutsche Peintre-Graveur I, 1 ff. Ohne Zweifel wäre das Leben und Wirken des vielseitigen Künstlers eifrigeren Studiums wert.

[1] Vgl. Zahns Jahrbücher I, 257.

[2] Sein Name war, wie sich aus dem folgenden Ratsverlaß ergiebt, Jörg Ziegler. Ein Rohrgoldspinner dieses Namens kommt in den Mitteilungen des Vereins f. Gesch. der Stadt Nürnberg Bd. X, 61 zum Jahre 1608 vor.

geschmeids in ruhe gestannden, ist bevolhen, das sich die geschwornen taylen und allweg ir zwayen ainer auß der cantzley mit ainem statknecht zugeordnet werd. Die sollen auf ain mal an den zwayen orten, nemlich bey des Zieglers muter am Obßmarckt, da er in ainem stüblein gearbait, und bey seiner schwester obgemelt einfallen, und, was geferlich gefunden wirdet, dasselbig aufheben, doch alles zuvor beschreyben, das sylbergeschmeid aber probiren lassen und, wie mans finden wirdet, widerpringen.

Daneben sol man noch fleiß furwenden, ine auch zu der hanndt zu pringen und ins loch zu füern.

3501. [1554, V, 53 a] 12. August 1554:

Jeronimus Pauman, geschmeidmacher, sol sein supplicirende bit umb versicherung seins suns Paulus Paumans abgelaint werden.

3502. [1554, VI, 2 a] 16. August 1554:

Auff Jörgen Unngers suppliciren sol man im auß den in seiner supplication angezaigten ursachen noch zwen leerknecht, wie man maister Linharten Schnabel, dem staynmetzen, hievor auch zugelassen, vergönnen und im darzu der schanzgraber und des prechens halb etlichs verprenten marggrefischen gemeurs ain ver- [2 b] eerung thun und in damit zufriden halten, wie das die darzu verordenten herrn, auf die es auch gestelt sein sol, für gut ansehen werden.

3503. [1554, VI, 11 a] 20. August 1554:

Dieweil Linhart Tanner seines anschlegigen geschwinden kopffs und angeporner schickligkait halben mit seiner kunst Meinen Herren im zeughauß unnd sonnst wol nütz und dienstlich sein mag, er auch von anndern herrschafften, sonnderlich dem churfürsten herzog Augustus zu Sachsen und herzog Ott Hainrich, pfalzgrafen, uff statliche besoldung umb bestallung ersucht worden sein sol, ist für gut angesehen und bevolhen, mit ime auff ain 36 biß in 40 gulden jerlichs dienst- oder wartgelts auff ain jar sechse, achte oder so lanng mans bey ime erhalten mag um bestallung zu hanndeln und, was man also bey im erheben und außrichten wirdet, widerzupringen.

3504. [1554, VI, 31 a] 31. August 1554:

Dieweil maister Gregori Löffler, der püchsengiesser, alhere gelanngt ist, sol man ime den weyn schencken. Auch die rechnung des gegossenen geschütz halben von ime ervordern unnd sonnst auch ansprechen. Was man nun weiter mit im gehandelt, ist auß der Eltern manual daher zu pringen.

Als Ergänzung sei hier ein Verlaß aus dem Älternmanual wiedergegeben:

3504 a. [II, 137 a] 5. September 1554:

Als Meine Herrn, ain erberer rathe, bevelch geben, maister Gregori Lofflern, püchsengiesser von Ynnsprugk, weil er yetzo, nachdem er die 12 großen stück püchsen gein Regenßpurg gelifert, Meinen Herrn zu eern und gefallen gar hieher geryten, den zerprochnen püchsenzeug im zeughauß sehen zu lassen und mit ime zu hanndeln, ob er zu bewegen sein möcht, denselben alten zeug hie widerumb von neuen zu vergyessen und zum anndern, was Meinen Herrn für geschütz, das inen und gemainer stat im fahl, das dieselb, das Got genedigklich verhüeten wöll, wider solt belegert werden, am nützlichsten sein möcht; darauff er dann Meinen Herren gestern ain schryfftlichen bericht und anntwurt zugestelt, aber das gyessen des alten geschütz hie zu thun auß etlichen furgewenndten ursachen gewaigert, also das man weitter mit ime gehanndelt! unnd sich dermaß verglichen, das er sich bewilligt, den alten zeug zu Regenspurg anzunemen, sovil man ime daselbsthin werde lifern, und denselben fürter auff sein wagknus, cossten und scheden gein Ynnßprugk zu pringen, daselbst widerumb neu zu giessen der gestalt unnd solliche stück, wie man ime dieselben auff das muster, so er Meinen Herren derhalb herauß zu schicken urpüttig, zu machen bevelhen und angeben werde, und dieselben alßdann widerumb auff sein wagknus, cossten und schaden biß gein Regenspurg zu lifern, von dannen sy dann dieselben selbs gein Nürmberg zu füern schuldig sein sollen und, sovil man im zu Regenspurg centner und pfundt wienisch gewicht an altem zeug zustellen werde, sovil gewichts wöll er am neuen geschütz auch gein Regenspurg lifern, und uff yeden centner für sein mühe, arbait, wagknus, abganng, cossten und scheden und alle ding nit mer dann vier gulden zu 15 patzen bezalt nemen, wie er dann Meinen Herrn deßhalb alßpaldt ainen begryff diser abrede und beschluß, mit seiner aigen hanndt unndterschryben, zugestelt, haben inen Meine Herrn die Eltern dasselbig auch wol gefallen lassen unnd darauf bevolhen, disen begryff sampt berürter seiner schryfftlichen anntwurt, ratschlag und gutbedüncken fleyssig auf- [137 b] zuheben. Also hat man ime seinen rest bezalt, auch die 12 taler uncosstens, so er seines anzaigens zu Regenspurg mit dem außheben des geschützs außgeben, wiewol ers nit wider begert und lanng nit nemen wöllen, widergeben, darzu mit ainem zwifachen trinckgeschirr und claynat vereert und hie auß der herberg gelöst, welches er alles zu hohem danck angenomen und darauf wider von hynnen verrückt.

Item als für gut angesehen ist, von dem zerprochnen püchsenzeug Panngratzen Labenwolff etlichen davon . . . zuzustellen . . . *etc., vgl. Mummenhoff, Rathaus S. 109 und Anm. 296, doch muß es statt 6. September 5. September heißen.*

3505. [1554, VI, 36 b] 5. September 1554:

Auff Martin Wagners, goldschmids, ansuchen unnd bit umb zulassung, das man seinen ungeraten aiden, Peter Kuster, goldschmid, umb seines verschwenterischen haußhaltens willen in ainem stüblein an ain ketten legen muge, sol man ine zuvor auch dagegen hören unnd sein anntwurt widerpringen.

3506. [1554, VI, 43 b] 9. September 1554:

Des raths und goldschmidhanndtwercks zu Treßden schreyben etlicher auffrüriger meutmachender goldschmidsgesellen halb, die sy hie zu treyben bitten, sol man den geschwornen goldschmiden furhalten und mit irem gegenbericht widerpringen.

3507. [1554, VII, 24 a] 26. September 1554:

. . . Wolffen Straussen, briefmaler, . . . umbs gelt zu bürger annemen.

3508. [1554, VII, 43 a] 4. Oktober 1554:

Auff den bericht, wie Peter Custer, goldschmid, und ain frembder maler, der bey der Weyssen Kronen innen sein sol, Paulusen Lauttensack unpillicher weyß bey nechtlicher weyl, als er von ainer erbern hochzeit haym geen wöllen, gehohmut haben, sol man sich ir beder mechtig machen und auff ain thuren füern lassen.

3509. [1554, VII, 43 a] 5. Oktober 1554:

Den maler, so den Paulus Lauttensack gehohmut, sol man, ungeacht das er sich fur den herrn eltern bürgermaister gestelt unnd sich enntschuldigt, nichts destminder auff den thuren verschaffen und di sach seinthalben morgen oder übermorgen wider furlegen, auch dem Peter Custer noch mit fleiß nachtrachten lassen, wie man gester bevolhen hat.

3510. [1554, VII, 44 b] 6. Oktober 1554:

Hannsen Kroel, den maler auffm thuren, sol man Paulusen Lauttensacks halben güetlich zu red halten lassen unnd sein sag widerpringen und sollichs ainem in der canntzley bevelhen; auch von der sachen gnugsamen bericht thun lassen.

3511. [1554, VII, 47 b] 8. Oktober 1554:

Hannsen Kroels, des malers auffm thuren, verlesene ansag unnd bekanntnus sol man Paulusen Lauttensack furhalten unnd mit seinem gegenbericht widerpringen.

3512. [1554, VII, 48 b] 9. Oktober 1554:

Als Jacob Hofman, der goldschmid, zu widererpauung seines abgeprennten hauß zum Rummelßperg umb 128 hölzer angesucht und sich herr Paulus Grunther desselbens seines pauens von wegen seines alten sitz zum Hannhof, den er und seine voreltern biß in drithalb hundert jar inngehabt, beschwert und gebetten, weils vor jaren dess orts nur ain gemains paurenhauß gehabt, ime yetzt auch nit mer zu pauen zuzulassen, dann one das möcht ime und seinen nachkumen mit dem waydwerck und in annder weg allerlay beschwerlicher eintrag begegnen, ist bevolhen, das man sich zuvörderst beym kornschreyber im neuen Spital erkundigen sol, was man ime, dem Hofman, das neher mal vor dem verprennen des hauß mit pauung desselben zugelassen, und obs daneben noch ain sonnders paurenhauß gehabt und noch hab oder nit; und sollichs widerpringen.

3513. [1554, VII, 2. Abt. 25 b] Jorgen Unnger, parlier, soll man uff sein an herrnn Jobsten Tetzel gethan schreiben und bericht, wie es mit der arbeit und zerbrechen am haus Blassenburg gestalt sey, widerschreiben, das Meine Herren solichs vernomen unnd befunden daraus, das er an seinem vleis nichts erwinden lieẞ; were auch Meiner Herren bevelch, er wolte neben den anndern nit feyern, sonnder nochmaln so viel muglich mit embsigem vleis anhalten, damit ann der vesten zu Plassenburg mit dem zerbrechen möge verricht werden unnd inns werckh komen, so viel inn eill muglich sey, damit mann hernach nit widerumb von neuem darzu verordnen muß. So wollen Meine Herrn ime das begert geldt zuordnen; allein mit der fur zu eillen haben Meine Herrn von unnöten geacht, sonnder wollen die noch nit anschicken, biß alle ding dabey verricht unnd mann des von ime weittern bericht und schreiben hab. Do sie dann mit der arbeit, so viel von notten, fertig, mug ers Meinen Herrn zu wissen thun, woll mann ime [26 b] die fur furderlichen zuschicken, also das er inn mitler zeit den zeug ordenlichen zusamen halten und tragen woll, biß die fur hinauf komme.

3514. [1554, VII, 50 a] 10. Oktober 1554:

Auff Paulusen Lauttensacks verleßnen bericht sol man sich gelegenhait Hannsen Krocls, des malers auffm thuren, verhanndlung und gotslesterns beym kirchenknecht und den nachtpauren verrer mit grundt erkundigen, unnd widerpringen.

3515. [1554, VIII, 1 b] 11. Oktober 1554:

Martin Krafft[1]), dem goldschmid, sein supplicirende bit umb nachlassung seiner straff, weils gegen anndern ain beschwerlichen cinganng verursachen würde, ablaynen, doch noch vier wochen frist darzu geben.

3516. Auff die verlesen zeugknus, welcher massen Hanns Kroel, maler, unnd Peter Kuster, goldschmid, Paulusen Lauttensack gehohmut, sol man benannten Kroel vom thuren ins loch füern, darauff weitter güetlich zu red halten unnd sein sag wider pringen.

3517. [2 a] Dieweil sich der sterben zu Plassenburg mit gewalt wil einreyssen, darumb Meine Herrn Sebalden Schirmer, als daran inen nit wenig gelegen, nit gern in gefahr setzen wolten, sol man ine anhaims vordern unnd schreyben, seinem leutenampt bevelch zu thun, ine mitler zeit zu vertretten, unnd, wanns demselben also auff sich zu nemen wolt beschwerlich sein, sol mans an ainem zimlichen vorteyl auch nit erwinden lassen.

Daneben sol man Jörgen Unnger auß der kriegsstuben auch schreyben mit vermannung, die sachen mit zerprechung der vesstung statlich zu furdern, damits auffs pesst mug außgericht werden.

3518. [1554, VIII, 2. Abt. 1 b] 12. Oktober 1554:

Uff den bericht, das es des urmachens halben alhie kein

[1]) Hier handelt es sich um den dritten, jüngsten Goldschmied dieses Namens (vgl. die Anm. zum 12. Juli 1492): Goldschmiede-Verzeichnis Nr. 305 (1536).

gesetz noch ordnung hab, sonnder es ye unnd allwegen ein freye kunst gewest unnd noch sey, soll manns also, wie mann diesen bericht gefunden, statpflegern unnd den gehaimen räten zu Augspurg uff ir jüngst schreiben unnd begern also widerumb zuschreiben.

3519. [1554, VIII, 4 b] 14. Oktober 1554:

Auff Sebalden Schirmers, hauptmans zu Plassenburg, schreyben, an die herrn kriegsrathe in der kriegsstuben gethan, deßgleichen, was maister Jörg Unnger an Meine Herrn geschryben und für bericht gethan, wie es mit zersprenngung etlicher vestungen zu Plassenburg, auch mit dem eingleichen des pronnens gestalt sey, unnd wie es der sterbsleuffdt halben stee, mit dem vernern anzaigen, das der neu zeugwart, maister Jörg Paumaister, auch tods verschiden sey, sol man etwan mit ainem barbirer oder wundarzt hanndeln, ob man ainen zu den krancken knechten nach Plassenburg bekumen unnd hinauf [5 a] schicken möcht . . . *etc.*

3520. [1554, VIII, 21 b] 26. Oktober 1554:

Sebastian Wynnckler, dem püchsenfasser, sol man das begert bürgerrecht ablaynen.

3521. [1554, VIII, 23 b] 27 Oktober 1554:

Balthasar Kolben[1]), dem goldschmid, sol man das begert bürgerrecht ablaynen und sagen, wenn er maister sey worden, stee im bevor, wider darumb anzusuchen.

3522. [1554, VIII, 28 a] 30. Oktober 1554:

. . . Balthasar Kolben, goldschmid, weyl er schon maister worden, sol man . . . umbs gelt zu bürger machen.

3523. [1554, IX, 4 b] 10. November 1554:

Auff der geschwornen maister goldschmidhanndtwercks anpringen, wie inen oder anndern goldschmiden von ainichem pruchsylber gar nichts mer zuckumb, auß der ursach, das Sebastian Schencken sun, die kramerin in der Pynndtergassen, die barbirerin oder kremerin am Oßmarckt und etliche anndere daßselbig alles auffkauffen, schmelzen und wider hingeben, ist bevolhen, derhalb vernern bericht von inen, den goldschmiden,

[1]) Im Goldschmiede-Verzeichnis zwei Meister dieses Namens: Nr. 123 (1514—30) u. 381 (1554); hier handelt es sich natürlich um den jüngeren der beiden.

einzunemen und die sach alßdann zu bedencken, wie man sollichs durch ain beruffung oder in annder weg am fügklichisten abstellen und in pesserung richten möcht, und sollichs widerpringen.

3524. [1554, IX, 13 b] 16. November 1554:

Gregor Hohmut, der goldschmidgesell, *kommt vor.*

3525. [1554, IX, 22 a] 22. November 1554:

Auff den bericht, wie Martin Wagners, goldschmids, ledige dochter, so sich zu irs schwagers Jörg Putzen diener on vorwissen irer eltern verheyrat haben sol, durch ir mayd beim Jörgen Trytler, appotecker, etlichen mercurium im schein, als obs ir vater zu seinem hanndtwerck begert, kauffen lassen und ir darumb, das man ir iren verlobten preutigkam nit lassen, damit selbs vergeben wöllen . . . *etc.*

3526. [1554, X, 9 b] 11. Dezember 1554:

Contz Roten, goldschmid, wider sagen, wenn er von herzog Ott Hainrich, pfalzgrafen, ain schein und urkundt pring, das im die messen schaiden zugehör unnd die zu vergulden beger, so woll man ims zu vergulden zulassen, unnd sonst nit.

3527. [1554, X, 25 b] 21. Dezember 1554:

Hainrichen von der Hell von Straßpurg, dem maler unnd kremer, sol man auf sein bit vergönnen, seine gemalte brief und tüecher disen neuen jars markt unndter dem rathauß fayl zu haben.

3528. [1554, XI, 8 b] 8. Januar 1555:

Abraham Pecken, maler, . . . umbs gelt . . . zu bürger annemen.

3529. [1554, XI, 23 b] 20. Januar 1555:

Dieweil sich maister Jörg Weber, zymmerman, im vergannngnen krieg vor Schweynfurt, auch vorm Hof unnd anndern orten gannz willig und geflissen prauchen lassen unnd sich damit in allerlay gefahr begeben, sol man ime auf sein bitlichs ansuchen zu ergetzung desselben zweuunddreyssigk gulden vereern unnd solliche außgab in die gemain rechnung der verainigten stende kriegscosten setzen lassen.

3531. [1554, XII, 9 b] 5. Februar 1555:

Dem welschen kremer von Padua sol man auf sein bit vergönnen, seine getruckte kunststücklein, so in kupffer gestochen worden und abtruckt seyen, unndterm rathauß zu verfaylsen und zu verkauffen.

3532. [10 b] Auff Jacob Hofmans, goldschmids, suppliciren umb holz und widererpauung seines gartenheußleins und schupffen, beym Judenpühel gelegen, sol man sich gelegenhait der sachen, wie es vor gewest unnd was er yetz machen wil, mit grundt erkundigen, unnd widerpringen.

3533. [1554, XII, 14 a] 8. Februar 1555:

Der geschwornen und anderer maister goldschmid hanndtwercks supplication umb erpauung ainer schmelzhütten sol man dem münzmaister Christoffen Dietherrn, weil er darinn auch angezogen wirdet, furhalten und mit seiner anntwurt widerpringen.

3534. [1554, XII, 16 b] 10. Februar 1555:

Bonaventura Fortenpachs diener und Johann Neudorffer in namen und anstat Jacoben Hofmans, goldschmids, sol man irer irrung halben uff morgen zu früeer rathszeit wider herauff beschaiden, mit vertrostung, man wöll zu inen verordnen, sy gegeneinannder verhörn unnd, was pillich, darauf furnemen.

Es folgen noch einige weitere Ratsverlässe über diesen Gegenstand.

3535. [1554, XII, 34 b] 23. Februar 1555:

Dieweil sich in besichtigung unnd bericht sovil befunden, das Jacob Hofman, der goldschmid, in seinem garten beym Judenpühel annderst nichts wil pauen, dann wie es vor gewest ist, sol man ims zulassen unnd, wie anndern, holz darzu geben.

3536. [1554, XII, 38 b] 26. Februar 1555:

Jörgen Gollner, dem briefmaler, sol man auff verhör seiner rüg sein begern ablaynen unnd es mit ainer streflichen red, Meine Herrn nit verrer darumb zu molestiren, bey auferlegter straf pleyben lassen.

3537. [1554, XII, 39 b] 27. Februar 1555:

Jacob Türcken, den goldschmid, sol man auf sein bit das bürgerrecht umbs gelt widerfaren lassen.

3538. [1554, XIII, 1 b] 28. Februar 1555:

Den sylberin klumppen, den Hanns Ruff von Simern, ain kremer, Michel Mollen, goldschmid, zusamen gyessen lassen und die geschwornen goldschmid fur Meine Herrn pracht haben, in maynung, als möcht allerlay gefahr dabey seyn, sol man Christoffen Rosentaler, den wardein in der Schau, auch sehen lassen, alßdann ine, auch die geschwornen maister und Sebalden Mader darinn horen unnd ir anntwurt, obs gerecht sey oder nit, widerpringen.

3539. [2 a] Auff den bericht, das die geschwornen, auch der schaumaister Christoff Rosentaler unnd Sebaldt Mader Hanns Ruffen von Symmern sylberklumpen für gerecht sylber der ordnung gemeß erkennen, allain daz der goldschmid Michel Mol im gyessen nit fleyssig gewest unnd ain guß daran zu kalt gethan, ists bey Meinen Herrn auch für ungeverlich gehalten, doch sol man dem goldschmid seines unfleiß halben ain strefliche red sagen und bevelhen, weils in der mytten den beden orten nit gleich sihet, hinfüro darinn pessern fleiß zu haben. Unnd sol dem Ruffen sein sylber darauff wider zugestelt werden.

3540. [1554, XIII, 5 b] 2. März 1555:

Wolffen Mayr, dem goldschmid, sol man auf nechsten montag zu seiner frümeßhochtzeit, wenn ers in seinem hauß wil halten, unnd sonst nit, ain abenttännzlein vergönnen.

3541. [1554, XIII, 33 a] 21. März 1555:

Jacoben Scho, den goldschmid, sol man auff sein bit umbs gelt zu bürger annemen.

3542. [1554, XIII, 2. Abt. 30 a] 27. März 1555:

Uff herrnn Augusten, herzogen zu Sachsen unnd churfürsten, schreiben und begern soll man Heinrichen Hofmann[1]), bürgern unnd goldtschmidt alhie, vergönnen unnd erlauben, sich ein zeit lanng zu seinen f. g. zu thun unnd die begerte silberarbeit an dern hof zu machen, auch solche willfarung seinen churf. gn. zuschreiben[2]).

3543. [1554, XIV, 8 b] 2. April 1555:

Als Christoff Dietherr, der münzmaister, die Tulnau furgeschlagen, das Meine Herrn dieselbig an sich erkauffen, ime ain schmelzhütten dahin pauen unnd umb ain jerlichen zynnß verlassen sollen, ist dasselbig auch für unbequem angesehen und verlassen, nach ainem anndern ort darzu zu trachten, und widerzupringen.

1) Goldschmiede-Verzeichnis Nr. 352 (1549). Zahns Jahrbücher I, 247 (1555). C. Gurlitt im Kunstgewerbeblatt II (1886) S. 21. Am 17. September 1559 hat er sein Nürnberger Bürgerrecht aufgegeben (Bürgerbuch 1534—1631 Bl. 201 b).

2) Vgl. Zahns Jahrbücher I, 247.

Sovil aber der goldschmid suppliciren belanngt, inen auch ain sonndere schmelzhütten zu pauen, ist auff bemelts Diethers anntwurt nit für gut angesehen, inen darinn zu wilfaren, sonnder mit ime, dem Dietherrn, wann er ain schmelzhütten überkumbt, dahin zu hanndeln, inen, den goldschmiden, umb ain leydlichen lon zu schmelzen, sol mans doch ytzo beruhen lassen unnd dann weitter räthig werden, was man darauf thun wöll.

3544. [1554, XIV, 10 b] 4. April 1555:

Jörgen Godel, dem staynmetzen, sol man auff sein suppliciren sein begern umb nachlassung aufferlegter straff mit ainer streflichen red ablaynen.

3545. [1554, XIV, 18 a] 9. April 1555:

Oßwalden Baldunger sol man die drey falckanetlein unnd etliche müsterlein, weyls der konigin Maria zugehörn, passiren lassen.

3546. [1555, I, 11 a] 21. April 1555:

Auff Herrn Sebastian Welsers mündlichen bericht, wie kleglich ime Annthoni Fasoni, der welsch paumaister von Augspurg, außgeschryben und angezaigt, welcher massen er abermals im Welschlanndt beraubt worden und in armut kumen sey, mit bit, solliche sein not bey Meinen Herrn zu vermelden und umb hilff und hanndtraich anzusuchen, sol man herrn Jobsten Tetzel zukunfft erwarten und bey im erfaren, ob bemelter walsch bey ime zu Augspurg auch gewest, und widerpringen.

Als Ergänzung mögen hier drei Verlässe aus dem Älternmanual Platz finden:

3546 a. [II, 163 a] 21. April 1555:

Uff herrnn Sebalden Hallers unnd Jobsten Tetzels schreiben von wegen Anthoni Vasani, des welschen paumaisters, soll mann inen wider schreiben, weyl seine sachen angezaigter massen steen, so mugen Meine Herren wol leiden, das er seinen weg hieher nem. So woll mann ine gern vernemen, ob unnd was er inen zu gemeiner stat vorhabenden gepeuen diser zeit rathen unnd sonnst auch für furschlag thun wöll.

3546 b. [165 a] 26. April 1555:

Auff herrn Sebaldten Hallers zway undterschiedliche schreyben, den 24 Aprilis datirt, sol man ime wider schreyben. Meine Herren die Eltern habens von ime zu freuntlichen gefallen vernumen und, sovil den welschen paumaister Annthoni Fasoni belanngt, hab inen herr Jobst Tetzel nach lenngs bericht gethan, was man doben mit ime gehanndelt und wie man ine in seinen ratschlegen der gepeu unnd annders halben befunden, also das Meine Herren für unnot achten, ine verrer hieher zu schaffen, sonnder er, der herr Haller, hab recht gethan, das er im die 20 taler geben dess versehens, er sol sich mit denselben und den anndern zwayen talern, die im herr Jobst Tetzel, wie er bericht, davor geben, zur notturfft wol klaiden können; damit er aber weiter kumen mug, sol er so vil verfüegen, das man ime von Meiner Herren wegen etwan mit ainem gemainen klepper beryten mach und sollen im noch 15 oder 16 taler, wie er, der herr Haller, für gut ansehen wirdet, zur zerung darzu geschenckt werden.

3546 c. [166 b] 8. Mai 1555:

. . . Das annder herren Sebalden Hallers sonderbahrs schreiben unnd zugeschickt missif vom Wolffen vonn Lynndenau an herrnn Eraßmus Ebnern, was auch sein erb[arkeit] dem welschen paumaister Anthoni Vasani verert, soll mann also ruhen lassen, allein ime wider anzaigen, das manns empfanngen hab. So woll mann noch ainen schreiber mit herrnn Gabriel Nützeln hinauff schickhen.

3547. [1555, II, 6 a] 20. Mai 1555:

Ysack Haßler, staynschneyder,

. . . .

Jacob Welser, püchsenschmid,

Balthasar Klein, feurschloßmacher,

. . . .

Die alle sol man umbs gelt, wie sy gebetten haben, zu bürgern annemen und pflicht thun lassen.

Connzen Streussen, püchsenschmid, sol man das begert bürgerrecht ablaynen.

3548. [1555, II, 7 a] Martin von Lanndersi, den atlaßweber, sol man also ain jar lanng on das bürgerrecht hie sitzen lassen unnd sollichs den viertlmaistern und der nachperschafft in der Lauffer gassen, die in nit gedulden wöllen, also anzuzaigen bevelhen.

3549. [1555, II, 13 a] 24. Mai 1555:

Auff Paulus Aschauers, goldschmids und könig Maximilians trabannten, verlesene anntwurt unnd enntschuldigung seiner zu gering gemachter arbait halb sol man ime mit ainer streflichen red, das er also unrecht gehanndelt und der Silvester Tucherin ir sylber vermischt hat, aufflegen, sich seinem erpieten nach mit ir unnd der anndern frauen, seiner wirtin Hanns Peurin, derhalb zu vertragen und sy zufriden zu stellen mit warnung, sich hinfüro dergleichen handlung und stöerens wider die hanndtwercksordnung alhie gennzlich zu ennthalten, oder man werde mit gepürlicher straf ain annders einsehen gegen im furnemen; das sol man benannten beden frauen, sovil sy belanngt, auch also ansagen.

3550. [1555, II, 14 b] 25. Mai 1555:

. . . Adam Richter[1]), goldschmid, sol man . . . auff sein bit umbs gelt zu bürger annemen.

3551. [1555, II, 21 b] 31. Mai 1555:

Adam Richter, dem goldschmid, sol man auf sein bit biß erichtag [*4. Juni*] zu seiner früemeßhochzeit mit Wolff Richels seligen dochter, soferrs annderst nit in ainem wirtshauß gehalten wirdet, mit versperrter thür ain abenttännzlein vergönnen.

3552. [1555, II, 24 a] 1. Juni 1555:

Sebalden Hörder, dem püchsengyesser, sol man auff sein supplicirende bit vergönnen, seiner verstorbenen hausfrauen auff sanndt Rochius kirchhof ainen grabstain zu legen, doch nit grösser dann die ordnung vermag.

3553. [1555, II, 27 b] 4. Juni 1555:

Linhart Praun, goldschmid, *kommt in einer gleichgültigen Angelegenheit vor.*

3554. [1555, II, 29 b] 5. Juni 1555:

Auff die verlesen ansag, Jörgen Zieglers, goldschmidsgesellen, zu gering gemachte unnd Alexius Pircken hausfrau, seiner schwester in der Pynndtergassen, genumene sylberarbayt belanngende, sol man dieselbig arbait probiren lassen und, wie mans finden wirdet, widerpringen.

3555. [1555, II, 2. Abt. 20 b] 7. Juni 1555:

Uff die zway schreiben, so maister Gregori, püchsengiesser zu Ynspruckh, des neu angedingten geschütz halb an Meine Herren gethan, den 31. Martii unnd 5. May datiert, soll mann ime wider schreiben, mann habs wol empfanngen unnd

[1]) Im Goldschmiede-Verzeichnis Nr. 388 (1555) als Silberarbeiter. Roth, Gesch. des nürnberg. Handels I, 358.

gern gehört, das er mit giessung sollichs geschüz im werckh sey, des versehenns, er werd allen vleis damit haben unnd, wann es alles gefertigt, Meinen Herren davon weitern bericht thun, mit angehenngkter enntschuldigung, das mann ine uff sein ersst schreiben teglicher furfallennder gescheff't halben on anntwort gelassen. So haben Meine Herren ann dem abwegen des alten zeugs keinen mangel unnd werd sich inn guter rechnung, was verhannden gewest, wol erfinden.

3556. [1555, II, 40 b] 12. Juni 1555:

In sachen Hannsen Mörels, des goldschmids, wider Michel Ketzman und Bartholomes Zolchers seligen kinder vormünder aines verlornen briefs halben sol man die partheyen verabschiden und die sachen also hanndeln, wie herr doctor Christoffen Ketzlers darüber verfasster, yetzt verleßner ratschlag vermag und mit sich pringt.

3557. [1555, III, 2 a] 13. Juni 1555:

Bonifacius Wolgemut[1]), rom. kon. Mt. paumaister zu Wienn, sol man auf sein begern den vessten pau, doch nur außwenndig und nit in genngen, sehen lassen.

3558. [1555, III, 6 a] 15. Juni 1555:

Peter von Basel, gürtler unnd püchsenmaister, sol man auff sein bit vergönnen, zway jar mit vorbehaltung seines hie habenden bürgerrechtens zu Basel zu wonen und, dieweil er als ain püchsenmaister vor anndern berümbt unnd geschickt ist, sich auch nach anzaig des zeugmaisters Caspar Pronners[2]) im krieg vasst wol gehalten, sol man auff ain bestallung und wartgelt von hauß auß dise zway jar lanng, wie er auch gebetten, mit im hanndeln und abkumen, auffs nechst man kan, doch die sach in all weg dahin richten, damit man ine im fahl der notturfft auff ervordern hieher pringen und ine gepranchen mug.

3559. [1555, III, 9 b] 18. Juni 1555:

[1]) B. W. kommt insbesondere auch im Jahrbuch der Kunstsammlungen des A. K. H. Bd. V, VII, X, XI und XVIII häufig vor (vgl. die Register zu den zweiten Teilen).

[2]) Zahns Jahrbücher I, 257, 263. Sein Grab auf dem Rochuskirchhofe. Vgl. (Gugel), Norischer Christen Freydhöfe Gedächtnis S. 3 (1561).

Linhardten Deychman[1]), püchsenfasser, sol man umbs gelt zu bürger annemen.

3560. [1555, III, 2. Abt., 8 b] 26. Juni 1555:

Hannsen Krugs, gewesenen münzmaisters inn den ungerischen bergkstetten seligen, kynnder vormündern unnd erben soll mann uff ir supplicìern die gebetten fürschrifft an die konigin Maria geben unnd mitthailen.[2])

3561. [1555, III, 31 b] 2. Juli 1555:

Auff Jacoben Hofmans, goldschmids, supplicirende bit umb widererpauung seines abgeprennten hauß zum Rummelßperg sol man sich zuvorderst erkundigen, wie man ime denselben hof von des Spytals wegen gelihen und was man im hievor für ain hauß zu pauen vergünstigt hab; und sollichs widerpringen.

3562. [1555, III, 32 b] Uff herrnn Johanns Fridrichen des mitlern, herrn Johanns Wilhelmen und herren Johanns Fridrichen des jungen, gebrüedern, herzogen zu Sachsen, vonwegen irer f. gn. unndterthanen Wilhelmen Semblers gethanen fürschrifft unnd des beclagten Peter Freymonndts darauf verlesenen gegenbericht soll mann ime, dem von Freymondt, denselben gegenbericht wider zustellen unnd bevelhen, dieselb anntwurt im puncten, do von bemelts Semblers schulden, die ine, den beclagten, nit angeen unnd berürn, alls zur sachen undiennstlich meldung beschicht, zu enndern unnd solche undiennstliche anzüg heraus zu lassen. Alßdann soll manns seinem widerteyl, dem Sembler, furhalten, unnd, was von nötten, widerbringen.

3563. [1555, III, 33 a] 3. Juli 1555:

Hannsen Mörels, goldschmids, und seins weybs supplication umb gnugsame rechnung wider Christoffen Ulrich als curator Paulus Krellen habe unnd güetter *betreffend.*

Es folgen noch ein paar weitere Ratsverlässe über diesen Gegenstand.

3564. [1555, III, 43 a] 9. Juli 1555:

Auff Caspar Korns, spitelmaisters, verleßnen bericht, welchermassen und mit wass geding man Jacoben Hofman, dem goldschmid, den hof zum Rumelßperg im 1549. jar von des

[1]) Eines L. D's, Büchsenschifters, und seiner Erben Begräbnis auf dem Johanniskirchhofe. Vgl. Trechsel S. 139, 2. Spalte (1622).

[2]) Zur Sache vgl. Zahns Jahrbücher I, 248.

Spitals als aigen herrn wegen gelihen unnd daz im damals nur sechs jar bewilligt worden söllichen hof für sich selbs zu besitzen oder innen zu haben, aber nach außganng derselben zeit wider in ains pauren hanndt zu stellen, welche sechs jar aber schon zu ennde ganngen seyen, ist bevolhen, dem spitelmaister anzuzaigen, weil die zeit verschinen, ime, dem Hofman, anzuhalten, denselben hof wider ainem pauren zu verkauffen.

Unnd wann er des begerten pauholtz halben verrer umb beschaid ansuchen wirdet, sol man ime sagen, weil der Spital des hofs aigenherr sey, wöll Meinen Herrn nit gepüren, demselben etwas an seiner gerechtigkait zu begeben; darumb mug er sich zum spitelmaister verfügen, bey dem werde er seines vorhabenden pauens halb on zweifel verrer guten beschaid finden, also daz man im mit dem begerten holtz noch nit wilfaren könn.

3565. [1555, IV, 1 b] 11. Juli 1555:

Als Jörg, der parlir, unnd Conradt die Unger, gebrüeder gebetten, inen zu vergönnen, Meiner Herrn gybelmaurn an irer trinckstuben, so hynndten an sein, Conradt Unngers, hauß am marckt, das er von Sebaldt Ketzls seligen erben erkaufft, stösst, auch tünchen unnd weyssen zu lassen, damit er in seinem hauß daselbst dester mer liechts haben mug, ist bevolhen, inen, doch auff ain reverßbrief, das sy an der mauren kain gerechtigkait haben, unnd diß allain angezaigter ursach des liechts halben auß gunst geschehen sey, zu wilfaren.

3566. [1555, IV, 3 b] 12. Juli 1555:

Nicasius Frischen, dem goldschmid, sol man auff sein suppliciren das begert furlehen der 200 f. ablaynen unnd dabey sagen, Meine Herren werden diser zeit kain sylbergeschirr machen lassen, darumb wiß man ime kain arbait anzudingen.

3567. [1555, IV, 21 b] 26. Juli 1555:

Hannsen Nickels[1]), staynschneiders von Poppenreut, begerten bürgerrechtens halben sol man sich seiner gelegenhait und kunst, wie vils auch sunst mer staynschneider hie hab, verrer mit grundt erkundigen, und widerpringen.

3568. [1555, IV, 23 b] 27. Juli 1555:

Auf den gethanen erfarnen bericht, das nur 4 stayn-

[1]) Zahns Jahrbücher I, 231 (1555).

schneyder hie seyen, sol man Hannsen Nickel, staynschneyder, umbs gelt auch zu bürger annemen.

3569. [1555, IV, 27 a] 29. Juli 1555:

Auff Hannsen Klainaugs[1]), golschmids, und seiner freuntschafft supplicirende bit umb seines suns Paulus Klaynaugs versicherung des ableibs halben, den er an Hannsen Dyem begangen, sol man die derhalb verhört kuntschafft widerumb abhörn unnd dann weitter räthig werden.

3570. [1555, IV, 29 a] 30. Juli 1555:

Hannsen Preuning[2]), dem goldschmid, sol man auff sein supplicirende bit umb abschaffung Ludwigen Rotters, neberschmids, feuress unnd desselben Rotters anntwurt wider sagen, Meine Herren haben diß feurrechtens halb an der innern Lauffer gassen in seinem, des Rotters, haußwonung nottürfftige unnd gnugsame besichtigung und erfarung thun lassen . . . *etc.*

3571. [1555, IV, 40 a] 7. August 1555:

Nachdem die geschwornen maister goldschmidhanndtwercks ainer keuflin aufm Seumarckt zway kupferine oder messene magöllein, die on ainen sichtigen spiegel gar vergult worden, auffgehebt, sol man die viere, die sy noch bey ir hat, auch von ir ervordern unnd ain sag von ir auffschreyben, weil sy furgeben, Hanns Dietz hab irs furgesetzt, welcher massen dasselbig beschehen sey, ob er irs für gut geben, oder wie es gehanndelt worden.

Daneben ine, den Dietzen, auch zu red halten, von wannen im solliche pecherlein kumen, warfür ers gehalten unnd zu verkauffen bevolhen, oder wie es damit gestalt sey; und alles widerpringen.

3572. [1555, V, 1 b] 8. August 1555:

Auff Margretha Schleyfferin, der keuflin auffm Seumarckt, verlesene ansag und den bericht, das Hanns Dietz der verguldten kupfferin magöllein halb auch dergleichen [?], wie sy gesagt, und das ims Conradt Roth, der goldschmid mit den dolfüessen, an ainer schuldt geben hab, ist bevolhen, die

[1]) Goldschmiede-Verzeichnis Nr. 267 (zwischen 1514 und 1530). Mitteilungen II, 163 (»in der Spitalgaß« † 1562).

[2]) Im Goldschmiede-Verzeichnis Nr. 350 als Silberarbeiter (1550; im Meisterbuch der Goldschmiede bereits zum 10. August 1548). Mitteilungen II, 162 (»Ursula Hans Breuningin, hinterm Tetzel« † 1572).

goldschmidordnung, was sy sollichs punctens des verguldens halb on ainen sichtigen spiegel vermag, auch zu besichtigen und widerzupringen, weitter räthig zu werden, was man mit den geschwornen goldschmiden verrer davon hanndeln oder gegen dem Roten und anndern seins gleichen sollichs verguldens halben furnemen wöll.

3573. [1555, V, 2. Abt., 1 b] 9. August 1555:

Uff Paulus Vischers supplicirn soll mann Hannsen Schreiner, goldtschmidt, Meiner Herren unentledigtem bürger, schreiben unnd auflegen, dem supplicanten ime furgeliehene 20 thaler in einer benannten zeit zu bezalen oder sich hieher zu stellen unnd darumb anntwort zu geben.

3574. [1555, V, 6 a] 12. August 1555:

Auff den verleßnen artickel auß der goldschmidordnung, das verguldten der messen und kupfferin arbait belanngende, ist verlassen, weyl die verguldten pecherlein, die Hanns Dietz und Jörg Pühler auff den Seumarckt gelegt, gar kain sichtigen spiegel gehabt unnd aber Meinen Herren bericht geschehen, das man dergleichen spyegel, wenn mans gleich mach, gar leichtlich wider verdecken könn, die geschwornen derhalb verner zu vernemen und dann den hanndel zu bedenncken, ob und wie die ordnung in disem puncten zu pessern sein möcht oder was weitter darinn zu thun ist, unnd sollichs widerpringen, alßdann auch der straf halb verrer räthig werden.

3575. [1555, V, 26 b] 28. August 1555:

Frannzen Elbogen, dem Niderlennder, sein angegebne kunst mit den fligennden gemachten vögeln alhie zu gebrauchen, ablainen.

3576. [1555, V, 27 b] 29. August 1555:

Hannsen Guldenmundts, briefmalers, supplication wider Hannsen Vogel, puchpindter, unnd desselben anntwort soll mann einem gelerten zu bedenncken zustellen, wie mann beden partheyen on sonndere weitleufftigkeit des rechtenns von ainannder helffen mög, unnd widerbringen.

3577. [1555, V, 33 b] 2. September 1555:

Auff Hannsen Müllers[1]), goldschmids, auffsag seins

[1]) Mit dem später auftretenden Silber- und Goldscheider »von Veltkirchen« oder dem Siegelgraber dieses Namens — vgl. Gebert S. 68 f. — schwerlich zu identifizieren.

bürgerrechtens, die man von im angenomen, soll uff sein begern nachlaßung halben der nachsteur bei Mein Herrn den beden loßungern steen, was sie des fals thun konnen und wellen.

3578. [1555, VI, 1 a] 5. September 1555:

Lienhartten Horn, maler, das bürgerrecht ablainen unnd ime sagen, weyl sein erster unnd rechter vater das bürgerrecht nye gehabt, so sey er desselben, ungeacht das sein muter hernach einen bürger genomen, nit vehig.

3579. [1555, VI, 4 a] 6. September 1555:

Uff maister Jorgen Unngers, stainmetzen fürbitt, soll mann Cuntzen Rumplers seligen verlassenen wittib desselben irs manns halben, dieweil er zu [4 b] Plassenburg inn Meiner Herren arbeit an der bösen kranckheit elenndiglich hindter ainem zaun gestorben, mit sechs gulden ein ergetzung thun.

3580. [1555, VI, 11 b] 12. September 1555:

Wilbald Gebharts, ratschreibers, schreiben unnd bericht aus Ynnspruckh des durch maister Gregori Löfflern gefertigten, beschossenen unnd abgefürten Meiner Herren geschütz halben unnd was er derwegen an herr Enndres Wolffen, statchammerern zu Regenspurg, geschrieben, weill darauff allerley verordnung mit fuer unnd inn anndere nottürfftige wege gen Regenspurg gescheen, also ruhen lassen.

3581. [1555, VI, 13 b] 14. September 1555:

Melchiorn Nubling, püchsenfasser, das gebetten bürgerrecht ableinen.

3582. [1555, VI, 16 a] 17. September 1555:

Alexannder Rieser, maler, den vollen zapffen, soll man unndter essens zeit aus den eissen inns loch füeren unnd daselbst ein tag oder drei nüchtern werden lassen unnd alßdann güetlich zu red halten, unnd widerbringen.

3583. [1555, VI, 27 b] 26. September 1555:

Achacius Wincklmair[1]), goldschmid, ist auff sein bitlichs ansuchen umbs gelt zu bürger anzunemen bevolhen.

3584. [29 a] Hanns Schrag, der kartenmaler, *kommt in einer gleichgültigen Angelegenheit vor.*

---

[1]) Im Goldschmiede-Verzeichnis Nr. 387 (1555, »Achatius Winckelman«) als Silberarbeiter. Auch im Meisterbuch der Goldschmiede zum 28. März 1555 nicht A. Wincklmair, sondern A. Winckelman.

3585. [29 b] Linharten Horn, dem karttenmaler, sol man sein supplicirende bit umbs bürgerrecht nochmals ablaynen und es bey jüngstem beschaid pleyben lassen.

3586. [1555, VII, 2. Abt., 3 a] 7. Oktober 1555:

Uff Paulussen Vischers, harnischpalirers, supplicieren unnd bitt soll mann dem rate zu Straspurg schreiben unnd anzaigen, wie sich der beclagt Hanns Schreiner, goldtschmidt, schulden halb aus dieser stat unenntledigt seins bürgerrechtenns, auch ohne Meiner Herren vorwissen gezogen, mit bitt, weil er doben bei inen nidergethan, sy wollen mit ime so viel verschaffen, das er sich inn einer benannten zeit widerumb hieher stellen unnd seine glaubiger zufrieden halten wöll.

3587. [1555, VII, 7 b] 9. Oktober 1555:

Gabrieln Dipffel, den goldschmid, sol man umbs gelt, wie er gebetten, zu bürger annemen.

3588. [1555, VII, 19 a] 16. Oktober 1555:

Gabrieln Dipffel, dem goldschmid, sol man zu seiner frümeßhochtzeit mit Jacob Roßleins tochter auf sein bit ain klains abenttennzlein vergönnen.

3589. [1555, VII, 33 b] 25. Oktober 1555:

Soferr Oßwaldt Paldinger mit angloben an aids stat erhalten mag, das die 18 klainen stücklein püchsen dem churfürsten zu Sachsen zustenndig seyen, sol mans im passiren lassen.

3590. Als Meine Herren angelanngt, als solt Jörg Heufelder etliche lannge hanndtpüchsen hie schmiden, ungeschaut und ungezaichent mit annderer kriegsrüstung hinwegk schicken lassen, sol man ine derwegen, wie es damit gestalt, zu red halten und beaydigen, den rechten grundt anzuzaigen, und widerpringen.

Als Ergänzung mag ein Verlaß aus dem Ältermanual hier Platz finden:

3590 a. [*Verlässe der Herren Ältern* II, *Bl.* 192 b] 25. Oktober 1555:

Auff den bericht, das der Tanner den bestelten prechzeug aller ding verfertigt unnd daz derselb in zwen pallen eingepunden, also das es allain an dem sey, daz man den hinab ins Nyderlanndt gein Anntdorf schick, ist herr Caspar Nützel gebetten worden, denselben unndter seinem zaichen seinem mann

Hannsen Ort gein Anntdorff zuzuschicken, doch nit zu vermelden, was es sey, sonnder allain zu bitten, solliche zwen pallen herrn Paulus Pfintzing gein Prüssel zuzufertigen.

Das sol man herrn Paulus Pfintzing in Meiner Herren namen auch also zuschreyben mit vertröstung, das man ungeverlich in 14 tagen nach dato ainen mann, der mit disem werck umbgeen unnd allerlay bericht und anlaytung davon geben kan, zu ime hinab schicken wöll, der im darinn verrern bericht und anweysung thun, auch den cossten, was man darfür bezalen sol, anzaigen werde.

3591. [1555, VIII, 7 a] 4. November 1555:

Jörgen und Hannsen[1]) der Heufelder, gebrüdere, verlesene ansag unnd enntschuldigung irer hic bestelten hanndtpüchßen und annderer kriegsrüstung halben sol man also ruhen lassen.

3592. [1555, VIII, 12 a] 9. November 1555:

Als Barthel Mack[2]), maler, und etliche anndere maler gebetten, inen zu vergönnen, das sy nach Weyhennachten das spyl von der zerstörung Jerusalem halten mugen, ist bevolhen, sy umbs neu jar wider darumb ansuchen zu lassen und derwegen wider zu beschaiden, wöllen sy Meine Herren alßdann weitter beanntwurten.

Vgl., Th. Hampe, die Entwicklung des Theaterwesens in Nürnberg Teil II Nr. 67.

3593. [1555, VIII, 18 b] 14. November 1555:

Sebastian Reck, kartenmaler, *kommt vor.*

3594. [1555, IX, 2 b] 29. November *und* [4 a] 2. Dezember 1555:

Jörg Pock[3]), goldtschmidsgesellen von Preßlau, *betreffend. Er wird* [4 a], weil er schon maister worden, . . . umbs gelt *zum Bürger angenommen.*

3595. [1555, IX, 7 a] 3. Dezember 1555:

Auff Jörgen Stengels, genannt Neuschels[4]), klagendts

---

[1]) Vgl. Jahrbuch der Kunstsammlungen des A. K. H. VII, 4860 u. 4882 (1553), 1885 und 4906 (1554). C. Gurlitt, Archivalische Forschungen I, 102.

[2]) Baader, Beiträge I, 5 (1529). Zahns Jahrbücher I, 228, 230 (1561 als †).

[3]) Im Goldschmiede-Verzeichnis Nr. 390 (1555) als Silberarbeiter.

[4]) Jörg Stengel und Jörg Neuschel, die Baader in Zahns Jahrbüchern I, 258 (1550, 1558) von einander scheidet, sind also eine und dieselbe Person.

anpringen sol man mit den geschwornen goldschmiden ungeacht irer waigerung und furwenndung, als obs nit in ir hanndtwerck gehörig sey, verschaffen, die gemacht sylberin pusaunen, so dem herzog von Payren sollen, zu streichen und zu bestechen, und ime die alßdann, wanns rechtfertig erfunden werden, in der schau zaichnen lassen.

3596. [1555, IX, 15 a] 10. Dezember 1555:

Soferrn Paulus Klaynaug, goldschmid, Meinen Herren des ableibs halben, den er verganngner zeit an Hannsen Dyem, preumaister, auffm spitelkirchof beganngen, für die straff fünffzigk gulden bezalen wirdet, so sol man ime auf sein suppliciren, weil er sich mit des enntleibten wittib und erben auch vertragen hat, und davor nit, versicherung geben und sollichs dem haderschreyber auch also ansagen.

3597. [1555, X, 7 b] 31. Dezember 1555:

Niclausen Sayler, den goldschmid, weil er nechten so ungestüem gewesen, das ers sylbergeschir unnd annders zum fennster hinauß geworffen, fenster und ofen zerschlagen und etlichen leuten damit auch schaden zugefüegt, sol man in spitel thun und sehen, wie sich seine sachen anlassen wöllen und alßdann nach gelegenhait weitter räthig werden. Aber seinem weib sol man auflegen, den leuten iren empfangnen schaden wider abzulegen oder sich nach gelegenhait und pillichen dingen mit inen darumb zu vertragen.

Es folgen noch ein paar weitere Ratsverlässe über diesen Gegenstand.

3598. [1555, X, 2. Abt., 3 b] 3. Januar 1556:

Uff Hannsen Krugs seligen verlassener kynnder vormünder unnd der anndern Krugischen erben supplicieren, soll mann inen die gepetten anmahnungsschrifft uff das hievor ausganngen furschreiben an die kunigin Maria mitthailn.

3599. [1555, XI, 5 b] 25. Januar 1556:

Dem ansuchenden Nyderlennder sol man vergönnen, seine gemalte tüecher ain acht tag unndter dem rathauß verfaylsen unnd verkauffen zu lassen.

3600. [1555, XI, 13 a] 30. Januar 1556:

Vgl. über ihn noch Jahrbücher der Kunstsammlungen des A. K. H. Bd. XV Nr. 11824 (1551). Mitteilungen II, 71 (Anna Jorg Stenglin † 1556).

Gabriel Hurder[1]), püchsengyesser, *kommt vor.*

3601. [1555, XI, 21 a] 4. Februar 1556:

Caspar Fridel, dem rörnmaister und orgelmacher, sol man 14 tag, gein Aschaffenburg zu raysen, vergönnen, die orgel daselbst zu besichtigen unnd vom geding zu reden, sich aber on Meiner Herren vorwissen unnd erlaubdtnus zu nichten zu bewilligen, sonnder von derselben herrschafft zuvor ain fürschryfft zu erlanngen unnd Meiner Herrn beschaids darauff zu gewarten.

3602. [1555, XI, 39 b] 12. Februar 1556:

Jacoben Hofman, dem goldschmid, sol man sein supplicirende bit umb zulassung, das er sein verprennt hauß zum Rummelßperg wieder, wie es vor gewest, auffpauen lassen mug, mit guten worten nochmals ablaynen unnd anzaigen, daz Meinen Herrn nit gepüren wöll, dem neuen Spital als aigenherrn an seiner gerechtigkait etwas zu begeben; doch wöll man im noch ain jar zeit geben, darinn könn er das paurenhauß wol wider auffpauen unnd den hof wider ainem pauren verkauffen; unnd sol sollichs dem spitelmaister auch also angesagt werden.

3603. [1555, XII, 13 a] 29. Februar 1556:

Steffan Schön, stainschneidern, soll mann mit auffgesagten bürgerrechten nach tisch inn die losungstuben weisen[2]).

. . . .

3604. Den supplicierennden des briefmalerhanndtwerckhs soll mann ir begern, die histori vonn der zerstorung Jerusalem noch drei wochen spielen zu lassen, ablainen unnd inen solliche spiel nit lennger dann noch morgen zu halten vergönnen.

3605. [19 b] 4. März 1556:

Peter Gasst, stainschneider, *kommt vor.*

3606. [1555, XIII, 15 a] 28. März 1556:

Uff Hannsen Guldenmunds, briefmalers, supplication, clagern, ains- unnd Ursula, Hannsen Vogels seligen verlassenen wittib, beclagtin, anndersthels anntwort soll mann sich des innhalts angezognen vertrags erkundigen, sonnderlich ob die clegerin auch mit drinnen begriffen unnd verschrieben sey, unnd widerpringen.

3607. [1556, I, 11 b] 16. April 1556:

[1]) Zahns Jahrbücher I, 242 (1558).

[2]) Im gleichzeitigen Eintrag ins Bürgerbuch von 1534—1631 Bl. 199 b wird er als »wapensteinschneyder« bezeichnet.

33*

Casparn Pauman, püxenfassern, soll mann das gebetten bürgerrecht zu Werd noch zur zeit ablainen, doch ime vergönnen, noch ein jar lanng doselbst ons bürgerrecht zu wohnen.

3608. [12 a] Dem parlier maister Jorgen Unngern soll mann mit seiner fürbit für seinen leerjungen Enndressen Felbacher, so jüngst den lermen inn Sannt Lorennzen kirchen gehabt, abweisen und sagen, Meine Herren können yetzt mit denselben sachen nit umbgehen.

3609. [1556, I, 15 a] 17. April 1556:

Eine Streitsache zwischen Quintin Moderaw von Pergen im Hennigew *und* Hannsen Göbel, stainschneider, *betreffend.*

3610. [1556, I, 25 a] 23. April 1556:

Nachdem meisters Jörgen Unngers anzaigen nach zu ytzigen pau am eussern Lauffer thurn schon ein nottürfftige anzall Rückerßdorffer stain verhannden, also das mann zu demselben pau weiter nichts mehr brechen lassen darff, unnd doch die herren, so denselben stainbruch besichtigt, sambt den wercklеuten für guth angesehen haben, [25 b] bemelten stainbruch, inn bedacht, das Meine Herren noch weiter zu pauen willens, dieser stain auch vor anndern etwas guth unnd am wetter bestenndig ist, noch zur zeit nit ligen oder feirn zu lassen, sonnder ain weg wie den anndern zu furdern, allein beschaids begert, wohinn mann dieselben stain fürn lassen soll, isst bevolhen, solchem also, wie es durch die verordennten herren, auch die werckleuth für guth angesehen worden, nachzukomen unnd fürter zu bedencken, an welch ort mann solche stain, etwo inn die gegennt beim Weissenthurn oder Spitlerthor fürn lassen mug, damit manns, wo mann doselbst zu pauen anfahen würde, inn der nehe hab.

3611. [1556, I, 40 a] 5. Mai 1556:

Michel Haller, stainmetz, *wird auf seine Supplikation ums Geld zu Bürger angenommen.*

3612. [1556, II, 8 a] 11. Mai 1556:

Petern Wenndenwein, püchsenfasser, soll mann uff sein bit umbs geldt zu bürger annemen.

3613. [1556, II, 26 a] 23. Mai 1556:

Mathessen Zynndt, goldtschmid, soll mann das begert bürgerrecht umbs geldt mitthailen[1]).

---

[1]) Die Bürgeraufnahme erfolgte am 30. Mai 1556. »Mathes Zundt, golt-

3614. Mathessen Freyberger, puchtrucker, soll mann uff sein suppliciern das gebetten bürgerrecht ablainen.

3615. [1556, III, 1 a] 4. Juni 1556:

Uff Peter unnd Hannsen von Vormundt, vatter unnd sun, supplicirn unnd pitten umb vermerten bestandt der atlasmacher behausung auf der Schütt inen zu sagen, es were nit one, das Meine Herrn berürte behausung von wegen des atlasmachen pauen lassen unnd vermeint, denselbigen hanndell alhie anzurichten, welcher massen aber er, Peter von Vormundt, solchen inn gebrauch gepracht, des wisse er sich selbs zu erinnern, zudem das er auch berürten hanndell nit allein vergannngner kriegsleufft halben, sonnder auch darvor ein zeitlanng nit getriben, darumben es Meine Herrn bei gethanen auffsagen unnd, das er bemelte behausung auff künfftig Allerheiligentag raumen soll, pleiben lassen.

3616. [1556, III, 3 b] 5. Juni 1556:

Anna, Hannsen Junckens, goldtschmids, wittibin, umbs gellt zu bürgerin annemen.

3617. [4 a] Uff Kilian Puckels, zieheisenschneiders von Preßlau, supplicirn unnd der geschwornen maister der zircklschmidt gegeben anntwurt soll bemeltem Puckel gesagt werden, sich seines vorhabenns bey Meiner Herrn straff zu enthalten unnd müesig zu steen.

3618. [1556, III, 2. Abt., 9 b] 16. Juni 1556:

Hannsen Mayern, zirckelschmidt, soll mann uff sein supplicieren die gepetten fürschrifft wider Hannsen Schreiner, goltschmidt, zu Straspurg, an ain rhate doselbst mitthailen.

3619. [1556, III, 21 a] 17. Juni 1556:

Veyten Schnitzers[1]), kays. Mt. geweßnen trabantens, verlesenns kayserlichs privilegium, uff ine unnd anndere seine brüder unnd vettern, die Schnitzer, gestelt, das inen nyemanndt im reich ir gewöndlich zaichen des A uff den pfeuffen unnd anndern musicalischen instrumenten nachmachen unnd sich desselben gebrauchen soll, isst bevolhen, ime, dem Schnitzer, dasselb privilegium wider zuzestellen unnd zu sagen, er werds seiner gelegenheit nach wol zu brauchen wissen.

———

schmidt«, wie er hier genannt wird, zahlte dabei 4 Gulden. Vgl. Bürgerbuch 1534—1631 Bl. 61 a.

[1]) Jahrbuch der Kunstsammlungen des A. K. H. Bd. XV Nr. 11829 und 30 (1555).

3620. [1556, III, 35 a] 26. Juni 1556:

Uff Egidi Lermuntz unnd Hannsen Teussers, attlasmacher, supplicìern umbs bürgerrecht soll mann sich ires thuns, wie lanng sie hie gewest, wormit sy sich erneert, ob sie das atlasmachen treiben unnd wie viel ir yeder kinder hat, erkundigen, und widerpringen.

3621. [1556, IV, 6 b] 6. Juli 1556:

Egidi Lerman unnd Hannsen Kaiser, die bede Niderlennder, soll mann uff ir bitt umbs geldt zu bürger annemen.

3622. [1556, IV, 35 b] 21. Juli 1556:

Niclaussen Sailer, goldtschmidt, den armen unrichtigen mennschen, soll mann wider inns spital füren unnd daselbst dermassen verwahren lassen, das er nit wider außkom.

3623. [1556, IV, 38 a] 23. Juli 1556:

Uff Hanns Egen schreiben umb befurderung seiner appellationsach gegen Caspar Ulrichen[1], goldtschmid, isst bevolhen, wenn yemanndt von seintwegen umb anntwort ansucht, demselben gute wort zu geben mit vertröstung, den hanndel zu erster gelegenheit furtzunemen.

3624. [1556, V, 37 a] 19. August 1556:

Des rats zu Ulm schreiben soll mann Mercurio Herdegen furhalten unnd ine irem begern gemeß uff alle puncten unnd artickel, was er mit dem angezaigten Lazaro, juden zu Ulm für ein vertrag unnd contract gemacht, vermittelst seins aydts mit vleis examiniern, unnd sein sag widerpringen.

3625. [1556, V, 40 b] 22. August 1556:

Oßwalden Paldinger vergönnen, etliche kleine gegoßen geschütz hinab gein Frannckfurth zu füeren.

3626. [1556, V, 2. Abt., 7 a] Mercurius Herdegens, goldtschmidts, verlesene ansag unnd bericht uff dern von Ulm schreiben, den doselbst verhafften Lazarum, juden, betreffenndt, inen, denen von Ulm, auch einschliessen.

3627. [1556, VI, 9 a] 1. September 1556:

Uff herrnn Philipsen, lanndtgraven zu Hessen, schreiben eines eissern kastens mit klainoten unnd geschmuckh halben, so der verstorbnen Agnes Plessin zugehorig gewesen sein unnd

[1]) Goldschmiede-Verzeichnis Nr. 313 (1539). Mitteilungen II, 164 († 1556. Seine Frau Anna † 1544). Sein Grab auf dem Johanniskirchhofe. Vgl. Trechsel S. 294, Sp. 2 (1544, Todesjahr seiner Frau).

die Torisanischen[1]) alhie inn iren gewalt gebracht unnd noch haben sollen, soll mann sich erkundigen, ob yemanndt unnd wer von der Torisanischen wegen yetzo alhie ist, unnd morgen widerbringen.

3628. [1556, VI, 2. Abt., 4 a] 3. September 1556:

Uff den bericht, das von der Torisanischen wegen nymanndt, dann zwen jungen alhie seyen, so ainichen beschaid oder bevelh, etwas von irer herrn wegen zu hanndeln, nit haben, isst bevolhen, meinen gnedigen herren lanndtgraf Philip zu Hessen dasselb uff seiner fn gnn schreiben zu berichten mit dem unndterthenigen erpieten, wenn bemelte Torisanischen aus ytziger Franncklurter herbstmeß widerumb anheims gelanngen, inen seiner fn gnn schreiben furzuhalten, darauf iren bericht einzunemen unnd, wie mann die sach findt, seinen fn gnn alßdann mit erstem anzuzaigen.

Unnd ist zu solchem hanndel, den Torisanischen, wenn sy anheims komen, bemelt landtgrevisch schreiben furzuhalten, beschieden

P. Peheim.
Ratschreiber.

3629. [1556, VII, 3 b] 25. September 1556:

Jorgen Schulthaissen[2]) zu Kunigsperg inn Preussen schreiben von wegen seins interesse inn der rechtsachen Hannsen Egens contra Caspar Ulrichen soll mann einem hochgelerten, wie er widerumb zu beanntworten sey, zustellen zu bedenncken; unnd widerpringen.

3630. [1556, VII, 8 a] 30. September 1556:

Laux Thorisani unnd mitverwandten verlesnen bericht, welchermassen inen Lorenz vonn Villano zu Frannckfurt ein eingepackt stückh — nit westen sy, obs ein eissene oder

---

[1]) Die Torisani (Turisani) gehörten zu den bedeutendsten und reichsten Kaufherren des damaligen Florenz, bezw. Nürnbergs, wo sie eine Niederlassung hatten und häufig weilten, ja zeitweilig ganz ihren Wohnsitz gehabt zu haben scheinen. Vgl. Roth, Gesch. des nürnberg. Handels 1, 386. Das Haupt der Familie und der Torisanischen Handelsgesellschaft war um jene Zeit Laux (Lucas) T. Aber Goldschmiede, wie es im Kunstgewerbeblatt I (1885) S. 55 f. (»Goldschmiede im Dienste des Kardinals Albrecht von Brandenburg«) mit Verschreibung (»Corisani«) heißt, waren Laux und Endres T. nicht.

[2]) Vgl. namentlich Hermann Ehrenberg, Die Kunst am Hofe der Herzöge von Preussen (Leipzig und Berlin 1899) an vielen Stellen.

hulzene truhen wehre - im verschienen Mayo hieher biß uff vernern beschaidt zu verwahren geschickht, welche sie noch uneröffennt bey hannden hetten, soll mann sampt meins gnedigen herrnn lanndtgraf Philipsen zu Hessen schreiben herrnn doctor Valentin Kötzlern furhalten, was des begerten arrests halb Meinen Herrnn zu thun gepürn wöll, sein bedennckhen einnemen und widerpringen.

3631. [1556, VII, 2. Abt., 5 b] Uff den mündtlichen bericht, wie herr doctor Valtin Kötzler darfür halt, das Meine Herrn uff lanndtgraf Philipsen zu Hessen schreiben unnd begeren wol befugt seyen, die eingepackte truhen bey Lucassen Torisani unnd geselschafftern biß zu vernerm außtrag unnd beschaidt zu verpieten, isst bevolhen, solchem also nachzukomen unnd hochgedachtem lanndtgrafen dasselb mit einschliessung der Torisanischen schrifftlichen berichts zuzeschreiben.

Ob aber guth unnd von nötten sey, dem Lorenntzen Villano zu Frannckfurt sollichs arrests auch zu berichten, unnd welcher gestalt, soll man dannocht obbemelts herrnn doctor Valentin Kötzlers bedennckhen auch erfordern, einnemen unnd widerpringen.

3632. [1556, VII, 9 b] 2. Oktober 1556:

Uff pfalzgrave Ottheinrichs, churfürsten, schreiben unnd begern soll mann maister Paulus Peheim zu seinen churf. gn. gein Neuenmarckt reiten lassen unnd im dasselb also anzaigen.

3633. [25 b] 17. Oktober 1556:

Herrnn Philipsen, lanndtgraven zu Hessen, widerschrifft der eissen truhen oder pallenns halben, so Lorennz de Villano den Turisanischen zugeschickt, soll mann denselben Torisanischen furhalten unnd sagen, demselben schreiben unnd was mann inen jüngst auffgelegt also nachzukomen.

3634. [1556, VII, 28 a] 20. Oktober 1556:

Das gewesen atlashaus uff der Schüt *soll in ein Zinshaus umgebaut werden.*

3635. [1556, VIII, 22 b] 18. November 1556:

Uff der geschwornen goldschmid angebrachte clag wider Ursulam Rüsin des außberaitens halb allerley silbergeschirrs soll mann die goldtschmidordnung darumb ansehen, die beclagt Rüsin darauf zu red halten unnd ir anntwort widerbringen.

3636. [1556, IX, 14 b] 7. Dezember 1556:

Der geschwörnen maister des goldtschmidthanndtwercks supplication unnd angezaigte beschwerungen, so sich uff irem hanndtwerckh zutragen, soll durch die herren an der rug bedacht werden, wie denselben beschwerungen abzuhelffen sey; unnd widerpringen.

3637. [1556, VIII, 20 a] 14. Dezember 1556:

Uff herrnn Philipsen, lanndtgravens zu Hessen, schreiben unnd begern der hie arrestiersten truhen halben, so Lorennz de Villano den Torisanischen zu treuen [20 b] hannden zugeschickt, soll mann seiner f. gn. gesanten Winter hören unnd vernemen, was sein begern sey, alßdann den herrnn hochgelerten alle handlung zu beratschlagen furtragen, was Meinen Herrnn darauf zu thun gepüern woll, unnd widerbringen.

3638. [22 a] 15. Dezember 1556:

Nach vermög der herren hochgelerten mündtlich referierten ratschlags inn sachen meins gnedigen herren lanndtgraff Philips zu Hessen begernus der eissern truhen halben, so vonn Lorennzen de Villano den Torisanischen hie überschickt worden, soll mann dem hessischen gesanndten sagen, sein gestrige mündtliche gethane werbung schrifftlich zu verfassen unnd zu übergeben. Und wenn dasselb geschicht, soll manns den partheien, alls den Torisanischen unnd Martin Frannzen seligen wittib unnd erben umb bericht furhalten, unnd alßdann bei den herrnn hochgelerten weiter beratschlagen, was inn der sachen zu thun sey, unnd widerpringen.

3639. [1556, IX, 22 b] 15. Dezember 1556:

Uff dern vonn Schwebischen Gemündt schreiben umb der goltschmidt ordnung alhie soll mann die geschwornen maister desselben hanndtwercks darinn hören unnd verzaichnen lassen, was inen daraus mitzuthailen sey, unnd widerpringen.

3640. [1556, X, 2 b] 18. Dezember 1556:

Uff den mündtlich gethanen bericht, das Jeronymus Cyni vonwegen der Torisanischen, auch Martin Frannzen seligen wittib unnd sone uff meins gnedigen herrnn landtgrave Philips zu Hessen gesanndten jüngst übergebne schrifftliche werbung und begeren ir anntwort auch schrifftlich übergeben, die dem hessischen gesannten wider furgehalten worden, der dann begert, so viel berürts Martin Frannzen seligen angezogne 1000 f. schuldt unnd die 1100 f., so die Torisanischen von wegen Lorennzen de Villano empfanngen haben sollen, belanngt, soliche antwort seinem gnedigen herrnn dem landtgraven von Hessen einzuschließen, aber inn der hauptsachen, die begerte eröffnung der Villanischen truhen bei den Torisanischen belanngenndt, do Jeronymus Cyni sich derselben eroffnung beschwert unnd vonn dem hessischen gesanten gnusame caution haben wöllen, ine, den Cyni, solcher eröffnung halben künfftig genn dem Villano allerding schadlos zu halten, welcher caution sich der hessisch gesanndt gleichwol beschwerdt unnd doch im enndt bewilligt, weil er alhie frembd sey unnd ainiche caution nit zuwegen bringen könne, das er inn krafft [3 a] seins habenden gewalts, auch der credennz unnd schreibens von seinem gnedigen herrn, dem landtgraven zu Hessen, solche caution für sich selbs inn das gerichtsbuch thun wolle, dergestalt, wo die Torisanischen berürter eröffnung der truhen halben künfftig angefochten würden, sie derhalb zu verdretten unnd schadlos zu halten, welcher caution sich genannter Cyni als ungnugsam auch beschwert, darauf die herren hochgelerten für guth angesehen, mit dem Cyni so viel zu hanndeln, das er diese erpotne caution annemb, unnd, wenn daßselb bescheen, alßdann die truhen nach des landtgraven begern inn beisein des herrn statrichters eröffnen zu lassen unnd alle ding zu beschreiben, auch dem lanndtgraven davon copi zuzeschicken unnd dieselb truhen dem herren statrichter zu seinen hannden zu nemen unnd zu verwahren bevelhen, einem yeden theil zu seinen rechten, isst bey Meinen Herren verlassen, wo Cyni die furgeschlagne caution unnd bekanndtnus inns gerichtsbuch annemen unnd sich daran settigen lassen wirdet, alßdann dem obverleibten ratschlag mit eröffnung der truhen unnd beschreibung deß, so darinnen ist, allerdings nachzukomen; doch soll vonn rats wegen ein canzlist dartzu verordennt werden, der gleicher gestalt alle ding vleissig inventier, was gefunden wirdet: es soll auch nach dem inventieren die truhen durch alle theil widerumb versecretiert unnd dem herrnn statrichter ex offitio einem yedem zu seinem rechten zugestelt, unnd, was verner gehanndelt unnd begert wirdet, widerpracht werden.

3641. [1556, X. 2. Abt., 1 b] 19. Dezember 1556:

Uff den mündtlich gethanen bericht, das Jeronymus Cini von wegen Lauxen Torisani unnd mitverwanten die erpotten caution . . . . angenomen unnd bewilligt, die eissern kyssten inn irem, der Torisani, gewalt zu eröffnen, darauff dann solche eröffnung durch den herrn statrichter unnd beedertheil furgenomen, die clainot, silbergeschirr unnd annders gegen dem inventario, so der hessisch gesanndt unnd anwaldt furgelegt, conferiert unnd alle stückh vermög des inventarii darinnen also gefunden, unnd noch darüber zwen silberne becher mit deckeln, so im inventario nit verleibt gewest, über das alles der gerichtschreiber einen neuen inventarium gemacht, unnd alles widerumb inn die truhen gethan, die schloß widerumb furgeschlagen unnd durch gemelten herrn statrichter verpetschiert worden, dessen beede theil wol zufrieden gewest, allein das der hessisch anwaldt gepetten, dieselb verpetschierte truhen nunmehr inn Meiner Herren verwahrung zu nemen, isst bevolhen, demselben also volg zu thun unnd bemelte truhen, darzu der hessisch anwaldt die schlüssel hat unnd dieselben wider zu sich genomen, inn die losungstuben tragen [zu] lassen unnd solche hanndlung hochgedachtem lanndtgrafen mit einschließung einer copi vonn dem inventario, wie daßselb der gerichtschreiber gemacht und hie behalten wirdet, auch des Cyni unnd Martin Frännzin bericht der 1000 unnd 1100 f. halben, wie der hessische anwaldt begert, zu[zu]schreiben mit dem vernern anzaigen, das gedachter Cini von seiner herren unnd geselschaffter wegen gebetten unnd begertt, das Meine Herren diese truhen nit vonn hannden geben wollen, sy, die Torisanischen, seyen dann derhalben caviert unnd versichert, das inen alle diese hanndlung weder gegen dem Lorenzen de Villano oder yemanndt anndern zu ainichem nachteil nit geraich, welches Meiner Herren halb gleicher gestalt zu hinausgebung der truhen künfftig auch inn achtung gehabt unnd caution begert, auch dise hanndlung zusamen gehalten werden soll.

3642. [1556, X, 13 a] 3. Januar 1557:

Valtin Goltern, stainschneidern, sein begern, ime zuzelassen, das er vor der anndern verkündung hochzeit haben möge, ablainen unnd es bey der ordnung bleiben lassen.

3643. [1556, X, 14 a] 5. Januar 1557:

Welchermassen der pau beim Spitlerthor uff künfftigen früeling furzunemen unnd inns werckh zu pringen, was mann auch für einen werckman darzu gebrauchen, item wie mann das erkaufft hauß einreissen unnd dieselben gepeu wider zu nutz bringen wölle, soll mit vleis bedacht unnd widerbracht werden.

3644. [1556, X, 19 a] 12. Januar 1557:

Das gemehl des wunderzaichens, so zu Venedig gesehen worden, soll mann nachzutrucken vergönnen, doch mit der beschaidenheit, das nit darzu getruckt, wo diß gemehl außganngen.

3645. [1556, XI, 3 a] 15. Januar 1557:

Woferr Valtin Golter, stainschneider, sein hochzeit selbs verlegt, soll mann ime ein abenndttennzlein wie anndern zulassen; wo nit, ablainen.

3646. Petern vonn Pasel, dem püchsenmaister, den begerten zug in Italien ablainen.

3647. [1556, XI, 4 b] 18. Januar 1557:

Uff die zwen der herren verordennten an der rug verlesene ratschlag unnd bedennckhen der federmacher unnd goldtschmid halben isst beim rhate ertheilt, soviel ermelter federmacher unndter inen gemachte ainigung unnd vergleichung belanngt, das man dieselb also passiern lassen unnd die allerdings, wie die rugsherren für guth angesehen, inns gesetzbuch verleiben soll.

Dergleichen soll dem anndern irem ratschlag uff besserung auch allerdings nachganngen unnd die besserungen der außberaiter unnd jungen halben, so ufm hanndtwerckh aufgelernt haben, zu irem gesetzt addirt werden.

Allein von wegen der silberprenner unnd felscher halben soll das gesetzt allein unnder das rathaus unnd an den stockhen angeschlagen unnd nit verrufft werden.

Aber Sebastian Schenncken, der barbiererin sohne am Obßmarckht, der vor der zeit auch einzuziehen ertailt, soll mann nochmaln, woferr er zu bedretten, gefenncklich einziehen unnd inns loch legen lassen.

3648. [1556, XI, 5 a] 19. Januar 1557:

Hannsen Gerdinger, den stainschneider, uff sein bit umbs geldt zu bürger annemen, aber dem anndern, Ulrichen Praitkopff, nagler, ableinen.

3649. [5 b] Lanndtgraf Philipsen zu Hessen widerschrifft unnd begern, die hie verhaffte truhen mit den klainotern, so Lorennz de Villano den Torisanischen zugeschickt unnd Meine Herren zu iren hannden genomen haben, Raben von Holzheim alls dem erben, auch den hospitalien gegen angepotner versicherung volgen zu lassen, soll mann den Torisanischen alhie furhalten unnd darnach bey den herren hochgelerten beratschlagen, was sich inn diser sachen zu thun gepüern wöll, unnd widerpringen.

3650. [1556, XI, 8 a] 22. Januar 1557:

Lorennzen de Villano von Florennz schreiben aus Speir seiner den Torisanischen alhie zugeschickter eisserner truhen halben, dern sich Rab von Holzheim anmasßt, mit beger, diselb truhen nit von hannden komen zu lassen, es werd dann die anhenngig rechtsach zwischen bemeltem vonn Holzheim unnd ime, Villano, erörtert, soll mann neben der vorigen hanndlung bei den herren hochgelerten beratschlagen, unnd widerbringen.

3651. [9 a] 23. Januar 1557:

Der herren hochgelerten referierte unnd bedachte widerschrifft an lanndtgraf Philipsen zu Hessen uff seiner f. g. schreiben unnd begern umb zustellung der von den Torisanischen zu hannden genomener truhen soll mann mit ertailter besserung unnd einschließung der Torisani berichts unnd Lorennzen de Villano schreibens ausgeen lassen unnd dem potten einen taler schennckhen.

3652. [1556, XI, 11 b] 27. Januar 1557:

Uff maister Jorgen Unngers, stainmetzen, supplicieren umb ein vereerung von wegen gemainer stat aufgebrachten gepeu des Laufferthurns unnd laufgrabens soll bedacht werden, wormit er zu verehren sey, unnd widerbringen.

3653. [1556, XI, 17 b] 4. Februar 1557:

Abraham Weyßkopff, schreinern, uff sein supplicieren vergönnen, drey jar unaufgesagt seins bürgerrechtens alhie zu Haidelberg zu wohnen.

3654. [1556, XII, 15 b] 25. Februar 1557:

Jacoben Hofmanns, goldtschmidts, supplication, den Rummelsperg belangendt, soll mann dem herrnn spitlpfleger, auch herrnn Paulussen Grundtherr umb bericht zustellen, unnd widerbringen.

3655. [1556, XII, 22 a] 3. März 1557:

Lorennzen de Villani von Florennz abermals schreiben vom 25. Februarii aus Speir mit zuschickung ains berichts von allem hanndel, wie sich der Agnes Plessin seligen testaments unnd irer verlassenen güeter halb zwischen ime unnd Raben von Holzheim verloffen, soll mann neben dem hievorigen schreiben, darauf er sich ytzo referiert, den herrn hochgelerten furtragen, was darauf zu hanndeln unnd furzunemen sey. Ir bedennckhen ervordern unnd widerpringen.

3656. [1556, XII, 30 a] 10. März 1557:

Jacoben Hofmanns, goldtschmidts, supplication umb zulassung, das er seinen lehenhofe zum Rummelßberg widerumb bezymmern möge, *betreffend.*

3657. [1556, XIII und XIV, 18 a] 24. März 1557:

Uff herrnn Jorgen, bischovenns zu Bamberg, an herrnn Paulus Grunthcrrnn gethans schreiben soll mann maister Wolffen Loscher, stainmetzen, vergönnen und zulassen, die bambergischen gepeu unnd bestallung von seinen f. g. anzunemen.

3658. [1556, XIII und XIV, 31 a] 5. April 1557:

Bey maister Lienhardten Thanner soll mann noch zwo eyssere prechschrauben für Meine Herrn zu machen bestellen, damit mann deren hinfüro zur notturfft vier haben muge.

3659. [1556, XIII und XIV, 36 a] 9. April 1557:

Hannsen Guldenmundts, briefmalers, supplication umb die pfründt im zwölffbrüderhaus zu Allenheyligen soll der herr pfleger zu sich nemen unnd sehen, ob er ime als ainem alten verlebten mann unndterhelffen könne.

3660. [1556, XIII und XIV, 41 a] 13. April 1557:

Erhardten Hofman[1]), malern, uff sein supplicien vergönnen, unaufgesagt seins bürgerrechtenns zway jar zu Hailpronn zu wohnen.

3661. [1556, XIII und XIV, 45 a] 14. April 1557:

Linharten Praun, goltschmid, sein supplicirende pit, ime zu seinem vorhabennden gepeu zu Werd mit einer steur zu hilf zu komen, mit guten wortten ableinen.

3662. [1556, XIII und XIV, 47 a] 17. April 1557:

Uff dern vonn Windßheim fürbitlichs schreiben soll mann Hannsen Preuning, dem goldtschmidt, woferr er seine glaubiger alhie zufriden stellen wirdet, damit mann seinthalb

---

[1]) Mitteilungen II, 71 († 1565).

anlauffenns enntladen sey, vergönnen, ein jar lanng unenntsagt seins bürgerrechtenns daselbst zu Windßheim zu wohnen.

3663. [1557, I, 2. Abt. 1 b] 22. April 1557:

Jobsten Cammerer, dem bürger unnd goldtschmidt zu Hall inn Sachsen, uff sein schreiben unnd überschickt kunststückh, kaiser Karls pildtnus, zwölff thaler vereern unnd neben einem dannckbrieffe zuschickhen, auch seinen potten zufrieden stellen.

Nach Briefbuch CLX fol. 252 von Petz im Jahrbuch der Kunstsammlungen d. A. K. H. Bd. X. Nr. 5870 veröffentlicht. Vgl. auch Zahns Jahrbücher I, 247.

3664. [1557, I, 15 a] 29. April 1557:

Heinrich Werner, der goldtschmid, *kommt in einer gleichgültigen Angelegenheit vor.*

3665. [1557, II, 4 b] 21. Mai 1557:

Uff maister Lienhardt Tanners bit soll mann seinem schlosser, N. Schnabel, einen gesellen mehr dann die ordnung vermag, damit er des churfürsten zu Sachsen unndter hanndt habennde arbeit furdern könne, zway monat lanng zulassen.

3666. [1557, II, 5 a] 22. Mai 1557:

Jorgen Unngers sambt annderer stainmetzen, am Spitlerthuren arbeitennd, auch Hannsen Ußmann, hauptman, sampt der ganzen nachparschafft doselbst supplicierennde fürpit umb versicherung Heinrichen Trechsels gestrafften eewirtin ableinen.

3667. [1557, II, 8 b] 24. Mai 1557:

Lorennz Stör[1]), mahler, hat sein bürgerrecht auffgesagt, gewöndlich verschreibung geben unnd ist damit inn die losungstuben gewiesen worden.

3668. [1557, II, 35 b] 15. Juni 1557:

Uff Lienhardten Hachenbergers[2]), malers, suppliciren soll mann seinen garten besichtigen, was er vorhin für gepeu darinnen gehabt, unnd widerpringen.

[1]) Zahns Jahrbücher I, 226. Jahrbücher der Kunstsammlungen des A. K. H. Bd. XI Nr. 6475 (über ein Buch von ihm: »Perspectiva a Laurentio Stoero in lucem prodita«). Vgl. dazu H. Boesch in den Mitteilungen aus dem germanischen Nationalmuseum II, 71 Anm. 13. Seine Frau Anna † 1556 oder 1557 (vgl. ebenda).

[2]) Ein L. H. liegt auf dem Rochuskirchhofe begraben. Vgl. (Gugel), Norischer Christen Freydhöfe Gedächtnis S. 117 (1583).

3669. [1557, III, 16 a] 1. Juli 1557: *Ein weiterer Ratsverlaß über diese Angelegenheit.*

3670. [1557, III, 2. Abt., 1 a] 17. Juni 1557:

Lienhardten Kremnitzer unnd Sebalden Hirschvogel, Hannsen Khuns seligen kinder vormündern, die gepetten fürschrifft an die vonn Straßpurg wider Hannsen Schreiner, goldtschmidt, Meiner Herren noch unenntledigten bürger, mittheiln, unnd, dieweil mann inen hievor auch zwaymal geschrieben, disen Schreiner als verpflichten bürger hie bey inen nit zu gedulden, darauf nye kein anntwort gevolgt, soll mann dasselb etlicher massen mit anziehen.

3671. [1557, IV, 14 b—15 a] 23. Juli 1557: *Ein weiterer Ratsverlaß über diese Angelegenheit.*

3672. [1557, III, 4 b] 19. Juni 1557:

Hannsen Deckher, mahler, mit seinem aufgesagten bürgerrechten nach mittag inn die losungstuben weisen.

3673. [1557, III, 15 b] 1. Juli 1557:

Uff Frannzen vonn der Thell, atlasmachers, ansuchen umbs bürgerrechtt soll mann sich seiner person unnd gelegenheit baß erkundigen, unnd widerpringen.

3674. [1557, III, 17 b] 2. Juli 1557:

Uff Jorg Schicken, bürgers unnd goldtschmidts zu Haidelberg, schreiben . . . *etc.* (*Eine Schuldsache betreffend*).

. . . .

3675. Denen von Onolzbach soll mann uff Mercuri Herdegenns anlanngen den pronnenmeister Casparn Fridel etliche tag lanng vergonnen.

3676. [1557, IV, 30 b] 5. August 1557:

Sebastian Walchen[1]), goldtschmidt, uff sein supplicierennds begern vergönnen, zwen kern, doch uff bezalung der straff, aus seinem privet firmen zu lassen.

3677. [1557, IV, 39 a] 11. August 1557:

Sebastian Reckhen, kartenmalers, eewirtin, *kommt vor.*

3678. [1557, V, 9 a] 18. August 1557:

[1]) Goldschmiede-Verzeichnis Nr. 379 (1554). Mitteilungen II, 165. (»Ursula Sebastian Walchin, im Stopslgeßlein« † 1562). Ein jüngerer Goldschmied dieses Namens im Goldschmiede-Verzeichnis unter Nr. 492 (1578) und dieser auch im Jahrbuch der Kunstsammlungen des A. K. H. Bd. X Nr. 5910 (1604).

Uff Jorgen Mülners unnd N. Lichtenthalers verlesenns anzaigen, welchermassen Valtin Golter, stainschneider, sein weib allerlei uneerlicher sachen, sonnderlich alls solt sie ime gifft eingeben haben, bezichtigt unnd hin unnd wider beschrait, soll mann denselben Valtin Golter darumben fenngklich einziehen unnd inns loch legen lassen; aber seinem weib sagen, sich anheims bei den kynndern zu ennthalten unnd irer biß uff vernern beschaidt zu pflegen.

Alls nun sollichs bescheen unnd die knecht, so den Golter fenngklich angenomen, angezaigt, wie sein weib derwegen so cleglich gethan unnd sich vernemen lassen, sie woll sich selbs erstechen, ist bevolhen, dasselb iren freunden und schwagern anzuzaigen mit bevelch, unndter sich selbs der frauen halb solche versehung zu thun, das sie anheims [9 b] bei iren kyndern pleib unnd ir selbsten keinen schaden thue.

3679. [1557, V, 11 b] 19. August 1557:

Hannsen Hofman, dem Niderlennder, vergonnen, seine gemalte tücher undterm rathaus fail zu haben.

3680. [1557, V, 30 a] 2. September 1557:

Auf des churfürstlichen sächsischen rats unnd gesanndten bitlichs anhalten soll mann Lienhardten Tanner auflegen unnd mit ime hanndlen, die angedingte des churfürsten arbeit mit dem furderlichsten und ehe dann uff Ostern zu machen mit anzaig Meiner Herren misfallens, das er hochgedachten churfürsten so lanng aufziech.

3681. [1557, VI, 4 b] 11. September 1557:

Dieweil Peter vonn Froymondt, der Niderlennder, seins anzaigenns noch nit bürger alhie ist, soll mann hindter sich suchen, welcher gestalt unnd mit was conditionen er alhie einkomen unnd was derwegen mit ime gehandelt worden, unnd widerpringen.

3682. [1557, VI, 12 a] 18. September 1557:

Uff herzog Otheinrichs, pfalzgraven-churfürsten, fürschrifft soll Hanns Fuchs, der stainmetz, weiter vernomen werden, inn wes gestalt er die erlaubdnus beger, unnd was er dem churfürsten für gepeu zu machen hab, unnd widerpringen.

3683. [1557, VI, 15 b] 22. September 1557:

Dieweill sich maister Hanns Fuchs, steinmetz, zu hertzog Otheinrichen, pfalzgraven-churfürsten, uff zwey jar lanng als ein werckmaister bestallungsweise versprochen, soll es auch darbey gelassen unnd ime vergönnt werden.

3684. [1557, VI, 37 b] 2. Oktober 1557:

Dieweil Peter vonn Froymonndts halb nichts eingeschriben gefunden wirdet, mit was conditiones [er] bißher on das bürgerrecht alhie gesessen, so soll mann ime aufflegen, inn zwaien monaten den nechsten bürger zu werden.

3685. [1557, VII, 33 a] 2. November 1557:

Hannsen Göbeln, wappensteinschneidern, sein begern, ime geen Prag zu erlauben, ablainen.

3686. [1557, VIII, 11 b] 12. November 1557:

Nicasio Frischen, goldtschmidt, oder seinem anwaldt uff sein suppliciern sagen, Meine Herren wollen ine irs theils die gepetten drey tag lanng, aber für die glaubiger gar nit verglaiten, dann, wo ein glaubiger wider ine ansuchen würd, müst mann gepüerliche hilff mittheiln.

3687. [1557, VIII, 18 b] 20. November 1557:

Hannsen Maul, briefmalern, sein begeren umbs bürgerrecht ableinen.

3688. [1557, VIII, 30 b] 1. Dezember 1557:

Graf Ludwigen von Otingens undterlessige anntwort der holzersparungskunst halben also ruhen lassen unnd uff seiner gnaden begeren Hannsen Lobsinger[1]) vergönnen, wo es ime sonst gelegen, zu wolgedachtem grafen zu raisen.

3689. [1557, IX, 6 a] 6. Dezember 1557:

Hannsen Göbeln, dem wappensteinschneider, uff sein suppliciern zwischen hie unnd Walburgis zu Prag zu wonen vergönnen.

3690. [1557, IX, 18 a] 16. Dezember 1557:

Oßwalden Paldner die zway gegoßne stückh püxen, einem polnischen herren zugehorig, doselbsthin passiren lassen.

3691. [1557, IX, 19 b] 17. Dezember 1557:

. . . Aber Jorgen Wegnern, malern, das gepetten bürgerrecht ablainen.

3692. [20 a] Martin Paumgartnern, dem goldschmid, uff sein suppliciern obbenannts Valtin Golters anntworth, das

[1]) Vgl. über diesen erfindungsreichen Kopf namentlich Doppelmayr 201. Roth, Geschichte des nürnberg. Handels IV, 185 ff. (lebte 1510—1570). Rettberg, Briefe 34 Anm. Ein Porträt bei Panzer 146.

er gestenndig, das er seinen schmaralten noch daheimen inn seinem stüblein hab, also anzaigen.

3693. [1557, IX, 21 a] 18. Dezember 1557:

Erhardt Hafner vonn Murhart uff die glaßhütten doselbst 12 c.r glaßerden uff ein angloben einzukauffen unndt wegkhzufüern vergönnen.

3694. [1557, IX, 24 a] 22. Dezember 1557:

Uff Oßwalden Paldings bitlichs ansuchen umb urkundt, das er die zway stücklein püxen, dem konig vonn Poln zugehorig, selbst gegossen hab, soll mann die zwen Genannten, so darumb wissenns haben sollen, zuvor verhörn unnd ir ansag widerpringen.

3695. [1557, IX, 24 b] 23. Dezember 1557:

Cristoffen Staingruber[1], goldtschmidt, und Jacoben Rinkenprot, keßlern, bede umbs geldt zu bürger annemen.

3696. [25 b] Dieweil Lorennz Hennz unnd Wolff Kreß, bede Genannten, bey iren pflichten anzaigen, das Oßwaldt Paldner die zway stückh püxen, dem konig vonn Polen zugehorig, gegossen, soll mann ime des die gepetten urkhundt mitthailen.

3697. [1557, IX, 28 b] 27. Dezember 1557:

Uff herrn Sigißmundi Augusti, konigs zu Poln, Niclassen Nunhardt gegebene fürschrifft soll mann Cunradten Lochners, platners, darauf gethanen bericht ermelten Nunhart hören lassen unnd sehen, was er weiter darauf begeren wirdet.

3698. [30 a] 28. Dezember 1557:

Dieweil Niclas Nunhardt sich mit Cunradten Lochner inn keinen güetlichen vertrag einlassen will, sonndern wol leiden mag, das mann dem Lochner die gepetten fürschrifft an die kon. Wirde zu Polen mitthail, soll mann dem Lochner dasselb also anzaigen, unnd sagen, wo er seine schrifften durch einen verstenndigen inns latein vertiern lassen werd, doch das es alles formblich gestelt sey, woll mann ime ein fürschrifft geben lassen.

3699. [1557, X, 1 b] 30. Dezember 1557:

Ratsverlaß, eine Bauirrung zwischen Hannsen Potsch,

[1] Goldschmiede-Verzeichnis Nr. 396 (1557). Sein Grab auf dem Johannis-kirchhofe. Vgl. Trechsel S. 412 (1574).

34*

metzgkher, *und* Lienhardten Praun, goltschmidt, *betreffend.*

3700. [1557, X, 8 a] 5. Januar 1558:

Des im loch ligennden Bartl Prechtels, malers, sag also ruhen lassen biß des Klingenpeckhen urgicht herwiderkumpt.

Dergleichen soll mann Michel Manngers, puchtruckers inn eissen, sag auch ruhen lassen.

3701. Das taflet unnd krämlein an der Schau, darinnen etwo bücher fail gehabt worden, soll mann dem supplicierenden Cristoff Lohen[1]), illuministen, seine kunststückh darinnen fail zu haben, vergönnen, doch mit offner hanndt, das es Meine Herren zu irem gefallen wider abschaffen mögen.

3702. [1557, X, 19 b] 15. Januar 1558:

Welchermassen Hanns Roth[2]), der goldtschmidt, Gott gelestert unnd geflucht, welchs er vor den fünff herren verneint, soll mann zeugen verhörn, sie beaidigen unnd ir sag widerpringen.

3703. [1557, X, 25 a] 19. Januar 1558:

Uff die verlesene erfahrung, wie Hanns Roth, goldtschmidt, Sacrament unnd Wunden geflucht, soll mann ine, weil ers vorn Fünffen verneint, fennckliсh einziehen unnd inns loch legen lassen.

3704. [1557, X, 26 b] 20. Januar 1558:

Ein weiterer Ratsverlaß über diesen Gegenstand.

3705. [1557, XII, 2. Abt., 3 a] 4. Februar 1558:

Veiten Moringer soll mann uff seiner haußfrauen ansuchen, ungeacht das er hievor inn der gemainen supplication unnd fürschrifft auch begriffen, die gepetten fürschrifft seiner arrestierten güeter halben an die kon. Mt. mitthaillen.

3706. [1557, XI, 16 b] 9. Februar 1558:

Eraßmus Prenners unnd Lienhardt Wincklers, Arnoldt Wenncken aus erster ee kinder vormünder, auch Frannzen Gruners[3]) unnd Mercurii Herdegens, berürts Wenncken

[1]) Vermutlich identisch mit dem Maler Christoph Loy. Vgl. Anm. zu dem Ratsverlaß vom 10. Mai 1547.

[2]) Im Goldschmiede-Verzeichnis drei Meister dieses Namens: Nr. 136, 219 und 220 (alle zwischen 1478 und 1514). Fraglich, ob unser Meister mit einem derselben identisch. Als Ausrichter erscheint ein H. R. bei Neudörfer, ed. Lochner S. 20, 21, 30 (1538). Eine »Anna Hans Rotin« † 1520; vgl. Mitteilungen II, 164.

[3]) Eisenhändler; Genannter 1538. Vgl. Roth, Geschichte des nürnberg. Handels I, 326.

aus annderer ee verlaßner kinder vormünder, widereinannder einprachte supplicationes soll mann einem gelerten umb sein bedenncken furhalten, was Meinen Herren darinn zu verabschieden gepüern woll, unnd widerpringen.

3707. [1557, XI, 25 a] 17. Februar 1558:

Inn sachen Arnoldt Wennckhen seligen erben unnd derselben vormünder wider Mercuri Herdegenn unnd Frannzen Gruner alls Rüdigers vonn der Purg[1]) verlassener kinder vormünder soll mann uff herren doctor Cristoffen Kotzlers verzaichents bedennckhen die partheien erfordern, zwüschen inen güetlich hanndeln unnd vleis thun, ob mann sie vergleichen khann; wo nit, unnd an welchem theil der manngel sein wirdet, widerpringen.

3708. [1557, XII, 7 a] 4. März 1558:

Uff die verlesenen anpietzetl, welcher massen maister Jorg Unnger etliche schuch aus seiner hofstat zu Werdt verkaufft, soll mann dem richter zu Werd, darein zu bewilligen unnd die ordnung zu halten, bevelhen.

3709. [1557, XII, 2. Abt., 4 a] 9. März 1558:

Margretha Hanns Maurerin, briefmalerin, *kommt vor.*

3710. [1557, XII, 25 b] 18. März 1558:

Alls Veit Möringer, goldtschmidt, umb beschaidt angesucht, weil er jüngst bei denen güetern, so das koniglich zaichen gefürt, seine wahr auch gehabt, ob er sich ytzo auch inn die marggrevische verglaitung on gefahr begeben dorfft, isst ime diese anntwort zu geben bevolhen: Meine Herren khonnen ine nichts vertrosten, mann acht aber nit, das sich marggraf wider ine etwas ünndtersteen werd.

3711. [1557, XIII, 10 a] 1. April 1558:

---

[1]) Rüdiger von der Burg (oder auf der Burg) war des Goldschmieds Arnold Wenk Schwiegersohn. Vgl. Hermann Ehrenberg, Die Kunst am Hofe der Herzöge von Preussen S. 167. Vgl. über ihn noch Th. Hampe in der Bayerischen Gewerbezeitung X (1897) S 31. Er ist ohne Zweifel identisch mit dem »Rutiger von Nürnberg«, der 1542 vom Kurfürsten von Sachsen 1200 fl. »vor kleinot und ringe« erhielt (vgl. C. Gurlitt im Kunstgewerbebl. III 1887 S. 216), und mit dem «Rotger auf der Burg« der in des Grafen Wolrad von Waldeck Tagebuch während des Reichstages zu Augsburg 1548 wiederholt vorkommt (Edition Tross in der Bibl. des Litter. Vereins LIX S. 8, 213, 223).

Hanns Dietrichen vom Hof, stainmetzen, soll mann umbs geldt zu bürger annemen.

Unnd dieweil uff dem unnd anndern handtwercken die maisterstückh so hoch gespannt unnd einen solchen grossen uncosten walten, das mannchег armer gesell davon wegen aus unvermugen solche maisterstückh nit machen noch erschwingen khan, so soll mann bedennckhen, was dannocht darinnen mit abstellung der übermessigen unnd überflüssigen uncostung für ein einsehen zu thun sey, unnd widerpringen.

3712. [1557, XIII, 15 a] 4. April 1558:

Uff Veiten Moringers an sein weib aus Franckfurth gethans schreiben, wes sich die churfürstlichen Meinzischen räte wider ine unnd anndere kauffleuth, denen ire güeter jüngst durch die kays. Mt. zu Frannckfurth arrestiert worden, beschwerlichs unndterstee, soll mann bei den herren hochgelerten beratschlagen, welchermassen mann inen darinn hilflich und rätlich sein khönne, unnd widerpringen.

3713. [1557, XIII, 16 a] 15. April 1558:

Uff der herren hochgelerten verleßnen ratschlag Veiten Moringers, Jorg Ploden unnd annderer güeter halb, so der churfürst vonn Meinz von wegen angegebens verfahrens zolls zu Frannckfurth ansprochen, soll mann denselben bürgern ungeacht der gelerten bedenckens ein formliche glimpffige fürschrifft an hochgedachten churfürsten mitthcillen unnd berürtem Möringer neben einer copey davon zusennden unnd uff ine unnd die anndern stellen, wo solliche fürschrifft irem gethanen suppliciren nit zu enntgegen, dieselb zu überantworten oder nit.

3714. [1557, XIII, 19 a] 9. April 1558:

Uff Hannsen Schreiners, goldschmidts zu Straspurg, schreiben umb erlassung seins bürgerrechtens soll zur hanndt gesucht unnd widerpracht werden, was hievor seinthalben an die vonn Straspurg geschrieben worden unnd was sie darauf zur anntwort geben.

Es folgt noch eine Anzahl weiterer Ratsverlässe über diesen Gegenstand.

3715. [1558, I, 3 b] 14. April 1558:

Dieweil Sebastian Hamer der gepetten 500 halben hagken unnd 300 helmparten halben keinen schein hat, soll mann ime dieselben ablainen.

3716. [1558, I, 20 b] 27. April 1558:

Die abcontrafehung vonn dem schloß Blassenburg soll mann, weder im Tuchgeßlein noch anndern orten außzuhennckhen unnd offenntlich zu verkauffen, abschaffen.

3717. [1558 I, 25 b] 30. April 1558:

Jacoben Strada soll mann uff sein suppliciern unaufgesagt seins bürgerrechtenns drey jar lanng zu Wien zu wohnen vergönnen.

3718. [1558, I, 31 a] 5. Mai 1558:

Anthoni Schnitzer[1], trummettenmacher, . . . soll mann umbs geldt zu bürger annemen.

3719. [1558, I, 33 a] 7. Mai 1558:

Des rats zu Straspurg beanntwortlich schreiben unnd anzaigen, wie sie Hannsen Schreinern, goltschmidt daselbst, auferlegt, sich zu auffsagung seins bürgerrechtenns inn einem monat hieher zu stellen, also ruhen lassen unnd desselben erwarten.

3720. [1558, I, 36 b] 10. Mai 1558:

Cuntzen Weiher, geschmeidmacher, unnd Hannsen Zweckher, platner, soll mann beed umbs geldt zu bürger annemen.

3721. Jorgen Wehinger, mahler, ... das bürgerrecht ablainen.

3722. [1558, II, 1 b] 12. Mai 1558:

Bastian Wolffen, dem furman, 20 cenntner glaßerden uff sein habennde urkundt und ein angloben passiern lassen.

3723. [1558, III, 24 b] 1. Juli 1558:

Von wegen der irrung unnd schmachsachen, so sich zwüschen maister Jorgen Unnger unnd Lienharten Schnabel erhelt, soll mann sie beed, wie es damit gestalt, zu red halten, sonnderlich warumben sie die sach irem pauherrn unnd paumaister verhalten; ir anntwort widerpringen.

3724. [1558, II, 2. Abt., 6 b] 2. Juni 1558:

Agatha, Jacoben Vischers zu Wien seligen wittib, uff ir schreiben Hannsen Maßlitzers unnd Jeronimussen Flaischers,

[1] Jahrbuch der Kunstsammlungen des A. K. H. Bd. XV Nr. 11875/76 (1568). Bd. XX Nr. 17401 und 17404 (1619 als verstorben; Privilegiumserteilung an seine Erben). Er starb am 25. März 1608. Vgl. (Gugel), Norischer Christen Freydhöfe Gedächtnis S. 71.

des verstorbnen Jorgen Stenngels seligen testamentarier, gegenbericht einschliessen.

3725. [1558, III, 26 b] 4. Juli 1558:

Erzherzog Ferdinanden zu Osterreichs schreiben Lienhardten Nürmberger, rotschmidt alhie, furhalten unnd hörn, ob er mit den gefertigten leuchtern gen Prag ziehen woll, und widerpringen[1].

3726. [1558, III, 2. Abt., 8 b] 5. Juli 1558:

Lorennz [*lies:* Lienhard] Nürmbergers, rodtschmidts, gegebnen bericht, warumben er mit den gemachten leuchtern nit selbs hinein geen Prag ziehen khann, erzhertzog Ferdinando einschliessen.

3727. [1558, III, 29 b] 6. Juli 1558:

Der rom. kays. Mt. fürschrifft von wegen Jacoben Hofmanns, goldtschmids, ime seinen hof zum Rumelsperg noch lennger zu verleihen oder zu verkauffung desselben ein geraume zeit zu ernennen, dem spitlmeister umb sein bericht furhalten, und widerpringen.

3728. [30 a] Die rechtfertigung zwüschen maister Jorgen Unnger unnd Lienhardten Schnabel von wegen eins gewets soll mann von oberkait wegen aufheben, auch inen beden ein strefliche red sagen unnd ein frieden gegen einannder zu halten einpinden.

3729. [1558, IV, 7 a] 12. Juli 1558:

Hannsen Derlinger, stainschneider, uff sein suppliciern ein jar lanng zu seinem vatter gen Speier erlauben.

3730. [1558, IV, 24 a] 28. Juli 1558:

Erzherzog Ferdinanden zu Osterreich schreiben unnd begern Lienhardten Nürmberger, dem radtschmid, furhalten und mit ime hanndeln, mit den gemachten leuchtern selbs gen Prag zu ziehen; sein anntwort herwider pringen.

3731. [2. Abt., 5 b] Uff den bericht, wie sich Lienhardt Nürmberger, rotschmidt, zum höchsten beschwert, mit den gemachten leuchtern selbs hinein geen Prag zu ziehen unnd sein werckstat daheim ligen zu lassen, und sich doch erpotten, dem erzhertzog Ferdinando und Meinen Herren zu eern

[1]) Zu dieser Angelegenheit, von der auch noch einige weitere Ratsverlässe handeln, vgl. Zahns Jahrbücher I, 242, woselbst das Thatsächliche bereits mitgeteilt ist. Vgl. ferner Mitteilungen Bd. I S. 3 f.

ein übrigs zu thun und sich mit den berürten leuchtern uff den weg zu machen, soll mann irer fürstlichen durchlaucht dasselb also zuschreiben und dem Nürmberger sagen, seinem erpieten mit erster gelegenheit nachzukomen.

3732. [1558, IV, 2. Abt., 6 a] 29. Juli 1558:

Maister Jorgen Webers, zimmermans, zway gemachte muster zum pronnen am Panersperg also ruhen lassen unnd ime, maister Jorgen, bevelch thun, den pronnen zu Thonawerd, welchermassen derselbig zugericht, selbs zu besichtigen unnd acht zu haben, ob ainiche gefahr des umbtreibenns unnd schopffens halb dabey sey; unnd, wie er die sachen findt, widerpringen; ime auch derwegen ein schreiben an rate zu Thonawerd mitgeben.

3733. [1558, IV, 31 a] 3. August 1558:

Hannsen Peringer, goldtschmidt, uff sein suppliciern sagen, wenn er sein bürgerrecht auffsag, werd manns von ime annemen, aber der losung und nachsteuer halb soll mann ine inn die losungstuben weisen.

3734. [1558, V, 7 b] 9. August, [11 a] 12. August *und* [12 b] 13. August 1558:

Wolff Möringer[1]), goldtschmidt ufm thurm, *und sein Vater* Veit Möringer, goldtschmidt, *kommen in eine Wildfrevel-Sache verwickelt vor.*

3735. [1558, V, 13 b] 16. August 1558:

Hannsen Preuning, goltschmid, mit seim aufgesagten bürgerrechten inn die losungstuben weisen.

3736. [1558, V, 18 b] 19. August 1558:

Den zwaien furleuten von Windenbach 25 centner glaßerden uff des vogts zu Murharts kundtschafft passiern lassen.

3737. [1558, V, 20 a] 20. August 1558:

Die verlesene anpietzetl, wie herr Cristof Fürer ein hofstat zu Werdt Peter Rebeln, zimmerman, vererbt, item Hanns Hainle sein hofstat Jorgen Harscher unnd Elspeth Götzin ir hofstat Jorgen Unngern, zimmerman, verkhaufft, dem richter zu Werd wider zustellen unnd die ordnung zu halten bevelhen.

[1]) Vgl. Jahrbuch der Kunstsammlungen des A. K. H. Bd. V Nr. 4458 (1570). VII Nr. 5026 (1553), 5331 (1575). X Nr. 5885 (1573). XV Nr. 1155 (1575).

Es folgt noch eine Anzahl weiterer Ratsverlässe über diesen Gegenstand.

3738. [1558, V, 25 b] 27. August 1558:

Hannsen Schreiner, goldtschmidt, seins aufgesagten bürgerrechtens halb inn die losungstuben weisen.

3739. [1558, V, 28 a] 30. August 1558:

Hertzog Augusten, churfürsten zu Sachsen, schreiben Lienharten Tanner furhalten und hören, waran der mangl, das er seinen churf. g. die bestelt arbeit noch nit gemacht; dasselb widerpringen.

3740. [1558, V, 29 a] 31. August 1558:

Lienhardt Tanners enntschuldigung unnd erpieten, inn was zeit er dem churfürsten zu Sachsen die angedingte arbeit enndtlich fertigen unnd machen woll, soll mann von ime schrifftlich ervordern, damit manns dem churfürsten einschliessen könn, unnd ime daneben ernnstlich aufflegen unnd einpinden, demselben seinem erpieten one vertzug nachtzukumen, wie man ine dann derwegen alle 14 tag einmal manen unnd anhalten soll.

3741. [1558, VI, 2. Abt., 5 a] 22. September 1558:

Lienhardt Danners erpieten, das er meinem gnedigsten herren, dem churfürsten zu Sachssen, erstlich die wag, das die seinen churf.n gn. noch inn kürtz zukomen soll, unnd dann die annder arbeit unnd zeug zwischen hie unnd dem neuen jar machen unnd fertigen woll, soll mann seinen churf. gn. zuschreiben, mit anzaig, das seiner churf. g. gesannter dieselben daneben berichten werd, welchermassen sich gedachter Danner des vertzugs halb entschuldigt. Doch soll dem Danner ein straffliche red unnd daneben gesagt werden, seinem erpieten, welchs er auch zusagen soll, enndtlich nachzukomen.

3742. [1558, VIII, 6 b] 1. November 1558:

Hannsen Glaser[1]), dem puchtruckher von wegen der getruckten bayrischen artickel ein sträffliche red sagen, mit warnung, sich dergleichen unerlaubten truckhens hinfüro gennzlich zu ennthalten.

3743. [1558, IX, 25 a] 17. Dezember 1558:

Uff die verlesene erkundigung, was Lienhardt Praun,

[1]) Zahns Jahrbücher I, 250 (1547—51, 1561) 234 (1543). Meusels Neue Miscellaneen 12. Stück (1800) S. 481 f.

goldtschmit, für ungerechte silberarbeit gemacht unnd den silberkrämern verkaufft, soll mann bevelch thun, ine, Praun, wo er bedretten wirdet, fengklich einzuziehen.

Daneben auch den silberkrämern aufflegen, alle sein, des Prauns, arbeit, so sie ime abgekhaufft, inn die krigstuben zu anntworten, mit warnunng, sich hinfüro vor dergleichen arbeit zu hüeten.

3744. [25 b] Uff maister Lucassen Minders, malers, supplication unnd vererte abgegossene alte kaiser soll mann sehen, was es für ding ist, unnd alßdann weiter rätig werden.

3745. [1558, IX, 28 b] 20. Dezember 1558:

Uff magister Joachim Hellers[1]) supplicieren unnd vererts büchlein unnd beschreibung vonn den kuniglichen sätteln soll mann ime sagen, Meine Herren sehen nit für guth an, sollich ding im truckh ausgeen zu lassen; darumb soll er sich hinfüro dessen ennthalten unnd nichts one Meiner Herren wissen unnd willen truckhen noch ausgeen lassen, auch di übrigen exemplar alle Meinen Herren zustellen. Darfür sollen ime 8 f. vereert werden.

3746. [1558, X, 11 a] 31. Dezember 1558:

Uff Adamen Aspachs[2]), malers, supplicìern umbs bürgerrecht weiter erfarn, was sein thun unnd gelegenheit sey; und widerpringen.

3747. [1558, X, 21 a] 10. Januar 1559:

. . . Dergleichen Adamen Aspach, malern, das begert bürgerrecht auch ablainen.

3748. [1558, XI, 14 a] 26. Januar 1559:

Hannsen Ammans, briefmalers, begerns halb umbs bürgerrecht soll man sich seinthalben bey den losungschreibern vernner erkundigen, unnd widerpringen.

3749. [1558, XI, 18 a] 30. Januar 1559:

Dieweil der pau beim Spitlerthor nun vasst am ennd

---

[1]) Wohl der »Mathemadicus« dieses Namens (1518—1590), der am 22. März 1559 unentgeltlich zum Bürger angenommen wurde (Bürgerbuch 1534—1631 Bl. 66 b). Vgl. über diesen Doppelmayr 51 f. Will, Nürnberg. Gelehrten-Lexikon II, 84—86. Roth, Gesch. des nürnberg. Handels IV, 85.

[2]) Doppelmayr 204 (lediglich danach die biographische Notiz in Meyers Künstler-Lexikon II, 330). Mitteilungen II, 70 (seine Frau Margaretha † 1572). Die Bürgeraufnahme erfolgte gegen die übliche Abgabe von 4 fl. am 30. März 1560. Vgl. Bürgerbuch 1534—1631 Bl. 68 b.

ist, soll mann ine durch maister Jorgen Unnger ungeacht der kalten zeit vollenndts verpringen lassen, wie er für guet angesehen hat.

3750. [1558, XI, 20 a] 1. Februar 1559:

Auf Wolffen Labenwolfs[1]), rotschmidts, supplicieren, ime 5 jar lanng gen Neuburg zu erlauben, soll mann die geschwornen rotschmidt darinn hören, was sein thun unnd gelegenheit; dasselbig unnd wie viel der supplicant kinder hat, wie ers auch mit denselben unnd seinem weib mitler zeit halten woll, widerpringen.

3751. [21 b] Woferr Hanns Amman, briefmahler, seine ausstenndige losungen bezalen wirdet, soll mann ine wider für ein bürger erkhennen, doch soll uff die herren losunger gesetzt sein, ime an solchen losungen etwas nachzulassen.

3752. [1558, XI, 29 b] 9. Februar 1559:

Dem frembden wirtenbergischen furman uff ein angloben 24 centner glaßerden passiren lassen.

3753. [1558, XII, 9 b] 22. Februar 1559:

Cunradten Schwaben, püxenfasser, soll mann uff sein suppliciern noch ein halb jar one das bürgerrecht alhie sitzen lassen.

3754. [1558, XI, 22 b] 3. März 1559:

Jorgen Labenwolff, dem rotschmidt, soll mann uff sein supplicieren, fünff jar lanng unaufgesagt seins bürgerrechtens zu Neuburg zu wohnen, vergönnen, doch ine angloben lassen, inn der zeit nichts zu hanndeln, so dem hanndtwerckh zu nachteil geraichen mag.

3755. [1558, XIII, 2 a] 16. März 1559:

Uff die bescheene besichtigung unnd gethane relation, wie mann die kirchen zu Werd gefunden unnd die werckleuth ein überschlag gemacht, wo mann das lannghaus erpauen wöll, das mann inn 2000 f. dartzu haben muß, doch (doch) über 50 f. ersammelts gelts nit verhannden unnd gar beschwerlich, ichts mehr zu bekomen, sei, mann legs dann aus der losungstuben dar,

---

[1]) Gemeint ist, wie aus dem R.-V. vom 3. März 1559 hervorgeht, Jörg Labenwolf. Vgl. über ihn namentlich Doppelmayr 293, Mummenhoff, Rathaus 110 (1563, den Rathausbrunnen betreffend). Bergau im Kunstgewerbeblatt I (1885) S. 139 f. und in der Allgemeinen deutschen Biographie XVII, 464.

isst bevolhen, sollich gepeu biß uff das annder jar noch einzustellen unnd alßdann rätig zu werden.

3756. [1559, I, 2 a] 29. März 1559:

Mathessen Gebendingers, rothschmidts zu Zürich, schreiben den geschwornen rodtschmiden hie umb iren bericht furhalten; unnd widerpringen.

3757. [1559, I, 6 b] 31. März 1559:

Sebastian Willer, dem rotschmid, isst uff sein bit vergonnt worden, zway jar unentsagt seins bürgerrechtens zu Koburg zu wohnen.

3758. [2. Abt., 2 b] Dergleichen Mathessen Gebendinger, rotschmiden zu Zürch, der geschwornen alhie bericht, Heinrichen Ersam vonn Pasel belanngendt, auch einschliessen.

3759. [1559, I, 2. Abt., 4 a] 4. April 1559:

Sebastian Müllern, rodtschmid, die gepetten urkhunndt, das ime erlaubdt sey, zway jar lanng mit vorbehalt seins hieygen bürgerrechtens zu Koburgkh zu wohnen, mitteiln.

3760. [1559, I, 2. Abt., 5 b] 5. April 1559:

Herrnn Augusten, herzogen zu Sachsen, churfürsten, uff seiner churf. gn. schreiben inn unndterthenigkeit widerumb anntworten, mann hab dasselb empfanngen, unnd sey Lienhardt Danner erpüttig, die angedingt mit erstem unnd vleissig zu fertigen; so woll mann auch seiner derhalben mit annderer arbeit doviel muglich verschonen.

Daneben soll aber gemeltem Danner gesagt werden, das er Meiner Herren bevolhene arbeit, darauf er etlich geldt empfanngen, auch furder unnd nit inn die lannge truhen leg.

3761. [1559, I, 24 b] 13. April 1559:

Hannsen Weixlman, goldtschmidt, mit seim aufgesagten bürgerrechten inn die losungstuben weisen.

3762. [1559, I, 28 b] 17. April 1559:

Hannsen Durßner, pecken, Panngrazen Nieser, goldtschmidt, Steffan Schauman, kupfferschmidt, unnd Jobsten Hegner, zimmerman, soll mann alle umbs geldt zu bürger annemen . . .

3763. [1559, I, 31 a] 19. April 1559:

Auf Mercuri Herdegenns ansuchen soll mann Caspar Fridln, rornmeistern, geen Onolzbach erlauben.

3764. [1559, II, 6 a] 2. Mai 1559:

Dieweil Hanns Spaichl, rotschmidttrechsel, so ein

guter maister sein soll mann ferner erkundigen, wo er hinziehen unnd was er thun oder wie er sich erneern woll, und widerpringen.

3765. [1559, II, 14 a] 8. Mai 1559:

Dieweil Hanns Spaichl rodtschmidttrechsel, gen Braunschweig zu ziehen willens, unnd doch ein solicher künstler ist, das nit guth, das er von hinnen gelassen werd, er sich auch erpotten, wo mann ine mit einer püxenmaisterbesoldung underhalt unnd die ain der Herlin trehpanckh zu wegen pring, alhie zu pleiben, soll mann sich erkundigen, ob er des schiessens aus den grossen stückhen bericht, wie viel auch sein vater als ein püxenmeister besoldung gehabt unnd wie es mit der Herlin drehpanckh gestalt ist; unnd widerpringen.

3766. [1559, II, 17 a] 10. Mai 1559:

Michl Kurzen, dem rotschmidt, soll mann vonn ratswegen auflegen, die ain drehemüel, die er überflüssig hat, Hannsen Spaichl zu lassen, dasselb, ob ers thun will, herwiderpringen unnd rätig werden, was mann ime, Spaichel, für ein püxenmaistersbesoldung machen woll.

3767. [1559, II, 28 b] 20. Mai 1559:

Wolff Rüll, goltschmidgesell, *kommt in einer gleichgültigen Angelegenheit vor.*

3768. [1559, III, 10 a] 1. Juni 1559:

Hannsen Spaichl, rotschmidtdrechsel, sein supplicierends begern umb mehrere pension ablainen.

3769. [1559, III, 18 b] 9. Juni 1559:

Thoman Puchholz, goldtschmidt, sein supplicierends begern ablainen.

3770. [1559, IV, 6 b] 26. Juni 1559:

Auf herren doctor Gugls des eltern gestelte unnd verlesene anntwort an marggraf Georg Fridrichen zu Brandenburg, den Neuen pau vorm Neuen thor belanngendt, soll mann inn etlichen puncten Meiner Herren besserung dartzu addiern unnd, warumb solichs bescheen, den herrn doctor berichten; solliche schrifft alßdann anndere herren hochgelerten auch abhorn lassen unnd widerpringen.

3771. [1559, IV, 9 b] 1. Juli 1559:

Hannsen Lützel, püxenfasser, uff sein bitt umbs geldt zu bürger annemen.

3772. [1559, IV, 15 b] 5. Juli 1559:

. . . Paulussen Greyser, mahlern, das bürgerrecht ablainen . . .

3773. [1559, IV, 28 b] 13. Juli 1559:

Den zwaien Walhen uff ein angloben vergonnen, etlich püxen unnd dergleichen rüstung hie einzukauffen unnd inn Italien zu fürn.

An dieser Stelle sei aus dem Älternmanual hinzugefügt:

3773 a. [Verlässe der Herren Älteren, IV (*nach der neuen Signatur V*), *Bl.* 11 a] 15. Juli 1559:

Denn herren gesanndten zu Augspurg schreibenu nd bevelhen, ein silberins kendelein von Veitt Moringers sone, so ytzt zu Augspurg sei, anzunemen, weg dasselb kendelein 2 marckh und 8 lott, die marckh umb 16 f.; dasselb kenndlein solten sie Jeronimus Weissen haußfrau inns kindtpett vereern.

3774. [1559, V, 1 a] 20. Juli 1559:

Den tigelprennern zum Herlsperg soll mann uff ir bitlichs ansuchen unnd erpieten, das sie die hanndtwercker hie mit ainicher staigerung nit beschweren wollen, wider zulassen unnd vergönnen, den laimen zum tigelprennen vom reichspoden zu nemen.

3775. [1559, V, 20 a] 4. August 1559:

Lenhardten Plummel, permentern, uff sein bit umbs geldt zu bürger annemen; aber Jörgen Zeltner, khartenmalern, dasselbig ableinen.

3776. [1559, VI, 38 b] 7. September 1559:

Auf herzog Augusten, churfürsten zu Saxen, fürbitlichs schreiben soll mann mit Heinrichen Hofman, goltschmidt, inn auffsagung seins bürgerrechtens die ordnung halten, aber der nachsteuer halb isst die sach auf die herren losunger gestelt worden.

3777. [1559, VI, 42 a] 11. September 1559:

Nachdem der herr jünger bürgermeister bei ainem erbern rath anbracht, das Simon Ulrich, ein fuhrman aus der grafschafft Meßkirchen, 20 centner glaßerden beger und aber gleichwol kein urkundt gehabt, wohin er diselb führen wolt, ist bevolhen, ime diselb uff ein angloben, das ers nindert anders wohin dann in dise grafschafft verführen woll, verfolgen zu lassen.

3778. [44 a] Hainrichen Hoffmann soll man seins aufgesagten bürgerrechtens halben nach mittag in die losungstuben weissen.

3779. [1559, VII, 13 b] 25. September 1559:

Zachariassen Peheim, goldtschmid, uff sein supplicieren den halben theil auferlegter straff nachlassen.

3780. [1559, VIII, 35 a] 3. November 1559:

Enndres Schmidtgraber[1]), goldtschmidt, seiner falsch gemachten siberarbeit halben unnd warumb er dergleichen arbeit mach, so er doch nit maister seye, beschicken unnd zu red halten; unnd sein anntwort herwider bringen.

3781. [1559, VIII, 36 a] 4. November 1559:

Auf Lienhardt Tanners, schraubenmachers, supplicieren soll mann ime das gepetten padstüeblein unnd khamern inn sein zinßhaus auf der Schüt pauen lassen.

3782. [38 a] Auff Enndres Schmidthamers entschuldigung seins gemachten silberin dolchens halb soll mann die geschwornen hören, was ir ordnung diß falls halben vermag unnd wie es hievor inn gleichen fellen gehalten worden; unnd widerbringen.

Aus dem Älternmanual sei an dieser Stelle hinzugefügt:

3782 a. [Verlässe der Herren Ältern IV (*nach der neuen Signatur* V) *Bl.* 46 b] 4. November 1559:

Veit Moringers, goldtschmidts, gethanen bericht, wer mit ime domals, do sie [47 a] zur Witzlingsmüel über nacht gelegen unnd vonn den otingischen reutern angetroffen worden, soll man graf Fridrichen zu Otingen zu Meiner Herren enntschuldigung zuschicken.

3783. [1559, IX, 1 b] 9. November 1559:

Merten Egetes[2]), goldtschmid, das gebetten stubentennzlein ablainen.

3784. [1559, IX, 3 b] 10. November 1559:

Auff Zimbrecht Pecken verlesene supplicacion unnd der geschwornen maister des rinckel-, kettenschmid- unnd geschmeidmacher [so] darauf gethanen bericht unnd widerfechten der geschmeid unnd gesperr halben, so mann an die braun-

---

[1]) Nachmals Erzherzog Ferdinands von Tirol Hofgoldschmied. Vgl. Jahrbuch der Kunstsammlungen des A. K. H. Bd. XIV Nr. 10272, 11082, Bd. XVII Nr. 14127 (1589).

[2]) Mitteilungen II, 162 (»hinter dem Rathaus« † 1566 oder 1567).

schweigischen männtel zu machen pflegt, soll mann mit inen, den geschwornen hanndeln, dem supplicanten aus den angetzaigten ursachen güetlich aus dem weg zu halten unnd zuzelassen, das er dieselb arbeit, doch für sich allein sein leben lanng machen mög, inmassen seinem vattern ein gleichmessige lufftung auch beschehen; unnd widerbringen.

3785. [11 a] 15. November 1559:

Auf den bericht, das die geschwornen maister der rincken-, kettenschmidt- unnd geschmeidmacher dem supplicierenden Zimprecht Peckhen, die eisserin männtelgesperr zu machen, nit bewilligen wollen, sonndern die sachen Meinen Herren haimbgesatzt, isst bevolhen, das mann des unangesehen aus bewegennden guten ursachen gedachtem Zimprecht Peckhen, doch allein sein leben lanng unnd für sein person allein, solche arbeit zu machen gestatten unnd ime lauter unndtersagen soll, seine kynder darauf nit zu ziehen, sonndern anndere hanndtwerckh lernen zu lassen, dann mann werde inen ferner nichts mehr nachgeben.

3786. [1559, IX, 19 a] 20. November 1559:

Thoman Türckhen[1]), goldtschmidt, sein supplicierendts begeren ablainen.

3787. [1559, IX, 21 a] 22. November 1559:

Auf Jacoben Hofmans, goldtschmidts, jungen bitlichs ansuchen soll mann erkundigen, wem die Brigita Mairin sein gestolnen rockh zu kauffen geben, unnd ime dene one enntgeldt wider verschaffen.

3788. [1559, IX, 23 a] 23. November 1559:

Eraßmussen Hornay[2]) vonn Anndtorff alls einen

[1]) Goldschmiede-Verzeichnis Nr. 383 (1554). Mummenhoff, Rathaus 276 (1556). Roth, Gesch. d. nürnberg. Handels 1, 387.

[2]) Zu Erasmus Hornay (Horneck, Horinckh etc.; wie es scheint ist er auch mit dem etwas später erscheinenden Erasmus oder Aßmus Hornlein oder Hörnlein »zu Wassertrühding«, wie es zum 9. Januar 1565 heißt, identisch) vgl. Goldschmiede-Verzeichnis Nr. 426 (1562). Am 27. Februar 1566 gab »Erasimus Horneck, goltschmit« sein Nürnberger Bürgerrecht wieder auf (Bürgerbuch 1534–1631 Bl. 201 a). Vgl. ferner Frankenburger Nr. 84 (1578 »Bürger und Goldschmied zu Augsburg«). Jahrbuch der Kunstsammlungen des A. K. H. Bd. VII Nr. 5136 (der am 1. September 1582 zum Kammergoldschmied Kaiser Rudolphs II. ernannte Erasmus Horinkh oder Hörnickh erhält seine Hofbesoldung von monatlich 6 Gulden rheinisch für 5 Monate ausbezahlt), 5517 (Oktober 1583 als †) Bezüglich seiner Radierungen (Ornamentblätter als Vorlagen für

treffenlichen künstler ufm goldtschmidthanndtwerckh zu bürger annemen unnd ime das bürgerrecht schennkhen.

3789. [1559, IX, 31 b] 4. Dezember 1559:

Des verstorbnen Jorgen Ungers seligen freundtschafft soll mann uff ir bitt zulassen, demselben Unnger uff sein grab ghen Sannt Johanns einen grabstain zu legen.

3790. [32 a] Jorgen Heuberger, goldtschmidt, unnd Davidten Schleupner, goldtschmidt, mit irem aufgesagten bürgerrechten inn die losungstuben weisen.

3791. [1559, X, 27 b] 29. Dezember 1559:

Hannsen Weigls, des mahlers, diennstmaidt, *kommt vor.*

3792. [1559, XI, 10 b] 10. Januar 1560:

Simon Aufdinger, goldtschmiden, soll man uf sein gescheen beclagen wider herrn Bern vom Wolfstein anzeigen, woll er sein beschwerung in ein formliche doch glimpfige supplication stellen, woll man im gern ein fürschrift mitheilen.

3793. [159, XI, 33 a] 25. Januar 1560:

Heinrich Hertels, stainmetzen, supplication Jorgen Unngers seligen wittib umb iren bericht auch furhalten unnd widerpringen.

3794. [34 b] Casparn Heußner[1]), den goldtschmidtsjungen im loch, der abgegossenen guldener halben weiter zu red halten, sonnderlich ob er anndere münzen mehr also abgegossen hab. Wo er nit sagen will, weh thun, sein sag widerpringen.

Daneben an denen orten, dahin er dieselben guldiner ausgeben, erkundigung thun unnd solche guldiner wider zur hanndt bringen.

Es folgen noch einige weitere Ratsverlässe über diese Falschmünzerangelegenheit.

3795. [1559, XI, 43 b] 31. Januar 1560:

Uff Cunradten Gars, des goldtschmidts im loch, gethane sag soll mann Wolffen Leukhauf verner mit allen umbstennden, warvon das gestoln silber komen unnd wie viel es aigentlich gewesen, zu red halten, pinden unnd betrohen, unnd sein sag widerbringen.

Goldschmiede und Juweliere) kann hier lediglich auf Bartsch, Le Peintre-Graveur Bd. IX, 499 und auf J. D. Passavant, Le Peintre-Graveur Bd. IV S. 189 f. verwiesen werden.

[1]) Frankenburger Nr. 48 (1560).

Es folgt noch eine Anzahl weiterer Ratsverlässe über diesen Gegenstand.

3796. [1559, XII, 23 b] 15. Februar 1560:

Uff die verlesene erfarung, wie es mit der Margreth Spetin kupfferen übersilberten becher zuganngen unnd das mann nit waiß, wer dene gemacht, soll mann denselben becher zerschneiden lassen; unnd sonnst bedennckhen, ob unnd welcher gestalt der goldtschmidt ordnung solcher betrüglichen arbeit sonnderlich der messen becher halben zu bessern sey, unnd widerpringen.

3797. [1559, XIII, 3 a] 1. März 1560:

Inn sachen der kandelgiesser wider die geschmeidmacher soll mann bede partheien ires strits halben allerdings verabschieden, wie der verordennten herren zur rug verlesenns bedennckhen außweisst, nemblich das mann bey hievorigem beschaid pleiben laß, doch das den geschmeidmachern verpotten sein soll, ausserhalb des kindtswerckh solche arbeit zu machen, die mann inns haußhalten gebrauchen khönne.

Betreffenndt die mahler soll mann inen ir supplicirend begern der gesellen halben innhalt unnd vermug des rathschlags ablainen . . .

3798. [1559, XIII, 22 b] 14. März 1560:

Hannsen Koler, zimmerman, das gepetten bürgerrecht ablainen.

Aber Adamen Aspach, den maler, unnd Ulrich Funckhen, den mezgker, uff ir bitt umbs geldt zu bürger annemen.

3799. [1559, XIII, 31 b] 19. März 1560:

Cristoffen Speckh[1]), mahler, . . . uff ir bit umbs geldt zu bürger annemen.

3800. [1559, XIV, 23 b] 10. April 1560:

Auf die verlesene verzaichnus unnd bedennckhen, welcher gestalt es mit gemainer stat gemainen gepeuen gestalt, sonnderlich das etlich derselben vast nötig unnd keinen verzug erleiden wollen, isst beim rhate verlassen:

Nemblich unnd erstlich, soviel den grossen pau vorm Neuen thor anlanngt, das mann mit demselben, weil mann schon darinn ist, also furfarn unnd inn acht haben soll, wenns

[1]) Mitteilungen II, 71 (»im Nebengeßlein«. Seine Ehefrau Elisabeth † 1563).

zur bedachung kumpt, das dieselb bedachung ufs geringest furgenomen werd.

Zum anndern soll mann die inngepau ufm schloß, soviel dern dieser zeit von nöten, auch vollendts machen, unnd an welchen orten feurs geferligkeit verhannden, besserung furnemen und der hofküchen, damit sie nit einfall, auch helffen lassen.

Aber die gefenncknussen im alten Nürmberger [27 a] thurn dieser zeit inn ruh stellen, was aber sonnst am selben thurn zu bessern von nöten ist, dasselb soll mann weitern schaden zufurkomen thun lassen.

Dergleichen das gepeu im geerckerten thurn am Schwabenberg auch inn ruh stellen biß zu besserer gelegenheit, allein das mann den schlot darinn abtragen unnd helffen lassen soll.

Die besserung unnd widerauffpauung der zwayer zwerchmaurn im graben beim einfluß der Pegnitz . . . *etc.*

Des Spigler thurns halb am selben ort . . . *etc.*

Die eißpöckh vorm wahl uff der wiesen . . . *etc.*

Aber die anndern eispöckh, so zu schutz der schloßgattern gemacht . . . *etc.*

Das neu streichwehrlein beim Frauenthor . . . *etc.*

Dergleichen mit dem außmachen der katzen hindter der Peundt . . . *etc.*

Aber des Vischbachs halb . . . *etc.*

[24 b] Vonn wegen vertzeunung der ferber ramgarten beim Weissen thurn . . . *etc.*

Welcher gestalt dann das franzosenheußlein mit eim meurlein oder inn annder weg zu versehen . . . *etc.*

3801. [1560, I. 1 b] 16. April 1560:

An des verstorbnen herrnn Lorennzen Kelners, goldtschmidts seligen, stat isst Mercurius Herdegen zu ainem vonn den hanndtwerckhern des klainern rats erthailt, welcher auch mit sambt denn anndern hanndtwerckhern mit gepürlichen pflichten gefertiget worden.

3802. [1560, I, 2. Abt., 4 a] 26. April 1560:

Lucassen Durisani und mitverwandten soll man uf ir beschceen supplicirn die gebeten urkundt, das Meine Herren die truhen, so inen Lorentz von Villani seliger zu behalten geben, mit dem facto, wie es ergangen, mittheilen unnd in acht haben, wann einsmals diselb wider von Meinen Herrn erfordert werden sollt, das man gnugsame caution deßwegen ervordere.

3803. [1560, II, 2 a] 16. Mai 1560:

Die goldtschmidtarbeit, so ein verdechtiger junger Gregori Türckhen zu verkhauffen zugebracht, soll mann di geschwornen sehen lassen, zu erkundigen, wem dasselbig silberwerckh zustee unnd obs entwendt worden sey, unnd widerzubringen.

3804. Daneben auch inen, den geschwornen goldtschmiden bevelhen, uff diejenigen goldtschmidt, so heimblich arbeiten unnd bißher zu keiner pflicht gebracht werden mögen, gute kundtschafft zu machen unnd zu verzaichnen, damit mann gegen inen di notturfft hanndlen khönne. Aber di anndern goldtschmidt, so alberaitt verzaichent seien, soll mann bei eins rats straff auch zur gehorsam fordern unnd fertigen lassen.

3805. [1560, II, 13 a] 22. Mai 1560:

Michl Schragen, kartenmahlers, fürpitlichs supplicìern, seinen sohn zum bürger anzunemen, soll mann den geschwornen barbirern, ob es des hanndtwercks halben nit mangell hab, furhalten, unnd widerbringen.

3806. [1560, II, 15 b] 24. Mai 1560:

Enndressen Teschler, den platner, umb das er mit einem harnisch einen falsch gebraucht, sechs tag mit dem leib uff den thurm straffen.

3807. [1560, II, 23 a] 29. Mai 1560:

. . . Aber auf dern von Wien schreiben von wegen Augustin Hirschvogels seligen wittib isst den gedachten der Polwiserin testamentarien [*sie waren im voraufgehenden Ratsverlaß genannt;* Margreth Polwiserin *heißt die Verstorbene ebendort*] gesagt, ein ordentliche rechnung der erbschafft, was davon legiert unnd außgeben unnd über alle ausgab unnd bealung der legata überpleibt, zu machen unnd inn der vormun dtstuben justificiern zu lassen, damit manns denen von Wien einschliessen khönne.

3808. [1560, III, 4 a] 15. Juni 1560:

Hannsen Weigln, formschneidern, umb das gemeld der kayserlichen zu Augspurg gehaltnen begenngknus 12 f. verehren.

3809. [1560, III, 29 b] 6. Juli 1560:

Amaley, Jorgen Unngers wittib, *kommt in der Wöhrder Hausangelegenheit vor.*

3810. [1560, IV, 4 a] 12. Juli 1560:

Dem supplicierenden Hannsen Spaichl, rodtschmiddrechsel, das begert anlehen ablainen.

3811. [1560, IV, 13 a] 17. Juli 1560:

Dieweil mit dem vergulden der kupffern unnd messenen arbeit viel betrugs geübt unnd gemeiner stat alhie allerley nachred daraus ervolgen khann, isst zu bedennckhen bevolhen, ob sich leiden woll oder nit, bei dem goldtschmidthanndtwerckh dergleichen verguldte oder versilberte arbeit gar ab unnd einzustellen unnd, wie es mit anndern hanndtwerckhen, so sich verguldens gebrauchen, auch zu halten; darinnen mann derselben eins theils, do es die notturfft ervordert, auch hörn mag, unnd widerpringen.

3812. [1560, V, 1 a] 8. August 1560:

Hannsen Resch, püxenfasser, . . . umbs geldt zu bürger annemen.

3813. [1560, VI, 3 a] 6. September 1560:

Wolff Geisen[1]), mathematicum, unnd Paulus Greissern, mahlern, umbs geldt zu bürger annemen.

3814. [1560, VI, 6 b] 7. September 1560:

Auf der geschwornen maister des goldtschmidthanndtwerckh übergebne schrifft, welcher gestalt sie für guet ansicht, die goldschmidtsordnung, die versilberte unnd vergulte kupferarbeit, auch andere menngel alls die maisterstückh unnd annders betreffenndt, zu bessern, seien die verordennten herren zur rug gepetten, ir bedennckhen, was darinnen gemainem hanndtwerckh zu nutz und furderung furzunemen sey, auch darüber zu verfassen unnd widerzupringen.

3815. [1560, VI, 14 a] 12. September 1560:

Mercurio Herdegen uff sein bit vergonnen, ytzo alspalden den beden marggraven zu Onolzbach ein wagen neckerweins zu khauffen.

3816. [1560, VI, 15 a] 13. September 1560:

Dem furman vonn Lorch uff sein angloben 12 c. glaßerden volgen lassen.

1) Über den Mathematiker Wolfgang Geuß (geb. ca. 1519, † 1580) vgl. Will, Nürnbergisches Gelehrten-Lexikon I, 534.

3817. [1560, VI, 26 a] 20. September 1560:

Dern vonn Dreßden beantwortlich schreiben, Lienhardten Tanner, schraubenmachern, betreffendt, also ruhen lassen.

3818. [1560, VI, 34 b] 26. September 1560:

Auf der geschwornen goldtschmidt verlesene ansag, wie das Jorg Vogt[1]) eins meisterstücks halben, so ein annderer gemacht, falsch schweren wollen, soll mann denselben goldtschmid, bei S. Catharina seßhafft, auch darinn anhören, unnd widerpringen.

Es folgen noch ein paar weitere Ratsverlässe über diesen Gegenstand.

3819. [1560, VII, 2. Abt., 2 b] 9. Oktober 1560:

Dieweill die Taufferischen kupfer, so der Jeronimus Crafftcr bißhero gehapt unnd den herrn von Welspurg zustenndig, ime, dem Craffter, aufgekündt sein sollen, soll durch den ratschreiber Wilbolten Gebhart maister Gregori Löffler zu Ynnspruck derhalben inn seinem namen geschriben unnd erkundigt werden, wie es darumben geschaffen.

3820. [1560, VII, 20 a] 14. Oktober 1560:

Andreas Bestreich[2]), goldtschmidt, uff sein bit umbs geldt zu bürger annemen.

3821. [1560, VII, 26 a] 18. Oktober 1560:

. . . . Soviel dann letzlich die goldtschmidt betrifft, das alle kupffere unnd messene vergulte unnd versilberte becher unndten am fus unvergult unnd unversilbert gelassen unnd hinfüro kein annder dergleichen kupffern unnd messen arbeit, alls ring, gürtlporten, ketten unnd dergleichen vergult oder versilbert mer gemacht werden solle, soll mann demselben auch nachkomen, inn die ordnung verleiben unnd die peen uff 5 f. stellen. Sonnst inn den übrigen puncten, das hinfüro die maisterstückh bei den geschwornen zu machen, item das ein gesell, ehe er zu den maisterstücken zu gesellen, drei jar gesellenweiß arbeiten, soll dem ratschlag auch nachgegangen, allein die zeit der maisterstückh uff ein virtl jar gesetzt werden.

---

[1]) Goldschmiede-Verzeichnis Nr. 405 (1560).

[2]) Goldschmiede-Verzeichnis Nr. 109 (1560). Mummenhoff, Rathaus S. 272 bis 276 (über zahlreiche Arbeiten des Meisters aus den Jahren 1561—1584 nach dem Silberzettel der Stadt Nürnberg von 1613). Frankenburger Nr. 174 (1587).

3822. [1560, VII, 35 (*2. der so bezeichneten Blätter*) a] 26. Oktober 1560:

Paulussen Reinhart, dem maler, sol man anzeigen, weil Meine Herren zu keiner erfarung khumen konnen, wo sich sein weib enthalte, das er derwegen gute nachfrag hab, und, do er sie erfare, soll ers dem herrn bürgermeister anzeigen, der sie mit einer gewarsam fur sich pringen und die noturft gegen ir handlen sol.

3823. [1560, VIII, 2. Abt., 2 a] 1. November 1560:

Hannsen Mörl, goldschmid, die gepetten fürschrifft an erzherzog Ferdinandum zu Osterreich wider Georg Thumen mittheilen.

3824. [1560, VIII, 15 b] 11. November 1560:

Hannsen Müelholzer[1]), goldtschmidt, unnd Hannsen Pflaum, püxenschmidt, umbs gelt zu bürger annemen.

3825. [1560, IX, 3 a] 29. November 1560:

Der geschwornen goldtschmidt übergebne supplication unnd abermals begeren, (das mann) der gesellen halb die jar noch lennger zu erstreckhen, ehe sie inn die maisterstückh sitzen mögen, ist der (*lies:* den) herren verordennten zur rug weitter zu bedennckhen bevolhen, was darinnen zu thun sey; sonnderlich weil dieser zeit sollich hanndtwerckh zu Augspurg sehr im schwanckh gehenn, soll mann erkundigen, wie es umb die arbeit daselbst geschaffen unnd wie hoch das silber verarbeit wirdet, unnd widerpringen.

3826. [1560, IX, 8 b] 4. Dezember 1560:

Hannß Stoßer[2]), briefmaler, *kommt vor.*

3827. [1560, IX, 12 a] 7. Dezember 1560:

Des churfürsten von Branndenburg oberstem baumeister, herrn Franciscus de Carmola, ritter von Jherusalem, sol man nach dem form den wein schencken.

3828. [1560, IX, 16 b] 10. Dezember 1560:

Frannz Friderich Frisio, dem procurator, soll man erlauben, Hannsen Mörl ein rit gein Prag zu thun.

3829. [1560, IX, 2. Abt. 4 b] 11. Dezember 1560:

Jacoben Hofman, Bonaventura Hegner und Caspar Bauchen sol man uf ir übergebne supplication die gebeten für-

---

[1]) Goldschmiede-Verzeichnis Nr. 411 (1560). Rosenberg Nr. 1235.

[2]) Zahns Jahrbücher I, 228 (1553), 230 (1556, 1561).

schrifft an den churfürsten zu Sachsen von wegen irer abgereubten wahren mittheilen.

3830. [1560, IX, 36 b] 24. Dezember 1560:

Pangrazen Lobenwolff, dem giesser, soll mann uff sein suppliciern die 132 f. hindterstelligs zinß aus der gießhütten seiner unvermugligkeit halben nachlassen, doch das er hinfüro denselben zins zu rechter zeit bezale, dann wo es nit bescheen würde, so solt ime di gießhütten aufgesagt sein.

3831. [1560, X, 13 b] 7. Januar 1561:

Dem fuhrman uff des von Reuschachs urkhundt die begerten 22 cenntner glaßerden volgen lassen uff ein angloben.

3832. [1560, X, 17 a] 9. Januar 1561:

Auf Frannz Frisen, goldtschmidgesellens verlesene supplication unnd der beclagten Catharina Plöbin darauf gethanen gegenbericht soll mann diese sach zu orterung derselben fur die fünff herren weisen.

3833. [1560, X, 2. Abt. 4 a] 11. Januar 1561:

Auf deren vonn Franckfurth verlesenns fürpitlichs schreiben von wegen Maier, judens zum Roten huth, unnd des beclagten Erhardt Scherls[1], goldtschmieds, darauf gethanen bericht soll mann ime, Scherln, auflegen, sich hiezwischen der nechst künfftigen Frankhfurter vastenmeß mit dem juden zu vertragen; wo nit, werd mann uff ferner ansuchen gegen ime exequieren; unnd solchs denen vonn Franckfurth also zuschreiben.

3834. [1560, X, 21 b] 13. Januar 1561:

Herzog Augusten, churfürsten zu Sachsen, gethane widerschrifft Jacoben Hofman, Bonaventura Hegnern unnd Casparn Pauch furhalten unnd dabey pleiben lassen.

3835. [1560, X, 22 b] 14. Januar 1561:

Conradt Wilden, den goldschmidtgesellen von Höchstedt, sol man umbs gelt zum bürgerrechten khumen lassen.

3836. [1560, X, 31 b] 18. Januar 1561:

Auf Anna, Jorg Ulrichs, goldtschmids, eewirttin, ver-

[1] Goldschmiede-Verzeichnis Nr. 392 (1556). Rosenberg Nr. 1234. Roth, Gesch. des nürnberg. Handels I, 361. Gebert 61 f. Von der Litteratur über Arbeiten des Meisters nenne ich noch (außer Rosenberg a. a. O.) Zeitschrift für Museologie III (1880) S. 7 (nach Schauss' Katalog der Münchener Schatzkammer). Kunstgewerbeblatt N. F. IV (1893) 214.

lesene ansag soll mann ir verhaffte maidt undter essenszeit aus den eissen inns loch füren lassen, güetlich zu red halten, wo sie mit dem gestolnen silber hinkomen; ir sag widerpringen.

3837. [1560, XII, 5 a] 22. Februar 1561:

Jacoben Hofman, goldtschmidt, auf sein bitt Wolffen Bartln, sindicum, inn seinen sachen zu verschickhen vergönnen.

3838. [1560, XII, 19 a] 4. März 1561:

Auf der verordennten herren zur rug verlesenns bedennckhen, betreffenndt die begerte besserung des goldtschmidthanndtwercks ordnung, nemblich das hinfüro diejenigen gesellen, so außwenndig gelernnt, vor den maisterstückhen alhie zu arbeitten schuldig sein sollen, aber denjenigen, so alhie gelernnt, frei sein, dieselben drei jar hie oder außwendig zu arbeiten, soll mann dieselb besserung also inns werckh richten, doch den goldtschmiden ir übrigs mündtlichs begern ableinen.

3839. [1560, XIII, 14 b] 31. März 1561:

Deren von München schreiben von wegen der irrung, so sich zwischen den goldschmidten und urleinmachern bei inen zutragen, den rugsherrn zu bedencken geben[1]).

3840. [1560, XIII, 18 b] 2. April 1561:

Der geschwornen meister des goldschmidthandtwergks supplication und Adamen Aschbachs darauf gegebne antwurt den rugsherrn zu bedencken zustellen.

3841. [1561, I, 14 b] 16. April 1561:

Auf Paulussen Reinhardts, mahlers, verlesene ansag soll mann sein weib an dem angezaigten ort suchen, und, do mann sie bedritt, einziehen lassen.

Es folgen noch ein paar weitere Ratsverlässe über diesen Gegenstand.

3842. [1561, I, 29 b] 25. April 1561:

... Dergleichen Hannsen vonn Masier, dem püxenschiffter, uff sein supplicirn das bürgerrecht zu Werd umbs geldt mitthailen.

3843. [1561, I, 49 a] 7. Mai 1561:

Jorgen Vogt, goldtschmidt, sein supplicierends begern ablainen.

3844. [1561, II, 17 b] 17. Mai 1561:

---

[1]) Zur Sache vgl. Zahns Jahrbücher 1, 260.

Der goltschmidt beschwerung wider Wolffen Aspach betreffendt soll mann des Aspachs gegenbericht die goltschmidt hören unnd dabei bleiben lassen.

3845. [1561, II, 20 b] 19. Mai 1561:

Der goldtschmidt übergebne supplicacion sambt irer ordtnung umb rainigung derselben isst den rugsherren umb ir bedennckhen zugestelt mit bevelch, dasselb herwider zu bringen.

3846. [1561, II, 22 b] 21. Mai 1561:

Paulussen Reinhardt, mahlern, auf sein supplicieren drei jar lanng unaufgesagt seins bürgerrechtens im königreich Poln zu wohnen vergonnen.

3847. [1561, II, 2. Abt., 6 a] 23. Mai 1561:

Eins erbern statgerichts bericht auf des rats zu Straßpurg irs bürgers Hannsen Weissen, goldtschmids, halben gethane fürschrift soll mann ine, Weisen, hören lassen unnd denen von Straspurg einschliessen.

3848. [1561, II, 35 a] 31. Mai 1561:

Auf Hannsen Spaichels, rodtschmiddrechsels, supplicieren soll mann das rad ane seiner drehmüel durch die werckhleuth besichtigen lassen, wie deme zu helffen, damits wider inn seinen ganng gebracht werden möge. Daneben soll [35 b] mann das angepotten kunstrad auch besichtigen, warzu es nutz unnd was es werdt sey, unnd widerbringen.

3849. [1561, II, 42 a] 4. Juni 1561:

Das künstlich dreherad soll mann vonn Hannsen Speicheln, rodschmidt-drechseln, umb 60 f. keuflich annemen unnd inn des herrn paumaisters verwahrung thun, doch das er hinfüro kein solch rad mehr one zulassen Meiner Herren mach. Sonnst soll mann ine ein muster zu ainer mühl, wie er sich angepotten, machen lassen, unnd widerpringen.

3850. [1561, III, 6 a] 7. Juni 1561:

Dem frembden zeugwarten von Linz seiner angepotnen künst halben abdannckhen unnd ime 4 taler verehren.

3851. Auf lanndtgraf Wilhelmen zu Hessen fürschrift von wegen eins künstlichen paumaisters, Elias Tumpres, unnd sein selbst auch gethans schreiben unnd anpieten seiner diennst soll mann den mahler, so er mit diesen schriften hieher geschickt, vernemen, was sein vorhaben unnd begern; daneben die kunststückh auch besichtigen, wie es damit geschaffen, unnd widerbringen[1]).

3852. Sebalden Prunner, mahlern, unnd sein weib ir supplicierends begeren umb lenngere frist zur zinßzalung ableinen unnd es bei des herrnn zinßmaisters hanndlung pleiben lassen.

3853. [1561, III, 10 a] 11. Juni 1561:

Micheln Weißen, lautenmachern zu Maylanndt, auf sein bit noch ein jar lanng on das bürgerrecht alhie zu sitzen vergonnen.

3854. [1561, III, 2. Abt., 3 a] 13. Juni 1561:

Auf gethane relation, was der frembde mahler des niderlenndischen achitecti Elias Dumpres halben für bericht gethan, soll mann landgraf Wilhelmen zu Hessen auf seiner f. g. von seinenntwegen gethans schreiben widerumb beanntworten, das nit ohn Meine Herren vor der zeit nach werckleuten getracht unnd wehren dieser zeit zimblicher massen versehen, also das mann weiter keines nottürftig, mit dancksagung, das sein f. g. gemainer stat inn diesem fall so gnedig inngedennckh gewesßt. Do es aber sonnsst des Dumpre gelegenheit sein wolt, wer es Meinen Herren nit entgegen, sonnder mann wolt ime alle furderung dartzu thun. Das soll mann gemeltem mahler auch also anzaigen, unnd des mehr, das gemainer stat werckmaister mit irer hanndt auch zugreiffen unnd arbeiten müesten, wie sie dann darauf bestellt wehren, unnd also erwarten, was derselbig mahler seiner selbst person halben ferner begern wirdet.

3855. [1561, IV, 1 b] 3. Juli 1561:

Niclassen Juvener[2]) [*so auch im Register*] von Dunkirchen, den mahler, zu bürger annemen und ime das bürgerrecht schennken, aber des verehrten kunststücks halben sagen, er möcht dasselb zu seinem nutz sonnst verkaufen, mit der zeit aber möcht mann ine etwas annders machen lassen.

3856. [1561, IV, 14 b] 10. Juli 1561:

Hannsen Zigler, püxenschifftер, das gebetten bürgerrecht zu Werd ablainen.

3857. [1561, V, 5 a] 1. August 1561:

[1]) Zur Sache vgl. Zahns Jahrbücher I, 263, wo der Name des Meisters Gottfried Toutpres lautet.

[2]) Zu Nikolaus Juvenel vgl. die Anm. zu Nr. 597 des II. Bandes. Ein Porträt von ihm bei Panzer S. 122.

Jorgen Vogt, goltschmidt, sein supplicierennds begern ableinen.

3858. [1561, V, 14 b] 7. August 1561:

Hannsen Preunings, goltschmidts zu Windßheim, supplication *betreffend*.

3859. [1561, V, 2. Abt., 9 b] 23. August 1561:

Arnoldten Klain, goldtschmidten zu Prag, auf sein schreiben wider beantworten unnd anzaigen, das der beclagt Jacob Glockenthon[1]) nit alhie, sonder, wie Meine Herren anlanng, zu Wien sein solle[2]).

3860. [1561, VI, 13 b] 4. September 1561:

Auf Jeronimus Türckhen[3]), goltschmidts, ansuchen soll mann die gürtlarbeit, so ime sein lerjung entragen unnd ein jud vollenndt außzumachen herein gebracht, beim Cunrad Garen, goldtschmidt, biß auf fernern beschaid verpieten.

3861. [1561. VI, 20 a] 8. September 1561:

Deren vonn Augspurg schreiben von wegen der irrungen des etzens unnd anders halben zwüschen den goldtschmiden unnd mahlern doselbst ist den verordennten herren zur reug notwenndige erkundigung furzunemen unnd zu beratschlagen zugestellt, unnd widerzubringen bevolhen[4]).

. . . .

3862. Auf Jeronimus Türgkhen, goldtschmidts, bitlichs ansuchen, mit Cunzen Garn zu verschaffen, das er ime seine gestolne silberarbeit wider zustelle, isst bevolhen, dieselben silber zu Meiner Herren hannden zu nemen biß auf weitere erkundigung.

3863. [1561, VI, 28 b] 12. September 1561:

Dem hüttenmaister zu Alterspach auf die außbrachte fürschrift ein fuder glaßerden volgen lassen.

3864. [1561, VII, 12 a] 1. Oktober 1561:

Hannsen Spaichl, dem rodtschmiddrechsel, auf sein suppliciern die gebetten 10 f. furlehens, damit er die ange-

---

1) Sohn des Nikolaus G.? Vgl. Neudörfer, ed. Lochner S. 143

2) Vgl. Jahrbuch der Kunstsammlungen des A. K. H. Bd. X, Nr. 5875 (nach Briefbuch CLXIX fol. 130). Arnold Klain war Hofgoldschmied Erzherzog Ferdinands.

3) Goldschmiede-Verzeichnis Nr. 380 (1554). Mitteilungen II, 164 (»Anna Jeronimus Türckin, an S. Gilgen gaß« † 1560).

4) Zur Sache, um die es sich handelt, vgl. Zahns Jahrbücher I, 248.

fanngen hanndtmüel vollennds aufsmach, bewilligen, und ine derwegen inn die losungstuben weisen.

3865. [1561, VII, 31 a] 15. Oktober 1561:

Alexandern Ackerman, goldtschmidt, unnd Wolf Weißen, schuchknecht, yedem ein fechtschul vergönnen.

3866. [1561, VII, 40 b] 20. Oktober 1561:

Erhardt Schwätzer, mahler, *kommt in einer gleichgültigen Angelegenheit vor.*

3867. [1561, VIII, 3 b] 24. Oktober 1561:

Petern Frischeissen, von Pasel genannt, dem püxenmeister, soll mann auf sein supplicieren das heußlein am zeughaus darinn Hanns Hain bißhero gesessen, verlassen.

Aber den anndern zwaien püxenmaistern, dem Schweble unnd Fabian Stern, dergleichen auch Hannsen Hernneissen ir begern ablainen.

3868. [4 a] Enndressen Dinckl, zimmerman, unnd Simon Dumpl[1]), briefmalern, das gebetten bürgerrecht ablainen.

3869. [1561, VIII, 5 b] 25. Oktober 1561:

Auf Jeronimus Paumans abermals verlesene sag soll mann die besagten Hanns Pecken, auch den goltschmidtsjungen undterm Lienhardt Thoman (auch) fencklich einziehen und inns loch füren lassen.

3870. [1561, VIII, 20 a] 6. November 1561:

Moritz Roten, mahlers, sag dem Michl Wirth, statknecht, furhalten unnd mit seim fernern bericht widerbringen.

3871. [1561, VIII, 30 b] 12. November 1561:

Deren von Eßlingen schreiben, Wolffen Glogkenthon[2]), goldtschmidt, betreffendt, soll mann seinen freunden umb bericht furhalten und sonst bei den gschwornen [31 a] goldtschmiden auch erkundigung thun, wie es mit gedachtem Glockenthon gestalt, unnd widerbringen.

3872. [1561, VIII, 31 b] 13. November 1561:

Woffen Michls, rechenmaisters, bericht, welcher zeit unnd gestalt sein schwager, Wolff Glogkendhon, gestorben, soll mann denen von Eßlingen einschliessen lassen.

3873. [1561, IX, 10 a] 26. November 1561:

---

[1]) Zahns Jahrbücher I, 230 (1567; »Barbara Simon Dimperin« 1576).

[2]) Ein Sohn des Nikolaus G.? Vgl. Neudörfer, ed. Lochner S. 143.

Martin de Frey, den schriftgiesser, uff sein bit umbs geldt zu bürger annemen.

3874. [1561, X, 4 b] 19. Dezember 1561:

Der kramer, kürßner, goldtschmidt unnd außberaiter supplicationes seien alle den rugsherren zugestelt, ir bedennckhen darauf zu machen unnd widerzupringen.

3875. [1561, X, 33 b] 10. Januar 1562:

Auf Petern Villani unnd seiner miterben zu Florenz überschickte supplication umb bericht der truhen halber, so weylenndt Lorennz de Villano hindter die Turisanischen erlegt und seudthero arrestiert worden, soll mann dieselbig hanndlung, unnd was jüngst derhalben verlassen, zur hanndt suchen unnd widerpringen.

3876. Dieweil Jeronimus Schweitzer, goldtschmidt, gestenndig, das er das gestoln silber von Melchior Schedels waidner von dem juden zu Schnaitach gekhauft, soll mann ein gelerten hörn, ob ers dem Schedl wider zu erstatten schuldig sey oder nit, unnd widerbringen.

3877. [1561, X, 34 b] 12. Januar 1562:

Valtin Sibenbürger, dem platner, sein begern, ime noch zwen gesellen zu vergönnen, ablainen.

3878. [1561, XI, 9 a] 18. Januar 1562:

Lienhardten Preu, püxenfassern, das gepetten bürgerrecht ablainen.

3879. [1561, XI, 48 a] 11. Februar 1562:

Valtin Sibenbürger, platner, sein abermals supplicierends begern ablainen.

3880. [1561, XII, 7 b] 16. Februar 1562:

Herrn Johann Poners schreiben soll [8 a] mann Hannsen Lenckher, dem goldschmidt, umb seinen bericht furhalten, unnd wider widerbringen.

3881. [1561, XII, 10 b] 18. Februar 1562:

Dem ansuchenden Niderlennder vergönnen, seine gemahlte tücher, doch erst nach dem gericht, undterm rathaus failzuhaben.

3882. [1561, XII, 15 b] 21. Februar 1562:

Auf herrnn Hannsen Poners zu Krackau schreiben unnd Hannsen Lenckers, goldtschmids, gegenbericht soll mann den hanndel inn beisein sein, Lenncker s, unnd Jeronimussen Cini mit dem angezogen klainot fur die geschwornen goldtschmidt bringen, unnd sie die arbeit am selbigen klainot schatzen lassen; auch alßdann mit dem Lennckher verfügen, das geschatzt geldt anzunemen.

3883. [1561, XII, 2. Abt., 4 a] 23. Februar 1562:

Auf den bericht, das die geschwornen goldtschmidt den lohn von dem klainot, so Hanns Lennckher dem herrn Hannsen Poner gemacht, auf 100 taler taxiert, soll mann solichs dem Jeronimus Cini alls des herren Poners bevelchhabern anzaigen unnd sagen, ungeacht solcher tax dem Lenncker die geforderten 100 f. zu bezalen; solichs dem herrn Poner also zuschreiben.

3884. [1561, XII, 27 b] 2. März 1562:

Christoffen Maler, dem maler, zwen jar lanng unentsagt seines bürgerrechtens außwenndig zu wonen zulassen [1]).

3885. [1561, XII, 31 b] 5. März 1562:

. . . Unnd Wolfen Hitzpockh, goldtschmidt, sagen, wenn er einen abschied hab, mög er alßdann wider ansuchen.

3886. [2. Abt., 6 a] Auf den bericht, das ainicher goldtschmidt dieser zeit inn der ellennden gassen nit seßhaft seye, unnd das die anndern, so beschickt worden unnd sonnst die übersilberten pecher zu machen pflegen, sich zum höchsten entschuldigt, das sie solche becher annderst nit dann nach der ordnung unnd mit den spigeln gemacht, soll mans denen von Regenspurg allermassen, wie mann die sach befunden, zuschreiben.

Daneben aber dannocht den geschwornen goldtschmiden alhie den grossen betrug und nachred, so gemainer dieser statt daraus anlangt, furhalten und hören, ob solche versilberte arbait nit gar abzustellen were und, was darinnen zu thun sei, bedencken und widerpringen.

3887. [1561, XII, 34 a] 6. März 1562:

Das machen unnd übersilbern der messen unnd kupfferen becher soll [man] aus guten ursachen aufm goldtschmidthandtwerckh gar abstellen unnd der ordnung also einverleiben.

3888. Unnd dieweil sich findet, das Wolff Prüssel der versilberten becher one spiegel gemacht, welche sein weib unnd

---

[1]) Er war am 8. Juli 1556 als Bürger aufgenommen worden (Bürgerbuch 1534—1631 Bl. 61a) und gab am 7. August 1564 sein Bürgerrecht wieder auf (ebenda Bl. 208b).

sönlein verkaufft, soll mann sie alle drei fencklich annemen unnd inns loch füren lassen.

3889. [38 b] 9. März 1562:

Helena Prüßlin im loch der versilberten kupferen becher halben weiter gütlich zu rede halten, ir sag widerpringen.

3890. [1561, XII, 41 b] 10. März 1562:

Paulussen Dullner, dem goldtschmidt, sol man sein supplicierendt begern umb vergünstigung, das er ein heußlein und [42 a] feurrecht in seinem garten vor dem Frauenthor zu vergonnen, mit guten worten ableinen und sagen, Meine Herren konnen inen kein solchen eingang machen lassen.

3891. [2. Abt., 8 a] Dem rath zu Regenspurgk sol man uf ir schreiben von wegen der bei inen verkauften kupferen und versilberten pecher wider schrifftliche antwort geben und nach lengs zuschreiben, wie man den handel mit solchen bechern gefunden, und das der Prüßler, goltschmidt, so diselben gemacht, entwichen; so hab man sonst dergleichen becher hinfüro zu machen ghar abgestellt.

3892. [1561, XIII, 3 b] 13. März 1562:

Von Hannsen Mülholzer, dem goltschmidt, sol man das bürgerrecht aufnemen und ine damit in die losungstuben weisen.

3893. [1561, XIII, 5 b] 14. März 1562:

Wolfen Brüssel, den alten goldschmidt, sol man uf sein suppliciern aus sorgen lassen und im anzeigen, dergleichen messen becher nit mehr zu machen.

3894. [1561, XIII, 14 a] 19. März 1562:

Herrn Mercuriussen Herdegen, dem ratsfreundt, sol man vergonnen, ytzo der marggrevin zu Onolzbach uf marggraf Jorg Friderichs schreiben ein vaß wein zu kaufen.

3895. [1561, XIII, 15 a] 21. März 1562:

Steffen Hirsfogl, holztrechsel, umbs gelt zu bürger annemen.

3896. [1562, I, 1 b] 31. März 1562:

Auf der geschwornen goldtschmidt verlesene supplication, die kupffere unnd dergleichen versilberte arbeit belanngendt, isst den verordennten herren zur rug bevolhen, die sachen, was darinnen zu thun sey, zu bedennckhen unnd widertzubringen.

3897. [1562, I, 15 a] 8. April 1562:

Augustin de Grand, dem Niderlenndern, unnd

seinen mitgesellschafftern unnd helffern, dern, wie er angezaigt, fünff seien, sambt iren weibern isst auff ir bitt vier jar lanng one das bürgerrecht alhie zu sitzen unnd zu wohnen vergönnt, doch das sie inn der religion kein sect anrichten, sonnder sich derselben halb eingezogen unnd dermassen halten wollen, damit sich iren weder Meine Herren noch sonnst yemandt zu beschwern hab, das sie auch sich alles bürgerlichen gehorsams bevleissigen unnd sich selbsten mit wohnungen versehen wollen, wie sie sich dann, des zu thun, stattlich erpotten.

So ist inen auch die freyheit zugesagt, wie sie erpetten, das inn solcher zeitt der vier jar alhie niemanndt mehr gestattet werden soll, iren vorhabennden seydenhanndl unnd gewerb one ir zulassen zu treiben unnd zu verlegen, unnd das alles darumben, das ermelter Augustin de Grand die rauhe seiden hieher bringen unnd arbeiten wolle auf allerlei weiß, damit er dann ire dritthalbhundertt hieiger personen zu furdern und zu erneren vermaint, unnd, so ime Gott inn den bestimbten vier jarn den segen gebe, das er alhie pleiben und sein nahrung haben konne, das er dann nach ausganng derselben sich inns bürgerrecht begeben woll. Actum bei den herren Eltern.

3898. [1562, I, 26 a] 16. April 1562:

Hannsen Schmidt, den schreiner, auch Casper Petzen[1]), den goldtschmidt, auf ir bitt umbs geldt zu bürger annemen.

3899. [26 b] Erhardt Wagenmairn, dem goldtschmidt, die kupfferen zwen kelch, so er gen Neunkirchen gemacht, zu vergulden erlauben.

3900. [1562, I, 47 a] 29. April 1562:

Auf Petri Villani, Marci Anthoni Villani unnd irer mitverwandten durch Wolffen Wilsam, bürgern hie, übergebene supplication von wegen der truhen, welche der verstorbnen Agnes Plessin zustenndig gewest, unnd durch lanndtgraf Philipsen zu Hessen alhie inn verpott gelegt worden, isst nach verhör doctor Cristoffen Kötzlers unnd doctor Cristoff Fabii Gugls verlesener unndterschiedlicher ratschlege bevolhen, ermeltem Wilsam alls der supplicanten bevelchhaber nachvolgenden beschaidt zu geben: Ein erber rate hette ir supplication hören verlesen, sich darauf aller verloffener handlung der angezognen truhen halben

[1]) Goldschmiede-Verzeichnis Nr. 420 (1561).

erinnert, unnd befinden schließlich ire erberkeiten, das die supplicanten villeicht nit wissen, wie es im grundt damit beschaffen, dann ermelte truhen nicht dergestalt hinterlegt worden, alls solt sie aigenthümblich dem Lorenzen Villani oder seinen erben zustenndig sein, sonndern solche hindterlegung were geschehen auf statlich anhalten dess durchleuchtigen hochgebornen fürsten und herrn, herren Philipsen, landtgrafen zu Hessen, und anderer interessenten. Was nun sein f. g. und andere, deßgleichen auch Lorentz Villani für gerechtigkeit daran zu haben [47 b] pretendiert hetten, das were principaliter zu Franckfurth am Main gerichtlich disputiert worden. Ob nun diselb rechtfertigung ir enndtschafft erraicht hette, das köndt ein erber rate nicht wissen; aber daselbst würden die supplicanten alles der sachen herkomens, wem die truhen zustenndig gewest und ob sie vermög eines von Lorenzen Villano angegebnen testaments, welchs aber die gegenthail widersprochen, noch etwas zu gewarten hetten, bey gedachts Villani seligen advocaten und procuratorn guten notwendigen bericht finden. Doselbsthin wolte sie ein erber rathe gewiesen haben. Unnd wem mit der zeit das ordenlich recht diese truhen zuspreche, dem woltens ire erberkeiten volgen lassen. Kondten sie aber bey hochgedachtem lanndtgrafen zu Hessen unnd anndern interessenten erhalten, das sie inens guetwillig verfolgen liessen, das wolt inen ein erber rath auch wol gönnen unnd im selben fall inen auf vorgeende gnugsame caution künfftiger spruch und forderungen halben die truhen abermals guetwillig vervolgen lassen.

3901. [1562, II, 1 b] 30. April 1562:

Den goldtschmidt Erhart Wagenman von wegen der gemachten falschen becher inns loch legen, unnd dieselben becher, so viel deren verhannden, zerschlagen lassen, auch ime, goldtschmidt, auflegen, dem käufer sein kaufgeldt für den ainen becher wider zuzestellen.

3902. [1562, II, 2. Abt., 3 b] 15. Mai 1562:

Auf der kays. Mt schreiben und begern, wann irer Mt alhie bestellt silbergeschirr gefertigt, das mans irer Mt mit dem furderlichsten und mit bester gewarsam zuschicken, sol man irer Mt wider schreiben, das man dasselb uf künftigen sontag [*17. Mai*] mit einer eignen fuhr und 10 glaitsrentern nach Pilßen woll zusenden, do es ire Mt mugen holen und annemen lassen[1]).

[1]) Vgl. Zahns Jahrbücher II, 81.

3903. [1562, II, 23 a] 16. Mai 1562:

Des rats zu Ulm schreiben von wegen der bei inen habenden goldschmidt und goldschlager begerns umb pauung eines haus zu dem dest und kretz schmelzen sol man den hieigen goltschmiden umb iren bericht furhalten und widerpringen.

3904. [1562, II, 28 a] 20. Mai 1562:

Hannßen Spaichel, dem rotschmiddrechsel, sol man die 10 f., so ime Meine Herren uf die gemachte müel gelichen, schencken und ime sagen, er mug diselb müel, so hoch er konne, verkaufen, wem er woll.

3905. [1562, II, 29 b] 21. Mai 1562:

Auf herrn Veiten, bischoffen zu Bamberg, schreiben soll mann Wolffen Loscher zu sein f. g. gen Forcheim vergönnen, doch das er baldt widerkhumb unnd mitler zeit der arbeit halben gute versehung thue.

3906. [1562, III, 2. Abt., 1 a] 28. Mai 1562:

Der geschwornen goldtschmid bericht, wie es alhie mit dem test- unnd kretzschmelzen gehalten wirdet, soll mann denen vonn Ulm zuschreiben.

3907. [1562, III, 7 a] 30. Mai 1562:

Hannsen Spaichl, rotschmiddrecheln, seiner gemachten müel halben noch mit 15 f. vereeren unnd sagen, solche müel aufs besst er khonn zu verkauffen.

3908. [1562, III, 19 a] 5. Juni 1562:

Lienhardten Tanner zulassen, die schnellwag uff der Schüt abmustern zu lassen unnd dem churfürsten zu Sachsen zuzeschicken vergönnen, doch dem heuweger sagen, dasselbige sonnst niemandt mehr zu gestatten.

3909. [1562, III, 24 a] 8. Juni 1562:

Auf der rugsherren verlesens bedennckhen uff der goldtschmidt supplicieren wider die gschmeidmacher verguldens unnd versilberns halb allerlei kupferer unnd messener arbeit soll mann demselben bedennckhen nachkomen und den goldtschmiden zulassen, die verprecher zu rügen, doch solchs den geschmeidmachern zuvor anzaigen, sich darvor wissen zu hüeten.

Dergleichen dem verfasten bedennckhen der frembden hafner halben auch nachkomen, nemblich das inen, den [24 b] frembden hafnern, allein zu vier zeiten im jar, alls Lichtmes, Walburgis, Laurenti unnd Omnium sanctorum zugelasen werden soll, ir arbeit zu Werd unnd Gostenhof, doch yedesmals allein drei tag failzuhaben, unnd solchs dem handtwerkh anzaigen, sich darnach zu richten.

3910. [1562, III, 33 a] 12. Juni 1562:

Gregori Türcken unnd seins weibs clag unnd antwort sambt den gerichtsacten einem gelerten umb sein bedenncken, was sich darinnen zu verabschieden gepüren will, furhalten unndt widerbringen.

3911. [1562, IV, 13 b] 2. Juli 1562:

Nachdem Jorg Reber, der kon. Wirde inn Schweden paumaister unnd diener, vermög seiner habennden koniglichen patenten unnd glaubbrief beym rathe ansuchen unnd pitten lassen, ime zu vergonnen, etliche hanndtwerckh, alls zimmerleuth, stainmetzen, pulfermacher, wahlmacher, pildthauer unnd goltspinner, albie anzunemen unnd hinein inn Schweden zu füeren, isst inn bedacht, das berürte hanndtwerckher gemainer stat außwenndig keinen schaden zufüegen konnen, bevolhen, dem gesanndten inn seim begern, doch ausserhalb der goltspinner, zu wilfaren, unnd das er Meinen Herren die personen, so er anzunemen willens, vertzaichennt übergebe, ferner rätig zu werden, ob und wie mann dieselben passieren lassen wolle. — Sonnst soll mann ine das zeughaus sehen lassen.

3912. [1562, IV, 18 a] 4. Juli 1562:

Inn sachen Gregori Türcken wider sein weib Anastasiam soll mann bede partheien verabschieden, wie herren doctor Valentin Kötzlers bedennckhen vermag.

3913. [1562, IV, 21 b] 7. Juli 1562:

Die verzaichennten fünff personen und werckleuth, so durch den schwedischen paumaister beworben, soll mann ziehen lassen, doch inen sagen unnd auflegen, ir bürgerrecht auffzusagen unnd weib unnd kind mitzunemen.

Aber Hannsen Spaichl, rodschmidtdrechseln, soll mann durch ein mitlpersonen warnen unnd hanndeln lassen, warmit er hie zu erhalten sein mocht, unnd widerpringen.

3914. [22 a] Hannsen Spaichl, rodtschmiddrechsell, auf sein erpieten und ein verschreibung, das er Meinen Herren sein lebenlanng dienen woll, nun hinfüro 24 fl. pension alls eim püxenmaister geben unnd sagen, er mög sehen, wie er sein müel nochmaln aufs beste verkauffen khönne; wo er gleich ein zimblichen schaden daran leide, mit dem vertrösten, ime darinnen auch zu statten zu komen.

3915. [1562, IV, 25 a] 9. Juli 1562:

Dieweil Hanns Spaichl, rodtschmiddrechsel, sein müel nit anwerden khan, soll mann ime die durch ein mitlperson umb 200 f. abkauffen lassen unnd sehen, wie mann solche müel wider anwerden möge.

3916. [1562, V, 9 b] 29. Juli 1562:

Des pfenndters furbrachte unnd verzaichennte rügen, gewicht halben, einstellen und rhuen lassen.

Soviel aber der goldtschmidt gewicht betrift erkundigen, wie es bißher mit dem eichen solcher gewicht gehalten worden, unnd widerpringen.

3917. [12 b] 30. Juli 1562:

Die eich der goldschmidtgewicht soll mann bei der schau pleiben lassen [13 a] allein dem Rosenthaler sagen, den frembden ire gewicht nit zu zaichnen.

3918. [1562, V, 18 b] 3. August 1562:

Mathes Kliebers, des verwundten goldtschmidts, verlesene ansag *betreffend.*

3919. [19 a] Den supplicierenden glasern ir begern wider die Walhen, so frembde gleser fail haben, ablainen.

3920. [1562, V, 19 b] 4. August 1562:

Des frembden siglgrabers halben erkundigung thun, was er fail habe unnd ob, auch welcher gestalt es verpotten oder nit, und widerpringen.

3921. [20 a] Herman Pechmairin, der siglgraberin, leerjungen soll mann dieselb arbeit unverhindert der gürtler zu treiben zulassen, allein, wenn er pflicht zu thuen schuldig, soll mann ine damit fertigen oder sonnst, was die ordnung vermag, auflegen.

3922. [1562, V, 26 b] 8. August 1562:

Jacob Peltzen[1]), den goldtschmid, umbs geldt zu bürger annemen.

3923. [1562, VI, 40 b] 14. September 1562:

Margreth, Virgilius Solis seligen wittib, ir supplicierenndts begern noch zur zeit ableinen[2]).

[1]) Im Goldschmiede-Verzeichnis Nr. 423 (1562) als Silberarbeiter.

[2]) Virgil Solis d. ä. war vermutlich mit vielen anderen an der Pest ge-

3924. [1562, VII, 5 a] 22. September 1562:

Jacoben Frölich[1], goldtschmidt, mit seinem begern umb pauholz zu seinem gartten aufs neue jar herwider weisen.

3925. [1562, VII, 27 a] 9. Oktober 1562:

Hannsen Eppischhofers unnd annderer Virgilii Solis seligen kinder vormünder supplication eim e. gericht umb bericht furhalten unnd widerpringen.

3926. [1562, IX, 1 b] 12. November 1562:

Jacoben Frölich, goldtschmidt, uff sein supplicierend begern seins gartens halben sagen, umbs neu jar ungeverlich derhalb wider anzusuchen, wie ime hievor auch gesagt worden.

3927. Jeronimus Türcken, goldtschmidt, der beclagten Elizabet Obermairin anntwort horn unnd es dabei bleiben lassen.

3928. [1562, IX, 16 b] 25. November 1562:

Herren Petrowits von Rosenbergs fürbitlichs schreiben von wegen Joachim Efferdichs unnd Joachim Kreuzfeldts[2], goldtschmidgesellen, soll mann Cristoffen Staingruner,

---

storben, die eben damals auf ihrem Höhepunkt stand. Vgl. darüber Kamann in den Mitteilungen des Vereins für Gesch. der Stadt Nürnberg VII, 106 f. Seine Wittwe (2. Frau) heiratete wohl bald nach seinem Tode einen Goldschmied mit Vornamen Balthasar, wie aus dem Meisterbuch der Nürnberger Goldschmiede (in der Bibliothek des Kunstgewerbemuseums zu Berlin) hervorgeht, wo es zum Jahre 1561 heißt: »adij den 3. Julius hawen wier des Balzers, der des Firgilii Soli weib genumen hat, sein masterstück geschaut unnd guet gefunden, hat sein mastergelt noch nicht bezalt«. Übrigens tragen leider die Ratsverlässe zur besseren Kenntnis der Lebensverhältnisse und Kunst des Meisters nichts bei. Ich zitiere über Virgil Solis kurz, ohne mich auf die seine Werke betreffende Litteratur einzulassen, Neudörfer, ed. Lochner 146 f. Doppelmayr 200. Zahns Jahrbücher II, 74 (1548). Mitteilungen II, 71 (»Kunststecher am Roßmarkt« † 1562; seine (1.) Frau Dorothea † 1556). Ferner sei verwiesen auf Racinet, Virgile Solis in der Gazette des beaux-arts 1876, Nr. 8—12, 1877, Nr. 1—6. Kunst und Gewerbe XIX (1885) S. 1 ff. Ubisch, Virgil Solis u. seine bibl. Illustrationen für den Holzschnitt (Leipzig 1889). Allg. dt. Biogr. Bd. XXXIV, 567—576 (von P. J. Rée) mit reicher Litteraturangabe. Eine die bisherige Forschung wissenschaftlich zusammenfassende und ergänzende Arbeit über V. S. steht noch aus.

[1]) Goldschmiede-Verzeichnis Nr. 385 (1555); vgl dazu S. 7 (1573). Rosenberg Nr. 1233. — Roth, Gesch. des nürnberg. Handels I, 318. Mitteilungen II, 162 (»Barbara Jacob Frolichin, unter der Vesten« † 1570 oder 1571) J. F. selbst starb wohl 1580.

[2]) Goldschmiede-Verzeichnis Nr. 454 (1569: »Kreuzfelder«). Bürgeraufnahme (gegen 4 fl.) am 3. September 1569 (Bürgerbuch 1534—1631 Bl. 92 a: »Johann Kreutzfeldt, goldtschmidt«).

goldtschmid, was er hierinnen leiden mug, furhalten, und widerpringen.

3929. [1562, IX, 2. Abt., 5 a] 26. November 1562:

Auf deren vonn Augspurg fürschrift von wegen Zimprechten Bairns[1]), goldtschmidts, unnd Ulrichen Kopins wittib unnd Niclassen Trunckhs unnd Cristoffen Schmidts gegenbericht soll mann sie darauff bestettigen unnd, soferr sie bei iren aiden erhalten konnen, das ir furgeben die warheit, unnd di beclagt Maria Schwarzkopffin sich bei inen oder irer tochter nit enthalt, so soll mann berürten iren bericht denen von Augspurg einschliessen unnd anzaigen, wo die beclagt hie gewesst oder noch zu bedretten sein würde, wolt mann die gepüer gegen ir hanndln.

3930. [1562, IX, 21 b] 27. November 1562:

Joachim Kreuzfeldt und Joachim Hebertich, beden goldtschmidten, die begert versicherung, wenn yemandt vonn irentwegen ansuchen wirdet, ableinen.

3931. [1562, XI, 6 a—b] 11. Januar, [XI, 12 b] 14. Januar *und* [XI, 22 a] 20. Januar 1563:

Ratsverlässe, die von dem Goldschmied Endres Schmidtgraber *handeln und von der* »unfhur«, *die er* hinterm Tetzel *treiben soll mit Haushalten und Bankettieren und über die sich die Nachbarn beschweren.*

3932. [1562, XI, 30 b] 26. Januar 1563:

Micheln Müllers[2]), goldtschmids, sag rhuen lassen, biß die kundtschafft inn diesem hanndel widerpracht wirdet.

3933. [31 a] Hannsen Roßners[3]), goldtschmidts, supplication und enntschuldigung, warumb er der Cristoff Roßnerin

[1]) A. Weiß, Das Handwerk der Goldschmiede in Augsburg S. 234 u. 317.

[2]) Ein M. M. (ohne nähere Bezeichnung) liegt auf dem Rochuskirchhofe begraben. Vgl. (Gugel), Norischer Christen Freydhöfe Gedächtnis S. 56 (1593). Das Grab eines Goldschmieds M. M. auf dem Johanniskirchhofe — vgl. Trechsel S. 112 Sp. 1 (1623) —, doch handelt es sich hier, wie es scheint, um einen jüngeren Meister dieses Namens; vgl. die Anm. zum 21. Januar 1568.

[3]) Im Goldschmiede-Verzeichnis zwei Meister dieses Namens: Nr. 398 (1558) und Nr. 582 (1586), beide als Silberarbeiter erscheinend. Hier handelt es sich um den älteren der beiden Meister. Vgl. über ihn noch Frankenburger Nr. 51 (1562) und besonders Marc Rosenberg in Kunst und Gewerbe XX (1886) S. 41 ff.

vormundtschafft nit verwalten könne, soll mann ir, der wittib, furhalten und sagen, sie müß nach anndern leuten trachten.

3934. [1562, XI, 35 b] 28. Januar 1563:

Auf Jacoben Frolichs, goldtschmidts, verlesene supplication seins vom Herdegen erkaufften garttens halben soll mann den augenschein einnemen, was alberait für gepeu inn diesem garten seien unnd was vor der prunst für gepeu darinn gestannden, wie viel sie feurrecht gehabt, und derwegen das gartenpuch auch ansehen, unnd widerpringen.

3935. [1562, XII, 14 b] 10. Februar 1563:

Brigita, Nicasius Frischen eewirtin, auf ir suppliciern sagen, Meine Herren würden iren mann one bewilligung seiner glaubiger nit verglaiten, darumb müesst sie ir notturfft mit inen, den glaubigern selbst, hanndln.

3936. [15 a] Auf die verlesene relation, welcher gestalt inn gehabter besichtigung Jacoben Frölichs, goldtschmidts, gartengepeu zum Tafelhof befunden worden, nemblich das seine kaufbrief von sechs feurrechten, so ime des orts verkauft worden, meldung thun, das auch alberait widerumb drei heuser mit fünff herdt oder feurstetten, so inn drei schlot gericht seyen, doselbsthin auferpaut unnd der augenschein noch mehr gepeu, so am selben ort vorm abprennen gestanden, anzaig, isst verlassen, dem supplicierenden Frolich über di berürten fünff feurstet nit mehr dann noch ein wohnunng mit einer aintzigen feurstat auf die alte odligende hofstat zu setzen und aufzuerpauen zu vergönnen, also das er sechs feurstet unnd nit mer hab.

3937. [1562, XII, 15 b] 11. Februar 1563:

Balthasarn Jenich[1], den goldtschmidt, mit sein angepotnen künsten mit guten worten abweisen.

3938. [1562, XII, 30 a] 16. Februar 1563:

Casparn von Ploben, goltschmidt, auf sein supplicieren unnd der gschwornen goldtschmidt gegenbericht auflegen,

---

[1]) Der Meister heißt offenbar nicht »Jenichen«, als der er bisher in der Kunstgeschichte erscheint, sondern »Jenich« oder »Jenisch«; »Jenichen« ist obliquer Casus. Vgl. über ihn Goldschmiede-Verzeichnis Nr. 434 zum Jahre 1564, wo es anstatt »Konig« vielmehr »Jenich« heißen sollte. Bürgeraufnahme gegen das übliche Bürgergeld von 4 fl. am 14. Februar 1565 (Bürgerbuch 1534—1631 Bl. 81 b: »Balthaßar Jenich, goltschmidt«). Roth, Gesch. des nürnbergischen Handels I, 334. Allgemeine deutsche Biographie XIII, 766 (von Wilhelm Schmidt) und die dort angeführte Litteratur.

sich endtweder zwüschen hie und Wal- [30 b] burgis zu verheuraten oder den goldtschmidladen, biß er sich ainsmals zu seiner gelegenheit verheurat, zuzesperren.

3939. Auf Sebastian Walchs, goldtschmidts, supplicieren soll mann erkundigen, ob der beclagt doctor Endres Hofman bürger sey oder nit unnd was ime hievor seins weibs unnd stiefkinder halben aufgelegt worden, unnd widerpringen.

3940. [XII, 36 a—b] 19. Februar und [XII, 2. Abt., 6 a] 1. März 1563:

Zwei weitere Ratsverlässe über diesen Gegenstand.

3941. [1562, XII, 31 b] 17. Februar 1563:

Die supplicierenden zwen goltschmidtgesellen, Joachim Eferdich unnd Joachim Kreutzfeldt, soll mann auf der geschwornen goldtschmid fürpit wider begnaden unnd einkomen lassen.

3942. [1562, XII, 37 b] 20. Februar 1563:

Balthasarn Geigern, dem goldtschmidt, auf ein formbliche supplication ein gemaine fürschrift an den grafen zu Schwartzburg mittheilen.

3943. [1562, XII, 42 a] 23. Februar 1563:

Pangratzen Labenwolf, radtschmidt, uff sein supplicieren zu bezalung seins zins biß auf Walburgis frist geben, doch das er denselben zinß endtlich zahle, oder es solt ime der zinß aufgesagt werden.

. . . .

3944. Cornelii Canochs[1]), des Niderlennders, clag wider Paulus Tetzln, umb 26 f. schuldt soll mann seinen curatoren furhalten, unnd mit irer antwort widerpringen.

3945. [42 b] 25. Februar 1563:

Jacoben Frölich, goldtschmidt, sein supplicierends begern ableinen und es bei jüngstem beschaidt pleibn lassen.

3946. [1562, XIII, 30 a] 22. März 1563:

Jeronimus Türcken, goldtschmid, sagen, sein begern inn ein supplication zu stellen; die soll mann alßdann der beclagten Jorg Obermairin umb bericht furhalten; unnd widerpringen.

3947. [1562, XIV, 5 a] 3. April 1563:

1) Jahrbuch der Kunstsammlungen des A. K. H. XV Nr. 11918 (1574). Ein Porträt von ihm bei Panzer S. 29: »Cornelius Caimochs pictor et sculptor«. In der Hauptsache war er wohl Händler und Verleger.

Heinrichen Hofman, den goldtschmidt, auf sein supplicieren wider zum bürger umbs geldt annemen.

3948. [1562, XIV, 15 a] 10. April 1563:

Paulussen Mülner, den stainschneider, mit seim aufgesagten bürgerrechten inn die losungstuben weisen.

3949. [1563, I, 9 b—10 a] 16. April 1563:

Ratsverlaß, die unruhe *betreffend, die* dise tag her *zwischen den Gesellen der Goldschmiede und Kürschner einerseits und den Schneidern andererseits vorgefallen.*

3950. [1563, I, 15 a] 20. April 1563:

Alexannder Platner[1]), mahlern, auf sein verlesene ansag seins gestolnen dinglichs halben sagen, er mög auf den dieb gute kundtschafft machen unnd, wenn er etwas gründtlichs erfahre, dasselbig Meinen Herren wider anzaigen.

3951. [1563, I, 45 a] 8. Mai 1563:

Paulus Flinten[2]), den goldschmidtgesellen, sol man ums geldt zum bürgerrecht khumen lassen.

3952. [1563, II, 4 b] 14. Mai 1563:

Steffan Pateni, den sophoyschen seidenkrämer, auf sein bit umbs geldt zu bürger annemen.

3953. [1563, II, 10 a] 17. Mai 1563:

Merten Egerer[3]), dem goldtschmidt, das gepetten stubentennzle erlauben.

3954. [10 b] Auf hertzog Augusten, churfürsten zu Sachsen, fürbitlichs schreiben von wegen Jorgen Geisen, goldtschmidts zu Dreßden, wider Jorg Ploden isst ime, Geisen, zu sagen bevolhen, sein vleissige kundtschafft durch sich oder einen bevelchhaber auf den beclagten Plöeden zu machen unnd, wenn er zu bedretten, woll mann gegen ime, wie sich gepürt, excequieren.

3955. [1563, II, 14 b] 19. Mai 1563:

Thobiassen Danhauser, mahler, Jorgen Lenncker

---

[1]) Zahns Jahrbücher I, 226 (1555). Mitteilungen II, 71 (Alexander Platners, Malers »bei der Barfußer Brücken« Ehefrau Emilia † 1556 oder 57).

[2]) Goldschmiede-Verzeichnis Nr. 425 (1562: »der ältere«). Die Bürgeraufnahme, bei der er 4 fl. zahlte, erfolgte am 19. Mai 1563. Vgl. Bürgerbuch 1534—1631 Bl. 76 a.

[3]) Goldschmiede-Verzeichnis Nr. 403 (1560).

unnd Hannsen Engelhart, bede wirth, umbs geldt zu bürger annemen.

3956. [1563, II, 21 a] 22. Mai 1563:

Herr Mercurius Herdegen, goltschmid, *kommt in einer gleichgültigen Angelegenheit vor.*

3957. [1563, II, 21 b] 24. Mai 1563:

Cristoffen Stanggruner, goldtschmidt, sagen, mann khönn ime gegen der beclagten Sebald Prunerin nit verhelfen, wenn er aber iren sone, den dieb, alhie bedret, mög ers antzaigen, woll mann eintziehen.

3958. [23 a] Hanns Schwaben[1]), rodtschmidgesellens, supplication und der beclagten Jonas Labenwolfs[2]) unnd Simon Laids gegenbericht den rugsherren zustellen . . . *etc.*

3959. [1563, II, 30 b] 25. Mai 1563:

Helias Lennckern[3]), goldschmid, soll mann auf sein suppliciern vergonnen, das goldtschmidhandtwerckh ein jar lang hie zu treiben, doch das er sich der religion halben gepürlich halte und ainiche neurung nit verursach.

3960. [1563, II, 37 a] 3. Juni 1563:

Der kays. Mt. fürschrifft von wegen Hannsen [*lies:* Se-

[1]) Auf dem Johannisfriedhofe liegen zwei Hans Schwab begraben. Vgl. Trechsel S. 315 Sp. 2 (1586) und S. 435 Sp. 2 (1579).

[2]) Ein Jonas L. war bisher nicht bekannt, und es ist auch hier, obgleich der Ratsschreiber zäh an dem Vornamen festhält (vgl. die Verlässe vom 12. und 14. Juni 1563), wohl anzunehmen, daß, wie beim Ratsverlaß vom 1. Februar 1559 mit »Wolf L.«, Jörg L. gemeint ist, der wohl gerade von Neuburg zurückgekehrt war.

[3]) Elias Lenker gehört zu den tüchtigsten NürnbergerGoldschmieden der Renaissance. Vgl. über ihn Goldschmiede-Verzeichnis Nr. 424 (1562). Bürgeraufnahme gegen die übliche Abgabe von 4 fl. am 6. Februar 1566 (Bürgerbuch 1534—1631 Bl. 84a). Rosenberg Nr. 1236. Als Händler bei Roth, Gesch. des nürnberg. Handels I, 343. Sein Grab auf dem Johannisfriedhofe. Vgl. Trechsel S. 702 Sp. 1 (1583; er starb 1591; ein anderer Elias L. liegt auf dem Rochusfriedhofe begraben; vgl. (Gugel), Norischer Christen Freydhöfe Gedächtnis S. 59). Mit dem Goldschmiede Eliseus Lenker — vgl. Goldschmiede-Verzeichnis Nr. 557 (1585) — ist er nicht zu verwechseln. Von Litteratur über Arbeiten des Elias L. nenne ich noch (abgesehen von der bei Rosenberg a. a. O. angeführten): Kunstgewerbeblatt IV (1888) S. 191 (über ein gefaßtes Straußenei von E. L. in der Kasseler Sammlung) und H. Boesch, Ein Pokal des Nürnberger Goldschmieds Elias Lenker in den Mitteilungen aus dem germanischen Nationalmuseum 1894 S. 3 ff.

bastian] Wüesten[1]), goldtschmidsgesellen, soll mann den geschwornen goldtschmiden umb iren bericht furhalten, unnd widerpringen.

3961. [1563, II, 43 b] 7. Juni 1563:

Auf der kays. Mt., auch des rats zu Hall im Innthal undterschiedliche fürschrifften soll mann mit den geschwornen goldtschmiden hanndeln, der kays. Mt. zu ehren güetlich nachzusehen, das der supplicierennde Sebastian Wüest inn die maisterstückh sitzen mug unvergrifflich irer ordnung.

3962. Auf Jorg Peitzings, goldtschmidgesellens, supplicieren unnd der geschwornen goldtschmid gegenbericht soll mann inen, den goldtschmiden, auflegen, wo der supplicant di sechzehen wochen seinem erpieten gemeß mit der arbeit erstreckhen werd, ine alßdann wie ein anndern zu furdern.

3963. [1563, III, 6 b] 12. Juni 1563:

Den püxenschifftern soll mann iren tannz genzlich abschaffen.

3964. [7 a] Auf Jonas Laubenwolffs beclagen soll mann den ins loch gestrafften Hanns Schwaben, rodtschmidgesellen, durch den lochschreiber zu red halten lassen, sein antwort widerbringen.

3965. [9 a] 14. Juni 1563:

Hannsen Schwaben sag seim widerthail Jonassen Laubenwolff umb bericht furhalten, und widerbringen.

3966. [1563, III, 28 a] 25. Juni 1563:

Auf Anthonien von Hell, goldtschmidts, supplicirn und der geschwornen goldtschmidt gegenbericht soll mann mit den geschwornen hanndeln, soferrn sich erfinde, das der supplicant die angegebne zeit der dreier jar vor und nach der neuen ordnung alhie gearbeit, ine alßdann mit den maisterstücken zuzelassen. Soviel aber Jorgen Peitzing belangt, soll mann ine gegen den geschwornen angetzognen schmach und verachtung halb verhören und, wie mann di sach befindet, widerbringen.

3967. [1563, III, 32 a] 28. Juni 1563:

Jorgen Ulrichs, des goldtschmidts, weib zu red halten, warumben sie dem goldschmid zu Schwabach sein becher wider die ordnung getzaichnet hab, und widerpringen.

---

[1]) Über Sebastian Wüst (im Meisterbuch der Goldschmiede »S. Wist«) vgl. Goldschmiede-Verzeichnis Nr. 429 (1562). Frankenburger: Nr. 112 (1583).

3968. [32 b] Anthoni [von] der Hell, dem goldtschmidgesellen, sein supplicierends begern auf der geschwornen weitern gegenbericht ableinen, ime die ordnung furlesen und sagen, derselben nachzukomen.

Aber Jorgen Peitzing, weil er der injurien wider di geschwornen gestendig, soll mann auf ein thurn gehen lassen.

3969. [1563, III, 36 a] 1. Juli 1563:

Auf Paulus Dulners, goldtschmids, beclagen soll mann seinem lerjungen, der nach ime inn den laden geschossen, mit ernst nachtrachten und den knechten derwegen ein guts trinckhgeldt verhaissen.

3970. [37 b] Anna Jorg Ulrichin bericht des gezaichenten frembden bechers halben soll mann den geschwornen goldschmiden furhalten, auf irem handtwerckh antzusagen, das keiner nichts durch sein weib zaichnen lassen woll bei eins e. rats straff.

3971. [1563, III, 43 b] 5. Juli 1563:

Woferrn Paulussen Dulners, goldtschmids, junger zu Fürtt auf ein nürnbergischem guth zu bedretten, soll mann ine annemen und herein inns loch fürn lassen.

3972. [1563, IV, 3 a] 9. Juli 1563:

Lorenzen Mair, den kartenmahler, umbs geldt zu bürger annemen.

3973. [1563, IV, 7 a] 12. Juli 1563:

Eraßmussen Hörnlein auf sein suppliciern den begerten abschied, das er Meinen Herren mit ainichen pflichten nit mehr verwandt, mittheiln.

3974. [1563, IV, 17 b] 16. Juli 1563:

Sebastian Walch, goldtschmid, *kommt in einer Klagsache gegen den* einspennigen Lienhardt Trautman, *der ihn bedroht hat und mit Turmhaft bestraft wird, vor.*

3975. [1563, IV, 21 b] 19. Juli 1563:

Deren von Ulm schreiben, Meinrath von Prüssels, goldschmidgesellens, diebstall betreffendt, soll mann den geschwornen furhalten, auf diesen gesellen achtung zu haben.

3976. [1563, IV, 32 b] 23. Juli 1563:

...Dergleichen Paulussen Dulner, goldtschmid, sein supplicierends begern auch ableinen.

3977. [1563, V, 9 b] 10. August 1563:

Jorgen Zigler, dem goldschmid, sein begern, ine ein jar lanng hieher zu verglaiten, ablainen und sagen, sein sach durch ein anwaldt außzurichten.

3978. [10 a] Die von gerichtswegen begerten transportata inn sachen Jacoben Frolichs wider Micheln Herdegen soll mann inn der canzley fertigen lassen.

3979. [1563, V, 22 b] 16. August 1563:

Auf Wolfen Juden, goldschmids zu Fürth, übergebne supplication und Steffan Gannsers darauf verlesene antwort sol man dem Gannßer sagen . . . *etc.*

3980. [1563, VI, 16 a] 11. September 1563:

Hannßen Kalten, dem arlas- und portenwircker, sol man uf sein supplicierends begern sein behausung also erweitern, wie es die verordenten herren besichtigt, doch das er jerlichs 15 f. goldwehrung zinnß gebe, wie er sich dann selbst erboten.

. . . .

3981. Paulussen Reinhart, dem maler, sol man uf sein supplicierend begern und Hannßen Lotters darauf gegebne antwort anzeigen, das sein begern nit stat hab, und es dabei bleiben lassen.

3982. [1563, VI, 21 b] 16. September 1563:

Linhardten Blümmel[1], dem briefmaler, sein supplicierends begern, wider Hannßen Schneider, windenmachergesellen zu Landshut, ablaynen und sagen, woll er von Mein Herren fürschrifft haben, sol man ims mittheiln.

3983. [22 a] Caspar Bauchen, den goldschmidt, beschicken und seins brinnenden schlots halben ein sag von im aufschreiben lassen.

3984. [1563, VI, 26 a] 18. September 1563:

Wolfen Löscher, dem steinmetzen, sol man zu besuchung des tags zu Straßburg einen kleper aus dem marstall leihen und, wo ferr er umb zehrung ansuchen wirdt, ime 10 f. geben.

3985. [1563, VI, 27 b] 20. September 1563:

Der maler supplication und der goldschmidt darauf gegebne antwort dißmals ruhen lassen.

---

[1]) Auch als Plumlein, Blümlein etc. erscheinend. Vgl. Zahns Jahrbücher I, 230 (1563). Roth, Gesch. des nürnberg. Handels III, 62 (1568).

3986. [1563, VII, 3 a] 1. Oktober 1563:

Ursula, Sebalden Pruners, malers, wittib, *kommt vor.*

3987. [4 b] Niclaußen von Neukastell[1]), den künstlichen maler und conterfeter, noch 2 jhar ohn das bürgerrecht hie sitzen zu lassen.

3988. [1563, VII, 48 a] 26. Oktober 1563:

Hanns Koch[2]), geschmeidmacher, *kommt vor.*

3989. [1563, VII, 48 b] 27. Oktober 1563:

Valentin Fuhrman[3]) von Suhl, den buchtrucker,

Hannßen Michel von Hannober, den goldschmidt,

Hannßen Sohlwischer, den steinmetzen, welcher so lang in der Peunt geerbeit,

Unnd Gervasiussen Quingordi, den sophoyer, umbs gelt zu bürger annehmen.

Aber Hannsen Heußen zum Tafelhof sein begern umbs bürgerrecht ableynen.

3990. [1563, IX, 1 a] 25. November 1563:

Jorgen Laubenwolf, dem rotschmidt, auf sein supplicirendt begern und der geschwornen bemelts handwergs darauf gegebene antwort sol man vergönnen, die arbeit, so seinem vater seligen, Pangratzen Laubenwolf, zu fertigen angedingt, volligs außzumachen, ime auch die schmelzhütten und behausung, so sein vater bestandsweiß von Meiner Herrn zinßmeister innengehabt, mit ofner hand umb den gewonlichen zinnß verlassen, doch das er denselben nicht ansteen lasse, sonder alle halbe jhar bezale.

Und weil er sich erpoten, Meinen Herrn ein kunststück an dem prunnen im rathaus zu machen, sol der herr baumaister ine vernemen, was er machen woll und wie ers anschlag, oder was es coßten werd, und dasselb widerpringen[4]).

3991. [1563, IX, 28 b] 9. Dezember 1563:

[1]) Doppelmayr S. 209. Sandrart, Teutsche Academie II, 2, 276. Jahrbuch der Kunstsammlungen des A. K. H. Bd. VII Nr. 5032 (1566). Vgl. auch Allgemeine deutsche Biographie XXIII, 490 (von Bergau); Rettberg, Briefe 181; Rettberg, Kunstleben 177; P. J. Rée, Nürnberg 179 f. u. s. f.

[2]) Sein Grab auf dem Johanniskirchhofe. Vgl. Trechsel S. 578 f.

[3]) Vgl. u. a. Zahns Jahrbücher I, 238 (1571, 82, 92 und 1602). Roth, Gesch. des nürnbergischen Handels III, 62 (1582). Sein Grab auf dem Johanniskirchhofe. Vgl. Trechsel S. 546 Sp. 1 (1601).

[4]) Vgl. Mummenhoff, Rathaus 110.

Jorgen Laubenwolf sol man uf das furgewiesen visier und muster zu einem umbgehenden wasserwerck zu Meiner Herrn prunnen in rathhaus, weil ers Meinen Herrn zu ehren machen will und das es über 6 taler nit coßten werd, sagen, dasselb zu fertigen; ime auch alten zeug zum giesen aus dem zeughaus darzu geben und bevehlen, die delphin, so itzo an disem prunnen seien, nit zu zerprechen, sonder also zu lassen, damit, wann sein kunst keinen bestandt hat, das mans wider aufsetzen kont[1]).

3992. [1563, IX, 44 b] 22. Dezember 1563:

Wolfen Wißbeck, goldschmidt, umbs geldt zu bürger annehmen.

3993. [1563, X, 6 a] 27. Dezember 1563:

Caspar von Rostock, den goldschmidgesellen, uf die verlesene ansag gütlich zu rede halten.

3994. [1563, X, 22 b] 10. Januar 1564:

Eraßmussen Süssen[2]) und andern supplicirenden malern Cuntzen und Hannßen der Francken antwort horen und inen ir begern ableinen und sagen, Meine Herrn wissen den beclagten nichs aufzulegen, muegen sich irer kunst so wol geprauchen als sie konnen; und den malern weder gesetz noch ordnung geben, sonder dasselb ein freie kunst sein und pleiben lassen.

3995. [1563, XI, 2 b] 21. Januar 1564:

Wolfen Mayr, dem goldschmidt, sein begern, seinen gesellen ins lazaret zu nemen, ableinen und im 1 f. verehrn.

3996. [1563, XI, 8 b] 25. Januar 1564:

Corneliussen von Andorf, dem maler, 8 tag seine gemehl under dem rathhaus fail zu haben vergonnen.

3997. [1563, XI, 18 a] 1. Februar, [19 b] 3. Februar, [22 a] 4. Februar 1564:

Hannß Hamer[3]), stainschneider, *kommt vor.*

3998. [1563, XI, 22 b] 5. Februar 1564:

Auf der maler zu Regenspurgk schreiben an das hand-

[1]) Vgl. ebenda.

[2]) Baader, Beiträge II, 6 (1540). Mitteilungen II, 72 (»Margareta Erasmus Sueßin, am Panerberg« † 1537, »Barbara Erasmus Sueßin, am Weinmarkt« † 1549, »Anna Erasmus Sußin, neben der gulden Gans« † 1566). Ein E. S. liegt auf dem Johanniskirchhofe begraben. Vgl. Trechsel S. 195 Sp. 1 (1582).

[3]) Mitteilungen II, 279 (unter den Steinschneidern: »Juliana Hans Hamerin, an der neuen Gaß« † 1570).

werg hie von wegen Hannßen Pockspergers[1]) sol man den meistern sagen, do der beclagt hie, denselben nit zu furdern, und daneben nach dem form schreiben.

3999. [1563, XII, 25 b] 8. März 1564:

Jorgen Ziglers, des goldschmidtgesellens, schreiben, so uf des statrichters citation erfolgt, wider ans statgericht geben.

4000. [1563, XII, 34 b] 15. März 1564:

Frannzen Kastenpein[2]), den sigelschneider, bei seinem erpiten pleiben lassen und ime die ordnung furlesen.

4001. [1563, XIII, 2 a] 18. März 1564:

... So soll man Jorgen Hiltepranndt, den künstler, auch zu bürger annehmen.

4002. [3 a] Auf Jorgen Ziglers, goldschmids zur Lignitz, schreiben sol man sein verhandlung zur hannd suchen und, wo von nöten, die geschwornen horen.

4003. [1563, XIII, 16 a] 24. März 1564:

---

[1]) Es handelt sich hier vermutlich um Hans Bocksberger den Sohn, den berühmten Freskomaler, der, in Salzburg wohnhaft, nach Sandrart, Teutsche Akademie II, 2, 260 viele Fassadenmalereien in Augsburg, Salzburg, München, Regensburg und Passau ausgeführt haben soll. Für Regensburg wird dies bestätigt namentlich durch die neuen Forschungen von Hanns Haggenmiller (Wiederaufgefundene Entwürfe von Bocksberger. Ein Beitrag zur Bocksbergerfrage in der Altbayerischen Monatsschrift I, 1899 S. 140 ff. Auch im folgenden Aufsatz von Karl Trautmann wird von Bocksberger gehandelt). Auch die bedeutenden Wandmalereien aus dem Badezimmer des bischöflichen Palastes zu Regensburg, jetzt in Resten in den Sammlungen des historischen Vereins daselbst, werden Hans Bocksberger zugeschrieben. Am bekanntesten sind seine Fresken in der Burg Trausnitz, die er 1579 ausführte. Über die Fassung eines Schnitzaltars in Innsbruck durch B. vgl. mehrere Regesten im XI. Bande des Jahrbuchs der Kunstsammlungen des A. K. H. (1555). Vgl. über ihn noch Allgemeine deutsche Biographie II, 788 f. (von W. Schmidt). Eine nach irgend einer Richtung abschließende Arbeit über den interessanten Künstler existiert noch nicht. Auch die Fragen nach der Tätigkeit seines gleichnamigen Vaters, sowie nach einem Melchior oder Michael B. u. s. f. sind noch gänzlich ungelöst.

[2]) »Frantz Kasstenbeins, sigelgrabers« Bürgeraufnahme, bei der er die üblichen 4 fl. zahlte, erfolgte am 29. Dezember 1563 (Bürgerbuch 1534—1631 Bl. 78a). Vgl. über ihn ferner Zahns Jahrbücher I, 249 (1581—1601). Gebert 62 (1586). Mitteilungen des Vereins für Gesch. der Stadt Nürnberg X, 60 (»Hans Castenbein, Siegelgraber« 1601 — beruht der Vorname hier auf einem Schreib- oder Druckfehler?). Sein Grab auf dem Rochuskirchhofe. Vgl. (Gugel), Norischer Christen Freydhöfe Gedächtnis S. 58 († 11. Juni 1616).

Michel Manger, sophoier, vergunnen, gemalte tücher underm rathhaus fail zu haben.

4004. [1563, XIII, 19 a] 27. März 1564:

Jorgen Zieglers, deß goldschmidsgesellen, schreiben umb begnadung den geschwornen, sonderlich denen, so zur zeit seiner verhandlung im ampt gewesen, wo die noch in leben, furhalten und sich erkhundigen, ob sie nicht wessten, wie sich diser Ziegler sider her verhalten, und widerpringen.

4005. [1564, I, 6 b] 7. April 1564:

Den zaichenmeistern des goldschmidhandwergs zu Wien auf ir schreiben an die geschwornen goldschmidt hie nach dem form schreiben.

4006. [1564, I, 24 a] 19. April 1564:

Anthoni der Helle, dem goldschmidt, einen abenttanz im Schießgraben zu seiner hochzeit vergönnen.

4007. [1564, I, 29 a] 21. April 1564:

Jorgen Zigler zur Lignitz, dem goldschmidt, sein supplicirendt begern ableinen und ine daussen lassen.

4008. [1564, I, 43 b] 3. Mai 1564:

Anthoni der Helle, den goldschmidt, Jorgen Wachter, den goldschlager, und Albrecht Alberten[1]), den steinmetzen, alle drey umbs geldt zu bürgern annehmen.

4009. [1564, II, 8 b] 8. Mai 1564:

Der flachmaler supplication von wegen der frembden malergesellen sol man bedencken lassen.

4010. [1564, II, 12 a] 12. Mai 1564:

Michel Herdegens supplication umb zulassung der appellation wider Jacoben Frölich bei einem gelerten beratschlagen.

4011. [1564, II, 21 b] 17. Mai 1564:

Micheln Herdegen soll man mit seiner appellation gegen Jacoben Frölich vermug herrn D. Rockenbachs ratschlag zulassen.

4012. [1564, II, 29 b] 24. Mai 1564:

In einem längeren Ratsverlaß über verschiedene Handwerke und einzelne Handwerker:

Den supplicirenden flachmalern ir begern ableinen und

[1]) Sein Grab auf dem Rochusfriedhof. Vgl. (Gugel), Norischer Christen Freydhöfe Gedächtnis S. 5 (1593).

der rugsherren ratschlag nach inen sagen, wann sie einen ledigen malergesellen, der nicht bürger hie, zu Werd und Gostenhof wissen, der eignen rauch halte, denselben mit rüg furzunemen.

4013. [1564, II, 32 b] 27. Mai 1564:

Jorgen Ziglers, des goldschmids von der Lignitz, und Hannßen Loßler und Walburg, seins weibs, antwort bei einem gelerten beratschlagen, ob der vertrag kreftig oder nit.

Es folgen noch einige weitere Ratsverlässe über diesen Gegenstand.

4014. [1564, III, 16 b] 12. Juni 1564:

Dem supplicirenden Lienhart Müller[1]), goldschmidtgesellen, weil er so hartt verwundt, Meiner Herrn gebürnus an seiner auferlegten straf nachlassen.

4015. [1564, IV, 9 b] 7. Juli 1564:

Der rotschmieddrechsel Hans Speichel *kommt in einem längeren Ratsverlaß vor, in dem es sich um ein Wasserrad handelt.*

4016. [1564, IV, 21 a] 18. Juli 1564:

Michel Herdegen zu prosequirung seiner appellation wider Jacoben Frölich für das 2. fatal 6 wochen geben.

4017. [1564, IV, 26 a] 21. Juli 1564:

Wilhelm Wildhennen, den goldschmidt, zu bürger annehmen.

4018. Heinrichen Hane[2]), dem goldschmidt, zu seiner hochzeit im Schießgraben ein abentanz vergonnen.

4019. [1564, V, 9 a] 1. August 1564:

Hannßen Weigel, formschneider, vergonnen, die gedruckten münzzettel fail zu haben, doch zuvor das münzmandat horen und sich erkundigen, ob dises kreis vordere stende solch mandat auch oder allein die zettl angeschlagen; widerpringen.

4020. [35 a] 23. August 1564:

Von Hannsen Weigel, puchtrucker, sol man alle münzzettln nemen und sich mit ime darumb vergleichen.

[1]) Das Porträt eines Goldscheiders dieses Namens bei Panzer S. 164.

[2]) Goldschmiede-Verzeichnis Nr. 438 (1566). Bürgeraufnahme bereits am 22. November 1561 (Bürgerbuch 1534—1631 Bl. 80 b). Erman, Deutsche Medailleure S. 58 Anm. (»Heinr. Hohn«). Mitteilungen II, 162 (»Ursula Heinrich Hainin, hinter dem Rathaus« † 1568 oder 1569). H. H. war, wie es scheint, namentlich als Händler sehr thätig.

4021. [1564, VI, 5 b] 28. August 1564:

Der supplicirenden Catharina Schregin sol man in irer appellation wieder Daniel Vogten noch 1 monat entlich fur das ander fatal geben.

Sunst sol man Michel Herdegens supplication Jorgen Frolich furhalten.

4022. [1564, VI, 9 a] 31. August 1564:

Michel Herdegen zu seiner appellation wider Jacoben Frolich auf sein supplicirn fur das dritte fatal drei wochen dergestalt geben, do er darinn nit handel, das alßdann die sach desert sein solt.

4023. [1564, VI, 19 a] 6. September 1564:

Wolfen von Brüssels, goltschmids, ansag einem gelerten zustellen, sein bedenncken darinnen einnemen unnd auf morgen widerpringen.

4024. [1564, VI, 32 a] 15. September 1564:

Dem supplicirenden Michel Müller, goldtschmidt, sol man den begerten abschiedt mittheiln, doch die ursachen, warumb ime die stadt verpoten und er für keinen bürger gehalten, mit anziehen.

4025. [1564, VII, 9 b] 28. September 1564:

Jeremiasen Mörl, den goldschmidt, mit seinem aufgesagten bürgerrechten in die losungstuben weisen.

4026. [1564, VII, 11 a] 29. September 1564:

Den supplicirenden Linharten Drangmacher, goldschmidt, auf der goldschlager antwort und widerfechten von wegen des flinderleinschlagens sol man sein begern ableinen und es bei der ordnung pleiben lassen; im auch sagen, sich demselben gemes zu erzeigen oder man werde mit der straf gegen ime verfarn.

4027. [1564, VII, 13 b] 2. Oktober 1564:

Des verwundten goldschmidsgesellen halb zeugen hören, wie sich die sachen verloffen, auch ain sag von dem verwundten aufschreiben unnd den thetter, do er zu betretten, inns loch legen lassen.

4028. [1564, VII, 16 b] 3. Oktober 1564:

Auf Cristof Kreuten, goldschmids, und ander zeugen ansag, was gestalt er, Kreut, von einem buchtruckergesellen, Daniel genannt, verwundt, weil sich findet, das Kreut zu solcher verwundung ursach geben, sol man den knechten sagen, sie dürfen nach dem Daniel nit trachten.

4029. [17 a] Den flachmalern ir supplicirendt begern, den ledigen malergesellen abzuschaffen, keinem bürger hie noch für sich selbsten zu arbeiten, nochmaln ableinen und es bei jüngstem beschaidt pleiben lassen, inen auch sagen, Meine Herren mit dergleichen supplicationen weiter nit zu beschwern.

4030. [1564, VII, 19 b] 5. Oktober 1564:

Martin Stieber, dem goldschmidt, auf sein pit vergonnen, ohn die straf sein privet fürmen zu lassen.

4031. [1564, VII, 22 b] 7. Oktober 1564:

Valtin Mörsch, kartenmaler, *kommt vor.*

4032. [1564, VII, 25 b] 10. Oktober 1564:

Des supplicirenden Jorgen Khuns, goldschmidtgesellen, halben sol man sich erkundigen, ob er hie kranck worden, und besichtigen lassen.

4033. [1564, VIII, 1 b] 19. Oktober 1564:

Auf Jorgen Khern von Wien, des sigelschneiders, bit, ime zu vergonnen, bei der wexel zu schneiden, sol man sein berümbt keys. privilegium besichtigen, wie es geschaffen; wieder pringen.

4034. [1564, VIII, 2. Abt., 2 a] 23. Oktober 1564:

Dem rath zu Wien auf ir schreiben von wegen Herman Raphael Rötensteins, orglmachers, wider beantworten, das er dasjenig, so er hie zu machen gehabt, vor etlichen tagen vollendet, und von hinnen verreißt. Er het aber ein werck zu der Weida zu verfertigen und wer sonst zu Zwicka seßhafft, der ends er mecht zu finden sein.

4035. [1564, VIII, 3 a] 30. Oktober 1564:

Auf das besichtigt keys. privilegium sol man Hannßen Khern erlauben, sigel hie zu graben, ine aber warnen, acht zu haben, wem er schneidt.

4036. [1564, VIII, 17 b] 2. November 1564:

Corneliusen Canox, den hendler, sol man seins vermuegens halben bei seinen pflichten erinnern, dasselb volkumlich anzuzeigen, doch zu bürger annehmen.

So soll man Hainrich Hainolt, goldschmidt, und Jorgen Prockelman, den hendler, auch zum bürgerrechten khumen lassen.

4037. [1564, VIII, 23 b] 7. November 1564:

Meister Niclasen von der Neuen Castell, dem contrafecter, sol man von Johann Neudorfers seligen conterfet, die er Meinen Herrn presentirt, 32 f. verehrn.

4038. [1564, IX, 24 a] 8. Dezember 1564:

Der püxenschifftcr supplication, ir handwerg zu einem geschwornen handwerg zu machen, und der schreiner darauf gegebene antwort sol man bei den rugsherren bedencken.

4039. [1564, IX, 25 b] 9. Dezember 1564:

Salamon Wagner[1]), dem maler, sol man vergonnen, sein gemehl under dem rathaus fail zu haben.

4040. [1564, IX, 29 a] 13. Dezember 1564:

Balthasarn Jenitsch, den goldschmidt, sol man umbs geldt zu bürger annehmen.

4041. [1564, X, 1 a] 14. Dezember 1564:

Nicasiussen Frischen, dem goldschmidt, sol man sein begern von wegen Mosche, juden, ableinen.

4042. [1564, X, 21 b] 4. Januar 1565:

Erhardten Loßlein, dem goldschmidt, sol man zu seiner hochzeit im Schießgraben ein abendtanz zu halten [vergonnen].

4043. [1564, X, 25 b] 9. Januar 1565:

Aßmus Hörnleins zu Wassertrühding supplication sol man dem pfleger und rath zum Stathiltpoltstein umb iren bericht zuschicken, was sie derwegen leiden muegen.

4044. [XI, 24 a—b] 29. Januar 1565:

Ein weiterer Ratsverlaß über diesen Gegenstand.

4045. [1564, XI, 18 a] 24. Januar 1565:

Veiten Möringer, goldschmidt, sol [man] auf seins weibs clag morgen under ratszeit in die canzlei fordern, ime seins weibs clag von oberkeit wegen furhalten, behaurn, und sein sag widerpringen. In mittelst die besagt maid einziehen lassen.

Es folgt noch eine große Anzahl weiterer Ratsverlässe über diesen Gegenstand. Veit Möringer soll mit seiner Magd

[1]) Mitteilungen II, 72 (Anna Salome Wagnerin, im Stopselgeßlein † 1570 oder 1571). Frankenburger Nr. 127 (1590 als »gewesener Bleiweißmacher«). Jahrbuch der Kunstsammlungen des A. K. H. Bd. XV Nr. 12159 u. 60 (1593 als †: »Maler und Bleiweißmacher zu Nürnberg«, »hat 18 Jahre lang Bleiweiß zu allgemeiner Zufriedenheit zugerichtet«).

Unzucht getrieben haben und wird dafür mit Turmhaft bestraft.

4046. [1564, XI, 26 a] 31. Januar 1565:

Adam Richter, dem goldschmidt, sol man auff sein supplicirn die gepeten fürschrifft an den rath zu Giben nochmaln miteiln.

4047. [1564, XII, 2 a] 9. Februar 1565:

Auf Daniel Flocken supplication von wegen des probirens und schaidens und der geschwornen goldschmidt antwort sol man Sebalden Mader[1]) des Flocken clag umb seinen bericht furhalten, auch erkundigung thun, ob an den probirern mangel.

4048. [1564, XII, 3 a] 10. Februar 1565:

. . . Deßgleichen soll man den lahmen maler Endresen Löscher[2]) auch in den Spital nemen, dem spitlmaister ansagen.

4049. [1564, XII, 4 a] 12. Februar 1565:

Oßwalden Mayr[3]), den goldschmidt, und Arnoldten Frießen[4]), den künstler, umbs geldt zum bürgerrechten khumen lassen.

4050. [1564, XII, 10 a] 16. Februar 1565:

Des churfürsten zu Saxen beantwortliches widerschreiben sol man Caspar Bauchen und seinen mitverwandten furhalten.

4051. [1564, XII, 14 a] 22. Februar 1565:

Auf Daniel Flocken supplication sol man unangesehen der goldschmidt und Sebalden Maders widerfechten ime, Flocken, zulassen, das silber zu probirn und schaiden, zumal weil der itzo nit mehr dann 2 hie, welche solch schaiden konnen, und Meine Herren mit der zeit an solchen leuten mangel haben mochten. Den goldschmiden auch also ansagen.

4052. [1564, XII, 16 a] 26. Februar 1565:

[1]) Goldschmiede-Verzeichnis Nr. 386 (1555). Gebert S. 63 (1560—67 städtischer Eisengraber). Frankenburger Nr. 55 (1568), 59 (1569). Roth. Gesch. des nürnberg. Handels I, 341.

[2]) Mitteilungen II, 71 (»Endres Lorscher, am Geiersberg, dessen Ehefrau Ursula † 1564«).

[3]) Goldschmiede-Verzeichnis Nr. 439 (1566).

[4]) Bürgeraufnahme gegen die üblichen 4 fl. Bürgergeld am 11. Februar 1565 (Bürgerbuch 1534—1631 Bl. 81 b: »Arnolt Fryß, künstler«).

Einem Niderlennder auf sein pitlich ansuchen erlauben, 10 tag lanng gemalte tücher unnder dem rathaus fail zu haben.

4053. [1564, XII, 23 a] 5. März 1565:

Der herrn rugsherrn . . . ratschlag unnd bedenncken . . ., die püxenschiffter berürende, durchauß, wie die gestelt, nachkomen.

4054. [XIII, 2 a] 9. März *und* [XIII, 5 b] 12. März 1565:

Den Ehehandel des Goldschmieds Gregor Türck *und seines Weibes* Anastasia *betreffend.*

4055. [1564, XIII, 27 a] 3. April 1565:

Salamon Wagner, dem maler, sol man zulasen, seine gemehl under dem rathaus fail zu haben.

4056. [1564, XIII, 28 b] 4. April 1565:

Hannßen Kilians supplication umb zulassung des probirens und schaidens herrn Gabriel Nützel furhalten.

4057. [1564, XIV, 1 a] 5. April 1565:

Dem supplicirenden Hannßen Kilian sol man zulasen, das probiren und schaiden hie zu treiben.

4058. [1564, XIV, 2 b] 7. April 1565:

Martin Luloff, püxenschiffter, uf sein begern umbs bürgerrecht . . . umbs gellt zu bürger annemen.

4059. [1565, I, 2 b] 25. April 1565:

Erhardten Scherls, goldschmids, supplication von wegen der gulden flinderlein und der goldschlager darauf gegebene antwort sol man bei den rugsherren bedencken.

4060. [1565, I, 18 a] 8. Mai 1565:

Dem supplicirenden Jorg Laubenwolf sol man zu abzalung seiner hinterstelligen zinnß noch zeit biß Laurenti geben, doch das er seinem erpieten nach versicherung der halben thue. Ime aber daneben sagen, do er hinfüro nit alle halbe jhar den zynnß bezalen, das man ime denselben nemen und aufsagen würde.

4061. [1565, I, 19 a] 9. Mai 1565:

Jorgen Sella, goldschmidt, sol man mit seinem aufgesagten bürgerrechten in die losungstuben weisen [1]).

4062. [1565, I, 37 a] 22. Mai 1565:

[1]) Er ließ sich offenbar in Wiener-Neustadt nieder, wo zum 15. November des gleichen Jahres 1565 ein Goldschmied Georg Sella als Bürger erscheint. Vgl. Jahrbuch der Kunstsammlungen des A. K. H. Bd. IV Nr. 3646.

Wolfen Pitter von Langenbach, furman, sol man auf die furgelegt urkundt und angloben die begert glaßerden folgen lassen.

4063. [1565, I, 37 b] Dem supplicirenden Nicasiusen Frischen sol man sein begern umb 100 thaler furlehens zu außbereytung seiner künstlichen uhr ableinen.

4064. [1565, II, 10 a] 2. Juni 1565:

Des rats zu Lüben schreiben sol man Adamen Richter, goldschmidt, furhalten.

4065. [1565, II, 24 b] 13. Juni 1565:

Auf Balthasar Scherbs, goldschmids, gethane ansag soll man Gertraut, die im loch verhafft maid, [zu red] halten lassen, pinden unnd betrohen.

4066. [1565, II, 25 a] 14. Juni 1565:

Jörg Wolfen, den krancken goldschmidjungen, sol man ins lazareth nehmen.

4067. [1565, III, 27 b] 17. Juli 1565:

Hannsen München, dem goldschmidt, sol man sein supplicirendt begern seiner verstorbenen mutter verordenten stipendiums halben ableinen und es bei der verordnung pleiben lassen.

4068. [1565, IV, 3 b] 23. Juli 1565:

Jorgen Peissers, des steinschneiders, halben sol man fernere erkundigung einnehmen.

4069. [1565, IV, 15 a] 2. August 1565:

Niclasen Grospeter, dem portenwircker, sol man vergonnen, 8 tag under dem rathaus fail zu haben.

4070. [1565, IV, 19 b] 6. August 1565:

Niclasen Solis[1]), den maler, sol man mit seinem aufgesagten bürgerrechten in die losungstuben weissen.

4071. [1565, V, 3 b] 18. August 1565:

Hannßen Dummer, den rechenpfenningmacher, . . . sol man zu bürgern annehmen.

4072. [1565, V, 2. Abt., 2 a] 20 August 1565:

Paulusen Dulners supplication sol man Jorgen Plöden alß einem ungeledigten bürger einschlissen.

[1]) Ohne auf die Litteratur über seine Arbeiten, insbesondere seine Stiche, einzugehen, zitiere ich hier nur Neudörfer, ed. Lochner S. 146, Allgemeine deutsche Biographie Bd. XXXIV S. 569 (von P. J. Rée). Nach dem Bürgerbuch 1534 bis 1631 Bl. 204a gab er erst am 10. November 1565 sein Bürgerrecht auf.

4073. [1565, VI, 30 b] 9. Oktober 1565: *Ein weiterer Ratsverlaß über diesen Gegenstand.*

4074. [1565, V, 7 a] 21. August 1565:

Balthasar Drescher[1]), den briefmaler, sol man auf sein supplicirn zu bürger zu Werd annehmen.

4075. [1565, V, 13 a] 27. August 1565:

Auf Lucasen Durisani suppliciern sol man ime zulasen, in die Franckfurter messen ire bücher und parschafft bei sich uf dem wagen zu haben, doch das sie ein solche fuhr bestellen, die dem glait unhinderlich. Aber einiche wahren bei inen zu führen, solten sie sich enthalten.

Deßgleichen sol man den goldschmiden zulassen, ire kleinat und arbeit sambt iren büchern auch bei sich zu haben.

4076. [1565, V, 23 b] 6. September, [VI, 15 a] 25. September, [VII, 28 a] 5. November *und* [VIII, 3 b] 10. November 1565:

Gregori Türcks *Ehehandel betreffend.*

4077. [1565, VII, 18 b] 26. Oktober 1565:

Auf Jorgen Mittendorfs, goldschmids, ansag, was gestalt er beim neuen gotsacker von zweien raisigen beraubt, sol man den wirth zum Hirschen beschicken, ein aid schwern lassen, anzuzeigen, wer die theter: do sie zu betreten, mit gewarsam fur den herrn bürgermeister pringen, und, do sie den handel verdechtig anzeigen, einzichen lassen.

4078. [1565, VII, 19 b] 27. Oktober 1565:

Mathesen Zyndten, dem goldschmidt, sol man für das presentirt Malta 12 f. verehrn.

4079. [1565, VII, 20 a] 29. Oktober 1565:

Jorgen Mittendorfer, den goldschmidt, und Jacob Reitman sol man gegen einander horen, und ir sag widerpringen.

4080. [1565, VIII, 2 a] 9. November 1565:

Bartlme Gresel[2]), den goldschmidt, sol man umbs geldt zu bürger annehmen.

4081. [3 a] Den Turisanischen sol man auf ir pit zulassen, den herzogen von Florenz in ir behausung einzunemen.

[1]) Zahns Jahrbücher I, 230 (1572, 1585, 1601).

[2]) Goldschmiede-Verzeichnis Nr. 136 (1565). Jahrbuch der Kunstsammlungen des A. K. H. XVIII Nr. 15826 fol. 59 (1580), 15828 fol. 104 (1582) 15833 fol. 99 (1584), 15867 fol. 27 (1575).

4082. [1565, VIII, 24 a] 28. November 1565:

Wolfen Löscher, dem steinmetzen, sol man von wegen der prücken vor dem Hallerthürlein 50 f. verehrn.

4083. [1565, IX, 8 a] 12. Dezember 1565:

Auf Endresen Bestreichs, goldschmids, supplication wider Cunradten Schmidt[1]), goldschmidgesellen von Kungsperg, und Cristofen Ottendorfers antwort sol man sich beim Bestreich erkundigen, was er der schulden halben für ein schein.

4084. [10 a] 13. Dezember 1565:

Auf Endresen Bestreichs, goldschmids, bericht, das er dem Cunradt Schmidt lauter gut silbergeschirr umb etlich hundert gulden geben, daran er im noch 127 f. schuldig, sol man ime dannocht anzeigen, was im durch das verpot des lehrbrifs für gefahr darauf stehe und das er vieleicht nimmer mehr zur bezalung khumen möcht. Do er aber ye uf seinem vorhaben beharren, sol man den lehrbrief nicht hinaus geben on sein wissen.

4085. [2. Abt., 2 a] Herrn Friedrichen, konigen zu Dennmarckt, sol man uf irer kon.[e] W. fürpitschrifft von wegen Hannsen Dormitzers, plattners, wider beantworten, das Meine Herren irer kon.[e] W. zu underthenigsten ehren und gefallen dem Dormitzer nach außgang der bewilligten 4 jhar das bürgerrecht noch 3 jhar vorhalten wolten.

4086. [1565, X, 4 a] 5. Januar 1566:

. . . So sol man Eliasen Lencker, den goldtschmidt, und Hannsen Klingler, den wirth zum Roten Hannen auch [zu bürgern] annehmen.

4087. [1565, X, 10 b] 11. Januar 1566:

Herman Hofman, dem goldschmidt zu Stetten, sol man auf sein schreiben an das handwerg hie nach dem form schreiben.

4088. [1565, X, 12 a] 12. Januar 1566:

Hans Erb, kartenmaler, *kommt vor.*

4089. [1565, X, 18 a] 18. Januar 1566:

Heinrichen Psigander, den maler, sol man zu bürger anehmen . . .[2])

[1]) Ein C. Sch. liegt auf dem Rochuskirchhofe begraben. Vgl. (Gugel), Norischer Christen Freydhöfe Gedächtnis S. 43 (1584).

[2]) Die Bürgeraufnahme erfolgte am 6. Februar 1566 (Bürgerbuch 1534—1631 Bl. 84 a).

4090. [1565, X, 21 a] 22. Januar 1566:

Franz Frisen, des goldschmids zu Kunsperg, schreiben sol man den geschwornen furhalten, wie mans findt, die gepeten urkundt mitheiln.

4091. [1565, XI, 15 a] 14. Februar 1566:

Cornelius Cremax, des Gotschalck Poß aiden, vergönnen, etliche gemalte tücher unnder dem rathaus fail zu haben.

4092. [1565, XI, 22 b] 21. Februar 1566:

Dem supplicirenden Thoma Türcken, goldtschmidt, sol man sein begern, ine an außwendigen orten wohnen zu lassen, ableinen.

4093. [1565, XI, 26 a] 25. Februar 1566:

Thoma Türcken und Eraßmusen Horneckh, die bede goldschmidt, sol man mit iren aufgesagten bürgerrechten nach mittag in die losungstuben weissen.

4094. [1565, XII, 3 b] 2. März 1566:

Ulrichen Frolich, den arlasgarnmacher, [*sonst wird er einfach* seidenmacher *genannt*] sol man ein jhar on das bürgerrecht hie sitzen lassen.

4095. [1565, XII, 2. Abt., 7 a] 21. März 1566:

Auf herrn Augusten, churfürsten zu Saxen, schreiben, sein churf. gnaden von Meiner Herren roßmüel, welche sie von Bertholden Holtschuer bekhumen, ein verjüngt muster oder visier machen zu lassen und sein churf. g. zuzeschicken, sol man sein churf. g. wider schreiben, wie es damit geschaffen, und nemlich, das es der Holtschner erfunden und an Meine Herren dasselb gepracht mit erpieten, do es Meine Herren begerten, inen solch müelwerg zuzerichten, doch das sich Meine Herren gegen ime reversirten und verobligirten, dasselb niemand der iren nachmachen zu lassen, wie er dann solch werck zu Meiner Herren gefallen gemacht und sie sich gegen im verschrieben, wie ir churf. g. aus derselben obligation copei zu sehen; weil dann Meinen Herren nit gebüren wolt, hiewider zu handlen, wer ir underthenig bit, sie gnedigist entschuldigt zu halten, dann ohne das solt iren churf. g. underthenige wilfarung gescheen sein. Und wiewol man ir churf. g. gern vorlengst wider beantwort, wehre doch Holtschuer, dem man es furhalten müssen, nicht verhanden gewest, aber zu seiner hieherkunfft antwort geben und des musters halben bewilligung gethan, wie sein churf. g. daraus zu vernemen, wie er dann jüngst uf Meiner Herren begern und mit ime gepflogne handlung solche visirung in seiner churf. g. herbrig verordnet, diselb solche besichtigen zu lassen; aber ir churf. g. hetten des eillenden aufprechens halben die gelegenheit darzu nicht haben konnen.

Weil dann gemelter Holtschuer seins bruders Leupoldten halben an Meine Herren auch ansinnen gethan, denselben iren churf. g. zu recomendiren, hat mans nicht überig sein konnen mit undertheniger bit, ir churf. g. wolten denselben in gnedigisten bevelch haben.

4096. [1565, XIII, 1 a] 28. März 1566:

Ludwigen Graßmans, des goldschaiders, halben sol man sich ferner erkundigen.

. . . .

4097. Jacoben Kren, dem etzmaler. . . . sol man sein begern [umbs bürgerrecht] ableinen.

4098. [1565, XIII, 15 a] 9. April 1566:

Ludwigen Graßman, dem goldschaider, sol man sein begern umbs bürgerrecht ableinen.

4099. [1566, I, 11 b] 25. April 1566:

Anthoni Grafen von Coln, den silberhendler, sol man zu bürger annehmen . . .

4100. [1566, II, 2 b] 18. Mai 1566:

Auf Franz Friesen, goldschmids zu Kungsperg, schreiben an das handwerg hie, ime urkundt zu geben, das er hie bei Wolfen Mair unnd Michel Bucken gearbeit, sol man sie erfordern, wie es geschaffen vernemen und urkundt mitzutheiln.

4101. Auf herzogen Augusten zu Saxen, churfürsten, schreiben sol man Lienharten Danner erlauben, einen rieth gein Dreßden zu thun.

4102. [1566, II, 12 a] 28. Mai 1566:

Des supplicirenden Simon Dumpers, malers, begerten bürgerrechtens halben sol man sich erkundigen.

4103. [1566, II, 22 b] 6. Juni 1566:

Simon Dumpner, den maler, sol man umbs geldt zu bürger annehmen.

4104. [1566, II, 30 b] 12. Juni 1566:

Dem supplicirenden Wolfen Loscher, steinmetz, sol

man sein begern, zu vergonnen. (das er) an seins hinweggelofnen lehrknechts Bartl Knolln stat einen andern anzunemen, ableinen.

4105. [1566, III, 11 a] 21. Juni 1566:

Auf Paulusen Dulners ansag, was gestalt im in seinen garten geprochen, sol man im sagen, kuntschaft auf den dieb zu machen.

4106. [1566, III, 12 b] 25. Juni 1566:

Hannsen Bauchen, dem goldschmidt, sol man zu seiner hochzeit einen abenttanz erlauben, doch allein in der stuben

4107. [1566, III, 25 b] 5. Juli 1566:

Auf herrn Phillipsen, lanndgravens zu Hessen, schreiben von wegen dern bey Meinen Herren Lorenntzen Villani arrestirter thruen halb soll man dem gesanndten anzaigen, das sich Meine Herren im hanndel ersehen unnd ir gemüt dem herrn lanndgraven zum furderlichsten zuschreiben wolten; unnd daneben alle hanndlungen zur hanndt suchen, den herrn hochgelerten zu hauß schicken, ir bedenncken einnemen, unnd widerpringen.

4108. [1566, III, 2. Abt., 5 a] 6. Juli 1566:

Herrn Phillipsen, lanndgraven zu Hessen, schreiben, soll man auf der gelerten mündtlichen referirten ratschlag den Thurisanischen umb iren bericht zustellen unnd daneben geen Franncktfurt schreiben, wie es der ergannngnen urtl halb von wegen der alhie arrestirten Vilanischen thruen halb gestalt sey. Dergleichen auch dem hessischen gesanndten anzaigen, das Meiner Herren notturft erfordern wölte, die interessenten darinnen zu horen; so nun das geschehe, wolt mans meinem gnedigen herrn dem lanndtgraven zuschreiben.

4109. [1566, IV, 4 a] 13. Juli 1566:

Jacoben Grün, den maler unnd etzer von Iphofen, umbs gelt zu bürger annemen.

4110. [1566, IV, 11 b] 18. Juli 1566:

Paulusen Dullner, goldschmidt, soll man dern von Windßheim wider beanntwortliche schrifft furhalten unnd sagen, do es Michel [12 a] Fabers erbschafft halben also gestallt, so sollt er sich pillich daran settigen lassen.

4111. [1566, IV, 18 a] 22. Juli 1566:

Hanns Errer, den goldschmid von Augspurg, auß

den eisen inns loch füren lassen, alßdann zeugen hören, widerpringen und mitler weil wasser zu drincken geben.

4112. [1566, IV, 33 b] 5. August 1566:

Hannsen Mayr, den kartenmaler, sol man einziehen, wo er zu betreten; sonsten die geworfen maid und zeugen horen.

4113. Dem supplicirenden Jeronimusen Beheim [1]), maler, sol man sein begern ableinen und ine bei der straf pleiben lassen.

4114. [1566, V, 21 a] 26. August 1566:

Wolfen Strauchen, dem maler, sol man sein begern, das neu gesicht am himel trucken zu lassen. ableinen.

4115. [1566, V, 30 a] 3. September 1566:

Auf herrn Philipsen, landgrafen zu Hessen, und des hauptmans zu Zigenheim underschidliche schreiben von wegen Angnes Plessin seligen hie deponirter truhen, welche den beden hospitaln zu Heyna und Hofheim mit urtl und recht zu Franckfurt zuerkant, inen diselb folgen zu lassen, sol man die urteil von dem anwaldt nemen und neben dysen und vorigen schrifften bei den gelerten beratschlagen.

4116. [1566, VI, 3 b] 6. September 1566:

Hannsen Michel, den goldschmidt, sol man beschiken und uf das kretzschmelzen in seim haus zu rede halten.

4117. [1566, VI, 9 a] 12. September 1566:

Hannsen Michel, dem goldschmidt, sol man uf sein bericht sagen, Meine Herren konten seinem begern des kretzschmelzens halb nit stat thun, soll es halten wie andere goldschmidt.

4118. [1566, VII, 2 b] 4. Oktober 1566:

Heinzen Loher [2]) dem briefmaler, sol man sein begern, ein wunderwergk zu trucken, ableinen.

4119. [1566, VII, 4 a] 7. Oktober 1566:

Pangratzen Hen [3]), den goldschmidt, sol man zu bürger annehmen.

4120. [1566, VIII, 14 b] 11. November 1566:

Linharten Kitzen, den maler, und Wilhelmen Schneider sol man zu außtrag fur die Fünf weissen.

[1]) Mitteilungen II, 70 (»Stadtmaler, am Banersberg, dessen Ehefrau Helena † 1568«).

[2]) Vgl. die Anmerkung zu Bd. II Nr. 961.

[3]) Sein Grab auf dem Johanniskirchhofe. Vgl. Trechsel S. 709 Sp. 1 (1591).

4121. [1566, IX, 5 b] 2. Dezember 1566:

Herrn Philipsen, landgrafen zu Hessen, und Reinharten Schencken, hauptmans zu Zigenhaim underschidliche schreiben von wegen Angnes Plessin hie arrestirter truhen sol man bei den herren hochgelerten beratschlagen.

4122. [1566, IX, 9 b] 5. Dezember 1566:

Laux Mayr[1]), den formschneider, sol man zu bürger annehmen.

4123. [1566, IX, 2. Abt. 2 a] 7. Dezember 1566:

Auf herrn Philipsen, landgrafen zu Hessen, und seiner f. g. haubtmans zu Zygenheim abermaln gethane schreiben von wegen Angnes Plessin hie arrestirter truhen und der herrn hochgelerten darauf verlesenen ratschlag sol man dem rath zu Franckfurt umb bericht der sachen schreiben, wie der ratschlag vermag. Daneben sol man sich bei den Turisanischen erkundigen, wie es des Villani erben halben geschaffen, ob sie sich seiner verlasenschafft annehmen oder nicht.

4124. [1566, X, 2 b] 28. Dezember 1566:

Lorenzen Truncken sol man erfordern und seins geprunnen schlots halben zu rede halten.

4125. [2. Abt., 3 a] Auf der herrn hochgelerten verlesenen ratschlag sol man herrn Philipsen, landgrafen zu Hessen, von wegen Angnes Plessin hie arrestirter truhen wider beantworten, wie der ratschlag vermag, und darnach solche antwort einen gelerten sehen lassen.

4126. [1566, X, 6 a] 30. Dezember 1566:

Lorenzen Truncken, dem goldschmidt, sol man von wegen seins geprunnen schlots die straf auflegen.

4127. [1566, X, 12 a] 3. Januar 1567:

Den supplicirenden Heinrichen Müller, goldschmidt, sol man der geschwornen antwort horen und es dabei pleiben lassen.

4128. [1566, X, 24 b] 16. Januar 1567:

Mathesen Zynndten sol man umb die verehrten exemplarien der ungerischen cartha 20 f. hinwider verehren.

4129. [1566, XII, 2 a] 21. Februar 1567:

---

[1]) Zahns Jahrbücher I, 230 (1572), 234 (1567, 1601, 1610). Seine Bürgeraufnahme, bei der er die üblichen 4 fl. zahlte, erfolgte am 29. Januar 1567 (Bürgerbuch 1534—1631 Bl. 86 b).

Woferr Salomon Wagner, maler, zur früemeß on einich gepreng und orgel gehen will, sol man im sein hochzeit die wochen nach Letare zu halten [erlauben].

4130. [1566, XII, 5 b] 26. Februar 1567:

Caspar Keltschen, den cartenmacher, sol man zum zolner under den Vhestenthor annehmen.

4131. [1566, XII, 2. Abt., 2 a] 3. März 1567:

Auf herzog Augusten, churfürsten zu Saxen, schreiben und begern umb etliche püxenmeister sol man sein churf. g. wider schreiben, das warlich Meine Herren diser zeit mit solchen leuten nit versehen und selbs mangel daran hetten, wie man dann der kays. Mt. in Ungern etliche geliehen, deren wehrn aber 19 außpliben, gestorben und umbkhumen. So het man dem konig von Hispania in Sardiniam auch etlich folgen lassen, die aber gleichsfals auch ausen plieben, also das man diser zeit damit ganz ploß stünde. Wie aber dem: man schickt sein churf. g. hiemit 6 zu, darunder aber nit mehr dann der Behem und Sulzbach, welche mit den feurkugeln und mörsern umbgehen konten, die sich bewilligt zu sein churf. g. zu ziehen, dern man yedem 2 f. zu zehrung geben.

Vorstehender ist der wichtigste aus einer längeren Reihe von Ratsverlässen über diesen Gegenstand.

4132. [1567, I, 2 b] 2. April 1567:

Hanns Resch, püxenschiffter, *kommt vor.*

4133. [1567, II, 19 a] 22. Mai 1567:

Fridrich Wolf, der reithamermacher, *kommt vor.*

4134. [1567, IV, 23 a] 17. Juli 1567:

Michel Flind[1]), den goldschmid, zu bürger umbs gelt (zu bürger) annemen.

4135. [23 b] Albertus Komaus, dem Niderlennder, zulassen, gemalte tücher acht tag unnder dem rathaus fail zu haben.

4136. [1567, IV, 29 a] 23. Juli 1567:

Auf die verlesene ansagen, was für niderlendische calvinisten sich hie enthalten und allerlei disputirn sollen, sol man zuforderst Egidi Grafen, den collaboratorem bei St. Egidien, beschicken, uf sein irthumb zu rede halten, sein sag widerpringen.

[1]) Goldschmiede-Verzeichnis Nr. 422 (1562). Ein Händler dieses Namens bei Roth, Gesch. des nürnberg. Handels I, 318.

Gabriel Schlüsselberger, Jorgen Maleprandt, Niclasen de Nova Castel und andere, die der calvinischen schwermerei verdacht und disputirn, sol man beschicken, inen Meiner Herren ernstlichs misfallen ires irthumbs und disputirns halben und dabei anzeigen, von solchem irthumb abzustehen und sich der hieigen und augspurgischen confession gemes zu erzeigen. Welcher aber in seinem ge- [29 b] wissen ein anders erkennet und hielt, das solt er sich bei sich behalten und nit aneinander disputirn auch niemandt kein ergernus geben, noch ainiche conventicula halten, sonder sich eins solchen eingezognen stillen wesens und wandels verhalten, das iren halben kein weitere klag khume. Welcher aber wider solches im wenigsten handlen, gegen dem oder denselben wolt man einen solchen ernst geprauchen, der im zu schwer fallen würde.

4137. [1567, V, 4 a] 28. Juli 1567:

Auf Reinbarten Folckharts[1]), des goldschmids von Prugk, verlesene supplication und der geschwornen antwort sol man sich bei im erkundigen, wes religion er ist; widerpringen.

4138. [1567, V, 10 a] 1. August 1567:

Reinbarten Volckhart, dem goldschmidt von Prugk in Flandern, sol man ein jhar hie ons bürgerrecht sitzen und uf der geschwornen bewilligen in sein handtwerg arbeiten lassen, doch das er seim erpiten nachkhume.

4139. [1567, V, 23 a] 14. August 1567:

Hannsen Weigel, dem formschneider, sol man

---

[1]) Goldschmiede-Verzeichnis Nr. 500 (»wurde 1578 als Filigran-Arbeiter der erste Vorgeher«). Von Reinhard oder Reinier Volkhart und seinen Söhnen heißt es in der Nürnberger Chronik Hs. 18025 2° der Bibliothek des Germanischen Museums Bl. 356 a:

»Anno 1596 Sontags den zwen und zwainzigisten monnats tag July an Sanct Jacobstag hat des Reinerts Volckherts (eines reichen, wolhabenden unnd sehr fürnemen golttarbeyters und Nyderlenuders im Gembsenthal alhie zu Nürmberg wohnent) jüngster sohn seinen leiblichen brueder, Cornelium genanntt, welche auch beyde golttschmidt waren, mit einem messer inn die linckhen seitten gestochen, das er stracks todt geblieben. Und den 28. Juny [lies: July] ist er zur erden bestettiget worden; der thätter kam darvon gehn Rott inn das glaydt«.

Die beiden Söhne verzeichnet das Goldschmiede-Verzeichnis wohl unter Nr. 508: »Hannß Volckert« (1578?) und Nr. 564: »Cornelius Corkhart von Binge [lies: Brügge] aus Flandern« (1584). Der ältere der beiden Brüder scheint also erst später zugezogen zu sein.

sagen, auf die müntzbüchlein weder die stadt oder sein namen zu trucken.

4140. [1567, V, 28 a] 20. August 1567:

Paulusen Reinhart, dem maler, sol man umb sein contrafet Gota und Grimenstein 3 taler verehrn.

4141. [1567, VI, 1 a] 21. August 1567:

Hanns Wuditsch[1]), goldschmidt, *kommt in einer gleichgültigen Angelegenheit vor.*

4142. Auf Catharina Wellinnerin zu Erdfurdt schreiben ires alhie gerechtfertigten manns Augustin Welleners, goldschmids, sol man mit vleis erkundigung thun, wie es geschaffen.

4143. [2. Abt. 1 a]. Catharina Welnerin zu Erdfurdt sol man auf ir schreiben wider beantworten, das keiner hie gerechtfertigt worden, der Augustin Welner geheissen.

4144. [1567, VI, 5 b] 25. August 1567:

Den kartenmalergesellen sol man biß sontag [*31. August*] einen tanz erlauben.

4145. [1567, VII, 6 a] 22. September 1567:

Hannsen Besolt[2]) den illuministen, sol man zu bürger annehmen.

4146. [1567, VII, 2. Abt. 2 b] 26. September 1567:

Herzog Wenzeln in der Schlesien sol man auf seiner f. g. schreiben und ladung zur selben hochzeit ein trinckgeschirr ungeverlich in dem werth wie dem burggrafen zu Meissen verehren, ein schriftliche glückswünschung und entschuldigung thun, warumb Meine Herren irer ratsfreundt keinen diser zeit zu solcher hochzeit schicken konten; solch schreiben und verehrung durch ein hieigen bürger gein Preßla verordnen, der es presentire.

4147. [1567, VIII, 6 a] 21. Oktober 1567:

Jorg Pock[3]), goldschmid, *kommt vor.*

4148. [1567, VIII, 8 a] 24. Oktober 1567:

Den supplicirenden Jacoben Bamberger, püxenschiff-

---

[1]) Goldschmiede-Verzeichnis Nr. 410 (1560: Hans Windisch; im Meisterbuch richtig: »Hans Wuditsch« Oktober 1560.

[2]) Die Bürgeraufnahme erfolgte gegen die übliche Abgabe von 4 fl. am 26. November 1567. (Bürgerbuch 1534–1631 Bl. 88b: »Hanß Bezollt, illumenist«).

[3]) Goldschmiede-Verzeichnis Nr. 390 (1553).

ter, sol man mit seinem begern umbs pallnbinderambt herwider weisen.

4149. [1567, IX, 20 a] 29. November 1567:

. . . Deßgleichen sol man Lorentzen Dillicken, den goldschmidt, zu bürger anehmen . . .

4150. [21 a] 1. Dezember 1567:

Was Linharten Protsorgen, dem keys. comissarien in der commission Hannsen Pfaffen zu Harloch verstrickung halben zu verehrn und was M. Cristian Haidens[1]) contrafect halben zu handlen, sol man herren D. Löschern und F. Gugeln horn.

4151. [1567, IX, 30 b] 9. Dezember 1567:

. . . Lorenz Hossanck, gschmeidmacher, . . . sol man zu bürger anehmen.

4152. [31 b]. Cristian Haiden sol man umb sein presentirte calender 12 f. und von wegen dern, so er den herrn Eltern verehrn will, 2 taler verehrn, doch sagen, dieselben biß jhar [*d. h. übers Jahr*] so köstlich nit illuminirn zu lassen.

4153. [1567, IX, 32 a] 10. Dezember 1867:

Niclasen Loneissen[2]), den goldschmidt, sol man zu bürger annehmen.

4154. (1567, X, 9 b] 20. Dezember 1567:

Herzog Wenzel in Schlesien danckbrieflein des verehrten trinckgeschirrs halben sol man ruhen lassen und dem Stroluntzen sagen, Niclasen Rüdinger zu Preßla umb sein müehe von Meiner Herren wegen ein dancksagung zu thun.

4155. [1567, X, 15 a] 27. Dezember 1567:

Die supplicirenden Aßmusen Prenner, Wolfen Krabler und Jorgen Scheffer alß Hitzlerischer kinder vormundt und mitverwandten sol man Jochimen Finolts antwort von wegen des silberkaufs im Jochimsthal horen lasen und beden theiln sagen, schiedliche leut zu nemen und sich gütlich mit einander zu vergleichen; wo nicht, so müßten sie die sach rechtlich außtragen.

4156. Aßmusen Müller, dem goldschmidgesellen,

---

[1]) Über den Mathematiker Chr. H. (1526—1576) vgl. Jahrbuch der Kunstsammlungen des A. K. H. Bd. VII, Nr. 5299 (1574) XV, Nr. 11528 (1572), 1565 (1576 als †), 12601 (undatiert). Will, Nürnbergisches Gelehrten-Lexikon II, 119 f.

[2]) Vgl. die Anm. zu Bd. II Nr. 668.

sol man aus den eisen ins loch führen lassen, über 3 tag zu rede halten und zeugen horen.

4157. [18 a] 31. Dezember 1567:

Aßmusen Müllers haders halb zu Schweinau sol man den angezognen goldschmidgesellen horen.

4158. [1567, XI, 13 b] 21. Januar 1568:

Dem supplicirenden Michel Müller[1]), goldschmidgesellen, sol man sein begern umb landshuldigung oder verglaitung ableinen.

4159. [1567, XI, 21 a] 28. Januar 1568:

Auf der püxenschiffter und anderer abermals gethan supplicirn, inen über jüngst ains e. rats entschidt und gemacht ordnung zuzelassen, mit püxen, roren und schlossen ein freie handirung und in ofnen kremen fail zu haben, sol man inen der rugsherren bedencken nach solch ir begern ableinen und es bei jüngster ordnung pleiben lassen. Damit aber den püxenschifftern etlicher massen geholfen, sol man mit den schreinern handlen, ob sie die uf ein meisterstück irem handwerg eincorporirn wolten lassen; alßdann mit derselben rath, weil die fensterrahm ein gering stück, inen ein meisterstück geben, das etwas künstlicher denn die rahm ist.

4160. [1567, XII, 13 a] 16. Februar 1568:

Wolffen Lescher, steinmetzen, soll man sein begern zweier lehrjungen halb ableinen, aber ine sonnst, weil sein zeit yetzund Liechtmeß sich geendet, widerumb auf sechs jar lanng zu einem statmeister bestellen unnd ein bestallung aufrichten unnd 40 f. vereren.

4161. [1567, XIII, 15 b] 16. März 1568:

Niclasen Feihlschmidt, dem Niederlender, sol man zulassen, seine gemehl under dem rathaus acht tag fail haben zu lasen.

4162. [1567, XIII, 20 a] 19. März 1568:

Hainrich Hayn, dem goldschmid, sol man zu seiner hochzeit ein abentenzlein erlauben.

4163. [1567, XIV, 4 b] 3. April 1568:

Auf der rugsherren in folgenden sachen verlesene bedencken und erstlich, sovil die schreiner und püxenschiffter belangt,

---

1) Der jüngere Goldschmied dieses Namens liegt, wie es scheint, auf dem Johanniskirchhofe begraben. Vgl. Trechsel S. 112 Sp. 1 (1623).

ist beim rath verlassen, demselben durchaus nachzukhumen und nemlich die 28 meister, so sich alberait under den büchssenschifftern alß schreiner angezeigt, solcher gestalt sollen einkhumen und dem schreinerhandwerg eincorporirn, das dern yeder zwue feurschlagendt püchssen, die eine zum pirschen rechter leng, die ander ein faust- oder führbüchssen reuterleng, wie mans gemeinlich zu roß gepraucht, alles von gutem pflaum oder kerschbaumen holz nach ytzigem form sauber verbaint und gestochen, ufs vleisigst, wie einer gedechte, vor den geschwornen des schreinershandwergs, in der schau zum besten zu besehen, innerhalb vier monat solt machen, sich bei den geschwornen schreinern damit anzeigen, seine lehrbrief, das er uf dem schreinerhandwerg redlich gelernt, aufweisen, die stück bei inen aufnemen, inen ir handwergsordnung furlesen lassen, volgends die obgemelte bede stück den geschwornen furlegen; die darauf zu maistern gesagt, des püxenschifftens pflegen, der ordnung nach ire lehrjungen kurzer nit dann vier jhar aufnemen und dingen, nicht mehr dann zwen gesellen und einen lehrjungen furdern und sich allein des schifftens geprauchen und den schreinern sonst in ir arbeit und handwerg nicht greifen; und ein yeder, so zu maister gesagt, soll 3 f. wehrung in die losungstuben geben. Damit sollen sie aus der freien kunst gehebt sein, mit dem schreinerhandwerg heben und legen und von inen alß ire mitgenossen erkent werden und, wann solche schiffter dise mittelstück gemacht haben, so sollen die alßbald aufgehaben und alle nachkumende schuldig sein, der schreiner meisterstück für ganz zu machen.

Die andern püxenschiffter aber, die obgemelter stück nicht vehig und keine schreiner sein, sol man bei solcher arbeit des schiftens, sovil ir person betrifft, bleiben lassen, so lang sie leben; doch das sie keine gesellen furdern noch lerjungen annehmen, sonder allein mit irer faußt arbeiten, und das solch schifften auf iren todsfall mit inen absterbe, und soll uf die verprecher solcher ordnung 5 h. novi gestellt werden.

[5 a] Allen supplicanten aber, so obgemeltem meisterstück nit underworfen, sol man ir begern umb furderung des gesindes ableinen.

4164. [1567, XIV, 8 b] 8. April 1568:

Meister Wolfen Loscher, dem steinmetzen, sol man die gepeten urkundt, das Mathes Werner, wirth zum Roten Hannen, trünnig, mitheiln.

4165. [1567, XIV, 14 b] 13. April 1568:

Auf Endresen Oberlenders, püxenschifters, supplication sol man mit den geschwornen schreinern handlen, ob sie im ein zeit bewilligen wolten, sein angedingte arbeit mit seinen gesellen zu fertigen.

4166. [1568, I, 3 b] 22. April 1568:

Dem supplicirenden Endresen Oberlender, püxenschiffter, sol man uf der geschwornen schreiner antwort sein begern umb zulassung etlicher gesellen ableinen und sagen, mit dergleichen begern nicht wider zu khumen, man werd aus der ordnung nit schreiten.

4167. [1568, I, 12 a] 28. April 1568:

Hanns Lerch, der püxenschiffter, *kommt vor.*

4168. [15 b] 30. April 1568: *Desgleichen.*

4169. [1568, I, 18 b] 4. Mai 1568:

Martin Rülln[1]), den goldschmidt, sol man zu bürger annehmen.

4170. [1568, I, 21 b] 6. Mai 1568:

Steffan Billnstroß[2]), den bildhauer, sol man zu bürger anehmen, aber Jobsten Kürßner, dem pecken, sol man sein begern ableinen.

4171. [1568, I, 27 b] 13. Mai 1568:

Steffan Pfullenstrosser, pildhauer, Karl Goßwein unnd Joachim Pintzing[3]), goldschmidt, zu bürger annemen. Aber Otten Praitschuch, zimerman, sagen, wann er maister werd, möcht er widerumb ansuchen.

4172. [1568, I, 35 a] 18. Mai 1568:

Reinhart Volckhart von Brück in Flandern, den goldschmidt mit der Pariser arbeit, sol man, wie bei den herrn Eltern verlassen, zu bürger annehmen.

4173. [1568, II, 10 a] 29. Mai 1568:

[1]) Nicht im Goldschmiede-Verzeichnis, er müßte denn identisch mit Martin Rehlein — G.-V. Nr. 442 (1566: »Martin Rela«) — sein. Über diesen vgl. die Anm. zu Teil II Nr. 278.

[2]) Im Bürgerbuch 1534—1631 Bl. 89b heißt er bei der Bürgeraufnahme am 3. Juni 1568 »Steffan Pilstras, pilthauer«.

[3]) Goldschmiede-Verzeichnis Nr. 146 (1568). Im Meisterbuch der Goldschmiede zum 16. März 1567 als Joachim Pintzka mit dem Zusatz »von Meidenbrugk« [= Magdeburg]. Ebenso lautet sein Name bei der Bürgeraufnahme am 3. Juni 1568 im Bürgerbuch 1534—1631 Bl. 89b.

Weil Jorg Heuß[1]), der goldschmidt, wider richtig, sol man in von staten lassen und dem Gotschalck sagen, acht auf im zu haben.

4174. [1568, III, 4 b] 19. Juni 1568:

Daniel Wirth, dem maler, sol man sein begern, ine ein zeitlang hie ons bürgerrecht arbeiten zu lassen, ablainen.

4175. [1568, IV, 3 b] 17. Juli 1568:

Martin Weigel[2]), den formschneider, sol man zu bürger annehmen.

4176. [1568, IV, 16 a] 27. Juli 1568:

Hannsen Müllner[3]), goltschmidt, seins aufgesagtén bürgerrechtens halb inn die losungstuben weisen.

4177. [1568, V, 26 a] 1. September 1568:

Simon Duncker, dem maler, sein begern, Neue zeitungen trucken zu lassen, ableinen.

4178. [1568, VI, 18 a] 25. September 1568:

Des rats zu Regenspurg schreiben, das sich ein goldschmidt bei inen understehe, in seinem haus, welches an zwue gassen gehe, zwen underschidlicher leden zu haben und darinn zu arbeiten, das die andern widerfechten, sol man den geschwornen furhalten.

4179. [1568, VI, 23 a] 30. September 1568:

Simon Dunpers, des malers, jungen, Friderich Guten aus Hollandt, sol man ins lazaret nemen und umb gots willen heilen lassen dem meister auch sagen, wann der jung hail, ine bei sich zu behalten.

4180. [24 a], Auf der ambtleut zu Sulzbach schreiben, das zwen kelch aus der kirchen zu Fürnriedt gestolen, sol man die geschwornen goldschmidt beschicken, inen auflegen, beim handwerg anzusagen, do einer mit solchen kelchen zu eim khume, anzuzeigen.

4181. [1568, VI, 2. Abt. 5 a] 2. Oktober 1568:

Dem rath zu Regenspurg sol man auf ir schreiben den bericht, so die geschwornen goldschmidt gethan, wider zuschreiben.

---

[1]) Im Goldschmiede-Verzeichnis Nr. 437 (1566) als Silberarbeiter.

[2]) Zahns Jahrbücher I, 230 (1569). Jahrbuch der Kunstsammlungen des A. K. H. Bd. XVIII Nr. 15828 fol. 95 (1582), Nr. 15833 fol. 92 (1584).

[3]) Im Goldschmiede-Verzeichnis Nr. 451 (1569) als Silberarbeiter.

4182. [1568, VII, 8 b] 15. Oktober 1568:

Hannsen Schilling[1], dem maler, sol man zu seiner hochzeit ein stubentenzlein erlauben.

4183. [1568, VII, 27 a] 1. November 1568:

Hannsen Mayr[2], steinschneider, noch zway jar zu Prag zu wonen vergönnen.

4184. [2. Abt., 4 a]. Den marggrefischen rethen sol man auf ir schreiben und begern den gemachten extract aus der goldschmidtordnung zuschicken.

4185. [1568, VIII, 19 a] 20. November 1568:

Bolandi Fuhr, dem Niderlender und portenwircker oder kremer, sol man den aignen rauch und hauß halten abstellen und im sagen, wie ein ander frembder sich hie in die coßt zu dingen; im das bürgerrecht auch ableinen.

8186. [1568, VIII, 21 b] 23. November 1568:

Jorg Wolf, goldschmid, *kommt in einer gleichgültigen Angelegenheit vor.*

4187. [1568, VIII, 24 a] 27. November 1568:

Valerian de Fuhr, den portenwircker 200 f. vermuegens, sol man zu bürger annehmen.

4188. [2. Abt., 5 a]. Abraham von der Thann, dem maler zu Freiburg, sol man auf sein schreiben und herzog Moritzen überschickt epitaphium 12 taler verehrn und im solchs zuschreiben.

4189. [1568, IX, 6 a] 7. Dezember 1568:

Jeronimusen de Albani von Mailanndt supplication umb nachlasung der straf von seinen ploderhosen sol man uf sein erpieten, das er sich der hieigen ordnung gemes hinfüro erzaigen woll, wilfarn.

4190. [1568, IX, 2. Abt. 1 b] 8. Dezember 1568:

Dem rath zu Trier sol man auf ir schreiben, Hannsen

---

[1]) Ein H. Sch. liegt auf dem Rochuskirchhofe — vgl. (Gugel), Norischer Christen Freydhöfe Gedächtnis S. 113 (1597) —, ein anderer auf dem Johanniskirchhofe — vgl. Trechsel S. 433 Sp. 1 (1608) — begraben.

[2]) Ein Steinschneider H. M. kommt im Jahrbuch der Kunstsammlungen des A. K. H. Bd. XVIII Nr. 15675 fol. 37 und Nr. 15684 fol. 52, doch schon zu den Jahren 1536 und 1538 vor, ist also mit unserem Meister wohl nicht identisch.

Behrn[1]), goldschmidgesellen, halben gethan, Helena Bonaventura Hegnerin antwort einschlisen.

4191. [1568, IX, 14 a] 14. Dezember 1568:

Woferr Benedicten Köplers, des goldschmidjungen von Augspurgk, glaubiger leiden mogen, das er heroben in den eissen 8 tag gelassen, soll mans bewilligen.

4192. [14 b]. Jacoben Prüssel[2]) dem goldschmidt, sol man zu seiner hochzeit ein tanz mit versperter thür erlauben.

4193. [1568, IX, 26 b] 28. Dezember 1568:

Israel und Martin[3]) von Bremen [*im Register ebenso:* Israel von Bremen, Martin von Bremen], die bede bildschnitzer,

---

[1]) Goldschmiede-Verzeichnis Nr. 522 (erst 1582; fraglich, ob identisch; möglich freilich, daß er erst so spät Meister wurde).

[2]) Jahrbuch der Kunstsammlungen des A. K. H. Bd. XV Regest Nr. 11962 und 11963 (1582: Bittgesuch an Kaiser Rudolf II. um Errichtung eines Glückshafens).

[3]) Die beiden hier genannten bremischen Bildschnitzer Israel von der Möllen und Martin Reinicken habe ich bisher nirgends urkundlich oder in der Litteratur erwähnt gefunden und auch im Staatsarchive zu Bremen vergeblich nach ihnen geforscht. Indessen kann ich doch wenigstens ein Werk des Israel von der Möllen nachweisen in jenem Relief in Kehlheimer Stein (einer Darstellung der Kreuzigung Christi), das in dem Auktionskatalog der Sammlung Heinrich Wencke in Hamburg (Köln 1898) unter Nr. 205 beschrieben und in Lichtdruck abgebildet ist. Dieses Werk trägt, wie der Katalog sagt, auf dem umfassenden Rande eine etwas verwaschene Aufschrift, nach alter Angabe: »In honorem pietate et dignitate praestantis domini Michaelis Cranefeldii Civis et Senatoris Erfordiensis dignissimi faciebat Israel von der Mullen inventor. A° 1515.« Wenn nun schon der ganze Stil des Werkes, über das die vortreffliche Abbildung ein Urteil wohl gestattet, durchaus auf die Spätrenaissance deutet, so wird die Vermutung, daß es sich bei der Jahreszahl um einen Schreib-, Druck- oder wohl richtiger Lesefehler (anstatt 1575) handle, bestätigt durch die freundliche Mitteilung des Herrn Stadtarchivars Dr. Overmann in Erfurt, wonach in den ersten zwei Jahrzehnten des 16. Jahrhunderts kein Michael Kranichfeld im Erfurter Rate nachzuweisen ist. »Dagegen ist 1572«, schreibt mir Dr. Overmann, »ein Mann dieses Namens hier Senator gewesen. Da derselbe 1576 nicht wieder im Rat erscheint, wie es der Fall gewesen sein müßte, wenn er noch gelebt hätte (es bestand ein 4-jähriger Turnus), so ist anzunehmen, daß er vorher gestorben ist, also wohl ganz zweifellos identisch ist mit dem 1575 gestorbenen.« Ob und wie weit etwa die beiden Bildhauer oder Bildschnitzer — beide Benennungen kommen in unsern Ratsverlässen vor — auch für die Holzschnitzarbeit an den in der Spätrenaissance so berühmten »Bremer Truhen« tätig gewesen sind, das zu entscheiden, muß der weiteren Forschung vorbehalten bleiben.

sol man aus den eisen ins loch führen lassen, wasser geben und über 2 tag zu rede halten.

4194. [1568, X, 2 b] 31. Dezember 1568:

Gregori Preuen, den leinweber, so 100 f. vermuegens, und Hannßen Schilling, maler, so 150 f. vermuegens, sol man zu bürgern annehmen . . .

4195. Auf gethane mündliche relation, das die pleiweiß unschedlich, sol man dem supplicirenden Salomon Wagner, maler, zulassen, ein feurrecht in seinen garten hinter dem Thirgartner thor zu[zu]richten und pleiweiß darinnen zu prennen (zulassen und vergonnen).

4196. [1568, X, 4 b] 3. Januar 1569:

Auf Israel von der Mollen und Martin Reinicken [*im Register ebenso*: Reinicken, *also wohl nicht obliquer Casus*] von Bremen, der bildhauer im loch, sagen sol man den wirth, die wirtin und ehalten horen, widerpringen.

4197. [6 a] 4. Januar 1569:

Israel von der Müllen [*im Register*: Israel von der Möllen] und Martin Reinicken im loch, sol man weiter zu rede halten, binden und bedrohen.

4198. [1568, X, 14 b] 13 Januar 1569:

Der geschmeidmacher supplication umb gesetz und ordnung sol man den rugsherrn zu bedencken geben.

4199. [1568, X, 17 a] 15. Januar 1569:

Den supplicirenden Coßman Dortu[1]) sol man uf der geschwornen antwort auf machung des maisterstücks zum meisterrechten hie khumen lassen. [*Im Register ein Hinweis:* goldschmidt, *der sich nur auf diesen Ratsverlaß des betreffenden Blattes 17 beziehen kann.*]

4200. [1568, XI, 7 a] 3. Februar 1569:

Woferr Corneli Camox an aids stat angelobt, das er der exemplar von der grafen von Egmont und Horn rechtfertigung wider den ducam de Alba keins mehr hie verkaufen woll, sol man ime diselben wieder zustellen.

4201. [1568, XII, 4 a] 28. Februar 1569:

---

[1]) Wohl identisch mit dem im Goldschmiede-Verzeichnis unter Nr. 455 zum Jahre 1569 aufgeführten Caspar Tortu. Auch im Meisterbuch der Goldschmiede lautet der Vorname »Caspar«.

Auf Johann Schonsteters, losungschreibers zu Eger, schreiben an das handwerg der goldschmidt von wegen Jeronimusen Rufen, goldschmidgesellen, ehegelübds mit seiner dienerin sol man sich erkundigen, ob er hie, ine fordern, das schreiben furhalten und auflegen, in 8 tagen den negsten sich gein Eger zu verfüegen, das gelüebd richtig zu machen; den geschwornen auch sagen, ine darüber nit zu furdern.

4202. [1568, XII, 12 a] 7. März 1569:

Jerg Khol[1]), der rechenpfenningmacher, *kommt vor.*

4203. [1568, XII, 13 b] 8. März 1569:

Landgraf Wilhelm zu Hessen schreiben Raben von Holzheims erben und dem verwalter der hospital Agnes Plessin hie steende truhen, so Lorenz de Villani bei den Turisanischen eingestelt, sol man nachsuchen, was jüngst gehandelt und verabschiedet, widerpringen. [*Satzbau nicht ganz verständlich.*]

4204. [1568, XII, 2. Abt. 3 a] 10. März 1569:

Landgraf Wilhelmen zu Hessen sol man uf seiner f. g. schreiben von wegen Angnes Plessin hie arrestirter truhen bei den Turisani wider beantworten, wie der herren hochgelerten concept vermag.

4205. [1569, I, 11 b] 20. April 1569:

Dieweil sich befindt, das das silbergeschirr und kleinoter, so Hanns Ditz herrn Martin Pfintzing zugeschickt, hoher nit dann umb 460 f. geschatzt, und Mulich der 600 f. halb damit nicht zufriden, sol man dem Ditzen auflegen, die mangelhaften 140 f. in 8 tagen den negsten auch hinder gericht zu erlegen oder soviel werths.

4206. [1569, I, 12 a] 21. April 1569:

Auf des rats zu Bamberg bitlich schreiben sol man meister Wolfen Loscher 3 wochen erlauben und lenger nit, inen ir prücken zu machen.

4207. Dieweil Hanns Kaiser, ein niderlendischer portenwircker, und sein weib mit todt abgangen und in allen über 20 f. nit, aber dagegen 7 kinder verlassen, sol man sich erkundigen, ob nit freund vorhanden, mit denselben und der kinder todten handlen, die kinder zu sich zu nemen.

---

[1]) Gemeint ist wohl Georg Kolb. Vgl. über diesen Rechenpfennigschlager F. Fuhse in der Bayerischen Gewerbe-Zeitung X (1897) S. 101.

4208. [1569, I, 13 b] 22. April 1569:

Auf der verordenten werckleut ansag, wie sie die bilder an Unnser Frauen kirchen gefunden, sol man das ober gerüßt zur besichtigung fur hand nemen, doch nichs endern, sonder widerpringen.

4209. [1569. I. 2. Abt. 6 b] 4. Mai 1569:

Auf das verlesen bedencken, wie es hie mit den glasern und glaßmalern gehalten, sol mans dem rath zu Augspurg uf ir begern also zuschreiben.

4210. [1569, II, 22 a] 2. Juni 1569:

Linharten Thanner im loch sol man uf sein verhandlung zu rede halten.

4211. [1569, II, 28 a] 8. Juni 1569:

Hannsen Spaigels, des rotschmidtrexels, visirung zu einer tretmüel sol man herauf in die regimentstuben zu besichtigen thun; daneben zur hand suchen, was jüngsten solcher seiner werck halb verlassen und warumb man im ein pension gebe.

4212. [1569, III, 1 b] 9. Juni 1569:

Hannsen Spaichels müelwerg sol man durch ein verstendigen werckman etliche besichtigen lassen.

4213. [8 a] 15. Juni 1569:

Hannsen Spaichel, dem rotschmidttrexel, sol man Meiner Herren ernstlich misfallen anzeigen, das er über gescheen verpot noch weitere müelvisirungen und muster gemacht. Derhalben so gedechten Meine Herrn solch muster nicht hinweg khumen zu lassen, sonder bei iren handen zu behalten. Sein antwort darauf einehmen, widerpringen.

. . . .

4214. Jobsten Deuschler, dem goldschmidt, sol man ungeacht seiner entschuldigung des erkauften gestolnen urpands halb zur straf fur die Fünf weisen.

4215. [9 b] 16. Juni 1569:

Auf Hannsen Spaichels bericht und sein verlesene bestallung sol man im diselb furlegen lassen und sagen, Meine Herren trüegen misfallen, das er also künstelt und seins handwergs nicht wartet, welchs im doch am nützten. Weil aber Meine Herrn dises seines neugemachten müelwergs nicht bedürften, auch dasselb nicht hinaus khumen lassen wolten, und ime dann nit gebüert, solche künst zu machen, die gemeiner stadt zu nachteil gereichen, so wolten sies also bei iren handen behalten. Inen also nachlaufen lassen; darnach rethig werden, was zu thun.

4216. [1569, III, 13 b] 20. Juni 1569:

Auf Linharten Danners supplication sol man die angezogen erkundigung der petlrichter hab thun.

4217. [1569, III, 14 b] 21. Juni 1569:

Hannßen Spaichels müelviesirung sol man auf sein supplicirn besichtigen und ime auflegen, die gemachte roß- und handmüel auch herauf ufs rathaus zu antworten.

4218. [1569, III, 20 b] 28. Juni 1569:

Jorgen Heußner, den unrichtigen goldschmidt, sol man besichtigen, wie es umb in geschaffen, sein schweher davon auch anzaig thun.

4219. [1569, III, 22 a] 30. Juni 1569:

Auf der geschwornen goldschmidt verlesene supplication und Reinbarten Volckharts gegebene antwort sol man die geschwornen solche antwort horn lassen und inen sagen, man fund ir clag mehr aus neid dann aus noturfft; dessen Meine Herrn beschwerd trüegen. Weil dann des beclagten antwort dermassen geschaffen, das Meine Herrn nichs geverlichs oder streflichs darinn befunden, so liß man es bei derselben seinem erpieten und arbeit pleiben.

4220. [1569, III, 26 a] 4. Juli 1569:

Hannsen Spaichel, dem rotschmidtrexel, sol man seiner müelvisirung halb anzeigen, er wißt sich zu erinnern, was jüngsten der vorigen muster halb mit im gehandelt und uf sein erpieten, das er dergleichen mußter wolt müssig stehen, het man sich mit einer pension gegen im eingelassen, und hetten sich Meine Herrn nit versehen, das er dergleichen visirung weiter gemacht, so gemeiner stadt zu nachteil khemen; so wer man der nicht hie bedürftig. Aber wie dem, damit er nit ghar im schaden stünde, wolt man im ein verehrung umb dises thun, und dasselb behalten, doch das er sich verschriebe, dergleichen muster keins mehr zu machen, so gemainer stat zu nachteil raichten.

4221. Joachim Kreutzenfeldt, den goldschmidt, so 50 f. vermuegens, sol man zu bürger annehmen.

. . . .

4222. Auf Hannsen Spaichels begern, ime 300 f. für die visirung der müel zu geben, dann sie ine selbs sovil koßte, sol man ime sagen, Meine Herrn gedechten diß muster entlich zerschlagen zu lassen. [26 b] Do er sich nun verschreiben wolt, seins handwergs zu warten und dasselb wie andere maister zu treiben und arbaiten und sein lebenlang kein handwergs oder ander mülwergs visier und muster zu machen, wolt man im 100 f. verehrn für dises, doch mocht er sein gemachte roßmüel sonst verkaufen; solt im auch zugelassen sein, dem Harßdorfer ein roßmüel in sein zeughaus zu machen, doch das einich ander müelwerg nicht daran gehengt.

4223. [1569, III, 29 a] 5. Juli 1569:

Woferr Jorg Tremel von Rotenburg ein aid schwert, das Wendel Arbfeldt zu Straßburg die erden nindert anders, dann uf die glaßhütten prauchen will, soll man im 20 c. folgen lassen.

4224. [1569, III, 30 b] 6. Juli 1569:

Hannsen Spaichel, dem rotschmidttrexel, sol man auf sein ferner supplicirn 100 f. für die visirung der trodmüel verehrn, und ime zu abzahlung seiner schulden 150 f. dergestalt leihen, nachdem er hivor jerlich 20 f. vom püxenmaisterambt pension hat, das man im diselb itzo mit 20 f. besser und im jerlich 40 f. gebe, doch das im zu widerbezalung berürter 150 f. jerlich 20 f. abgezogen oder innen behalten werden. Und sol das geld nicht in seine hende gegeben, sonder einer dritten person als dem kriegschreiber zugestelt werden, welcher mit den glaubigern zum genauesten handle, ob er inen was abbrechen konne. Zuvohr aber und ehe das geld hinaus gegeben, sol man notürftige verschreibung mit ime aufrichten und im diselb schwern lassen.

4225. [1569, IV, 1 a] 7. Juli 1569:

Daniel Wirth, den maler, so 200 f. vermuegens, . . . sol man zu bürger annehmen.

4226. [1569, IV, 28 a] 22. Juli 1569:

Auf Endresen Bestreichs, goldschmids, ansag, sol man den knechten bevehlen, wo sie den beclagten Cristof Pütner betreten, einzuziehen.

4227. [1569, IV, 38 b] 1. August 1569:

Den supplicirenden Merten Lulff, püxenschiffter, sol man der mittelstück halben der geschwornen schreiner antwort horn lassen und im sein begern ableinen.

4228. [1569, IV, 42 b] 3. August 1569:

In einem längeren Ratsverlaß über verschiedene Handwerke:

Belangendt der glaser und glaßmaler supplication umb gesetz und ordnungen sol man inen der rugsherren bedencken nach in dreien volgenden puncten willfarn und volgende gesetz geben, nemlich:

Das hinfüro kein jünger kürzer ufs handwerg in die lehrjhar solt aufgenumen werden, dann auf drei jhar; und wann ein solcher jünger seine drei jhar erstanden und außgelernt hatt, so solt er zwei jhar gesellenweiß gearbeit haben, ehe dann er zum meisterrechten hie solt zugelassen werden. Die sol einer macht haben, hie oder anderswo zu ersteen.

Des andern begerns halb sol man sie auf das gemein gesetz, den eingriff verpietendt, weisen, oder inen ein gesetz geben, die verbrecher wie andere handwergk zu rüegen.

Item sol man inen ein gesetz geben, das keiner mehr dann einen ofnen kram haben solt, sein glaßwerg darinn fail zu haben; das auch keiner ein ofnen kram haben solt, er wehr dann bürger, ehlich verhairat und des meisterrechten vehig bei peen 5 h. novi. Aber ir begern im 3ten und 5ten pnncten ableinen.

4229. [1569, V, 1 b] 4. August 1569:

Jacoben Murmans[1]), des Pariser goldarbeiters, begerten bürgerrechtens halb sol man die geschwornen horen.

4230. [2 b] Der buchbinder supplication umb gesetz und ordnung sol man bei den rugsherrn bedencken.

4231. [3 b] 5. August 1569:

So sol man Jacoben Murman, den Pariser goldarbeiter, ungeacht der geschwornen goldschmidt widerfechten zu bürger anehmen, doch das er nit zu vil gesellen halte.

4232. [1569, V, 7 a] 8. August 1569:

Die supplicirenden Hannsen Lerchen und Peter Wun-

---

[1]) Goldschmiede-Verzeichnis Nr. 501 (1578). Mitteilungen des Vereins für Gesch. der Stadt Nürnberg X, 59 (1603, seine Wittwe 1608 erwähnt).

derlein, püxenschifter und freikünstler, sol man der geschwornen plattschlosser antwort horn und es bei den gesetzen und ordnungen pleiben lassen und sagen, weiter nit anzusuchen. Den geschwornen auch sagen, Fritz Uhln an die Rug zu geben

4233. [1569, V, 12 b] 11. August 1569:

Thoma von Lübeck, Sebastian Wüesten und Endres Peter sol man mit irem begerten arreßt Gregori Türcken verlasenschaft halb ans gericht weissen, die maid und ander zeugen hörn.

4234. [1569, V, 14 a] 12. August 1569:

Auf landgraf Wilhelmen zu Hessen schreiben der truhen halb, so Agnes Plessin zustendig und Lorentz de Villani hieher pracht, sol man die gesandten weiter horn, darnach bei den gelerten ratschlagen.

. . . .

4235. Auf herzog Albrechten in Bairn schreiben, was schentlicher stück in kupfer gestochen Balthasar Jenichs weib zu Ärding feil gehabt, sol man sie bede einziehen.

4236. [14 b] Auf Catarina Kroenfusin ansag, was gestalt Gregori Türck verstorben, sol man Adam Spigel, sein gesellen, einziehen.

4237. [1569, V, 15 b] 13. August 1569:

Merten Geuß[1]), dem formschneider, sol man sein begern umbs bürgerrecht ableinen.

4238. [16 a] Balthasar Jenich und Margret, sein weib, deßgleichen Adamen Spigel im loch sol man uf ire verhandlungen zu rede halten.

Und nachdem solcher schentlicher und streflicher stück in kupfer gestochen durch mehr leut hie fail gehabt, sol man die zwen feirtag kuntschafft darauf machen, diselben alle lassen aufheben. Deßgleichen die kupfer auch zur hannd pringen und rethig werden, was man inen auflegen und sagen woll.

4239. [1569, V, 2. Abt., 4 a] 19. August 1569:

Herzog Albrecht in Bairn sol man auf seiner f. g. schreiben der unzüchtigen in kupfer gestochenen stück halb, so Margareta, Balthasar Jenichs weib, zu München fail gehabt,

---

[1]) Richtiger: Martin Geist. Zahns Jahrbücher I, 234 (1561—1563). Bürgeraufnahme (gegen 4 fl. Abgabe) am 9. August 1570 (Bürgerbuch 1531—1631 Bl. 93 b: »Mertha Geist, formschneider«).

widerschreiben, das Meine Herren solches mit mißfallen vernumen und wehrn disen unzüchtigen, auch den schmachschriften zum hochsten gehaß und feind, hetten auch zur anzeig ihres misfallens den Jenich und sein weib in die lochgefengknus einziehen lassen, darinn etlich tag enthalten, sie volgends auf ein ernstliche streffliche rede und warnung, weil sie dannocht allerlei entschuldigung furgewendt, von staten gelassen, inen die kupfer und alle gedruckte stück nemen und dieselben abthun lassen. Dannocht ir entschuldigung etlicher massen anziehen.

Daneben sol man mit vleis in acht haben, wann Naseus wider ein schmachgedicht außgeen laß, solchs an Meine Herrn zu pringen, rethig zu werden, was man seinthalben gegen dem herzogen andten woll.

4240. [1569, V, 35 a] 31. August 1569:

Auf Caspar Widmans, goldschmids, verlesene ansag, was massen Michel Klotz und Steffan Herman[1]), bede goldtschmidt zu Onspach, ine und sein gesellen, Paulus Scherer, geschmecht, sol man im sagen, den Scherer gein Onspach zu stellen, sons wurd er unredlich gemacht.

4241. [1569, VI, 4 a] 2. September 1569:

D. Appiano sol man uf die verehrte bairische mappa und landschafft 36 f. hinwider verehrn.

4242. [1569, VI, 23 b] 26. September 1569:

Lucasen, grafen zu Gorckau, starroßt zu Posen, schreiben von wegen Endresen Pengnitzers versetzten kleinater bei Simon Ösel, juden, sol man Mercuri Herdegen furhalten.

4243. [1569, VII, 1 a] 29. September 1569:

Hannsen Kolern[2]), briefmalern, soll man sein begern, ime zu vergonnen, damit er die gedruckte geschicht, welcher gestalt ein son seinen vatter auswendig umbgebracht haben soll, alhie nachdrucken muge, ablainen.

4244. [1569, VII, 2, Abt., 4 a] 19. Oktober 1569:

Auf Caspar Götzen, goldschmids, verlesene supplication sol man Margret Mairin bei iren bürgerpflichten von Schweinfurt hieher fordern.

4245. [1569, VII, 39 b] 24. Oktober 1569:

[1]) Als Kupferstecher bekannt. Vgl. Andresen, Peintre-Graveur III, 263 ff.

[2]) Zahns Jahrbücher I. 238 (unter den Druckern, 1571).

Hannsen Gropner, den maler, sol man der unzühhtigen gemehl halber ins loch gehen lassen, dieselben alle von im nemen.

4246. [1569, VIII, 20 a] 11. November 1569:

Paulus Reinharts, malers, verlesene supplication seines prüchigen weibs Elspet Seuboltin verlassenschafft *halben betreffend.*

4247. [22 a] 12. November 1569:

Ein weiterer Ratsverlaß über diesen Gegenstand.

4248. [1569, VIII, 28 b] 18. November 1569:

Auf Catharina Jeronimus Petrei supplication, iren aiden, Albrecht Schleiffer[1]) zu Rotenburg, goldschmidt, zu bürgern anzunemen, sol man die geschwornen horn und sonst seinthalben auch weitere erkundigung thun.

4249. [1569, IX, 2. Abt., 1 b] 26. November 1569:

Gabriel Reuschacher, goldschmid, die gepetten fürschrifft gen Speier mittailen.

4250. [1569, IX, 19 a] 2. Dezember 1569:

Steffan Gunder, kartenmaler zu Leiptzigk, auf sein schreiben wider Christoffen Palm an die kartenmaler hie, desgleichen den naglern zu Schmalkalden auf ir schreiben wider Valtin Suntag an die nagler hie und dann Barthel Hahart zu Überlingen, goldschmid, auf sein schreiben wider den Lencker an die geschwornen des goldschmidhandtwercks hie allen dreien nach dem form schreiben.

Ganz der gleiche Ratsverlaß zu eben demselben Tage in Abt. 2, 3 a.

4251. [21 a] Niclassen Gagel, kirßnern, deßgleichen Ruprechten Kamochs, ainem Niderlender, und dann Bernhardten Kolben, schreinern, allen dreien auf ir beschehens ansuchen auf iren hochzeiten ein stubententzlein mit versperrter thür zu halten vergönnen.

4252. [1569, IX, 37 b] 13. Dezember 1569:

Lorentz Kolben, den goldschmidt, sol man wider zu bürger annehmen.

4253. [1569, X, 14 b] 2. Januar 1570:

Hannsen Schwaben[2]) von Haidelberg sol man sein begern, sein geschnitzt werck hie umbs geld sehen zu lassen, ableinen.

[1]) Goldschmiede-Verzeichnis Nr. 461 (1570).

[2]) Vgl. die Anm. zum Ratsverlaß vom 24. Mai 1568.

4254. [1569, X, 16 a] 4. Januar 1570:

Dem supplicirenden Paulus Weissen von Fulda, goldschmidt und lackeyen, sol man zu steur ins warm bad 2 f. geben.

4255. [1569, X, 18 a] 5. Januar 1570:

Bernharten Goldschmidt[1], den goldschmidgesellen, sol man zu bürger annehmen.

4256. [1569, X, 19 b] 7. Januar 1570:

Jochim Kreuzfelder, dem goldschmidtgesellen, sol man ein tenzlein mit versperter thür erlauben.

4257. [1569, X, 30 a] 17. Januar 1570:

Coßman Turtau [*im Register*: Coßman, Tortaw], dem goldschmidt, sol man zu seiner hochzeit ein tenzlein mit versperter thür erlauben.

4258. [1569, X, 30 b] 18. Januar 1570:

Jorgen Höfler, den heffensieder, und Paulusen Steg[2], den goldschmidt, sol man zu bürger annehmen . . .

4259. [1569, XI, 9 b] 26. Januar 1570:

Balthasar Jenisch sol man sein begern, die hieher prachte truck vom babstumb, dem von Conde und der prunst zu Venedig nachzutrucken, ableinen.

4260. [1569, XI, 29 a] 14. Februar 1570:

Auf Cristofen Oldenmans, goldschmidgesellen von Osterburg, verlesene ansag, was gestalt im ein fremder gesell, so sich für ein studenten außgeben, zu Dennelohe im wirtshaus im petth mit einem handbeyhl ermorden wollen, inmassen im dann der straich mißraten und ine allein in das khin verwundt, davon geloffen, der haubtman auch uf sein anrufen dem teter nit nachfolgen wollen, ist verlassen, den haubtman einzuziehen und den wirth herein zu fordern, von im auch ein sag aufzuschreiben, ob der theter vor mehr bei im gewest; des theters kleider, brief und was er verlassen herein pringen zu lassen, besichtigen und, wie mans findt, widerpringen.

[1]) Im Goldschmiede-Verzeichnis Nr. 459 (1569) als Silberarbeiter. Bürgeraufnahme (gegen 4 fl. Abgabe) am 5. April 1570 (Bürgerbuch 1534—1631 Bl. 93a: »Bernhart Goltschmid, goltschmit«). Mummenhoff, Rathaus S. 267 (1573). Roth, Geschichte des nürnberg. Handels I, 325. Möglicherweise ist dieser Goldschmied, in dessen Tätigkeit wir durch die Ratsverlässe manchen Einblick gewinnen, identisch mit dem bekannten Punzenstecher Bernhard Zan, auf den ich im übrigen in den Nürnberger Archivalien vergeblich gefahndet habe.

[2]) Oder Steger. Vgl. Goldschmiede-Verzeichnis Nr. 453 (1569).

Und weiln so vil stertzer in der stadt umblaufen, welche sich für studenten dargeben . . . *etc.*

4261. [30 a] Dieweil sich aus verlesung der brief befindt, das der theter, welcher Christofen Oldenman ermorden wollen, Bernhart Maler von Daxpach heiß, sol man ein reuter zwen ordnen, denselben in Meiner Herren oberheit niderzuwerfen, do er aber in frembder oberkeit, derselben die mordthat auch anzeigen, aber selbs nit niderwerfen; dem cleger auch das arzlohn zalen und des theters cleger bei handen zu behalten.

4262. [1569, XI, 33 a] 15. Februar 1570:

Ein weiterer Ratsverlaß über diese Mordangelegenheit. Der Mörder Bernhard Maler ist zu Bruck aufgegriffen worden etc.

4263. [1569, XII, 2. Abt. 3 a] 28. Februar 1570:

Wolfen Weinman, den rotschmidt, ytzo zu Dreßden, sol man uf der geschwornen bericht nochmaln citirn.

4264. [1569, XII, 22 b] 7. März 1570:

Jacoben Prüssel, den goldschmidt im eissen, sol man zu rede halten.

4265. [1570, I, 13 a] 7. April 1570:

Zum eisengraber der müntzen ist Arnoldt Konig[1], goldschmidt, erthailt.

4266. [1570, I, 15 b] 8. April 1570:

Alexander Platner, den maler, sol man der arbeit aufm rathaus erlassen und meister Lucasen sagen, ime und andern solchs gefallen zu lassen und kein zerrüttung zu machen, man würd sonst gebürlich einsehen gegen inen thun.

4267. [1570, I, 24 b] 17. April 1570:

Wolfen Kunleins, des goldschmidtgesellen von Marckbrait, begerte urkundt seins ime gestolnen pündels halb sol man den meister und gesellen horn und schwern lassen; widerpringen.

4268. [1570, II, 20 a] 13. Mai 1570:

Auf Primas Dorthalers, goldschmids, supplication, Kungundt Kißlingin irer schwacheit halb weiter zu fursehen, sol man sich irer gelegenheit erkundigen.

4269. [1570, III, 1 a] 25. Mai 1570:

[1] Goldschmiede-Verzeichnis Nr. 399 (1558). Gebert 63 (nach dem Ämterbüchlein: 1570 und 1571 städtischer Eisengraber).

Die churfürsten an Unnser Frauen kirchen sol man mit gutem gold, weil es mehr nit [dann] 28 f. coßt, verneuen lassen.

4270. [1570, III, 2 b] 26. Mai 1570:

Gerharten von Loy sol man zulassen, seine conterfet hie fail zu haben, aber seine getruckte gemehl der inquisition halb ableinen und bei den hieigen buchfürern auch abstellen.

4271. [1570, III, 9 a] 31. Mai 1570:

Auf der keys. Mt. schreiben, das Ir Mt. bericht, das allerlei künstlicher arbeit von silber und anderm hie, mit gnedigstem begern, die was vor der hannd, außzusetzen, biß Ir Mt. kumbt, und nichs davon khumen zu lassen, sol man die geschwornen goldschmidt, deßgleichen etliche hendler und wehr dergleichen künstliche arbeit haben möcht, beschicken und inen auflegen, solche arbeit zu hinterhalten und nit hutzen umbzutragen.

4272. [18 a] 8. Juni 1570:

Dieweil die keys. Mt. nochmaln begern, alle kunstück, so zuwegen zu pringen, Irer Mt. hinauf ins schloß zu antworten, sol man dem Gamitzer, Lencker, Strolunzen und andern, die dergleichen haben, solchs zu thun auflegen[1]).

4273. [1570, III, 19 a] 9. Juni 1570:

Linharten Danner sol man zulassen, seine zwen prechschrauben zu verkaufen.

. . . .

4274. Dieweil die keys. Mt. morgen wieder zu verrücken willens, sol man die goldschmidt und platner in irer rüstung under das Spitlerthor ordnen.

4275. [1570, III, 21 b] 13. Juni 1570:

Auf Herman Karls verlesene supplication sol man Hannsen Spaichel, rotschmidt, zulassen, ime zwen redlein zu feuerspigeln zu machen.

4276. [1570, IV, 2 b] 23. Juni 1570:

---

[1]) Vgl. F. von Soden, Kaiser Maximilian II. in Nürnberg (1866) S. 64. Danach auch bei M. Rosenberg in der Zeitschrift des bayerischen Kunstgewerbe-Vereins in München 1894 S. 95. Anstatt »Strolung«, »Strohlung« ist indessen »Strolunz« zu lesen. Gemeint ist Lienhard Strolunz, kein Goldschmied, sondern ein reicher Nürnberger Kaufmann, über den ich in einem im Verein für Geschichte der Stadt Nürnberg gehaltenen, demnächst zu veröffentlichenden Vortrage über »Kunstfreunde im alten Nürnberg und ihre Sammlungen« gehandelt habe.

Christofen Bohl, dem goldschmidt, sol man uf Petri und Pauli ein fechtschul erlauben.

4277. [1570, IV, 5 b] 26. Juni 1570:

Jobsten Ammans[1]) übereichte exemplare der feuerwerk, so der keys. Mt. zu ehren gemacht, sol man also anehmen; do er den einriet gemacht, der verehrung halb rethig werden[2]).

4278. [1570, IV, 17 a] 6. Juli 1570:

Auf Albrecht Weinmans bit, ime das silbergewicht, so er für die von Behem gemacht, in der Schau zaichnen zu lassen, sol man die ordnung damit halten.

4279. [17 b] Hannsen Hamman[3]), den maler, Egid Keyt, schneider, und Hannsen Engelharten, peutler, sol man zu bürgern annehmen, aber Adam Petzen sagen, wann er maister werd, wieder anzusuchen.

4280. [1570, IV, 20 b] 8. Juli 1570:

Den supplicirenden Melchior Bernbecken und Jochim Pintzka, die bede goldschmidt, sol man der 15 taler halb gegeneinander horn, sonderlich die verschreibung besichtigen.

---

[1]) Für Jobst Ammann, über den die Ratsverlässe nur wenig bieten, was bisher noch nicht bekannt war, verweise ich hier nur in Kürze auf Sandrart, Teutsche Akademie II, 2, 254. Doppelmayr 207. Waldau in den Vermischten Beiträgen III (1788) S. 305 ff. C. Becker, Jobst Ammann (Leipzig 1854; die erste Niederschrift des Werkes — Hs. 15289 2⁰ der Bibliothek des Germanischen Museums — mit zahlreichen, teilweise erst nach der Drucklegung hinzugekommenen Notizen und Collectaneen z. T. von der Hand des bekannten Nürnberger Kunsthändlers und Sammlers Boerner). Allgemeine deutsche Biographie Bd. I S. 401 (von W. Schmidt). Meyers Allgemeines Künstler-Lexikon I, 639 ff. (von Wessely). Hefner-Alteneck in den Sitzungsberichten der k. b. Akademie der Wissenschaften, philosophisch-philologische und histor. Klasse 1878. I. Bd. S. 133 ff. F. H. Meyer-Zeller, Jos Ammann (Zürich 1879; Sonderabdruck aus dem Züricher Taschenbuch für 1879). O. von Schorn, Jobst Ammann in Kunst und Gewerbe XVI (1882) S. 1 ff. In der neueren unter der angeführten Literatur findet sich sowohl das bisher über Jost Ammann bekannt gewordene urkundliche Material benutzt und zum Teil selbst in extenso mitgeteilt, als auch die weitere Litteratur, insbesondere über seine Werke, angegeben.

[2]) Vgl. Meyer-Zeller, Jos Ammann von Zürich (1879) S. 30.

[3]) Der Briefmaler dieses Namens, der in Zahns Jahrbüchern I, 230 zum Jahre 1601 erwähnt wird, ist wohl ein späterer Namensvetter und vielleicht identisch mit jenem Maler und Kupferstecher Hans Ammon, der auch in der Nürnberger Theatergeschichte eine Rolle gespielt hat. Vgl. Th. Hampe, Die Entwicklung des Theaterwesens in Nürnberg S. 119 f. und die dort angeführte Literatur.

4281. [1570, IV, 29 b] 14. Juli 1570:

Dieweil Jorg Heuß, der goldschmidt, wider richtig, sol man ine ein tag 5 im stüblein und, do kein mangel an im, von staten lassen.

4282. [1570, IV, 32 a] 17. Juli 1570:

Zu Wilbalden Im Hofs des jüngern und herrn Jobsten Tetzels tochter handschlag und hochzeit sol man die 3 zuvil gehabte personen, dann den gemahlring, welchen die praut dem preutigam verehrt, so umb 4 f. zu hoch, doch ein alter ring, item des preutigams scheurn, so er der praut verehrt und umb 1 mark und 2 lot zu schwer, weil es ein alte gabscheurn, deßgleichen den geschmuck uf den hut, welche sie, die praut, dem preutigam zum keys. einrit gemacht und 12 f. werth, alles für ungeverlich halten. Aber dem Im Hof umb das geheng, welchs in 15 f. über die ordnung des hefftls, 5 f. straf auflegen.

4283. [1570, V, 25 a] 4. August 1570:

. . . Martin Geiß, den formschneider, . . . sol man zu bürger annehmen.

4284. [1570, V, 28 b] 7. August 1570:

Der maler supplication umb gesetz und ordnungen sol man den rugsherren zu bedencken geben.

4285. [1570, V, 35 a] 11. August 1570:

Mathesen Effenhauser[1]), goldschmidt, . . . sol man zu bürger annehmen.

4286. [1570, V, 38 b] 14. August 1570:

Hannsen Müller, den rechenpfennigmacher, sol man zu bürger annehmen.

4287. [39 a] 16. August 1570:

Gabriel Herter, püxengiessern, auf sein supplicirend begern die gebetten fürschrifft an herrn pfalzgraven Phillipsen Ludwigen mitheillen.

4288. [1570, VI, 21 a] 1. September 1570:

Jorgen Pfisters, des pildschnitzers zu Preßla, schreiben an die schreiner hie wider Mathesen Plaicher 2 f. schuld halben sol man den geschwornen furhalten, do der Plaicher hie, ime auflegen, zu zahlen, oder ine hie nit zu furdern.

4289. [22 a] Dieweil Jorg Heuß, der goldschmidt, wider so unrichtig, sol man in besser verwahren lassen.

[1]) Im Goldschmiede-Verzeichnis Nr. 462 (1570) als Silberarbeiter.

Es folgen noch ein paar weitere Ratsverlässe über diesen Gegenstand.

4290. [1570, VI, 33 a] 9. September 1570:

Den geschmeidmachern sol man ir supplicirendt begern umb gesetz und ordnung ableinen und ein freie kunst pleiben lassen.

4291. [1570, VII, 17 a] 29. September 1570:

Bartlme Hofman[1]), dem goldschmidt, sol man sein begern, ime ein arrest auf Mathes Bauchs zu Augspurgk kleinater zu gestatten, ableinen und sagen, wolt er fürschrifft an den rath zu Augspurgk haben, wolt man ims mitheilen.

4292. [1570, VII, 26 a] 5. Oktober 1570:

Dieweil Jorg Heuß, goldschmidt, so ghar unrichtig, sol man ine mit ketten und in ander wege verwahrn, das er im kein schaden zufüeg.

4293. [1570, VIII, 15 a] 21. Oktober 1570:

Dieweil Jorg Heuß noch so ghar unrichtig, sol man den wechter noch 14 tag bei im lassen.

4294. [1570, VIII, 17 b] 25. October 1570:

Hannsen Hamer, steinschneider, sol man zu seiner hochzeit ein tenzlein erlauben,

4295. [1570, VIII, 21 a] 27. Oktober 1570:

Endres Segmesser, dem goldschmidt, sol man zu seiner hochzeit ein tenzlein erlauben.

4296. [1570, IX, 1 a] 9. November 1570:

Auf des rats zu Schwebischen Gmündt schreiben und Valtin Malers[2]), goldschmids, antwort sol man ime, Maler, sagen, die frefelstraf alsbald zu entrichten; so wolt man denen von Gmündt schreiben, ime gegen irem bürgermaister auch zu verhelfen.

[1]) Vgl. Goldschmiede-Verzeichnis Nr. 408 (1560) und ebenda S. 7 (1573).
[2]) Vgl. die Anm. zu Bd. II Nr. 803.

Zeitfracht Medien GmbH
Ferdinand-Jühlke-Straße 7
99095 Erfurt, Deutschland
produktsicherheit@kolibri360.de